JN484935

시민교육으로서의 평생교육

호모 키비쿠스

HOMO CIVICUS

| 이관춘 저 |

학지사

머리말

"자신이 다수의 편에 서 있음을 깨닫게 되는 순간에는 항상 잠시 멈추어 뒤를 돌아보아야 한다."

– 마크 트웨인Mark Twain(1835~1910)

스마트폰 시대, 우리는 정말 스마트하게 살고 있는 것일까?

'언제 어디서나 누구와도 연결된다'는 세상이지만 정작 사람들 간에는 소통이 단절되고 더욱 소외되고 있다는 불안감이 엄습하고 있다. 주위를 둘러보면 모두의 삶과 인간관계가 마치 손안의 스마트폰 속에 파묻혀 있는 것만 같다. 스마트 기기는 현대 문명의 축복이기는 하지만 또 한편으론 우리에게 '무엇을 하면서 어떻게 살 것인가'를 더 고민하게 만든다. '페이스북만 들여다보지 말고 주위 사람 얼굴도 돌아보세요'란 광고 카피처럼 말이다.

처절한 절망만이 삶이었던 독일 나치의 아우슈비츠 수용소에서 빅토르 에밀 프랑클Viktor Emil Frankle을 살려낸 것은 '의미'라는 단어 하나였다. 삶의 의미가 곧 삶의 구원이었다. 종전 후 강의실로 돌아온 그는 '의미요법(logotheraphy)'이란 보따리를 풀고 토로한다. "삶의 진정한 의미는 폐쇄적인 자신의 정신세계 안에서가 아니라 '세계' 그리고 '공동체' 속에서 발견된다." 인간은 공동체 속에서 이루어지는 타자와의 유의미한 관계를 통해서만 궁극적으로 자아실현을 성취한다는 것이다.

자아실현은 현 상태의 거부(拒否)에서 출발한다. 알베르 카뮈Albert Camus의 말대로 인간은 생긴 그대로이기를 거부하는 유일한 피조물이다(반항하는 인간). 그러나 인간은 있는 그대로의 세계를 거부하면서도 그 세계를 벗어나려고 하지 않는다. 공동체를 거부(non, no)하면서 공동체를 추구(oui, yes)하는 모순된 존재다. 거부는 해도 포기는 하지 않는다. 달리 말하면 인간은 공동체 속에서 공동체 발전을 지향함으로써 '자아실현' 을 성취하는 운명적 존재란 사실이다. 공동체 지향을 통한 자아실현의 방법으로서 카뮈가 제시하는 인간형은 '반항하는 인간' , 즉 '아니요' 라고 말하는 사람이다. 그리고 '아니요'라고 말해야 할 순간은 바로 '자신이 다수의 편에 서 있음을 깨닫게 되는 순간' 이다.

돌아보면, 시민의 역사는 바로 '아니요' 의 역사였다. 공동체 운영에 적극적으로 개입하며 '아니요' 라고 말해야 할 때 분연히 일어섰느냐에 따라 국가의 흥망성쇠가 결정되었다. 그래서인지 일찍이 아리스토텔레스Aristoteles는 '시민으로 인정받길 원한다면 공동체 운영에 적극적으로 참여해야 한다'고 강조했다. 그러나 당시 '공동체' 의 상징적 공간이었던 아테네 '신타그마 광장(Syntagma Square)' 은 지금 그리스 정부의 긴축재정에 항의하는 성난 시민의 성토 장소로 변해 버렸다. 모두가 공동체가 아닌 자신만의 이익을 위한 '다수의 편' 에 서서 또 다른 의미의 '아니요'를 외치고 있는 것이다.

21세기 한국 사회에서 '시민으로 산다' 는 것은 고대 아테네의 정치공동체와는 판이하게 다르다. 봉건제 국가에 맞서 사적 이익을 추구했던 중세나 새로운 산업계급이 등장했던 18~19세기와도 본질적으로 다르다. 오늘날의 시민은 국가 정치권력은 물론 국가보다 거대해진 기업과 시장의 권력, 미디어의 권력, 세계화를 빙자해 자신의 이익만을 도모하는 세력에 맞서 투쟁해야 한다.

"옥스퍼드에서 출발해 런던으로 가려 했으나 길을 잘못 들어 맨체스터로 향하는 길을 달리고 있다. 그렇다면 해결책은 무엇일까? 맨체스터 방향으로 더 속력을 내어 달리는 것이 아니라, 우선 차를 멈추고 방향을 돌려 다시 런던 쪽으로 가는 것이다.” 수전 조지Susan George의 이 말은 삶의 의미와 자아실현을 추구하는 ‘시민으로서의 인간(homo civicus)’ 의 본 모습을 명쾌하게 제시하고 있다. 이 책을 쓰게 된 동기는 바로 여기에 있다.

이 책은 글로벌 시민사회에서 시민의 권리 및 책임과 직결된다고 판단되는 13개의 서로 다른 주제를 다룬다. 시민으로서의 ‘너와 나, 우리, 그리고 자연’이란 대 주제하에 시민과 정치참여, 경제교육, 양성평등, 부정부패, 공동체, 인터넷, 미디어 및 미디어 리터러시, 세계화, 다문화, 환경, 기업시민 등의 주제를 균형감 있게 다루고자 하였다. 내용의 전개방식은 ‘시민교육’ 이라는 통상적인 ‘교육’ 의 방식을 탈피하고 학습자가 자율적으로 스스로의 결론에 도달할 수 있게끔 하는 데 초점을 맞추었다. 따라서 시민교육에 관한 독일 보이텔스바흐 협약(Beutelsbacher Konsens)의 이념대로 교화 및 주입식교육을 지양하고, 논쟁 중인 사안은 논쟁 그 자체로 제시하려고 노력하였다. 그럼에도 내용 및 논리 전개 면에서 여전히 부족함을 느낀다. 그러나 내용과 형식 면에서 시민교육 서적으로는 국내외에서 처음으로 시도한 ‘학문적 노력’이라는 데 의의를 두고 동학 여러분의 질책과 편달을 감히 부탁드린다.

이 책이 빛을 보기까지 많은 분들의 관심과 지도편달이 있었다. 무엇보다 연세대학교 교육과학대 한준상 학장님께 감사드린다. 그분은 치열한 ‘학자(學者) 정신’ 으로 배움을 통한 ‘자기창조’ 가 무엇인지를, 삶의 동행인 은영 원장님과 함께 보여주시는 이 시대 ‘배움’ 의 아이콘이다. 또한 ‘배움’ 의 의미와 가치를 항상 일깨워주시는 평생교육진흥원 최운실 원장님, 연세대학교 장원섭 교수님을 비롯한 배움학회 모든 동학들께도 감사드린다. 특히 아주대학교 이성엽 교수님과 단국대학교 한상길 교수님, 그리고 최항석, 김성길, 이명준, 차동춘, 김수동, 이상오 교수님의 학문적 열정은 항상 신선한 자극이 되고 있다. 평택대학교 이민희 교수와 경기대학교 이명숙 교수, 한국양성평등진흥원 이상화 교수, 한국재무설계 허정구 편집장, 평생교육실천협의회 이규선 회장님의 지적인 자극과 우정도 잊을 수 없다. 학문공동체 발전을 위한 진지한 고민과 열정을 나누는 또 다른 배움의 장을 함께하는 창원

문성대학교 이원석 총장님과 전나영 박사를 포함한 이사회 가족들께도 감사드린다. 영화배우이자 학문적 동행인 장미희 교수를 포함한 '삼칠회' 교수들과 유태우, 김선희 박사를 비롯한 동료 교수들, 그리고 삶의 지식이며 동행인 시드니 윤병만 사장 내외, 대웅제약 윤영 부사장, 우상석, 전상직 사장, 최철, 김종욱 교수, 고용노동연수원 조윤진 선생께도 인간적인 우정과 감사를 표한다.

무엇보다 '일신 일일신 우일신(日新 日日新 又日新)'의 삶을 위해 열띤 토론을 벌이는 동학들이 있었기에 이 책을 마무리할 수 있었다. 특히 HR 분야의 지적, 심미적 혜안이 탁월한 샤넬 윤경희 상무님과 윌슨러닝 김은경 컨설턴트, 교보생명 김명수 팀장께 감사의 마음을 전한다. 원고를 꼼꼼히 읽고 참신한 조언을 해 준 연세대학교 교육학과 이누리 학생과 원고교정의 전문성을 성실히 보여 준 학지사 김경민 과장의 고마움도 잊을 수 없다. 끝으로 시민사회 발전을 위한 고민과 연구에 많은 지원을 해 오고 계신 학지사 김진환 사장님께도 감사드린다.

'춘래불사춘(春來不似春)'인 한국 사회를 고민하며

2011년 7월

이관춘

차 례

• 머리말 / 3

서장 시민교육, 패러다임을 바꾸자 17

1. 호모 키비쿠스: 시민으로서의 인간 / 17

1) 이제, 시민교육을 말하자! … 17
2) 평생학습으로서의 시민교육 … 19
3) 시민교육의 목적, 자기창조 … 20
4) 자아실현인 타자 지향 … 21

2. 시민교육, 무엇을 다룰 것인가? / 23

1) 적극적 정치참여 … 24
2) 신뢰와 부정부패 … 26
3) 배려, 공동체의식 … 27
4) 인터넷의 빛과 그늘 … 30
5) 미디어와 미디어리터러시 … 31
6) 세계화, 글로벌 시티즌십 … 33
7) 말 없는 시민, 환경 … 35

3. 시민교육 누가, 어떻게 할 것인가? / 38

1) 시민교육의 주관 … 39
2) 시민교육의 주체 … 39
3) 시민교육의 방법 … 41

제1부 너와 나

제1장 시민과 시민교육 49

1. 고대 그리스, 로마의 시민 / 50
1) 시민의 어원 … 50
2) 그리스 아테네의 시민 … 51
3) 로마시대의 시민 … 54

2. 근대적 의미의 시민 / 57
1) 중세의 이단자, 부르주아 … 57
2) 시민사회의 건설자, 부르주아 … 58

3. 현대적 시민과 글로벌 시민 / 61
1) 시민과 시민권의 개념 … 62
2) 글로벌 시대의 시민 … 64

4. 시민성의 개념과 구분 / 66
1) 시민성의 개념 … 66
2) 공화정 모형과 자유주의 모형 … 67
3) 페미니스트 비판 … 69
4) 시민성의 구성요소 … 71

5. 민주시민교육의 내용과 역사 / 73
1) 시민교육의 개념 … 73
2) 시민교육의 역사 … 75
3) 시민교육의 내용 … 78

제2장 선거와 정치참여 85

1. 선거권 투쟁의 역사 / 87
1) 선거의 역사 … 87
2) 영국의 차티스트 운동 … 89
3) 미국의 참정권 운동 … 89
4) 여성의 투표권 쟁취 운동 … 91
5) 한국의 직선제 개헌 운동 … 92

2. 선거의 기능과 정책선거 / 94
1) 선거의 기능 … 94
2) 선거의 권리와 의무 … 98
3) 정책선거의 영향력 … 99

3. 선거제도와 정치참여 유형 / 102

1) 현대의 선거제도 … 102 2) 정치참여 유형 … 104
3) 정치참여 행태 개선 … 105

4. 정치참여와 정치교육 / 108

1) 정치교육의 필요성 … 108 2) 정치의 영향 및 참여과정 … 110
3) 정치교육의 내용 … 112

제3장 여성성과 양성평등 121

1. 세상의 절반, 여성의 불평등 / 122

1) 성 불평등의 개념 … 122 2) 성 불평등의 형태 … 124

2. 한국의 성 불평등과 저출산 / 127

1) 한국의 성 불평등 … 127 2) 저출산 재앙 … 129
3) 저출산의 원인 … 134

3. 여성 문제에 대한 다양한 관점 / 136

1) 가부장제도 … 136 2) 모성과 육아 … 139
3) 사랑과 성 … 141

4. 여성성 논쟁 / 142

1) 여성성은 사회가 날조한 것 … 143 2) 여성성은 유전적인 것 … 147
3) 양성평등을 지향하며 … 149

제4장 인터넷 시대의 빛과 어둠 155

1. 인터넷 시대와 디지털 네이티브 / 156

1) 인터넷 천국, 한국 … 156 2) 인터넷과 커뮤니케이션 … 158
3) 디지털 혁명과 '넷세대' … 160

2. 넷세대 패러다임의 양날 / 163

1) '넷세대' 식 패러다임 변화 … 163 2) 인터넷의 역기능 … 165

3. 인터넷의 익명성 / 168

1) 익명성의 함정 … 168 2) '인터넷 원숭이' 세상 … 169

4. 인터넷의 빛과 어둠 / 172
1) 청소년 인터넷 중독 … 172
2) 인터넷 중독의 원인 … 174
3) 심각한 청소년 게임중독 … 177
4) 인터넷 게임중독 자가진단 … 182

제2부 너와 나 그리고 우리

제5장 신뢰사회와 부정부패 193

1. 글로벌 부정부패 대책 / 194
1) 윤리라운드 … 195
2) 투명성 혁명시대 … 198

2. 2만 달러 경제와 부정부패 / 199
1) 밖에서 본 한국의 부정부패 … 200
2) 안에서 본 한국의 부정부패 … 202
3) 젊은 세대의 비리불감증 … 204

3. 부정부패와 국가경쟁력 / 206
1) 후쿠야마와 신뢰문화 … 206
2) 베니스의 상인: 계약보다 신뢰 … 207
3) '거짓말 천국' 의 실상 … 208
4) 신뢰국가 한국을 향해 … 210

4. 부정부패와 저개발 국가 / 212
1) 자원부국의 '자원의 저주' … 213
2) 브릭스 발전의 재앙, 부정부패 … 214
3) 아르헨티나와 아프리카 … 215

5. 부패척결의 윤리적 접근 / 217
1) '살아남는 회사' 의 윤리 … 217
2) 불신사회의 윤리 … 219
3) 신뢰사회를 위한 윤리 … 220

제6장 공동체의식과 공동체자유주의 225

1. 자유주의의 빛과 어둠 / 226

1) 지식정보화시대와 양극화 … 226 2) 자유주의에 대한 반성 … 229
3) 롤스의 '무지의 장막' … 231

2. 대안으로서의 공동체자유주의 / 235

1) 공동체주의의 새로운 평가 … 235
2) 공동체자유주의의 부상 … 237

3. 공동체자유주의와 경쟁력 / 239

1) 공동체주의와 경쟁력 … 239 2) 경쟁력인 사회자본 … 242
3) 공동체주의의 '어두움' … 244
4) '아는 사람에게만' 의 공동체 … 246

4. 공동체자유주의의 실현 / 248

1) 사회기부 … 248 2) 노블레스 오블리주 … 250
3) 타인에 대한 배려 … 251

제7장 자본주의 경제와 경제교육 255

1. 경제교육의 개념과 필요성 / 256

1) 경제교육의 개념과 목표 … 256 2) 경제교육의 필요성 … 258
3) 자본주의 경제와 자본가 정신 … 259

2. 글로벌 경제교육 현황 / 262

1) 미국의 경제교육 … 262 2) 영국의 경제교육 … 263
3) 일본의 경제교육 … 265 4) 네덜란드의 경제교육 … 266
5) 한국의 경제교육 … 268

3. 경제행위의 원리: 호모 에코노미쿠스 / 270

1) 이기심과 경제 … 270 2) 호모 에코노미쿠스 … 272
3) '보이지 않는 손' 의 원리 … 273

4. 전통적 경제이론에 대한 비판 / 276

1) 시장의 실패 … 276 2) 행태경제이론과 '합리적 인간' … 281

제8장 미디어와 미디어교육 287

1. 세상을 내다보는 창, 미디어 / 288

1) 미디어의 개념과 기능 … 288　2) 미디어의 특성 … 290

2. 대안언론 논쟁, 인터넷 미디어 / 292

1) 혼돈의 '정보 바다' … 293　2) 인터넷, 대안언론인가 … 294

3) 풀뿌리 저널리즘으로 … 295

3. 새로운 미디어 파워, 소셜미디어 / 298

1) 소셜미디어의 개념과 특징 … 299

2) 나는 '소셜' 한다, 고로 존재한다 … 302

3) 소셜미디어의 그늘 … 304

4. 미디어교육의 필요성 / 307

1) 미디어와 광고, 성 … 307　2) 미디어와 폭력 … 309

3) 수용자 중심 미디어교육 … 311　4) 미디어교육의 기본원칙 … 313

제9장 미디어 문맹과 미디어 리터러시 317

1. 미디어의 정치성과 프레이밍 효과 / 318

1) 매스미디어의 정치성 … 318　2) 프레이밍 효과와 촛불시위 … 321

2. 미디어 리터러시 / 323

1) 미디어 리터러시의 개념 … 324　2) 제4세대, 디지털 리터러시 … 325

3) 미디어 리터러시의 특성 및 필요성 … 327

3. 미디어 리터러시 접근이론 / 329

1) 미디어 리터러시 황금규칙 … 330

2) 미디어 리터러시 사례: TV뉴스 … 333

3) 미디어 리터러시 교육 모델 … 335

4) 미디어 리터러시 교육과정 … 337

4. 미디어 자체의 리터러시 / 338

1) 미디어는 메시지다 … 339　2) 내용 아닌 매체를 보라 … 341

3) 핫 미디어, 쿨 미디어 … 342

4) SNS 시대의 미디어 리터러시 … 343

제3부 너와 나, 우리 그리고 지구촌

제10장 다문화사회와 다문화교육 351

1. 다문화가정과 경쟁력 / 352
   1) 다문화가정의 발생 배경 … 353
   2) 다문화가정의 현황 … 354
   3) 다문화가정과 국가경쟁력 … 356
2. 다문화가정 및 정책에서의 차별 / 358
   1) 다문화가정의 개념 … 358
   2) 준비 안 된 다문화사회 … 359
   3) 차별의 원인과 대안 … 361
3. 선진국 다문화정책의 명암 / 363
   1) 이민자의 통합 아닌 공존 … 363
   2) 노동력 공급을 위한 다문화정책 … 366
   3) 다문화정책의 명암 … 367
4. 한국적 다문화주의를 지향하며 / 369
   1) 다문화주의의 개념 … 369
   2) 다문화주의에 대한 비판 … 371
   3) 한국식 다문화주의를 향해 … 373
5. 다문화교육의 실제 / 375
   1) 다문화교육의 의미 … 375
   2) 다문화 교육과정 … 378
   3) 다문화교육의 사례 … 381

제11장 세계화와 대안 세계화 387

1. 세계화의 개념과 특징 / 388
   1) 세계화의 기원 및 개념 … 388
   2) 렉서스와 올리브나무 … 391
   3) 세계화의 특징 … 392

2. 세계화에 대한 논쟁 / 395
1) 세계화는 '선' … 395
2) 영화 〈아바타〉와 반세계화 … 398
3) '악의 축', 세계화 … 399
4) '인간의 얼굴'을 한 세계화 … 401

3. 자유무역협정의 허와 실 / 403
1) 자유무역협정의 배경과 의미 … 403
2) 한국의 FTA 현황 … 405
3) FTA의 빛과 그늘 … 407

4. 세계화와 글로벌 금융위기 / 411
1) 외국 자본의 딜레마 … 412
2) 글로벌 금융위기의 재앙 … 416
3) '인간의 얼굴'을 한 세계화를 위해 … 418

제12장 환경 생태계 위기와 시민리더십 425

1. 생태계 위기의 다양성 / 426
1) 생태계의 개념 … 426
2) 생태계 위기의 다양성 … 428
3) 오염물질 먹이사슬 … 430

2. 지구온난화와 기후의 역습 / 432
1) 기후의 역습 … 433
2) 기후변화의 원인, 온난화 … 435
3) 온난화 재앙 … 437
4) 온난화 주범, 인간 … 440

3. 비틀대는 유엔 기후변화 대책 / 444
1) 기든스의 역설 … 444
2) 실리(實利)전쟁, 유엔기후변화회의 … 445
3) 문제는 중국이다 … 447
4) 시급한 국가적 기후변화 대책 … 449

4. 생태계 위기극복과 시민리더십 / 450
1) 2030 OECD 환경전망 … 451
2) 환경보호를 위한 시민리더십 … 454
3) 생태학적 윤리 패러다임으로 … 457
4) 생활 속 환경보호의 필요성 … 461

제13장 기업시민과 윤리적 소비 465

1. 기업시민과 기업경영 / 466

1) 기업시민의 개념 … 466
2) 기업경영과 기업시민 … 469

2. '기업시민' 은 문명사적 변화 / 471

1) 인터넷과 고령화 … 471
2) 'having' 에서 'being' 시대로 … 472
3) '주주' 에서 '이해자' 중심으로 … 474

3. 기업상생과 기업시민 / 476

1) 월마트와 기업시민 … 476
2) 도요타 리콜사태와 상생 … 478
3) 기업상생의 현황과 방향 … 480
4) 기업상생과 성과공유제 … 482

4. 사회책임투자와 윤리적 소비 / 485

1) '사회책임투자' 운동 … 485
2) 사회책임투자자로서의 시민 … 487
3) 영성의 추구가 윤리적 소비로 … 489

• 참고문헌 / 493
• 찾아보기 / 504

서 장

시민교육, 패러다임을 바꾸자

1. 호모 키비쿠스: 시민으로서의 인간

지금은 당연시되는 것이 그 출발은 투쟁과 혁명이었던 것들이 있다. '시민' 이란 단어도 그렇다. 우리가 진정한 의미의 시민이 된 것이 언제부터인가. 또 이를 위해 얼마나 많은 희생과 고통을 대가로 치러야 했는가. 최근에는 소위 '재스민(Jasmine) 혁명' 인 튀니지의 민주화 투쟁을 시작으로 중동지역에 요원의 불길처럼 시민혁명이 타올랐다. 2500년 전 민주주의의 발상지 고대 그리스와 지척인 이들 국가에서 이제야 민주주의가 싹튼다는 건 역사의 아이러니다. 바깥 사정이야 어찌됐든, 이미 민주화의 홍역을 치렀다는 안도감에서인지 한국 사회에서 시민이란 말은 별다른 감흥을 주지 못하는 무미건조한 낱말이 되었다.

1) 이제, 시민교육을 말하자!

그 '시민' 이 최근 들어 화두로 등장하고 있다. 시민의식이 필요하다는 목소리도 점차 높아지고 있다. 곳곳에서 다양한 이유로 시민교육이 필요하다는 움직임이 자발적으로 일고 있다.

신자유주의란 이름으로 경쟁, 이익, 권력이 난무하는 세상에 뭔가 문제가 있다는 생각이 고개를 들고 있다. 사람 냄새가 증발해 버리는 세태를 더 이상 묵과할 수 없다는 위기의식의 발로일 수도 있다.

일반적으로 사람들은 자신에게 문제가 닥쳐야만 행동한다. 그러나 최근 들어 자신만의 이익을 넘어, 이웃집 담 너머에 관심을 갖기 시작했다. 뭔가 의미 있는 일, 뭔가 새로운 세상을 만들어 보려는 사람들이 시민으로 나서고 있다. 세계적으로 기부나 자원봉사에 대한 관심이 늘고 그에 동참하는 개인과 기업도 점차 늘고 있다. 주목할 점은, 그들은 이 같은 행동을 희생이 아닌, 삶의 의미와 자아실현으로 생각한다는 점이다. 일찍이 로저 마틴Roger Martin이 명명한 '시민 사회적 토대'가 국내외적으로 나타나고 있는 것이다.

이러한 시민의식, 시민교육에 대한 사회적 요청은 분명 과거와는 다른 차원이다. 정치적 민주화를 부르짖던 과거 군사정권시절과는 양상이 다르다. 같은 맥락에서 현재의 중동지역 국가 상황과도 차원이 다르다. 1980년대까지의 한국이나 2010년대의 중동아시아는 정치 제도적 폭압에서의 해방을 위한 시민혁명이었다. 이는 마치 상공업자인 부르주아를 중심으로 일으킨 1688년 영국의 명예혁명이나 1789년 프랑스혁명의 이념과 기본적으로 다를 바 없다. 당시 서양의 봉건적 신분제와 그에 따른 정치 제도적 억압은 작금의 아시아 상황과는 외현(外現)의 차이는 있을지언정 그 속성은 동일하기 때문이다.

2010년대 사회적 요구로 제기되는 우리의 시민교육은 다차원적 특징을 지닌다. 우선 학교 차원에서는, 학생인권조례와 체벌금지가 화두가 되면서 학생의 인권과 민주적 책임감, 타인에 대한 배려의식 등에 대한 절박한 교육의 필요성 차원에서 비롯되고 있다. 시민으로서의 기본 권리 및 책임의식을 뒤늦게나마 학생·청소년에게 동일하게 적용하면서 발생한 교육요구인 셈이다. 이를 고려해 교육과학기술부는 학생주도의 학교행사와 동아리활동을 활성화하고, 학칙제정과 학교운영위원회의 의사결정 과정에 학생의 참여를 장려하며 토론 참여형 수업을 강화하겠다는 시민교육안을 내놓고 있다.[1] 필요성의 인식에는 공감하나 국가 주도적 시민교육의 유혹은 극복해야 할 과제임에 틀림없다.

2) 평생학습으로서의 시민교육

또 다른 차원에서의 시민교육의 사회적 요구는 시민으로서의 자아실현에 대한 욕구에서 비롯된다. 평생학습 차원에서의 시민교육에 대한 사회적 요구라 할 수 있다. 전통적으로 시민교육은 한 사회 시민으로서 요구되는 자질을 구비시키는 '사회화'의 성격이 강했다. 모든 교육이 그러하듯 평생학습에서의 시민교육은 사회화의 차원뿐 아니라 역사회화(counter-socialization)의 기능을 수행한다. 즉, 사회화를 기존 사회 질서와 가치체계에 순응하는 과정이라면, 역사회화는 개인의 독창성을 중시하고 새로운 질서와 가치체계를 만들어 내는 역할이다.[2] 사회화가 사회인으로서 갖추어야 할 기술, 기능에 초점을 맞추는 소극적 의미의 교육이라면, 역사회화란 사회화의 철학적이며 사상적인 '그 무엇'을 제시하고 창출해 나가는 적극적인 학습이자 배움인 것이다.

따라서 평생학습 차원에서의 시민교육은 시민으로서의 권리와 의무를 시대 상황에 맞추어 재해석하고 이를 실현하는 자기창조(self-creation)의 기능을 수행해야 한다. 또한 시민성(citizenship)을 위협하는 대내외적 환경 요인을 찾아내고 이에 맞서 투쟁하는 '공익 지향적' 성격을 견지해야 한다. 자기창조와 공익지향은 동전의 양면이며, 결국 평생학습의 궁극적 목적인 자아실현(self-actualization)의 또 다른 표현이라 할 수 있다.

평생학습을 통한 자기창조는 시민으로서의 인간의 권리와 자유를 전제로 한다. 실존주의적 관점에서 자기창조는 인간 개개인이 존재(存在)의 차원에서 실존(實存)

의 차원으로 나아감을 의미한다. 장 폴 사르트르Jean Paul Sartre는 '존재와 무'에서 개인의 온전한 자유를 바탕으로 사고하고 행위를 선택하지 못하는 '부자유스러움'을 '존재'로 규정했다. 생명이 있든 없든 부자유스러운, 단지 '있음(being)'의 상태가 존재인 것이다. '무(無)'라는 것은 인간에게는 미리 주어진 본질이 없다는 것, 따라서 인간이 자유로운 배움을 통해 인간 스스로 본질을 만들어야 한다는 것을 의미한다. 그렇다면 책상이나 냉장고처럼 인간도 자유로운 사고와 판단을 통해 자신의 본질을 만들지 못하는 상태가 될 때 '존재'의 상태에 머무르게 된다. 결국 '존재'란 스스로 본질을 만들지 못하는 '무'의 상태를 의미한다.

사르트르는 인간은 현재 존재하는 것으로서 만족하는 것이 아니라 현재 없는 것(목적)을 추구해 나가고, 그 실현에 삶의 충족감과 의미 혹은 가치를 느끼는 존재라고 말한다. 쇠렌 오뷔에 키르케고르Søren Aabye Kierkegaard가 자유를 통한 자기창조에 도달하지 못하는 현대인을 '실존의 차원에서 존재의 차원으로 전락했다'고 비판한 것은 바로 이 때문이다. 인간의 자유는 인간의 자기창조를 통한 실존으로 나아가기 위한 핵심 요인이다. 이런 관점에서 인간의 자유를 억압하는 정치 사회적 세력을 밝혀내고 맞서 투쟁하기 위한 시민교육은 인간의 자기창조, 자아실현을 위한 평생학습인 것이다.

3) 시민교육의 목적, 자기창조

그러나 평생학습 관점에서의 자아실현이란 '나 홀로'가 아닌 타인과의 관계 속에서 성취되는 특징을 지닌다. 배움은 인간 존재의 인간적인 면을 찾고 개인의 고유성을 발현시킨다. 그러나 자아실현을 위한 배움이 개별 존재에만 국한되는 것은 아니다. 인간은 자신의 고유함을 찾기 위해 자신에 대해 더 깊이 파고들어 가면 갈수록 필연적으로 타자 및 외부세계와 조우(遭遇)하게 되어 있다. 고든 윌러드 올포트Gordon Willard Allport[3)]는 인간은 자신에 대해 더 많이 알면 알수록 그만큼 전 인간세계에 대해 더 알게 된다고 말한다. 자신의 고유함을 찾기 위해 자신에 대해 더 깊이 파고들어 가면 갈수록 전 인류에 대해 더 많은 것을 발견하게 될 수밖에 없다는 것이다. 빅토르 에밀 프랑클Viktor Emil Frankle은 존재의 이러한 측면을 존재 외부에 있는 삶의 진정한 의미와 연관시켜 조명한다.[4] 같은 맥락에서 게오르크 빌헬름 프리드리히 헤겔Georg Wilhelm Friedrich Hegel은 인간의 향자존성(being-for-itself)은 궁극적으로 타자 지향 속에서 발견된다고 강조한다.[5]

4) 자아실현인 타자 지향

사르트르는 타자 지향을 통한 자아실현의 인간 속성을 '앙가주망(engagement)'으로 정리한다. 그는 인간 실존의 필수요소인 자유로움을 보장하는 삶의 조건으로서 투기(投企: 미래를 향해 스스로를 내던지는 일)와 선택을 제시하고 그 선택에 대한 책임 및 앙가주망을 제시한다.[6] 특히 자신을 투기하고 선택하되 자신만이 아니라 인류 전체의 행복증진을 지향하는 앙가주망이 인간 실존의 모습임을 강조하고 있다.

결국 프랑클의 말대로, 인간은 실존의 상태를 지향하는 한 언제나 자신이 아닌 어떤 사물 혹은 어떤 존재를 향하고 응시하게 되어 있다. 즉, '있음(being)'-'되어감(becoming)' 이란 인간의 이원성에는 필연적으로 타자에 '속함(belonging)' 의 요소가 수반된다.[7] '속함' 은 인간관계 속에 있는 것이며 다른 사람을 향해, 다른 사람과 함께하는 것이다. 속함의 요소가 없다면 '존재'-'되어감' 의 요소는 개인적이며 자기중심적인 상태(사르트르의 '존재' 상태)로만 남게 된다. 따라서 이 '속함' 이 평생학습 및 시민교육에 진정한 의미를 부여하는 요소가 된다. '속함' 을 위한 학습은 인간의 자연적인 요구와 인간의 가능성에 관련되는 것으로서 인간의 의식이나 지각을 확대하고 발현시키는 것이다.[8]

사람을 뜻하는 라틴어 단어에 페르소나(persona)가 있다. 그런데 이 단어의 유래가 흥미롭다. '로마시대 연극 무대에서는 배우들이 가면을 쓰고 연기를 했다' 고 하는데, 바로 이 가면이 페르소나다.[9] 훌륭한 배우는 자신의 자유, 감정과는 무관하게 자신이 맡은 배역을 충실히 수행한다. 배우의 존재는 무대 위에서의 가면과 무대 밖에서의 민얼굴이란 야누스적 본성을 운명적으로 지닌다. 배우에게 가면이란 배우의 본성인 연기에의 충실함이자 관객에 대한 배려다. 제임스 로비 키드James Roby Kidd가 말하는 '속함(belonging)' 이며 사르트르의 '앙가주망' 이다. 배우가 가면에 충실하다는 것은 곧 배우의 인격을 가늠하는 행위다. 그래서일까? 페르소나에는 사람이란 뜻과 아울러 인격(人格)이란 의미가 있음에 주목할 필요가 있다.

하지만 평생 가면을 쓴 채로 살 수는 없다. 고대 그리스의 스토아학파 철학자 에픽테토스Epiktētos는 페르소나에 집착하다가 민얼굴을 망각해선 안 된다고 말한다. "민얼굴이 건강하다면 우리는 다양한 페르소나를 쓸 수 있는 힘을 얻을 것이다. 불행하게도 민얼굴을 관리하지 않는다면 우리는 자신이 쓰고 있는 페르소나를 벗으려고 하지 않을 것이다."[10] 타인, 타자에 대한 배려는 자기 자신의 실존적 의식과 행위에 대한 부단한 배움의 노력이 전제되어야 한다는 의미다.

인간은 무대 위에서 연기하는 배우와 마찬가지다. 부모로부터 '받는 것' 에만 익숙하고 당연시하던 어린아이도 유치원에 다닐 나이쯤 되면 가면을 쓰기 시작한다. 이른바 '사회적 거짓말' 이다. 타인의 감정과 처지를 배려해 자신의 마음과 진실을 감추는 것이다. 이러한 '사회적' 가면은 청소년기의 학교생활을 거쳐 사랑을 하고 가정을 이루고 직장생활을 하면서, 그리고 죽음에 이르기까지 벗지 못한다. 평생학습으로서의 시민교육적 관점에서 가면이란 인간의 '사회성' 을 상징한다고 할 수 있다. 즉, 타인, 타자의 자유와 권리를 배려하여 자신의 자유 및 권리를 자제 혹은 제한시키는 의식과 행위다.

그런데 명심할 점은, 자신의 자유 및 권리를 자제하는 것은 희생이 아니라 오히려 자아실현이란 사실이다. 타인을 배려하기 위한 자신의 자유와 권리 억제가 오히려 자신을 자유롭게 만드는 이율배반, 소위 자아실현의 '역설(paradox)' 이 발생하는 것이다. 시민교육의 근본적인 목적은 타자의 배려를 통한 자아실현의 '역설' 에 두어야 한다. 경쟁과 효용성을 지고의 가치로 여기는 자유주의, 신자유주의가 글로벌스탠더드인 양 팽배해 있다. 그러나 신자유주의의 '자유'는 freedom이 아닌 liberty로 표기하고 있음에 주목해야 한다. freedom은 말 그대로 완벽한 자유를 의미하며 타인의 어떠한 간섭이나 개입을 거부하는 개념이다. 반면에 liberty는 '자율'에 무게를 둔다. 다시 말해 개인의 자유를 존중하되 타인의 정당한 간섭이나 개입을 허용하는 개념이다. 신자유주의를 이념으로 삼는 정치, 사회, 경제, 교육의 시스템은 개인의 자유와 아울러 타인의 자유에 대한 존중과 배려를 핵심 가치로 삼아야 함을 의미하는 것이다.

2. 시민교육, 무엇을 다룰 것인가?

지금까지 평생학습으로서의 시민교육의 철학적 이념과 목적을 나름대로 정리해 보았다. 시민교육의 핵심 목적은 '시민으로서의 인간(homo civicus)'의 '자아실현'에 있다. 이를 위한 전제 조건이 개인의 자유와 권리 보장이다. 서구의 근세 시민혁명에서부터 21세기 한국 학교현장의 학생인권조례와 체벌금지, 두발자유에 대한 논쟁에 이르기까지 모두가 개인의 자유와 인권을 찾으려는 노력이자 투쟁이다.

그러나 개별 시민의 자유와 권리 신장은 시민의 자아실현을 위한 출발이자 필요조건일 뿐이다. 인간은 본성적으로 타자(他者)와의 관계에서 자신의 의미를 찾는 존재이기 때문이다. 따라서 앞서 언급한 대로 타자의 자유와 권리에 대한 배려는 자기희생이 아닌 자아실현의 또 다른 조건이 된다. 타인에 대한 배려 없이 '나'만 아는 인간은 '나뿐인 인간'이다. 그래서 '나뿐인 놈'이 '나쁜 놈'이 된 것이란 주장이 나올 수 있다. '나' 만이 아닌 '너'를 포용하는 교육이 시민교육이다. 결국 민주시민교육의 기초는 인성교육이 되어야 한다.

'인성'이란 '도덕성'의 또 다른 표현이다. 도덕성이란 권리와 의무에 대한 인식에서 그치는 것이 아닌 행동으로 나타나는 것이다. 필립 코틀러Philip Kotler가 저서 『마켓 3.0Markert 3.0』에서 갈파하듯, '도덕적인 가치와 행동이 일치되는 것'이 도덕성이다. 우리의 교육은 도덕을 가르쳤지 도덕성은 도외시했다. 마찬가지로 우리 사회는 도덕적 가치를 표방하고 있지만 행동은 이를 따르지 못하고 있다.

2002년 미국 금융위기의 도화선이 되었던 부패 기업의 대명사, 엔론(Enron)의 핵심가치는 '고객 존경' 과 '청렴' 이었다. 그러나 실제로는 '무슨 짓이든 다 하라. 단, 걸리지만 말라' 가 기업의 공유 가치였고, 결과는 파산이었다. 국가사회도 마찬가지다. 당장 망하지는 않을지 모르나 결국 부패하고 퇴락하게 되는 것이 역사의 순리다. 필립 코틀러는 앞으로의 3.0 시장의 핵심 가치는 도덕성이라고 결론을 내린다. 시민교육은 도덕성, 즉 도덕적 가치와 행동의 간극을 메우는 가교 역할을 수행해야 한다.

이러한 논의를 전제로 할 때, 시민교육의 3W1H, 즉 무슨 목적(what)으로, 어떤 내용(what)을, 누가(who), 어떻게(how) 가르쳐야 하는가에 대한 논의의 기준은 자연스럽게 도출된다. 앞서 논의한 시민교육의 목적에 이어, 시민교육의 내용과 주체 및 방법에 대해 논의해 보기로 하자.

1) 적극적 정치참여

먼저, 무슨 내용(what)을 시민교육에서 다루어야 할 것인가의 문제다. 시민교육의 내용에 대해서는 논의가 분분하다. 그러나 앞서 논의한 시민교육의 목적을 기준으로 할 때 틀을 잡는 것이 그리 어려운 일은 아니다. 또한 시민교육은 성격상 시대 상황을 반영해야 한다는 점을 기억할 필요가 있다. 먼저, 아리스토텔레스Aristoteles의 말을 들어 보자.[11)]

> "공동체 운영에 어떠한 역할도 수행하지 않는 사람은 짐승이거나 아니면 신이다."

고대 그리스 아테네에서나 21세기 한국 사회에서나 시민의 핵심 권리이자 의무는 적극적인 정치참여다. 이런 의미에서 시민이란 '권리의 자각과 적극적인 참여로 정치권력을 창출하는 민주사회의 주체'[12]다. 버지니아 A. 리어리Virginia A. Leary는 시민(citizenship)은 권리와 의무를 갖게 되지만, 특히 투표를 포함한 공동체 삶에서의 적극적인 정치참여가 시민의 핵심 권리라고 강조한다.[13] 물론 고대 그리스의 시민이란 제한적이었고 시민으로서의 권리보다 의무가 강조되었지만 진정한 시민이 된다는 것은 곧 공동체 생활에의 적극적인 참여를 의미했다. 정치에의 적극적 참여는 정치적 자유의 신장을 가져오고 이는 다시 개인적 자유를 확대시키는 선순환을 가져온다. 따라서 뱅자맹 콩스탕Benjamin Constant이 지적하듯 정치적 참여는 정치적 자유 및 개인적 자유를 위한 필요조건이 된다.[14]

이러한 시민의 적극적인 정치참여는 세계 여러 나라 민주시민교육의 핵심 내용으로 자리하고 있다. 우리나라 시민교육에 대한 논의에서도 빠짐없이 공통으로 등장하는 것이 적극적인 정치참여에 관련된 내용이다.

그러나 시민교육의 내용을 정치적 시민에 제한시키는 관점에는 분명 문제가 있다. 정치는 사적인 삶, 그리고 사회적이며 경제적인 삶과 유리될 수도 없고 또 분리되어서도 안 되기 때문이다. 특히 성(gender), 계급, 언어, 인종, 종족, 문화 등의 이질성이 특징인 글로벌 사회에서는 더욱 그러하다. 나아가 과거와는 달리 시민적 삶에 영향을 미치는 요소는 다양해졌다는 점에 주목할 필요가 있다. 시민사회의 기반인 신뢰 및 신뢰를 무너뜨리는 부정부패, 국가에 못지않게 강력해진 자본주의 시장의 권력, 국가보다 비대해진 기업의 세력, 재벌화된 매스미디어의 세력, 늘어만 가는 인터넷 인격살인, 1인 미디어로 등장한 소셜미디어의 힘 등 시민의 자아실현에 절대적 영향력을 행사하는 다양한 세력이 부상하고 있다. 게다가 시민의 정치적 권리는 상식화되어 있지만 아직도 저개발국가에서는 해결해야 할 과제로 남아 있다. 아동 및 여성의 인권, 소수 인종에 대한 차별의 문제도 여전히 시민교육의 중요한 과제가 되고 있다.

2) 신뢰와 부정부패

시민사회가 말 그대로 진정한 '시민의 사회'가 되기 위한 핵심 조건은 '신뢰'다. 사람과 사람 사이에 '믿음'이 있어야 사회가 제대로 돌아갈 수 있기 때문이다. 서로가 서로를 믿지 못하면 사회경제적으로 불편이 가중되고 기회비용이 증가하게 마련이다. 신뢰사회를 가로막는 의식과 행위는 무엇보다 도덕불감증(moral hazard)에서 비롯된다. 우리 사회에는 말이 도덕불감증이지 범죄 수준에 이르는 비윤리적 행태가 사회 곳곳에 만연돼 있다. 모럴해저드란 용어가 나온 보험업계의 통계만 봐도 알 수 있다.

보험개발원에 따르면[15] 우리나라에서 자동차 사고로 부상을 입은 사람이 병원에 입원하는 비율은 58.5%에 달한다. 이는 일본의 6.4%에 비해 9배가 넘는 수치다. 부상자 가운데는 보험금을 받아 낼 목적으로 입원절차만 밟고 병실에 머물지 않는 속칭 '나이롱환자'가 그만큼 많다는 뜻이다. 이뿐만이 아니다. 우리나라에서 남을 거짓으로 고소 고발하는 무고죄나 위증죄는 인구비례로 계산하면 일본의 무려 857배(위증죄)와 1085배(무고죄)에 달한다. 연간 소송사건은 국민 1인당 0.127건으로서 인구가 우리의 2.5배가 넘는 일본보다 민사소송 건수는 거꾸로 2배 가까이 되는 '소송왕국'이다. 어느 신문의 표현대로 '거짓말 천국'이란 비아냥을 들을 만하다.

거짓과 불신은 부정부패로 연계된다. 부패구조는 인간다운 사회의 최후 안전망인 법적, 도덕적 장치를 파괴한다. 따라서 부패구조 아래에서는 경쟁력이 생길 수 없다. 부정부패는 한국 정관계의 고질적인 '직업병'이다. 신문을 펴들면 현기증이 날 정도로 빠지지 않는 기사 내용이 부정이고 부패다. 대통령의 측근이 가난한 건설현장 인부들이 이용하는 식당 밥값에서 수천만 원씩 뇌물을 받아 챙긴다. 그 결과 인부들은 소위 '동태사골국'(뼈뿐인 동탯국)만 먹는다는 수사 검사의 말이다.[16] 전체 지방자치 단체장 230명 중 거의 반에 가까운 110명(48%)이 임기 중에 비리와 위법 혐의로 기소되었다. 가히 기네스북에 오를 수치다. 법조삼륜이라는 판사, 검사, 변호사가 뒤얽혀 있는 비리 커넥션은 여전히 공고하다. '법관 전관예우'가 그렇다. 그러니 공정한 재판이 이루어질 리 없다. '예수와 유다가 법정에서 싸우면 예수가 진다'는 말이 나온다. 말이 전관예우지 유전무죄(有錢無罪), 무전유죄(無錢有罪)를 부르는 사실상의 범죄행위다.

우리 사회의 거짓과 부정부패 수준은 외부의 객관적인 평가에서도 그대로 드러난다. 세계 가치조사기구(ASEP/JDS)에 따르면 우리나라의 사회신뢰지수는 56.9다.[17] 스웨덴의 134.5와는 비교도 안 되는 낯 뜨거운 평가다. 국제투명성기구(TI)가 매년 발표하는 세계 각국의 '부패인식지수(CPI)에서 한국은 지난 15년 동안 변함없이 10점 만점에 5점을 갓 넘은 수준으로 OECD 국가 중 최하위권이다. 국민소득 2만 달러 시대에 윤리는 200달러 수준인 것이다.

부정부패를 일소하고 사회신뢰를 회복하기 위한 시민교육이 절박한 실정이다. 일본도 한때 '가짜 환자' 입원율이 높았지만 정부와 시민이 문제의식을 깨닫고 교육을 통한 개선에 나서면서 비율이 크게 떨어졌다. 선진국의 대명사인 미국에서도 1960년대에는 교통법규위반으로 적발되면 경찰에게 뇌물을 쥐어 주고 통과되는 일이 다반사였다고 한다. 작금의 한국 사회의 불신 및 부정부패 현상을 선진국으로 가는 단순한 통과의례 정도로 그치게 하기 위해서는 결국 시민교육의 역할이 그 어느 때보다 요구된다.

3) 배려, 공동체의식

한국인에 대한 주한 외국인의 공통된 평가가 있다. 서울글로벌센터 앨런 팀블릭 Alan Timblick 관장은 이를 한 문장으로 표현한다. "서울에서는 누구도 양보하지 않는다."[18] 기초질서, 타인에 대한 '배려' 의식이 없다는 말이다. 기초질서란 남에게 불편을 끼치지 않기 위해, 그리고 언젠가 내가 또 다른 피해자가 되지 않기 위해 오늘 서로가 지켜야 하는 최소한의 기본 덕목이다.[19] 기초질서의 근본은 타인에 대한 배려심이다. 기초질서는 행복한 시민, 건강한 시민사회를 위한 말 그대로 기초다. 그러한 배려, 기초질서가 무시되는 것이 현재 우리의 자화상이다. 대한변호사협회 이상석 변호사는 압축 경제성장 및 민주화 투쟁과정을 거치면서 어느 때부터인가 우리 사회는 '내 인생 내가 산다' 는 자기결정권 의지, '목소리 큰 사람이 이기고 밀어붙이면 통하더라' 는 왜곡된 권리의식이 강해졌다고 분석한다. 막스 베버Max Weber가 말하는 '천민자본주의' 적 의식과 행태다.

> 타인에 대한 무례, 무시는 물론이고 떼쓰기 식 억지주장과 주변 소란행위, 작은 이익을 위한 새치기 등 이기적 얌체행위, 아무렇지도 않게 거리에 껌, 침을 뱉고 쓰레기나 담배꽁초를 버리고, 밀폐된 공공장소에서 장시간 큰 소리로 '떠드는' 휴대전화 매너, 무리 지어 목청껏 웃고 떠드는 행위, 자기 자식 기죽이지 않기 위해 아이가 이리 뛰고 저리 뛰어도 소란을 방치하는 무신경은 다반사다. 깜빡이도 안 켜고 끼어들거나 갑작스러운 차로 변경, 합류 지점에서조차 끝끝내 길을 비켜 주지 않거나 교차로에서조차 불법 주정차를 당연시하는 운전자.[20)]

토머스 홉스Thomas Hobbes의 표현을 빌리면, '만인의 만인에 대한 무례' 다. 집 밖으로 나서기가 겁나고 합리적, 합법적인 이의제기조차 두렵다. 상황이 이러한데도 외국인을 대상으로 한 한국 홍보 책자에는 '동방예의지국' 이 빠짐없이 등장한다. 이름도 잘 모르는 시골 지역 관공서에도 '선진○○' '세계의 중심○○' 이란 구호는 빠짐없이 붙어 있다.

홉스는 저서 『리바이어던The Leviathan』(1631)에서 '인간은 인간에게 늑대(Homo homini lupus est)' 라고 혹평했다.[21)] 이기적인 인간 본성이 '이성과 교육에 의해 통제되지 않는다면' 이란 가정하에서다. 홉스는 인간의 이러한 약탈적 이기심을 방치하면 결과는 상호 파괴적인 무정부 상태일 뿐이라고 경고한다. 홉스의 예언을 입증이라도 하듯, 우리 사회에는 오로지 이윤추구에 도움이 되는 일이라면 수단과 방법을 가리지 않는 무원칙, 무질서, 무책임이 팽배해 있다. 남이야 어떻든 나만 생각하는 이기심, 과정이야 어찌되었든 결과만 중요시 여기며 이윤추구와 관련이 없는 것은 거들떠보지도 않는 극단적인 시장논리만 작용한다.

초등학교에서부터 살벌한 경쟁만이 있고 협력은 무시되며 입만 열면 가르치는 것이 경쟁이다. 인간의 자연스러운 '감성' '심성' '마음'을 갈고 닦는 교육은 뒷전으로 밀린 지 오래다. 명색이 상아탑이란 대학에서 '진리'에 대한 고민은 실종되고 '정의'는 시장논리에 짓눌려 있다. 그러나 인성을 내팽개친 교육은 결국 '부모 살해' '묻지 마 살인'과 같은 인성파괴의 재앙으로 우리에게 되돌아오고 있다. 사정이 이렇다 보니 어느 저널리스트의 말대로, 우리가 '환장한' 눈동자들, '무엇에 씐' 것 같은 표정, 냉소적인 표정, 성격장애라 할 만한 행태를 자주 접하게 되는 것도 우연이 아니다.

질서, 타인에 대한 배려의 실종은 필연적으로 공동선을 우선시하는 공동체주의의 몰락을 가져오며, 그 자리에는 '변형된' 공동체의식만이 자리 잡게 된다. 이를 지적하는 한 외국인의 말이 있다. "한국에서는 당신이 무엇을 아는가가 아니라 당신이 누구를 아는가가 중요하다. 마치 자신과 관계를 형성한 집단 안에서 사람을 대하는 데 필요한 사회적 행동과 그 이외의 모르는 사람이나 상관할 필요가 없는 사람을 대하는 태도 사이에는 깊은 계곡이 가로놓인 듯하다."[22)]

하버드 대학교 로버트 데이비드 퍼트넘Robert David Putnam 교수의 표현을 빌리면 한국 사회는 교량형(bridging)이 아닌 결속형(bonding) 자본이 강한 사회다.[23)] 결속형 사회자본은 가족이나 친한 친구와 같이 동질적인 사회 네트워크 안에서 관계가 깊어지고 신뢰가 쌓임으로써 생긴다. 반면에 교량형 사회자본은 이질적인 사회집단 안에서 만들어지는 관계의 수가 많아짐으로써 생성된다. 다소 거리감이 있는 친구나 동료 간의 관계를 의미하며 시민운동, 종교 간의 상호이해를 촉진시키기 위한 집단 등이 그 예다. 결속형 자본은 폐쇄성이 강하고 교량형 자본은 포용성이 큰 편이다. 따라서 결속형은 내부 충성도가 높은 장점이 있지만 외부인을 배제하고 개인의 자유를 제한할 위험성도 내포한다.

퍼트넘은 '내가 모르는 사람'에 대한 무례함과 무배려, 나아가 부정부패와 파벌주의는 바로 결속형 사회자본이 발달한 국가의 '폐쇄적인' 특징이라고 분석한다. 카를 라이문트 포퍼Karl Raimund Popper는 『열린사회와 그 적들The Open Society and Its Enemies』에서 '금수가 아닌 인간으로 남고자 한다면 오직 하나의 길, 즉 열린사회로의 길이 있을 뿐'이라고 선언한다. 장관 딸을 특채하거나 비리혐의로 구속된 대통령 측근을 조기 석방하는 식의 '끼리끼리' 공동체의식은 공정한 시민사회를 가로막는 '열린사회의 적'이다. 혈연(血緣), 지연(地緣), 학연(學緣), 직연(職緣) 등이 신뢰와 배려의 기준이 되지 않는, 공정한 시민성 함양이 평생교육으로서 시민교육의 시급한 과제다.

4) 인터넷의 빛과 그늘

인터넷은 풀뿌리 민주시민사회를 탄생시키는 21세기 아이콘이다. 전 세계 개도국의 민주화운동은 인터넷에서 시작되었고 지금도 계속되고 있다. 시민 개개인의 삶에서도 인터넷이 없는 일상은 상상조차 하기 어렵게 되었다. 시민의 일상뿐 아니라 의식과 태도 형성에 보이진 않지만 결정적인 영향을 미치는 것이 인터넷이다. 그러나 동전의 양면처럼 인터넷의 순기능 못지않게 인터넷의 폐해가 통제할 수 없는 수준으로 폭증하고 있다. '익명' 뒤에 숨은 욕설을 포함한 악성댓글에서부터 인터넷 사기사건, 인터넷 중독, 악성 루머를 통한 다양한 명예훼손, 불법 정보 유통, 개인정보 침해, 해킹, 사생활 침해 등 한 개인에게는 물론 조직과 국가적 차원에 악영향을 미치는 크고 작은 사건이 난무하고 있다.

인터넷의 무한 확장성과 자기 복제성 때문에 사적 영역은 줄어만 간다. 돈 탭스콧Don Tapscott의 경고대로 내가 모르는 수많은 사람이 개인의 사생활 정보를 이용하고 있으며 이것이 네티즌에게 부메랑으로 돌아오고 있다.[24] 너도 나도 인터넷 루머의 대상이 되고 있다. 외신에서 인터넷 악성 루머로 자살한 여성 탤런트 사건이나 특정 가수의 '학력 파문' 을 다룰 정도로 한국의 상황은 심각하다.

인터넷 루머가 사회적 사건일 경우 국가사회에 미치는 영향은 돌이킬 수 없을 정도로 확대된다. 과거에 한국 사회를 뒤흔들었던 촛불시위(2008년)나 천안함 사건(2010년) 역시 루머에서 비롯되었다. 수년이 흐른 지금도 '2008 촛불시위' 를 두고 선동과 조작의 광기로 폄하하는 시각과 경이로운 참여민주주의의 폭발로 보는 관점이 존재한다. 천안함 사건에 대한 시각도 마찬가지로 양분돼 있다. 하버드 대학교 캐스 선스타인Cass Sunstein 교수는 대중사회와 결합된 인터넷 시대에는 루머의 파괴력이 커질 수밖에 없다고 말한다.[25] 거짓 루머는 타인의 생각과 행동에 의존해 판단을 내리는 경향(conformity cascades)을 가진 사람들끼리 토론을 하면 거짓 루머에 대한 믿음이 더욱 집단 극화(group polarization)되는 '폭포화' 현상이 일어나 더욱 확대된다는 것이다.

인터넷이 진정한 공공 담론의 장으로서 역할을 다하기 위해서는 사용자의 권리의식뿐만 아니라 책임의식에 대한 교육이 시급히 요구된다. 아울러 인터넷의 역기능을 규제하는 방안도 마련되어야 한다. 물론 인터넷 역기능 규제가 표현의 자유를 침해한다는 주장도 있을 수 있다. 근대 자유주의에 영향을 미친 존 스튜어트 밀John Stuart Mill은 "자유는 남에게 피해를 주지 않는 한도 안에서만 인정돼야 하며 자유의 권리를 누릴 만한 자격이 있는 사람만이 표현의 자유를 누릴 수 있다."라고 했다.[26] 선스타인이 사법부의 적절한 법집행 같은 위축효과 도입을 주장한 것도 바로 이런 이유에서다. '물은 젖소가 마시면 우유가 되지만 뱀이 마시면 독이 된다.' 인터넷 역시 우유와 독, '의사의 칼과 강도의 칼' 이란 속성을 함께 지니고 있다.

5) 미디어와 미디어 리터러시

인터넷이 탄생하기 전부터 매스미디어는 '세상을 내다보는 시민의 창' 이었다.

라디오나 텔레비전 뉴스는 시민에게 세상 물정을 알려 주는 도우미이자 교사였다. 그러나 미디어 사상가인 마셜 매클루언Marshall McLuhan은 미디어의 영향력을 다른 측면에서 제기한다. 즉, '미디어는 메시지' 란 선언이다. 미디어는 미디어를 통해 전달되는 내용에 의해서가 아니라 미디어 자체의 특성에 의해 한 사회에 영향을 미친다는 것이다.[27] 미디어 내용이 아닌, 미디어 그 자체에 초점을 맞출 때 사회 및 문화의 변형에 영향을 미치는 엄청난 힘을 지닌 미디어의 속성을 이해할 수 있게 된다는 것이다.

매클루언이 켕탱 피오레Quentin Fiore와 함께 쓴 저서에서 '미디어는 마사지(the medium is the massage)'라고 표현한 것도 같은 맥락에서 이해할 수 있다.[28] 미디어는 사회적 상호의존성과 사람들의 일상생활의 갖가지 양상을 재구성하고 재형성하며, 이전부터 당연시되어 왔던 모든 사고와 행동, 관습에 대해 재고하도록 강요하고 또 재평가하도록 요구한다는 것이다. 이것이 미디어의 특성을 비판적으로 인식하려는 노력이 필요한 이유다.

미디어는 그 사실성과 일방향성으로 인해 대중을 조작하는 손쉬운 수단이 될 수 있다. 에이브럼 놈 촘스키Avram Noam Chomsky는 언론이 '객관적으로 사실을 보도한다'는 신화를 통렬하게 비판한다.[29] 매스컴은 사실의 전달에 그치지 않는다는 것이다. 어줍지 않게도 그들의 관점에서 구상한 세상에 대한 그림을 사회 구성원에게 끊임없이 제공하고 학습을 강요하며 구체적인 행동을 하도록 한다. 또한 미디어는 어떤 사안에 대해 미리 틀을 지어 버리는 속성이 있다. 이른바 프레이밍 효과(framing effect)다.[30] 일종의 '틀 짓기 효과' 로서 이는 어떤 이슈나 쟁점을 보도할 때 특정한 측면을 보다 두드러지게 강조하고 정교화하는 반면, 다른 측면은 배제하거나 단순화함으로써 특정한 이야기 구조를 만들어 내는 것을 의미한다. 세상을 내다보는 '시민의 창' 을 제대로 이해하기 위해서는 미디어의 이러한 특성을 이해하는 교육이 필요하다. 문자를 읽고 이해하는 문해교육 못지않게 미디어를 이해하는 미디어 리터러시 교육이 요구되는 것이다.

스마트폰과 소셜네크워크서비스(SNS)의 등장은 새로운 미디어 리터러시의 필요성을 제기하고 있다. 과거 20세기에는 뉴스 생산이 전적으로 기자와 뉴스메이커, 그리고 홍보 및 마케팅 담당자를 중심으로 한 거대 규모의 오만한 언론기업의 몫이었다. 무엇이 뉴스인지, 뉴스를 어떻게 해석할 것인지에 대한 결정은 그들만의 권리였으며 어떤 뉴스든 거대 언론사는 뉴스를 '강의'로 간주했다. 뉴스 의미의 결정권자는 기자와 언론사였으며 독자나 시청자는 단지 그 의미의 '수용자(audience)'에 불과했다. 독자의 유일한 권리는 그 뉴스를 보거나 듣거나 하는 것을 선택하는 것이었다.

그러나 스마트폰 시장의 급격한 확장은 끊임없이 제공되는 정보 뉴스는 물론, 일반 국민의 즉각적인 반응 또한 거의 실시간으로 담아내고 있다. 소수의 정보 생산자가 다수의 정보 소비자에게 일방향적 메시지를 던졌던 매스미디어 시대를 건너, 이제는 정보 소비자가 생산자의 입지를 넘보는 개인화된 미디어, 소셜미디어 시대가 열리고 있는 것이다. 사사키 도시나오佐佐木俊尙는 예전에는 청중에 불과하던 사람들이 이젠 역사의 초고를 쓰는 데 참여하는 풀뿌리 저널리즘의 시대 혹은 시민저널리즘의 시대가 열렸다고 주장한다.[31] 21세기 시민사회는 매스미디어의 이용자로서의 미디어 리터러시는 물론 뉴스 생산자로서의 미디어 리터러시를 함께 갖출 것을 요구받고 있는 것이다.

6) 세계화, 글로벌 시티즌십

시민교육은 시대적 상황을 반영한다는 점을 전제로 할 때, 가장 구조적인 변화 중 하나는 세계화(globalization)다. 그러나 세계화에 대한 찬반은 극명하게 엇갈린다. 세계화는 지배적 담론이 약속했던 대로 장밋빛 미래를 가져다줄 것이라고 주장하는 반면 다른 한쪽은 부의 불평등과 빈곤의 확대만을 가져올 것이라고 반박한다. '세계화밖에 다른 길은 없다(There is no alternative: TINA)'는 주장이 있는가 하면, '세계화 말고도 다른 세계가 가능하다(Another world is possible)'는 대안 세계화론자의 목소리도 높다. 경제의 세계화로 인한 자유무역협정(FTA) 체결에 대해서도 찬반이 크게 엇갈리고 있다. FTA는 글로벌 경제 시대에 경제영토를 넓히는 기회라고 주장하는 측이 있는 반면에 선진국 산업과의 불균형으로 인해 국가경쟁력을 저하시킨다는 반대론자의 입장도 만만치 않다.

시민성의 관점에서 볼 때, 세계화는 단순한 사회경제적인 구조 변화일 뿐 아니라 시민성에 직접적 영향을 미치는 권력이자 세력이다. 따라서 세계화든 FTA든 한 측면을 극단으로 몰고 가며 과장하는 주장은 경계해야 한다. 그리고 세계화 현상에 대한 찬반 태도를 정하기 전에 균형 잡힌 시각을 갖추는 게 먼저일 것이다. 좋든 싫든 이제 세계화의 영향에서 자유로운 사람은 없다. 그렇다면 세계화를 무조건 지지하거나 반대하는 대신 좀 더 인간적 얼굴을 한 세계화를 어떻게 만들 것인지 머리를 맞대고 고민해 보는 것이 더 현실적일 것이다.

대안 세계화 운동의 대모인 수전 조지Susan George는 세계화를 이끌어 가는 권력이 누구 손에 있으며 누구에게 휘둘리고 있는지를 아는 것이 중요하다고 강조한다. 그런 후 방향이 잘못되었다고 판단되면 그때 멈추어 서서 길을 바꾸라는 것이다. 세계화를 주도하고 세상을 움직이는 힘의 원리와 현상을 이해하는 시민교육이 변화와 희망을 꿈꾸는 첫 발걸음이란 주장이다.

세계화시대의 시민성의 문제도 중요한 주제다. 경제적으로는 물론 정치적, 문화적 차원의 세계화가 급속히 확산되는 상황에서 필연적으로 제기되는 것이 글로벌 시티즌십(global citizenship)이다. 국가 단위의 시민의식과 태도를 지구촌으로 확대한 개념이라고 할 수 있다. 세계화가 심화되면서 세계 시민으로서 요구되는 의식과 태도를 갖추는 교육이 시민교육의 중요한 주제로 등장하고 있는 것이다.

세계화로 인한 새로운 위험의 보편화와 도전, 전쟁과 테러, 폭력 등 시민윤리 와해 현상이 전지구인의 삶과 공동체를 위협하게 됨으로써 시민성에 대한 재조명이 중요한 과제가 되고 있으며, 특히 다원적 사회의 시민성이 강조된다. 다민족 국가, 다인종 사회인 유럽에서 최근 문제가 되고 있는 이민자의 시티즌십만 하더라도 소수자에게 시민적 지위와 시민권을 부여하는 것으로 끝나는 일이 아니라 그들을 시민으로 수용하고 평등하게 관계를 맺는 시민성의 기반하에 실질적인 민주시민사회를 구현해야만 제대로 해결할 수 있다.[32] 이를 위해 필요한 것이 보편적 문화가치를 추구하는 세계 가치와 문화적 다원성을 강조하는 문화상대주의적 관점의 균형을 갖추는 교육이다.[33]

같은 맥락에서 한국 사회의 다문화 문제도 시민교육의 주제로 대두되고 있다. 세계화의 물결로 인해 한국 사회도 본격적인 다문화사회로 접어들었다. 특히 비수도권이나 농어촌 지역에서의 다문화가정의 증가세는 괄목할 만하다. 그러나 다문화를 수용할 만한 사회문화적 준비가 채 되지 않은 상태에서 갑작스레 맞이하게 되다 보니 외국인 노동자 및 다문화가정을 대하는 한국인의 인식과 태도는 여전히 편견에서 벗어나지 못하고 있다.

보다 근본적으로 다문화주의 및 그 방법에 대한 논의도 교육의 주제가 되고 있다. 다문화가족의 증가 및 그로 인한 다문화사회로의 변모는 국가 사회적으로 다양한 질적 및 양적 측면의 영향을 미치고 있다. 국가적으로는 저출산 고령화로 인한 인구감소 및 노동력 부족을 일정 부분 보충해 줄 것이라는 긍정적 효과가 기대된다. 그러나 사회통합의 측면에서는 우려와 비판의 목소리도 적지 않다. 우리의 다문화 정책은 동화(assimilation)나 통합(integration)보다는 수용과 편입(incorporation)으로 가야 한다는 주장이 대세다. 미국이 통합의 멜팅 포트(melting pot) 정책에서 수용의 샐러드 볼(salad bowl) 정책으로 전환한 것을 예로 든다. 반면에 '다름이 함께' 하는 공존의 경험 없이 차이의 미덕만 강조한 결과 심각한 사회부작용을 겪고 있는 독일이나 프랑스의 사례도 제기된다.

7) 말 없는 시민, 환경

자연환경에 대한 동서양의 관점이 무엇이든 간에, 자연환경은 시민과 더불어 살아가는 '말 없는' 시민이자 시민사회의 생존을 결정짓는 핵심 요소다. 환경문제는 21세기 인류가 안고 있는 큰 숙제이며 난제다. 산업혁명 이후, 브레이크 없이 달려온 인류문명은 20세기에 이르러 과학기술의 비약적인 진보와 인류사상 유례없는 물질적 풍요를 이룩하게 되었다. 그러나 이러한 물질적 성취의 대가는 자연생명의 무참한 파괴와 자원의 고갈이란 두 가지 위기를 자초하였다. 설상가상으로 중국과 인도 등 인구대국의 본격적인 공업화가 자연고갈을 가속화시키고 있으며, 자원쟁탈전 또한 가열되고 있다.

자연환경이 본격적으로 파괴되기 시작한 것은 산업혁명 이후의 화석에너지 다소비형 산업사회가 시작되면서부터다.[34] 게다가 20세기 후반 들어 인구가 기하급수적으로 늘면서 자연파괴는 더욱 심화되었다. 베이비붐 세대가 노년기에 접어든 2005년 세계 인구는 65억 명이 되었고 이 정도 추세라면 2012년에 70억 명을 돌파하여 2050년경에는 91억 명에 달할 것으로 예측된다. 세계 인구의 급속한 증가 및 산업화는 자연의 고갈과 그에 따른 심각한 기후 변화를 초래하였다.

세계적인 기후전문가인 독일 킬 대학교 모집 라티프Mojib Latif 교수는[35] 20세기 말부터 지구 전역에서 빈발하는 기상이변은 인간이 불러들인 인재(人災)라고 단정한다. 기후변화는 인간의 생태계 파괴행위가 가져온 부메랑이자 '기후의 역습' 이라는 것이다. 생태철학의 거장인 한스 요나스Hans Jonas의 표현을 빌리면, 인간의 기술적 착취에 의해 고통을 받고 신음하던 지구의 보복이자 '절망적 선전 포고'[36]라는 것이다.

기후변화의 특징은 지구온난화이며 온난화를 유발하는 대기 중 온실가스의 주범은 산업혁명 이후부터 인간이 무차별적으로 사용해 온 화석연료에 기인한다. 연구에 따르면 자연이 연간 흡수하는 이산화탄소는 약 30억 t이다. 반면 인간이 연간 배출하는 이산화탄소는 64억 t이기에 매년 34억 t이 대기 중에 남게 된다. 즉, 현재의 이산화탄소 상승 원인은 인간의 화석연료 사용 때문이라는 것이다. 마찬가지로 유엔정부간기후변화위원회(IPCC)는 지난 2007년 과학자 2500여 명의 연구가 담긴 방대한 분량의 보고서를 통해 '지구온난화는 화석연료 사용으로 이산화탄소를 배출한 인류의 행동 때문일 가능성이 90% 이상'[37]이라고 결론 내리고 '히말라야 빙하가 오는 2035년까지 완전히 녹아 없어질 수 있다' 고 발표하였다.

지구온난화가 야기하는 가장 큰 문제는 지구의 온도 상승이다. IPCC의 제4차 평가보고서(2007년)에 따르면, 온난화의 지표인 지구표면온도는 지난 100년(1906~2005년)간 0.74±0.18℃ 상승하였다. 한국의 경우는 지난 100년(1912~2008년)간 연평균기온이 1.7℃ 상승하여 지구평균 기온상승률보다 높다. 또한 지구온난화와 관련하여 강수의 유형도 변화하고 있으며 강수의 상당 부분이 집중호우 형태를 띠고 있다.

온난화로 인한 피해는 직접적이고 결정적이다. 무엇보다 굶어 죽는 사람들이 늘어나게 된다. 지구온난화로 식량수확량이 줄어들고 있지만 인구수는 되레 늘어나고 있기 때문이다. 한국 역시 기온이 5℃가 오르면 현재 쌀 수확량의 50%가 줄어드는 것으로 나타났다. 기온이 오르면 벼가 빨리 성숙해 몸집이 작고 약해지는데 여기에 이전에 없던 병충해가 생기고 기존의 병도 더욱 기승을 부리기 때문이다. 만성 가뭄과 물 부족은 농사를 짓기 어렵게 만든다. 또한 농작물은 기후변화에 적응하지 못해 수확량이 낮아지게 된다.

유엔식량농업기구(FAO)에 따르면 2009년 현재 "전 세계 10억 2000만 명이 기아에 놓여 있다."[38] 전 세계 6명 중 1명꼴이며 한국 인구수의 50배나 되는 사람들이 굶주리고 있는 것이다. 유엔환경계획(UNEP)은 2007년 "기후변화 탓에 굶주리는 사람들은 2020년까지 5000만 명, 2050년 1억 3200만 명, 2080년에는 2억 6600만 명 더 늘어날 것" 으로 내다봤다.

기후변화 문제는 세계 여러 나라의 정치적, 경제적, 에너지 안보 문제 등 자국의 이익과 복잡하게 연결되어 있어 해결이 난망하다. 에너지를 많이 사용할수록 탄소 배출량이 늘어나고 지구온난화를 악화시키기 때문이다. 따라서 누가 행동을 취하고 누가 행동의 비용을 부담하는가에 대한 불확실성은 기후변화와 생물다양성 감소 같은 지구 환경 과제에서 더욱 큰 장해물로 작용하고 있다. 정책 대응의 비용과 편익이 국가 간, 세대 간에 공평하게 분배되지 않기 때문이다.[39)]

환경오염의 주범이 인간이란 사실은 더 말할 나위도 없다. 브레이크 없는 기계 문명의 발달과 인간의 무절제와 탐욕의 결과라는 데 모두가 동의하고 있다. 우리 모두가 만든 문제이고 우리 모두가 같이 해결해야 할 문제다. 해결은 작은 실천에서 시작된다. 환경보호를 위한 적극적인 시민리더십의 발휘가 시급한 시점이다.

3. 시민교육 누가, 어떻게 할 것인가?

앞서 시민교육에서 다루어야 할 주제를 개괄적으로 논의해 보았다. 주제의 속성에 따른 차이는 있을 수 있겠으나 공통점은 현대 시민사회에 직간접적 영향을 미치는 주제에 대한 적극적 시민성을 바탕으로 한다는 점이다. 적극적 시민성(active citizenship)이란 모든 시민의 삶을 향상시키기 위해 정치적 · 경제적 참여나 자원 활동 및 관련 노력을 통해 더 나은 공동체를 형성할 수 있도록 노력해야 한다는 철학이다. 시민으로서 개인의 권리나 이익을 지키는 것은 물론 개인의 자아실현을 가로막는 다양한 권력과 세력을 거부하고 투쟁함으로써 인간의 모습을 한 사회건설에 주도적으로 나서야 한다는 교육 이념이기도 하다.

다음으로 논의해야 할 주제는 시민교육의 주체와 장소 및 방법의 문제로, 즉 누가(who), 어떻게(how) 가르쳐야 하는가다. 먼저, 누가 시민교육의 주체가 되어야 할 것이냐의 문제다. 더 구체적으로 말하면 누가 시민교육을 주관하고 교육의 주체는 누구인가 하는 논의로 구분할 수 있다.

1) 시민교육의 주관

시민교육의 목표는 학교교육의 목표와 궁극적으로 다를 바 없다. 학교교육을 개인의 자아실현 수단으로 보든 국가 경제발전에 필요한 인력의 양성으로 보든 학교 졸업 후 생활영역의 주 무대는 사회이고 그 사회가 다름 아닌 시민사회이며 학교는 사회 구성원의 사회화 기능을 담당한다는 점에서 맥락을 같이하기 때문이다.[40)]

그러나 시민교육을 누가 주관하는가는 학교교육과 차별된다. [그림 1]에서 보듯 가정과 학교, 사회 및 전체를 포괄하는 평생교육의 영역과 관련지어 생각할 수 있다. 시민교육이 가정교육, 사회교육, 학교교육처럼 교육장소에 따라 붙여진 명칭이 아니라 교육 대상 또는 내용을 기준으로 붙여진 이름이기 때문이다.

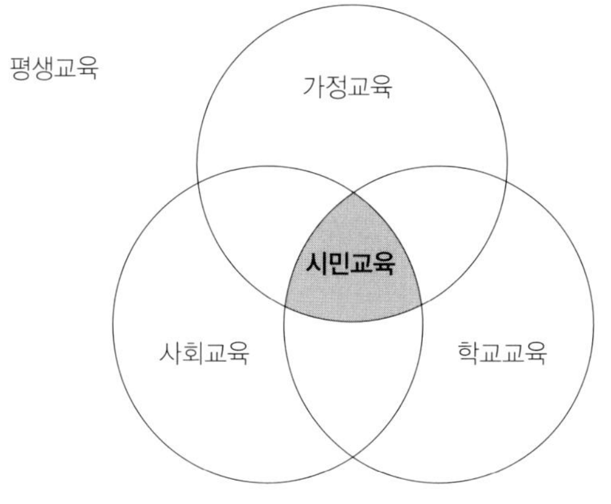

[그림 1] 시민교육과 교육의 3영역과의 관계

출처: 유승우(2005), p. 90의 내용을 논의에 맞게 수정 변형함.

2) 시민교육의 주체

결론부터 말하면, 국가주도의 시민교육은 안 된다. 국가는 시민교육의 주관자가 될 수는 있지만 시민교육의 주체가 되어 독점해서는 안 된다는 것이다. 시민교육의 주체는 학습자 스스로가 되어야 한다.

교육과학기술부는 2010년 10월 전국의 초·중·고등학교 학생들에게 '민주시민교육'을 하겠다고 발표하였다. 다음 달인 11월 서울시 교육청도 민주시민교육 활성화 방안을 발표하였다. 학생인권조례와 체벌, 두발 금지가 화두가 되고 있는 학교 현장에서부터 국내외적으로 시민의식 및 글로벌 시민의식 함양이 시급한 시점에서 교과부와 서울시 교육청이 시민교육 활성화 방안을 앞다투어 발표한 것은 의미 있는 일이다.

문제는 시민교육의 주체가 누구냐다. 교과부가 추진하는 민주시민 교육은 법무부와 국방부, 국가보훈처가 함께 하는 사업이다. 각 정부 기관이 교육 내용과 방법을 개발하고 직접 교육까지 하겠다는 것이다. 이와는 대조적으로 서울시 교육청의 민주시민교육은 민주화운동기념사업회와 함께 하는 계획이다. 언뜻 보아도 교과부는 범정부 협의체로 시민교육을 독점하려는 인상을 주고 있다. 실제로 교과부 안이 '애국주의를 강조하고 학칙 준수 서약 캠페인까지 거론'[41]하는 걸 보면 그런 인상도 무리는 아닌 것 같다. 애국심과 안보도 중요하지만 과도한 국가주의를 주입시키는 것은 더 큰 문제가 될 수 있다.

반면 서울시 교육청은 민주시민 교육을 위해 민주화운동기념사업회와 손을 잡았다. 민주화운동기념사업회와 민주시민 교육을 위한 양해각서를 체결하고 학생의 인권교육, 민주시민의식교육, 계기수업, 민주주의 현장 체험 프로그램을 진행하고 민주시민 교육을 위한 교사연수에 참여할 예정이다.[42] '생활 속에서 민주주의와 인권을 체험하는 학교를 만들겠다'는 목적에서다. 서울시 교육청 안은 교과부의 범정부 협의체와는 또 다른 맥락에서 학생들에게 편향된 시각을 주입할 수 있다는 인상을 주고 있다. 이념적 색채가 뚜렷한 사업회가 계기수업까지 관여한다는 것이 한 예다. 서울시 교육청은 교과부의 시민교육 안에 대해, 교과부는 서울시의 시민교육 안에 대해 서로가 이념의 '편향성'을 우려하고 있는 상황이다.

그렇다면 해결책은 단순하다. 서양의 여러 국가처럼 정부와 시도 교육청, 시민단체, 전문가를 망라하는 협의체를 구성하는 것이다. 대표적인 사례가 독일의 보이텔스바흐 협약(Beutelsbacher Konsens)이다. 나치즘의 국가주의 폐해를 절감했던 독일은 1952년 연방과 16개 주가 포함된 연방정치교육원을 만들고 시민교육을 시작했다. 이것이 훗날 보이텔스바흐 협약으로 연계되었다. 시민교육의 목적은 시민의 정치·사회문제에 대한 비판적 사고능력을 키워 민주정치에 능동적으로 참여하게 만드는 데 있었다.[43)]

> 교육원은 연방 내무부 산하에 있지만 철저하게 독립적으로 운영된다. 교육의 기본 사안은 내무장관이 임명한 전문가로 구성된 학술고문단이 정하며 교육원 사업의 정치적 중립성 등을 감독할 감독위원회를 두고 있다. 위원회는 각 정당이 추천한 연방의원으로 이루어지며 감독은 보이텔스바흐 협약이란 시민교육의 원칙을 기준으로 한다. 교육과정에서 강압과 교조(敎條)화를 금지하고 균형적·대립적 논점을 확보해 피교육자가 비판적 검토를 거쳐 스스로 최종 결론에 이를 수 있게 해야 한다는 원칙이다.[44)]

보이텔스바흐 협약의 특징은 시민교육의 주체가 학생 스스로가 되게끔 한다는 것이다. 시민교육의 목표 달성이 교사나 교육자에 의해 교화형식으로 이루어지는 것이 아니라 학습자 스스로 비판적 검토를 거쳐 스스로의 결론에 도달하게 한다는 점이다.

3) 시민교육의 방법

학습자 중심의 교육이란 새롭거나 혁신적인 교육방법은 물론 아니다. 포스트모던 교육의 특징으로 자리매김하고 있지만 실은 근세 이후부터 여러 교육학자의 공통된 주장이었기 때문이다. 문제는 가치나 이념, 인성을 다루는 교육현장의 실제와는 괴리가 있다는 점이다. 초 · 중등학교의 도덕, 윤리교육이 그중 하나다. 도덕교육과 우리 사회의 도덕 수준이 일치하지 않는 것이 이를 웅변적으로 입증한다.

우리나라는 도덕과 윤리를 학교에서 독립된 교과목으로 가르치고 있는 전 세계 몇 안 되는 국가에 속한다. 종교국가가 아니면서도 세계 어느 종교국가 못지않게 종교인구가 많은 나라지만, 앞서 보듯이 '소송천국' '거짓말 공화국' '교통사고 나 이롱환자 왕국' 이란 비아냥을 듣는 나라가 우리다. 국제기관이 평가하는 부패지수, 신뢰지수가 OECD 국가 중 최하위를 벗어나지 못하는 것 또한 우리의 자화상이다. 교육의 수준과 윤리적 행위의 간극이 심각하다는 반증이다.[45)]

과거의 시민교육이었던 초 · 중등학교의 도덕 및 윤리 교육은, 교육은 있지만 학습은 실종된 교육이었다. 군사정권 시절 대학의 '국민윤리' 교육은 정권의 이데올로기를 강요하는 '교화(敎化)' 수준이었다. 맹목적으로 주입되는 도덕교육은 습관적 도덕규범의 강요일 뿐이며 도덕적 미숙아를 만들거나 도덕적 허무주의를 부추길 공산이 크다.[46)] 평생교육으로서의 시민교육은 주관 기관이 누구든 간에 교육이 아닌 학습에 초점을 맞출 때 학습자가 주체가 되는 시민교육이 될 수 있다.

학습자가 주체가 되는 학습과 그런 것 없이 단순히 정보를 수용하는 것 간에는 엄청난 차이가 생기게 된다.[47)] 단순한 정보, 파편적인 지식을 받아들이기만 할 경우 자신의 의미 만들기나 자아실현과는 아무런 연관성이 없게 된다. 오히려 학습이 없는 교육은 학습자 자신의 '학습된 무기력' 만을 키운다. 반면에 학습자가 주도하는 학습은 학습자 자신의 자활감, 즉 임파워먼트(empowerment)를 갖게 한다. 학습의 자활감을 가질 때 비로소 학습의 의미가 창출되고 삶의 개조로 나아가게 된다. 학습을 통한 지식이 사유와 반성을 거쳐 삶의 개조로 나아갈 때 그 지식은 지혜로 전환되는 것이다. 시민교육에서 지향하는 것은 지식이 아닌 지혜다.

한준상[48)] 교수는 롤랑 바르트Roland Barthes의 말을 빌려, '지혜'의 학습이 되기 위해서는 학습자의 수동적인 플레지르 학습이 아닌, 학습자가 임파워먼트를 갖는 주

이상스 학습이 되어야 한다고 강조한다. 플레지르(Plaisir)는 늘 습관적으로 강조하는 독서의 즐거움 같은 것으로서 전통적인 독서 행위에서 얻는 결과를 말한다. 반면에 주이상스(Jouissance)는 독서의 쾌락 혹은 독서의 황홀감에 근접하는 용어로 독서를 하면서 얻게 되는 전혀 예기치 않은 쾌락이다.

시민교육이 학습자 주도로 이루어지게 하기 위해서는 플레지르가 아닌 주이상스 학습이 되어야 한다. 학습의 임파워먼트가 학습자에게 돌아가고, 그를 통해 학습의 의미 창출과 자기개조로 나아가기 위해서는 학습자의 자기주도학습이 되어야 한다. 이를 위해서는 독일 보이텔스바흐 협약의 내용처럼 ① 교화 및 주입식 교육을 금지하고 ② 논쟁 중인 사안은 논쟁 그 자체로 제시하며 ③ 학습자가 자율적으로 자신의 결론에 도달할 수 있는 능력을 키우도록 해야 한다. 이러한 자기주도학습을 통해 주이상스 학습으로 나아갈 수 있게 될 때 학습자는 비로소 학습의 주체로 등장한다.

후주

1. 권태선. 국가주도 시민교육 안 된다. (2010. 10. 4.). 한겨레신문.
2. 유승우(2005). 사회에서의 시민교육: 교육의 과정 되돌아보기. 인문사회과학연구, 제12집, 87-118.
3. Allport, G. W. (1955). *Becoming: Basic considerations for a psychology of personality.* New Haven, CT: Yale University Press.
4. Frankle, V. E. (1984). *Man's search for meaning.* New York: Washington Square Press.
5. 이관춘 외(2009). 배움학, 각취의 향연. 서울: 학지사, p. 79.
6. Sartre, J. P. (1955). *No exit* (S. Gilbert Trans.). New York: Vintage.
7. Kidd, J. R. (1973). *Relentless venity: Education for being-becoming-belonging.* Syracuse, NY: Syracuse University Press.
8. 같은 책.
9. 강신주(2011). 철학이 필요한 시간. 서울: 사계절.
10. 같은 책.

11. Heater, D. (2004). *A brief history of citizenship*. New York: New York University Press.
12. 윤여각, 이희수, 양병찬(2008). 지역사회교육론. 서울: 한국방송통신대학교출판부, p. 159.
13. Leary, V. A. (1999); Alan, C. C., John, C. C., Peter, M., Hans, J. M., & David, E. S. (Eds.). (1999). *Citizenship, diversity, and pluralism: Canadian and comparative perspectives*. Montreal: McGill-Queen's University Press.
14. Constant, B. (1988). The liberty of the ancients compared with that of the moderns. In B. Fontana (Ed. & trans.), *Political writings*. Cambridge and New York: Cambridge University Press.
15. 참조: 동아일보(2011. 2. 21.).
16. 동아일보(2011. 2. 16.).
17. 김순덕. 함바집의 뼈만 떠다니는 동태찌개. (2011. 2. 21.). 동아일보.
18. 동아일보(제27550호 오피니언).
19. 이상석. 살 만한 나라를 만드는 습관, 배려. (2010. 2. 30.). 동아일보.
20. 같은 글.
21. 이관춘(2006). 직업은 직업이고 윤리는 윤리인가(2판). 서울: 학지사, p. 123에서 재인용.
22. 참조: 동아일보(제27550호 오피니언).
23. 로버트 D. 퍼트넘(2009). 나 홀로 볼링: 사회적 커뮤니티의 붕괴와 소생(정승현 역). 서울: 페이퍼로드.
24. 돈 탭스콧(2009). 디지털 네이티브(이진원 역). 서울: 비즈니스북스.
25. 캐스 선스타인(2009). 루머: 인터넷시대에 던지는 신문명비판(이기동 역). 서울: 프리뷰.
26. 권순활. 인터넷 의사의 칼과 강도의 칼. (2010. 11. 9.). 동아일보.
27. McLuhan, M. (1964). *Understanding media: The extensions of man*. New York: McGraw Hill.
28. 마셜 매클루언, 켕탱 피오레(2001). 미디어는 맛사지다(김진홍 역). 서울: 커뮤니케이션북스.
29. 놈 촘스키, 에드워드 허먼(2006). 여론조작: 매스미디어의 정치경제학(정경옥 역). 서울: 에코리브르.
30. Tversky, A., & Kahneman, D. (1981). The framing of decisions and the psychology of choice. *Science, 211*(4481), 453-458.
31. 사사키 도시나오(2011). 신문, 텔레비전의 소멸(이연 역). 서울: 아카넷.
32. 조형(2007). 여성주의 시티즌십의 모색. 서울: 이화여자대학교출판부.
33. 이관춘(2006). 앞의 책, p. 125.
34. 같은 책.
35. 모집 라티프(2008). 기후의 역습(이혜경 역). 서울: 현암사, pp. 22-23.
36. 한스 요나스(2010). 책임의 원칙: 기술시대의 생태학적 윤리(이진우 역). 서울: 서광사, p. 2.

37. 박은호. 온난화 논쟁 실종 사건. (2010. 2. 2.). 조선일보.
38. OECD. (2008). *OECD Environmental outlook to 2030.* Summary in English. OECD.
39. 같은 책.
40. 유승우(2005). 앞의 글.
41. 권태선(2010. 10. 4.). 앞의 글.
42. 참조: 동아일보(2010. 11. 2.).
43. 권태선(2010. 10. 4.). 앞의 글.
44. 같은 글.
45. 이관춘(2006). 앞의 책.
46. 같은 책, p. 12.
47. 한준상(1999). 호모 에루디티오. 서울: 학지사.
48. 같은 책.

제1부

너와 나

제1장 ● 시민과 시민교육
제2장 ● 선거와 정치참여
제3장 ● 여성성과 양성평등
제4장 ● 인터넷 시대의 빛과 어둠

제1장

시민과 시민교육

너무 흔하게 쓰여 그 뜻이 무엇인지 탐색하는 시도가 무색해지는 용어가 있다. '시민' 도 그중 하나다. '모든 인간은 평등하다.' '모든 인간은 자유를 누릴 권리가 있다.' '인간의 권리는 존엄하다.' '시민으로서 나는 정치에 참여할 권리를 지닌다.' 이러한 만고불변의 진리가 진정한 상식으로 자리매김하기 시작한 것은 유구한 인류역사상 불과 200～300년밖에 되지 않은 17～18세기 시민혁명을 통해서다. 저개발도상국을 포함한 많은 나라에서 온전한 시민사회를 건설하기 위한 노력이 계속되고 있다는 점에서 '시민' 은 진행형의 개념이기도 하다. 현재도 튀니지에서 번진 '재스민(Jasmine) 시민혁명' 의 불길이 중동지역으로 번지는 것을 우리는 목도하고 있다.

시민이란 무엇인가? 21세기 한국 사회에서 시민으로 산다는 것은 어떤 의미를 지니는가? 이런 물음은 자칫 진부하고 생뚱맞게 들릴 수도 있다. 사람의 마음은 일단 '주어진 것' 에 대해서는 당연시하기 때문이다. 주어진 것을 다시 빼앗기거나 억압당하기 전까지는 그 주어진 것의 의미에 대해서 별다른 감동이나 소중함을 느끼지 못한다. 주어진 것이라 생각하는 그 '시민' 을 다시 생각해 볼 때다.

오늘날 한 국가의 시민이 된다는 것은 투표할 권리, 연금이나 의료혜택과 같은 사회 특권을 향유할 권리를 갖게 되는 것으로 인식된다. 시민의 자격은 나라마다 다양하다. 그러나 가장 널리 인정되고 있는 것은 한 개인이 한 국가에 태어나서 자동으로 그 시민이 되는 것(屬地主義)이다. 그러나 고대사회에서는 그리 간단치가 않았다. 남자와 여자가 달랐으며 한 국가에서 출생했거나 혹은 오래 거주했다고 해서 시민의 자격이 주어지지 않았다.

우리가 당연하게 생각하는 시민이란 개념은 기나긴 도전과 투쟁을 통해 쟁취한 역사적 전리품이다. 시민이란 칭호를 인류가 완전하게 갖게 된 것은 불과 100년도 채 되지 않은 20세기 초반의 일이다. 그것마저도 선진국에 한해서다. 따라서 현대를 사는 우리는 앞서 간 사람들의 희생의 대가로 시민의 지위를 향유하고 있는 것이다. 그렇다면 시민은 누구였고 시민이 될 수 없는 사람은 누구였는가? 왜 그토록 많은 희생을 치르면서 쟁취하려 한 것인가? 오늘날 시민이 의미하는 것은 무엇인가?

1. 고대 그리스, 로마의 시민

시민이란 개념의 출발은 고대 그리스 아테네로 거슬러 올라간다. 아테네 중심부인 '신타그마 광장(Syntagma Square)'이 최근 그리스 시위의 중심지가 되고 있듯이, 기원전 5세기경에도 시민은 도시공동체의 운영에 직접 개입하며 신타그마 광장에서 시위를 벌였을 것이다. 시위는 권리 주장의 한 방식으로, 2500년 전 고대 아테네에서도 시민의 권리가 보장되었다. 물론 '시민'에 한해서다.

1) 시민의 어원

시민의 어원적 의미를 살펴보면 그 개념을 이해하는 데 도움이 된다. 라틴어에서는 '시민' 을 '부르가리우스(burgarius)' 라 하는데 이 용어는 '성(城) 안에 사는 사람' 이란 뜻이다. 라틴어의 영향을 받은 독일어 역시 시민을 '뷔르거(Bürger)' 로 표현한다. 마찬가지로 '성 안' 이란 공간적 의미를 강조하는 것이다. 고대 그리스 시대의 시민 개념도 도시공동체(polis) 내의 사람을 의미했다. 로마시대 역시 '키비스 로마누스(civis Romanus)' 라고 칭하며 도시와 농촌을 포함하는 로마(제국) 내에 거주하는 사람을 시민으로 간주하였다.

'성 안' 을 강조하는 어원적 의미는 단순히 공간적 의미를 넘어서는 정치 · 사회 · 문화적인 의미의 차이를 내포한다. 우리나라를 포함한 동양의 역사에서도 '성 안에 산다' (4대문 안에 산다)는 의미는 거주자의 정치 및 사회경제적 지위를 가늠하는 결정적인 기준이자 차이였다. 그 차이의 핵심은 바로 '권리' 에서 비롯됐다. 이러한 권리의 내용과 정도가 바로 서양 시민역사의 변천과정이라 할 수 있다. 랄프 다렌도르프Ralf Darendorf[1)]는 "현대사에서 시민만큼 역동적인 사회적 인물은 없다" 며 "시민은 지난 수 세기 동안 새로 등장한 사회집단, 봉건사회에서의 도시 유산계급, 18~19세기 새로운 산업계급, 의존과 박탈에서 자신을 해방시켰던 농노와 신민, 식민지 국민, 여러 소수민족, 여성 등 집단에 속했던 구성원이자 시민사회를 건설한 원동력이었다." 라고 강조한다.

서양에서 '시민' 이란 개념은 역사적으로 볼 때 크게 세 가지 단계의 변천과정을 통해 발전해 왔다. 첫 번째 단계는 고대 그리스 로마시대의 시민, 두 번째 단계는 근대 시민사회의 성립과정에서 탄생한 근대적 의미의 시민, 세 번째 단계는 현대적 의미의 시민을 의미한다.

2) 그리스 아테네의 시민

첫 번째 형태의 시민이란 개념은 고대 그리스의 도시국가(polis)인 아테네에서 탄생했다(최근 들어 학자들은 polis를 시민국가로 번역하는 추세다).

고대 아테네의 시민을 이해하기 위해서는 우선 당시의 정치·경제적 상황을 간략히 살펴보는 것이 필요하다. 기원전 5~8세기 무렵의 그리스는 여러 도시국가(city-state)로 형성되어 있었으며 아테네와 스파르타는 가장 대표적인 도시국가였다. 아테네는 농업이 발달하고 항구를 가지고 있어 에게(Aegean) 해 주변 도시국가와의 무역이 활발히 이루어지고 있었다. 특히 아테네는 본래 다른 도시국가처럼 바실레우스(Basileus)라 불리는 왕의 통치하에 있었으며 왕 밑에는 아레오파구스(Areopagus)라는 귀족회의(council of nobles)가 있었다.[2)]

그러나 기원전 8세기 이후부터 와인과 올리브오일 생산으로 귀족의 경제력이 커짐에 따라 상대적으로 왕권은 쇠퇴하고 결국 귀족회의가 중심이 된 과두정치(oligarchy)체제를 구축하게 되었다. 귀족회의를 통해 9명의 통치자(archons)를 선발하여 국가의 운영을 맡겼다. 그러나 국정 운영의 최종 결정은 귀족회의의 승인을 받아야 했으며 임기가 끝난 통치자는 귀족회의 평 위원으로 돌아갔기 때문에 실질적인 통치 권력은 귀족회의가 쥐고 있었다.

그렇다면 당시 아테네의 인구는 얼마였으며 시민이란 누구였을까? 흥미롭게도 플라톤Platon은 이상적인 도시 상을 제시하였다. 즉, 이상적인 도시란 구성원 서로가 서로를 잘 알 수 있는 도시로서 이를 위한 적정인구는 5000명이라고 분석하였다. 플라톤이 보기에도 당시 아테네의 인구가 지나치게 많았던 모양이다. 왜냐하면 기원전 5세기 아테네의 인구는 남성만 해도 16만여 명에 달했기 때문이다. 여기에 주민 수에 포함되지 않은 여성과 어린아이를 합하면 그 규모가 얼마나 컸을지 족히 상상할 수 있을 것이다. 16만 명의 남성 중 10만 명이 노예, 타 지역 출신인 이방인(metoici)이 2만 명이었다. 나머지 아테네 출신 4만 명만이 시민의 권한을 부여받았다. 주민 수에 포함조차 안 된 여성과 아이들은 시민권과는 거리가 멀었다.

아테네 시민이 되려면 무엇보다 3대째 아테네에서 출생한 부모를 둔 일정한 연령 이상의 남성이어야 했다(시민 연령 기준을 25세로 보는 학자가 많으나 18세 혹은 30세 이상이라는 이론도 있다). 아버지가 아테네인이더라도 어머니가 이방인이면 그 아들은 시민이 될 수 없었다. 그렇게 소수의 시민만이 자유인으로서의 권리를 향유하며 모든 공직의 피선거권을 가졌다. 이들은 토지의 소유권을 독점하였으며 토지경작과 같은 힘든 노동은 인구의 다수를 차지하는 노예의 몫이었다. 때문에 시민은 한껏 자유 시간을 즐기며 투표와 판결 등을 통해 폴리스 운영에 직접적으로 참여하였다. 공적인 생활에 충실하다 보니 자연스레 법에 복종하는 것이 시민의 명예가 되었으며 법에 대한 불복종은 불명예이자 시민권의 상실을 의미하였다.

인구 중 이방인의 비율이 다소 높았던 것은 아테네만의 특징이었다. 외지인을 배척(xenophobic)했던 스파르타와 달리 아테네는 그리스의 타 지역 출신자는 물론 심지어 외국인에게도 개방적이었다. 이들 이방인은 다른 아테네 시민과 동일한 의무를 지닌 반면에 권리는 제한적이었다. 납세와 병역(하급 병사만 가능)의 의무를 수행하며 상품과 노예도 구매할 수 있었지만 토지의 소유권은 없었다. 또한 선거권이나 주요 직책에 대한 피선거권 역시 제한되었다. 따라서 상업이나 예술 및 금융 관련 업무에 종사하는 이방인이 대부분이었다.

아테네의 여성은 신분의 고하를 막론하고 공적인 일에 참여하거나 의견을 피력할 권리가 없었다. 가정에서 집안일을 돌보며 노예를 다스리는 일이 여성의 일상이었으며 노예에게서 음악이나 춤 혹은 글을 배우기도 하였다. 여성의 결혼은 조혼이 일반적이었고 아버지가 선택한 배우자와 결혼하여 여필종부(女必從夫)하는 것이 관례였다.[3)]

위에서 살펴본 대로 아테네는 직접 민주주의의 산실이었다. 플라톤과 아리스토텔레스Aristoteles도 아테네를 민주주의로 규정하였다. 그러나 시민권이 극히 제한적이었다는 점에서 현대적 의미의 민주주의와는 거리가 먼 아테네식 민주주의였다. 소수의 아테네 남성에게만 시민권이 주어지고 이방인과 노예는 물론 아테네 여성이나 미성년자에게조차도 시민의 자격이 주어지지 않았다. 시민과 동일한 납세와 병역의 의무를 다하고도 토지소유와 시민권이 제한되는, 권리보다는 의무만이 강조되는 것이 비 시민권자 주민의 민주주의였다.

3) 로마시대의 시민

로마제국시대로 접어들면서 시민의 개념은 한층 확대되고 개방적인 성격을 띠게 되었다. 시민의 의상인 토가(toga)는 준법과 재산소유 및 정치참여의 권한을 의미하는 자랑스러운 '시민의 상징' 이었으나 아테네와 마찬가지로 여성이나 미성년자는 토가를 입을 수 없었다. 로마공화정시대나 그 이후 로마제국시대에 로마 주민은 여러 계층으로 구분되었다. 로마 시민은 시민으로서의 모든 이익을 누렸지만 특정한 상황에서는 시민권이 박탈될 수도 있었다.

제정 초기가 로마법의 황금시기로 평가되는데 로마법을 보면 당시 시민의 지위가 다양함을 알 수 있다.[4] 법에 따르면 주민은 크게 세 종류로 구분된다. 먼저, '자유의 지위' 를 뜻하는 '스타투스 리베르타티스(status libertatis)' 로 시민과 노예를 구분하듯 '자유로움' 에 따른 구분이다. 둘째는 '스타투스 키비타티스(status civitatis)' 로 자유인은 다시 시민과 비(非)시민으로 구분된다. 로마 점령지나 동맹국의 주민에게는 2급(second-class) 시민권이 주어졌다. 세 번째는 가족 내의 지위를 뜻하는 '스타투스 파밀리아스(status familias)' 다. 즉, 시민은 다시 가족 내의 위치로 지위가 구분되는데 이는 '파테르 파밀리아스(pater familias, 가장)' 와 '필리우스 파밀리아스(filius familias, 식솔)' 로 구분된다.

따라서 로마 시민을 뜻하는 '키비스 로마누스' 는 이론적으로 자유인 중 시민으로 분류될 수 있는 사람 모두를 지칭했으나 실제로는 가장만이 공적인 영역에서나 사적인 영역에서 권리를 완전히 누릴 수 있었다. 가장에게 종속된 이들은 공적인 부문에서 부분적으로 그들의 권리를 누릴 수 있었으나 사적인 부문에서는 가부장의 권력하에 놓이게 되었다. 또한 여성은 딸(fillia)의 지위가 우선하기에 가장의 영향을 받았으며 마르쿠스 아우렐리우스Marcus Aurelius 황제 이전까지는 딸을 이혼시킬 수 있는 권한마저 부친에게 주어졌다. 여성의 지위는 로마제국시대를 거치면서 다소의 변화는 있었으나 시민으로서의 법적 권리는 부여받지 못했다. 자신의 재산을 소유할 권리는 있었으나 투표권이나 공직에 진출할 권리는 없었다.

그리스 아테네와 마찬가지로 노예는 귀족과 시민의 재산으로 간주되었지만 특별한 경우 자유화된 노예는 제한된 형태의 로마 시민권을 부여받기도 했다. 그러나 자유화된 노예의 아들은 완전한 시민권을 받을 수 있었다.[5)]

로마제국 형성 기간에 따라 차이는 있지만 로마의 시민은 다양한 법적, 정치적 권리를 누릴 수 있었다. 시민은 민회에 출석할 수 있었을 뿐만 아니라 호민관으로 선출되어 평민의 권익을 옹호할 수 있었다. 또한 집정관을 포함한 모든 행정 관리직에 선출될 수 있었다. 또한 법적 계약이나 재산권을 가질 수 있었고 법적 소송 및 피소송권을 가졌다. 고문이나 법정 외에서 사형선고를 받지 않을 권리, 자국인 로마에서 재판받을 권리 역시 로마 시민에게 주어진 권리였다.

로마제국이 확대됨에 따라 로마 시민권은 속주민을 통제하는 외교 수단으로 사용되기도 하였다. 정복지가 늘어남에 따라 어머니가 피정복지 출신이라도 아버지만 로마인이면 시민권을 허용하였다. 로마 황제는 물론 장군들에게도 시민권 부여 권한을 주어 식민정책의 탄력성을 높였다. 그러나 피정복지 주민에게 로마 시민권은 부여했지만 정치적인 투표권은 철저히 제한하였다. 로마의 식민지와 동맹국 주민에게도 법적으로 여러 등급이 구분되는 '준 시민권' 을 부여하였다. 이러한 시민권 수여정책은 로마제국에 편입된 식민지 주민을 로마 문화에 동화시켜 식민지를 통치하고 제국을 확대해 나가는 중요하고도 효율적인 정치 도구였다.

사실 이런 정책의 원조는 알렉산더Alexander 대왕이었다. 알렉산더도 자신이 정복한 페르시아 제국 주민을 본국인 마케도니아 및 다른 그리스인과 동화시키기 위해 페르시아인은 물론 이집트, 시리아인에게도 시민권을 부여하는 정책을 펼쳤다. 로마 역시 점령지 주민이나 그 아들들에게 시민권을 줌으로써 반(反)로마 정서를 희석시켜 로마제국 문화에 동화시키는 정책을 펼친 것이다. 그 결과 기원후 212년 로마는 카라칼라Caracalla 황제 칙령을 통해 로마제국 내의 모든 자유인에게 시민권을 공식적으로 부여하게 되었다.[6)]

정리하면, 고대 그리스나 로마에서 시민의 권리는 제한적이라는 점에서 공통적이다. 특별한 경우가 아니면, 여자나 노예 및 이방인(barbarians)에게는 시민권이 주어지지 않았다. 여성은 불합리적인 존재로서 정치참여 능력이 결여된 사람으로 간주되었다. 물론 플라톤과 같이 이에 동의하지 않는 사람도 적지 않았다. 또한 성인 남자라 하더라도 세금을 낸 액수, 정치참여도, 양친의 출신지 등을 따져 시민권 부여를 결정하였다.

이런 형태의 시민은 공동체 시민에게 주어진 권리보다는 공동체를 위한 시민의 의무에 기초한 것이었다. 그러나 문제는 없었다. 당시는 개인과 공동체의 운명이 강하게 직결되어 있어 시민 모두가 도시공동체에 대한 강한 결속력을 지닐 수밖에 없었기 때문이다. 또한 폴리스의 시민은 공동체에 대한 의무를 용기를 나타내는 기회이자 명예와 존경의 원천으로 인식하고 있었다. 아테네에서 시민은 통치자이자 피지배자였다. 중요한 정치적, 법적인 직책은 시민에게 개방되었고 모든 시민은 민회(의회)와 같은 정치 기구(assembly)에서 말하고 투표할 권리를 가지고 있었다.

로마제국시대에 와서는 시민의 개념이 소규모 공동체에서 전 로마제국으로 확대되었다. 무엇보다 로마제국의 식민지역 주민에게 로마 시민권을 부여함으로써 식민통치를 정당화하려는 전략이었다. 따라서 시민권은 표면적으로는 확대되었으나 시민권의 의미는 축소 변경되었다. 고대 아테네에서처럼 직접적인 정치활동의 권리가 아니라 지배자인 로마제국의 법적인 보호를 받을 권리나 로마의 통치와 법을 준수하는 표시로서 인식되었다.

또 다른 측면에서 보면, 고대 그리스와 로마에서는 정치적 권리의 소유 여부가 시민을 구분하는 결정적 요인이었다. 시민이 아닌 주민도 먹고사는 경제행위가 보장되는 경제적 의미의 시민이었다. 그러나 정치활동에 참여하는 정치적 의미의 시민은 되지 못했다. 이러한 경제적, 정치적 차원의 시민 개념은 중세에도 지속되었으며 결국에는 경제적 영향력을 확대한 시민의 힘에 의해 절대 왕정이 무너지고 정치적 의미의 시민 혹은 시민권이 점차 확대되는 과정으로 나아가게 된다.

그럼에도 고대 그리스와 로마의 시민 개념은 중요한 차이점이 있다. 고대 그리스는 민족을 국가단위로 삼아 혈통주의와 종족(ethnicity) 중심의 시민관을 견지했다. 따라서 아크로폴리스에서의 민주정치란 그리스 종족만이 누리는 특권적인 시민정치였다. 반면, 고대 로마는 다양한 민족을 국가 기반으로 삼은 개방된 시민정책을 시행하였다. 로마는 전쟁포로나 노예라 해도 국가를 위해 특별한 공을 세운 경우라면 시민 자격을 부여했고 황제도 특정 가계에 국한시키지 않아 이민족 출신이라도 왕위에 오를 기회가 주어졌다.[7] 이 점이 바로 로마가 대제국 지위를 점하게 된 문화적 힘의 근간이 되었다.

2. 근대적 의미의 시민

시민이란 개념이 보다 근대적으로 사용하게 된 것은 유럽사회에서 중세의 봉건체제가 근대적인 사회체제로 변화되면서다. 그 변화란 중세의 1000년에 걸쳐 서서히 진행되어 온 인간이 아닌 신(神) 중심의 정치, 경제, 사회, 문화 전반에 걸친 변화였다. 무엇보다 큰 변화는 정치적으로는 절대 왕정체제가 위기에 직면하게 되고 경제적으로는 산업자본주의가 점차 확산됨에 따라 종래의 봉건 귀족과는 다른 사회계층인 부르주아(bourgeois) 세력이 부상한 것이었다.

1) 중세의 이단자, 부르주아

근대에 들어서기까지 중세 유럽사회의 특징은 신분 구별이 엄격한 농경사회였다. 귀족이나 고위성직자, 기사 등으로 형성된 소수의 특권층은 다수의 피지배계층인 농민과 농노에게 경제적 혜택과 신변 안전을 제공하는 대가로 사회 구조적으로 통제하고 수탈했다. 특권층은 조상에게서 물려받거나 혹은 왕에게서 하사받은 거대한 토지를 농노로 하여금 경작하게 하고 거기서 나온 이익을 독점함으로써 거대한 부를 축적하였다.

그러나 중세 후기에 들어서면서 도시가 발달하고 상업 활동이 활발해지기 시작했다. 이런 변화와 맞물려 기술 장인(artisans)과 상인이 사회적, 경제적 세력으로 등장하였는데, 바로 초기 부르주아다. 이들은 자신들의 이익 증진을 위해 길드를 형성하고 활발한 상공업 활동을 통해 재산을 증식시키기 시작하였다. 그 결과 봉건귀족이 향유하였던 지위와 특권에 점차 도전하게 되면서 새로운 절대 군주체제를 형성시키는 데 크게 기여하게 되었다.

절대 군주는 권력을 유지하고 강화시키기 위해 신흥 부르주아의 경제력이 필요했으며, 부르주아 입장에서는 각종 특권 산업에 필요한 특허장(charter)을 획득하는 등 원활한 상공업 활동을 위해 절대 군주의 보호망이 절실했다. 절대 군주와 부르주아의 이해관계가 맞아떨어진 것이다. 중세 후기(14, 15세기)에 들어서자 부르주아의 경제력은 더욱 증대되었다. 이들은 토지와 농노의 노동력으로 부를 축적한 과거의 귀족과는 달리 철저히 수요 공급에 따른 상행위와 원거리 무역을 통해 부를 쌓았다. 이익이 되는 일이라면 수단과 방법을 가리지 않았고 무작정 도시로 이주하여 빈곤층으로 전락한 노동자를 착취하는 일도 서슴지 않았다. 부르주아의 경제력이 막강해진 데 반해 사회변화에 둔감했던 기존의 상류계급은 점차 쇠락해져 갔다.

2) 시민사회의 건설자, 부르주아

경제력을 획득한 부르주아의 다음 목표는 정치적, 사회적 신분상승을 통한 상류층으로의 진입이었다. 신흥 부르주아는 왕성한 상공업 활동을 통해 부를 축적하여 유산계급이 되었고 납세를 통해 왕실의 재정을 지탱해 줌으로써 어느 정도 사회적 지위는 누렸으나 왕과 귀족의 지배를 받는 '제3신분' 이란 피지배 계층의 지위는 탈피하지 못했다(제1신분은 봉건 영주의 후손인 귀족계급이며 제2신분은 교회 성직자다).[8] 부르주아는 경제력을 이용하여 시민권을 구매하기 시작했고 14세기 후반에 와서는 프랑스 왕이 아예 파리의 모든 부르주아에게 귀족의 지위(nobility)를 하사하는 일마저 발생하였다. 이에 보답하듯 부르주아는 절대주의 왕정 유지에 필요한 자금을 지원해 중앙권력을 강화시키는 한편, 무역이나 상공업활동에 제약을 가하는 봉건 장벽을 허물기 시작했다.

17세기 및 18세기에 들어서자 경제를 장악하며 상류계급의 지위를 확고히 구축한 부르주아는 자신들의 보호막이었던 절대 왕권이 자신들의 이익과 자치 영역 확대에 걸림돌이 된다는 사실을 점차 인식하게 되었다. 이때부터 절대 군주의 간섭이나 통제에서 벗어나려는 욕구가 거세게 일기 시작했다. 경제적으로는 사유재산의 절대 보장과 산업 활동의 자유를 요구하고, 정치적으로는 자연법사상과 사회계약설 그리고 국민주권 사상에 바탕을 둔 인간의 존엄성과 자유, 평등, 법치를 보장하는 사회제도를 주장하면서 정치참여의 확대를 요구하게 되었다.[9] 이러한 요구가 분출된 것이 시민혁명이다. 부르주아는 절대 군주를 붕괴시키고 시민혁명을 이끈 중심세력이었으며 근대 시민사회를 형성하는 주체가 되었다.

부르주아 계층이 시민혁명의 중심 역할을 했으나 이들만의 힘으로 시민혁명이 성공한 것은 물론 아니다. 프랑스혁명이 발발한 1789년의 상황은 지배계급의 향락과 부패, 피지배층에 대한 가렴주구(苛斂誅求)적 수탈이 횡행한 상황이었다. 당시의 왕이었던 루이 16세Louis XVI와 왕비 마리 앙투아네트Marie Antoinette는 물론 귀족은 노동자와 농민에게서 수탈한 세금으로 사치와 향락을 일삼았다. 그러는 동안 거리에는 추위와 굶주림에 떠는 빈민이 넘쳐났다. 극심한 인플레이션으로 물가는 급등하고 노동자와 농민은 실업과 가뭄으로 인한 흉작으로 고통을 받고 있었다. 설상가상으로 노동자와 농민은 소득 전체와 부동산에 부과되는 세금인 타유(taille), 인두세, 부동산과 상업 및 지대(地代)에 부과되는 20분의 1세, 도로 확장에 노동력을 제공하는 부역을 감당해야 했다.[10] 결국 1789년 7월 14일 노동자, 농민, 빈민층이 중심이 된 시위대가 학정과 봉건제도의 상징인 바스티유 감옥을 습격하였으며, 같은 해

10월 5일에는 파리의 부녀자가 가세하여 프랑스혁명을 성공시키고 인간의 존엄성과 평등, 박애를 근간으로 하는 시민사회의 건설을 선언하였다. 물론 프랑스혁명 이전에 영국에서도 1688년 상공업자인 부르주아가 주도하는 시민혁명인 명예혁명이 발생하였다. 그러나 프랑스혁명을 통해 태동한 인권선언문(1789)은 인간의 존엄성과 그에 따른 권리를 만천하에 공표한 사실상 인류역사상 최초의 선언으로 인정받고 있다.[11)]

인권 선언문

제1조 인간은 권리에 있어 자유로우며 평등하게 태어나고 생존한다. 사회적 차별은 오직 일반적인 선에 기초하여 마련된다.

제2조 모든 정치적 단결의 목적은 소멸될 수 없는 인간의 자연권을 보존하기 위한 것이다. 이들 권리란 자유, 재산권, 안전 및 억압에 대한 저항을 뜻한다.

제3조 모든 주권의 원리는 본질적으로 국민에게 있다. 어떤 단체나 개인을 막론하고 국민으로부터 직접 유래하지 않는 어떠한 권한도 행사할 수 없다.

제4조 자유란 다른 사람을 해치지 않는 한 뭐든지 할 수 있다는 것을 의미한다. 그러므로 각 개인의 자연권 행사는 사회의 다른 구성원도 동등한 권리를 누릴 수 있다는 점을 제외하고는 어떤 제한도 받지 않는다. 이러한 제한은 오직 법에 의해서만 정해진다.

....

제10조 누구도 법에 의해 확립된 질서를 교란하지 않는 한, 종교적 견해를 포함한 자신의 의견이나 발표로 인해 신변에 불안을 느끼게 해서는 안 된다.

제11조 사상 및 의견의 자유로운 전달은 인간의 가장 소중한 권리의 하나다. 따라서 모든 시민은 자유롭게 말하고, 쓰고, 인쇄할 수 있다. 그러나 법에 규정된 경우처럼 이러한 자유의 남용에 관해서는 책임을 져야만 한다.

……………

第14조 모든 시민은 스스로 또는 대표자를 통해 공공 지출이 필요한지를 결정할 권리, 그것을 승인할 것인지를 결정할 권리, 그것이 어떻게 사용될 것인지를 알 권리, 그 비용이 되는 조세를 어떠한 방식으로 어떤 비율로 거둘 것인지를 결정할 권리가 있다.

……………

第17조 재산권은 신성불가침한 것이므로, 공익을 위해 필요하고 법에 의해 규정된 경우나 소유자가 사전에 정당한 보상을 받는다는 조건이 아니면 어느 누구도 빼앗기지 않는다.

– 1789년 8월 26일

3. 현대적 시민과 글로벌 시민

시민이란 개념의 세 번째 발전 단계는 현대적 의미의 시민이다. 현대적 의미로서 시민이란 서양 시민혁명의 이념을 바탕으로 근대 시민 계급이 실현시킨 시민권(즉, 자유, 평등, 사유재산, 생명, 참정권 등 시민으로서의 제반의 권리)을 공유하는 모든 사람을 가리키는 것으로서 오늘날 가장 일반적으로 사용되고 있다. 다시 말해 시민이란 근대 시민사회가 형성되면서 생겨난 개념으로 모든 인간이 인간으로서의 보편적 권리와 의무를 자각할 수 있는 주체적 의식을 가진 존재이자 정치공동체의 유지, 발전의 주체적 구성원임을 의미하는 것이다.

1) 시민과 시민권의 개념

현대적 시민 개념에는 두 가지 요소가 포함된다. 하나는 시민의 권리이며 다른 하나는 시민으로서의 의무다. 민주주의에서 모든 권력의 정당성의 원천은 국민의 집합체, 즉 시민이란 정체(polity)다.[12] 시민이란 민주국가와 같은 정치체제에서 완전하고 동등한 구성원이다.[13] 민주국가의 국민은 종교나 인종, 사회계층 및 성과 같은 요소에 따라 다양하고 중복적인 정체성을 갖게 된다. 그러나 이런 차이에 관계없이 모든 시민이 평등하게 소유하는 유일한 정체성은 바로 시민정체성이다. 모든 시민이 공통으로 소유하는 시민정체성은 민주주의의 특정한 시민적 원칙과 가치를 개인이 자유롭게 존중하고 헌신한다는 정신에 기초한 것이다. 종교와 인종, 민족정체성이 매우 다양한 국가(미국, 캐나다, 호주 등)에서 각양각색의 사람을 단일의 민주적 정치질서 안에 묶는 공통되고 중요한 요인은 바로 시민정체성이다.

시민으로서 어떠한 권리가 있으며 반대로 어떤 의무가 있는지를 판가름하는 기준이 서양에서는 시민권(citizenship)이다. 시민권이란 한 개인으로서의 권리(시민적, 정치적, 사회적)와 국가의 집합적인 생활에 개입하는 능력과 아울러 정치공동체와 관련된 의무(납세, 병역, 충성 등)를 획득할 수 있는 법적 및 정치적 지위로 정의할 수 있다.[14] 흔히 시민권은 국적(nationality)이란 용어와 혼용되고 있다. 그러나 시민이 되지 못하면서 국민이 될 수 있음을 생각할 때 두 개념은 구분된다. 즉, 정치참여의 권리는 없지만 해당 국가의 보호를 받을 법적 권리는 가질 수 있기 때문이다. 이런 점에서 시민권은 개인이 특정한 사회 혹은 국가 내에서 가지고 있는 정치적 권리를 의미한다. 한 국가에 살더라도 시민의 지위가 결여된 사람은 시민권에 관련된 권리와 의무가 박탈된다. 출생지나 인종을 기준으로 하는 국적과는 달리 시민권은 한 국가와의 법적 관계에 기초한다. 이는 특정 개인이 모든 시민의 삶을 향상시키기 위한 경제활동에 참여하거나 공공서비스, 자원봉사 등 다른 노력을 한다면 특정 국가의 시민권을 신청할 수 있음을 의미한다. 이런 점에서 특정 국가 혹은 사회의 시민권

은 취득하거나 혹은 상실될 수 있다.[15)]

국가에 따라서는 시민이 되는 조건인 시민권을 출생지에 근거해 부여하는 출생지주의(jus soli) 혹은 속지주의 시민권 제도를 시행하기도 한다. 반면에 어떤 국가에서는 시민의 지위를 부모의 시민권 여부에 따라 결정하는 혈통주의(jus sanguinis)를 채택하고 있다. 또한 둘 다를 시민권의 결정요소로 채택하는 국가도 있다. 나아가 대부분의 민주국가는 출생과 관계없이 시민권을 취득할 수 있는 법적 장치를 구비하고 있다. 헌법은 시민의 권리와 비 시민자인 정치공동체 주민의 권리를 명확히 구분해 놓고 있다. 예를 들어 미국에서는 시민만이 투표할 권리, 배심원이 될 권리, 의회 같은 정부 직책의 피선거권을 갖는다. 그 외 다른 권리는 미국에 거주하는 시민권자나 비 시민권자 모두에게 동등하게 보장된다.

시민권은 개인과 민주적 정치공동체를 연결하는 사회적이고 법적인 연결고리다. 시민권의 지위는 민주주의를 지탱하기 위해 시민이 반드시 수행해야 할 중요한 책임과 의무를 수반한다. 책임 있는 시민의 의무란 납세와 병역의 의무, 선거로 선출된 대표자들이 제정한 법의 준수, 민주적 정치공동체에 대한 가시적인 헌신과 충성, 정치적이고 시민적인 삶의 조건에 대한 생산적인 비판, 정치적 및 시민적 삶의 질을 개선하기 위한 참여 등이 있다. 또한 시민은 정치참여나 혹은 법정에서 특정한 개인이나 집단에게 행해지는 부당한 대우와 같이 '모든 시민을 위한 평등한 권리' 란 이상과 모순되는 현상을 인식하고 극복해야 할 책임도 있다.[16)]

법 앞에 평등은 시민의 기본 권리다. 그러나 민주사회의 시민은 자신의 권리를 보장받고 싶다면 당연히 권리를 위한 책임을 수행해야 한다. 무엇보다 먼저 시민은 타인의 권리를 존중해야 한다. 둘째, 자신과 타인의 권리를 침해하는 사람이나 권력에 맞서 이를 방어하기 위한 행동을 해야 한다. 셋째, 시민은 민주주의가 제대로 작동할 수 있도록 그들의 권리를 행사해야 한다. 예를 들어 투표할 권리나 공공의 문제에 대한 자유로운 의견 개진, 자원 활동 기관에 참여할 권리 등은 시민이 이런 권리를 정기적으로 그리고 효과적으로 사용하지 않는 한 정치적 및 시민적 생활에서 별다른 중요성을 갖지 못하게 된다.

현재로서는 민주국가만이 시민의 권리를 고양시키고 시민의 책임 수행을 보증할 유일한 정치체제라 할 수 있다.[17)]

2) 글로벌 시대의 시민

시민이란 정치적인 공동체나 혹은 특정한 국가의 구성원으로서 정치참여의 권리를 지닌 사람을 의미한다. 즉, 특정 국가의 시민권을 가진 사람을 그 나라의 시민이라 부른다는 것을 의미한다. 이러한 시민에 대한 개념은 앞서 살펴본 대로 고대 그리스 로마시대부터 18세기 후반의 거대한 자유주의 혁명을 거쳐 현재까지 진화해 오고 있다.

그러나 21세기에 들어서면서 과거와는 다른 성격의 시민 혹은 시민권에 대한 논의가 활발하게 일고 있다. 그 예로 세계화가 진행되면서 시민의 개념을 국제적 차원으로 확대해야 한다는 주장을 들 수 있다. 이를테면 국경을 초월하는 무역기구나 비정부 조직 혹은 다국적 기업의 일원, 더 나아가 전 세계의 시민으로서 인식을 넓히자는 것이다. 시민 개념을 확대하더라도 시민의 권리는 여전히 개인이 속한 특정 국가에서 나오게 되므로, 이런 주장은 시민의 '이차적인 개념' 으로 볼 수 있다. 또한 앞으로도 세계의 정치지도에서 국가의 개념은 여전히 핵심요소가 될 것이다.

그럼에도 이러한 정치적 기구에 도전하는 변화가 일어나고 있다. 현재의 국가의 역할과 국가 주도의 시민권 개념에 도전하는 두 가지 주된 변화는 다음과 같다.

첫째, 세계화(globalization) 현상이다. 전략적이고 중심적인 경제활동이 자본과 상품 및 정보교환의 전자 웹(webs)을 통해 전 세계적 규모로 통합되는 현상이다. 세계화의 핵심 요인은 인터넷과 정보사회의 발전이다. 이러한 글로벌 시장은 유럽의 경제 및 금융 통합을 촉진시킨 결정적인 요인이다. 개별 국가 중심의 개념은 세계화의 도전 앞에 점점 더 약화되고 있다.

둘째, 다문화사회 현상이다. 국가 단위의 이론적인 동질성을 파괴시키는 다문화사회가 점차 증가하고 있다. 한국 역시 2000년대 들어 이주 노동자 및 국제결혼 증가에 따라 다문화사회로 진입하고 있다. 이민이 증대함에 따라 지역적 혹은 국가적인 다양성이나 다문화 및 다인종화 현상이 새로운 유럽 사회의 핵심요소가 되고 있다. 유럽 시민권은 바로 이러한 새로운 유럽사회에서 태동하게 된 것이다.[18)]

전 세계에 걸쳐 세계화가 심화되고 있는 상황을 고려해 볼 때 세계 각국의 사람들이 취업과 시민권 획득을 위해 보다 선진화되고 살기 좋은 국가로 이주하는 현상은 더 이상 낯선 일이 아니다. 많은 국가가 교육이나 과학, 기술, 통신 등의 발전을 이룩한 데에는 자신의 목적과 꿈을 실현하기 위해 타국에서 이주한 수많은 개인의 기여가 있었음을 역사는 보여 주고 있다. 또한 전문 기술 인력이 필요한 선진국의 요구에 의해 개발도상국의 숙련기술자가 선진 국가로 이주하기도 한다.

실제로 미국이나 영국, 호주, 뉴질랜드 등의 선진국은 개발도상국의 숙련되고 높은 교육훈련을 받은, 신뢰성 있는 전문 인력을 받아들여 노동시장을 보강하려는 정책을 시행하고 있다. 이러한 관계를 통해 쌍방 모두는 혜택과 이익을 얻게 된다. 그러나 대부분의 개발도상국에서는 숙련노동자나 전문 인력의 '두뇌유출' 현상이 사회문제가 되고 있다.

다른 한편으로 더 선진화된 국가로 사람들이 이주한다는 사실은 결국 그들의 시민권 신청문제와 연결되기에 많은 선진국에서 사회문제가 될 수밖에 없다. 영국이나 미국, 호주, 뉴질랜드 등은 물론 우리나라에서도 점차 사회문제가 되고 있다. 예를 들어 영국은 1981년 영국국적법을 개정하여 시민권의 기준을 속지주의에서 속인주의로 전환하였다. 다시 말해 출생지를 기준으로 시민권을 부여하던 것에서 부모의 시민권 여부를 기준으로 자녀의 시민권을 부여하는 것으로 변경한 것이다. 따라서 영국 내에서 출생한 사람일지라도 부모가 영국 시민이거나 합법적으로 영국에 거주하는 부모가 아니면 시민권을 획득하지 못하게 되었다.[19)]

4. 시민성의 개념과 구분

민주주의를 근간으로 하는 공동체나 국가가 유지되기 위해서는 구성원인 시민이 특정한 자질과 품성을 반드시 갖추어야 한다. 이를 시민성(citizenship)이라 한다. 시민성과 시민권은 동일한 맥락에서 이해될 수 있기에 영어에서는 같은 단어를 사용한다. 시민으로서 갖추어야 할 의식과 태도 또는 자질인 시민성은 시대 상황에 따라 혹은 문화권에 따라 다양하게 변화되어 왔다. 고대 그리스로마시대 혹은 중세시대에 요구되는 시민성과 21세기 글로벌 시민사회에서 요구되는 시민성이 다른 것은 자명한 일이다.

1) 시민성의 개념

통상적으로 민주사회에서 요구하는 시민성이란 민주주의 정치 체제하에서 필요한 생활태도와 행동양식을 갖춘 시민으로서의 자질을 말한다. 다시 말해 인간 존엄의 원리, 국민주권의 원리, 자유의 원리, 평등의 원리, 개인주의의 원리 등 규범적 요소와 토론 절차를 인정하고 다른 사람에 대해 관용의 태도를 지니며, 비판과 타협을 수용하고 다수결의 원리와 소수의 권리를 존중하고 중시하는 절차적 요소로 이루어진다.[20)]

이를 좀 더 구체적으로 말하면 민주적 시민성은 첫째, 공동체 구성원이 자연적 또는 인위적 환경과의 상호작용 속에서 경험을 통하여 터득한 삶의 방법적 원리이며, 둘째, 합당한 제도와 절차를 주체적으로 만들고 유지하는 데 참여하고 책임을 져야 한다는 의식이다. 셋째, 국가공동체뿐만 아니라 국내외의 모든 공동체 차원에서 인류의 생존과 그 존엄성에 대한 보편적 인식이며, 마지막으로 시민의 지혜로움, 즉 진위를 구별하고 말하며 진실 앞에 정직하고 그 진실을 드러내 보이는 원리

에 충실할 수 있는 능력의 보유를 의미하는 것이다.[21)]

2) 공화정 모형과 자유주의 모형

시민성에 대한 논의는 다양하다. 그러나 일반적으로 시민성에 대한 논의는 공화정(republican) 모형과 자유주의(liberal) 모형의 두 가지 범주 안에 포함된다. 공화정 모형의 이론적 출처는 아리스토텔레스와 마르쿠스 툴리우스 키케로Marcus Tullius Cicero, 니콜로 마키아벨리Niccoló Machiavelli, 장 자크 루소 Jean Jacques Rousseau 등의 저서에서 찾을 수 있다. 공화정 모델의 핵심 원리는 고대 그리스의 폴리스와 같은 고전적 공동체에서 시행되었던 '시민적 자치' 다. 이 원리는 아리스토텔레스가 시민의 특성으로 규정한 대로, 통치하고 통치받는 행위가 순환되는 '권력(office)의 순환' 을 말한다. 아리스토텔레스는 시민이란 무엇보다 먼저 '권력을 공유하는 사람들' 이라고 단정한다.

시민적 자치는 루소의 사회계약의 핵심부에 자리한다. 시민적 자치는 시민을 자유롭게 만들고 법에 정당성을 부여하는 일반의지(general will)를 통해 법을 공동으로 주관하는 것이다. 법의 집행과정이나 의사결정 과정에 적극적으로 참여함으로써 개인은 자신이 하나의 대상(subject)이 아닌 시민임을 확신하게 되는 것이다. 이렇게 볼 때 공화정 모형은 시민성의 중요한 요소로서 시민이 정치적 주체(agent)임을 강조하는 것이다.

자유주의 모형의 기원은 로마제국과 로마법에 대한 해석(early-modern reflections)에서 찾을 수 있다.[22)] 로마제국의 확장은 피정복지 주민에게까지 시민으로서의 권리를 확대하여 시민의 의미를 근본적으로 전환시키는 결과를 가져왔다. 다시 말해 시민권의 개념이 법 제정 혹은 법 집행에 참여하는 것이 아니라 법에 의해 보호를 받는다는 의미로 전환된 것이다. 매일 매일의 피할 수 없는 인생의 현실로서가 아니라 중요한 법적 지위이자 때로는 정체성을 확인하는 개념으로 바뀐 것이다.[23)] 자유주의 모형에서의 초점은 당연히 첫 번째 요소, 즉 시민성을 정치적 권력이 아닌 법적 지위로 이해하는 데 있다. 그 시민성은 피정복지의 법과는 동일할 수도 혹은 동일하지 않을 수도 있는 공유된 법을 준수하는 공동체의 구성원을 의미하는 것이다.[24] 이러한 로마식 경험에 따르면 시민성의 법적 범주는 포괄적이며 무제한으로 확대될 수 있다.

17세기 이후 발달된 자유주의 전통은 시민성을 법적인 지위로 우선 인식한다. 따라서 정치적 자유는 다른 개인이나 권력 그 자체로부터 개인의 자유를 보호하는 수단으로 중요하게 인식되었다.

언뜻 보기에 이 두 모형은 시민에 대한 서로 대립되는 해석을 제시하는 듯이 보인다. 즉, 시민을 정치적 권력이나 혹은 법적 지위로, 또는 개인의 자아개념 중심이나 혹은 '일시적인 정체성' 중심으로 인식하는 등 명확하게 구분되는 것으로 보일 수 있다. 이 경우 시민은 중요한 정치적 주체로 보이기도 하고 반대로 정치에는 적극적으로 참여할 시간이나 관심이 없으며 법을 제정하는 일도 시민의 대표자에게 일임하는 한 개인으로 나타나기도 한다. 시민에 대한 자유주의 모형이 현대의 입헌민주주의를 특징짓는다면 시민 개개인의 수동적인 태도와 무관심에 대한 공화정 모델의 비판은 현대 시민에게도 시사하는 바가 크다.

공화정 모델은 그 자체로 문제를 지니고 있다. 무엇보다 그들의 이상은 현재와 같이 급변하는 환경에서는 쓸모없게 되어 버렸다는 점이다.[25] 현대 상황에서 본래의 공화정 이상을 실현하려 한다는 것은 마이클 왈처Michael Walzer[26]가 지적하듯이 프랑스혁명 당시의 자코뱅(Jacobins)의 시도처럼 큰 재앙이 될 것이다. 오늘날의 시민은 다음과 같은 이유로 고대 로마 시민이 되기 힘들다. 첫째, 현대 국가의 규모와 복합성이 공화정 모델에서 요구하는 시민적 개입을 받아들이기 어렵다. 만일 적극적 시민으로서의 영향력을 행사하는 개인적 기회가 없다면 차라리 비정치적 활동에 헌신하는 것이 더 현실적일 것이다. 시민으로서의 정체성은 자아개념 형성에 중심이 되지 못하며 단지 정치는 여러 다양한 관심과 홍미 중 하나에 불과하게 된다.[27]

둘째, 현대 국가의 이질성으로 인해 고대 폴리스를 지탱하던 사회자본인 '도덕적 결속(unity)' 과 상호신뢰와 같은 가치가 더 이상 기능하지 않게 되었다.[28] 그러나 고대의 이런 덕목을 되돌릴 수 없다면 최소한 공화정 모델은 현대의 사회조직이 얼마나 제대로 기능하고 있는지를 평가하는 하나의 벤치마크(benchmark)가 될 수 있다.[29] 이를 위해서는 공화정 모델에서 강조하는 '적극적인 정치 주체로서의 시민'이란 이상을 견지하면서 그 모델의 본래 가정을 수정하는 작업을 병행해야 한다.

위의 두 모델에 대한 찬반(贊反)을 떠나 이를 현대의 시민 개념을 이해하는 보충 개념으로 보는 것이 필요하다. 뱅자맹 콩스탕Benjamin Constant이 지적하듯이 정치적 자유는 개인적 자유를 위한 필요조건이다.[30] 왈처 역시 이 두 개념은 서로 분리될 수 없이 손에 손을 맞잡고 가는 개념이라고 주장한다.[31] 이를테면 정치권력이 신변 안전을 제공한다 해도 개인의 자유 없이 단지 수동적으로 향유할 수 있는 것은 아니기 때문이다. 개인의 자유는 정치권력과 상충되더라도 그 자체로 보장되어야 한다. 또한 수동적으로 시민성을 향유하기 위해서는 최소한 과도기적으로라도 적극적인 정치적 시민이 필요하다.[32] 현대사회의 개개인은 단지 '사적 시민(private citizen)'이 될 필요가 있거나 혹은 반드시 '사적 시민'이 되어야만 할 때도 있다.[33] 그러나 상황이 요구할 때 정치에 수동적인 방관자가 적극적인 시민이 될 거라고 기대할 수 있는가? 답은 쉽지 않다. 콩스탕은 정치적 자유에 대한 부단한 연습(regular exercise)만이 시민의 공익과 자유를 수호하는 도덕성 향상에 가장 확실한 수단이라고 주장한다.[34]

3) 페미니스트 비판

1970년대 이후 여권 운동가들은 공화정 모델과 자유주의 모델이 시민성을 사적 및 공적 부문으로 경직되게 구분한다고 비난한다. 이들의 비판은 정치와 시민에 대한 대안적인 개념을 발전시키는 기폭제가 되었다.

공화정 모델의 시민 개념은 공적 및 정치적 부문을 자유와 평등의 영역으로 본다. 다시 말해 자유로운 남성 시민은 다른 남성과의 관계를 통해 무엇이 옳고 그른지 또는 이익이 되고 해가 되는지 등에 대한 공동선을 결정한다. 정치적 공간을 폴리스의 물질적 재생산을 보장받는 영역으로 정의하고 정치는 개인의 사적 영역으로부터 보호받아야 하는 공간으로 규정해 버렸다. 반면에 여성은 자연적 재생산 영역과 관련되기에 시민권을 받을 권한이 없으며 집안일[家事]만 보는 존재로 격하시켰다.

자유주의 모델은 사적인 영역에 우선권을 둔다. 정치적 자유는 단지 수단적이며 도구적인 개념일 뿐이다. 즉, 개인의 공식적인 권리는 외부의 간섭으로부터 사적 영역을 보호하며 자신들의 특정한 관심과 홍밋거리를 자유롭게 추구하도록 하는 데 있을 뿐이다.[35] 그러나 존 로크John Locke의 '평등주의적 개인주의' 라는 중립적인 언어는 현실적인 여성의 종속성을 감추고 있다. 다시 말해, 로크는 아내를 자연적으로 남편에게 종속된 것으로 묘사함으로써 '여성의 영역' 은 곧 '남성의 재산' 이라고 간주한다. 여기서도 사적 및 공적 간의 구분을 함으로써 여성이 공적으로 나아가는 것을 방해하고 있는 것이다.[36]

공적 부문과 사적 부문은 불가분하게 연결되어 있기에 페미니스트 비판의 요지가 두 시민 모델을 함께 아울러야 한다든가 혹은 여성도 동일한 인간이니 시민으로 인정해야 한다고 주장하는 것은 아니다. 오히려 여권론자의 주장은 법이나 정치가 어떻게 개인적인 환경을 인위적으로 구성하고 있으며(예를 들어 강간이나 낙태 관련법, 탁아정책, 사회복지수당의 배분 등) 또한 어떻게 사적인 문제가 더 큰 중요성을 가지게 되고 정치적 행위를 통해 집합적으로 해결할 수 있는지를 인식해야 한다는 것이다.[37] 그렇다고 공적, 사적 구분이 부적절하다는 의미는 아니다. 공적, 사적 사이의 경계는 언제나 변화될 수 있고 논쟁의 대상이 될 수 있는 사회 구성물로서 인식해야 한다는 의미다.

정치는 사적인 삶, 그리고 사회적이며 경제적인 삶과 유리될 수도 없고 또 분리되어서도 안 된다. 특히 성(gender), 계급, 언어, 인종, 종족, 문화 등의 이질성이 특징인 글로벌 사회에서는 더욱 그러하다.

4) 시민성의 구성요소

시민성의 구성요소가 무엇이고 또 어떻게 구분할 수 있느냐에 대해서는 여러 견해가 있다. 일반적으로 시민성의 개념은 다음의 세 가지 요소로 구성된다.[38)] 첫째는 법적 지위다. 즉, 특정 국가의 시민적, 정치적, 사회적 권리를 갖는 존재다. 시민은 법에 따라 자유롭게 행동할 수 있으며 또한 관련법의 보호를 받을 권리가 있는 존재다. 그렇다고 시민이 법 제정에 반드시 관여해야 한다거나 혹은 모든 시민에게 똑같은 권리가 주어져야 한다는 것을 의미하지는 않는다. 둘째는 정치적 주체자, 즉 시민을 공동체의 정치 기관에 적극적으로 참여하는 정치적 존재로서 고려하는 것이다. 셋째는 한 개인의 정체성의 근원을 제공하는 정치공동체의 구성원으로서 시민을 인식하는 것이다. 시민의 주관적인 소속감은 일종의 심리학적인 시민성의 척도[39)]라 할 수 있는데 이는 필연적으로 정치공동체의 집합적 정체성의 힘에 영향을 미치게 된다. 만일 많은 시민이 같은 정치공동체에 강한 소속감을 표시할 경우 사회응집력은 강화될 것이 분명하다. 그러나 사회통합을 촉진 또는 지체시킬 수 있는 요소는 시민성 외에도 많기에 사회통합은 시민성의 요소 중 하나가 아니라 시민성이 달성하려고 하는 중요한 목표로서 인식되어야 한다. 시민성을 가늠하는 중요한 요소는 시민성의 사회통합 기여에 달려 있다.

시민성의 세 가지 요소 간의 관계는 복잡하다. 시민이 누리는 권리는 어떻게 시민이 자존감을 강화시켜 정체성의 원천이 될 수 있는지를 설명함과 동시에 부분적으로 이용 가능한 정치활동의 범주를 규정하게 된다.[40)] 시민정체성이 강할 경우 시민은 사회의 정치활동에 적극적으로 참여하게 된다. 한 국가 내에서 특정 집단이 자신들의 정치공동체에 대해 동일한 정체감을 공유하지 못하는 이유는 그들이 가질 수 있는 권리의 할당에 대해 서로 다르게 주장하고 있기 때문이다.[41)]

토머스 험프리 마셜Thomas Humphrey Marshall은 시민이란 지위에서 요구되는 자질을 시민성이라 규정하고 이를 다음과 같이 세 가지로 구분하여 제시하였다.[42] 첫째는 시민적 시민성이다. 이는 18세기에 중시되었던 개념으로서 개인의 자유와 권리에 관한 인식과 의식을 말한다. 재산권의 자유와 언론의 자유, 사유의 자유, 신념의 자유, 계약체결의 자유 등이 포함되며 이런 자유의 실천은 정의를 기준으로 실행된다.

둘째는 정치적 시민성이다. 이는 19세기에 중시되었던 개념으로 정치적 권력행사에 참여할 권리를 말한다. 국회나 지방의회, 행정부 등에 참여하여 선거권이나 피선거권을 통해 힘을 행사하는 것을 의미한다.

셋째는 20세기에 등장한 사회적 시민성이다. 이는 시민의 경제적 복지와 안정 및 문화적 삶을 요구할 수 있는 권리에 대한 인식을 말한다. 마셜은 사회적 시민성을 현대 복지국가에서 추구해야 할 가장 궁극적인 이상향으로 설정하고 이를 위해 지역에 대한 개인의 적극적인 참여와 국가적 차원에서의 탈문맹화를 강조하였다.[43]

데릭 히터Derek Heater는 시민정신이나 시민성의 개념을 보다 총체적인 입장에서 분석하고 있다.[44] 그는 시민성을 지역적 범위, 시민으로서 갖추어야 할 자질의 내용, 시민적 자질을 갖춘 교육 정도라는 세 가지 측면에서 파악한다. 지역적 범위에서는 공간적으로 가정, 학교, 이웃, 지역사회, 국가, 세계적 차원에서 시민이 담당해야 할 역할에 대한 인식을 강조한다. 시민적 자질에서는 정체성, 주체성, 도덕성과 법적 · 정치적 · 사회적 측면에서의 권리와 의무를 말한다. 마지막으로 교육의 정도란 시민정신이나 자질을 알고 있더라도 이를 교육을 통해 지식이나 태도, 기능, 행위라는 교육적 차원으로 승화시켜야 한다는 것이다. 이 같은 주장은 민주시민의 자질 혹은 시민성의 개념이 한 지역사회나 국가에만 국한되는 것이 아니라 세계시민의식으로 나아가야 한다는 점을 강조한다. 또한 시민성은 시민 자질의 기본 내용에 대한 인식에 그치는 것이 아니라 교육을 통하여 이를 태도나 행동으로 구체화시켜야 함을 의미하는 것이다.[45]

5. 민주시민교육의 내용과 역사

영어 democracy는 '시민'을 뜻하는 그리스어 demo와 '권력' 혹은 '힘'을 뜻하는 kratia의 합성어로서 시민이 국가의 주권을 행사하는 체제를 의미한다. 즉, 민주주의는 국민이 스스로 정치적인 지위를 결정하고 경제, 사회, 문화의 발전을 자유롭게 추구할 수 있는 자결능력에 기반을 둔 제도다. 따라서 민주주의 발전을 위해서는 책임의식과 사명감, 합리적인 의사결정, 능동적인 사회참여 등 민주시민으로서의 자질과 능력을 함양하기 위한 시민교육이 필수적이다.[46]

1) 시민교육의 개념

민주시민교육은 민주주의 이념에 기초한 시민정신 혹은 시민의식과 태도 등 시민으로서 갖추어야 할 인간적 자질을 함양하기 위한 의도된 교육이라고 정의할 수 있다. 또한 시민교육의 목적은 "시민 각자가 민주적인 사회생활 혹은 정치생활을 하면서 방향감각을 획득하고 자신의 정체성을 유지할 수 있도록 도와주기 위한 것"이다.[47]

민주시민교육에서 말하는 시민의 의미는 "권리의 자각과 적극적인 참여로 정치권력을 창출하는 민주사회의 주체"[48]라고 이해할 수 있다. 적극적 시민(active citizenship)이란 모든 시민의 삶을 향상시키기 위해 정치적 · 경제적 참여나 자원 활동, 그 외 다양한 노력을 통해 더 나은 공동체를 형성할 수 있도록 노력해야 한다는 철학이다. 이런 관점에서 세계 여러 나라의 학교는 시민교육을 실시하고 있다. 버지니아 A. 리어리Virginia A. Leary는 시민(citizenship)은 권리와 의무를 갖게 되지만, 특히 투표를 포함하여 공동체 삶에서의 적극적인 정치적 참여가 시민의 핵심 권리라고 강조한다.[49] 이러한 '적극적 시민'의 중요성은 고대 아테네에서도 강조되었다.

물론 제한된 의미의 시민이었고 시민으로서의 권리보다는 의무가 강조되었지만 진정한 시민이 된다는 것은 곧 공동체 생활에의 적극적인 참여를 의미했다. 이에 대해 아리스토텔레스는 앞서 언급한 대로 "공동체 운영에 어떠한 역할도 수행하지 않는 사람은 짐승이거나 아니면 신이다."[50]라는 유명한 말을 남겼다.

이러한 적극적 시민과 이를 위한 시민교육의 중요성에도 불구하고 한국의 시민교육은 다음과 같은 두 가지 한계를 가지고 있었다.[51] 하나는 정치사회화의 시각에서만 이해되었다는 점이다. 한국의 시민교육은 정치적으로 종속되어 정권의 정당성만을 표방하는 도구로 이용되었다. 또 하나는 학교의 사회과나 도덕과를 중심으로 이루어져 있어 그 대상이 아동과 청소년에 주로 제한되었다는 점이다. 실질적으로 민주사회를 주도해 나가는 성인에 대한 교육은 상대적으로 부족했던 것이다.

학생이나 성인에게 있어 시민이란 개념은 민주주의가 무엇이고 어떻게 민주주의가 작동하는지를 이해하는 핵심 열쇠다. 따라서 민주시민교육을 받는 사람들은 민주주의가 무엇이고 어떻게 민주주의를 획득할 수 있으며 또 다양한 정치체제에서 어떻게 상실될 수 있는지, 어떠한 권리와 책임 및 의무가 수반되는지, 그리고 그런 권리와 의무는 어떻게 수행해야 하는지 등에 대해 알아 두어야 한다. 서울대학교 한숭희 교수에 따르면 민주시민교육은 시민사회를 형성하고 방어하며 그 내용성을 풍부하게 하는 데 관련된 다양한 종류의 교육활동을 의미한다.[52] 따라서 그 목적과 내용, 주체, 방법 등이 매우 다양하기 때문에 시민교육의 본질적 지향성을 다음과 같이 규정하고 있다.

① 민주시민교육은 시민사회를 형성, 방어, 구성하는 교육이다. 민주시민교육의 중심에는 시민단체와 시민운동이 존재한다.
② 민주시민교육이 지향하는 가치는 일상적인 모든 삶의 전 영역에 걸쳐서 민주적인 관계를 형성하는 것에 있다.
③ 민주시민교육은 시민운동의 수단이 아니라 목적 자체다.

④ 일상성의 문제에서 시작하여 이론적 구조성으로 확대된다. 내 삶의 학습재료다.
⑤ 교수자와 학습자라는 경계를 구분하는 이분법을 지양한다. 가르치면서 배운다.
⑥ 학습자의 자기주도적 학습능력, 민주적 의사소통능력, 지식구성력 등에 대한 최대한의 신뢰에 기초한다.
⑦ 상업성을 배제한다. 영리를 위해 전환되는 순간부터 그것은 민주시민교육이 아니다.
⑧ 전문교육보다는 일반교육이다. 전문적 기능성은 민주시민교육의 영역 밖에 있다.
⑨ 생활정치 장면에서의 의사결정능력을 함양한다.

2) 시민교육의 역사

민주시민교육의 중요성에도 불구하고 한국에서의 민주시민교육은 아직 초보적인 단계다.[53] 입시 위주의 학교교육과 경쟁적 사회분위기 및 정치사회적 갈등이 상존하여 학교현장에서 민주시민교육을 활성화시키기란 쉽지 않다. 게다가 지금까지는 관주도의 시민교육과 시민사회주도의 시민교육이 서로 다른 목적과 의미에서 이루어져 왔다.

해방 이후 지금까지의 한국 시민교육의 역사는 크게 세 시기로 구분하여 논의할 수 있다.[54]

① 제1기: 1945년 해방 이후 1960년까지의 기간
② 제2기: 1960년대부터 1980년대 중반까지의 기간
③ 제3기: 1980년대 후반 이후

한국 시민교육의 제1기는 민주주의가 한국 사회의 교육이념으로 등장한 1945년

해방 이후부터다. 해방 이후 일제 식민 잔해를 청산하고 민주주의 이념하에 자주적인 독립국가를 건설하는 일은 우리 민족의 우선 과제였다. 이런 과제는 단지 정치적 노력만으로 해결할 수 없고 국민 모두가 민주시민으로서 기본 자질을 갖추도록 교육적인 노력을 병행할 때 비로소 얻어 낼 수 있는 것이었다.[55] 미군정하에 있던 남한에서 민주시민교육의 주도적 역할을 수행한 것은 당연히 미군정이었다. 민주주의의 불모지였던 남한에 새로운 민주이념을 전파하기 위해 미국인이 생각하는 민주시민교육이 매우 활발하게 이루어진 시기다. 건국 초기인 1기 시민교육의 특징으로는 ① 시민교육이 국가주도로 이루어졌으며 ② 당시의 엘리트는 자유민주주의 이상과 민족주의의 조화를 꾀하고자 했고 ③ 민주주의를 새로운 국가의 모든 판단 기준과 행동의 실천원리로 받아들이려고 했으며 ④ 문교부의 실천과정에서 담당 실무자 간에 해석 편차가 컸다는 것을 들 수 있다.[56]

제2기는 1980년대까지의 20여 년의 기간으로서 국가주도의 정치교육이 강화된 시기다. 군사정권인 3공화국에서 5공 정권에 이르기까지의 군사독재정부는 정통성을 상실한 체제 유지를 위해 정부주도의 정권안보 지향적 정치교육에 치중했다. 시민교육이 아닌 '한국적 민주주의'로 위장한 정치교육이 지배하던 시민교육의 잠복기이자 암흑기였다.[57] 이때는 반공교육이나 새마을교육, 국민정신교육, 국민윤리교육, 통일안보교육 등이 시민교육을 대체하였다.

제3기는 1980년대 후반(1987년 6월 민주화항쟁 등) 민주화운동이 정점에 달하고 대통령 직선제 실현을 통한 민주화의 대전환이 이루어진 시기다. 교육 분야를 포함한 사회 전반에 걸쳐 민주화에 대한 논의가 활발하게 전개되었고 여러 시민단체를 중심으로 다양한 시민교육운동이 일어나게 되었다. 예를 들면, 환경운동, YMCA 운동, 청년운동, 여성민우회, 생협운동 등의 시민운동 주체가 시민운동에 적극 나서면서 '아름다운 지역 만들기' '지속 가능한 마을 만들기' '건강한 마을 만들기' 등의 시민운동을 적극적으로 전개하였다. 그러나 일부 사례를 제외하고는 여전히 주민참여가 미비했던 것이 사실이다.[58]

1990년대에 들어오면서 민주시민교육을 보다 체계적으로 발전시키기 위한 노력이 가속화되었으며 특히 6공화국 출범 이후 사회 전반에 걸쳐 진정한 의미의 민주주의를 정착시키려는 노력과 시도가 시민교육을 통해 이루어졌다. 시민의 주체적인 자각에 초점을 둔 시민교육이 본격적으로 전개되기 시작한 것이다. 한 예로, 경실련이나 참여연대, 학부모연대, 환경운동연합 등을 포함한 한국의 11개 주요 시민단체가 1997년 민주시민교육포럼을 구성하여 '민주시민교육지원에 관한 법률' 을 국회에 제출한 것처럼 정부보다는 시민단체주도의 시민교육을 주창하였다. 이 시기의 시민교육 정착을 위한 활동은 다음의 세 가지로 분류할 수 있다.[59)]

첫째, 관련 학회가 중심이 되어 이론적, 실천적 대안을 제시하려는 시도가 있다. 여기에는 한국교육학회, 한국사회과교육학회, 한국미래연구회, 한국민주시민교육학회 등의 활동이 속한다. 둘째, 각종 운동단체와 정책개발 담당기관이 중심이 되어 전개하고 있는 활동과 정책이 있다. 예컨대 1985~1987년 동안 한시적으로 존재했던 교육개혁심의회는 21세기 한국 사회를 민주사회로 규정하고, 자주인, 창조인, 도덕인을 교육적 인간상으로 설정하였다. 이런 인간상은 민주사회를 주도해 나갈 민주 시민상의 다른 표현인 것이다. 셋째, 교육부와 한국교육개발원이 중심이 되어 민주시민교육을 추상적 수준이 아닌 구체적 교육계획으로 드러내고 이것이 실천되도록 하는 대안을 개발 및 보급하는 활동이 있다.

위에서 살펴본 바와 같이, 한국에서의 시민교육은 영국이나 프랑스 등의 서양 국가처럼 자생적으로 출발한 것이 아닌 미군정에 의해 이식된 것이다. 게다가 민주시민교육이 정착되기도 전에 오랜 기간 동안 군사독재정권에 의해 왜곡되고 억압되기도 하였다. 그럼에도 민주시민으로서의 주체적인 의식과 자각을 위한 끊임없는 학생운동 또 민간시민단체의 노력과 저항의 결과로 오늘날 민주시민교육의 토대가 마련되었다는 점은 높이 평가해야 할 것이다.

3) 시민교육의 내용

'시민교육의 내용이 무엇이냐'에 관한 논의는 '시민교육이 무엇이냐'에 관한 질문과 연계하여 다루어야 할 것이다. 현재까지 시민교육이 무엇인가에 대해서는 합의된 정의가 도출되지 않고 있다. 그렇다면 시민교육을 시민성을 기르기 위한 교육으로 보고, 글로벌 시민사회에서 요구되는 시민성이 무엇인지 생각해 봄으로써 시민교육에서 어떤 내용을 다루어야 할 것인지를 찾아낼 수 있을 것이다.

글로벌 민주시민사회에서 요구되는 시민성의 특성을 레니 존스톤Rennie Johnston은 크게 네 가지로 제시한다.[60] 첫째, 포용적(inclusive) 시민성이 필요하다. 위험한 사회란 경제적 및 사회적으로 배타성을 지닌 사회다. 그러나 범국가적인 연구결과를 보면 세계는 점점 더 불평등한 세계로 변하고 있으며 사회통합은 점차 허물어지고 있다. 따라서 경제적 차이나 인종적 및 문화적 차이에 관계없이 누구나 공통의 이해관계를 지니고 있음을 인정하고 포용하는 교육과 훈련이 필요하다. 개인학습이나 집단학습을 통해 사회정의와 사회통합을 이루기 위해 개인으로서의 인간의 권리와 사회적 존재로서의 각자의 삶을 인정하고 존중하는 훈련이 요구된다.

둘째, 다원적(pluralistic) 시민성이 필요하다. 다원적 시민성의 학습 핵심은 포용적 시민성에 기초하지만 그 포용성을 넘어서는 것이다. 인간의 보편적인 권리를 중시하는 근대적인 시민성에 기초하지만 이질적(heterogenity)이며 분절화(fragmentation)되고 탈중앙적(de-centering)인 포스트모던적 특징을 수용하는 시민성이다. 더 이상 '똑같음'에 기초한 시민성이 아니라 다양성과 문화적 복합성을 포용하는 시민성이다. 다원적 시민성을 위한 교육은 세계시민의식(world citizenship)에 초점을 맞추어 세계화와 국가주의 쇠퇴, 생태계 파괴의 심각성 등에 관심을 가져야 한다. 즉, '생각은 글로벌하게, 행동은 지역적으로' 하는 시민성을 키워야 한다.

셋째, 반성적(reflective) 시민성이 필요하다. 즉, 반성적이며 자기 비판적이고 역동적인 시민성을 학습을 통해 키워야 한다. 현재 위험사회의 복잡성, 불확실성 및 다양성을 인식하고 그런 사회에서의 시민의 권리와 책임을 밝혀내고 상호 관련성을 성찰하는 교육이 필요하다. 전통적으로 시민성에 대한 많은 문헌은 시민의 권리에 초점을 맞추고 있다. 이를테면 마셜은 시민의 권리를 시민적, 정치적 및 사회적 권리로 규명하였다.[61] 시민적 권리란 공정한 재판받을 권리나 사유재산의 권리 같은 법적 권리를 말한다. 정치적 권리란 투표권이나 민주적 결정과정에 참여할 권리 등을 의미하며 사회적 권리는 건강이나 교육, 실업수당 같은 사회복지 혜택의 권리를 포함한다. 1950년대 이후 다소 변화는 있지만 아직도 이러한 세 가지 권리의 보장이 민주주의를 규명하는 척도로 사용되고 있다. 권리가 시민성에 중요한 요소임은 분명하지만 사회가 점차 위험사회로 진입하는 21세기에는 좀 더 적극적이고 비판적으로 권리와 함께 책임에 대해 생각해 보는 교육이 필요하다.

넷째, 행동적(active) 시민성이 필요하다. 행동적 시민성이란 앞서 제시한 포용적, 다원적, 반성적 시민성을 통합한 것이다. 교육을 통해 자유롭고 비판적 사고를 지닌 사람이라도 사회적으로는 무책임하게 행동하는 사람이 많다는 것이 문제다. 행동적인 시민성은 주변의 부조리나 불평등 현상에 대한 인식에 그치지 않고 이를 해소시키기 위한 적극적인 행동에 관심을 갖는다. 몇 가지 예를 들어 보자. 전 세계 최부국과 최빈국 사이의 1인당 GNP 비율은 1984년에 149:1이었다. 10년 후에 이 비율은 500:1로 크게 벌어졌으며 같은 기간 최빈국의 수는 39개국에서 51개국으로 늘어났다. 빈부의 격차는 같은 국가 내에서도 더욱 벌어지고 있으며 건강 및 복지서비스의 격차 또한 마찬가지다. 더 나아가 생태환경이나 인권 등의 인류 공통의 보편적인 문제도 점차 악화되고 있다. 존슨은 결국 '시민으로서 책임지는 변화(civically responsible change)'를 위한 시민교육이 필요함을 역설하고 있다.[62]

존슨의 네 가지 시민성은 시민교육에서 다루어야 할 내용에 대해 포괄적인 범주를 제시하고 있다. 존슨이 제시한 범주와 같은 맥락에서 서울대 한숭희 교수는 시민교육의 영역을 〈표 1-1〉과 같이 제시하고 있다.[63]

표 1-1 시민교육 범주

상위 주제	하위 주제
1. 국가와 자본에 대한 직접적 방어	1) 민주화 투쟁 2) 노동인권투쟁
2. 공공영역 회복을 위한 정치사회 견제기능	1) 미디어 2) 예산감시 등 정치사회 감시기능 3) 낙선, 낙천 등 유권자 운동
3. 경제사회 견제기능	1) 노동 운동 2) 소주주운동
4. 시민사회 평등성과 생활정치	1) 여성 2) 노동자 3) 빈민, 농민 4) 장애
5. 작은 시민사회 경험	1) 지방자치 2) 주민조직
6. 거시적 삶의 틀 구축을 위한 담론 공유	1) 환경 2) 인권 3) 평화

출처: 한승희(2003), 발췌 정리.

후주

1. 주성수 외(2008). 아래로부터의 시민사회. 서울: 창비, p. 23에서 재인용.
2. 참조: http://EzineArticles.com/?expert=James_V._Hall.
3. 같은 글.
4. "Roman Law" (in English) (HTML). *The Columbia Encyclopedia* (5th ed.). New York: Columbia University Press. (http://www.bartleby.com/65/ro/Romanlaw.html.)
5. Garrett, G. (2003). History of Ancient Rome, "Lecture 38: Roman Slavery" [CD Lecture series].
6. 같은 글.
7. 김광억(2011). 민족과 사회. 최무영 외. 서울대 명품강의. 서울: 글항아리, pp. 121-122.

8. 배한동(2008). 민주시민교육론. 대구: 경북대출판부, p. 5.
9. 유명철(2007). 민주시민교육론. 파주: 교육과학사, p. 14.
10. 이남석(2005). 참여하는 시민, 즐거운 정치. 서울: 책세상, p. 28.
11. 참조: 노명식(1993). 프랑스혁명에서 파리 코뮌까지: 1789~1871. 서울: 까치, pp. 56-58.
12. Patrick, J. J. (1998. 8). The concept of citizenship in education for democracy. ERIC Digests. http://www.ericdigests.org/2000-1/democracy.html.
13. Mouffe, C. (1995). Citizenship. In S. M. Lipset (Ed.), *Enclyclopedia of Democracy,* Vol. 1. Washington, DC: Congressional Quarterly, pp. 217-221.
14. 참조: http://www.historiasiglo20.org/europe/ciudadeuropea.htm#up.
15. "Citizenship" (2008). Wikipedia, the Free Encyclopedia. (http://en.wikipedia.org/wiki/Citizen).
16. Galston, W. A. (1995). Liberal virtues and the formation of civic character. In M. A. Glendon & D. Blankenhorn (Eds.), *Seedbeds of virtue: Sources of competence, character, and citizenship in American society.* Lanham, MD: Rowman & Littlefield, p. 48.
17. Klusmeyer, D. B. (1996). *Between consent and descent: Conceptions of democratic citizenship.* Washington, DC: Carnegie Endowment for International Peace, p. 97.
18. 참조: http://www.historiasiglo20.org/europe/ciudadeuropea.htm#up.
19. 참조: "Our Kingdom" (2008). Our Kingdom: An Open Democracy Project. (http://ourkingdom.opendemocracy.net/)
20. 이해주(1996). 사회교육 참여와 민주 시민성의 관련성에 관한 연구. 서울대학교 대학원 박사학위논문, pp. 13-19.
21. 신정현(1990). 참여문화의 규범적 요소들에 관한 연구. 김양명, 양승태, 신정현, 최봉영. 민주화 시대의 시민윤리. 서울: 정신문화연구원, pp. 114-124.
22. Walzer, M. (1989). Citizenship. In T. Ball, J. Farr, & R. L. Hanson (Eds.), *Political innovation and conceptual change.* Cambridge: Cambridge University Press, p. 211.
23. 같은 책, p. 215.
24. Pocock, J. (1995). The ideal of citizenship since classical times. In R. Beiner (Ed.), *Theorizing ctizenship.* Albany, NY: State University of New York Press, p. 37.
25. Constant, B. (1988). The liberty of the ancients compared with that of the moderns. In B. Fontana (Ed. & trans.), *Political writings.* Cambridge and New York: Cambridge University Press.
26. Walzer, M. (1989). 앞의 책. p. 211.
27. Constant, B. (1988). 앞의 책. p. 316.
28. Walzer, M. (1989). 앞의 책. p. 214.

29. Miller, D. (2000). *Citizenship and national identity.* Cambridge, MA: Polity Press, p. 84.
30. Constant, B. (1988). 앞의 책.
31. Walzer, M. (1989). 앞의 책.
32. 같은 책, p. 217.
33. Ackerman, B. (1988). Neo-federalism?. In J. Elster & R. Slagstad (Eds.), *Constitutionalism and democracy.* Cambridge, MA: Cambridge University Press, pp. 153-194.
34. Constant, B. (1988). 앞의 책, pp. 327-328.
35. Dietz, M. G. (1998). Context is all: Feminism and theories of citizenship. In A. Phillips (Ed.), *Feminism and politics.* Oxford and New York: Oxford University Press, pp. 380-381.
36. Pateman, C. (1989). *The disorder of women: Democracy, feminism and political theory.* Cambridge, MA: Polity Press.
37. 같은 책, p. 131.
38. Cohen, J. (1999). Changing paradigms of citizenship and the exclusiveness of the demos. *International Sociology, 14*(3), 245-268.
39. Carens, J. H. (2000). *Culture, citizenship, and community: A contextual exploration of justice as evenhandedness.* Oxford: Oxford University Press, p. 166.
40. Rawls, J. (1972). *A theory of justice.* Oxford: Oxford University Press, p. 544.
41. Carens, J. H. (2000). 앞의 책, pp. 168-173.
42. Marshall, T. H. (1950). *Citizenship and social class and other essays.* Cambridge, MA: Cambridge University Press.
43. 이해주(1997). 앞의 책, p. 24에서 재인용.
44. Heater, D. (1990). Citizenship: The civic ideal in world history. *Politics and education.* London: Longman, p. 246.
45. 배한동(2008). 앞의 책.
46. 박인주(2010). 민주시민교육의 쟁점과 발전방향. 제4차 평생교육정책포럼. 사학연금회관 세미나실. 평생교육진흥원 주최.
47. 참조: 한국교육개발원(편). (1994). 민주시민교육. 서울: 대한교과서주식회사.
48. 윤여각, 이희수, 양병찬(2008). 지역사회교육론. 서울: 한국방송통신대학교출판부, p. 159.
49. Cairns, A. C., Courtney, J. C., MacKinnon, P., Michelmann, H. J., Smith, D. E. (Eds.). (1999). *Citizenship, diversity, and pluralism: Canadian and comparative perspectives.* Montreal: McGill-Queen's University Press.
50. Heater, D. (2004). *A brief history of citizenship.* New York: New York University Press.
51. 윤여각 외(2008). 앞의 책, p. 160.

52. 한숭희(2003). 민주시민교육 현황 및 활동가 인식조사. 민주시민교육포럼(지금, 시민운동에는 어떤 시민교육이 필요한가?) 시민교육 미래만들기 워크숍 자료집, pp. 23-24.
53. 허영식, 신두철(2008). 민주시민교육의 정석. 서울: 도서출판 오름.
54. 한국교육개발원(편). (1994). 앞의 책, pp. 48-61.
55. 김민호(1999). 사회교육. 제주도교육청(편), 제주교육사. 제주: 제주도교육청.
56. 한국교육개발원(편). (1994). 앞의 책, pp. 49-51.
57. 김신일(1996). 한국 민주시민교육의 평가와 전망. 한국민주시민교육학회보, 1, 76-90.
58. 윤여각 외(2008). 앞의 책, pp. 162-163.
59. 허영식(2003). 현대사회의 변동과 시민교육. 서울: 원미사, p. 211.
60. Johnston, R. (1999). Adult learning for citizenship: Towards a reconstruction of the social purpose tradition. *International Journal of Lifelong Education, 18*(3), 175-190.
61. Marshall, T. H. (1950). 앞의 책.
62. Johnston, R. (2006). 앞의 책.
63. 한숭희(2003). 앞의 책.

제2장

선거와 정치참여

민주주의(democracy)는 어원 그대로 시민(demo)이 나라의 주권을 행사(kratia)하는 체제를 의미한다. 에이브러햄 링컨Abraham Lincoln은 그 유명한 케티스버그 연설을 통해 민주주의의 핵심을 '국민을 위한(for the people), 국민에 의한(by the people), 국민의(of the people) 정치' 라고 명쾌하게 정리하였다. 결국 민주주의는 국가와 시민사회의 역학관계에서 힘의 균형(power balance)이 시민사회 쪽으로 기울어 있는 것이다. 시민사회가 성장해 국가 권력을 통제하고 정치과정을 주도하면서 시민이 정치의 주체가 되기 때문에 민주주의가 발전하게 되는 것이다.

시민이 중심이 된 시민사회가 건설되려면 무엇보다 시민의 자결(自決)능력이 필수적으로 요청된다. 민주주의는 국민이 스스로 정치적인 지위를 결정하고, 경제 · 사회 · 문화의 발전을 자유롭게 추구할 수 있는 자결능력에 기반을 둔 제도다. 즉, 시민은 정치적 의사결정권의 소재가 자신에게 있다는 책임의식과 사명감을 가져야 한다. 자결능력의 핵심은 '적극적인 참여' 와 '합리적인 판단능력' 에 있다.

시민이 정치과정에 참여해 자신의 정치적 이익이나 요구를 자유롭게 표출하는 '적극적 참여' 없이는 민주시민사회의 건설은 요원하다. 따라서 민주시민사회의 가장 큰 적은 정치적 무관심이다. 오죽했으면 아리스토텔레스Aristoteles는 "공동체 운영에 팔짱 끼고 무임승차하는 사람은 짐승"[1)]이라고 했겠는가? 현실적으로 '적극적인 참여'는 투표를 통해서 이루어진다. 그러나 투표참여율은 점차 줄어들고 있다. 예를 들어, 1987년 13대 대선 투표율은 89.2%, 1992년 14대 대선은 81.9%, 1997년 15대 대선은 80.7%로 10명 중 8명 이상이 투표를 한 셈이다. 그러나 2002년 16대 대선에서는 투표율이 70.8%로 뚝 떨어졌으며 2007년 12월에 실시된 17대 대선에서는 투표율이 63.0%로 더욱 낮아졌다.

우리가 현재 누리고 있는 선거권은 현대사의 수많은 우여곡절을 거쳐 지난 1987년 민주화 항쟁을 통해 어렵사리 획득한 것이다. 그러나 1987년 이후 역대 한국의 투표율은 지속적으로 하락하고 있다. 역사적 희생의 대가로 얻은 소중한 '정치참여의 권리'를 스스로 포기하는 아이러니가 21세기 한국 사회에서 벌어지고 있다. 권력 추구자는 변함없이 넘쳐나지만 정치적 관심 층은 줄어들고 있는 것이다.

합리적 선택능력 또한 필수적이다. 최선이 없으면 차선이라도 선택하여 최악의 결과를 예방하는 합리적 의식과 행동이 필요하다. 그래야만 정치가 시민의 의사와 무관하게 다른 방향으로 움직이는 것을 막을 수 있다. 결국 시민교육의 핵심은 정치적 무관심이나 냉소주의가 가져올 부정적인 영향을 이해하고 '적극적 참여'와 '합리적 판단능력'을 배양하는 데 두어야 한다.

투표율이 떨어지는 이유는 무엇이며 이러한 현상이 시민의 삶에 어떤 결과를 가져올 것인가에 대한 진지한 성찰이 필요한 시점이다. 이 장에서는 정치참여의 중요한 수단인 선거를 포함한 정치참여의 의미와 중요성을 알아보고 이를 위한 정치교육에 대해 논의해 보기로 한다.

1. 선거권 투쟁의 역사

고등학교를 졸업한 뒤 법정 성인 연령이 되어 가장 먼저 시민으로서 정치권리를 행사하게 되는 것이 투표권이다. 처음 투표를 했을 때의 느낌은 다양하겠으나 모두가 공감하는 것은 '마음이 뿌듯하고 기분이 좋다' 는 점일 것이다.

모든 국민은 만 19세가 되면 법률이 정하는 바에 따라 국민의 기본권인 참정권 중 선거권, 즉 대통령과 국회의원 및 지방의회의원을 투표를 통해 직접 선출할 권리를 가진다. 한 국가의 시민으로서 1인 1표의 평등한 지위에서 자신의 공적인 의사를 표명할 수 있게 되는 것이다.[2)]

참정권의 핵심인 선거권은 성인이 되면 자연스럽게 부여되는 것이므로 당연한 권리로 인식할 수도 있다. 그러나 시민의 역사에서 살펴보았듯이, 모든 국민이 사회적 지위와 성별에 상관없이 평등한 입장에서 1인 1표의 권리를 가지게 된 것은 오랜 시간 격렬한 투쟁을 통해 획득한 시민운동의 역사적 결과물이다.

1) 선거의 역사

고대 그리스로마시대에도 선거가 있었으므로 그 역사는 매우 길다. 그러나 당시에는 선거권에 제한이 있었고 대부분이 공개선거였다. 중세에는 교황의 선출이나 신성로마제국의 황제를 선출하는 선거가 있었다. 18세기에 들면서 정부는 광범위한 국민의 지지를 확보하여 정통성을 추구하려 하였고 시민은 정부를 구성하는 데 발언권을 갖고자 했다. 이러한 상황에서 선거권이 확대되었다. 오늘날 민주국가에서 실시하는 보통선거제를 가장 먼저 도입한 국가는 영국이다. 영국에서는 1832년까지 21세 이상 남성 중 일정액 이상의 재산이나 토지를 소유한 사람에게 투표권을 주었으며 이들 중 일부는 한 번 이상 투표를 할 수 있었다. 1867년까지도 재산소유자만이 투표권을 가졌으며 법적으로 거의 모든 남성이 투표권을 갖게 된 것은 1885년이었다. 그러나 이 당시 실제로 투표등록을 한 비율은 60%에 불과했다. 여성에게 투표권을 주기 시작한 것은 1918년으로 이때는 30세 이상의 여성에게만 투표권이 있었다. 1928년에는 21세 이상의 모든 여성에게로 투표권을 확대하였으며 1950년에는 한 사람에게 2개의 투표권을 주던 것을 폐지하였다.

전국적인 차원에서 여성에게 투표권을 처음 부여한 국가는 1893년 뉴질랜드였으며, 미국에서는 1919년에 전국적으로 여성에게 투표권을 주었다. 1848년 내각제민주주의를 시작한 네덜란드는 1917년 남성에게 투표권을 부여한 2년 후인 1919년에 여성에게 투표권을 주었다. 터키에서 여성에게 투표권을 준 것은 1934년이다. 대부분의 선진국에서 여성에게 투표권을 준 것은 1920년대였지만 벨기에, 프랑스, 그리스, 이탈리아에서 여성이 투표권을 갖게 된 것은 제2차 세계대전 직후인 1945년이었다. 한국에서는 1948년에 처음 실시한 선거부터 여성이 투표권을 가졌다. 포르투갈, 스페인에서는 1970년에 와서야 여성이 투표권을 행사하게 되었으며, 선진국이라 불리는 스위스는 유럽 국가 중에서 가장 늦은 1971년에 국민투표가 통과되어 여성이 투표권을 갖게 되었다. 요르단은 1984년에 여성에게 투표권을 주었으며 이집트에서는 모든 여성이 투표권을 갖는 것이 아니라 여성이 스스로 유권자등록을 할 경우에만 투표권을 준다. 쿠웨이트에는 아직까지 여성의 투표권이 없다.

오늘날 선거의 중요한 속성 중 하나인 비밀투표는 오스트레일리아의 빅토리아주가 1855년에 처음으로 도입하였고 1856년 남오스트레일리아가 처음으로 모든 남성에게 비밀 투표권을 부여하였다. 오스트레일리아연방이 구성된 이후 연방선거에서 모든 성인이 비밀투표권을 행사하게 된 것은 1902년이었다. 영국과 벨기에에서는 비밀투표를 보장하기 위해 개표는 투표소별로 하지 못하게 하고 있다.[3)]

이처럼 당연한 것으로 여겨지는 선거권은 희생과 노력을 통해 장기간에 걸쳐 일구어 온 것이다. 투표권이 부여되는 시민의 범위를 점차 확대시키며 여러 차례의 개혁과 수정을 거쳐 오늘날의 보통선거권이 확립되었다.

2) 영국의 차티스트 운동

19세기 중반 영국의 차티스트 운동(chartist movement)은 노동자계급이 참정권을 요구하며 부르주아 정치체제에 도전한 대표적 사례다. 1832년 선거법 개정에서 영국 노동자가 선거권을 얻지 못하자 1837년에 급진파 의원과 노동운동 지도자들은 의회정치의 민주화를 목적으로 한 인민헌장(People's Charter)을 만들어 의회청원 운동을 벌였는데, 이를 실현하고자 하는 운동을 통틀어 차티스트 운동이라고 한다. 이 인민헌장은 모든 남성의 보통선거권, 무기명투표, 선거권의 재산상 자격 제한 폐지, 하원 의원의 유급제, 평등선거구제 채택, 의회의 매년 소집 등 6개 조항으로 되어 있다. 이를 실현하기 위한 노동자의 대규모 집회와 시위가 각지에서 일어나면서 부르주아에 한정되었던 시민의 권리는 점차 모든 노동자에게로 확대되었다. 영국의 노동자는 장기간의 투쟁 결과 재산 소유 여부와 관계없는 보통선거제도를 획득할 수 있었을 뿐만 아니라 노동자의 계급정당을 결성할 수 있게 되었다. 그들은 자신들의 작업장에서 최소한의 민주적 권리를 확보하기 위해 활발히 투쟁하였으며, 노동조합을 결성하고 파업할 자유를 쟁취하였다.[4)] 오늘날 당연한 헌법적 권리가 된 민주적 권리의 이면에는 과거 노동자계급의 목숨을 건 투쟁이 새겨져 있는 것이다. 영국은 차티스트 운동을 통해 가장 먼저 시민민주주의의 첫발을 내디딘 나라였으나, 여성을 남성과 평등한 자격을 지닌 시민으로 인정하고 동등한 선거권을 부여한 것은 아니었다.

3) 미국의 참정권 운동

미국에서 흑인이 참정권을 누리기 시작한 것은 1870년이고 여성은 1920년에야 투표권을 얻었다. 그러나 백인 남성이 투표로 자신들의 지도자를 선출하게 된 과정도 간단치는 않았다. 영국 국왕의 지배를 벗어나려면 독립전쟁을 치러야 했다. 하지만 막상 전쟁을 벌이기 전 대다수 미국인은 영국의 식민통치가 부당하다는 느낌을 받을지언정 독립, 즉 왕의 통치를 거부하는 일에는 선뜻 동의하지 못했다.

그때 세습 왕정의 부당성을 정면으로 공격하며 식민지 미국인의 심금을 흔들어 놓은 인물이 토머스 페인Thomas Paine이었다.[5] 페인은 1776년 1월 발간한 자신의 책 『상식Common Sense』에서 참정권을 얻기 위한 독립전쟁의 필요성을 웅변적으로 역설하였다. 그는 우선 정부가 무엇이며 선거의 본질이 무엇인지를 다음과 같이 설명한다.

우선, '지구상의 어느 동떨어진 곳으로 이주한 소수의 사람'을 상상해 보자는 것이다. 척박한 환경에서 홀로 살아갈 수 없는 그들은 자연히 사회를 이루어 협력하게 되지만 '이주 초기의 어려움이 점차 극복돼 감에 따라, 그들은 불가피하게 서로에 대한 의무와 애정을 망각하기 시작할 것'이고 어긋나는 사회관계를 조정하기 위해 정부를 필요로 하게 된다는 것이다. 그때 '어떤 적당한 나무가 그들에게 의사당을 제공해 주고, 그 나뭇가지 밑으로 식민지의 모든 주민이 공적인 문제를 숙고하기 위해 모이게 된다'는 게 정부의 기원이란 설명이다. 인구가 많아지고 지역이 넓어짐에 따라 사람들은 대표자를 선출하는 방식을 고안하고, '피선출자가 선출자와 관련 없는 이익을 떠올리지 못하게 하려면 선거를 자주 하는 것이 바람직하다'는 것도 깨닫는다. 그렇게 피선출자를 빈번하게 교체하면서 정부는 사회 구성원 공통의 이해관계를 추구하게 된다. 그러니 '한 사람을 다른 사람보다 까마득히 높은 자리에 앉히고' 그 자리를 세습하게 하는 왕정은 정부의 본질에 어긋난다는 것이다. 역사는 '그렇게 자주 인류에게 사자(유능한 왕) 대신 당나귀(무능한 왕)를 줌으로써 왕위 계승권을 웃음거리로 만들었다'는 독설도 덧붙였다.[6]

1776년 1월 이런 내용이 담긴 페인의 책 『상식』이 발간되자 아메리카 대륙은 술렁이기 시작했다. 혹자의 표현대로 책을 읽은 미국인은 '눈빛이 확 달라졌다'고 한다. 인구가 300만가량이던 당시 미국에서 이 책이 3개월 사이에 12만 부나 팔린 것을 보면 미국인의 독립을 통한 참정권에 대한 열망이 어느 정도인지 짐작할 수 있다.

페인의 주장은 한마디로 말해 미국의 독립이 지극히 상식이라는 것이다. 그는 '지극히 단순한 사실, 평범한 논의, 그리고 상식' 의 차원에서 영국의 군주제에 대해 신랄하게 비판하고, 민주적 공화제만이 미국의 대안이라고 주장하였다. '영국의 정체(polity)는 군주 전제정과 귀족 전제정, 그리고 이를 얄팍하게 덮고 있는 공화정의 복합이다. 결국 특권층을 인정하는 것이기 때문에 모든 인간은 평등하다는 상식에 어긋나는 것' 이다. 그러므로 영국 왕실로부터 완벽하게 '독립적인 아메리카의 새로운 정부' 가 들어서야 한다고 강조하였다.

페인의 주장은 오늘날 당연한 상식이지만 당시에는 이단(異端)시되었다. 미국 독립의 아버지 조지 워싱턴George Washington도 1770년대 초까지는 독립에 반대했고, 벤저민 프랭클린Benjamin Franklin도 마찬가지였다. 독립전쟁에 참가한 많은 아메리카인도 페인의 주장에 상당한 거부감을 느끼는 경우가 많았다. 그들은 군주제와 공화제를 섞은 영국의 정체가 최고라고 생각했기 때문이다.[7)]

그러나 결국 미국은 영국을 상대로 독립전쟁을 일으켰고 1776년 7월 4일 마침내 독립을 쟁취하였다. 이날 발표한 미국의 독립선언문은 페인의 주장을 거의 그대로 채택했다.

4) 여성의 투표권 쟁취 운동[8)]

여성참정권 쟁취의 가장 극적인 과정을 보여 준 나라는 영국이다. 영국에서는 1869년 존 스튜어트 밀John Stuart Mill의 『여성의 종속The Subjection of Women』이 출간된 이후 여성 문제에 대한 관심이 점차 고조되어, 이듬해 기혼 여성에 대한 재산소유권이 인정됐고 1880년에는 여성에게 주 의회 투표권이 부여됐다. 그 뒤 1883년과 1892년에 전국적 수준의 여성 참정권을 부여하는 법안이 의회에 제출됐으나 모두 부결되었다. 이에 대응하여 '전국여성선거권운동단체연합(NUWSS)' 을 중심으로 서명과 청원을 비롯한 비폭력 시민 불복종 방식으로 여성 참정권 운동이 전개되었으나 정부의 탄압이라는 장벽에 부딪혀 운동은 과격한 노선을 띠게 되었고 1903년 '여성사회정치동맹(WSPU)'이 결성되면서 더욱 적극적 공세를 펼쳤다. 여성 참정권 운동이 치열해지는 가운데 1913년에 열린 엡섬 더비(Epsom Derby) 경마대회 도중, 옥스퍼드 대학교에서 영문학을 전공한 여성 선거권 운동가 에밀리 와일딩 데이비슨Emilie Wilding Davison이 "여성에게 투표권을!"이라고 외치며 결승점을 앞둔 국왕 소유의 말 앞으로 뛰어드는 사건이 일어났다. 데이비슨은 중상을 입고 병원으로 옮겨졌지만 의식을 회복하지 못한 채 사고 발생 4일 후 세상을 떠났다. 이후 계속된 여성 참정권 운동은 1918년 국민대표법의 성립을 이끌었고, 영국 의회의 여성 참정권 성립은 그 후 세계 각국에 영향을 끼쳤다. 그러나 동 법률에 의한 여성의 선거권은 남성 선거권에 비해 상당한 제한이 있었으며, 데이비슨의 죽음 이후 15년이 지난 1928년에 이르러서야 영국의 모든 여성에게 남성과 동등한 참정권이 주어졌다.

5) 한국의 직선제 개헌 운동

한국은 일본이 제2차 세계대전에서 패전한 이후에 국제 규정력에 의해 신생국가화되면서 근대적인 헌법, 의회, 선거제, 사법제에 기초해 국가의 제도적 장치를 마련하게 되었다. 이는 당시 서구의 문명 규준을 반영한 것으로, 서구 유럽에서 오랜 기간 동안 노동자와 여성이 투쟁하여 얻어 낸 '보통선거권'이 여성에게도 특별한 제한 없이 주어졌고 초기 도입 헌법 역시 당대만이 아니라 오늘날의 시각에서 보더라도 훌륭한 수준을 갖추게 되었다.[9] 그러나 이처럼 외부에서 이식된 민주제도가 실제 한국적 맥락하에서 시민의 주권의식을 기반으로 한 실질적 제도로 정착되기까지는 많은 시간과 노력이 뒤따랐다. 1960년의 4월 혁명을 시발점으로 냉전과 군사독재의 어둠을 걷어 내면서 1980년 5월의 광주민주항쟁, 1987년의 6월 항쟁, 대통령직선제의 쟁취, 일련의 정권교체, 진보정당의 의회 진출과 같은 험난한 과정을 겪었다.

그러나 실제로 우리나라에서 일어난 1차적 민주화운동은 1987년 민주화 항쟁기의 직선제 개헌 운동인 6월 항쟁으로 볼 수 있다. 6월 항쟁은 1987년 6월 10일 호헌 철폐를 내세운 민주화 시위가 전국으로 확대되어 6월 29일까지 100만 명 이상의 시민이 참가한 전국 차원의 반독재, 민주화 운동이다. 유신체제의 연장 선상에서 시민사회의 저항을 폭압적으로 제압하면서 등장한 전두환 정권은 대통령 7년 단임제, 대통령선거인단을 통한 간선제를 골자로 하는 제8차 개헌의 토대 위에 성립되었다. 그러나 1985년 2 · 12 총선 결과, 대통령 직선제를 주창하는 신민당이 민중의 도전과 저항을 담아 제 1야당으로 부상했고, 총선 이후부터 1987년 5월까지 '민주헌법 쟁취 국민운동본부' 가 결성되어 선거권을 국가의 주인인 국민에게 되돌리려는 시민운동이 전개되었다.[10] 이에 대응한 정부의 기존 헌법에 대한 4 · 13 호헌조치, 경찰의 박종철 고문치사 사건, 이한열 사망 사건 등이 도화선이 되어 6월 10일 이후 전국적인 시위가 발생하였다. 그 결과 노태우 민주정의당 대표의 6 · 29 수습 선언 이후 직선제 개헌이 본격적으로 추진되었고, 제6공화국 새 헌법 개정을 위한 국민투표를 거쳐 1987년 10월, 오늘날의 대통령 5년 단임제와 대통령 직선제로의 개헌이 이루어졌다.[11]

6월 항쟁을 통해 장기집권의 반민주적 군사독재정권이 종언되었고, 우리 사회 내에 민주주의의 이념과 제도가 정착하는 결정적 계기가 되었다. 현재 우리가 누리고 있는 1차적 민주화가 6월 항쟁을 통해 성립된 것이다. 또한 민주시민운동이 발전하는 계기로서 사회 내 각계각층 시민의 정치 및 사회 참여의 중요성을 다시금 일깨웠다.

2. 선거의 기능과 정책선거

'대의 민주주의의 꽃은 선거' 라고 말한다. 민주주의는 선거를 통해 꽃을 피우는 식물과 같은 것이다. 고대 그리스의 직접민주정치는 이상적인 정치체계이기는 하나 현대에 와서는 인구의 증가와 지리적 한계로 인해 실현이 불가능한 체제가 되어 버렸다. 장 자크 루소Jean Jacques Rousseau는 "대의제 민주주의에서 시민은 선거 때만 자유로워지며 따라서 선거는 대의제 민주주의의 핵심적 제도적 장치다." 라고 하였다.

대의민주주의에서 시민은 공적 의사를 표명하기 위해 이익의 집결 기능을 담당하는 기구인 정당(政黨)에 지지를 실어 줌과 동시에 각 사회 부분의 대표성을 담보하는 대표자를 선출해야 하며, 이 핵심 절차로 선거가 존재한다. 이러한 대의민주주의를 보완하기 위한 직접민주주의의 수단으로 사용되는 국민투표의 경우에도 국민이 중요한 정책 사안에 대해 투표를 행사하는 방식으로 참여하게 된다. 따라서 루소의 말대로 국민이 주권자로서의 진가(眞價)를 발휘할 수 있는 최고의 기회는 바로 선거다.

그러나 선거일을 그저 공휴일 정도로만 생각하고 야외 나들이를 가는 데 급급한 사람들이 적지 않다. 앞에서 살펴보았듯이, 우리나라 민주주의 역사는 '피의 역사' 란 사실을 생각해 보면 이제는 선거에 대한 새로운 시각과 이해를 가져야 할 때임이 분명하다.

1) 선거의 기능

국민주권의 원리는 민주주의의 기본원리이자 정치적 힘의 원천이지만 이것이 구체적 · 현실적으로 발현되기 위해서는 반드시 선거를 거쳐야 한다.[12] 그러나 현재 한국의 대의민주주의 상황은 그리 밝지만은 않다. 무엇보다 선거에 대한 관심과 참여가 저조하기 때문이다. 정치권에 대한 신뢰의 상실과 이어지는 정부 추진 정책에 대한 불신과 반감이 낮은 투표율의 주된 이유다.

선거는 '국민이 정책결정에 참여할 수 있는 구체적인 수단이나 방법'이다. 이러한 선거는 정치적인 측면에서 다음과 같이 크게 세 가지 중요한 기능을 가진다. 우선, 선거는 정치권력의 정통성을 부여해 준다. 선거를 통해 선출된 지도자에게 국민의사에 의한 합법적인 정통성을 부여하여 권위를 가지게 하는 기능을 한다. 이러한 '정치권력의 정통성 부여기능'은 자유와 공정성이 보장된 선거에서만 가능하다. 그러므로 공명선거가 되지 못하였을 때에는 정권의 정통성이 약해 선거 후 국민의 저항이 뒤따르고 결국 정치적 · 사회적 불안정을 초래한다.

둘째로, 선거는 국민의 이익표출 및 집약기능을 한다. 선거를 통하여 각계각층에 있는 다양한 국민의 의사, 가치, 이익을 정치과정에서 투입하고 이를 정리하여 집약시킨다. 선거에서 정당이나 후보자는 국민여론 등을 기초로 하여 정책이나 정견을 제시하고 국민은 자신들의 의견이나 이익에 따라 특정 정당이나 후보자를 지지 · 선택하거나 배척하게 된다.

셋째로, 선거는 정치적 충원기능을 한다. 선거과정을 통하여 정치지도자를 양성하고 선출함으로써 정치지도자를 계속적으로 충원하는 기능을 한다. 정당의 내부과정을 통해서도 정치적 역할을 담당할 자를 도태시키기도 하고 양성하기도 하지만 궁극적으로는 선거절차를 거쳐 최종으로 정치지도자를 충원하게 된다.[13)]

이와 같이 주권자인 국민은 선거를 통해 대표자를 선출하고, 이들로 하여금 국가권력을 행사케 할 수 있는 민주적 정당성을 부여한다. 또한 선거는 국민에 의해 선출된 대표자가 계속적으로 국민의 의사를 존중하도록 유도하는 통제의 기능도 수행한다. 나아가 선거는 소수자가 다수자가 될 수 있는 기회균등을 보장해 주며, 이와 동시에 소수자를 보호하는 기능도 담당한다. 그 밖에도 선거는 선거라는 전국가적 · 전국민적 과정을 통해 국민적 통합을 조성하며, 국민의 주권의식과 민주의식

을 고양시키는 기능도 수행한다.[14)]

이처럼 오늘날 대의민주주의의 모든 중요한 내용은 선거에 달려 있거나 선거와 관련되어 있다. 문제의 핵심은 이미 헌법재판소 판결에서 확정했듯이, 국민은 오직 선거로만 국정에 참가하며, 선거를 통하여 여론정치가 행해지므로 민주정치에서 선거는 가장 중요한 국가적 행사의 하나이자 국법질서의 기초가 된다는 점이다.[15)]

따라서 선거를 통한 민주주의의 올바른 실현을 위해 무엇보다 요청되는 것은 선거에 대한 적극적인 참여다. 선거가 민주적 정당성을 확보 · 강화함으로써 제 기능을 다 하기 위해서는, 선거에 대한 국민의 참여가 최대한으로 이루어져야 한다. 이를 위해 국가 역시 다양한 노력을 기울여야겠지만 개별 국민 스스로의 적극적인 선거참여가 필요하다. 선거의 참여 가능성이 제아무리 폭넓게 보장되더라도, 선거권자 자신이 이를 행사하지 않는다면 선거를 통한 민주주의 실현은 기대하기 어렵기 때문이다.

가령 선거에 참여한 일부 시민의 지지를 얻어 선출된 대표자는 전체 국민의 대표자로서 실질적 차원의 정당성은 약해질 수밖에 없다. 예를 들어, 적법한 절차에 따라 민주적으로 당선된 이명박 대통령은 2007년 12월 17대 대선에서 1149만 2389명의 득표를 얻어 총 투표자 중 48.7% 정도의 지지를 얻었다. 당시 대한민국 유권자 수는 3765만 3518명이었고, 투표자 수는 2373만 2854명으로서 투표율은 63.0%였다. 따라서 대통령 당선 지지율을 총유권자 대비로 재해석해 보면 약 30.5%에 그친다.[16)]

이 같은 상황을 대한민국 헌법조항에 적용해 보면 매우 아이러니한 상황이 연출된다. 대한민국 헌법 제67조 제3항에는 "대통령 후보자가 1인일 때에는 그 득표수가 선거권자 총수의 3분의 1 이상이 아니면 대통령으로 당선될 수 없다."라고 명시되어 있다. 다시 말해 헌법이 지향하는 가치는 대통령이 되기 위해서는 최소한 유권자 3분의 1 이상의 지지를 받아야만 된다는 것이다. 후보자가 1인 이상이어서 당선은 되었지만 선거 참여율이 저조하였기에 헌법이 지향하는 지지율에는 미치지 못하는 대통령이 탄생하게 된 것이다.

선거에 불참하는 시민이 흔히 갖는 잘못된 생각 중 하나는 '나 하나의 투표' 로 바뀔 수 있는 것은 없다고 믿는 체념이다. 그러나 한 표로 당락이 갈리는 상황은 한국에서 종종 발생한다. 미국도 마찬가지다. 2000년 미국의 대선은 그야말로 초박빙 승부였다. 미국이라는 국가의 탄생 원리에 맞추어 주 전체의 지지를 한 번에 몰아주는 방식을 사용하는 특성상 당시 쟁점이 되었던 플로리다 주의 승부는 대단히 중요했다. 여기서 앨 고어Al Gore는 조지 워커 부시George Walker Bush에게 불과 537표 차이로 패배했으나 이 표 차이는 사실상 50대 50의 득표율을 극명하게 승패를 가르는 결정적인 역할을 하였다. 선거에 임하는 한 표, 한 표가 얼마나 중요한지를 되새기게 하는 사례다.

한국은 투표 자유제를 시행하고 있어 투표를 하느냐 마느냐는 개인의 자유다. 투표의 자유는 국민주권으로서 인간 이성에 기초하는 모든 개인의 인격적 평등을 전제로 개인의 자율성을 최대한 보장하는 것에 정당성의 근거를 두고 있다. 국민주권을 실현하기 위한 여러 방법 중 가장 중요한 수단이 바로 선거라고 할 수 있다.[17] 따라서 선거에 불참하는 사람들은 투표하지 않는 것도 권리 행사라고 주장한다. 딱히 고르고 싶은 후보가 없기 때문에, 혹은 정치에 대한 불신이나 반감의 표현 역시 자신의 소중한 한 표를 아끼는 방법이라 생각하는 것이다. 투표하지 않음으로써 불신한다는 의사를 표출할 수 있으며 원하지 않는 후보가 경쟁하는 정치에 대해 냉소적 시각을 드러낼 수도 있다. 뽑고 싶은 후보가 없는데 억지로 누군가를 선택할 수는 없으며, 더욱이 개인의 의사는 언제나 소중한 만큼 정치행위에 강제성을 가하는 것도 가치문제를 일으키므로 개인의 의사표현이 자유로운 민주주의에서 선거거부 행위는 정당하다는 주장이다.

2) 선거의 권리와 의무

앞서의 논의는 선거를 권리라는 측면에서 주로 접근한 것이다. 그러나 이런 관점에 동의하지 않는 주장에 대해서도 생각해 보아야 한다. 선거는 권리와 의무라는 양자택일의 문제가 아니라 양자 모두를 포괄하는 개념이기 때문이다.

우선 선거는 단순하게 나를 대신할 사람에게 권한을 부여하는 행위로서 권리행사의 형태를 띠고는 있지만 아울러 선거를 통해 국가 조직을 완성하고 타인에게도 영향을 미치는 공적 부문을 구성하는 역할을 한다. 이것은 곧 선거가 개인이 사적으로 행동하는 일반적 행동이 아니라 국민이자 유권자로서 공적 구성원의 지위를 부여하는 의미에서 행사되는 것임을 의미한다. 쉽게 말해 선거 기간 동안 유권자 개개인은 하나의 공무원으로서 국가적 임무를 띠고 공공업무를 보는 것과 마찬가지다. 선거를 의무로 바라보는 이러한 시각은 국민의 선거 참여를 위한 중요한 논의가 될 수는 있다. 하지만 학술적 입장에서는 상당 부분 배제되고 있다. 일반적으로 이해하듯 선거는 국민에게 의무적 요소로 강요할 수 없는 시민의 권리라고 보는 입장이 다수이기 때문이다.[18]

그러나 민주주의의 탄생지인 그리스에서 투표를 의무화하고 있는 것은 어떻게 설명할 수 있을까? 또한 자유민주주의를 신봉하는 호주나 벨기에, 룩셈부르크, 코스타리카, 아르헨티나, 브라질, 우루과이, 싱가포르, 타이 등 수십여 개국이 법으로 투표를 의무화하고 있는 이유는 무엇일까? 한 예로 호주에서는 1924년부터 연방정부가 투표를 법적 의무로 규정해 놓고 있어 정당한 사유 없이 투표에 불참할 경우 벌금을 부과하거나 거부할 경우 재판에 회부되어 징역형까지 선고받을 수 있다(그러나 아직까지 징역형에 처한 사례는 없다). 그 결과 평균 95%의 높은 투표율을 유지하고 있다.

따라서 한국도 투표 자유제를 철폐하고 투표 의무제를 도입하자는 목소리가 점차 커지고 있다. 납세나 국방의 의무처럼 투표도 의무화하자는 것이다.[19] 참고로 북한은 투표 자유제를 택하고 있지만 투표율은 100%를 기록하는 진기한 현상이 벌어지고 있다. 투표에 불참하면 확실하게 '불순분자'로 낙인찍히기 때문이다. 그래서 38도의 고열에 시달려도 비틀거리며 투표장을 찾는다.[20)]

투표 의무제를 주장하는 사람은 정치불신을 이유로 투표를 거부하는 논리에 이의를 제기한다. 한 개인의 투표 불참 행위는 방관과 다를 바가 없다는 것이다. 어떤 후보도 당선되길 원치 않는다 해도 궁극적으로는 누군가가 당선되어야만 한다. 개인은 자신의 투표 여부를 결정할 수는 있지만 대표의 당선 여부는 개인의 선택 사안이 아니다. 따라서 투표를 거부하는 것은 실효성이 전혀 없는 정치적 의사표시를 하고 있는 셈이다. 더욱이 투표 불참 행위는 반드시 낙선되어야 할 사람을 걸러 내는 기능을 포기하는 것이다.

3) 정책선거의 영향력

정책선거란

대의민주주의에서 정치권력을 장악하려는 정당은 그들의 정치적 구상과 비전을 정책의 형태로 구체화시켜 유권자에게 홍보하고, 이를 통하여 유권자의 지지를 이끌어 내려고 한다. 다시 말해 정당은 선거를 앞두고 지지자를 규합하기 위한 목적으로 자신의 정책적 입장을 표명하고, 유권자는 정당 간의 정책적 차이가 자신에게 어떠한 혜택을 주는지를 고려하여 투표를 결정한다. 이를 통해 정권을 장악한 정당은 선거에서 표명한 정책에 대한 유권자의 위임 정통성을 획득한 것으로 인식하고, 집권 기간 동안 선거에서 표방한 정책을 적극적으로 추진하게 된다. 다시 말하면 특정 정책을 내세워 정권을 장악한 정당은 국민과의 약속이라는 정치적 정통성과 책임성을 바탕으로 해당 정책을 행정적으로 이행하는 관료조직에 대한 강제력과 리더십을 발휘하게 되는 것이다. 또한 야당의 입장에서도 정부 여당이 선거를 통하여 승인된 각종 정책을 추진해 나갈 경우 무조건적인 반대와 정치적 공세를 펴기가

어려워진다.[21)]

때문에 정권을 장악한 정당이 집권 기간 중에 자신들이 선거에서 표방한 정책을 얼마나 잘 수행하였는지는 차기 선거에서 유권자의 심판을 통해 평가된다. 자신이 표방한 정책을 잘 수행한 정당의 경우 유권자로부터 포상을 받지만 그렇지 못한 정당의 경우 유권자로부터 심판을 받는다. 이것이 정책선거와 책임정치를 기반으로 한 대의민주주의가 이상적으로 구현되는 모습이다.

정책선거를 통한 대의민주주의가 이상적으로 실현되기 위해서는 무엇보다 유권자 개개인의 관심과 노력이 필수적이다. 아울러 정당의 정책을 합리적으로 분석 및 평가할 수 있는 능력도 요구된다. 그렇지 못할 경우 유권자 개인은 물론 사회 전체에 미치는 부정적 결과는 클 수밖에 없다.

정책선거의 영향력

정책선거를 통한 정치는 우리가 생각하는 것 이상으로 지대한 영향을 미친다. 정치적 판단은 합리적 기준이 통용되는 부문에서도 불합리한 결정을 내리게 하는 영향력을 발휘한다.

무엇보다 경제와 정치 간의 역학관계다. 사실 민간경제 부문은 공공행정이나 정치 부문에 비해 매우 발전적이고 선도적이다. 전자와 후자를 비교한 가장 흥미로운 관점은 민간과 공공 부문의 차이를 100마일과 10마일의 속도 차이로 비유한 것이다.[22)] 이러한 관계는 결국 양자 간의 권한에 의한 사회주도권뿐만 아니라 양자 간의 기술 영향력의 측면에서도 영향을 미치게 된다. 그럼에도 노벨경제학상 수상자이자 한국의 경제위기를 예견했던 것으로도 유명한 폴 로빈 크루그먼Paul Robin Krugman은 결국 사회의 변화와 영향력의 우위는 정치가 전제되는 것이지, 결코 경제나 그에 부수한 기술적 진보에 의한 것은 아니라고 주장한다.[23)] 경제적 불평등, 즉 소득의 양극화 현상이나 경제사회의 기조는 경제 자체의 문제나 영향에 의한 것이 아니라 정치에서 비롯되는 크고 작은 변화에 의한 것이기에 주도권은 언제나 정치에 있다는 이야기다.

우리의 눈에는 정치가 3마일의 속도로 느리고 답답하게 달리는 것처럼 보인다. 그 느린 속도에 정치판은 변혁을 기대하기 힘든 곳으로 여겨질 수 있다. 그러나 정치를 전제로 하지 않은 경제나 기술 진보는 불가능한 것으로, 그 영향력은 우리가 생각하는 것 이상이다.[24)]

이러한 복잡하고 변화하는 상황에서는 유권자 개개인이 이를 읽어 내는 능력에 대한 문제가 대두된다. 정치, 경제, 사회, 문화 등 전 분야에 걸쳐 '바람직한 것' 이 무엇인지를 알고 선거 후보자가 지향하는 공약에 대한 분석을 할 수 있는 지적 능력이 요구되는 것이다.

정책선거에 접근하기 위해서는 여러 다양한 방법 및 경로를 통하여 합리적 판단을 내리는 방안을 모색해야 한다. 가장 중요하고 효과적인 수단이 미디어다. 미디어는 특히 요즘의 선거에서 다양한 방향으로 활용된다.[25)] 우선 선거기간에 주요 정치 · 사회 이슈를 지적해 준다. 선거기간에 나타나는 다양한 공약을 알려 주고 이를 이해하기 쉽게 풀어서 설명해 주기도 한다. 아울러 각각의 공약을 비교하는 역할까지 수행하여 유권자의 선택을 유도하기도 한다. 둘째, 시민에게 선거에 관련된 적절한 정보를 제공해 준다. 선거를 하는 방법은 물론 선거를 위해 개인이 효율적으로 판단하고 실천할 수 있도록 돕는다. 경우에 따라서는 투표에 참여하게 하는 유인 역할을 하기도 한다. 셋째, 선거와 관련된 주장을 위한 공간 제공의 기능을 한다. TV 혹은 라디오 토론을 제공하거나 혹은 선거 후보자의 직접적인 공약 전달이나 각종 논의사항을 전달한다. 넷째, 다양한 정파의 정치 담론을 공정하게 전달한다. 이것은 사실상 미디어가 사회교육의 기능을 수행하는 동시에 조정자 역할을 수행하는 것을 의미한다. 끝으로 선거에 직간접적으로 영향을 미치는 정부기관, 권력기관 등을 감시하기도 한다.

투표 참여자로서의 유권자가 주체적이고 주관적인 선거를 만들어 가기 위해서는 이러한 미디어를 활용할 수 있는 능력을 갖추어야 한다. 단순히 미디어가 제공하는 정보를 그대로 받아들이고 활용하는 능력뿐만 아니라 그 미디어를 읽고 해석하는 미디어 리터러시의 능력도 필요하다.

그러나 현실적으로 이러한 능력을 모든 유권자가 갖추길 기대할 수 없다. 정치에 접근하는 어떠한 방법도 갖추지 못한 경우도 많다. 이럴 때 흔히 지역이나 지지하는 당적에 따라 표를 던지게 된다. 그 결과 지역주의 혹은 연고주의가 살아나고 정책선거의 영향력은 기대할 수 없게 된다. 정치교육의 필요성이 제기되는 이유도 바로 여기에 있다.

3. 선거제도와 정치참여 유형

앞서 살펴보았듯이 모든 사람이 성별과 재산에 관계없이 평등한 지위에서 직접 투표권을 행사하여 대표를 선출하는 권리는 태생적으로 주어진 것이 아닌 각고의 노력 끝에 획득한 것이다. 민주주의의 꽃이라 불리는 선거에서 유권자로서 올바른 참정권을 행사하기 위해서는 오늘날의 선거제도를 이해해야 한다.

1) 현대의 선거제도

선거는 입헌주의의 토대 위에서 개인의 삶에 큰 영향을 미치는 정책을 산출하는 문제와 관련이 있으며, 나아가 국민에 의한 통치(by the people)라는 민주주의 원리를 구현하는 문제다. 즉, 선거는 민주주의 핵심인 권력의 통제를 위한 삼권분립을 담보하는 제도라는 점에서 그 의의를 가진다.

유권자가 투표권을 행사하게 되는 선거의 종류는 기본적으로 대통령선거(대선), 국회의원선거(총선), 지방선거가 있다. 대선은 행정부의 수반인 대통령을 선출하는 것으로 5년 단임제를 취하고 있는 우리나라에서는 5년마다 실시한다. 총선은 입법

부를 구성할 국회의원을 선출하는 것으로 매 4년마다 실시하며, 지방선거는 광역단체장(도지사, 광역시장)과 기초단체장(시장, 광역구청장), 광역의원(도의원, 광역시의원)과 기초의원(시의원, 광역구의원)을 선출하는 것으로 매 4년마다 치러진다. 이 외에 대표자를 통하지 않고 중요한 국정 사안에 대해 직접적으로 국민의 의사를 표명하는 방식으로 국민투표가 있다.

선거 참여에 있어 우리나라는 선거인 명부제, 즉 선거관리위원회에서 투표 자격이 있는 사람을 모두 망라한 다음 그들에게 자동적으로 투표권을 부여하는 방식을 채택하고 있다. 이는 일정한 기일 내에 직접 선거 관리 기관에 유권자로 등록을 마쳐야만 투표권을 인정받는 유권자 등록제보다 비용과 절차 면에서는 용이하나, 유권자의 적극적 참여와 책임을 고양하는 효과는 기대하기 힘들다는 단점이 있다.[26]

선거를 통해 당선자를 결정하는 방식으로는 크게 다수대표제(plurality-majority system)와 비례대표제(proportional representation)가 있다. 다수대표제는 최다득표자가 당선되는 제도이며, 비례대표제는 국민의 의사를 가장 정확하게 의석에 반영하고자 생겨난 제도다. 다수대표제는 제도 운영이 손쉽고 선거 비용이 적게 든다는 장점이 있으나, 각 선거구별로 대량의 사표(死票)를 발생시킨다는 문제점이 있다. 이를 보완하기 위해 각 정당의 득표수를 비율로 환산하여 당선을 가름하는 것이 비례대표제로, 사표의 발생을 최소화하고 소수파의 의석을 보장하고 여론의 복합성을 반영하여 유권자의 의사를 더 많이 존중할 수 있다. 그러나 비례대표제를 채택하면 수많은 군소 정당의 의회 진출로 정국이 혼란해질 수 있으므로 이를 방지하기 위해 봉쇄 조항을 설정하는 것이 일반적이다.[27]

기술적인 측면에서 나누어 보면, 다수대표제는 단순다수대표제(first past the post), 연기명 중선거구제(block vote), 제한적 연기명 중선거구제(limited vote), 단기명 중선거구제(single non-transferable vote), 결선투표제(two-round system), 선호대체투표제(alternative vote)로 세분화된다. 한국의 경우 국회의 비례대표의석을 제외하고는 대부분 단순다수대표제로 당선자를 채택하고 있다.[28] 선거제도에 대한 논의에서는 우리나라의 선거에서 두드러진 특색인 지역감정이라는 요소를 극복하고 당선자의 대표성을 제대로 확보하기 위해 선거구의 크기만이 아닌, 득표를 계산하는 기술방식에서의 선거제도 개혁이 필요하다는 논의가 지속되고 있다.

2) 정치참여 유형

그렇다면 실제 현실에서 시민의 정치참여 행태는 어떤 유형으로 나타나고 있을까? 시민의 정치참여 행태를 정치의식의 정도와 실제 정치참여 수준의 정도로 유형화해 보면 〈표 2-1〉과 같다.[29)]

표 2-1 시민의 정치 참여 행태

참여 \ 의식		정치 의식	
		높음	낮음
참여수준	높음	㉠ 정상적 참여형 (긍정적 활성화, 질서, 안정)	㉡ 과잉 동조형 (부정적 활성화, 무질서, 불안)
	낮음	㉢ 현대적 무관심형 (불신, 불만, 냉소)	㉣ 전통적 무관심형 (무지, 무기력, 맹종)

출처: 설운용(2008).

먼저 '정상적 참여형' 이다. 정치의식이 뚜렷하고 실제로 정치에 참여하는 수준도 높은 경우로 가장 바람직한 유형이다. 선거에 유권자로 참여함에 있어 시민으로서 투표권을 행사해야 함을 하나의 의무로 생각하고 투표에 적극적으로 임하는 경우가 이에 속한다. 자신이 어떤 정당 혹은 정책을 지지하는지에 대한 뚜렷한 의식을 가지고, 수동적으로 피지배자의 입장에 머무는 것이 아니라 능동적으로 권력을 행사한다.

둘째, '과잉 동조형' 이다. 정치의식은 낮으나 참여수준이 높은 경우로 부정적으로 활성화된 유형이다. 선거에 참여하여 투표권을 행사하기는 하나, 이는 스스로의 정치의식에 기인한 것이 아니라 외부의 주입이나 압력 혹은 주변의 동조에 의해 참여하는 유형이다. 참여한다는 사실 자체는 바람직하나 잘못된 유인으로 참여한 경우에는 오히려 정치를 왜곡하고 민주주의를 훼손할 수 있다.

셋째, '현대적 무관심형'이다. 정치의식은 높으나 참여수준은 낮은 경우로 어느 정도 자신의 정치적 의견이 있고 정치 발전에 대한 기대도 있으나, 자신의 개인적인 일이 선거에 참여하는 것보다 우선이거나 혹은 실제 행해지고 있는 정치에 대한 불신으로 인해 참정권을 유기하는 경우가 포함된다. 이 유형은 투표 참여율을 저해하는 주요인이므로 투표율 문제를 극복하기 위해 이들에 대한 해결책을 가장 먼저 찾아야 한다.

넷째, '전통적 무관심형'이다. 정치의식과 참여 수준이 모두 낮은 경우로 정치는 자신과 관련이 없으며 특권 계층이 하는 일이라고 방관하는 유형이다. 입시 위주의 주입식 교육에 치중하여 실질적으로 시민교육이 거의 부재한 우리나라의 현 교육 상황에서, 많은 학생이 정치와 정치참여의 의의에 대해 생각해 볼 기회를 가지지 못하는 경우가 많다. 이러한 토양에서 자라나 시민이 되었을 때, 정치에 대해 의식하고 참정권의 의의를 생각해 본 경험이 없었기에 정치참여에 무관심한 행태를 보이게 된다.

세계 각국에서 선거연령을 만 18세로 낮추는 경향에 따라 우리나라에서도 최근 선거권 연령을 현행 19세 이상에서 18세 이상으로 조정하는 내용의 법률안이 제출되어 검토되고 있다.[30] 그러나 정규 교육 과정의 시민교육이 열악한 상황에서 단순히 선거 연령만 낮춰진다면 전통적 무관심형의 증가로 과잉 동조형과 함께 정치참여에서 새로운 문제점을 부각시킬 수 있다.

3) 정치참여 행태 개선

시민의 정치참여 행태를 실질적으로 개선하기란 쉽지 않다. 그러나 투표 행위가 시민의 삶과 불가분 관계에 있는 정치와 직결되는 점을 고려해 보면, 정치참여 행태를 개선하기 위한 노력이 시급함을 알 수 있다.

무엇보다 시민이 선거권 획득까지의 힘들었던 역사를 접하고 정치참여의 현실적인 의미를 이해할 수 있는 장을 마련해야 한다. 특히 미래의 유권자인 학생들이 정치와 선거에 대해서 어떠한 인식과 관심을 갖느냐는 대의민주주의 선거의 성패를 좌우한다. 바람직한 민주주의 정치 질서의 형성을 위해 학교는 다른 어떤 사회화 기관보다도 중요한 시민교육의 매개체가 될 수 있으므로 참여와 지지를 바탕으로 한 선거에 관한 정치 인식과 학교에서의 선거교육이 필요하다.[31] 아울러 학교 외의 사회교육기관을 통한 성인 시민교육도 중요하다. 일상생활에서 시민교육과 선거교육을 마련하고, 관련 정보를 접할 기회를 제공하려는 노력이 필요하다. 또한 불신으로 정치참여에 무관심해진 시민에게도 참여 없는 정치개혁은 불가능하며, 냉소적 태도가 오히려 시민에게 불이익이 될 수 있다는 점을 인식시켜야 한다.

다음으로 중요한 것은 투표 행위에 대한 인센티브 제공이다. 윌리엄 글래서William Glasser는 우리가 행하는 모든 행동은 결국 자신의 선택이며, 행동을 선택함으로써 의식과 마음을 바꿀 수 있다고 말한다. 투표와 관련된 인센티브를 제공하여 시민을 행동하게 만든다면, 투표라는 작은 행위를 통해 올바른 시민의식을 갖는 계기가 될 수 있다. 비록 정치의식이 낮은 시민이라도 행동을 유인하고 관련 정보와 교육을 제공한다면 정치의식을 고양하고 바람직한 정치참여를 이끌어 낼 수 있을 것이다. 현재 시행 중인 투표 인센티브제도는 당일 투표를 마친 사람에게 투표확인증을 지급해 주는 것이다. 투표확인증을 소지하면 국공립 박물관과 미술관, 국립공원 등의 시설 이용료와 공용 주차장 무료 이용 혜택 등을 주고 있다.[32] 그러나 이에 대한 효과성에 관한 비판이 제기되고 있다. 따라서 유권자의 행동을 이끌어 낼 수 있는 보다 실효성 있는 방법에 대한 논의가 요구된다.

결론적으로 말하면, 노예 해방을 선언했던 미국의 16대 대통령 링컨은 '투표는 총탄보다 강하다'고 하였다. 투표는 국가의 주인인 시민을 대신해 우리 사회 내의 자원과 권력 배분에 있어 효율성과 형평성을 기할 수 있는 국가의 주요 기구를 구성하고, 지지하고, 심판하는 제도라는 점에서 무엇보다 큰 힘을 지닌다. 국가 기구가 아닌 시민이 진정한 주권의 원천이라면 투표는 단순한 권리가 아닌 주인으로서의 의무여야만 한다.

막스 베버Max Weber는 근대사회의 민주주의는 엘리트에 의해 이루어질 수밖에 없다는 민주적 엘리트주의(democratic eliticism)를 주창한다. 엘리트에 의한 지배가 필연적인 것은 복잡한 현대사회에서 직접민주주의가 불가능할 뿐만 아니라 매우 비효율적이기 때문이다. 베버는 결국 경쟁하는 정당체제에서 성장한 창조적인 엘리트가 관료제의 중압으로부터 민주주의를 구해 낼 수 있는 유일한 대안이라고 인식하였다.[33)]

선거는 누가 대중을 대변하여 정치엘리트의 일부가 될 것인지를 결정하는 과정이다. 베버의 분석처럼 선거는 오늘날 보다 효율적으로 사회적 합의를 이끌어 낼 수 있는 제도이며, 투표는 시민이 정치과정에 능동적으로 참여하는 방법이다. 만약 시민이 선거권 행사에 무관심하다면 결과는 분명하다. 투표율은 낮아지고 그 결과 정치엘리트의 질은 떨어지며 시민인 나 자신의 이익과 공동선을 담보하는 정책은 빈약해진다. 정당과 정치인이 대의민주주의 핵심인 사회의 다양한 집단과 가치의 대표성을 확보하고 내실 있는 정책을 개발하도록 하는 것은 오직 시민의 참여로만 가능하다.

민주적 정치제도를 발전시켜 2차적 민주화, 즉 실질적 민주화를 공고히 하기 위해서는 책임 있는 정당과 광범위한 대중의 참여가 반드시 필요하다. 따라서 자신을 위해서 그리고 우리 모두를 위해서, 힘겨운 투쟁으로 일궈 낸 '권리' 인 동시에 오늘날 국가의 주인인 우리의 '의무' 로서 자신의 의사를 담아 '총탄보다 강한 한 표' 를 행사해야만 할 것이다.

4. 정치참여와 정치교육

아리스토텔레스는 "인간은 본래 정치적 동물이다. 그러므로 국가 없이도 살 수 있는 자는 인간 이상의 존재이거나, 아니면 인간 이하의 존재"라는 명언을 남겼다. 인간은 집단을 형성하여 함께 살아가는 사회적 존재이며 자신이 속한 집단 내의 정치관계 안에서 살아가는 존재임을 시사하는 말이다.

1) 정치교육의 필요성

'정치'에 대한 정의는 다양하게 존재한다. 대표적 정치학자인 해럴드 드와이트 라스웰Harold Dwight Lasswell은 정치를 "누가, 어떻게, 무엇을, 언제 차지하느냐를 결정하는 규범"이라 정의하였으며, 데이비드 이스턴David Easton은 "희소가치의 권위적인 배분"이라고 함으로써 사회 내의 정신적 · 물질적 가치의 분배방식을 정치의 핵심 개념과 관련하여 정의하였다.[34] 오늘날의 정치란 희소가치의 현실적 분배방식을 규명한 후, 이상적인 분배방식을 추구하여 바람직한 인류사회를 건설하기 위한 인간의 노력을 의미한다. 자칫 추상적으로 생각될 수 있지만, 시민이 정치에 참여한다는 것은 사회 내의 가치분배를 소수의 권력자에게 맡기는 것이 아니라 시민이 각자 평등한 위치에서 자신의 이익을 보호함과 동시에 사회공동선을 담보하기 위해 가장 공평하며 바람직한 이상적 분배방식을 추구하는 매우 현실적인 문제다.

시민의 정치참여는 국가의 주권이 국민에게 있고 국민을 위하여 정치를 행해야 한다는 민주주의의 기반 위에서 가능하다. 민주주의를 확립하기 위한 민주화는 크게 두 단계로 구분할 수 있는데, 1차적 민주화는 '형식적 민주주의'로 공적인 제도를 통해 시민의 주권 행사를 보장하는 민주주의 헌법이 제정되는 것을 말한다. 2차적 민주화란 '실질적 민주주의'로 이렇게 제도화된 민주주의가 실제 사회 내에서 제대로 작동하는 것을 의미한다.

민주주의를 법에 근거하여 보장하더라도, 국민이 선출한 대의원을 통하여 국가 권력을 행사하는 대의민주주의에서는 시민의 정치적 무관심 때문에 형식적으로 이익대표가 선출될 경우 주권자인 시민이 피지배자로 전락하여 바람직한 민주주의가 실현되기 어렵다. 따라서 형식뿐인 민주주의에 머무는 것을 경계하고 2차적 민주화의 실현을 위해서는 시민의 적극적인 정치참여가 필요하다. 또한 국민의 이익을 위한 정당이 권력자의 필요에 의해 만들어지거나 지역이나 인물을 대표하는 것이 되어서는 안 된다. 각자의 매니페스토(manifesto)를 지니고 사회 내 다양한 집단의 이익을 대변하는 정책정당으로 거듭나기 위해서도 시민의 관심과 감시라는 정치참여가 절실히 요구된다.

결국 주권을 지닌 시민으로서 정치참여 의식을 가지고 참정권을 올바르게 행사하는 것은 우리가 살고 있는 사회를 우리 힘으로써 구성하고 개선해 가는 행위다. 대의민주주의에서 투표를 통한 정치참여는 우리 사회를 이끌어 가는 원동력이 된다. 정치교육의 필요성이 여기에 있다.

일반적으로 정치교육은 시민교육의 한 종류로서 실시된다. 서양에서는 정치교육을 정치교육 또는 시민교육이라는 용어보다는 '정치사회화' 라는 용어로 일컫는다. 왜냐하면 '시민교육' 이라는 용어에는 의도성이 다분히 포함되어 있기 때문이다. 또한 우발적인 발견학습이 갖는 우월성이 지금까지 경험적으로 입증[35]되어 오면서 사회화의 한 과정으로서 정치교육이 이루어지는 것을 선호하기 때문이다.[36]

그러나 '정치사회화' 에 있어서 '사회화된 정치규범은 의문의 여지 없이 수용하게 된다'는 연구결과는 실제 경험과 매우 상치되는 한계를 지닌다. 예를 들어 기존 정치사회규범에 반대하는 과격한 학생 저항운동의 경우 과연 수업시간에 자연스럽게 이루어지는 '정치사회화' 만으로 '정치교육' 의 효과를 대체할 수 있느냐에 의문이 생긴다. 즉, 정치교육은 없고 정치사회화만이 강조된다면 기존 정치체제에 걸맞은 규범, 태도, 행위 등을 의문의 여지 없이 받아들이게 하고, 나아가 엘리트의식과 비민주적인 정치 성향을 갖게 할 가능성이 있는 '사회화'의 한계점을 극복할 수 없다는 것이다. 따라서 체계적이고 올바른 정치교육의 필요성이 제기된다.

2) 정치의 영향 및 참여과정

개인에 대한 정치의 영향

정치는 단순히 국가의 방향을 결정하는 것이 아니라 국민의 생활과 깊이 관련되어 있다. 정치화 시대라고 불리는 현대 사회에서는 국가와 지방자치단체가 해야 할 일이 비약적으로 증가되고 있으며, 좋은 정치와 국민 생활의 편안함은 직결된다.[37) 국가의 정책결정, 지방자치단체의 정책결정, 국회에서 이루어지는 합의를 통한 입법화된 사안 등의 정치과정이 개인과 국가 전체에 직접적으로 영향을 미치게 되는 것이다.

국가와 지방자치단체의 정책결정이 국민 개개인에 미치는 영향은 일상적으로 쉽게 경험할 수 있다. 예를 들어 인천 송도지역에 대대적인 국제도시를 조성하고 있다. 이 사업은 국가의 정책결정이면서 인천 지방자치단체의 정책결정의 결과물로 개인에게 직접 영향을 미치게 된다. 향후 국제교역을 통한 사업으로 송도에 수많은 기업이 유치될 것이고, 국내외 여러 대학 캠퍼스가 조성되며, 이에 따라 자연스레 인구가 집중되면서 상업이 발달하게 될 것이다. 결과적으로 국가와 지방자치단체의 정책결정이 시민 개개인에게 직접적인 영향을 미치게 되는 것이다.

국회에서 합의를 통한 입법도 개인에게 영향을 미치게 된다. 이를테면 미디어법이 여야 어느 당의 안대로 처리되느냐에 따라 각 가정의 신문과 방송의 영향력이 달라진다. 국가의 정책결정 과정에서의 영향도 마찬가지다. 한미 FTA 협상 과정을 예로 들어 보자. 협상에 대한 여론이 있고 전문가의 의견이 나오게 된다. 국회 토론과정에서는 여론이나 전문가의 의견이 반영되어 토론이 전개되며 이 내용은 다시 여론이나 전문가의 의견에 영향을 미치며 상호작용하게 된다. 또한 이러한 정책과정

자체가 행정부에 영향을 미치게 되고 행정당국으로 하여금 국회 비준은 물론 대국민 홍보를 위한 노력을 기울이게 만든다. 나아가 이 모든 정치 과정은 한미 FTA 협상에 영향을 미치게 되고 반대로 한미 FTA 협상 결과로 결정되는 정책은 시민 개개인에게 영향을 미치게 된다.

정치참여 과정과 의미

정치는 시민과의 끊임없는 상호작용을 통해 정책결정을 하게 되고, 그 결정은 다시 시민에게 영향을 미친다. 개인의 정치참여 과정도 같은 맥락에서 이해할 수 있다.

우선, 국가와 지방자치단체의 정책결정에 대한 시민의 참여를 생각해 보자. 지방자치단체의 정책에 대해서는 찬반 여론이 있을 수 있다. 예를 들어 동계올림픽 유치를 위해 특정 도시의 주민과 지자체 관련자가 자신의 지역을 국내 후보지로 선정시키기 위해 공동 노력을 기울이고, 이후에는 국제올림픽위원회에서 개최지로 선정되기 위한 노력에 힘을 모은다. 이렇게 시민의 적극적인 참여와 노력에 의해 지방자치단체 단위에서 정책이 결정되고, 국가적 차원의 정책결정이 이루어지며, 나아가 세계적인 정책결정에 영향을 미친다는 사실은 국민의 정치참여의 영향력이 얼마나 큰지를 잘 보여 준다. 반대로 혐오시설의 유치를 반대하는 시민운동이 정책결정에 미치는 영향도 같은 맥락에서 이해될 수 있다.

국회에서의 국민참여도 마찬가지다. 국회의원의 기반은 지역구이기에 지역주민의 지지가 국회의원의 생명이며 지역구 국회의원이 하는 모든 의사결정이나 행동은 지역구 전체를 대표하는 것이다. 또한 국회의원은 지역구의 이익을 위하여 수익사업을 끌어오려고 노력하거나, 입법사안이 지역구에 유리하도록 토론하거나, 국가 차원의 정책결정마저 지역구에 유리하게끔 유도할 수 있다. 미국의 중부 자동차 공업지역을 지역구로 둔 국회의원이 한미 FTA 협상을 결사적으로 반대한 것도 지역주민의 이익을 대변하기 위한 하나의 사례였다.

이와 같이 국민이 정치에 참여할 수 있는 방법을 정리해 보면 다음과 같다.[38)]

① 지역 조직 참여: 지역의 공동 문제를 협의하고 공동 실천을 통해 스스로 지역 문제 해결
② 시민 단체 참여: 사회 개선을 목적으로 하는 공공의 일에 참여
③ 이익 집단 활동 참여: 특수한 집단의 이익을 보장받기 위한 활동 수행
④ 정당 참여: 정당 지지를 통해 정책결정에 자신의 의견 반영
⑤ 투표권 행사: 민주주의 국가에서 정치의 주인 된 권리를 실현하는 절차

3) 정치교육의 내용

선거참여

대한민국 헌법 제1조 제2항은 "대한민국의 주권은 국민에게 있고, 모든 권력은 국민으로부터 나온다."라고 규정함으로써 국민주권주의의 대원칙을 표방하고 있다. 이 원칙이 바로 정치의 핵심 원리이자 정치교육의 핵심 내용이 되어야 한다. 앞에서 살펴본 선거는 대의민주주의 국가에서 국민주권주의를 실현하는 제도의 하나로서 민주주의의 성패를 가늠하는 기본 요소라 할 수 있다. 정치교육에서는 무엇보다 '주권행사의 구체적 방법' 인 선거에 대한 내용이 다루어져야 하는 이유다.

우리나라 정치의 특수성

한국의 정치교육은 해방 이후 지금까지 형식적으로는 '민주시민의 양성' 을 목표로 해 왔다. 그러나 한국의 정치는 산업화와 남북 분단 상황 및 권위주의 정치문화 등의 조건에 의해 궤도를 이탈하게 되었다. 정치교육 역시 강력한 정부주도에 의한 산업화 추진과 반공 이데올로기를 통한 정권의 정당성 확보를 위한 도구로 이용되었으며 체제유지적이고 순응적인 국민교육이 강조되었다.

현재 한국 사회는 해방 이후 세계에서 유래를 찾기 힘들 정도로 정치, 경제, 사회를 포함한 모든 분야에서 급격한 변화와 발전을 이루고 있으며 이 같은 추세는 앞으로도 계속될 전망이다. 이에 맞추어 정치교육 역시 권위주의 정치 청산과 민주정치의 발전을 위해 기존의 체제유지적이고 순응적인 정치교육에서 탈피하여 새로운 사회변화에 대응하는 정치교육으로 방향을 모색하여야 한다.[39)]

우리나라의 정치교육은 크게 세 가지 특성을 지닌다. 첫째, 근래인 1980년대까지 민주화운동이 활발했다는 점 때문에 정치교육은 곧 민주교육으로 귀결된다. 즉, 선거의 자유와 참여의 자유 등 민주주의의 하위 개념에 주로 중점을 두었다. 둘째, 남북한이 분단된 상황이라는 특수성이 다른 나라의 정치교육과의 차이점을 만들고 있다. 셋째, 일본과의 독도 영유권 문제가 현재진행형이라는 점에서 우리의 정치교육은 과거 역사와 불가분의 관계에 있다.

정치이념의 차이

"민주주의의 반대가 무엇이냐?"는 질문을 하면 공산주의라고 답하는 사람이 많다. 우리나라에서 흔히 혼용하기 쉬운 용어가 바로 민주주의와 사회주의, 자본주의와 공산주의라는 정치용어다. 민주주의에 대응하는 말은 사회주의이며, 자본주의에 대응하는 말이 공산주의지만 흔히 공산주의를 민주주의의 반대말로 여기는 경우가 많다. 이는 북한의 정치체제를 배격했던 반공 이데올로기가 지나치게 강조되면서 생긴 현상이다.

민주주의의 사전적 의미는 국가의 주권이 국민에게 있고 국민을 위하여 정치를 행하는 제도 또는 그러한 정치를 지향하는 사상을 뜻한다.[40)] 민주주의 정체하에서는 국가의 권력은 국민 모두에게 동등하게 분배되어 있다. 즉, 민주주의 국가의 주권은 국가 구성원 전체가 소유하고 있다. 민주주의의 필수 요건은 대략 여섯 가지로 나눌 수 있다.[41)] 첫째, 국민은 1인 1표의 보통선거권을 통하여 절대권한을 행사할 수 있어야 한다. 둘째, 최소 2개 이상의 정당이 선거에서 정치강령과 후보를 내세울 수 있어야 한다. 셋째, 국가는 모든 구성원의 민권(民權)을 보장하여야 하며, 이 민권에는 출판 · 결사 · 언론의 자유가 포함되며 적법절차 없이 국민을 체포 · 구금할 수 없다. 넷째, 정부의 시책은 국민의 복리증진을 위한 것이어야 한다. 다섯째, 국가는 효율적인 지도력과 책임 있는 비판을 보장하여야 한다. 정부의 관리는 계속적으로 의회와 언론에서 반대의견을 들을 수 있어야 하고, 모든 시민은 독립된 사법제도의 보호를 받아야 한다. 여섯째, 정권교체는 평화적 방법으로 이루어져야 한다.

공산주의는 기본적으로 경제체제다. 특히 공산주의는 개인의 생산수단에 대한 소유권을 인정하지 않고 국가가 독점한다. 반면 자본주의는 생산수단을 국가가 독점하지 않고 자본가가 독점한다. 자본가는 언제나 특정한 개인이고 자본주의는 개인의 생산수단에 대한 소유권을 인정한다는 점에서 공산주의의 반대는 자본주의라고 할 수 있다.

사회주의란 특정 공동체의 정책을 입안하고 시행하는 데 있어서 공동체 전체의 이익을 최우선으로 삼는 사회사상이라고 할 수 있다. 그렇기에 사회주의 체제하에서는 공동체의 이익을 위해서는 개인의 권리가 유보될 수도 있다. 반면에 개인주의 혹은 자유주의 사회에서는 개인의 자유와 권리가 최우선의 가치이기 때문에 개인의 자유와 권리는 어떠한 경우에도 침해될 수 없다. 다시 말하면 사회주의의 반대는 개인주의 혹은 자유주의다.

이 같은 방식으로 분류할 경우, 민주주의 국가가 사회주의나 공산주의를 채택하지 말아야 한다고 주장할 수도 없으며, 공산주의 국가가 민주적이지 않으며 개인의 권리와 자유를 보장해 주지 않는다고도 말할 수 없다. 이들 각 체제가 어떤 방식으로 조합되는가는 경험적이고 우연적인 문제일 뿐이다. 실제로 공산주의면서 민주주의를 표방할 수 있으며, 이론상으로는 공산주의면서 동시에 민주주의가 실현될 수도 있다. 북한의 경우, 실제로는 주체사상에 토대한 당국가주의 전체주의를 펴고 있지만 그들 스스로는 '조선자유주의인민공화국' 이라는 국호를 내세우고 있다.

통일 문제

통일은 단순히 분단 이전 상태로 되돌아감을 의미한다기보다 서로 다른 두 체제가 존재한다는 현실을 인정하고, 그것을 전제로 갈라진 두 체제를 다시 연결시키고 통합하는 민족공동체의 복원과 재창조를 의미한다. 분단 이후 20여 년 동안 우리는 통일의 개념을 분단 이전으로 돌아가는 것으로 이해하였다. 그러나 분단 반세기가 지난 지금은 남과 북에 엄연히 다른 두 체제가 존재한다는 것을 서로 인정하고 있다. 따라서 이제 우리는 이러한 현실인식을 토대로 21세기 우리 민족의 생존과 번영을 위한 민족공동체의 새로운 청사진을 만들어 나가야 한다.

민족공동체의 새로운 청사진은 한민족의 장구한 민족사를 관통하며 형성된 민족문화의 정체성을 밑바탕에 깔면서도 세계와 함께 호흡하는 열린 민족주의를 바탕으로 그려야 한다. 오늘날 세계는 폐쇄적이고 배타적인 민족주의에서 다양한 민족이 평화롭게 공존하고 함께 발전하는 열린 민족주의로 나아가고 있다. 통일 한국의 새로운 민족정체성을 수립하는 것은 우리 민족의 분단된 역사를 복원하는 과정인 동시에 국제사회의 지지와 협력을 바탕으로 세계사의 발전에 기여할 수 있는 미래지향적이고 창조적인 과정이 되어야 한다. 새로운 민족공동체의 창조는 단지 남북의 외적 행태를 변화시키는 데 그치는 것이 아니라, 남과 북이 독자적으로 갖고 있는 서로 다른 정체성(different identities)을 변화시키고 수렴하여 남북관계의 기본 틀을 변화시키는 일이 되어야 한다.

그러나 반세기 이상을 서로 다른 체제에서 살아온 남북이 서로 동화되는 것은 쉽지 않은 일이다. 50년 가까이 분단과 대립으로 이질화가 심화되어 온 남북한 두 사회의 통일은 그로 인한 긍정적 요소와 함께 통일에 따르는 충격과 이질화 사회의 극복이라는 새로운 과제를 우리에게 던져 준다. 이의 심각성은 통일을 이룩한 독일이 지금도 겪고 있는 정치, 경제, 사회적 곤경을 관찰하면 알 수 있다. 만일 통일로 인한 갈등이나 충격이 원만하게 해결되지 못하면 통일은 우리 민족의 복지를 증진시키기는커녕 오히려 저하시킬 수 있으며 심지어 통일정책의 실패에 따른 민족의 재

분열도 발생할 수 있다. 통일의 궁극적 목표는 통일 자체에 있으므로 우리는 통일을 지향하면서도 이와 같은 통일에 따르는 부작용 내지는 문제점을 도외시해서는 안 된다.[42]

그렇기에 남북은 가능한 한 자주 만나고 대화하고 토론함으로써 서로의 입장을 이해하고 차이를 좁혀 나가야 한다. 우리 통일방안에서 대화와 화해협력을 강조하는 이유가 바로 여기에 있다. 남북 간의 대화와 협력은 남북이 서로 다른 체제에서 살아오면서 축적된 차이를 좁혀 가는 과정이면서 남북의 구성원 간에 좋은 기억을 만들어 가는 과정이다. 전쟁의 상흔과 적대적 대립이 이어져 온 불행한 과거를 극복하고 화해협력의 새로운 미래를 창조하기 위해서는 이러한 노력이 반드시 필요하다.

동북아 역사, 영토문제

우리나라에서 영토문제라 하면 많은 사람이 독도, 대마도, 간도 등을 떠올린다. 이들 중 독도는 지리적으로나 역사적으로나 국제법상으로 우리 영토임에 틀림이 없다. 그럼에도 일본은 수시로 독도의 영유권을 두고 수많은 수단을 동원하여 우리를 자극한다.

여러 정치인의 망언을 통해, 시마네 현의 각종 행사를 통해, 사회나 지리 교과서의 표기와 내용을 통해, 심지어는 교사의 학습지도요령해설서 내용을 통해 독도에 대한 영유권을 주장한다.

통계자료에 따르면 식민지 영토분쟁이 막을 내린 1945년부터 1990년 사이에 21건의 국가 간 전쟁이 있었다. 그중 14건의 전쟁에서 영토문제가 직접적인 원인이었다. 이 결과는 여러 분쟁의 원인 중 영토분쟁이 가장 전쟁으로 발전하기 쉬운 문제임을 보여 준다. 다시 말하면 이웃국가 간 영토분쟁이 없을 경우 무력갈등을 겪을 가능성은 매우 낮으며 비영토 분쟁은 그만큼 덜 갈등적임을 의미한다.

또한 같은 기간 동안에 129건의 영토분쟁이 있었으며 1995년 당시에는 그중 60

건의 분쟁이 여전히 진행 중이었다. 영토분쟁이 쉽게 막을 내리지 않음을 보여 줌과 동시에 영토분쟁 중 절반 정도는 무력의 사용이나 위협 없이 해결되었음을 알 수 있다. 41%에 해당하는 53건의 분쟁은 타협이나 화해와 같은 평화적인 방법으로 해결되었으나 44%인 57건은 교착상태에 빠졌으며 나머지 15%의 경우는 점령이나 상실과 같은 강제적인 결정으로 정리되었다. 종합해 보면 영토문제가 항상 무력행사를 동반하지는 않지만 여러 가지 과정을 거쳐 일정 수준 이상의 강도에 이르면 엄청난 폭발성이 있음을 알 수 있다.

독도문제를 둘러싼 우리 사회의 시민교육은 '주권수호' 로 집약될 수 있다. 그런데 영토문제의 폭발성을 고려한다면 위험한 측면도 있다. 따라서 일본이 입장을 바꾸지 않는 한 갈등은 계속될 수밖에 없으므로 정책전문가들은 영토 갈등에 대한 위기관리가 필요하다는 데 의견을 같이한다.

문제의 추이에는 군사력의 균형과 동맹국의 존재, 문제의 대상이 된 영토의 전략적 · 경제적 가치 등의 요소가 다양한 형태로 영향을 미치게 된다. 그러한 불확실성 속에서 사태의 평화적 해결을 위한 또 다른 방법 중의 하나가 지역공동체 형성이다. 그런데 이 지역공동체 형성은 국가 간의 문화적 상호이해와 상호신뢰 없이는 불가능하다. 공동체 형성이 가능하다면 이는 평화를 보장할 수 있는 가장 확실한 방법이 된다. 때문에 유럽 국가들은 EU라는 새로운 정치공동체와 유로라는 화폐를 만들기에 이르렀다. 불행히도 동북아 공동체를 향해서는 아직 가야 할 길이 멀다.[43)]

후주

1. Derek, H. (2004). *A brief history of citizenship*. New York: New York University Press.
2. 앤서니 기든스(2003). 현대 사회학(김미숙 외 역). 서울: 을유문화사.
3. 박준영 외(2005). 정치학. 서울: 박영사, pp. 186-187.
4. 한국산업사회학회(2004). 사회학. 서울: 한울, p. 281.

5. 토머스 페인(2004). 상식, 인권(박홍규 역). 서울: 필맥.
6. 박용현(2010. 5. 14.). 한 표의 상식. 한겨레 21, 810호, p. 8.
7. 토머스 페인(2004). 앞의 책.
8. 참조: 중앙일보(2010. 3. 9.). "여성참정권", 네이버백과사전.
9. 한겨레신문(2010. 4. 14.).
10. 고성원(2002). 지배구조의 성격변화와 사회운동에 관한 연구: 1987 · 1992 · 1997 대선과정 비교연구. 연세대학교 대학원 석사학위논문.
11. 참조: "6월 항쟁", 위키피디아.
12. 전광석(2007). 한국헌법론(제4판). 서울: 법문사.
13. 참조: 중앙선거관리위원회 홈페이지, 정보광장, 간행물자료실, 선거자료, 선거제도(2008).
14. 이극찬(2004). 정치학(제6전정판). 서울: 법문사.
15. 헌법재판소(1989). 헌재결 1989. 9. 8. -88헌가6.
16. 김성현. 편파, 알 권리, 인권. (2009. 5. 11.). 독서신문.
17. 이종수(2004). 지방정부이론. 서울: 박영사.
18. 전광석(2007). 앞의 책.
19. 김학수(2005). 한국 언론의 이해. 서울: 일진사, p. 212.
20. 김희영(2002). 두 얼굴의 조국. 서울: 시대정신, p. 45.
21. 김영래, 정형욱(편) (2008). 매니페스토와 정책선거. 서울: 논형.
22. 앨빈 토플러(2006). 부의 미래(김중웅 역). 서울: 청림출판.
23. 폴 크루그먼(2008). 미래를 말하다(예상한 외 역). 서울: 현대경제연구원 BOOKS.
24. 참조: 중앙선거관리위원회 선거 관련 영상(http://video.naver.com/20080229173901915572). 대통령 선거에서 '정책의 중요성'과 '국민 참여의 필요성'이라는 두 마리 토끼를 잡기 위해 메인 슬로건인 '당신의 선택이 대한민국을 만듭니다. Made 人 Korea'를 TV 광고와 연계하여 국민의 관심과 자긍심을 고취하고자 했던 영상임.
25. 안명규(2007). 선거에 있어 미디어의 사회 교육적 기능. 지역사회, 57, 41-51.
26. 박동천(2005). 선거제도와 정치적 상상력. 서울: 책세상.
27. 참조: "비례대표제", 위키피디아.
28. 박동천(2005). 앞의 책.
29. 이하의 내용은 설운용(2008). 활동 지향 학습을 통한 고등학생의 선거와 정치참여. 한국교원대학교 교육대학원 석사학위논문에서 발췌, 인용하였음.
30. 최영희. 선거연령 18세로 낮추는 법안 제출. (2010. 3. 2.). 뉴시스.
31. 설운용(2008). 앞의 글.
32. 선관위. 4월 총선 투표 인센티브 도입. (2008. 2. 27.). KTV 한국정책방송.

33. 한국산업사회학회(2004). 사회학. 서울: 한울.
34. 박준영 외(2005). 앞의 책, 재인용.
35. 예를 들어, '교육'의 의도를 깔고 학생들에게 지도할 때보다 수업시간에 지도자의 가치관이 드러나는 언급이나 행동을 자연스럽게 학생들이 접하고 스스로 생각하게 하는 교육이 더욱 효과적임.
36. 해럴드 엔트휘슬(1993). 민주주의와 정치교육(이해성 역). 대전: 목원대학교출판부, pp. 20-21.
37. 사카가미 노부오 외(2006). 현대사회와 정치교육. 서울: 중앙선거관리위원회 선거연수원, p. 6.
38. 이남석(2005). 참여하는 시민 즐거운 정치. 서울: 책세상, pp. 21-23.
39. 이덕규(1995). 한국사회의 변화와 청소년 정치교육의 방향모색. 한국청소년연구, 23, pp. 14-15.
40. 참조: 두산대백과사전.
41. 같은 책.
42. 통일부 통일교육원(편). (2009). 통일문제 이해. 서울: 통일부 통일교육원, pp. 10-11.
43. 최운도(2009. 5.). 영토문제와 시민교육. 중앙선거관리위원회 선거연수원 민주시민교육 웹진, 전문가칼럼(http://civilzine.or.kr/200702/search.jsp?mode=search).

제3장

여성성과 양성평등

"사물을 보는 데는 오직 한 가지 방법밖에 없다. 그것은 사물의 전체를 보는 것이다."

– 존 러스킨John Ruskin(1819~1900)

흔히 현대를 '여성의 세기'라고 말한다. 21세기 정보화 사회가 '여성성'이라 불리는 섬세함, 인간 지향적 자세 등을 요구하면서, 여성의 역할이 이전보다 중요시되고 있다. 한국 사회도 과거와는 비교도 되지 않을 만큼 여성의 지위가 향상되었다. 여성의 사회진출 또한 괄목할 만한 신장을 보이면서 '여성 상위 시대' '역차별' 등의 불만까지 제기될 정도다.

그러나 실제로 여성이 느끼는 사회적 지위 및 권한은 이런 분위기와는 거리가 멀다. 물론 1908년 3월 8일 미국의 방직공장에서 일하던 1만 5000여 여성노동자가 살인적인 저임금과 장시간 노동으로는 살 수가 없다고, 여성도 인간이라고 외치며 끔찍한 저임금과 열악한 노동조건을 바꾸고자 분연히 일어섰던 100여 년 전에 비해서는 격세지감인 것만은 분명하다. 그러나 아직도 우리 사회 각 분야에서는 선진국에 비해 상대적으로 성 차별이 만연해 있고 법적, 제도적 차원은 물론 정서적, 관행적 측면에서도 개선해야 할 과제가 산적해 있다.

'양성평등' '여성문제' 하면 거창한 사회 주제인 양 생각되지만, 현실적으로 바로 우리 어머니, 아내, 그리고 여동생과 딸의 절박한 삶의 문제다. 또한 '세상의 절반' 인 시민으로서의 여성의 권리이자 인권, 자아실현의 문제이며 나아가 시민사회의 발전 및 국가 경쟁력과 관련된 사회문제이기도 하다.

1. 세상의 절반, 여성의 불평등

세계 대부분의 나라는 남녀평등을 향한 지속적인 노력을 경주하고 있다. 그럼에도 정치, 경제, 사회적인 측면에서 여성은 여전히 남성에 비해 불평등한 위치에 있다. 이를 객관적으로 보여 주는 지표가 『세계 성 격차 지수Global Gender Gap Index』 보고서다. 스위스의 비영리기구인 세계경제포럼(WEF)이 매년 발표하는 이 보고서는 130여 개국을 대상으로 경제 참여 기회, 교육성취, 정치적 힘, 건강 등 4개 부문에 걸쳐 관련 항목을 수치화해서 비교한 결과를 발표하고 있다. 보고서에 따르면 아이슬란드와 핀란드, 노르웨이, 스웨덴 등의 북유럽 국가가 성 평등에 있어 항상 상위를 차지하고 있다. 이들 국가는 전통적으로 잘 정비된 사회복지 덕분에 여성이 가정생활에 덜 얽매이고 사회진출이 수월하기 때문이라는 분석이다. 그렇다면 성 불평등은 무엇이며 어떠한 형태로 나타나고 있는가?

1) 성 불평등의 개념

남녀 간 불평등이나 성 차별을 논할 때 그 '성(性)' 이란 단어에는 영어의 sex와 gender의 두 가지 의미가 내포되어 있다. 섹스(sex)란 남성과 여성 간의 생물학적 차이를 의미하는 반면, 젠더(gender)는 행동과 관련된 문화적 기대를 나타낸다.[1] 즉, 젠더란 특정 사회나 공동체가 남성과 여성에게 적절하다고 생각하여 사회적으로 구성된 역할과 권리 및 책임을 묘사하는 개념이다. 두 가지 의미를 종합하면, 성은 염색체나 뇌의 구조, 호르몬 차이 등을 통해 생물학적으로 구성되는 것이며 아울러 사회적 상호작용을 통해 사회적으로 만들어지는 것이다. 남성과 여성으로 태어나지만 '소년' '소녀' '남자' '여자'가 되는 것은 가정과 사회로부터 학습한 결과라고 할 수 있다. 이른바 '생물학적 성'과 '사회문화적 성'의 구분이다.

생물학적 성 차이에서 비롯된 생각과 인식은 성 정체성(identity)을 형성하고 나아가 성에 근거한 차별을 만들게 된다. 따라서 성 불평등이란 성에 근거하여 형성된 개인 간에 명확하거나 혹은 감추어진 불균형(disparity)이라고 정의할 수 있다. 사회적으로 구성된 '사회적 성'의 개념은 시대와 문화에 따라 변하며 같은 문화권 내에서도 집단 간의 차이가 있다. 따라서 성 역할이나 남녀 간의 불평등 및 힘의 불균형은 생물학적 차이에서 비롯된 '자연적'인 결과가 아니라 개인이 속한 사회 제도 및 문화에 의해 형성된 결과물이라 할 수 있다. 다시 말해, 현재의 성 불평등 현상은 교육을 통한 의식 태도 변화를 통해 해소될 수 있는 사회문제라는 이야기다.

그러나 각 지역별 수준에서, 그리고 국가적, 국제적인 차원에서의 노력에도 불구하고 여성에 대한 차별은 지속되고 있다. 세계 대부분의 나라에서 여성은 정치, 경제력에 있어서 여전히 남성보다 뒤처져 있다. 성 차별 및 성 불평등은 여성뿐만이 아닌 남녀 모두의 인권을 침해하는 것이며 결과적으로 모든 아동과 청소년의 복지에 악영향을 미치게 된다. 성 차별을 이해한다는 것은 여성과 아동의 인권 신장은 물론 연령이나 인종 혹은 사회계층에 따른 다른 사회불평등을 이해하고 극복하기 위한 중요한 토대가 될 수 있다.

2) 성 불평등의 형태

성(gender)에 근거한 차별은 인권이나 직장, 수입 등 여러 측면에서 다양한 형태로 발생하고 있다.

첫째, 국내법이든 국제법이든 여성은 남성과 동등한 권리가 있음을 법적으로 보장하고 있다. 그러나 전 세계 많은 여성은 고용이나 교육, 직장에서 인권을 침해 또는 유린당하고 있으며, 여성의 토지와 재산에 대한 권리마저 부정되는 사례도 있다. 여성 인권유린의 대표적인 사례로, 유니세프(Unicef)는 아직도 여러 문화권에서 성인이나 어린 여성의 생식기에 할례가 행해지고 있고 심지어는 '명예살인' 처럼 전통이란 미명하에 죽임을 당하는 사례가 있음을 지적하고 있다.

둘째, 직장이나 일터에서의 차별도 마찬가지다. 여성 역시 자신과 가족 부양을 위한 생산적인 일에서 중요한 역할을 담당하고 있다. 그러나 여성은 남성에 비해 집안일이나 자영업에 종사하는 비율이 높다. 이런 일은 성격상 비형식적이며 겉으로 잘 드러나지 않는 특성이 있다. 집안일이나 자영업은 노동시간이 길고 노동강도가 높지만, 무임금 업종으로 그 가치가 저평가되며 통계에도 잡히지 않는 실정이다. '동일업종 동일노동' 에서도 남성보다 낮은 임금과 처우를 받고 있는 일이 개발도상국은 물론 선진국에서도 비일비재하다. 또한 공공기관의 고위직이나 의사결정권이 있는 직책은 대부분 남성에게 돌아가며, 결과적으로 남성의 요구와 선호를 반영하는 의사결정과 정책으로 귀결된다.

셋째, 자원배분의 불평등도 일어난다. 국가 간은 물론 같은 국가 내에서도 남성과 여성 간의 자원배분은 불평등하게 이루어지고 있다. 여성은 전 세계 노동의 3분의 2를 수행하는 데 반해 수입은 10분의 1에 불과하며 전 세계 재산의 1% 미만(2004년 기준)만을 소유하고 있다.[2)]

현실적으로 가장 영향을 미치는 문제는 노동시장에서의 여성에 대한 임금차별이다. 임금차별은 두 집단의 다른 모든 특성이 동등함에도 어느 특정한 요인에 대한

[그림 3-1] 성 불평등 풍자만화

출처: Dailytelegraph, Australia. 2009. 8. 21.

편견으로 발생하는 두 집단 간 임금 격차를 의미한다. 비슷한 자격을 갖춘 여성에 비해 상대적으로 남성을 선호하는 성 불평등 현상은 지금까지도 계속되고 있다.

남녀 간 소득 격차

양성 간의 수입 불균형은 직업의 질과 소득을 결정하는 과정에서 발생한다. 성별에 따라 특정 직업군에 배치하는 경향은 남성과 여성의 생물학적 차이와 연결된 개인의 자격이나 능력 때문이라는 인간자본론이 이론적 당위성을 제공한다. 반대로 남성과 여성의 서로 다른 직업 배치는 하위계층을 저임금 직업에 배치시켜 자신들의 지위를 유지 존속하려는 사회지배계층(social status)의 속셈이라는 주장도 있다.[3)]

인간자본론은 한 개인의 특정한 교육과 지식, 기술(skill)이 고용주에게 유용한 가치가 있다고 주장한다. 그러나 특정 직업에서 남녀의 교육수준이나 자격의 차이가 미미해지면서 양성 간 임금격차의 주요 요인으로 생각된 인간자본론은 설득력을 잃고 있다. 게다가 직무나 개인의 특성을 감안한다 해도 여성이란 이유만으로 저임금을 받는 사례가 비일비재하다. 이러한 소득격차는 일종의 공해이론(pollution theory)으로 설명될 수 있다. 공해이론에 따르면 여성이 지배적인 직업은 단지 여성이 근무하기 때문에 더 낮은 임금을 제공한다. 여성이 그 직장에 들어가면 직업과 연계된 임금이나 혜택이 줄어들고 자연스럽게 남성은 그 직장을 떠나게 된다. 여성이 특정한 직업 혹은 직장에 들어간다는 것은 곧 능력이 떨어지는 근로자가 채용되거나 혹은 그 직무의 지식이나 기술이 떨어진다는 것을 의미한다. 이 때문에 남성은 여성지배적인 직장에 입사하길 꺼리며 같은 이유로 남성지배적인 직업에 여성이 진출하는 것을 반대한다.[4)]

성별과 같은 귀속적인 특성에 근거해 직무를 배치하는 직무분리도 양성 간 임금 불균형의 또 다른 원인이다. 이러한 직무분리 현상은 수평적 분리와 수직적 분리로 구분할 수 있다. 수평적 분리는 남성과 여성이 서로 다른 육체적, 정서적 및 정신적 능력을 지녔다고 생각하기 때문에 발생하는 직무분리다. 능력이 서로 다르기에 걸맞은 직업이나 직무도 다르다는 것이다. 대표적인 예가 육체적 노동이 요구되는 직업에서 남녀를 구분하는 것이다. 수직적인 직무분리는 직무와 관련된 권력이나 권위 및 위신을 계층화시켜 놓고 여성을 그런 직무에서 배제시키는 현상이다.[5)]

1960년 이후 여성의 경제활동 참여가 활발해지면서 직무별로 필요한 남성과 여성의 수를 기초로 한 직무분리가 시작되었다. 통계를 보면 남녀 구분 없는 직업(우편배달부, 바텐더, 버스운전기사, 부동산중개사 등)도 있으나 교사, 간호사, 비서, 도서관 사서 등의 직업은 여성지배적으로, 건축사, 전기기사, 항공기조종사 등의 직업은 남성 중심적인 것으로 여전히 드러나고 있다.[6)] 통계적으로 여성은 남성보다 육체 노동이 필요한 직무보다 서비스 부문의 비중이 절대적으로 높은데 이는 결국 성 불평등을 야기하는 전통적인 성 역할을 강화시키고 있다.[7)]

남성과 여성 간의 직무 경험이나 교육 차이, 직업군과 그 외 요인을 감안한다 해도 41%의 성별 임금격차는 여전히 설명되지 않는다. 따라서 직무분리 이론이나 인간자본론 모두 양성 간의 임금 불균형을 이해하는 데는 미흡하다.

성별 임금격차나 소득 불균형의 주범으로 회자되는 것은 유리천장(glass ceiling) 효과다. 유리천장이란 직장 내에서 여성의 승진을 가로막는 보이지 않는 장벽 혹은 인위적인 장벽을 의미한다. 이런 장벽은 여성의 직장경력이나 교육 수준, 업무능력과 관계없이 존재한다. 유리천장에 의한 불평등은 높은 권한과 고소득이 보장되는 직업에서 더 팽배하다. 유리천장 효과는 또한 임금인상과 승진, 직무이동의 기회가 여성에게 제한적임을 지적한다. 여성의 직업 활동 앞에 놓인 인위적인 장벽 때문에 유리천장의 불평등 효과는 여성이 경력을 쌓아 가는 과정 전반에 걸쳐 증가하게 된다.[8)]

통계적인 차별도 직장에서의 수입 불균형과 성 불평등을 일으키는 원인으로 지적된다. 이를테면 여성은 남성보다 직장을 조기 퇴직하거나 혹은 결혼이나 임신으로 인해 그만두기 때문에 고용주는 여성에게 특정한 직무를 맡기지 않는 경향이 있다는 통계적 주장이 고용주의 선입견이나 편견을 강화시킨다는 것이다.[9)]

2. 한국의 성 불평등과 저출산

전 세계적인 흐름과 마찬가지로 한국의 남녀 불평등 문제도 진전되고 있다. 실제로 많은 사람이 사회 각 부문에서 성 불평등 문제가 크게 개선되고 있다고 생각한다. 그럼에도 한국의 양성평등 수준은 세계에서 '바닥권'을 탈출하지 못하고 있는 현실이다.

1) 한국의 성 불평등

스위스 소재 세계경제포럼(WEF)이 연례적으로 발표하는 『세계 성 격차 지수』 보고서에 따르면 한국은 이 조사가 처음 시작된 1996년 이후 계속해서 최하위권을 벗어나지 못하고 있다.[10)]

한국의 2009년 성 평등 순위는 전체 134개국 가운데 115위로 최하위에 가까웠다. 2008년에는 130개국 중 108위, 2007년 128개국 중 97위, 2006년 92위였던 것을 보면 개선은커녕 지속적으로 악화되고 있음을 알 수 있다. 1인당 GNP가 한국보다 낮은 중국이 오히려 한국을 앞서고 있다. 우리와 비슷한 수준의 국가를 보면 선진국은 전무하다. 앙골라(106위), 잠비아(107위), 나이지리아(108위), 튀니시아(109위) 등 아프리카 국가가 오히려 우리보다 앞섰다.

순위 선정 기준인 '성 격차 지수(Gender Gap Index)'는 교육성취, 보건, 경제 참여 기회, 정치적 힘 등 4개 부문에서 남녀 간의 불평등 상황을 계량화해 완전 평등을 1, 완전 불평등을 0점으로 표시한다. 한국은 경제 참여 · 기회 부문에서 113위(GGI 0.520), 교육 획득 부문에서 109위(0.894), 건강 · 생존 부문에서 80위(0.973), 정치 권한 부문에서 104위(0.071)를 차지했다. 세부 항목별로 볼 때 한국은 건강한 기대수명 항목에서 3년 연속 1위에 선정되고 여성 정부수반 재직 기간에서 30위에 올랐지만, 유사 직업 임금 평등 109위, 초등교육 등록 120위, 출산 성비 116위, 여성의 정부 각료 진출은 124위를 기록했다.

참고로 양성평등을 완전하게 이룬 국가는 없는 것으로 나타났지만, 성 격차 지수에서 82.8점을 얻은 아이슬란드가 세계에서 가장 성 격차가 적은 국가로 1위를 차지했다. 그 뒤를 핀란드, 노르웨이, 스웨덴이 차지해 북유럽 국가가 최상의 성 평등 환경을 갖춘 것으로 나타났다.

한국의 남녀 임금격차에 대한 경제협력개발기구(OECD)의 평가도 마찬가지로 심각한 수준이다. 30개 회원국을 대상으로 한 OECD 통계를 보면, 한국의 여성 평균 임금은 남성보다 38%나 적은 것으로 나타났으며, 이는 일본(33%), 독일(23%), 캐나다(21%)보다도 낮은 수치로 한국은 남녀 간 불평등이 가장 심한 국가로 평가되었다. 또한 취업률에서도 한국의 여성은 남성보다 30%가 낮아 터키, 멕시코, 그리스에 이어 네 번째로 여성 취업률이 낮은 국가로 분석되었다. 참고로 전 세계적으로 건강 · 생존 부문과 교육 획득 부문의 성 평등은 잘 이루어지고 있지만, 경제 참여 · 기회와 정치권한 부문은 여전히 미흡하며 특히 정치권한 부문에서의 남녀 격

표 3-1 세계경제포럼(WEF) '성 격차 지수' 주요국 순위

국가 (지수, 100점 만점)	2007년 순위	2008년 순위	2009년 순위
아이슬란드 (82.8)	4	4	1
핀란드 (82.5)	3	2	2
노르웨이 (82.3)	2	1	3
스웨덴 (81.4)	1	3	4
뉴질랜드 (78.8)	5	5	5
독일 (74.5)	7	11	12
영국 (74.0)	11	13	15
프랑스 (73.3)	51	15	18
미국 (71.7)	31	27	31
중국 (69.1)	73	57	60
일본 (67.7)	91	98	75
한국 (61.5)	97	108	115
예멘 (46.1)	128	130	134

출처: WEF. (2009). *Global Gender Gap Index*; 조선일보(2009. 10. 29.) 기사내용에서 재구성.

차가 심각하다.

도대체 무엇 때문에 한국은 여성의 사회진출과 남녀평등 수준이 중동국가 정도에 그치고 있을까? 교육수준이 낮은 것도 아니고 남녀고용평등법(1987년 제정)이나 여성할당제와 같은 법적, 제도적 장치가 없는 것도 아니다. 여성에게 히잡이나 차도르를 입히는 억압적 풍습이 있는 것은 더욱더 아니다. 문화적, 제도적 요인을 비롯해 포괄적으로 고민해야 할 과제임이 분명하다.

2) 저출산 재앙

1987년의 남녀고용평등법을 필두로 노동시장 내 차별을 금지하는 제도가 마련되었음에도 여성은 여전히 많은 차별을 경험한다. 특히 결혼과 출산 후 여성이 직업적으로 인정받기는 쉽지 않다. 직장여성은 승진에서 뒤처지지 않기 위해 결혼이나 출산을 포기하고, 회사에서 인정받지 못한 채 눈치껏 직장과 가정 일을 병행해야 한다. 그러지 않으면 양육을 위해 직장을 그만두어야 한다.

한국 여성이 겪는 성 불평등 현상과 그에 따른 저출산 문제는 외국에서도 관심의 대상이 되고 있다. 미국의 『워싱턴포스트The Washington Post』는 최근 「생계를 위한 비싼 대가A High Price for a Paycheck」라는 기사에서 한국의 여성, 특히 '워킹 맘'이 가정과 직장에서 겪고 있는 고충을 소개했다.[11] 한국에서는 지난 20년 동안 남녀평등 교육이 이루어지면서 여성의 직업능력이 향상됐지만, 자녀를 둔 여성의 경우 직장생활을 계속하는 데 불이익을 당하는 경우가 많다는 것이다. 앞서 지적한 대로 한국의 남녀 임금격차는 OECD 30개 회원국 가운데 가장 심각한 수준이며 취업률에서도 한국의 여성은 남성보다 30%가 낮아 터키, 멕시코, 그리스에 이어 네 번째로 낮다.

『워싱턴포스트』는 또한 가정과 직장에서의 성 불평등으로 인해 여성은 결혼을 미루거나 결혼을 하더라도 출산을 최대한 늦추고 있다고 설명했다. 실제로 한국에는 출산휴가와 육아휴직이 법적으로 보장되어 있는데도 4900만 명의 인구 중 한국에서 한 해 동안 자녀육아를 위해 휴직한 부모는 고작 3만 5000명에 지나지 않았다는 것이다.

저출산 현황

가정과 직장에서의 성 불평등은 저출산과 연결될 수밖에 없다. 한국의 저출산 문제는 2000년대에 들어선 이후 지속적으로 악화되고 있다. 1960~1970년대는 정부가 '아들딸 구별 말고 둘만 낳아 잘 기르자'는 슬로건을 만들 정도로 산아제한에 적극적이었다. 정부의 산아제한은 1996년 신 인구정책을 수립하면서 폐지되었고 이제는 정반대의 상황에 직면했다. 대한민국은 세계에서 가장 아이를 적게 낳는 나라가 된 것이다.

통계청 발표(2009년 기준)를 보면 한국의 출산율은 1.15명으로 전년도에 비해 0.04명이 줄었으며 OECD 국가 중 가장 낮은 출산율을 보이고 있다. 이는 2001년 이후 대부분의 선진국 출산율이 증가하고 있는 상황과 대조적이다. 특히 25~29세의 젊은 여성의 결혼 및 출산율이 점점 낮아지는 추세다. 통계에 따르면 25~29세 여성 가운데 결혼하지 않은 여성의 비율이 최근 30년 사이 5배 가까이 늘어나 59.1%(2005년 기준)에 달한다.[12] 20대 후반 여성 5명 중 3명이 결혼하지 않은 셈이다. 20대 초반 여성의 미혼율은 물론이고 30~34세 여성의 미혼율도 최근 5년 동안 10.5%에서 19%로 증가했다.

출산율 저하와 그에 따른 인구증가율 감소는 자연히 고령화를 가속화시키고 있다. 이미 2000년대 이후 65세 이상 인구비율이 가파르게 상승해 2009년 현재 12.9%에 이른 것으로 추정되고 있다. 이 상태로 진행될 경우 정부가 당초 전망한 고령사회(2018년) 및 초고령사회(2025년) 진입시기가 훨씬 앞당겨지고 2020년부터는 우리나라 인구가 감소할 것으로 예상된다.[13] 해결책을 찾지 못하면 머지않아 사회 기반의 붕괴는 물론 국가의 존립마저 위태롭게 할 것이라는 걱정이 나올 수밖에 없다. 이를 대변이라도 하듯 영국 옥스퍼드 인구문제연구소의 데이비드 콜먼David Coleman 교수는 지구촌에서 사라지는 최초의 국가로 한국을 꼽았으며 이를 '코리아 신드롬(Korea Syndrome)' 이라고 명명하였다.[14]

그렇다고 한국의 여성이 본래적으로 출산을 기피하는 것은 아니다. 2010년 한국보건사회연구원에 따르면 미혼 남성의 85.9%, 미혼 여성의 81.8%가 '2명 이상의 자녀를 낳고 싶다' 고 답하였다. 하지만 막상 결혼을 하고 나면 출산을 포기하는 경우가 많은데 이는 아이 키우기가 그만큼 힘들다는 뜻이다. 즉, 높은 교육비와 육아비용은 물론, 출산으로 인한 직장에서의 불이익, 직장생활과 양육의 병행 어려움 등으로 결혼 및 출산을 꺼리게 되는 것이다.

저출산의 구조적 특징

한국의 저출산 문제에 대해 미국 펜실베이니아 대학교는 흥미 있는 연구결과를 제시하고 있다. 대부분의 선진국은 산업화와 함께 출산율이 하락하다가 사회가 일정 수준까지 발전하면 다시 출산율이 상승하는 반전을 경험하지만, 한국과 일본은 출산율 제고를 위해 안간힘을 쓰고 있는데도 '저출산의 덫'에서 빠져나오지 못하고 있다는 것이다.[15] 펜실베이니아 대학교 인구연구센터는 1975년부터 2005년까지 37개국의 인간개발지수((Human Development Index: HDI, 삶의 질 지수; 최고치는 1.0)와 여성 한 사람이 평생 낳은 아이의 수를 의미하는 합계출산율의 상관관계를 분석했다. 그 결과 미국과 영국, 프랑스 등 선진국은 초기에는 HDI가 높아지면서 출산율이 떨어졌지만 HDI가 0.85~0.90 구간에 도달하면 출산율이 바닥을 치고 다시 상승했다.

미국은 HDI가 0.88에 도달한 1976년부터 출산율이 오르기 시작해 2005년에는 2.05 수준을 회복했다. 이탈리아도 1994년(HDI 0.90)에 출산율이 증가로 돌아섰다. 이는 사회경제적 발전이 이루어지면 출산율이 낮아져 결국 인구가 줄어든다는 통념을 뒤집는 연구결과다. 인구연구센터는 이 같은 내용을 영국의 과학논문잡지인 『네이처Nature』 최신호에 발표했다.

연구책임자인 한스-피터 콜러Hans-Peter Kohler 교수는 HDI가 특정 수준을 넘으면 출산율이 오르는 데 대해 "사회발전과 함께 여성이 일하는 환경이나 보육교육 시설 등이 정비돼 아이를 가지려는 부부가 늘어나기 때문"이라고 설명했다.

그러나 한국과 일본은 이 같은 경향에서 유독 예외였다. 일본은 2005년에 HDI가 0.94까지 상승했지만 출산율은 1.26으로 사상 최저를 기록했다. 1989년 합계출산율이 1.57명으로 하락한 일명 '1.57 쇼크' 이후 일본 정부가 정책적으로 출산을 장려하고 있지만 상황은 좀처럼 개선되지 않고 있다.

일본과 사회 환경이 비슷한 한국도 HDI의 빠른 상승에도 불구하고 출산율은 조사대상국 중 가장 낮은 1.08에 머물렀다. 콜러 교수는 "남녀 격차나 여성이 일하기

어려운 노동환경, 육아에 대한 사회 배려 부족 등 복수의 요인이 작용한 결과"라고 분석했다.[16)]

여기서 주목할 점은 유엔개발계획(UNDP)에서 매년 발표하는 각국의 삶의 질과 발전 정도를 나타내는 지표, 즉 인간개발지수가 출산율과 관계가 있고 이는 여성 문제와 직결된다는 분석 내용이다. 『2008 인간개발 보고서』에 따르면 조사대상 177개국 가운데 1위를 차지한 노르웨이의 경우 여성의 사회적 권한과 경제적 지위를 나타내는 '여성권한척도(Gender Empowerment Measure: GEM)' 또한 1위로 나타났다. 여성권한척도는 정치·경제 분야의 중요한 정책을 결정하는 과정에서 여성이 참가한 몫을 지표로 만든 것이다. 주로 여성 의원 비율, 입법 행정 고위 임직원 및 관리직 여성 비율, 전문기술직 여성 비율, 남녀 소득비 등을 종합해 산출한다. 노르웨이의 경우 종합적인 삶의 질 측면과 남녀 지위 측면이 균형을 이룬 셈이다. 삶의 질에서 2위인 아이슬란드는 여성권한척도에서 3위, 삶의 질에서 5위인 스웨덴은 여성권한척도에서 2위 등으로 대부분 '균형 사회' 성격을 나타냈다.

반면에 한국은 인간개발지수가 26위, 여성권한척도는 68위다. 이는 여성의 인적 특성 능력개발에 비해 여성이 실제로 누리는 정치·경제·사회적 지위나 활동의 수준은 대단히 낮다는 의미다. 우리나라는 여성 의원 비율은 13.7%(전체국 평균 18.54%), 여성 행정관리직은 8%(〃 28.30%), 여성 전문기술직은 40%(〃 48.48%), 남녀 소득비는 0.52(〃 0.53)였다. 이는 불균형 사회의 특징이자 출산율을 저하시키는 근원적 이유이기도 하다. 이러한 수치는 역사적으로 종교나 문화의 영향을 받아 남녀 차별의 경향이 심한 나라를 제외하고는 가장 낮은 수준이다. 일본도 성 불균형 문제점을 드러냈다. 일본은 삶의 질은 7위이면서 여성권한척도는 42위에 그쳐 교육과 가사 참여도 등에서 남녀 차별의 전통이 강한 나라의 특징을 그대로 드러내고 있다.

한국의 여성권한척도를 낮춘 가장 큰 원인은 여성 관리직 비율인 것으로 분석된다. 결혼과 육아로 인한 경력 단절로 여성은 정부와 각종 의회, 그리고 기업의 고위

임원 등이 되기가 쉽지 않기 때문이다. 한국노동연구원의 성별 고용평등 지표(2009년)에서도 여성 관리직 비율은 남성이 100일 때 여성은 항상 8.0 수준에서 맴돌고 있다. 성별 고용평등 지표는 55.7로 여성의 고용상 지위는 매년 남성의 절반에 불과하다. 다시 말해 남성과 똑같이, 아니 더 열심히 공부해도 사회에 진출해서 겪는 대우는 남성의 반밖에 안 된다는 것이다. 그리고 남성 틈에서 살아남기 위해 아이를 낳지 않는 여성이 점차 늘어나고 있다.

3) 저출산의 원인

앞서 저출산의 배경으로 사회 속에서의 성 불평등 문제를 지적하였다. 이러한 성 불평등 문제에 대해 한 언론사는 구체적인 사례를 들어 아이를 낳지 않는 한국 여성의 문제를 흥미 있게 분석하고 있다. 즉, 출산율 저하, 출산 파업은 여성만의 문제가 아니라 우리 사회가 함께 풀어 가야 할 숙제라는 얘기다.[17] 내용을 간략하게 요약하면 이렇다.

출산율 저하라는 세계적인 추세 속에서 고령화 사회로의 진입기간이 프랑스 115년, 영국 45년, 일본 26년인 데 비해 우리는 19년으로 그 속도가 더 빠르게 진행된다는 점에 주목해야 한다. 우리나라가 이렇게 급격히 저출산 사회로 변화한 배경에는 아이를 낳고 싶어도 낳을 수 없게 만드는 한국 사회의 구조적 문제가 있다. 결국 핵심 원인은 여성에 대한 사회의 깊은 차별 행태와 모성 보호 정책의 부재에 있다.

첫째, 가장 큰 문제는 기업을 비롯한 조직 내에서 여성, 특히 모성에 대한 몰이해와 차별 대우다. 한 예로, 생산직 노동자 여성 8명이 임신과 출산으로 인해 인사고과 등에서 불이익을 받고 부당한 해고를 당한 경우가 있다. 전문직이나 관리직이 아닌 생산직마저도 아이를 낳는다는 이유로 최소한의 생계를 위한 경제활동마저 가로막는 현실이다. 경기침체로 인한 노동시장의 고용악화는 취약계층인 여성에게는 더욱 심각한 위협이다. 글로벌 금융위기가 불거진 시기의 통계청 고용동향(2009

년 1월)을 보면 1년간 취업자는 10만 3000여 명 감소했는데, 이들 중 직장을 잃은 남성은 1만 9000여 명인 데 비해 여성은 8만 4000여 명에 이른다. 남녀 격차가 4배 이상이다.

두 번째 문제는 육아 시스템 부재로 인한 여성의 이중고다. 한 가지 사례는 과도한 육아부담이다. "직장 여성 한모 씨는 딸 둘을 친정에서 키운다. 첫째는 아침, 저녁으로 맡기고, 둘째는 주말에만 집에 데리고 온다. 집과 직장 거리는 1시간 반, 퇴근하면 밤 10시가 훌쩍 넘는다. 퇴근길에 첫째를 데리고 오면 아이를 위해 시간을 투자해야 하고, 다음 날 아침 7시가 되면 다시 첫째를 맡기고 지하철을 이용해 출근을 하는 피곤한 일상이 반복된다." 또 다른 사례는 15년의 직장경력이 출산과 휴직으로 인해 단번에 사라진 경우다. "대기업에서 15년간 홍보, 마케팅 일을 해 온 홍모 씨는 아이를 돌봐 줄 사람이 없어 직장을 그만두었다. 그리고 재취업을 하려 했지만 15년의 경력을 알아주는 곳은 어디에도 없었다. 결국 그녀에게 남은 선택은 이민밖에 없었다."

자녀 교육비 부담도 역시 빼놓을 수 없는 저출산 원인이 되고 있다. 2011년도 한국보건사회연구원의 조사[18)]에 따르면 한국에서는 출생부터 대학졸업 때까지 22년 동안 자녀 한 명에게 드는 양육비 총액이 평균 2억 6204만 원에 달한다. 세부 항목을 보면 사교육비(23.0%)와 공교육비(15.3%)의 비중이 가장 크다. 한국 부모 중 열에 아홉은 자녀의 대학졸업까지 책임져야 한다는 생각을 갖고 있다. 그런데 자녀의 학업을 경제적으로 지원하다 보면 정작 본인의 노후를 준비할 수 없게 된다. 저출산 극복을 위해서라도 교육비 부담을 줄일 필요가 있다는 얘기다. 특히 초 · 중 · 고교 시기의 사교육비가 문제다. 초등학교 때에는 자녀 1인당 사교육비로 월평균 28만여 원, 중학교 때는 34만여 원, 고등학교 때는 33만여 원을 지출한다. 결혼과 출산을 기피하는 이유가 과도한 교육비 부담과 무관하지 않은 것이다.

이런 현실로 인해 아이를 갖지 않는 딩크족이나 싱크족 부부와 독신녀가 늘고 있다. 다시 말해 경제적으로 자유롭고, 하고 싶은 공부를 하며 사회 발전을 위한 의미 있는 삶을 살고자 결혼할 때부터 아이를 갖지 않기로 합의를 하는 부부가 많아지고 결혼의 필요성을 느끼지 못하는 여성도 늘고 있다. 결혼은 여성에게 부담이자 짐이 되며 손해이기에 결혼을 선택하지 않고 독신으로 살겠다는 것이다. 실제로 한 조사(2009년)에 따르면 '결혼은 반드시 해야 한다' 는 의견에 기혼자는 14.1%, 미혼자는 20.3%만 동의했다. '결혼은 하는 편이 좋다' 에는 기혼자의 49.7%, 미혼자의 46.4%가, '해도 좋고 하지 않아도 좋다' 는 설문에는 기혼자의 31.1%, 미혼자의 28.3%가 찬성했다.[19] 한국 사회에서 자녀와 결혼에 대한 여성의 인식이 크게 변하고 있는 것이다.

3. 여성 문제에 대한 다양한 관점

여성 문제에 접근하기 위해서는 전제가 필요하다. '남성과 여성이 평등하다' 는 가치를 받아들였을 때 '문제' 가 보이기 시작한다. 남성이 여성보다 우월하다든지, 남성과 여성은 태어날 때부터 사회적 지위나 역할이 다르다고 한다면 문제에 접근하기 어렵다. 우리나라에도 헌법을 비롯한 각종 법령에 이미 '인권' 과 '여권' 에 대한 규정이 있고 남녀가 법 앞에 평등하며 함께 사회를 꾸려 갈 의무와 책임이 있는 동등한 사회적 존재임을 명시하고 있다.

여성에게 강요되는 불평등은 개인만의 문제가 아니라 사회, 경제, 그리고 문화의 차별적 구조와 편견에서 초래된다. 따라서 이러한 사회구조적 차원에서 여성문제의 원인과 배경을 찾는 것이 필요하다.

1) 가부장제도

여성 문제를 바라보는 관점 중 첫째는 '가부장제' 를 어떻게 바라볼 것인지다. 사회를 유지하는 최소 단위는 가족이다. 그 가족 내에서 이루어지는 권력 관계가 사회 전체에 미치는 영향은 지대하다. 그런데 가족의 중심은 남성이며 그 남성을 보필하고 지원하면서 떠받들어야 하는 것은 여성이라는 것이 가부장제도의 핵심 이데올로기다.

그러나 이 이데올로기는 절대불변의 진리가 아니다. 이는 자연의 섭리가 아니라 역사적으로 문명이 발달하고 자본주의가 성행하면서 사유재산을 지키기 위한 도구로 발달해 온 하나의 제도일 뿐이다. 남성이 가진 육체적 힘에 의존해서 생존을 위한 경제가 운영되고, 경제 주체가 남성이 되면서 여성의 권한은 갈수록 축소되었다. 그리고 나의 아내가 낳은 아이의 아버지가 '나' 여야 하고 그 아이가 내 재산을 이어받아야 한다는 소유에 대한 강박관념이 가부장 제도를 더욱 공고히 해 왔다. 대다수가 가부장제는 21세기 정보화 사회처럼 문명이 바뀌면 언제든 폐지될 수 있는 제도라고 주장한다.

그러나 가부장제는 여전히 만연되어 있다. 특히 후진국일수록 예나 지금이나 남성은 여성을 제 맘대로 하고 폭력도 허용된다는 의식이 팽배해 있다. 이런 나라일수록 남아선호 사상이 뿌리 깊어 여아라는 이유로 낙태가 행해지기도 한다. 한국도 아직은 예외가 아니라는 인식도 있다. 전 세계 28개국에서 1억 3000만 명의 소녀, 여성이 남성의 성적 만족과 소유를 위해 고통스러운 할례를 당한다. 해마다 매춘을 강요당하는 소녀, 전쟁 기간 중에는 물론 일상적으로 성폭력에 시달리는 여성의 수는 줄지 않고 있다. 그러면서도 사실상 남성이 만든 '창녀' 는 악과 추함의 대명사로 인용된다. 살인자도, 도둑놈도 많은데 하필이면 왜 창부인가. 창부야말로 가부장제의 대표적인 희생자인데 말이다. 이 모든 것이 가부장적 의식과 제도를 통해 형성된 여성에 대한 남성의 편견의 결과물이라는 주장이 설득력을 얻고 있다.

한 걸음 더 나아가, 미국의 페미니스트 신학자인 보스턴 칼리지의 메리 데일리 Mary Daly 교수는 기독교나 불교를 포함해 지구상에서 종교라고 불리는 모든 것은 남성 중심의 가부장제를 합법화시키기 위해 존재한다고 폭로한다.[20] 데일리는 저서

『하나님 아버지를 넘어서Beyond God the Father』에서 '하나님 아버지'를 섬기며 '성부와 성자와 성령'의 삼위일체를 믿는 오랜 기독교 전통이 얼마나 여성억압과 근원적으로 얽혀 있는지 폭로하면서 가부장제적 종교 전체의 왜곡된 실상을 신랄하게 비판한다.

데일리의 논리에 따르면, 성서의 "네 이웃의 아내나 남종이나 여종이나 소나 나귀 할 것 없이 네 이웃의 소유는 무엇이든지 탐내지 못한다"든가, 십계명에 "남의 아내를 탐내지 말라" 등은 여성을 종이나 동물과 같이 남성의 소유물로 취급하는 가부장적 의식의 전형이다.

데일리에 따르면 사람들에게 세뇌된 이 '하나님 아버지'는 교회를 다니든 다니지 않든 사람들에게 신을 철저히 아버지로서 인식하게 만들었다. 여성은 구원을 요청하고 위로받는 아버지의 딸이 될 수밖에 없었으며 결국에는 생물학적인 아버지가 아니라 해도 '아버지'라는 말 은 전지전능한 신, 죄를 지었을 때 용서를 구해야 하는 막강한 권력자의 이미지와 환치되었다는 것이다. 데일리는 결국 "'하나님'이라는 언어에서 남성, 남성적 상상을 제거하는 것은 불가능하다."(p. 36)라고 단정 짓는다.

불교 역시 예외는 아니다. 데일리는 불교 최고의 지혜인 『법구경法句經』에 담긴 수행자가 아내와 가족을 자신이 깨달음에 이르는 데 방해가 되는 것으로 취급하는 내용을 파헤친다. 깨달음, 영성의 주체는 남성이고 여성은 남성의 영성에 장애물일 뿐이라는 불교의 '지혜'가 얼마나 가부장적이냐는 물음이다.

이러한 가부장제에 대한 관점은 여성 문제를 심층적이고 폭넓게 바라보게 만드는 하나의 '창'이 되어 준다. 또한 가부장제에 대한 이해는 왜 끊임없이 한쪽에서는 문명을 건설하고, 그 반대편에서는 문명을 파괴하는 전쟁이 일상화되어야 하는지, 조직에서 왜 무지막지한 힘의 정치적 논리가 합리적 이성을 대신하는지 등에 대한 사회문화 전반의 문제를 이해하는 단초를 확보하게 해 준다.

2) 모성과 육아

사회가 존속하기 위해 출산과 육아는 필수불가결의 요소다. 그런데 아이는 여성이 혼자 낳는 것은 분명 아니다. 누구나 동의하듯 아이는 여성과 남성의 결합체다. 그럼에도 '모성' 이라는 이름으로 아이를 낳고 기르며 사회를 유지하는 대부분의 책임과 의무는 여성에게 주어진다. 그리고 심지어 신성함으로 포장해서 여성에게 무지막지한 노동과 희생을 강요하고 거기에 죄책감의 굴레까지 씌워 놓는다. 이렇게 세대를 초월해서 여성의 일생은 모성과 육아로 점철된다. 오죽했으면 '역사는 여성의 홀로코스트' 란 말이 나올까? 그렇다면 모성은 여성에게 본래적 가치이며 당연한 감정인가?

가부장제도와 마찬가지로 '모성(母性)' 이나 '육아(育兒)' 는 작금의 '여성 불평등' 을 접근하는 핵심 주제가 되고 있다. 이에 대한 기존의 관점은 대부분 남성중심의 사회에서 출발한 것인 만큼 여성의 관점을 살펴보는 것이 필요하다. 페미니즘의 대모로 불리는 알리스 슈바르처Alice Schwarzer는 저서 『사랑받지 않을 용기Antwort』에서 '어머니다움'을 강조하는 것, 모성은 허구이며 여성 착취를 위한 이름일 뿐이라고 단정 짓는다. 대부분의 '여성주의자' 의 논거가 그러하듯, 슈바르처의 관점은 시몬 드 보부아르Simone de Beauvoir의 영향을 크게 받은 것으로 보인다.

보부아르는 『제2의 성Deuxième Sexe』에서 모성본능이라는 것은 존재하지 않는다고 잘라 말한다.[21] 결혼생활과 주부로서의 만족을 얻지 못하는 여성은 아이를 가짐으로써 사회의 인정을 받고 또한 외롭고 지루한 삶을 극복할 수 있는 어떤 인간관계를 얻으려 한다는 것이다. 남성에 대한 의존성 때문에 괴로워하는 여성에게 임신은 자신이 성적대상도, 식모도 아닌 종을 구체화하는 존재로 자리매김하게 한다는 것이다. 게다가 아이를 중요시 여기는 사회에서 아이를 갖는다는 것은 쉽게 사회적 가치를 얻을 수 있는 방법으로 생각하게 만든다. 문제는 모성과 육아를 통한 여성의 사회적 가치와 자존감은 아이가 집을 떠나게 될 때 상실된다는 점에 있다.

보부아르의 말이 옳다면, '어머니 됨'은 여성의 자아실현, 자기창조의 적이자 무덤인 것이다. 왜냐하면 가정에 갇혀 있는 한 여성은 스스로 실존을 만들어 나갈 수 없기 때문이다. 실제로 보부아르는 모성은 현대에도 여성을 노예로 만드는 가장 세련된 방법이라고 말한다. 아이를 낳는 게 여성의 본연의 임무로 여겨지는 한, 여성은 정치나 기술에는 거의 신경을 쓰지 못하게 되며 여성의 우월성에 대해 남성과 논쟁을 벌일 생각조차 할 수 없기 때문이라는 것이다.

이런 관점은 슈바르처나 보부아르뿐만이 아니라 페미니스트의 공통된 주장이기도 하다. 모성 본능은 일종의 신화로서 모성애는 인간의 감정 가운데 하나일 뿐이며 다른 모든 감정과 마찬가지로 불확실하고 일시적이며 완전하지 않다. 그런데도 남성 중심의 가부장제도에서는 모성애를 흔히 인간의 본능으로 묘사한다는 것이다. 이 때문에 우리는 모성적인 태도가 시공간에 관계없이 여성의 본성에 뿌리박혀 있다고 굳게 믿으며 살게 된 것이란 주장이다.

실제로 대부분의 여성에게 어머니의 위치와 육아의 역할은 선택할 수 있는 여지가 전혀 없다. 그렇다 보니 젊은 엄마들이 모성과 육아의 강박관념 때문에 '죄책감'에 시달린다는 연구결과도 있다. 아이가 소리를 지르거나 젖을 충분히 먹지 않을 때, 아이에 대한 인내심을 유지할 수 없을 때, 아이가 부족하거나 잘 자라지 못할 때 여성은 죄책감에 시달린다고 한다. 그래서 보부아르의 주장처럼 여성은 스스로 모성의 노예가 되어 사회 진출이나 경제적 활동은 포기하고 자신의 우월성을 포기해 버리게 된다는 것이다.

남성 중심의 가부장제도에서는 모성은 곧 육아다. 하지만 인류역사 초창기에는 아이를 키우는 것이 여성 개인의 몫이 아니고 사회 공동체 역할인 시대도 있었다. 21세기 들어 가부장제의 이데올로기가 점차 무너지고 여성의 사회 진출이 활성화됨에 따라 육아는 여성 개인이 아닌 사회의 책임이란 인식과 시스템의 변화가 점진적으로 이루어지고 있다. 또한 자식을 돌보고 기르는 일이 더 이상 여성다운 특성이 아니라 상황에 따라서 얼마든지 남성에 의해 행해질 수도 있는 일로 받아들여지고 있다. 모성과 육아를 어떻게 바라볼 것인가 하는 문제는 앞으로도 미래의 시민 사회를 내다보는 또 하나의 '창'이 될 것이다.

3) 사랑과 성

남녀가 더불어 사는 세상에서 둘이 만나는 접점에는 항상 사랑, 그리고 성의 문제가 있다. 사회에서 '사랑과 성'을 바라보는 관점은 이중적이고, 이 이중성은 사랑이란 말이 남녀에게 전혀 다른 의미를 가질 때가 많기 때문에 나타난다. '여성은 사랑을 위해 살고 남성은 출세를 위해 사랑을 선택한다'는 말이 있듯, 여성은 사랑이라는 정서에 자신의 모든 삶을 투자하지만 남성은 두 발을 모두 사랑의 정서에 빠뜨리지 않는다는 해석도 있다.

프랑수아 오귀스트 르네 로댕François Auguste René Rodin의 연인이었던 카미유 클로델Camille Claudel도 그러했나 보다. 로댕은 사랑을 자신에게 풍부한 예술적 영감과 창조의 원동력을 제공하는 수단으로 보았지만, 카미유는 예술에 대한 자신의 열정을 버리고 로댕과의 사랑에 전생을 걸고 파괴적인 삶을 살았다. 페미니스트들은 현대에도 많은 여성이 사랑에서 주도권을 잃고 대등한 사랑이 아닌 사랑받기에 더 몰두하는 자발적 노예로 헌신하는 경향이 있다고 비판의 날을 세운다.

일반적으로 여성에게 사랑과 성은 하나의 연장 선상에 있으며 상대방 남성은 여성 자신보다 나은 점이 있길 바란다고 믿고 있다. 성적 관계에서도 친밀감과 결속이 더 중요하고 성적 쾌감은 부수적인 것이라서 남편의 성적욕구를 위해 봉사하려는 경향이 있다고 한다. 이는 여성이 오랜 사회문화적 교육과 관습에 의한 낭만적 사랑의 환상에 젖어, 자신을 통해 스스로 만족을 느끼기보다는 상대방을 통해 대리만족을 하려 하기 때문이라는 것이다. 반면에 남성에게 사랑과 성은 분리될 수 있고 심지어 결혼과도 분리 가능한 것으로 나타난다. 뿐만 아니라 성적 기쁨은 남성의 특권이고 섹스에 관련된 각종 지식이나 행위는 남성 중심으로 정형화되어 남성

위주로 전수된다. 이는 장기간 지속된 남성 중심(male chauvinism) 사회에서 여성은 남성의 성적 대상이 되어, 성적 욕구 충족의 대상과 결혼의 대상이 분리되는 이중적 고정관념이 아직도 사회에 잔존해 있기 때문이다.

시몬 드 보부아르에 따르면 여성은 남성에게 종속된 삶을 살면서도 자신이 남성의 우상이라고 생각하며 위대한 사랑을 노래하는 환상에 빠진다. 즉, 여성이 결혼하는 것은 성적인 것만이 남성을 지배할 수 있는 방법으로 길들여져 왔기 때문이라는 것이다.[22] 불행히도 남녀 간의 이런 이중 체계는 오래가지 못하고 환상은 대부분 깨진다.

보부아르는 근본적으로 결혼 및 결혼에 기초한 사랑의 한계를 지적한다. 결혼이란 여성을 억압시키는 제도로서 외면으로는 남성에게 유익하게 보이더라도 남성 역시 억압하며 만족스러운 성관계와 사랑을 위해 필요한 상호작용을 파괴한다. 결국 억압자 스스로가 그의 억압에 의해 억압받는 모순이 발생한다는 것이다. 보부아르가 옳다면, 가장 이상적인 성적 관계는 남녀가 자발적 감정, 사랑과 욕구를 가지고 행했을 때만이 의미 있고 만족스러울 수 있다. 자유롭고 평등한 존재 사이에서 상호적인 욕구와 존경에 토대해 자발적으로 베푸는 것이므로 이런 이상형은 결혼제도 안에서 이루기가 어렵다는 것이다. 보편적으로 남성은 여성을 객체화하는 주인 역할을 하고 여성은 그의 노예 역할을 하게 되기 때문이라는 비판이다. 알리스 슈바르처의 말은 결론이 될 수 있다.[23] "종속이 지배하는 곳에서는 사랑이 있을 수 없다. 여성이여, 사랑받지 않을 용기를 내라!"

4. 여성성 논쟁

'여성성' 이 세상을 구원할 것이라고 주장하는 페미니스트가 적지 않다. 여성이 남성에 비해 더 평화적이고 협조적이란 이유 때문이다. 반면에 "여성은 천사가 아니다. 반만 천사다. 나머지 반은 악마다. 그런데 그 악마가 주로 같은 여성을 표적으로 삼고 있다"며 '여성의 적은 여성'이라고 주장하는 여성학자도 있다.[24] 여성이 남성보다 더 평화적이고 동정적이라는 '신화'를 믿지 말라는 것이다. 그래야 배신감은 줄어들고 진정한 성평등을 향한 걸음을 내디딜 수 있다는 것이다. 페미니스트들은 불편해하겠지만 양성을 균형 있게 접근하는 논의가 필요하다.

1) 여성성은 사회가 날조한 것

[장면 하나] 야외 카페에는 많은 사람이 앉아 있다. 그 앞을 늘씬한 젊은 여자가 긴 머리를 나풀거리고 가방을 흔들면서 지나간다. 모든 사람의 시선이 그녀에게 모아지고, 그녀는 그러한 시선을 받는 것에는 너무 익숙한 모습으로, 그 시선을 즐기면서 그 '관중' 앞을 지나간다. 그녀의 모습은 컬러이고 그 나머지는 흑백이다.

[장면 둘] 섬세하게 손질한 머리에 조개로 화려하게 장식한 박쥐 가죽옷을 입은 한 젊은 남자가 축제 준비를 하고 있는 마을 제단 근처에 나타난다. 준비를 하느라 바쁘게 움직이던 여자들은 일손을 멈추고 뽐내듯이 걸어가는 그를 보면서 멋지다는 칭찬을 아끼지 않는다. 이날을 손꼽아 기다리며 자신을 아름답게 가꾸느라 공을 들인 그의 얼굴은 만족감에 빛난다.

여성학자인 조한혜정이 그린 장면이다.[25] 첫 번째 장면은 2000년 전후 한국 공중파 방송에서 자주 보게 되는 광고 장면이고, 두 번째 장면은 1930년대 인류학자 마거릿 미드Margaret Mead가 연구한 뉴기니 참불리(Tchambuli) 부족 사회에서 볼 수 있는 장면이다. 사람들이 모인 곳에 배우처럼 나타나 자신의 외모에 던져지는 시선을 즐기는 사람, 아름다움이 자신이 존재 이유라고 말하고 싶어 하는 사람. 21세기 서울에 살고 있는 다수의 사람은 그런 류의 사람은 당연히 여자라고 생각하겠지만,

1930년대 참불리 마을에서 그 사람은 '당연히' 남자다.

여성성과 남성성의 해체

생명과학자인 서울대학교 최재천 교수는 도정일 교수와의 공저 『대담』에서 암컷과 수컷의 관계에 대해 흥미로운 이야기를 풀어놓는다.[26] 다윈의 성 선택론에는 암컷 선택과 성 간의 선택 등 두 가지가 있는데 보통 암컷이 수컷을 선택하고 수컷이 선택하는 경우는 아주 드물다는 것이다. 이런 수컷에게 딱 두 가지 선택권이 있는데, "하나는 권상우나 송승헌처럼 태어나 암컷들이 '네 새끼를 낳아 주겠다' 면서 다 몰려오게 하는 것" 이고, 다른 하나는 "여성이 잘난 남자를 따라가지 못하게 그 놈을 두들겨 패서 없애거나, 길목에서 여성을 낚아채거나, 여성이 보는 앞에서 잘난 녀석을 거꾸러뜨린다든가 하는" 것이다. 최재천의 말에 근거한다면, 남성은 귀엽고 예쁜 꽃미남이 되어 여성의 눈에 들도록 노력하거나 '마초적인 성깔' 을 부려 여성을 소유하는 수밖에 없다. 여성이 아닌 남성이 '꽃단장' 으로 여성의 눈에 들어 선택받고자 하는 것이다.

우리는 어려서부터 끊임없이 남성과 여성의 '차이' 에 대한 이야기를 듣고 자랐다. 끊임없이 성별에 따른 역할이나 외모, 기질 상의 차이에 대해 들어 왔고, 또 성적 욕망의 차이에 대해서도 들어 왔다. 남녀의 차이가 분명한 것은 음양의 질서라는 말도 들어 왔다. 그런데 마치 생물학적이고 따라서 보편적인 것처럼 이야기되는 성차가 한 사회에서는 남성의 특성으로, 다른 사회에서는 여성의 특성으로 이야기된다면 그것은 무엇을 의미할까? 과거 축구경기는 남성의 전유물로 여겨졌지만 여자 축구경기에 열광하는 요즘의 모습은 무엇을 의미할까?

그것은 우리가 절대적인 차이라고 생각해 온 내용의 상당 부분이 실은 문화적인 구성물이라는 것을 의미하고, 그것은 시대에 따라서 변화하는 것임을 의미한다.[27] 여성성이 그렇고 남성성이 그렇다.

여성성은 만들어진 것

'여성은 여성으로서 태어나는 것이 아니라 남성을 주체로 하는 문명에 의해 2차적으로 만들어지는 존재'다. '여성성'의 고전이 되다시피 한 시몬 드 보부아르가 저서 『제2의 성』에서 내린 결론이다. 원시사회에서 현대에 이르기까지 여성은 늘 남성에게 지배당해 온 역사를 지니고 있을 뿐 아니라 '모성' '처녀성' '영원한 여성' 등의 이름으로 여성 개개인의 자유로운 실존 가능성을 억압해 왔다는 것이다.[28)]

성 역할에 대한 의문을 제기하고 직접 생활실험을 통해 여성성/남성성에 대한 연구를 수행한 최초의 학자는 영국의 인류학자인 마거릿 미드다. 1931년부터 1933년까지 미드는 원시 부족을 대상으로 함께 생활하며 성 역할에 대한 현장조사를 실시하고 이를 바탕으로 『세 부족사회에서의 성과 기질Sex and Temperament in Three Primitive Societies』이란 책을 출간했다.[29)]

마거릿 미드는 1931년 뉴기니로 떠나 아라페시(Arapesh), 문두구머(Mundugumor), 참불리 족 등 세 부족과 함께 살면서 성 역할이 문화적 영향임을 밝혀냈다. 이들 세 부족은 모두 원시적인 농경사회였지만 남녀의 성 특질을 규정하는 방식은 서로 달랐다.

예를 들어 아라페시 부족 사람들은 남녀 모두 '모성적' 혹은 '여성적'인 인성과 강한 협동심, 비공격성, 타인의 욕구 배려 등을 지향하며 또 그렇게 길들여졌다. 마찬가지로 성관계에서도 강력한 성욕충족이 아니라 서로를 맞추어 가는 관계의 측면으로 인식하고 훈련되었다. 반면에 문두구머 부족 사람들은 남녀 모두 무자비하고 공격적인 성향을 보였으며 아라페시인과는 대조적으로 아주 거친 형태의 성관계를 즐겼다. 그리고 참불리 부족 사람들은 성차를 확실하게 인정하였다. 그러나 그 성차의 내용은 우리의 생각과는 정반대로, 여성은 지배적이고 객관적이며 통솔권을 가지는 반면에 남성은 책임감이 약하고 정서적으로 의존적 성향을 지닌 것으로 보았다. 이 마을에서는 남성이 화려한 장신구를 하고 여성의 시선을 한 몸에 받았다.

이런 내용상의 차이는 있지만, 아라페시 부족이나 문두구머 부족 모두 남성과 여성의 기질을 대조적으로 규정하고 있지 않았다. 아라페시인이 추구하는 이상적 삶은 유순하고 민감한 남성이 역시 유순하고 민감한 여성과 결혼하는 것이다. 반면 문두구머 부족의 이상적 삶은 과격하고 공격적인 남성이 마찬가지로 과격하고 공격적인 여성과 결혼하는 것이다. 남녀 모두에게 한 가지 유형의 인간이 이상적인 인간으로 내면화되어 있는데, 그 내용은 거의 반대의 모습으로 나타나고 있다.[30)]

장기간의 연구를 통해 마거릿 미드는, 우리가 흔히 남성적, 여성적이라고 말하는 인식적 특성은 본질적으로 타고난 생물학적 특질이라기보다는 개별사회의 역사적 과정에서 생성된 것이라고 말한다. 아라페시 부족과 문두구머 부족 남녀의 행위가 대조적인 것을 보면 결국 인간의 여성성이나 남성성이란 사회에서 학습되는 것이며 개인의 삶에 미치는 사회조건화의 영향에 절대적으로 좌우된다는 것이다. 다시 말해, 남성 또는 여성의 속성으로 여겨지고 있는 특성은 인간 기질의 편차에 불과하며, 이러한 기질은 개인에 따라서 차이가 있기는 하지만 남성이든 여성이든 교육에 의해 획득되는 부분이라고 결론을 맺고 있다.

마거릿 미드의 연구는 많은 학자의 지지를 받고 있다. 이들은 모든 사회에서 소년, 소녀는 관찰과 행동을 규제하는 제재와 보상을 경험함으로써 학습한다고 주장한다.[31)] 여성에게는 돌봄, 양육, 헌신을 기대하는 반면 남성에게는 공격적이고 독립적이며 경쟁적이길 기대한다. 학교와 학급은 이론에 근거한 성평등 프로그램을 통해 남성과 여성의 적절한 행동이 무엇인지 '성평등' 선택을 소개하면서 아동의 시야를 넓혀 주려는 시도를 하고 있다. 이를테면 공격적인 활동을 보여 주는 여자 주인공의 동화를 만들어 주고, 발레와 같이 전통적으로 여성의 분야에서 활약하는 남자 주인공을 소개하는 것이다.[32)]

2) 여성성은 유전적인 것

마거릿 미드의 전통적 성역할 사회화의 주장처럼 여성성과 남성성은 과연 길들여지는 것일까? 어린 사내아이에게 여성적 감성을 키워 주려고 바비인형을 사 주면 계집아이처럼 행동할까? 캘리포니아 대학교 루안 브리젠딘Louann Brizendine 교수는 세 살 난 자기 아들에게 이 같은 실험을 해 보았다.[33] 그런데 아들은 바비인형을 칼처럼 쥐고 놀았다.

여성성/남성성은 사회영향력이나 사회조건화, 이를테면 부모와 사회가 남녀에게 각각 다른 역할을 기대함으로써 남녀가 서로 다른 행동방식을 학습할 수밖에 없었다는 주장은 21세기를 전후해 속속 등장한 생물학적 증거에 의해 설자리를 잃어가고 있다. 미드의 연구와는 반대로 많은 학자는 여성성/남성성은 후천적 환경이나 학습에 의해서가 아니라 선천적인 기질이 다르기 때문이라고 주장한다.

옥스퍼드 대학교 앤 무어Anne Moir 박사는 남녀는 본능에서 다른데 그 이유는 뇌의 차이 때문이라고 주장한다.[34] 예를 들어 남성은 여성과 함께 길을 가면서도 다른 여성의 몸매를 힐긋거리다 핀잔을 듣기 일쑤다. 반면에 여성은 길을 가면서 이 남성 저 남성을 힐긋거리는 경우가 거의 없다. 남성이 여성을 기웃거리고, 여성의 직관이 거의 정확하고, 남성은 지도를 더 잘 읽고, 여성은 사람을 더 잘 읽고, 남성은 공격 지향적이고, 여성은 관계 지향적인 이유는 뇌의 구조가 다르기 때문이라는 것이다. 다시 말해, 몸속을 흐르는 호르몬의 메커니즘이 아주 다르고, 서로 다른 이 호르몬의 메커니즘은 남녀의 뇌를 극단적으로 다르게 발달시키기 때문에 남녀의 뇌는 동일한 환경, 동일한 자극에 대해서도 다르게 반응할 수밖에 없다는 것이다.

앤 무어는 남성과 여성이 같은 일에서 능력의 차이를 보이는 것도 뇌의 구조적이고 기능적인 차이에서 연유한다고 주장한다.[35] 좌뇌와 우뇌 사이의 원활한 소통으로 여성은 커뮤니케이션에 우월함을 보이는데, 남성은 좌뇌와 우뇌 간의 정보 교환이 상대적으로 덜 원활하기 때문에 공간지각 능력에서 앞선다. 다시 말해 여성은 공간지각 능력을 담당하는 영역과 언어 영역의 연결이 더 잘 되어 있기에 시각적 상상을 쉽게 어휘와 연관시킬 수 있다. 반면에 남성은 언어를 담당하는 영역의 간섭을 덜 받아 사물의 이미지 쪽에 더 집중할 수 있다는 것이다.

남녀의 차이는 뇌의 크기에서도 드러난다. 일반적으로 남성의 뇌는 여성의 뇌보다 15~20% 더 크다는 것이 정설이다. 그러나 눈 바로 뒤에 있는 대뇌피질의 신경세포는 여성이 남성에 비해 오히려 11%가량 더 많다. 이는 언어나 음악의 높낮이를 구별하는 능력과 관계가 있다. 3차원 공간을 이해하는 뇌의 우반구는 남성이 좀 더 크며, 언어 영역을 담당하는 좌반구는 여성이 좀 더 크다. 또한 시상하부에 존재하는 일부 신경핵에는 남성이 여성보다 세포가 많다.[36)]

한 걸음 더 나아가, 캘리포니아 대학교의 브리젠딘 교수는 뇌의 차이를 통해 양성의 기질 차이를 설명한다.[37)] 뇌는 임신 8주부터 발달하는데, 태아가 남성일 경우 남성 호르몬인 테스토스테론이 먼저 뇌를 남성화한 후 다른 호르몬인 뮐러관억제물질(MIS)과 힘을 합쳐 뇌에서 여성적 특징을 제거한다. 이 호르몬들은 출생 이후 남자아이에게 움직이는 물체를 찾아내 쫓아가고 목표를 명중시키고 적을 격퇴하는 놀이를 하고 싶은 욕구를 촉발시킨다. 따라서 남자아이는 노는 시간의 65%를 경쟁에 할애한다는 연구결과가 있을 정도로 경쟁심이 강하고 공격적이다. 사춘기에 접어들면 남자아이가 여자아이보다 훨씬 많은 성적 호기심을 나타낸다.

초등학교 1학년 정도 나이의 남자아이는 힘과 공격성을 과시할 때 뇌의 신경화학적 작용으로 기분이 좋아진다. 완력과 욕설을 함께 사용하면 효과는 더욱 좋다. 이런 놀이는 뇌에 도파민 분비를 촉진시켜 기분을 좋게 만들기 때문에 남자아이는 늘 더 강한 전율을 추구하게 된다.

청소년기에 이르면 남성의 테스토스테론은 20배 증가한다. 시각에 의해 성적으로 끌리는 경향이 강해지기 때문에 여성의 몸매에 집중하게 된다. 예를 들어, 숙제를 하기 위해 앉아 있는 중학생 남자아이의 뇌를 스캐너로 살펴본다고 가정하자. 그의 전전두엽, 즉 주의집중 영역이 공부에 집중하기 위해 깜빡거린다. 그러나 공격성을 강화하는 호르몬인 바소프레신과 테스토스테론이 뇌를 통과하면서 섹스와 공격회로가 활발해진다. 무서운 담임선생님의 얼굴이 떠오르면 스트레스 호르몬인 코르티솔 수치가 올라간다. 그러다가 꽉 끼는 스웨터를 입고 학교에 온 같은 반 여학생의 모습이 생각나면 성적회로가 활성화되면서 주의가 산만해진다.

중년기 남자의 뇌에선 서서히 테스토스테론이 감소한다. 그러나 섹스와 영역보존, 매력적인 여성에 대한 관심은 여전히 지속된다. 노년기 남자의 테스토스테론 수치는 점차 낮아져 85세가 되면 20세 때의 절반 이하로 떨어진다. 테스토스테론에 대한 에스트로겐의 비율이 증가하고 옥시토신 수치가 더 높아진다. 옥시토신 때문에 애정과 감정에 더욱 민감해지고 테스토스테론의 감소로 공격성이 약해진다.

이 같은 사실을 볼 때 브리젠딘 교수나 무어 박사는 '남성과 여성의 차이는 뇌의 차이에 따른 것이므로 교육을 통해 바꾸는 데는 한계가 있다'고 결론짓는다.

3) 양성평등을 지향하며

여성과 남성의 역할 개념에 대한 논쟁은 계속되고 있다. 어떤 사람은 존 로크John Locke의 경험론에서처럼, 인간의 마음은 텅 빈 백지상태(tabula rasa)로 태어나는데 특정 사회의 독특한 문화나 사회화 과정에 의해 여성으로서 혹은 남성으로서 자리매김하게 된다고 주장한다. 문화인류학자 마거릿 미드의 연구에서 뉴기니의 참불리 족 남성이 화려한 장신구를 하고 여성의 시선을 한 몸에 받았듯이, 요즘 한국의 젊은 남성이 여성의 시선을 끌기 위해 화장을 하거나 몸짱 만들기에 열중하는 것은 바로 이를 입증한다는 것이다. 남녀의 성은 선천적으로 주어지는 것이 아니라 그 사회가 바라는 모습대로 후천적인 교육이나 사회화 과정을 통해서 지금 우리가 이름 짓고 있는 남성과 여성이라는 개념이 탄생한다는 것이다.

반면에 남녀의 차이는 뇌 구조의 차이와 같은 선천적이고 유전적인 차이에서 기인하는 것이며 남녀 간의 행동방식도 바로 이 때문이라는 주장도 최근 들어 설득력을 얻고 있다. 이들은 남녀의 본바탕은 원래 같은데 문화와 사회화에 의해 여성성/남성성이 학습된다는 주장에 반대한다. 예를 들어 이들은 한국 사회에서 성희롱이 끊이지 않는 원인으로 남성중심적 문화를 지목하는 데 이의를 제기한다. 남녀의 마음은 원래 같지만 사회화 과정을 통해 남성은 하룻밤 성관계를 추구하게끔, 여성은 현모양처로 처신하게끔 길러진다는 관점에 문제가 있다는 것이다. 대신 이들은 학습이 아니라 뇌의 본질적인 차이에서 남성성/여성성이 결정되는 것이기에 교육이나 사회영향력을 통해 변화시키는 데는 한계가 있다고 주장한다.

그러나 여성성/남성성에 대한 이러한 논쟁과는 관계없이 현실적으로 남녀의 구분은 점차적으로 엷어지고 있다. 교육이나 직업, 스포츠 등 사회 전반에 걸쳐 남성은 혹은 여성은 '이래야 한다' 는 정언명제가 점차 사라지고 있다. 소설가 박범신은 에세이집 『남자들, 쓸쓸하다』[38]에서 "남자는 권력이다. 이 땅에서 남자로 사는 일은 오랫동안 권력자로 사는 일이었다고 회상한다". 그러나 한때 권력자로 길러졌고, 권력자로 행세했던 남성은 지금 어디 있는가? 그는 지나간 가부장적 권위주의 시대에 '권력자의 전설' 을 갖고 있었으나, 이제 그 모든 화려했던 전설은 추억 속의 빛바랜 흑백사진에 불과하다고 토로한다. 아버지가 가족의 최고경영자였던 시대가 이제 서서히 막을 내리고, 그 자리에 새로운 최고경영자가 등장했다고 한다. 바로 어머니다. 어머니로 권력이 이동 중인 요즘 시대에 한국의 젊은 남성 역시 권력을 손에서 놓고 자유로워지고 싶어 한다. 이러한 현상을 하버드 대학교의 하비 맨스필드Harvey Mansfield 교수는 '성 중립적 사회' 라고 정의한다.[39] 오늘날 사회가 남성다움이 약해지고 성적 구분을 자유의 비합리적인 장애물로 간주하는 사회가 되어 버렸다는 지적이다.

그러나 겉으로는 성 중립적 사회로 보여도 통계가 말해 주듯 오늘날 사회 곳곳에 여전히 성 불평등은 깊숙이 스며 있다. 세상은 변하고 있다지만, 아직도 사회에 진출한 여성은 '유리천장' 의 존재에 좌절을 느끼고 남성은 가족 부양의 의무에 매여 야근과 잔업, 1, 2차 술자리에 시간을 들이며 피곤해한다. 남성의 세상에는 '알파' 라는 단어가 존재하지 않지만 여성에게는 아직도 '알파걸 신드롬' (미국),[40] 골드미스(한국), '아라포' (일본), '성뉘' (중국) 같은 말로 남성과 차별을 시도한다. 댄 킨들런Dan Kindlon 교수는 알파걸, 즉 능력 있는 여성이 남성을 능가하여 세상의 주도권을 잡을 날이 얼마 남지 않았다고 역설하지만 적어도 현실은 그렇지 않다.

그러나 중요한 것은, 우리 사회가 이제 서로 다른 남성성과 여성성을 포용할 준비가 되었다는 점이다. 우리 사회는 화장하는 남자나 남자 같이 옷 입는 여자나, 사회생활 하는 여자나 전업주부 남자나, 자신이 선택한 삶을 사는 남녀에 대한 인식이 괄목할 정도로 개방적이 되어 가고 있음을 본다. 하나의 남성성, 하나의 여성성만을 강요하지 않고 그것을 존재로서 인정할 수 있는 사회로 나아가고 있는 것이다.

알리스 슈바르처의 말을 들어 보자. "여기에 (무력한) 평화의 여성이 있고, 저기에 (힘이 있는) 전쟁의 남성이 있다는 식으로 편하게 구분하는 것은 남녀를 상투적이고 진부하게 구분하는 것일 뿐이다. 평화는 더 이상 여성만의 일이어서는 안 된다. 평화는 오히려 모든 인간의 관심사가 되어야 한다."[41]

후주

1. 크리스틴 베넷(2010). 다문화교육: 이론과 실제(김옥순 외 역). 서울: 학지사, p. 341.
2. 참조: http://www.unicef.org/gender/2004.8.25.
3. Jacobs, J. (1995). *Gender inequality at work*. Thousand Oaks, CA: Sage Publications.
4. Massey, D. (2007). *Categorically unequal: The American stratification system*. New York: Russell Sage Foundation.
5. 같은 책.
6. Cotter, D., Hermsen, J., & Vanneman, R. (2000). *The American people census 2000: Gender inequality at work*. New York: Russell Sage Foundation.
7. Hurst, C. E. (2007). *Social inequality* (6th ed.). Boston: Pearson Education.
8. Cotter, D., Hermsen, J., Ovadia, S., & Vanneman, R. (2001). *Social forces: The glass ceiling effect*. Chapel Hill, NC: University of North Carolina Press.

9. Burstein, P. (1994). *Equal employment opportunity: Labor market discrimination and public policy.* Edison, NJ: Aldine Transaction.
10. 이에 관한 내용은 Hausmann, R., Laura D., & Zahidi, T. S. (2009). *The global gender gap report 2009.* World Economic Forum Geneva, Switzerland를 요약 정리한 것임.
11. 참조: Washington Post (2010. 3. 1.).
12. 참조: 변용찬(2010). 결혼과 출산율. 서울: 보건사회연구원.
13. 65세 이상 인구가 총인구에서 차지하는 비율이 14% 이상이면 고령사회, 20% 이상이면 초고령사회라고 일컫는다.
14. 박영숙(2008). 새로운 미래가 온다. 서울: 경향미디어.
15. 참조: 요미우리신문(2009. 8. 7.).
16. 참조: 세계일보(2009. 8. 6.).
17. 참조: 여성들은 왜 아이를 낳지 않는가? KBS 다큐, 출산파업.
18. 참조: 동아일보(2011. 1. 5.).
19. 참조: 동아일보(2010. 7. 29.).
20. 메리 데일리(1996). 하나님 아버지를 넘어서(황혜숙 역). 서울: 이화여자대학교출판부.
21. 알리스 슈바르처(2008). 사랑받지 않을 용기(모명숙 역). 서울: 미래인.
22. 시몬 드 보부아르(1993). 제2의 성(조홍식 역). 서울: 을유문화사.
23. 알리스 슈바르처(2008). 앞의 책.
24. 필리스 체슬러(2009). 여자의 적은 여자다(정명진 역). 서울: 부글북스.
25. 참조: 조한혜정(2002). 남성성 및 여성성에 대한 비교문화적 연구: 인류학교재를 위한 원고. http://chohanlab.net/board/view.asp?idx=101&schWhat=&schStr=&Page=5.
26. 도정일, 최재천(2005). 대담. 서울: 휴머니스트, p. 343.
27. 조한혜정(2002). 앞의 글.
28. 시몬 드 보부아르(1993). 앞의 책.
29. 마거릿 미드(1998). 세 부족사회의 성과 기질(조한혜정 역). 서울: 이화여자대학교출판부.
30. 같은 책.
31. Francis, B., & Skelton, C. (Eds.), *Investigating gender: Contemporary perspectives in education.* Buckingham: Open University Press, p. 169.
32. 같은 책.
33. 루안 브리젠딘(2010). 남자의 뇌, 남자의 발견(황혜숙 역). 서울: 리더스북.
34. 데이비드 제슬, 앤 무어(2009). 브레인 섹스: 일하는 뇌와 사랑하는 뇌의 남녀 차이(곽윤정 역). 서울: 북스넛.
35. 같은 책.

36. 성재영. 일부다처제는 뇌 구조 탓? (2004. 11. 1.). 동아일보.
37. 루안 브리젠딘(2010). 앞의 책.
38. 박범신(2005). 남자들, 쓸쓸하다. 서울: 푸른숲.
39. 하비 맨스필드(2010). 남자다움에 관하여(이광조 역). 서울: 이후.
40. 참조: 댄 킨들런(2006). 새로운 여자의 탄생－알파걸. 서울: 미래의창. 하버드대학교 아동심리학과 댄 킨들런 교수가 2006년 처음 사용한 말로 "학업과 운동, 인간관계와 리더십에서 탁월한 능력을 보이며 남성을 능가해 질주하는 여성"(위키대백과)을 의미한다.
41. 알리스 슈바르처(2008). 앞의 책.

제4장

인터넷 시대의 빛과 어둠

"집에 들어오자마자 TV와 컴퓨터를 함께 켠다. 굳이 보지 않더라도 TV를 켜 놓은 채 컴퓨터로는 음악파일을 재생하고 온라인 메신저 프로그램에 접속한다. 인터넷 창을 띄우고 이웃 블로거들의 소식을 확인한다. 휴대전화는 늘 곁에 두고 수시로 문자메시지를 보낸다." 흔히 볼 수 있는 디지털 시대의 일상이다. 디지털이 생활 그 자체가 된 시대에 우리는 살고 있다.

1960년대의 트랜지스터, 1970년대의 기업용 미니컴퓨터, 1980년대의 PC의 대중화에 이어 1990년에 들어 인터넷과 휴대전화기의 보편화가 이루어지더니 2000년 초부터는 유비쿼터스가 화두가 되고 2010년 1월에는 애플이 스마트폰과 랩톱컴퓨터의 '혼합체' 인 아이패드를 출시하면서 본격적인 태블릿PC 시대가 전개되고 있다. 이른바 '아이패드 혁명'[1] 시대다.

인터넷이 일반화되자 많은 학자는 인터넷이 열린사회를 가져오면서 소외된 자들에게까지 힘과 창조성이 부여되는 진정한 평등사회가 실현될 것이란 장밋빛 전망을 내놓았다. 그러나 동전에는 양면이 있듯이 인터넷의 순기능 못지않게 그 폐해도 증가하고 있다.

1. 인터넷 시대와 디지털 네이티브

인터넷을 탄생시킨 것은 디지털(digital) 기술이다. 따라서 21세기에 진입하면서 일어난 가장 큰 변화는 디지털 혁명이라 할 수 있다.[2] 물질적 실체나 유형의 상품이 시공간적 제약하에 이루어지던 아날로그 경제사회는 이제 무형의 지식정보가 시공간적 제약을 벗어나 빛의 속도로 호환되는 디지털 경제사회로 탈바꿈한 것이다.[3]

디지털 기술이 탄생시킨 인터넷의 출현으로 지금 인류는 1779년 증기기관의 발명으로 촉발된 1차 산업혁명과는 비교조차 할 수 없는 엄청난 혁명의 소용돌이 속에 살고 있다. 인터넷은 결코 단순한 기술영역이 아니라 풍부한 정보와 네트워크를 기반으로 하여 전자우편, 홈쇼핑, 전자상거래, 원격강의, 네트워크 게임 등 과거와는 다른 새로운 형태의 사회경제 질서를 만들고 있다. 이제 인터넷은 대부분의 선진 국가에서 생활 그 자체가 되어 버렸다.

1) 인터넷 천국, 한국

우리나라에서 인터넷이 사회 모든 분야에 핵심적인 인프라로 자리를 잡은 것은 이미 오래다. 인터넷 사용 인구 또한 매년 증가해 왔다. 우리나라의 인터넷 사용 비율은 자타가 공인하는 세계 최고다. 유럽연합(EU) 통계기관인 유로스타트의 자료(2010년 10월)에 따르면 한국의 16~74세 인터넷 사용자 비율은 77%로 G20 국가 중 1위였다. 캐나다, 미국, 일본, EU가 70% 안팎으로 뒤를 이었고 인도와 남아프리카공화국은 7%에 그쳤다. 참고로 한국인터넷진흥원에 따르면 우리나라 만 3세 이상 인구의 인터넷 이용률은 77.8%다.[4] 따라서 연령대를 16세 이상으로 할 경우 인터넷 이용률은 더욱 높아질 것으로 예상된다. 우리나라 인터넷 이용률은 2000년에는 44.7%에 불과했으나 초고속인터넷 인프라의 급속한 확산과 더불어 10년 동안

33.1%나 증가했으며 이용자 수는 2배가 증가했다.

인터넷 분야에서 우리나라가 세운 또 하나의 주목할 만한 세계 신기록이 있다. 바로 인구주택총조사의 인터넷조사 참여율이다. 한국은 2010년 전 국민을 대상으로 실시한 인구주택총조사에서 인터넷조사 참여율 44.3%를 기록해 종전 세계 1위였던 캐나다(2006년 18.5%)의 2배를 넘어섰다. 한국 사회 전반에 인터넷이 얼마만큼 깊숙이 파고들고 있는지를 보여 주는 단적인 사례라 할 수 있다.

소위 '넷세대(Net Generation)'라 불리는 청소년층으로 내려가면 인터넷 분야의 또 하나의 신기록이 나온다. 한국 청소년의 인터넷 사용률이 2008년에 100%를 달성했다는 점이다. 다시 말해 한국의 청소년은 모두가 인터넷을 이용한다. 같은 해에 미국 청소년의 인터넷 사용률이 92.8%임을 생각해 보면 한국 청소년의 인터넷 사용률은 세계 최고임을 알 수 있다. 한국인터넷진흥원의 발표도 이를 뒷받침한다. 한국 10대 청소년의 인터넷 이용률은 99.9%이며 20대 99.9%, 30대 99.3% 등으로 젊은 층은 실질적으로 인터넷을 모두 이용하고 있음을 보여 준다.[5] 40대의 이용률은 87.3%이며 3~9세까지 아동의 인터넷 이용률도 85.5%에 달한다.

한국 청소년의 인터넷 이용 실태를 미국과 비교해 보면 다음과 같다.

매일 인터넷을 이용하는 한국 청소년의 비율은 86.6%로 61.4%의 미국 청소년보다 훨씬 높다. 이 수치는 한국의 청소년 문화에서 인터넷이 차지하는 비중이 세계 어느 나라보다 월등히 높다는 것을 의미한다. 이런 현상에 대한 해석은 다양하다. 물론 기본적으로 인터넷 인프라가 잘 구축되었다는 환경적인 요인을 빼놓을 수 없다. 그러나 학교 교육시스템의 변화, 부모와의 관계, 교우관계, 청소년기의 특성 등 다양한 측면에서 청소년의 높은 인터넷 이용 현상에 대한 접근이 필요하다.

먼저 청소년이 인터넷의 어떤 서비스를 이용하는지 살펴보면 흥미로운 결과가 나온다. 인터넷 서비스별 이용률을 보면 한국 청소년이 가장 많이 사용하는 인터넷 서비스는 이메일 이용(97.5%)과 인터넷 게임(94.4%)이다. 그다음이 블로깅(88.2%), 인스턴트 메시지(77.0%) 등의 순이다. 미국 청소년의 경우에는 인터넷 게임(78.0%),

이메일 이용(73.0%), 인스턴트 메시지(68.0%), 인터넷 뉴스(63.0%)의 순서다. 주목할 점은 한국 청소년의 인터넷 게임 이용률이 압도적이라는 사실이다. 전문가들이 우려하는 바대로 청소년의 인터넷 게임은 거의 중독에 근접하고 있는 양상이다.

청소년이 인터넷을 이용하는 장소 역시 주목할 만하다. 한국과 미국 모두 가정에서 인터넷을 사용하는 비율이 가장 높지만(한국의 경우 98.5%) 학교(22.8%)나 도서관(2.6%)에서 인터넷을 이용하는 비율이 미국에 비해 절반(도서관) 혹은 20배(도서관) 이상 낮은 수준이다. 물론 한국은 가정 내에 인터넷 활용 환경이 잘 구축되어 있기 때문이라고 해석할 수도 있겠지만, 반대로 공공 도서관이 부족하거나 공공 도서관 내의 인터넷 시설 구축이 미국에 비해 미비하다는 반증일 수도 있다.[6] 공공장소에서의 인터넷 이용의 장점은 인터넷 게임을 사전에 억제시키거나 유해한 콘텐츠의 노출을 막아 준다는 데 있다. 따라서 가정(특히 공부방)이나 PC방에서의 인터넷 이용률이 높다는 것은 그만큼 한국 청소년이 인터넷 게임이나 오락 및 음란물 등 유해 콘텐츠에 노출될 위험에 방치되어 있다는 의미다.

마지막으로 인터넷 이용에서의 세대 간 불균형이다. 한국 청소년의 인터넷 이용률은 미국에 비해 높지만 50세 이상 장년층의 인터넷 이용률은 한국이 미국에 비해 현저하게 낮은 상태다. 즉, 한국에서는 다른 선진국에 비해 연령 간 인터넷 이용 및 인터넷 지식 격차가 훨씬 크다는 얘기다. 부모 세대와 청소년의 인터넷 격차는 자녀의 인터넷 사용을 지도하는 데 어려움을 야기하는 것은 물론 자녀와의 공통 관심사 부족 및 의사소통 단절을 유발할 수도 있으며, 나아가 세대 간 문화 차이를 심화시킬 수도 있다는 점에서 시사하는 바가 크다.

2) 인터넷과 커뮤니케이션

인터넷을 이용한 커뮤니케이션은 이메일이 압도적이다. 한국인터넷진흥원의 조사[7]에 따르면 인터넷 이용자의 대부분이 이메일을 사용하며 이메일 이용자의

67.3%가 주 1회 이상 업무 외의 개인 용도로 이메일을 이용하는 것으로 나타나고 있다. 이메일 이용자의 99.7%가 컴퓨터(데스크톱 98.2%, 노트북 7.4%)를 통해 이메일을 확인하거나 보내고 있으며, 이동전화(스마트폰 포함)를 이용하는 경우는 4.2%로 나타났다.

또한 인터넷 이용자의 과반수(52.4%)가 인스턴트 메신저를 이용하고 있으며, 남성의 인스턴트 메신저 이용률은 53.7%로 여성(50.8%)보다 다소 높았다. 인스턴트 메신저 이용자의 83.8%가 주 1회 이상 업무 외의 개인 용도로 인스턴트 메신저를 이용하는 것으로 밝혀졌다. 주된 인스턴트 메신저 이용 기기는 컴퓨터(데스크톱 97.7%, 노트북 11.0%)이며, 이동전화(스마트폰 포함)를 통해 인스턴트 메신저를 이용하는 경우는 5.1%였다.

그러나 커뮤니케이션의 양상이 급격히 변화하고 있다. 페이스북이나 트위터 같은 소셜네트워크서비스(SNS)가 빠른 속도로 확산되고 있는 것이다. 방송통신위원회 발표[8]에 따르면 우리나라 인터넷 이용자의 65.7%가 SNS 이용자인 것으로 나타났다. SNS 이용자의 과반수(55.5%)가 업무 외의 개인 용도로 주 1회 이상 SNS를 이용하고 있다. 하루 1회 이상 SNS를 이용하는 비율도 25.4%나 되었다. SNS 이용률은 남성(66.9%)이 여성(64.4%)보다 다소 높았으며, 연령별로는 20대의 이용률이 89.0%로 가장 높고, 다음으로 6~19세(78.1%), 30대(69.6%), 40대(48.7%) 등의 순이었다. 또한 SNS 이용자의 83.2%가 블로그를 이용하고 있으며, 커뮤니티 또는 미니홈피 형태의 SNS를 이용하는 경우도 각각 74.4%, 68.1%로 나타났다. SNS 이용자의 대부분이 컴퓨터(데스크톱 98.6%, 노트북 6.7%)를 통해 SNS를 이용하고 있으며, 이동전화(스마트폰 포함)를 통해 SNS를 이용하는 경우는 5.8%에 그치고 있다.

트위터와 페이스북으로 대표되는 SNS가 이메일을 대체하는 새로운 소통채널로 자리매김하고 있음을 감지할 수 있는 통계다. 실제로 2009년 7월, 전 세계 SNS 사용자 수가 이메일 사용자 수를 넘어섰으며 SNS 사용시간도 이메일 사용시간을 추월한 것으로 드러났다.[9] 최근 들어 스마트폰과 모바일 인터넷이 대중화되어 실시간성이 강화되면서 SNS의 정보생산과 소통파워가 급증하고 있다. 인터넷 역사상 처음으로 포르노를 제치고 사람들이 가장 즐기는 활동으로 꼽힌 것이 SNS 이용이라 한다.[10] 소비자는 거액이 소요된 광고보다 SNS를 통한 상품이나 서비스 평가를 더 신뢰하는 경향을 보이고 있다. 이에 따라 방대한 정보의 바다에서 정보를 적절하게 관리하고, 필요한 정보를 찾아 제공해 주는 정보처리 · 분석기술이 함께 발달하고 있다.

3) 디지털 혁명과 '넷세대'

디지털 혁명에 의한 인터넷으로 말미암아 세계는 점점 촘촘히 연결된 망(網) 속으로 들어가고 있다. 2001년 1월 시작된 위키피디아는 인터넷을 통해 다수의 대중이 참여해 지식을 생산해 내는 '집단지성(collective intelligence)'의 탄생을 알렸다. 지식도 공동으로 생산하고 공동으로 소유할 수 있게 된 것이다. 이제는 누구나 언제 어디서든 물리적 한계를 뛰어넘어서 지구 반대편에 있는 사람들과 소통할 수 있으며 그들에 관한 정보를 구할 수 있게 되었다.[11] 빌 게이츠Bill Gates의 말대로 세계는 모든 컴퓨터가 연결되는 '디지털 신경망'을 구축하고 있다. 말 그대로 경천동지(驚天動地)할 변혁이라 할 수 있다.

디지털 혁명이 가져오는 변화는 예측을 불허할 정도다. 인터넷이 가속화시키고 있는 사이버 공간의 확장은 '닫힌 연줄망'에서 '열린 연결망'으로, '수직적 연줄망'에서 '수평적 연결망'으로의 변화를 촉발시키면서 '앞으로 나란히 시대'를 종식시키고 '옆으로 나란히 시대'를 열어 가고 있다.[12] 사회가 민주적이고 개방적인 패러다임으로 변화하는 것이다. 정치사회적으로 열린사회 혹은 민주사회를 가져온다는 긍정적이고 낙관적인 전망이다.

디지털 사회에는 디지털 식 사고방식과 삶에 익숙한 신세대가 등장하기 마련이다. 이른바 '넷세대'다. 스탠퍼드 대학교의 리치 홀턴Rich Holeton 교수는 일찍이 디지

털 네이티브의 출현을 다음과 같이 표현하였다.[13)]

> 디지털 네이티브에 해당하는 현재 미국의 대졸자들은 살면서 50만 개 이상의 광고를 시청했으며, 20만 개 이상의 이메일과 인스턴트 메시지를 주고받았다. 휴대전화 사용에 1만 시간 이상, 비디오 게임을 즐기는 데 1만 시간 이상을 보내며 성장했다. 기성세대와 크게 다른 성장환경은 디지털 네이티브의 두뇌구조에 큰 차이를 만들어 냈다.

게다가 인터넷이 진화를 거듭하면서 디지털 네이티브도 진화하고 있다. 애플은 아이팟(2001년 10월)에 이어 아이폰(2007년 1월)과 아이패드(2010년 4월)를 잇달아 출시하면서 모바일 인터넷 시대를 주도하고 있다. 현재의 넷세대는 페이스북(2004년 2월)에 이어 유투브(2005년 4월), 트위터(2006년 3월) 등의 SNS에 많은 시간을 투자하며 하루를 보내고 있다. 디지털과 뒹굴다시피 살아가는 '넷세대' 는 기성세대와는 아무래도 다를 수밖에 없을 것이다. 홀턴 교수는 두뇌구조마저 다르다고 단정한다.

실제로 미국 캘리포니아 대학교(UCLA) 세멜 신경과학 및 인간행동연구소 소장인 개리 스몰Gary Small 박사의 연구는 홀턴 교수의 주장을 뒷받침한다.[14)] 그는 사람들이 첨단기술에 지속적으로 노출되는 것이 뇌에 어떤 영향을 미치는지 관심을 갖고 연구한 결과 디지털 테크놀로지 속에서 태어난 디지털 원주민(넷세대)의 뇌와 어느 정도 성인이 됐을 때 테크놀로지 기기를 다루기 시작한 디지털 이주민(기성세대)의 뇌 활동에 현격하게 차이가 있음을 발견하였다. 의사 결정과 복잡한 정보 통합에 간여하는 DLPFC(DorsoLateral PreFrontal Cortex)라는 뇌의 부위가 활성화된 정도가 크게 달랐다는 것이다.

경영컨설턴트이자 『위키노믹스Wikinomics』 『N세대의 무서운 아이들Growing up Digital: The Rise of the Net Generation』의 저자인 돈 탭스콧Don Tapscott은 저서 『디지털 네이티브Digital Native』에서 홀턴 교수와 같은 주장을 펼친다.[15)] 디지털 기술이 선사한 환경은 넷세대의 두뇌에까지 영향을 미친다는 것이다. 요즘의 10대는 이전의 어느 세대보다 똑똑하고 자기주장이 강하지만 동시에 주의가 산만하고 직설적이며 안하무인인 것처럼 보인다. 탭스콧은 그 이유를 바로 이들의 뇌가 근본적으로 변화하고 있기 때문이라고 주장한다. 이러한 변화를 주도하고 있는 것은 바로 테크놀로지, 즉 첨단기술의 발달이다. 한마디로 10대나 20대 청소년 자녀는 '내 자식이지만 나와는 다른 종(種)'이란 얘기다. 탭스콧은 전 세계 12개국 9400명을 대상으로 한 대규모 조사를 통해 이들의 일상과 특성을 분석하고 미래를 예측하기 위해선 넷세대를 제대로 이해해야 한다고 주장한다.

넷세대는 대략 베이비붐 세대의 자녀 세대, 즉 1977년에서 1997년에 태어난 세대로서 과거와는 전혀 다른 디지털 환경에서 자란 세대다. 이들 넷세대는 디지털 세계에서 나고 자란 디지털 '원주민', 즉 '디지털 네이티브(digital native)'다. 디지털 네이티브는 디지털 빅뱅으로 출현한 신인류로서 아날로그 세대는 물론 디지털 혁명을 주도한 과거 베이비붐 세대와 차원이 다르다. 베이비붐 세대가 디지털 혁명을 주도했다면 '넷세대', 즉 디지털 네이티브는 디지털 기술을 공기처럼 마시고 흡수하며 그 속에서 성장하면서 새로운 패러다임을 구축해 가는 세대라 할 수 있다.

"요즘 애들은 못써. 버릇이 없고 컴퓨터만 하느라 자기밖에 몰라. 사교성이 없어." 넷세대에 대한 기성세대의 비판은 다양하다. 탭스콧은 이런 비판을 '넷세대 공포증(NGenophobia)'이라고 표현한다. 새로운 것에 대한 불안과 두려움 때문에 넷세대의 특성을 직시하지 않고 무조건적으로 비판만 한다는 뜻이다. 탭스콧은 '페이스북'의 공동 창업자인 마크 엘리엇 주커버그Mark Elliot Zuckerberg의 사례를 들어 넷세대의 특징을 설명한다. 2004년 1월, 미국 하버드 대학교에 다니던 주커버그는 로마 예술사 수업에 제대로 참석하지도 못한 채 중간고사 기간을 맞았다. 고민하던 그는 수업자료를 올린 웹사이트를 만들고 다른 학생의 도움을 청했다. 학생들은 각자 보충설명을 올렸고, 결과적으로 모든 학생이 좋은 점수로 시험을 통과했다. 온라인 소셜네트워킹서비스 '페이스북'은 이렇게 탄생했다.

탭스콧은 이 사례를 통해 기성세대와 다른 넷세대의 특징을 설명한다. 무엇보다 정보 공유와 협업에 탁월하다는 것이다. 또한 겉으로는 방에 처박혀 컴퓨터만 하는 모습을 보여 폐쇄적이거나 이기적인 것처럼 보이지만 실상은 휴대전화와 블로그 등을 통해 누군가와 늘상 연결돼 있다. 넷세대는 그 어느 시대의 인류보다 선택과 자유를 중시하고, 개성에 따른 맞춤형을 선호하며, 방대한 정보 수집과 철저한 조사 분석을 즐긴다. 또한 부모세대보다 성실성을 중시하고, 학교와 직장에서도 일과 놀이가 하나가 되길 바라고 강의가 아니라 대화를 즐긴다. 속도는 일상이며 혁신은 생활의 일부가 되고 있다.

기성세대는 넷세대가 부모에게서 빨리 독립하지 않는다는 점을 들어 자립심이 부족하다고 비판한다. 그러나 탭스콧은 어린 시절부터 넷세대가 온라인에서 부모의 영향권 밖에 있었다는 점을 들어 이를 반박한다. 넷세대는 어려서부터 부모와 함께 있어도 언제나 친구를 만나고 대화할 수 있으니 굳이 집을 떠날 필요를 느끼지 않는다는 것이다.

2. 넷세대 패러다임의 양날

넷세대(net generation)는 이제 디지털 사회의 주도자이자 창조자 및 협력자가 되고 있다. 이들이 중심이 되는 디지털 세상은 교육제도, 기업문화, 시장 환경, 리더십, 정치 환경 등에서 혁신을 요구하고 있다.

1) '넷세대' 식 패러다임 변화

뉴욕 대학교 클레이 셔키Clay Shirky 교수는 인터넷으로 인한 사회의 큰 흐름을 분석하고 있다.[16] 셔키 교수는 인터넷과 이메일, 블로그, 메신저 등 새로운 도구를 통해 디지털 사회는 '조직 비용 제로 사회' 가 되고 있다고 주장한다. 뉴미디어 덕분에 조직의 구성 유지에 비용이 거의 들지 않으며 이 때문에 현대사회에 큰 변화를 가져왔다는 것이다. 한 예로 2008년 우리 사회를 뒤흔들었던 촛불시위에서 보듯이 뜻을 같이하는 이들이 인터넷과 블로그를 통해 시간과 공간의 제약을 받지 않고 집단적으로 행동하는 것이 가능해진 것을 들 수 있다.

런던정경대 리처드 세넷Richard Sennett 교수는 디지털 혁명으로 조직이 근본적으로 변모하고 있다고 주장한다.[17] 그는 21세기 경제변화를 'MP3형 조직' 이라고 표현한다. MP3 플레이어는 노래를 디지털 처리하는 과정에서 특정 음역만을 연주하도록 프로그래밍된다. 마찬가지로 21세기 조직은 주어진 시간에 처리 가능한 많은 업무 가운데 취사선택해 집중할 수 있다는 것이다. 이는 기존의 기업이 정해진 공정에 따라 정해진 방식으로 무언가를 생산하는 모습과는 전혀 다르다. 이른바 유연성이 뛰어난 조직이 대세를 이룬다는 것이다. 이에 따라 개인은 '이리저리 옮겨 다니며 일을 잘 처리하는 능력' '모르는 팀원과 일을 원활하게 할 수 있는 능력'으로 평가받게 된다는 것이다.

탭스콧은 이러한 넷세대 식 조직 변화로 인해 교육과 기업 및 정치 분야 전반에 걸쳐 협력적 모델을 개발하는 것이 시급하다고 주장한다. 혁명적으로 디지털 변화가 이루어졌듯이, 그에 대응하는 변화 역시 혁명적일 필요가 있다는 것이다. 강승훈의 분석처럼 무엇보다 사회 자체의 반응속도가 빨라지고 있다.[18] 디지털 세대는 모든 것이 즉각적으로 이루어지는 실시간 세계에서 성장하였기에 이들을 만족시키려면 경제, 사회 등 각 분야에서 의사소통과 피드백이 빨라져야 하기 때문이다. 넷세대는 학교와 직장에서도 즐겁게 생활하고 싶어 한다. 일을 놀이처럼 즐기고 싶어하고 혁신을 중시하는 넷세대의 특성을 이해한다면 넷세대를 산업혁명 시대의 틀에 박힌 교육으로 가르치거나 진부한 업무시스템으로 넷세대 직장인의 성과를 끌어낼 수 없기 때문이다.

무엇보다 '강의하지 말라' 고 탭스콧은 제안한다.[19] 강의 대신 상호활동적

(interactive) 수업 방식을 찾고, 기업은 협력적인 업무 시스템으로 성과를 내는 데 초점을 맞춰야 한다는 것이다. 기업경영의 변화 역시 간과할 수 없다. 인터넷을 통한 합리적인 소비를 주도하고 사회적으로 불성실한 기업에 대해 적극적으로 보이콧하면서 기업경영의 패러다임을 점진적으로 바꾸어 가고 있다. 이제 기업은 소비자를 친구처럼 대하며 이들을 생산자로 참여시켜야 한다. 탭스콧은 특히 넷세대 사원을 채용하는 기업에서는 넷세대 사원의 목소리를 경청하고 이들이 힘을 발산시킬 수 있도록 해야 이들과 호흡하며 살 수 있다고 충고한다.

정치 분야에 미친 인터넷세대의 영향은 이미 입증되고 있다. 디지털 네이티브는 표현의지와 참여욕구가 강하며 집단적으로 목소리를 내는 데 익숙하기 때문이다. 우리나라는 과거 촛불집회와 대통령 탄핵반대 등에서 넷세대의 바람을 경험한 '휴대전화 시위' 의 선진국이다. 하지만 중국이나 중동과 같은 중앙아시아 등지의 통제국가에서는 이제 새삼 인터넷과 휴대전화가 자유와 민주주의의 동력으로 부각되고 있다. '모바일 데모크라시(mobile democracy)' 바람이 이들 닫힌 사회의 벽을 서서히 허물고 있는 것이다.

2) 인터넷의 역기능

인간이 만든 것이 흔히 그러하듯 인터넷 역시 양날의 칼과 같다. 마치 '물은 젖소가 마시면 우유가 되지만 뱀이 마시면 독이 되는 것'과 같은 이치다. 동전의 양면처럼 인터넷의 순기능 못지않게 인터넷의 폐해도 걷잡을 수 없는 수준으로 폭증하고 있다. 악성댓글, 인터넷 사기, 인터넷 중독, 불법 정보 유통, 개인정보의 오남용, 해킹 등 한 개인에게는 물론 조직과 국가적 차원에 악영향을 미치는 크고 작은 사건이 난무하고 있다.

우선, 사생활(privacy) 침해 문제가 끊임없이 제기되고 있다. 온라인을 통한 사교에 익숙한 넷세대는 개인정보를 공개하는 일에 거리낌이 없다. 개방성을 뜻하기도

하지만 사생활 정보를 쉽게 유출한다는 뜻이기도 하다. 인터넷에서 사적 영역과 공적 영역의 경계는 희미해졌다. 블로그나 홈페이지에 잠깐 올린 글이 순식간에 퍼져 나가면서 태풍이 될 수 있다. 인터넷의 무한 확장성과 자기 복제성 때문에 사적 영역은 줄어든다. 탭스콧은 기업의 채용 담당자나 마케팅 담당자가 이런 사생활 정보를 이용하고 있으며 이것이 넷세대 개개인에게 부메랑으로 돌아올 수 있다고 경고한다.[20)]

직접적으로 개인이나 조직에 피해를 주는 것은 인터넷 루머다. 인터넷 상의 루머는 유명 정치인과 연예인을 대상으로 삼는 경우가 많지만 기업이나 보통 사람도 그 대상이 될 수 있다. 한마디로 우리 모두가 거짓 루머와 악성 루머를 포함한 갖가지 루머의 잠재적인 피해자다. 과거, 어느 여성 탤런트의 자살이나 특정 가수의 '학력 파문' 이 단적인 예다. 이는 인터넷을 악용한 '인격살인' 이며 지금도 유사한 사례가 지속적으로 반복되고 있다.

과거에 한국 사회를 뒤흔들었던 촛불시위(2008년)나 천안함 사건(2010년) 역시 기본적으로 루머에서 비롯되었다. 소위 '2008 촛불시위' 에 대한 해석에는 차이가 있을 수 있으나 사실과 합리성의 원칙이 도외시된 인터넷 루머에 의한 대중시위였다는 평가가 지배적이다. 여기서 사실이 왜곡되었다는 것은 독극물처럼 치명적인 것으로 보도되었던 미국산 소고기의 인간광우병 위험성이 실제보다 훨씬 과장되었다는 점이다. 관련 사건에 대한 재판 결과가 이를 입증하고 있다. 합리성이 왜곡되었다는 것은 촛불시위가 광우병 공포만이 아닌 복잡 미묘한 다른 정치적 및 사회적 요인에 의해 촉발되었다는 점이다. 그러나 수년이 흐른 지금도 '2008 촛불시위' 를 선동과 조작의 광기로 폄하하는 시각과 경이로운 참여민주주의의 폭발로 보는 관점이 공존하는 것은 루머의 위력이 얼마나 큰지를 단적으로 보여 준다.

『넛지Nudge』의 저자인 하버드 대학교 로스쿨 캐스 선스타인Cass Sunstein 교수는 대중사회와 결합된 인터넷 시대에는 루머의 파괴력이 커졌다고 분석한다.[21)] 루머는 이제 언제 어디로든 순식간에 퍼져 나가는 무서운 존재가 되었으며 인터넷이 그 매개 역할을 담당한다는 것이다. 그는 "오늘날 루머는 정치인을 낙마시키고 시장 질서를 파괴하며 연예인의 목숨을 빼앗고 급기야 민주주의의 기반까지 위협한다."라고 우려한다. 균형 잡힌 정보와 자유로운 소통도 루머꾼 앞에서는 속수무책이다. 실제로 사람들은 거짓이라는 사실이 드러나더라도, 소위 '타블로 사건'에서 보듯 이를 바로잡으려 들지 않는 경우가 많다.

선스타인 교수는 거짓 루머가 '정보의 폭포화(information cascades)' '동조의 폭포화(conformity cascades)' 및 '집단 극화(group polarization)'로 인해 파괴력이 커졌다고 분석한다. '폭포화'는 우리가 판단을 내릴 때 타인의 생각과 행동에 의존하려는 경향을 보이면서 일어난다. 집단 극화는 같은 생각을 가진 사람들끼리 토론을 하면 거짓 루머에 대한 믿음이 더욱 극단화된다는 이론이다. 선스타인은 파괴적인 거짓 루머를 유포하는 자들의 활동을 억제시키기 위해서는 위축효과(chilling effect)가 필요하다고 주장한다. 거짓 루머를 위축시킬 수 있는 제도적 및 문화적 장치가 필요하다는 것이다. 이러한 위축효과가 기능을 발휘해야 사람들이 평판에 부당한 피해를 입지 않고 민주주의 자체가 제대로 기능할 수 있다는 것이다. 그렇다고 독재정권처럼 검열제를 주장하는 것은 아니다. 명예훼손죄에 대한 강력한 법 집행이 하나의 위축효과가 될 수 있다. 그러나 더 중요한 것은 문화와 의식을 바꾸는 것이다.

인터넷 역기능 규제가 표현의 자유를 침해한다는 주장도 있을 수 있다. 하지만 자신이 허위사실의 피해자라도 그런 소릴 할지 궁금하다.[22] 근대 자유주의에 영향을 미친 존 스튜어트 밀John Stuart Mill은 "자유는 남에게 피해를 주지 않는 한도 안에서만 인정돼야 하며 자유의 권리를 누릴 만한 자격이 있는 사람만이 표현의 자유를 누릴 수 있다."라고 했다.[23]

3. 인터넷의 익명성

1) 익명성의 함정

1993년 7월 5일 『뉴요커The New Yorker』에 피터 슈타이너Peter Steiner가 그린 유명한 풍자만화 한 컷이 실렸다. 컴퓨터 앞에 검은 개 한 마리가 의자에 걸터앉아 앞발을 키보드 위에 올려놓은 채, 옆에 있는 흰둥이 개를 짓궂게 내려다보며 키득거린다. "인터넷에서는 아무도 네가 개란 것을 몰라(On the internet, nobody knows you're a dog)."

그로부터 많은 시간이 흐른 2011년 1월 2일에 『데일리파이낸스DailyFinance』가 흥미로운 반응을 내놓았다. 슈타이너의 만화는 더 이상 사실이 아니라는 것이다. 인터넷에서 프라이버시는 꿈도 꾸지 못하는 시대가 되었기 때문이다. 인터넷에 오래

[그림 4-1] 피터 슈타이너의 풍자만화

출처: The New Yorker. (1993. 7. 5.), p. 61(Vol. 69[LXIX], No. 20).

앉아 있으면 있을수록 그만큼 프라이버시는 사라진다는 말이다. 따라서 '개'라는 게 들통 나는 건 시간 문제이며, 나아가 수많은 웹사이트가 '개밥' 광고를 득달같이 보내 줄 것이라는 얘기다.[24] 익명성이 보장되지만, 점차 프라이버시가 보장되지 못하는 인터넷의 그늘진 양면성을 촌철살인으로 풍자한 내용이라 할 수 있다.

2) '인터넷 원숭이' 세상

웹2.0혁명으로 진정한 쌍방향 소통이 가능한 시대가 되었다는 장밋빛 전망이 한창이다. 그러나 만화가 풍자하듯 우리는 혹시 개나 원숭이와 소통하고 있는 것은 아닌가? 프라이버시 침해는 물론 신뢰할 수 없는 정보와 아마추어 지식의 양산, 익명성을 무기로 한 루머와 인격살인, 다양한 인터넷 중독 등 웹2.0시대의 어두운 현상이 범람하고 있다.

실리콘밸리에 정통한 기업가이며 오디오카페(Audiocafe.com)의 창업자인 앤드루 킨Andrew Keen은 저서 『구글, 유튜브, 위키피디아, 인터넷 원숭이들의 세상The Cult of the Amateur』에서 개나 원숭이가 인터넷을 하는 것이 현실이 되었다고 비판한다.[25] 앤드루 킨은 인터넷에서 신뢰할 수 없는 지식과 정보를 현기증 나게 쏟아내는 수많은 아마추어를 '인터넷 원숭이'로 표현하고 있다.

킨의 '인터넷 원숭이' 비유는 1909년 프랑스 학자 에밀 보렐Émile Borel의 저서인 『확률Probability』에 나오는 '무한 원숭이 정리(infinite monkey theorem)'에서 비롯된 것이다.[26] '무한 원숭이 정리'란, 원숭이 한 마리가 타자기 앞에 앉아 무한 시간 동안 손 가는대로 자판을 두드리다 보면 결국에는 윌리엄 셰익스피어William Shakespeare의 『햄릿Hamlet』 같은 걸작을 만들어 낼 확률이 분명히 존재한다는 이론이다.

실리콘밸리에 정통한 전문가답게 앤드루 킨은 웹2.0시대의 그늘진 총체적인 모습을 매우 날카롭게 지적하고 있다. 인터넷에서 활개 치는 아마추어들은 마치 원숭이가 타자기 자판을 마구 두드리듯, 피상적인 관찰과 신뢰할 수 없는 조악한 의견으로 세상을 어지럽히고 있다고 비판한다. 이런 아마추어가 득세하고 숭배받는 것이 웹2.0시대라는 것이다. 앤드루 킨은 인터넷의 문제점을 지식과 정보의 비전문성 및 그 해악에 초점을 맞추어 지적한다.

첫째, 지식과 정보의 비윤리적인 유포다. 디지털 시대에는 지식보다 정보가 힘을 발휘한다. 정확히 말하면, 지식은 죽고 정보만 난무하고 있다. 그 지식과 정보라는 것은, 킨의 표현대로 광대역 망으로 연결된 인터넷 원숭이들이 남의 것을 베끼거나 소문과 의견, 사실을 구분하는 능력도 없이 임의대로 편집하여 전파하는 것에 불과하다는 것이다.

> "자르고 붙이는 작업은 웹2.0 세상에서는 식은 죽 먹기나 마찬가지다. 구글, 애스크(Ask.com)와 같은 검색엔진은 젊은 세대를 지적 절도광으로 만들었다. 이 절도광들은 월드와이드웹의 '자르고 붙이기(cut-and-paste)' 기술로 다른 사람의 작품을 멋대로 '혼합(remix)' 해 놓고 그것이 자기 작품이라고 주장한다."[27)]

집단지성으로 추앙받는 위키피디아도 크게 다르지 않다. 이들은 비전문성에 기초하여 '브리태니커 사전' 편집자들과 같은 전문가집단의 위상을 위협하고 있다. 개인화되고 파편화된 진실 혹은 지식을 만들어 내고 있어 마치 맹인이 맹인을 인도하는 것과 마찬가지라는 것이다. 유튜브에는 쓰레기만 난무하고 인류 역사상 최대의 자기 현시욕이 폭발하는 블로그는 날이 갈수록 정보조작 전문가들이 선전전을 벌이는 각축장으로 변해 간다는 지적이다. 마찬가지로 마이스페이스나 페이스북 등의 SNS는 나르시스적인 욕망을 분출하는 장에 불과하다.

둘째, 비전문적인 정보와 지식의 범람이다. 인터넷 정보의 신뢰성과 정확성, 진실성에 대한 의문이다. 전문 언론인은 일정한 교육을 받은 후 선배가 엄격하게 감독하는 현장에서 뉴스를 보도하고 편집하는 체험을 거듭하면서 획득한 지식과 기술에 기초해 보도한다. 그러나 시민 언론인은 공식적인 훈련이나 전문지식 없이 의견을 사실인 양, 소문을 르포인 양, 주석을 정보인 양 정기적으로 투고한다. 블로그 세상에서 자기 자신의 '저널리즘'을 발표하는 것은 무료인데다 힘도 들지 않고 성가신 윤리규정이나 내부검열(gatekeeping)을 하는 고리타분한 편집 데스크도 없다 보니 거칠 게 없기 때문이다.[28] 지식창출도 같은 맥락에서 이루어진다. 전문가는 아마추어가, 사전편찬자는 문외한이, 하버드 대학교 교수는 교육을 받지 않은 대중이 대신하고 있다. 그러다 보니 이제는 전통적인 독자와 저자, 창조자와 소비자, 전문가와 아마추어 사이의 경계가 모호해져 버렸다. 결국 문화의 평준화란 말로 전문성이 무시되는 인터넷 세상에 부메랑으로 돌아오는 것은 신뢰의 상실이 아닐까?

마지막으로 개인정보 유출 및 정보의 폐해다. 구글, 야후, AOL 등을 통해 유출된 개인정보로 인한 피해사례는 무수히 많다. 더욱이 개인정보가 합법적으로 거래되는 양상을 띠고 있는 것이 큰 문제다. 구글 같은 검색엔진은 개인의 취미, 취향, 욕구 등의 정보를 축적하여 이를 마케팅에 활용하고 있으며, 이런 정보는 우리가 인식하지 못한 상태에서 저장되는 쿠키를 통해 축적되고 데이터로 전환된다. 페이스북을 통해 개인 사생활이 노출되고, 이로 인해 집단폭력을 당하거나 거짓된 루머로 인해 인격살인을 당하는 사례가 끊임없이 발생되고 있다.

인터넷은 쌍방향 소통의 장을 마련하여 사회 전반에 걸쳐 숭고한 민주주의 정신을 구현하며 민주화를 촉진시키고 있다. 반면에 인터넷 민주화는 진실을 뒤흔들어 제대로 된 공공담론을 할 수 없게 하고 전문성, 경험, 재능을 과소평가함으로써 문화적 제도와 당면한 미래를 위협하고 있다.[29] 인터넷 원숭이가 되어 날뛰는 아마추어에 의해 진실은 쉽게 호도되고 거짓된 루머로 상처를 주고받는 아수라장이 되고 있다. 인터넷 세상은 구조적으로 정부나 대기업 같은 권력과 자본을 가진 집단에 의해 너무나 쉽게 왜곡될 수 있는 태생적 한계를 지니고 있다. 결국 인터넷 세상이 디스토피아가 아닌 유토피아가 되기 위한 블랙박스는 인터넷 사용자가 개나 원숭이가 아닌 참된 인간이 되는 데 있을 것이다.

4. 인터넷의 빛과 어둠

해야 할 일을 제대로 하지 않는 것도 문제지만, 지나치게 일에 몰입함으로써 육체적, 정신적 장애를 초래하는 경우도 문제다. 이른바 일 중독증(workaholism)이다. 이 증상은 "일에 대한 탐닉이나 끊임없이 일을 하려는 강박증 혹은 통제할 수 없는 일에 대한 욕구"[30)]라고 정의할 수 있다. 지나친 탐닉은 일만이 아니다. 알코올이나 도박도 있고 주식중독증(stockholic)까지 가세해 사회문제가 되고 있다. 이러한 현상이 주로 성인에게 해당된다면 최근에는 청소년 사이에서 인터넷 중독증, 인터넷 게임 중독증이 심각한 사회 이슈가 되고 있다. 전 세계 무선광대역 사용국 1위, 인터넷 강국 코리아의 어두운 단면이다.

1) 청소년 인터넷 중독

인터넷 중독은 사이버 중독, 인터넷 중독 질환(Internet Addiction Disorder: IAD), 병적 인터넷 사용(Pathological Internet Use: PIU), 인터넷 증후군(Internet Syndrom), 웨버홀리즘(Webaholism) 등 다양하게 표현되고 있다. 인터넷 중독증이란 말은 뉴욕의 정신과전문의인 이반 골드버그Ivan Goldberg가 1995년 미국심리학계에 '인터넷 중독 질환'(IAD)이란 말을 제기하면서 알려진 개념이다. 그러나 골드버그가 IAD를 정신과 진단체계 내의 한 장애로서 인정한 것은 아니다. 골드버그는 이 용어를 조심스럽게 사용하면서 인터넷 중독 장애가 테니스 중독 장애나 빙고 중독, TV 중독 장애보다 심각한 현상은 아니지만 개인적으로나 사회적으로 주의를 요하는 증상이라고 주장하였다. 일종의 충동조절장애나 강박장애로 본 것이다.

골드버그와 비슷한 시기에 인터넷 중독을 정신과 중독으로 체계화시킨 인물이 심리학자인 피츠버그 대학교 킴벌리 영Kimberly Young 교수다. 영 교수는 1996년 토론토에서 개최된 미국심리학회 연차학술대회에 인터넷 중독에 관한 최초의 논문「인터넷 중독: 새로운 질병의 출현Internet addiction: The emergence of new disorder」을 발표하며 인터넷 중독의 심각성을 제기하였다. 그녀는 인터넷 중독을 "정보이용자가 지나치게 컴퓨터에 접속하여 일상생활에 심각한 사회적, 정신적, 육체적 및 금전적 지장을 받고 있는 상태"라고 정의하였다.

인터넷 중독은 전 세계적으로 점차 확산되고 있다. 미국의 경우 성인 8명 중 1명(스탠퍼드 대학교 의과대학팀 조사)이 인터넷 중독에 시달리고 있으며 오리건 보건과학대학교 제럴드 블록Jerald Block 교수는 그 수를 900만 명 이상으로 추산하고 있다.[31] 따라서 인터넷 중독을 정신병리적인 중독장애(DSM-V)로 공식적으로 인정하려는 의학계의 움직임이 가속화되고 있다.

한국의 경우는 더욱 심각하다. 인터넷 강국답게 인터넷 중독도 앞서가고 있다. 『뉴욕타임스』는 한국의 인터넷 중독 및 캠프훈련을 통한 치료방법에 대해 상세하게 소개하고 있다.[32] 신문은 한양대학교 안동현 교수의 말을 인용해 한국의 18세 이하 청소년의 30%인 240만 명의 청소년이 인터넷 중독 상태에 처해 있다고 보도했다. 이들은 인터넷 채팅이나 게임을 하면서 하루 최소 2시간 이상 인터넷을 이용하는데 이들 중 4분의 1 정도가 실제 중독현상을 보인다는 것이다. 이보다 앞서 서울YWCA 청소년유해환경감시단이 서울시내 PC방에서 중고생 1000여 명을 대상으로 실시한 설문조사에서도 스스로 '사이버 중독자'라고 밝힌 청소년이 30%로 나타났다. 또한 인터넷 중독은 남학생이 여학생보다 중독 경향군에 포함되는 비율이 더 높다.[33]

『뉴욕타임스』는 한국은 인터넷 중독 치료를 위해 100개 병원에서 치료 프로그램을 운영 중이며 140개의 인터넷 중독 상담 센터 네트워크를 새롭게 구축하고 최근에는 인터넷 중독치료캠프를 운영하고 있다고 설명하였다. 아울러 한국의 독자적인 인터넷 중독 검진표(K-scale)를 개발하였으며 세계 최초로 인터넷 중독 국제심포지엄을 개최하여 인터넷 중독에 대한 체계적인 연구와 치료방법에서 앞서가고 있다고 덧붙였다.

2) 인터넷 중독의 원인

인터넷 중독의 원인에 대해서는 다양한 분석이 제시된다. 존 술러John Suler는 에이브러햄 해럴드 매슬로Abraham Harold Maslow의 욕구단계 이론을 인터넷 중독의 원인 규명에 접목하였다.[34] 사람들이 인터넷에 빠지게 되는 이유는 궁극적으로 인터넷이 사람들의 욕구를 충족시키는 기능을 담당하기 때문이라는 것이다. 그는 청소년이 인터넷에 몰입하게 되는 네 가지 이유를 제시한다. 첫째, 사이버 공간을 통해 자아정체감을 실험하고 탐색하면서 나는 누구인가에 대한 불안정감을 통제하게 된다. 둘째, 친밀감과 소속감을 갖게 된다. 즉, 인터넷을 통해 다양한 배경의 사람들을 만나게 되고 자신을 내보여야 하는 부담감에서 벗어나 자유롭게 사람들을 만나고 소속감을 느낄 수 있다. 셋째, 가족과 부모로부터 분리되고자 하는 욕구를 충족시킨다. 물리적으로 가족을 떠나지 않으면서 모험심을 충족시킬 수 있는 좋은 수단이 된다. 마지막으로, 청소년기의 여러 가지 좌절감을 발산하도록 하며 인터넷을 통해 빠른 반응과 공격적인 충동을 분출할 수 있는 기회가 된다.

스톰 A. 킹Storm A. King은 인터넷 중독을 유발하는 인터넷의 속성으로 우선 특수하고 흥미로운 상호관계의 장을 공급하는 인터넷의 성격을 꼽는다.[35] 이메일이나 뉴스 혹은 채팅방 등은 개인의 상호관계의 영역을 넓혀 주며, 오직 언어적 의사전달만이 가능하기 때문에 의사소통의 제한성은 줄어들게 된다. 둘째는 가상세계의 잠복성으로 인터넷 공간에서는 타인에게 자신을 노출시키지 않아도 극히 개인적이고 은밀한 정보를 획득할 수 있으며 이러한 성격이 개인에게 심리적 쾌락을 제공한다는 것이다.

킴벌리 영은 인터넷 중독을 유발하는 인터넷의 속성을 다섯 가지로 제시한다. 첫째, 인터넷을 통한 사회적 지지의 확보, 둘째, 자유로운 성의 표현으로 인한 성적 욕구의 충족, 셋째, 익명성, 넷째, 자신변형의 자유, 다섯째, 타인의 인지획득을 통한 자신감 회복 등이다. 영은 청소년의 인터넷 중독의 원인을 좀 더 세부적으로 나누어 ① 자아존중감, ② 부모와의 관계, ③ 친구관계 등의 환경적 요인의 관점에서 제시하고 있다.[36)]

한국인터넷중독예방 상담센터에서도 인터넷 중독의 원인을 기본적으로 유사한 관점에서 다음과 같이 설명하고 있다. 우선, 우울성향이 높은 사람들이 현실공간에서의 대인관계보다는 사적인 공간에 머무를 수 있는 인터넷을 선호하는 경향이 높다는 것이다.[37)] 영도 인터넷 중독자의 54%가 우울증 병력을 가지고 있는 등 전반적으로 우울성향과 인터넷 중독성향 간에 유의한 상관관계가 있다고 밝히고 있다.[38)] 또한 인터넷은 사회생활에 잘 적응하지 못하거나 다른 사람의 인정을 받지 못해 자존심에 상처를 입은 사람에게 매우 유혹적인 공간으로 여겨진다. 인터넷에서 이루어지는 사회관계는 신상 정보가 배제된 채로 이루어지고 또한 익명성을 유지할 수 있기 때문이다. 실생활에서 자존감이 낮은 사람들이 인터넷에서는 자신의 모습을 숨기고 자신이 되고자 하는 이상적인 모습을 가질 수 있기에 이들에게 인터넷은 매력적인 것을 넘어서 중독적인 공간이 된다. 즉, 실생활에서 대인관계 부적응 경향이 있는 사람의 경우 낮아진 자아존중감을 회복하기 위해 인터넷상의 대인관계에 중독되게 된다는 것이다.

로버트 크라우트 등Robert Krout et al.의 사회고립에 대한 인터넷 영향 조사에 따르면, 인터넷을 많이 사용하는 사람이 외로움을 더 크게 느낀다.[39)] 인터넷 사용이 사회활동을 대신하는 역할을 하고 현실관계의 끈끈한 관계를 가상공간에서의 느슨한 관계가 대신하면서 외로움이나 불만족을 유발한다는 것이다. 또한 인터넷은 다양한 압력과 공격적 충동을 적절히 표출할 줄 모르는 청소년에게 다양한 좌절감을 표현하는 공간으로 적절하다.[40)] 영은 인터넷 게임의 경우 특히 공격성이 표출된다고 말한다. 그렇다면 인터넷 상에서의 언어폭력이 난무하는 것도 공격적 충동의 표출과 무관하지 않을 것이다.

인터넷 중독 테스트

인터넷에 이미 중독되었는지 혹은 중독되어 가고 있는지를 어떻게 알 수 있을까? 〈표 4-1〉의 테스트는 킴벌리 영이 최초로 개발한 인터넷 중독 자가진단표다. 이 검진표는 여러 학자[41]에 의해 타당성과 신뢰성이 검증된 것으로서 20개의 문항으로 구성되어 있다. 중독 수준을 판단하기 위해 다음과 같이 1~5까지의 척도를 사용하고 있다. 질문의 번역은 한국인터넷진흥원의 번역방법을 채택하였다.[42]

영은 20개의 문항에 대한 답변의 합계를 구한 후, 〈표 4-2〉의 기준으로 인터넷 중독 정도를 자가 진단하도록 하였다. 기존에 골드버그가 인터넷 중독에 대한 정의와 이에 대한 판단 기준을 마련한 것이 주요 관점이라면 영은 이에 대한 판별 기준을 마련한 것이 주요 연구내용이다.

그러나 골드버그, 영 등이 제시한 인터넷 중독 진단 기준과 평가 기준은 상대적으로 단조롭고 국내 상황에 적합하지 않다는 문제점이 제기되고 있다.

국내에서는 기존 국외 연구를 기초로 하여 행정안전부에서 한국형 인터넷 중독 자가진단 프로그램(K-척도)을 청소년, 학부모, 교사를 대상으로 각각 개발하여 보급하고 있다(〈표 4-4〉 참고).

표 4-1 킴벌리 영의 인터넷 중독 자가진단표

질 문	답변 (심각성)
1. 애초 생각보다 인터넷 이용시간이 길어지는가?	1 2 3 4 5
2. 인터넷 때문에 집안일(방 정리, 청소 등)을 미룬 적이 있는가?	1 2 3 4 5
3. 가족 · 친구와 어울리는 것보다 인터넷이 즐거운가?	1 2 3 4 5
4. 인터넷을 통해 인간관계를 만든 적이 있는가?	1 2 3 4 5
5. 인터넷을 너무 오래한다고 불평을 들은 적이 있는가?	1 2 3 4 5
6. 인터넷 때문에 시험이나 학점을 방해받은 적이 있는가?	1 2 3 4 5
7. 다른 할 일을 놔두고 이메일 체크를 먼저 한 적이 있는가?	1 2 3 4 5
8. 인터넷 때문에 일의 생산성과 창의성이 떨어진 적이 있는가?	1 2 3 4 5

9. 인터넷으로 주로 뭘 보느냐는 질문에 사실을 숨긴 적이 있는가?	1 2 3 4 5
10. 괴로운 일이 있을 때 인터넷으로 스스로를 달래 본 적이 있는가?	1 2 3 4 5
11. 다음 번 인터넷 접속 시기를 예정해 놓는가?	1 2 3 4 5
12. 인터넷이 없는 세상은 지루하고 따분하고 재미없을 것이라고 생각하는가?	1 2 3 4 5
13. 인터넷 사용 도중 방해받았을 때 화를 낸 적이 있는가?	1 2 3 4 5
14. 심야에 인터넷을 하느라 늦게 잠든 적이 있는가?	1 2 3 4 5
15. 오프라인 상태에서 인터넷을 사용하는 상상을 해 본 적이 있는가?	1 2 3 4 5
16. 인터넷 사용 도중 '몇 분만 더하고 끝내자'고 마음먹어 본 적이 있는가?	1 2 3 4 5
17. 인터넷 사용 시간을 줄이려 시도했다가 실패한 적이 있는가?	1 2 3 4 5
18. 다른 사람에게 인터넷 사용 시간을 속인 적이 있는가?	1 2 3 4 5
19. 가족 · 친구들과 어울려 외출하는 시간보다 인터넷 사용 시간이 더 많은가?	1 2 3 4 5
20. 우울하거나 긴장되었다가 인터넷 접속 후 괜찮아진 적이 있는가?	1 2 3 4 5

표 4-2 인터넷 중독 자가진단 기준

평가기준	설명
20~49점	평범한 이용자. 가끔 인터넷을 오래 사용하기도 하지만 자기 통제가 가능하다.
50~79점	중독 초기. 인터넷 때문에 겪는 문제가 일상생활에 끼치는 악영향을 고려해야 한다.
80~100점	중독 중증. 인터넷이 일상생활에 심각한 문제를 야기할 수 있다. 어떠한 악영향과 문제점이 있는지 심층 진단해야 한다.

3) 심각한 청소년 게임중독

21세기는 소프트웨어 시대다. 게임은 소프트웨어 시대의 중심에 있다고 할 정도로 성장세가 폭발적이다. 게임은 이제 아동이나 청소년의 전유물이 아니라 세계 시장 규모가 한 해 1173억 달러(153조, 2009년 기준)를 넘는 거대 시장으로 성장하였다.[43] 국내 게임시장의 규모는 6조 원(2009년 기준)을 넘어 전년도에 비해 17.4%나 성장하였다. 특히 한국이 경쟁력을 확보하고 있는 모바일(무선)게임과 온라인 게임 시장의 성장세가 두드러진다. 그러나 이와 맞물려 인터넷 게임중독에 대한 문제가 사회적으로 큰 이슈로 대두되고 있다.

게임중독의 현황

컴퓨터 게임에 중독된 중학생이 자신을 나무라는 어머니를 살해하고 스스로 목숨을 끊은 사건이 벌어졌다(2010년 11월). 게임중독으로 인한 불미스러운 사건은 끊이지 않는다. 20대 청년이 게임을 한다고 꾸짖는 어머니를 둔기로 때려 숨지게 한 패륜 사건, 인터넷 게임에 중독된 30대 부부가 생후 3개월 된 딸을 굶겨 사망하게 한 사건, 밤새 컴퓨터 게임에 몰두하던 20대가 집 밖으로 나와 길 가던 청년을 이유 없이 칼로 찔러 죽인 사건 등 게임중독의 폐해가 날로 심각해지고 있다.

여성부의 '학령별 인터넷 중독 및 이용 현황 자료'에 따르면 인터넷 중독자의 52%인 103만 명 이상이 아동 · 청소년이다. 한국정보화진흥원 조사도 9～19세 청소년 중 약 100만 명을 인터넷 게임중독 위험군으로 분석하고 있다. 지금 이 시간에도 거미줄처럼 깔린 전국의 PC방 곳곳에 게임에 중독된 수천, 수만 명의 청소년이 똬리를 틀고 있을 것이다. 또 2009년 보건복지부 자료를 보면 인터넷 중독으로 소비된 사회비용은 연간 2조 1590억 원으로 같은 해 국내 온라인 게임 시장규모(2조 6922억 원)와 거의 맞먹는 수준이다.[44] 경제적 피해도 막대한 수준이다.

게임중독자 중 특히 뇌가 성숙하지 못한 청소년은 쉽게 중독에 빠져들 수밖에 없다. 청소년은 자극적인 게임에 반복해서 노출되면 집중력과 인내심이 떨어지고 대인관계 및 사회성이 떨어진다. 게다가 충동 조절이 어려워져 폭력성이 극도로 증가할 가능성이 매우 높다. 실제로 게임중독자의 뇌는 마약중독자의 뇌와 유사한 양상을 보여 물질남용, 충동조절장애 등의 이상 증세를 보인다.[45] 정신과 전문의인 김대진 교수는 인터넷 게임중독은 치명적 뇌질환이자 정신과적 질환이며 심각한 정신장애로서 일부 청소년이 아닌 어느 가정에서나 나타날 수 있는 정신장애라고 단정한다.[46]

게임중독 예방을 위해 정부 관계부처에서는 '피로도 시스템' 도입 등의 정책을 내놓았지만 역부족이다. 또한 여성가족부에서는 게임사이트 가입 시 친권자 동의,

친권자 요청에 의한 이용시간 및 이용방법의 제한, 친권자에게 고지, 과도한 게임 이용 방지를 위해 자정~오전 6시 청소년의 게임 접속을 강제 차단하는 법률인 셧다운제를 담은 청소년보호법 개정안을 제출해 국회 본회의에서 통과되었다(2011. 4. 29.). 하지만 게임산업을 위축시킬 수 있다는 반발과 과잉규제금지원칙에 어긋나는 위헌적 요소가 있다는 비판도 거세게 일고 있다.

인터넷 게임중독의 개념

인터넷 중독에는 여러 종류가 있다. 인터넷 중독 전문가인 영은 인터넷 중독을 다섯 가지 유형으로 분석한다.[47] 첫째, 사이버 성 중독(cybersexual addiction)이다. 사이버 섹스나 사이버 포르노 등을 다루는 성인 인터넷 사이트에 대한 중독 증상을 보이는 것이다. 둘째, 사이버 관계 중독(cyber-relationship addiction)이다. 인터넷에서 관계를 맺게 된 사람이나 채팅이나 커뮤니티 같은 집단에 대한 중독 증상을 말한다. 싸이월드나 블로그 등을 통해서 상호 간에 친분 관계를 형성하고 이로 인해 일상생활에 지장을 초래할 만큼 집중하는 경우를 포함한다. 셋째, '넷 강박 충동(net compulsions)'이다. 온라인 도박이나 쇼핑, 증권 거래와 같이 인터넷 서비스를 이용해 일상생활에서의 편리함을 추구하고자 개발된 서비스에 의존감이 생겨 이를 확인하지 않으면 불안함을 느끼는 경우를 말한다. 넷째, '정보 과부하'로서 일종의 정보검색 중독을 의미한다. 이는 강박적으로 타인보다 많은 정보를 소유하고자 하는 우월감이나 다른 사람이 구하기 어려워하는 정보를 습득하여 보관하는 것을 자랑스럽게 생각하는 유형이다. 마지막으로 강박적인 컴퓨터 게임중독이다. 컴퓨터를 이용한 게임에 강박적으로 집착하는 경우를 말한다.

앤드루 킨은 게임중독을 비롯한 인터넷 중독은 인터넷의 속성에서 기인하는 한계임을 지적한다.[48] 강렬한 온라인의 쌍방향성은 과도한 성적 집착을 보이는 10대부터 충동적인 도박꾼과 온갖 중독자를 양산하며 우리 사회의 도덕구조를 해체하고 있다는 것이다. 특히 인터넷 게임(도박)중독자의 폐해는 더욱 심각한데, 온라인 게임이나 도박은 현실세계의 도박중독보다 더 쉽게 중독될 가능성이 있으며, 인터넷 접속만으로 가능하기 때문에 그 이용자도 폭발적으로 증가할 것이라고 전망한다. 온라인 게임이나 도박 중독은 개인의 삶을 파괴함과 동시에 돈의 가치에 대한 잘못한 인식을 확산시키고 잘못된 윤리관을 형성시킨다.

인터넷 중독 하위 유형에서 가장 일반적이며 심각한 유형은 영이 지적하듯이 게임중독증이다. 특히 유아 및 초등학생 아동과 청소년이 인터넷을 사용하는 주된 이유가 게임이나 오락인 것으로 볼 때 아동과 청소년의 인터넷 중독은 주로 인터넷 게임중독과 관련되어 있음을 알 수 있다.[49] 인터넷 게임중독은 게임 사용으로 인해 조절 능력을 상실하거나, 내성으로 인해 게임을 지속적으로 사용하며 게임을 하지 않을 경우 금단 증상을 겪거나, 게임에 강박적으로 집착 또는 의존하는 등의 문제 징후가 심하게 나타남으로써 신체적, 사회적, 정서적 문제를 일으키는 상태로 정의할 수 있다.[50]

국내에서도 머드 게임(multi user dungeon game)이나 온라인 역할 게임에 중독되어 현실 생활을 포기하고 게임에만 몰두하는 '폐인족' 이 생겨나기도 하고 2차적으로 강력 범죄와 연관되는 경우도 종종 발생한다. 『포브스Forbes』는 한국 인구의 15% 정도인 약 700만 명이 과도한 인터넷 이용으로 고생하고 있으며 이들 중 상당수가 인터넷 게임중독에 시달리고 있다고 보도하였다.[51]

인터넷 게임중독 원인

청소년이 게임에 중독되는 원인은 온라인 게임 자체의 측면과 중독에 빠지기 쉬운 개인의 심리적 특성으로 나누어 볼 수 있다.

영은 게임행동의 동기를 중심으로 한 ACE모델을 주창하면서, 게임에 몰입하게 되는 이유를 접근 가능성(accessibility), 통제감(control), 흥미감(excitement)으로 설명하고 있다. 또 다른 학자들은 인터넷 게임이 강한 경쟁의식을 통한 성취 욕구, 타인의 인정을 받으려는 욕구, 자신이 게임을 주도하는 데서 얻는 힘의 욕구를 충족시킬 수 있으며, 가상 공동체 형성을 통한 사회관계를 형성할 수 있다는 점 등을 들기도 한다. 또한 욕구충족이나 대리만족, 회피성, 사회적 지지의 결핍도 게임의 중요한 동기[52]로 분석되고 있다.

게임중독에 빠지기 쉬운 개인의 심리적 특성으로는 청소년의 사회적 고립과 위축감이 제기된다. 특히 부모가 자녀에 무관심한 가정에서 게임중독에 걸리는 아이가 쉽게 나올 수 있다고 본다. 전문가들은 공통적으로 게임중독 아동은 부모가 집안일에 무심하고 가족 간 대화가 없는 경우가 대부분이라고 말한다.[53] 또한 영은 자기 의존적이고 독립된 활동에 대한 선호도가 높거나, 자기 방어적이거나 경계심이 높은 개인 성향도 영향을 미치고 대부분의 중독현상의 원인이 그러하듯 우울증이나 불안감, 고독감, 약물중독, 낮은 자아존중감도 게임중독을 부채질하는 요인이 된다고 주장한다.[54]

이러한 개인적 특성 외에도 청소년기는 그 자체로 다양한 욕구충족을 위해 적극적으로 행동하는 시기다. 특히 청소년기에는 일반적으로 폭력욕구가 상대적으로 강하며 온라인 게임 자체가 이러한 청소년기의 폭력욕구를 더욱 자극시키는 측면이 있다. 청소년기는 그 자체로서 억제하기 힘든 신체 에너지가 분출하는 시기이기도 하다. 그렇기에 청소년은 때로 자신의 이러한 폭발하는 힘을 적절히 통제할 방법을 찾는다. 게임의 측면에서 바라보면 대부분의 온라인 게임은 청소년의 폭력성에 다음과 같이 중요한 영향을 미치고 있다.[55]

첫째, 게임은 다른 미디어와 달리 게임 속 이용자의 공격적인 행동에 대하여 점수나 경험치로 인한 레벨 상승 등의 보상을 제공한다. 둘째, 게임은 무기를 가지고 표적을 타격하는 것과 같은 특별한 행동 기법의 연습을 조장하고 무의식적으로 각인시킨다. 셋째, 게임은 사이버네틱스의 개념과 마찬가지로 게임 상의 캐릭터를 이용자가 선택하게 함으로써 공격자와의 동일시를 촉진한다. 넷째, 게임은 실제에 가까운(실제와 가까워지려고 노력하는) 그래픽과 사운드에 매우 극적인 폭력행동을 결합시켜 게임의 사실성을 증가시킴으로써 청소년의 폭력성을 더욱 자극한다.

이 밖에도 인터넷 중독은 청소년의 생활 적응을 저해하고 현실에서의 사회관계를 해칠 수 있기 때문에 청소년비행을 유발할 수 있다는 주장이 대세를 이루고 있다. 반면에 인터넷 중독이 오히려 청소년 비행을 감소시킨다는 주장도 있다. 일반적으로 가정에서의 문제나 학업스트레스, 교우 간의 문제를 겪는 청소년이 인터넷 중독에 빠지게 된다고 본다. 그러나 이런 청소년이 사이버공간에서 새로운 인간관계를 형성하고, 위로와 지지를 받고, 우울을 극복하고, 게임을 통해 자신감을 회복하고 또 지위상승을 경험할 수 있게 된다는 것이다. 따라서 인터넷 몰입을 통해 과거의 부정적 문제가 해결되고 자긍심이 높아지기 때문에 오히려 비행의 동기가 줄어든다는 주장이다.

4) 인터넷 게임중독 자가진단

인터넷 게임을 포함한 인터넷 중독치료 센터를 운영하는 영은 인터넷 게임중독을 진단하기 위한 여덟 가지 질문을 개발해 다음과 같이 제시하고 있다.[56)]

① 자신이 원하는 만족을 얻기 위해 점점 많은 시간을 인터넷 게임에 소비하고 있는가?
② 인터넷 게임 생각에 사로잡혀 있는가? (평상시 게임에 대해 얘기하거나 다음 게임을 학수고대하는 등)
③ 가족이나 친구에게 인터넷 게임을 한 시간을 속인 적이 있는가?
④ 인터넷 게임을 줄이거나 중단하면 안절부절못하거나 화가 나는가?
⑤ 인터넷 게임을 줄이거나 중단하려고 여러 차례 시도했지만 실패한 적이 있는가?
⑥ 어떤 문제에서 도피하기 위해 혹은 무기력, 죄의식, 분노, 우울증을 해소시키기 위해 인터넷 게임을 하는가?
⑦ 인터넷 게임 습관 때문에 중요한 인간관계를 망치거나 결혼생활을 위험에 빠

뜨린 적이 있는가?

⑧ 인터넷 게임 습관 때문에 직업이나 교육 혹은 경력의 기회를 망친 적이 있는가?

이 질문 중 한 가지라도 '예'란 답을 했다면 인터넷 게임중독에 빠져 있을 가능성이 높다고 본다.

한국정보화진흥원에서는 청소년을 대상으로 한국형 인터넷 게임중독 자가진단표를 개발하였다.[57] 이 진단표는 청소년(만 13~18세)을 대상으로 개발한 것으로 4점 척도로 평가한다(〈표 4-3〉 참조).

표 4-3 인터넷 게임중독 자가진단표

항목당 1~4점까지 매겨 보세요(1점-전혀 그렇지 않다 / 2점-때때로 그렇다 / 3점-그렇다 / 4점-매우 그렇다). 합이 37점 이하이면 일반 사용자, 38~48점이면 잠재적 위험사용자, 49점 이상이면 전문적 치료가 필요한 고위험 사용자(중독자)에 해당함

번호	항목	1	2	3	4
1	게임을 하는 것이 친구와 어울리는 것보다 좋다.	①	②	③	④
2	게임공간에서의 생활이 실생활보다 좋다.	①	②	③	④
3	게임 속의 내가 실제의 나보다 좋다.	①	②	③	④
4	게임에서 사귄 친구들이 실제 친구들보다 나를 더 알아준다.	①	②	③	④
5	게임에서 사람을 사귀는 것이 더 편하고 자신 있다.	①	②	③	④
6	밤늦게까지 게임을 하느라 시간 가는 줄 모른다.	①	②	③	④
7	게임을 하느라 해야 할 일을 못 한다.	①	②	③	④
8	갈수록 게임을 하는 시간이 길어진다.	①	②	③	④
9	점점 더 오랜 시간 게임을 해야 만족하게 된다.	①	②	③	④
10	게임을 그만둬야 하는 경우에도 그만두기가 어렵다.	①	②	③	④
11	게임하는 시간을 줄이려고 노력하지만 실패한다.	①	②	③	④
12	게임을 안 하겠다고 마음먹고도 다시 게임을 하게 된다.	①	②	③	④
13	게임 생각 때문에 공부에 집중하기 어렵다.	①	②	③	④
14	게임을 못 한다는 것은 견디기 힘든 일이다.	①	②	③	④
15	게임을 하지 않을 때에도 게임 생각을 하게 된다.	①	②	③	④

16	게임으로 인해 생활에 문제가 생기더라도 게임을 해야 한다.	①	②	③	④
17	게임을 하지 못하면 불안하고 초조하다.	①	②	③	④
18	다른 일 때문에 게임을 못 하게 될까 봐 걱정된다.	①	②	③	④
19	누가 게임을 못 하게 하면 신경질이 난다.	①	②	③	④
20	게임을 못 하게 되면 화가 난다.	①	②	③	④

출처: 한국정보문화진흥원 인터넷중독예방상담센터.

주: 1) 37점 이하: 일반 사용자. 평균 하루 1시간 30분 이하. 주 2회 이하 게임을 즐기는 편. 게임하는 시간을 스스로 조절할 수 있고 게임과 현실세계에 대한 구분이 명확하나, 자신을 긍정적으로 생각하는 경향이 강하다.

2) 38~48점: 잠재적 위험 사용자. 평균 하루 2시간 이상, 주 5~6회 정도 게임을 한다. 고위험 사용자에 비해 낮은 수준이나 가상세계에 더 많은 관심을 보이며 게임과 현실생활을 혼동하는 경향이 있다. 게임으로 인해 현실세계의 대인관계 및 일상생활에 문제를 겪을 수 있고 공격적 성향을 보인다. 중독 예방 프로그램이 필요하다.

3) 49점 이상: 고위험 사용자. 매일 하루 2시간 30분 이상 게임을 하는 경우. 현실세계보다는 가상의 게임 속에 몰입해 일상 속 대인관계나 생활에 적응하지 못하는 문제를 보인다. 일반적으로 자기 통제력이 낮아 일시적 충동이나 즉각적 만족을 추구하며 인내력과 문제해결능력이 떨어진다. 전문적 치료 지원 및 상담이 필요하다.

표 4-4 인터넷 중독 자가진단 프로그램(K 척도)

항목당 1~4점까지 매겨 보세요(1점-전혀 그렇지 않다 / 2점-때때로 그렇다 / 3점-자주 그렇다 / 4점-항상 그렇다).

번호		항목	1	2	3	4
1	1	인터넷 사용으로 생활이 불규칙해졌다.	①	②	③	④
	2	인터넷 사용으로 건강이 이전보다 나빠진 것 같다.	①	②	③	④
	3	인터넷 사용으로 학교 성적이 떨어졌다.	①	②	③	④
	4	인터넷을 너무 사용해서 머리가 아프다.	①	②	③	④
	5	인터넷을 하다가 계획한 일을 제대로 못한 적이 있다.	①	②	③	④
	6	인터넷을 하느라고 피곤해서 수업시간에 잠을 잔 적이 있다.	①	②	③	④
	7	인터넷을 너무 사용해서 시력 등에 문제가 생겼다.	①	②	③	④
	8	다른 할 일이 많을 때에도 인터넷을 사용하게 된다.	①	②	③	④
	9	인터넷 사용으로 가족과 마찰이 있다.	①	②	③	④
2	10	인터넷을 하지 않을 때에도 하고 있는 듯한 환상을 느낀 적이 있다.	①	②	③	④
	11	인터넷을 하고 있지 않을 때에도 인터넷에서 나오는 소리가 들리고 인터넷을 하는 꿈을 꾼다.	①	②	③	④
	12	인터넷 사용 때문에 비도덕적인 행위를 저지르게 된다.	①	②	③	④

3	13	인터넷을 하는 동안 나는 가장 자유롭다.	①	②	③	④
	14	인터넷을 하는 동안 나는 기분이 좋아지고 흥미진진해진다.	①	②	③	④
	15	인터넷을 하는 동안 나는 더욱 자신감이 생긴다.	①	②	③	④
	16	인터넷을 하고 있을 때 마음이 제일 편하다.	①	②	③	④
	17	인터넷을 하면 스트레스가 모두 해소되는 것 같다.	①	②	③	④
	18	인터넷이 없다면 내 인생에 재미있는 일이란 없다.	①	②	③	④
4	19	인터넷을 하지 못하면 생활이 지루하고 재미가 없다.	①	②	③	④
	20	만약 인터넷을 다시 할 수 없게 된다면 견디기 힘들 것이다.	①	②	③	④
	21	인터넷을 하지 못하면 안절부절못하고 초조해진다.	①	②	③	④
	22	인터넷을 하고 있지 않을 때에도 인터넷에 대한 생각이 자꾸 떠오른다.	①	②	③	④
	23	인터넷 사용 때문에 실생활에서 문제가 생기더라도 인터넷 사용을 그만두지 못한다.	①	②	③	④
	24	인터넷을 할 때 누군가 방해를 하면 짜증스럽고 화가 난다.	①	②	③	④
5	25	인터넷에서 알게 된 사람들이 현실에서 아는 사람들보다 나에게 더 잘해 준다.	①	②	③	④
	26	온라인에서 친구를 만들어 본 적이 있다.	①	②	③	④
	27	오프라인에서보다 온라인에서 나를 인정해 주는 사람이 더 많다.	①	②	③	④
	28	실제에서보다 인터넷에서 만난 사람들을 더 잘 이해하게 된다.	①	②	③	④
	29	실제 생활에서도 인터넷에서 하는 것처럼 해 보고 싶다.	①	②	③	④
6	30	인터넷 사용시간을 속이려고 한 적이 있다.	①	②	③	④
	31	인터넷을 하느라고 수업에 빠진 적이 있다.	①	②	③	④
	32	부모님 몰래 인터넷을 한다.	①	②	③	④
	33	인터넷 때문에 돈을 더 많이 쓰게 된다.	①	②	③	④
	34	인터넷에서 무엇을 했는지 숨기려고 한 적이 있다.	①	②	③	④
	35	인터넷에 빠져 있다가 다른 사람과의 약속을 어긴 적이 있다.	①	②	③	④
7	36	인터넷을 한번 시작하면 생각했던 것보다 오랜 시간을 인터넷에서 보내게 된다.	①	②	③	④
	37	인터넷을 하다가 그만두면 또 하고 싶다.	①	②	③	④

7	38	인터넷 사용시간을 줄이려고 해 보았지만 실패한다.	①	②	③	④
	39	인터넷 사용을 줄여야 한다는 생각이 끊임없이 들곤 한다.	①	②	③	④
	40	주위 사람들이 내가 인터넷을 너무 많이 한다고 지적한다.	①	②	③	④

출처: 한국정보문화진흥원 인터넷중독예방상담센터.

주: 행정안전부에서 개발한 청소년용 인터넷 중독 자가진단 프로그램은 다음과 같은 일곱 가지 영역을 기준으로 질문을 생성하였다.

① 결과기준

1 = 일상생활장애(Disturbance of Adaptive Functions)

2 = 현실구분장애(Disturbance of Reality Testing)

3 = 긍정적 기대(Addictive Automatic Thought)

4 = 금단(Withdrawal)

5 = 가상적 대인관계지향성(Virtual Interpersonal Relationship)

6 = 일탈행동(Deviate Behavior)

7 = 내성(Tolerance)

행정안전부에서 제공하는 인터넷 중독 자가진단 프로그램은 작성한 설문지의 영역별 위험 범위뿐만 아니라 전체 합계 점수를 기준으로 인터넷 중독 여부를 파악할 수 있도록 채점 기준을 마련하고 있다. 또한 초등학생과 중고등 학생에 대해 다른 기준으로 위험 정도를 판별할 수 있도록 별도의 채점 기준을 마련하고 있다.

② 채점 방법

- 각 문항별 자신의 점수를 더하여 7개 요인 각각의 점수를 구한다.
- 7개 요인점수를 모두 합하여 전체 총점을 구한다.
- 3단계로 분류된 각 사용자군 중 자신의 점수가 어디에 해당하는지 확인한다.

③ 사용자군 점수분류(중고등학생용)

구분	고위험 사용자군	잠재적 사용자군	일반 사용자군
총점	104 이상	89~103	88 이하
1 요인	21 이상	19~20	18 이하
4 요인	16 이상	14~15	13 이하
7 요인	15 이상	13~14	12 이하

- 고위험 사용자군: 1, 4, 7번 모두에 해당하거나, 전체총점에 해당되는 경우
- 잠재적 위험 사용자군: 1, 4, 7 요인이나 전체총점 중 어느 한 가지에 해당
- 일반사용자군: 위 어느 하나에도 속하지 않는 경우

사용자군 점수분류에 따라 자신의 점수가 속한 사용자군에 대해서 판별한다. 위의 표는 각 사용자군별 판별을 위한 구분 기준과 이에 대한 치료 및 상담 지원에 대한 내용을 나타내고 있다. 더 상세한 내용은 한국인터넷 진흥원(KISA) 홈페이지(http://www.kisa.or.kr)을 참조하도록 한다.

후주

1. 예병일 외(2001). 아이패드 혁명. 서울: 도서출판예인.
2. 이관춘(2006). 직업은 직업이고 윤리는 윤리인가(2판). 서울: 학지사.
3. 유영만(1999). 정보화와 성인학습의 생활화: 사이버 성인학습의 일상화와 전략. 한국성인교육학회 가을학술대회 자료집.
4. 참조: 한국인터넷진흥원(2010). 2010년 인터넷이용실태조사. 서울: 한국인터넷진흥원.
5. 같은 책.
6. 2010년 인터넷진흥원 통계에서는 이동전화 등 무선단말기로 '장소 구분 없이' 이용하는 경우도 39.6%로 크게 증가함.
7. 한국인터넷진흥원(2010). 앞의 책.
8. 참조: 한국방송통신위원회가 실시한 '2010 인터넷 이용 실태'.
9. 한국정보화진흥원(2010. 12. 7.). 디지털 혁명의 미래와 정부서비스 전략(IT & Future Strategy, 11호). 서울: NIA한국정보화진흥원.
10. 이진영. (광화문에서) 나는 소설한다. 고로 존재한다. (2010. 10. 6.). 동아일보.
11. 공병호(2005). 공병호의 10년 후 세계. 서울: 해냄, p. 156.
12. 유영만(1999). 앞의 글.
13. LG경제연구원(2005). 2010 대한민국 트렌드. 서울: 한국경제신문, p. 166, 재인용.
14. 개리 스몰, 지지 보건(2010). 아이브레인(조창연 역). 서울: 지와사랑.
15. 돈 탭스콧(2009). 디지털 네이티브(이진원 역). 서울: 비즈니스북스.
16. 클레이 서키(2008). 끌리고 쏠리고 들끓다(송연석 역). 서울: 갤리온.
17. 리처드 세넷(2008). 뉴캐피털리즘(유병선 역). 서울: 위즈덤하우스.
18. LG경제연구원(2005). 2010 대한민국 트렌드. 서울: 한국경제신문, p. 169.
19. 돈 탭스콧(2008). 앞의 책.
20. 같은 책.
21. 캐스 선스타인(2009). 루머: 인터넷시대에 던지는 신문명비판(이기동 역). 서울: 프리뷰.
22. 권순활. 인터넷 의사의 칼과 강도의 칼. (2010. 11. 9.). 동아일보.
23. 같은 글, 재인용.
24. 참조: DailyFinance(2011. 1. 2.).
25. 앤드루 킨(2010). 구글, 유튜브, 위키피디아, 인터넷 원숭이들의 세상(박행웅 역). 서울: 한울.
26. 참조: http://www.fact-index.com/i/in/infinite_monkey_theorem.html.
27. 앤드루 킨(2010). 앞의 책, p. 39.

28. 같은 책, p. 64.
29. 같은 책, p. 29.
30. Furnham, A. (1990). *The protestant work ethic: The psychology of work-related beliefs and behaviours*. London: Routledge, 재인용.
31. New York Times(2007. 11. 18.).
32. 같은 글.
33. 한미영, 이형실(2006). 자아존중감, 부모관계, 친구관계가 청소년의 인터넷 중독에 미치는 영향. 한국가정과교육학회지, 18(4), 57.
34. 같은 글, 재인용.
35. King, S. A. (1996); 한미영, 이형실(2006). 같은 글, 재인용.
36. Young, K. (1998). *Caugh in the net*. New York: John Wiley & Sons.
37. 참조: 한국인터넷중독예방 상담센터(http://www.iapc.or.kr).
38. Young, K. (1998). 앞의 책.
39. Krout, R. et al. (1998); http://www.iapc.or.kr, 재인용.
40. Suler, J. (1999). Computer and cyberspace addiction. The Psychology of Cyberspace. http://www.rider.edu/users/suler/psycyber/cybaddict.html.
41. 예: Widyanto, L., & McMurran, M. (2004). The psychometric properties of the internet addiction test. *CyberPsychology & Behavior*, 7(4), 443-450.
42. 참조: 한국인터넷진흥원. http://www.ncthics.kr/learn/learn_1_.jsp?no=4.
43. 참조: 한국콘텐츠진흥원(2010). 2010 대한민국 게임백서. 서울: 한국콘텐츠진흥원.
44. 차정섭. 게임중독에 청소년이 멍든다. (2010. 11. 19.). 동아일보, 재인용.
45. 같은 글.
46. 김대진. 10대 100만명, 인터넷 게임중독 위험군. (2010. 10. 22.). 동아일보.
47. Young, K.: 한국인터넷진흥원. http://www.iapc.or.kr, 재인용.
48. 앤드루 킨(2010). 앞의 책.
49. 참조: 한국인터넷진흥원(2010). http://www.iapc.or.kr.
50. 참조: 김승옥, 이경옥(2007). 아동의 인터넷 게임중독 및 과몰입의 개념적 이해. 어린이미디어연구, 6(2), p. 68; 양돈규(2000). 청소년의 감각추구성향과 인터넷중독 경향 및 인터넷관련 비행 간의 상관성. 청소년학연구, 7(2), 117-136; 이칭찬(2002). 한국 청소년의 인터넷 중독증 해결방안에 관한 연구. 정보통신학술 연구과제 자유종합 01-01; 한미영, 이형실(2006). 앞의 책, p. 57.
51. Forbes(2009. 3. 4.).
52. Young, K. (1998). 앞의 책.
53. 참조: 김승옥, 이경옥(2007). 앞의 글, p. 68; 이칭찬(2002). 앞의 글; 한미영, 이형실(2006). 앞의

책, p. 57.

54. Young, K. (1998). 앞의 책.

55. 참조: 김효선(2002). 인터넷 게임 중독이 아동의 충동성 및 공격성에 미치는 영향. 제주대학교 교육대학원 석사학위논문; 나순희(2003). 인터넷중독과 비행의 관계에 관한 연구. 숭실대학교 대학원 석사학위논문; 양돈규(2000). 앞의 책, pp. 117-136.

56. 참조: Young, K. (1996). The relationship between depression and pathological internet use. Paper presented at the annual meeting of the American Psychological Society, Washington, DC; Young, K. (1998). 앞의 책; Young, K. (1999). Cyber-disorder: The mental health concern for the new millennium, Paper presented at 107th APA Convention, August 20.

57. 참조: 한국정보화진흥원. http://www.nia.or.kr.

제2부

너와 나 그리고 우리

제5장 • 신뢰사회와 부정부패

제6장 • 공동체의식과 공동체자유주의

제7장 • 자본주의 경제와 경제교육

제8장 • 미디어와 미디어교육

제9장 • 미디어 문맹과 미디어 리터러시

제5장

신뢰사회와 부정부패

진정한 '시민의 사회'가 되기 위한 핵심 전제 조건은 '신뢰'다. 사람과 사람 사이에 '믿음'이 있어야만 사회가 제대로 돌아갈 수 있다. 서로가 서로를 믿지 못하면 사회경제적 불편과 기회비용이 증가하게 마련이다. 따라서 신뢰에 기초한 시민사회를 형성하기 위해서는 무엇보다 부정부패를 일소하는 것이 급선무다.

부정부패는 인간다운 사회의 최후 안전망인 법적 · 도덕적 장치를 파괴한다. 이런 사회에서는 이윤추구에 도움이 되는 일이라면 수단과 방법을 가리지 않는 무원칙, 무질서, 무책임이 팽배하게 마련이다. 과정이야 어찌되었든 결과만 중요시 여기며 이윤추구와 관련이 없는 것은 거들떠보지도 않는 극단적인 시장논리만 작용하게 된다. 이러한 부패가 만연된 사회에서는 경쟁력이 생길 수 없다. 시민 개개인이 자신만의 이익을 추구하다 보면 결국에는 모두에게 손해가 돌아오는 '죄수의 딜레마' 에 빠지게 되는 것이다.[1]

부정부패는 더 이상 개별 국가만의 문제에 그치지 않는다. '하나의 경제' 로 변한 국제사회도 죄수의 딜레마 현상을 극복하기 위한 노력을 글로벌 차원에서 벌이고 있다. 국제적인 상거래에 대한 표준화된 게임 규칙을 만들어 공정한 거래를 하게 하려는 것이다. 인간답고 경쟁력 있는 사회 건설을 위해, 그리고 국가 간의 공정한 상거래 질서를 위해 부정부패는 청산되어야 할 공공의 적이 되었다.

이 장에서는 먼저, 하나의 지구촌으로 변한 국제사회에서 부정부패의 예방을 통해 공정한 무역질서를 확립하려는 노력을 살펴본 후, 현재의 한국 상황을 진단해 보고, 국가사회 경쟁력과 부정부패의 관계를 살펴보기로 한다.

1. 글로벌 부정부패 대책

21세기 글로벌 사회로 들어서면서 전 세계는 세 가지 측면에서 윤리성 회복의 필요성을 인식하게 되었다. 정치적인 측면에서는, 1990년대 사회주의 붕괴와 세계화의 진전으로 민주주의적 질서가 확산될 것으로 기대했으나 오히려 민주주의 위기로 나가고 있다는 위기감을 느끼고 있다.[2] 지그문트 바우만Zygmunt Bauman이나 울리히 벡Ulrich Beck은 자유주의적 개인주의가 확산됨으로써 공동체성이 파괴되고 이렇게 형성된 정치 부재의 상황하에서 새로운 무정부적 급진주의가 그 공간을 채워 가고 있기 때문에 민주주의는 위기에 처해 있다고 주장한다. 따라서 알렝 투렌느Alain Touraine와 클라우스 오페Claus Offe 그리고 데이비드 헬드David Held는 정치 부재의 현실이 초래한 민주주의의 위기는 신뢰회복을 통해서만 가능하다고 그 대안을 제시한다.[3]

사회문화적 측면에서는, 전 세계 여러 나라가 무도덕적인 인간의 근본 문제에 관한 인식을 새롭게 하게 되었다. 하이테크, 물질만능으로 치닫는 인류 사회에 대한 반성과 아울러 인간성 회복을 위한 운동이 필요하다는 주장이다. 서구에서는 '제2의 르네상스' 혹은 '정신혁명'을 일으켜야 한다는 공감대가 점차 확대되고 있다. 마지막으로 좀 더 현실적인 측면에서 볼 때, 정치적인 국경은 아직 존재하지만 경제적으로는 국경 없는 하나의 지구촌이 된 세계 경제시대에 공정한 교역질서를 확럽하기 위한 윤리적인 제도 장치가 절실히 필요하게 되었다. 이러한 경제의 세계화에 따른 현실적인 요구로 탄생한 것이 윤리라운드다.

1) 윤리라운드

특히 세계무역기구(WTO) 체제 이후 국가 간의 무역장벽이 빠른 속도로 철폐되고 산업 각 분야별로 시장개방이 확대되면서 하나의 세계시장 현상은 점차 심화되고 있다. 동시에 국경 없는 무한경쟁도 가속화되고 있다. 새로 형성된 시장에는 새로운 경쟁규칙이 요구될 수밖에 없으므로 WTO와 OECD 등은 21세기 글로벌 시장의 게임 규칙으로 5개 분야의 새로운 규제(5R)를 제시하였다. 즉, 환경문제의 그린라운드(Green Round), 노동 장벽에 관한 블루라운드(Blue Round), 기술부문의 규제인 테크노라운드(Technology Round), 공정한 경쟁을 다루는 컴피티션라운드(Competition Round) 그리고 부정부패를 규제하는 윤리라운드(Ethics Round)다. 이 중 부정부패에 직결되는 것이 윤리라운드다.[4)]

윤리라운드는 개별 국가의 비즈니스 관행 차원으로 인식되어 오던 부패문제를 국제 상거래를 위한 국제협약으로 발전시켜 금지시키는 데 목적이 있다. 즉, 한 국가의 부정부패는 다국적 기업의 수익성과 효율성에 큰 타격을 입히고, 결국은 국가 간 공정경쟁의 틀을 무너뜨린다는 데 국제적인 합의가 이루어진 것이다.

리마선언

윤리라운드의 출발은 미국 주도하의 부패방지 논의, 즉 외국에서 뇌물행위는 국내법에서 처벌하도록 하자는, 소위 부패라운드가 시작이었다. 아울러 1997년 페루 리마에서는 세계 각국의 정부, 기업, 시민사회 관계자들이 모여 공동으로 '리마선언'을 발표하고 세계적 차원의 반부패 대책을 촉구하였다.

부패라운드

1999년 2월 15일 경제협력개발기구(OECD)의 34개 회원국이 서명한 '해외공무원에 대한 뇌물방지협약' 이 발효되었다. 이것이 부패라운드다. 핵심 내용은 기업이 해외계약을 따기 위해 해당국 공무원에게 뇌물을 제공하는 행위를 불법화한 것이다. 이어 같은 해 5월 OECD의 기업지배원칙이 채택되었다. 이제 부패문제를 해결하지 못하면 국제무역시장에서 퇴출되게 된 것이다.

한국의 해외뇌물거래방지법

우리나라도 1999년 1월 4일 특별법으로 '해외뇌물거래방지법' 을 제정하여 그동안 관행적으로 행해져 왔으나 처벌하지 않았던 '해외뇌물' 제공행위를 더 이상 용인하지 않게 되었다. 국제 상거래에서 부당한 이익을 취하기 위해 외국 공무원에게 뇌물을 주는 기업은 형사처벌을 받고, 부당하게 얻은 이익은 박탈당하게 된 것이다. 또한 국제거래에서 불법행위가 문제될 경우 국가 및 기업의 대외신인도에 치명적인 악영향을 미치게 된다.

OECD 뇌물방지협약에서 비윤리적인 부패행위로 규정하는 내용은 열두 가지로 뇌물, 탈세, 외화 도피, 환경오염, 허위 과대광고, 비자금 조성과 정경유착 자금조성, 주가가격 조작, 체불임금 및 저임금 착취, 부당 노동 행위, 부당한 금융관행, 환경파괴 및 공해 배출 등이다. 이와 관련된 기업의 제품이나 서비스의 국제거래는 불공정거래로 규정하고, 이들의 국제거래를 규제하자는 것이 윤리라운드의 기본 취지다.

국제적인 자금 지원을 담당하는 기구에서도 윤리적 투명성을 요구하고 있다. 1997년 10월부터 세계은행(IBRD)과 국제통화기금(IMF)은 이들의 자금 지원을 받고 있는 국가에 대해 기업의 투명성 제고와 소액주주의 권익 보호를 강력히 요구하고 있고, 이에 맞추어 자금 수혜국도 상응하는 변화를 보이고 있다. 이 밖에도 OECD는 지난 2000년까지 기업지배원칙을 포함한 국제 공통의 윤리강령을 제정하여 회원국의 기업은 이를 지키도록 권고하고 있다. 이는 강제가 아닌 권고안이지만 이를 지키지 않는 기업은 비윤리적 기업으로 낙인찍혀 국제입찰 등에서 불이익을 받게 된다.

유엔반부패협약

국제사회의 반부패 움직임은 유엔 차원의 협약으로 발전하게 되었다. 2003년 10월 31일 유엔 총회는 유엔반부패협약(UNCAC)을 채택하였으며, 이어 12월 11일에는 멕시코 메리다에서 100여 개국 정부 고위 관계자들이 협약에 서명함으로써 공식적으로 국제반부패협약이 체결되었다. 수년간의 노력 끝에 이루어진 이 협약은 부패방지의 중요성을 강조하고, 각국 정부가 이를 위해 반부패기구를 창설하거나 선거 정당자금의 투명성을 높이는 등 공공 및 민간 분야에서 다각적인 대책을 수립하도록 촉구하고 있다. 또한 반부패협약은 각국 정부가 광범위한 부패 행위를 범죄로 규정하고 뇌물, 횡령, 자금세탁 등을 불법화하는 법률을 채택할 것을 명시하고 있다. 이 협약은 부패 예방과 범죄에 대한 법적 제제를 전 세계적으로 다룰 수 있게 한 진정한 의미의 글로벌 조약이라 할 수 있다. 그러나 이 협약의 준수를 감시할 실행자원이 부족하고 비강제적 조항이 많다는 지적도 있다.

APEC 산티아고 공약

아시아태평양경제협력체(APEC)도 2004년 11월 21일 칠레에서 투명성 실현과 부패방지를 위한 '산티아고 공약'을 채택하였다. 이 공약에서는 올바른 정치 및 경영을 위한 최대의 적은 부패며, 이는 또한 투자를 저해하는 심각한 위협이기에 부패와의 싸움은 국민에게 혜택을 주는 경제개발에 필수적임을 강조하고 있다.

국제투명성기구

국제기구의 조직적인 반부패 노력이 활발히 전개되고 있는 가운데 민간부문의 영향력도 점차 커지고 있다. 국제투명성기구(TI)가 대표적인 예다. 1993년 출범한 국제감시기구인 TI는 부패지수 측정모형 개발과 각국의 부패 정도 등급화 등을 통해 반부패 노력에 앞장서고 있다. 1995년부터 국가별 부패인식지수(CPI)를 매년 발표하고 있으며, 국가청렴 시스템을 개발하여 1999년부터 2년마다 뇌물공여지수(BPI)를 조사하여 발표하고 있다. 이들의 노력은 각국의 부패 억제 노력을 촉구하고 국가 경쟁력 및 신인도에 절대적인 영향을 끼치고 있다.

한국의 투명사회협약

국제적으로 부패 퇴치를 위한 윤리규범 제정이 활발한 가운데 우리나라에서도 2005년 3월 9일 정부, 정치권, 경제계, 시민사회단체가 함께 만든 '투명사회협약'이 체결되었다. 이 협약안은 한국 사회의 주요 반부패 의제를 망라하고 있는데, 불법적으로 조성되거나 받은 정치자금을 국고로 환수하고 벌금 이상의 비위(非違)로 면직된 공무원이 유관기업에 취업하는 것을 제한하는 내용 등을 골자로 하고 있다.[5] 특히 기업의 윤리경영을 강화하고, 회계의 투명성을 제고하기 위한 구체적 방법을 담고 있으며, 이를 실천하기 위한 실천협의회를 구성하여 운영하는 계획을 포함하고 있다.

2) 투명성 혁명시대

앞에서 살펴보았듯이, 세계는 지금 국가 간의 상거래 질서를 확립하기 위해 부정부패를 척결하기 위한 공동의 노력을 경주하고 있다. 다시 말해 하나의 세계시장에서 지켜야 할 게임의 규칙으로서 정직과 공정성을 분명하게 요구하고 있다. '윤리라운드'로 인해 뇌물이나 주가조작, 정경유착 등의 부정부패는 더 이상 허용되지 않으며, 비윤리적 기업으로 낙인이 찍히면 무역거래는 물론 어느 나라에서도 기업활동을 제대로 하지 못하게 된다. 이른바 윤리가 경쟁력인 시대가 된 것이다.

윤리라운드는 공정한 시장경쟁을 위해 필연적으로 출범할 수밖에 없었지만, 이 라운드의 시행이 가능하게 된 것은 세계화와 맞물려 일어나고 있는 지식과 정보의 투명성 혁명 때문이다.[6] 가치 혁명적이라 할 만큼 정보량이 폭증하고 그 전달 또한 즉각적이다. 지구 전 지역의 정보가 거의 실시간으로 전달되는 시대에는 자의적(恣意的) 지배라는 것이 급속히 허물어지게 된다. 자의적 지배는 비밀과 은폐를 수단으로 하여 구축되는데 정보화 시대는 모든 것이 투명하게 드러나기 때문이다.

이러한 투명성 혁명은 사회, 경제 전반에 걸쳐 단순한 양적 변화가 아닌 질적 변화를 초래한다. 삶의 질서, 개인과 직장, 국가의 발전 원리와 성숙원리가 달라지게 된다. 즉, 개인의 신용에서부터 기업을 포함한 조직의 윤리경영 및 국가의 청렴지수가 경쟁력의 핵심요소로 등장하게 된 것이다.

2. 2만 달러 경제와 부정부패

세계 각국이 윤리적인 글로벌 스탠더드로서 부정부패 척결을 내세우는 이유는 한 가지다. 즉, 글로벌 상거래에서의 '신뢰'를 확보하기 위해서다. 신뢰가 보증되지 못하면 글로벌 경제가 사실상 붕괴될 수밖에 없기 때문이다. 한 나라의 경제발전에는 물적자본과 인적자본 외에 그 사회가 공유하고 있는 공통의 규범과 가치, 즉 사회자본의 영향을 크게 받는다는 것이다. 그중에서도 특히 공동체 구성원 간의 신뢰가 경제적 번영을 이끄는 열쇠라고 주장한다.[7]

신뢰할 수 있는 개인, 신뢰할 수 있는 정부, 신뢰할 수 있는 사회가 바로 경쟁력 있는 국가, 행복한 사회라는 것이다. 사전적 용어로 신용이란 '믿고 씀' '믿고 의심하지 않음'이다. 개인 간의 신용, 기업을 포함한 조직 및 국가 간의 신뢰란 사회 구성원의 합의에 의해 정해진 공정한 경쟁규칙이 지켜진다는 믿음이며, 이러한 믿음을 바탕으로 국내외적으로 신뢰사회가 구축되는 것이다. 특히 세계가 하나의 시장으로 변하는 지구촌 경제시대에는 바로 신뢰가 자본이 되는 것이다. 그런데 신뢰사회를 가로막는 부정부패는 한국에서 어떤 모습을 하고 있는가?

1) 밖에서 본 한국의 부정부패

먼저, 교육부장관을 지낸 서울대학교 문용린 교수가 전하는 사례를 하나 들어 보자.[8] 미국 동부의 한 명문대학 교수가 안타까운 심정으로 전해 준 내용은 다음과 같다. “우리 미국 대학에 한국인에 대한 좋지 않은 소문 세 가지가 떠돈다. 첫째, 우리 대학에서 커닝 사건이 일어나면 모두 한국인이다.” 자기 대학에는 커닝이란 것이 없었는데 한국 학생들이 입학하면서 커닝하면 으레 한국인이 하는 걸로 알고 있다는 얘기다. “둘째, 한국에서 오는 서류는 더 자세히 검토해 보라는 쪽지가 항상 붙는다.” 한국에서 오는 서류는 가짜가 많기 때문이라는 이유다. “한국에서 오는 서류뿐만 아니라 한국 학생이 제출하는 서류에는 믿지 못할 내용이 너무 많다. 추천서는 볼 필요도 없다.” 똑같이 카피해서 내기 때문에 믿질 못한다는 것이다. “셋째, 전 세계에서 우리 대학을 사칭하고 다니는 사람 중에 한국인이 제일 많다.” 자신의 학벌까지 명문대학으로 속이려는 사람이 많다는 것이다.

미국인 교수의 이런 말에 강한 저항심이 생기는 사람도 있을 것이다. 반면에 충분히 그럴 수 있다고 공감하는 사람 또한 적지 않을 것이다. 그러나 이런 내용이 한 미국인 교수의 단순한 개인 편견이라고 넘겨 버릴 수 없는 객관적인 통계가 매년 제시되고 있다. 여러 국제평가기관이 분석하는 한국의 부패 정도와 신뢰수준은 OECD 국가란 말이 무색할 정도다.

부패 감시 국제 민간단체인 국제투명성기구(TI)는 매년 세계 각국의 ‘부패인식지수(CPI)’를 조사하여 발표하고 있다. 한국은 1996년부터 근 15년 동안 변함없이 10점 만점에 5점을 갓 넘은 수준을 보이며 전 세계 40위권에서 맴돌고 있다. OECD 국가 중 최하위권이다. OECD 30개 회원국의 평균인 7.18점은 되어야 청렴선진국

클럽에 속한 것으로 간주되는데, 여기에 크게 못 미친다. 아시아 국가 중에서도 최하위권인 것은 물론 칠레나 요르단 등 중동 및 중남미 지역 국가에 비해서도 낮은 순위를 기록했다. 경제력에 비해 부패가 지속적으로 크게 만연되어 있다는 외부의 평가를 받고 있는 것이다.

부패지수뿐만이 아니다. 스위스 국제경영개발대학원(IMD)에서 매년 발표하는 한국의 '회계신인도'는 2009년 기준으로 57개국 중 39위, 세계경제포럼(WEF)이 발표한 '회계기준과 검사강도'는 133개국 중 58위에 그치고 있다. 일본은 물론 중국과 대만보다도 낮아 아시아 국가 중 최하위 수준이다. 한국의 국가경제 규모가 세계 15위인 것을 감안하면 터무니없이 낮다.

국제평가기구의 한국 평가 결과에 대한 이의를 제기할 수도 있을 것이다. 실제로 평가 및 조사방식과 응답자 선정, 자료 취합 등 평가 전반에 대해 신뢰할 수 없다는 주장이 재계와 회계 업계를 중심으로 나오기도 한다. 그렇다면 실제로 국내에 거주하는 외국인은 한국 사회의 부정부패에 대해 어느 정도 인식하고 있을까?

국민권익위원회는 매년 주한 외국 공관, 상공회의소, 외국인 투자기업체에 근무하는 외국인을 대상으로 한국 공직사회에 대한 '부패 인식도'를 조사하고 있다. 이 조사는 국내 거주 외국인을 대상으로 했다는 점에서 그리고 한국의 상황을 충분히 경험한 외국인의 관점에서 평가한 실증적 조사라는 점에서 신뢰할 만한 평가라 할 수 있다.

결과를 보면 외국인 35.0%가 '한국 공직사회가 부패했다'고 인식하고 있다. 이 수치는 전년도(50.5%)보다는 개선된 것이나 아직도 상당수의 외국인이 한국 공무원이 부패했다고 인식하고 있으며, 부패 때문에 한국에서 기업 활동을 하는 데 어려움을 겪고 있는 것으로 드러났다. 또한 한국 공무원에게 금품이나 향응을 제공하거나 부패 관련 사건이나 실태를 목격하는 등 직간접 경험을 통해 한국 공직사회가 부패한 것으로 생각하는 외국인이 적지 않았다.[9)]

공무원의 부패는 국가신인도를 악화시켜 국가경쟁력 약화로 연결된다. 예컨대,

인허가가 필요한 사업에서 복수의 민간인이 사업을 신청할 경우, 공무원의 부패로 적절한 신청자가 사업자로 선정되지 못한다면 국민은 부적절한 사업자에 의해 수준 낮은 서비스를 받게 됨으로써 1차적 피해를 보게 된다. 이러한 1차 피해에 더해 적절한 주체가 사업추진에 사용한 경비 일체가 손실로 남을 수밖에 없고, 이 손실은 국민에게 고스란히 전가될 수밖에 없다는 점에서 2차 피해가 발생하게 된다.[10)]

2) 안에서 본 한국의 부정부패

외국 생활을 어느 정도 해 본 사람이면 한국의 TV 뉴스를 보며 느끼는 것이 있다. 무엇보다 부정부패에 관한 뉴스가 외국에 비해 상대적으로 많다는 것이다. 물론 달리 해석하면 한국 사회가 그만큼 언론의 자유나 사회의 투명성이 높아졌다는 의미도 될 수 있다. 그렇다 해도 매일 아침 신문을 펴들면 현기증이 날 정도로 빠지지 않는 기사 내용이 부정이고 부패다.

연례행사인 국회 국정감사는 공기업의 부패를 확인하는 또 다른 연례행사다. 해마다 비슷한 내용이 반복된다. 국민의 세금으로 운영되는 공기업의 방만한 경영도 알고 보면 부정부패의 또 다른 모습일 뿐이다. "아파트를 지으면서 설계를 20회나 바꾼 주택공사, 부채 총액이 1조 4000억 원이 넘는데 사장 연봉은 장관보다 훨씬 많은 4억여 원에 달하는 대학주택보증, 입만 열면 '농민을 위한다' 는 농협은 또 어떤가? 시가로 총 813억 원에 달하는 골프회원권을 125개나 갖고 있고, 직원 자녀의 학자금으로는 189억 원을 지급하면서 농민 자녀의 학비를 지원하는 데는 35억 원을 쓴 경우도 있다."[11)] 2006년부터 2009년까지 부정부패 혐의로 구속된 공기업 및 정부투자기관 직원만도 250명이다.[12)] 공직사회에 부패와 비리가 얼마나 만연해 있는지를 보여 주는 단적인 예다.

매년 국정감사에서 드러나는 공무원의 부패는 줄어들기는커녕 해마다 점점 강도를 더해 가고 있다. 국고보조금을 빼돌린 공무원, 장애수당을 부풀려 빼돌린 공무원, 독거노인이나 소년소녀 가장에게 돌아갈 영세민 지원금을 빼돌린 공무원, 엉터리로 초과 근무수당을 챙겨 온 공무원 등 수없이 많은 사례가 있다. 이들이 빼돌린 국민세금을 모두 합하면 아마 천문학적인 금액이 될 것이다.

돈만 되는 일이라면 사회의 최고 지식층이라는 사람들도 부정한 짓을 마다하지 않는다. 사회정의를 위해 일해야 할 국민의 세금으로 연수를 받은 변호사와 판검사조차도 거리낌 없이 형사사건 싹쓸이에 가담한다. 법조삼륜(法曹三輪)이란 판사, 검사, 변호사가 뒤얽혀 있는 비리의 커넥션은 여전히 공고하다. '법관 전관예우' 가 그렇다. 전관예우란 법원장 등 고위 법관이 변호사를 개업한 뒤 마지막으로 근무하던 법원을 상대로 '싹쓸이 수임' 을 하는 법조계의 고질적인 비도덕적 관행을 말한다. 한 예로, 2004~2007년에 퇴임한 고등법원장 등 법원장 출신 변호사 20명이 퇴임 1년 이내에 최종 근무했던 법원의 사건을 수임했다. 이들 법원장 출신 변호사가 맡은 사건은 공개된 판결문을 통해 확인된 것만도 모두 210건에 달했고 이 중 155건(73.3%)이 형사사건이다. 또한 형사사건 수임 건수 순위에서 1~20위를 차지한 변호사 중 17명이 자신의 최종 근무지에서 개업한 것으로 나타났다.[13] 대부분의 변호사는 형사사건을 한 달에 한 건 맡기도 어려우며, 1년 동안 한 건도 맡지 못하는 변호사도 있는 현실을 감안하면 법조계의 부도덕한 비리 커넥션은 아직도 철옹성이다.

우리 사회에는 아직도 명예를 생명보다 중요시하는 판검사가 적지 않다. 이들은 현장검증을 나갈 때 사건 당사자가 제공하는 차도 마시지 않는 것을 상식으로 삼고 있다. 반면에 최근 불거진 판검사의 '성 접대' 사건은 나락으로 떨어진 법조계 부패의 또 다른 단면을 보여 주고 있다. 사회정의의 최후 보루로서 부정부패를 감시해야 할 법조삼륜의 유착관계가 이런 암담한 상황이니 힘없고 가진 것 없는 시민은 더욱 의지할 곳이 없다. '유전무죄, 무전유죄' 와 같은 자조적인 말이 사회 깊숙이 퍼질 수밖에 없다.

공직사회를 벗어난 부정부패도 심각한 수준이다. 기업회계가 투명하도록 감시해야 할 공인회계사와 변호사가 코스닥 상장회사 대주주의 수백 억 원대 횡령 및 배임

범죄를 숨기는 범죄에 서슴없이 가담한다. 기업의 외부감사인 공인회계사가 감사대상 회사의 재무제표의 적정성을 객관적으로 감사하고 평가하기는커녕 먼저 분식회계 수법을 만들어 회사 대주주에게 제시하기까지 한다.[14] 파렴치한 대주주와 부도덕한 전문직 종사자들이 짜고 벌인 분식회계 범죄 덕분에 그 회사는 몇 달 동안 상장폐지는 피했지만 그 피해는 결국 고스란히 개인투자자에게 돌아갔다. 그뿐이 아니다. 삼성전자와 같은 대기업의 반도체 핵심기술이 해당 기업 연구원에 의해 경쟁사에 유출되는 '핵심기술 유출사건' 도 심심치 않게 발생하고 있다.

정치권의 부정부패는 더더욱 부끄러운 수준이다. 4년 전 뽑은 지방자치 단체장 230명 중 110명(48%)이 비리와 위법 혐의로 기소되었다니 가히 충격적이다.[15] 언론 보도에 따르면 "어느 군수는 비리혐의가 드러나자 위조여권으로 외국행을 시도하다 출국 금지된 사실을 알고 한동안 잠적했다. 첩보를 입수한 검찰 수사관들이 덮치자 승용차를 몰고 30분 이상 도주극을 벌이다 붙잡혔다. 여직원이었던 내연녀에게 수억 원의 빌라를 지어 주고 거액의 자금관리를 맡기는가 하면 이혼 위자료까지 대신 물어줬다". 지자체장의 윤리 수준이 한마디로 '잡범' 수준이다.

상황이 이 지경이니 국민이 느끼는 부패인식도가 높을 수밖에 없다. 전국경제인연합회가 조사[16]한 바에 따르면 '우리 사회가 부패해 있다' 는 응답률이 69%에 달했다. 특히 젊은 층(76.1%)과 고학력 층(73.0%)의 부패인식도는 더욱 높았다. 10명 중 7명이 우리 사회가 부패했다고 인식하고 있는 것이다. 우리 사회가 많이 투명해졌다고 해도 아직 곳곳에 똬리를 틀고 있는 부패는 여전하다. 한국 사회가 국민소득 2만 달러 안팎에서 정체되고 있는 것은 이러한 '부패의 함정' 에 빠져 있기 때문이란 분석이 공감을 얻고 있다.

3) 젊은 세대의 비리불감증

더욱 절망적인 것은 젊은 세대의 교육을 책임진 교육계의 비리다. '방과 후 학교' 위탁업체로 선정해 주는 대가로 초등학교 전·현직 교장들이 뇌물을 받아 구속되었다. 학교 식자재 및 교재 납품업체에서 뇌물을 받는 교장도 있다. 업체는 뇌물 제공에 따른 손실을 만회하기 위해 학생들에게 받는 수강료나 교재비를 올렸다. 교장이 챙긴 뇌물은 고스란히 학부모와 학생의 부담으로 떠넘겨지는 것이다. 교육청 교원 인사에서의 청탁 뇌물은 어제오늘 이야기가 아니다. 지연이나 학연을 중심으로 조직적으로 만든 비리행위가 '관행'으로 내려져 오고 있다. '비리 가담자가 너무 많아서 이번엔 누가 걸렸는지 모르겠다'는 말이 나올 지경이다.

교육을 책임진 사람들의 비리가 학생들에게 미치는 영향에 대해서는 논의가 필요하다. 그러나 초·중등 학생의 비리에 대한 불감증 역시 심각한 수준이다. '어린이 3명 중 1명이 선생님께 거짓말을 한다'는 조사결과[17)]가 나올 정도로 어려서부터 자신의 편익을 위해서라면 서슴없이 남을 속인다. 학생들의 커닝도 바로 부정부패의 전조다. 문제는 별다른 양심의 거리낌이나 죄의식이 없다는 데 있다. 커닝하다 들킨 학생은 '다들 하는데 왜 나만'이냐고 항변하기도 한다. 정말 커닝은 대수롭지 않은 행동일까?

충격적인 통계를 하나 들어 보자. 조기유학을 갔다가 커닝을 해서 퇴학을 맞고 귀국하는 우리나라 학생 수가 연간 500명에 달한다고 한다. 유학원 통계를 바탕으로 국정감사에서 밝혀진 내용이다.[18)] 조기유학 알선 홈페이지에 들어가면 이런 경고문이 쓰여 있다고 한다. "커닝으로 퇴학 시 본원은 책임지지 않습니다." 믿고 싶지 않은 내용이지만 또 다른 우리의 부끄러운 자화상이다.

전 세계 어디든 커닝하는 것을 묵인하는 국가는 없다. 특히 일본이나 미국, 호주 등 선진국에서는 커닝을 절도죄로 본다. 커닝을 묵과하는 것은 절도죄를 묵인하는 것과 같다. 일본 게이오 대학교 학생들은 시험 볼 때면 너나 할 것 없이 반드시 물휴지를 가져온다고 한다. 책상 위에 적힌 글씨를 시험 전에 지우기 위해서다.[19)]

3. 부정부패와 국가경쟁력

경제학에서는 애덤 스미스Adam Smith의 이론을 자의적으로 해석하여, 시장에서 합리적이고 이기적인 인간의 행동만이 경제를 발전시킨다고 주장한다. 그러나 프랜시스 후쿠야마Francis Fukuyama를 포함한 많은 학자는 관습, 도덕, 협동심 같은 '사회자본'을 경제발전의 필수 요인으로 제시한다. 핵심은 사회구성원 간의 신뢰다.[20] 따라서 최근에는 물적 및 인적 자본에 이어 신뢰가 중심이 되는 사회자본이 '제3의 자본'으로 각광받고 있다.[21] 인간이 공통의 규범을 바탕으로 서로 믿고 존중하며 자발적으로 협력하게 만드는 신뢰, 그 자발적 사회성이야말로 자유민주주의 시장경제체제를 살리는 길이다. 이것이 역사의 종언에 대한 후쿠야마의 명쾌한 해답이다.

신뢰란 "특정 공동체 내에서 그 공동체의 다른 구성원이 보편적인 규범에 기초하여 규칙적으로 정직하며 협동적인 행동을 할 것이라는 기대"를 의미한다.[22] 재정적자도 문제지만 이런 '신뢰적자'를 보이는 사회는 결코 발전할 수 없다는 것이다. 경제학자인 스티븐 낵Stephen Knack과 필립 키퍼Philip Keefer 박사는 "타 조건이 동일한 상태에서 국가 신뢰지수가 10% 떨어지면 경제성장률은 0.8%p 하락한다."라는 연구 결과를 제시하며 신뢰가 경제 성장의 원동력이라고 역설한다.[23]

1) 후쿠야마와 신뢰문화

존스홉킨스 대학교 프랜시스 후쿠야마 교수는 '건국 60주년'을 맞은 한국이 글로벌 리더가 되기 위해서는 무엇보다 신뢰강국이 되어야 한다고 제안한다.[24] "신뢰는 경제활동의 거래비용을 감소시키고 협력을 제고시키는 한편 시민사회의 발전에 중요한 밑거름 역할을 해 민주주의 성공에 기여"하기에 사회적 · 정치적 · 국제적 신뢰 제고가 중요하다는 것이다. 그러나 "한국은 한 세대 안에 급속한 경제 발전과 민주화의 성과를 이루었으나 국내외적으로 신뢰를 제고시켜야 할 과제에 직면해 있다."라고 지적한다. 아울러 "사회적 신뢰를 제고하기 위해 각 시민단체의 활발한 활동에 기초한 시민사회의 발전을 이루어야 한다."라고 제안한다.

그러나 후쿠야마는 저서 『트러스트: 사회도덕과 번영의 창조Trust』에서 한국은 중국과 마찬가지로 혈연(친척)관계를 떠나서는 비교적 신뢰도가 낮은 가족주의 문화임을 지적하였다. 그는 중국과 마찬가지로 한국의 가족은 일본의 가족보다 훨씬 견고하고 응집력이 있다고 말한다. 그러나 일단 가족의 경계를 벗어나면 상대적으로 신뢰성이 떨어지는 점을 날카롭게 지적한다. 후쿠야마는 사회적 차원의 신뢰가 형성된 독일, 미국, 일본과 같은 고(高) 신뢰 문화권에서는 연고주의가 약하고 공적 신뢰가 높은 반면, 이탈리아, 인도, 중국, 한국과 같은 저(低) 신뢰 문화권에서는 가족이나 지인과는 잘 지내지만 오히려 공적 신뢰도는 낮다고 분석한다.

자본주의 사회에서 법과 계약이 '모두' 인 것같이 치부되는 사회에서, 신뢰가 계약보다 더 강력한 약속이라는 윌리엄 셰익스피어William Shakespeare의 말을 먼저 들어보자.[25)]

2) 베니스의 상인: 계약보다 신뢰

"재판장님, 베니스의 질서를 확립해 주십시오. 상거래 계약이 지켜지지 않는다면 어떻게 베니스가 유지될 수 있겠습니까?"

"계약을 지키지 못한 대가로 원금의 3배를 보상해 주면 어떤가요? 당신이 돈을 빌려 줬으니 돈으로 배상을 받으면 되지 않겠소?"

"그건 안 됩니다."

"그럼, 당신이 원하는 것은 무엇이오?"

"저는 다만 계약 내용 그대로 이행하도록 해 달라는 것입니다."

"돈이 아니고 계약대로 이행하게 해 달라…… 그렇다면 살 1파운드를……?"

셰익스피어의 『베니스의 상인The Merchant of Venice』에 나오는 내용이다.[26] 주인공 안토니오는 신뢰를 가장 중시하는 선주로 그의 이름만 대면 무이자로 돈을 빌릴 수 있을 정도로 신용이 높은 상인이다. 그러나 친구에게 급전을 마련해 주기 위해 샤일록을 찾아갔더니, 그 유태인 전주(錢主)는 안토니오를 무시하고 상당한 이자를 요구한다. 결국 그는 샤일록이 원하는 대로 원금을 제때에 갚지 못할 경우 '심장에서 가까운 살 1파운드' 를 주겠다는 계약을 체결하고 돈을 빌린다. 그런데 공교롭게도 상선의 사고로 원금을 기한 내에 갚지 못하게 되었고, 샤일록은 계약을 지켜야 한다고 주장하며 '살 1파운드' 를 요구한다.

재판장은 결국 고심 끝에 계약서 내용을 그대로 집행하라고 결정한다. 그러나 반드시 계약서에 나와 있는 그대로 '1파운드의 살을 떼어가되, 피는 한 방울도 흘리지 말고 도려내라' 고 판결한다. 어떻게 그게 가능하겠는가? 오히려 샤일록은 '계약 내용에 베니스 인을 살해할 의도가 있었다' 는 죄목으로 결국 모든 재산을 몰수당할 처지에 놓인다.

안토니오를 신뢰하지 못하고 계약서만 굳게 믿었던 샤일록은 크게 참회하지만 이미 때는 늦었다. 샤일록은 항상 남을 의심하며 엄격한 계약으로 안토니오를 곤궁에 빠뜨려 유태인의 설움과 전주의 위력을 보여 주려 했지만 결국 계약보다 강한 신뢰 앞에 무릎 꿇을 수밖에 없었다.

3) '거짓말 천국' 의 실상

『베니스의 상인』에서 보듯이 신뢰의 바탕 없이 '법대로'만을 외치는 사회에서는 끊임없이 비생산적인 갈등과 반목이 생길 수밖에 없다. 오죽했으면 어느 신문에서는 사법 관련 통계를 인용하며 한국 사회를 '거짓말 천국'[27]이라고 비판했겠는가? 이를 뒷받침하는 예를 들어 보자. 일본은 2007년 법정에서 거짓말을 하는 위증제로 138명이 입건되어 9명이 기소됐으나, 한국은 3533명이 입건되어 1544명이 기소됐다. 남을 거짓으로 고소 고발하는 무고죄도, 일본은 133명이 입건돼 10명이 기소된 데 비해 한국은 입건이 4580명에 기소가 2171명이나 된다. 기소된 수를 인구비례로 계산하면 위증죄는 일본의 857배, 무고죄는 1085배인 셈이다. 게다가 한국에서 위증죄로 유죄판결을 받은 사람도 2006년 1066명, 2007년 1451명, 2008년 1792명으로 계속 늘고 있다.

한국에서 소송 사건이 급증하고 있는 것도 같은 맥락에서 이해할 수 있다. 법원행정처 통계[28]에 따르면 2009년 한 해 동안 소송사건은 634만 5000건으로 국민 1인당 0.127건씩 소송을 진행하고 있는 셈이다. 인구가 우리의 2.5배가 넘는 일본보다 민사소송 건수는 거꾸로 2배 가까이 되는 '소송왕국'이다. 더욱이 최근 10년 사이 소송증가율이 인구증가율을 5배 이상 뛰어넘으면서 '소송만능주의' 현상이 심화되고 있다. 분쟁이 생기는 족족 법정으로 달려가는 '각박한 사회' 현상은 이혼소송에서도 확인된다. 2009년 결혼신고 건수는 31만 2093건인 데 비해 이혼신고 건수는 12만 4483건으로 전년 대비 6.4%가 늘어나 10쌍이 결혼할 때 4쌍은 이혼한다는 결론이 나온다.

위증사범을 대상으로 그 동기를 분석한 결과는 후쿠야마의 지적을 뒷받침해 준다. 가장 많은 이유가 '친분관계 때문'(52.9%)이었고, '금전적 대가를 약속해서'(26.5%)가 두 번째였다.[29] 혈연, 지연, 학연으로 엮인 연고주의 및 온정주의와 돈만 받으면 뭐든 다 해 줄 수 있다는 생각이 거짓말을 '밥 먹듯' 하는 사회 풍토를 만드는 것이다.

신뢰를 크게 사적 영역과 공적 영역으로 구분한다면, 한국에서는 제도나 체제에 대한 신뢰(공적 신뢰)보다는 가족과 혈연, 학연 등의 '끼리끼리' 연결망 내의 사람들 간의 신뢰(사적 신뢰)에 집착하고 있음을 알 수 있다. 한국의 학벌, 지역 등의 연고주의로 인한 높은 신뢰는 사회자본과는 거리가 멀다. 후쿠야마가 『트러스트』에서 강조하는 사회자본으로서의 신뢰는 혈연 등의 사적 연고(緣故)를 초월하여 사회적 범위에서 통용될 수 있는 '공적 신뢰' 임을 주목하여야 한다. 사적 연고를 초월한 공적 신뢰가 형성되어 있을 때 사람들은 타인을 신뢰하면서 활발한 경제행위를 할 수 있고, 이를 통해 경제 발전에 유리한 여건을 확보할 수 있다.

이제 한국 사회의 신뢰 수준은 위험 수위에 다다랐음을 인식해야 한다. 신뢰를 중심으로 한 한국의 사회자본 수준은 OECD 30개국 중 하위권인 22위로 선진국에 비해 매우 취약하다. 최근 세계가치관조사(World Values Survey)에 따르면 우리나라에서는 10명 중 3명만이 대부분의 사람을 신뢰한다고 한다. 이는 다민족 국가인 미국은 물론 중국과 베트남 같은 개도국보다도 훨씬 낮은 수준으로, 더욱 놀라운 것은 정부를 개인보다도 더 신뢰하지 못하며, 법 · 제도가 공정하게 집행된다고 믿는 사람도 적다는 사실이다.[30]

서로 신뢰하지 못하고, 사회제도에 대한 부정적인 인식이 팽배한 사회에서는 취약한 사회자본이 선진화를 가로막고 성장비용을 더욱 크게 만든다. 한국 사회의 신뢰 수준이 위험 수준이라는 사실은 최근 정보사회의 신뢰와 사회자본 조사[31]에서도 잘 나타나고 있는데, 이 조사 결과에 따르면 한국 사회는 다른 사람이 법을 잘 지킬 것이라고 '믿지 못하는' 사회, 공정한 경쟁이 이루어질 것이라고 '믿지 못하는' 사회, 다른 이를 희생시켜서라도 자신의 이익을 챙기는 사회로 요약된다.

4) 신뢰국가 한국을 향해

한국 사회의 부정부패 문제가 크게 불거지는 것은 과거에 비해 부패가 심해서가 아니라 역설적으로 사회가 그만큼 투명해졌다는 분석도 가능하다. 또한 과거의 비리와 부정을 잘못으로 인식한다는 것 자체가 국민의식이 그만큼 변화했고 성숙해졌다는 증거다. 그런 의미에서 한국 사회의 미래는 희망적이라는 데 이의를 제기할 사람은 없을 것이다.

이를 위해서는 단기적으로 부정부패에 대한 '무관용 원칙'을 철저히 시행해야 한다. 한때 뉴욕 여행지침 1호는 '뉴욕 지하철은 절대 타지 말라'였다. 1980년대 뉴욕 지하철에서는 연간 60만 건 이상의 중범죄 사건이 발생했다. 여기에 변화가 일어난 것은 1994년 루돌프 줄리아니Rodolph Giuliani 시장이 낙서, 쓰레기 무단 투기 등 경범죄부터 철저히 단속하고 처벌하기 시작하면서다. 이후 4년 만에 살인범죄가 48%나 감소했다.

부패 역시 작은 부패부터 철저히 다스려야 정치인이나 대기업의 큰 부패도 막을 수 있다. 이른바 '깨진 유리창 법칙' 이다. 부패사범에 대한 최후의 사법적 대응도 범죄 억지력을 가질 만큼 엄중해야 한다. 지금까지 부패사범에 대한 온정주의가 부패공화국을 만든 꼴이 되었기 때문이다.

보다 거시적인 면에서는, 후쿠야마가 한국 사회를 '저 신뢰국가' 로 분류하고 또 실제로도 그런 현상을 보이는 것은 앞서 언급했듯이 문화적인 요인을 무시할 수 없다. 한국의 전통적인 유교문화는 어떤 사회유대보다도 가족의 중요성을 높이 받듦으로써 가족연대를 지나치게 고취한다. 가족과 '아는 사람' 끼리는 유대가 견고하고 응집력이 있겠지만 일단 가족의 연결망을 벗어나면 신뢰성은 급격히 떨어진다.[32] 사적 연대에 대한 지나친 집착과 폐쇄적 배타주의는 그 외의 무관한 다른 사람과는 신뢰관계를 형성하기 어렵게 만든다. 신뢰를 근간으로 한 자발적 사회성이 자유민주주의 시장경제체제를 살린다는 후쿠야마의 날카로운 지적을 되새겨야 한다.

신뢰를 기초로 한 자발적 사회성을 키우기 위해서는 무엇보다 먼저 정치적 신뢰를 제고해야 한다. 사회불신의 큰 원인은 정부관료, 경제인, 지식인, 정치인 등 리더십에 대한 시민의 불신이 생활세계 속까지 침투해 불신을 야기하고 있기 때문이다. 정치에 대한 불신을 해소하기 위해서는 사회지도층이 올바른 리더십을 발휘해 공적 영역에서의 신뢰를 조속히 회복하는 것이 급선무다. 이를 위해서는 후쿠야마의 지적대로 법치 제도의 확립과 정부의 투명성 확보가 중요하다.

4. 부정부패와 저개발 국가

지난 1990년대 중반 한국의 IMF, 2002년 미국 거대 기업의 줄도산에 이은 금융위기, 2008년 리먼 브라더스 파산을 출발로 한 글로벌 금융위기에 대한 원인분석은 다양하다. 그러나 공통적인 것은 이들 위기는 모두 '빗나간 탐욕' 이 부른 도덕적 파산이었다는 점이다. 금융위기에 앞서 윤리위기가 있었던 것이다. 경제와 의식은 수레의 두 바퀴와 같다. 따라서 원리원칙을 중시하는 의식이 수반되지 않은 경제 부흥은 무질서와 환락, 사치풍조를 조장하고, 그 사회는 결국 부패하고 퇴락하게 되는 것이 역사의 순리다.

세계지도를 펴놓고 경제가 발전한 나라, 선진국은 어떤 나라인지 확인해 보면 쉽게 알 수 있다. 독일과 일본은 2차 대전에서 패한 후 망하다시피 했지만 단시간 내에 선진국이 되었다. 반면에 경제성장을 위한 조건은 이미 충분히 갖추었음에도 선진국 대열에 들지 못하는 것은 물론 개발도상국 상태에 정체되어 있는 국가도 많다. 국민 사이에 신뢰가 있고 협동, 헌신, 봉사 문화가 충만한 사회가 결국 경쟁력을 가지며 그런 사회는 무엇을 해도 좋은 결과를 얻는다.

사회문화를 거론할 때 흔히들 민족성을 내세운다. 그러나 민족성은 실체가 없으며 노력에 의해 창출될 수 있는 것이다. 정직하고 배려하는 마음이 있으면 협력이 일어나고 양보와 희생도 일어나는 것이 인간의 심리다. 반면에 상호 간에 믿지 못하고 거짓말을 하면 협동과 단결이 일어날 수 없고 어떤 일을 해도 좋은 결과를 얻을 수 없다. 도덕심리학자들의 말에 따르면, 오래 살아남는 민족일수록 도덕적인 민족이다. 지구상에 민족 수는 수백 년 전에 비해 줄었다. 수많았던 만주의 민족 중 현재 남아 있는 민족은 몽고족, 한족, 조선족 등 몇 개 되지 않는다. 도덕적이어야 한다는 것은 민족의 생존과 번영을 위한 절체절명의 과제다.

1) 자원부국의 '자원의 저주'

국가의 경제발전에 천연자원은 필수적이다. 특히 '자원 중 자원' 이라 할 수 있는 석유는 세계 경제를 뒤흔드는 막강한 영향력을 행사한다. 따라서 자원의 축복을 받아 산유국이 된 국가들은 제2차 세계대전 이후 지금까지 막대한 부를 축적해 오며 다른 국가의 부러움을 사고 있다. 사우디아라비아, 이란, 쿠웨이트, 나이지리아 등 중동 국가가 그 주인공이다. 그러나 이들 자원부국을 좀 더 면밀히 들여다보면 공통된 특징을 발견할 수 있다.

그 특징이란, 막대한 부를 축적할 수 있었음에도 경제성장은 뒤처져 있는 국가가 적지 않다는 점이다. 예컨대, 나이지리아는 1960년대 이후 석유생산으로 부국이 될 수 있었지만 국민 1인당 구매력은 세계 최하위 수준이다. 인구 1억 5000만인 나이지리아의 수도로 서부 아프리카 최대 도시였던 라고스마저도 전기 공급이 거의 안 되며 밤에는 가로등이 없어 집집마다 자체 발전기를 사용한다. 상하수도 시설이 없으며 비가 조금만 와도 도시 곳곳이 침수된다 하니 농촌 지역의 열악함은 미루어 짐작할 수 있다. 실제로 나이지리아 인구 중 70%가 전기 혜택을 받지 못하고 있다.[33)]

경제학에서는 이런 현상을 두고 '자원의 저주(resource curse)' 라 한다. 자연자원이 풍부함에도 1인당 국민소득은 낮는 등 자원이 풍부할수록 경제성장이 둔해지는 역설적인 현상을 가리키는 것이다. 예외는 있지만 브라질이나 러시아, 인도, 중국 등 브릭스(BRICs) 국가도 해당된다. 중동 산유국의 경우에도 석유 하나로 막대한 부를 축적하기는 했지만 분배가 제대로 이루어지지 않아 극히 일부 계층이 부를 독점하고 있다. 따라서 빈부 격차가 극심하고, 석유에만 의존한 기형적 산업구조 때문에 다른 산업은 거의 발전을 하지 못하고 있다.

이와는 반대로 노르웨이는 비슷한 시기에 석유를 개발했는데 현재는 세계 최대 석유 수출국의 하나로 매년 높은 경제 성장률을 기록하고 있다. 이른바 자원의 축복(resource blessing)이다. 노르웨이는 석유 개발 이전까지는 주요 산업이 농수산업인 가난한 국가였다. 그렇다면 왜 노르웨이는 석유자원 부국이고 비슷한 시기에 석유개발을 한 나이지리아는 여전히 빈국의 수준을 벗어나지 못할까? 여러 원인이 있겠지만 무엇보다 사회 전반에 만연된 부정부패가 주범이다.[34)]

2) 브릭스 발전의 재앙, 부정부패

브라질이나 러시아, 인도, 중국 등 브릭스(BRICs) 국가가 점차 세계 경제시장에서 부상하고 있다. 특히 중국과 러시아는 군사력에 경제력까지 더해 국력이 더욱 커질 전망이다. '중국이 흔들리면 전 세계가 흔들린다'[35)]고 할 정도로 중국이 세계경제에서 차지하는 비중은 점점 커지고 있다. 미국 중앙정보국은 당초 중국의 국내총생산(GDP)이 일본과 같아지는 시기를 2017년으로 예상했으나 중국은 무려 7년 앞당긴 2010년 상반기에 일본을 추월하고 미국에 이어 세계 2위 GDP 대국으로 부상했다. 일본 다이와종합연구소에 따르면 2010년 상반기(1~6월) 기준 연간 환산치 명목 GDP는 중국이 5조 5258억 달러를 기록해 5조 2611억 달러에 머문 일본을 추월한 것으로 집계됐다.[36)]

중국의 가파른 경제성장에도 불구하고 중국이 세계 1위의 경제 대국이 될 것이라는 데에는 이견이 많다. 가장 핵심적인 이유로 중국의 부정부패를 꼽는다. 짝퉁 천국에다 능력과 기술이 아무리 뛰어나도 지방 관료와 유착하지 않으면 비즈니스를 할 수 없는 부패한 환경 속에서는 지속적인 국가 발전을 기할 수 없다는 것이다. 자본주의를 받아들였지만 중국은 공산당 일당 독재국가로 거의 모든 투자를 정부가 결정하므로 정치적 영향력과 뇌물에서 벗어날 수 없기 때문이다.

중국의 부정부패를 '관시(관계)'를 중시하는 문화적 특징으로 보기도 한다. 따라서 부정부패 때문에 과거 청일전쟁 때 청나라가 일본에 패한 것으로 보는 분석도 있다. 청나라 군대에서는 부패가 일상화되었기에 엄격한 훈련을 할 수 없었고, 그 모습 그대로 전쟁을 겪게 되니 패할 수밖에 없었다는 것이다[37)]는 것이다.

브릭스 국가 중 하나인 러시아 역시 최근 들어 높은 경제성장을 지속하고 있다. 그러나 사기업 발달이 아직도 초기 단계인 러시아에서는 정치권력을 이용한 적대적 기업 인수합병이 어렵지 않게 발생한다. 관료주의나 부패 등 행정적 문제도 심각하지만 러시아에서처럼 사기업을 몰수하는 사례는 거의 드문 일이다. 이런 사회 시스템에서는 부패가 발생할 수밖에 없다. 『뉴스위크Newsweek』는 러시아에서는 탐관오리들이 엄청난 뇌물을 갈취해 가기 때문에 경영계획을 수립하는 게 불가능하다고 여러 기업인의 말을 인용해 보도하고 있다.[38] 한 예로, 전국에 분점을 두고 있는 한 레스토랑의 관리자는 운영비의 20%가 뇌물용이라고 한다. 모스크바에서는 주유소 신설 비용이 100만 달러 정도인데 그중 15만 달러는 수백 건의 사업 인허가를 결재하는 지방 공무원들 몫으로 돌아간다.

문제는 정치구조적으로 부정부패를 척결하는 것이 쉽지 않다는 데 있다. 블라디미르 푸틴Vladimir Putin과 같은 정치지도자들이 선거에서 승리하기 위해서는 지방 관리들이 아무리 부패했다고 해도 그들에게 의지할 수밖에 없기 때문이다.

3) 아르헨티나와 아프리카

'아르헨티나여, 나를 위해 울지 말아요(Don't cry for me, Argentina)!' 오래전 미국 뉴욕 브로드웨이 극장가를 감동시켰던 뮤지컬 〈에비타〉의 주인공 에바 페론Eva Peron이 죽기 전 당부한 말이다. 그러나 에바 페론의 아르헨티나는 지금도 계속되는 경제난으로 허덕이고 있다. 천혜의 자연조건을 갖추어 20세기 초만 해도 미국, 영국, 독일, 프랑스와 함께 세계 5대 부국으로 군림하였던 아르헨티나이지만 살인적인 물가, 극심한 빈부 격차, 엄청난 외채, 높은 실업률로 수년간 경제가 피폐한 상태다. 원인은 여러 가지나 근본적인 이유는 부정부패와 직업윤리의 부재다.[39] 국가 지도층의 부정부패는 물론 하급관리에서 장관급 고위관리에 이르기까지 뇌물 없이는 일이 이루어지지 않는다. 국민의 낙천적인 이면의 나태한 직업윤리도 고질적인 문제다. 정열과 탱고의 나라답게 먹고 마시고 노는 것이 직장의 일보다 앞선다. 늦은 출근, 이른 퇴근에다 효율성이 떨어지는 근무 자세, 밤늦도록 이어지는 저녁식사와 댄스파티 등 나태한 근로의식과 윤리가 치열한 국제 경쟁시대의 국가 경쟁력을 갉아먹고 있는 것이다.

경제발전에 부정부패가 걸림돌이 되고 있는 사례는 아프리카를 포함한 많은 개발도상국에서도 찾아볼 수 있다. 예를 들어, 1962년 한국과 사하라 이남 아프리카 국가의 소득 수준은 각각 110달러와 133달러로 아프리카 국가가 더 높았지만 반세기 후 한국의 소득 수준이 20배가량 높아졌다.[40] 아프리카 국가의 경제성장이 이렇게 한국에 비해 크게 뒤처진 중요한 이유 중 하나는 '약탈적 국가' 로 불릴 정도의 극심한 부패 때문이라는 것이 일치된 견해다. 물론 한국도 부패가 심했지만 아프리카만큼은 심각하지 않았던 정치사회적 배경 때문에 발전이 가능했다는 것이다.

아프리카 대륙의 부패는 나아질 기미가 보이지 않는다는 것이 더 큰 문제다. 세계은행이 발표한 '아프리카 발전지표 2010' 에 따르면[41] "아프리카 대륙은 지금 '소리 없는 부패(quiet corruption)' 에 신음하고 있다." 보고서에 따르면 아프리카 대륙에 날이 갈수록 빈민층이 늘고 있는 주된 이유는 사회 전반에 뿌리 깊게 내린 도덕불감증 때문이기에 부패가 해결되지 않는 한 어떤 정책과 원조로도 가난을 극복할 수 없다. 한 예로, 나이지리아는 시중 병원 및 약국에서 판매하는 약품의 50% 이상이 '가짜' 다. 어린이 사망원인의 80%가 말라리아인 탄자니아는 해마다 치료제를 해외에서 대규모로 원조받지만 병원에서는 이를 찾아보기 힘들다. 케냐는 초등학교 교사의 약 20%가 수업도 제대로 하지 않고 월급을 받는다. 그 결과, 아프리카의 가난은 갈수록 깊어진다. 대륙 전체에서 하루 2달러 이하 소득의 빈민층은 1981년 2억 9200만 명에서 2005년 5억 5500만 명으로 늘어났다.

반면에 아프리카 집권층은 해외 원조 등으로 재산을 축재하며 정치적 기반을 다지고 있다. 자이르의 모부투 세세 세코Mobutu Sese Seko 전 대통령은 집권 22년 동안 해외 계좌에 42억 달러에 달하는 재산을 은닉했다. 아프리카 집권층이 1970~1996

년 동안 부채 상환목적으로 차입한 돈을 개인 재산으로 해외에 축재한 액수는 무려 1870억 달러에 달한다.[42] 이들 집권층은 경제·사회적 발전으로 국민의 지위가 향상되면 자신의 지위가 약해진다는 사실을 잘 알고 있다. 이러한 부패 상황에서 정치, 경제 및 사회 발전을 기대한다는 것 자체가 숲에서 고기를 찾는 연목구어(緣木求魚) 형국이다.

5. 부패척결의 윤리적 접근

국내외를 막론하고 부정부패의 양상은 매우 유사하다. 부정부패에 가담한 자들의 특징은 보편적인 윤리 기준을 상실하고 있다는 점이다. 단지 그때그때의 감정과 상황에 따라 윤리 기준이 달라지며(윤리적 상대주의) 자신의 이익이야말로 옳은 행위를 위한 유일한 표준이란 생각(윤리적 이기주의)만이 행동을 지배하고 있을 뿐이다. 이들에게 '선'이란 오직 결과이며 이익과 편의만이 목적이 된다. 이들에 대한 이마누엘 칸트Immanuel Kant의 질책은 냉혹하다. '윤리적 기준이 없이 남들이 하품하면 같이 따라 하품하는 식의 행동'은 인간성을 모독하는 것이란 비판이다.

1) '살아남는 회사'의 윤리

경영컨설턴트인 사토 료佐藤良가 쓴 『살아남는 회사残れる會社:コスト意識の變革』에 니혼바 시에 있는 어느 백화점의 일화가 나온다.[43] 이 백화점은 주문받은 송년 선물의 발송 여부를 체크하던 중 하나가 누락된 것을 발견했다. 그것은 겨우 1000엔짜리 과자였고 보내야 할 곳은 후쿠오카였다. 그런데 그날은 이미 12월 31일이었다. 그날 안으로 도착하지 못하면 설날이 되고 만다. 깜짝 놀란 판매 책임자는 상사에게 보고하고 곧바로 항공편을 이용하여 그 선물을 배달했다.

신용을 생명으로 여기는 백화점의 일화다. 비록 1000엔짜리 과자 한 봉지에 불과하나 하루가 지나면 송년선물로서 가치가 상실된다. 백화점은 선물의 값보다는 이 선물이 새해 전에 도착해야만 선물로서의 가치를 가진다는 것에 초점을 두었다. 선물의 품목으로 보아 선물 주인은 어린아이일 가능성이 높지만 상대가 누구든 배달 시기를 맞추는 것을 중요하게 보았다. 이 백화점의 사례는 신뢰 사회가 되는 데 필요한 윤리 기준을 잔잔하게 제시한다.

이런 상황에 처하게 되면 누구나 망설이게 된다. 백화점의 선물 배송 담당자 역시 마찬가지였을 것이다. 1000엔짜리 과자 한 봉지를 항공편으로 배달하는 것의 비효율성에 대해 고민도 했을 것이다. 비용 대비 수익이 지나치게 작기 때문이다. 이 경우 백화점 담당자가 택할 수 있는 옵션은 다음과 같다.

옵션 1 배달 방법 및 배달 비용과 그에 따른 결과를 계산하여 백화점에 이익이 되는 쪽으로 결정한다.

옵션 2 그날까지 배달하기로 약속한 백화점 측의 의무를 다하기 위해 백화점이 손해를 보더라도 항공편을 이용해 당일 배송을 한다.

니혼바시 백화점은 〈옵션 2〉를 선택하였다. 따라서 과자 한 봉지 가격과는 비교도 안 되는 비싼 항공료를 지불하며 상품을 배송일에 맞추어 배달하였다. 백화점은 행위의 결과에 초점을 맞추지 않고 선물을 배달해야 하는 '의무'로서의 행위 그 자체에 기준을 맞추었다. 또한 백화점은 선물을 받는 사람을 차별적으로 고려하지 않았다. 혈연, 지연, 학연 등 연고주의에 기초하지 않고 상대가 어린아이라도 똑같이 취급했다. 상대가 누구든 선물의 의미를 소중히 했다. 송년선물이기에 그날 배달이 되지 못하면 선물로서 의미가 상실되며 선물 구입자인 고객에게 어떤 면으로든 피해를 준다는 것을 인식하고 배려한 것이다.

그러나 백화점 측의 이러한 결정에 수긍하지 못하는 사람도 많다. 그들은 〈옵션

1〉을 택하는 사람들이다. 따라서 그날 배송되지 못하더라도 통상적인 방법으로 발송하여 일단 배달비용을 절약한다. 그다음 1000엔짜리 상품이니 큰 가치가 없다고 판단하고 소비자의 불만이 없을 것으로 기대한다. 실은 제품 가격에 비해 선물 받는 어린아이에게는 가치가 높지만 이들의 계산법으로는 중요하지 않다. 만일 늦은 배송에 대한 불만이 접수된다 해도 정중한 사과와 함께 과자 몇 봉지를 추가로 선물하면 해결될 것으로 기대한다.

2) 불신사회의 윤리

〈옵션 1〉을 택하는 사람들과 같이, 행위의 결과에 초점을 맞추어 윤리적 행위의 기준으로 삼는 접근 방법을 결과론적 혹은 목적론적 윤리라고 부른다. 그 결과가 '나에게 이익'을 주는 것에 초점을 맞추는 입장을 '윤리적 이기주의(ethical egoism)'라 하며, 내가 아닌 최대한 '많은 사람에게 이익'을 주는 결과에 초점을 두는 입장을 '공리주의(utilitarianism)'라고 부른다. 여기서는 윤리적 이기주의 입장을 대표로 논의해 보기로 한다.[44)]

윤리적 이기주의의 고전적 형태는 기원전 4세기 에피쿠로스Epikouros의 윤리학에서 찾아볼 수 있다. 그에 따르면 윤리적 행위의 표준은 개인에게 육체와 정신의 고통과 불안 그리고 모든 종류의 혼란과 광기를 제거하고 피하는 것이다. 에피쿠로스는 고통도 불안도 없는 영혼의 절대적 평온함을 가리켜 아타락시아(ataraxia)라고 불렀다. 근대 철학에서 가장 대표적인 윤리적 이기주의자는 전술한 바대로 토머스 홉스Thomas Hobbes다.

윤리적 이기주의는 '사람들은 항상 그리고 반드시 자신들의 이익에 의해 동기가 유발된다'는 심리적 이기주의를 전제로 한다. 윤리적 이기주의의 기본 주장은 "자신의 이익이야말로 옳은 행위를 위한 유일하게 타당한 표준"[45)]이라는 것이다. 이 표준은 다음과 같이 설명할 수 있을 것이다. 예를 들어, 직장 상사가 자사의 이익을 창출하기 위해 주가조작(이른바 작전)을 지시했다고 하자. 이런 상황에서 부하직원이 택할 수 있는 여러 가지 대안 가운데 어느 것이 도덕적인 행위인지를 판단하기 위해 다음과 같은 절차를 거친다.

- 지시에 따라 주가조작을 벌인다. 그리고 이 대안의 결과를 계산한다.
- 상사의 지시가 부도덕한 것이기에 거부한다. 그리고 이 대안의 결과를 계산한다.
- 보다 적극적으로 회사의 비윤리적 행위를 외부에 알리는 '내부 고발(whistle blowing)' 을 한다. 그리고 이 대안의 결과를 계산한다.

이런 식으로 모든 대안의 결과를 계산한 다음, 어느 행위가 자신의 이익을 가장 많이 증진시키는가를 물어본다. 그리고 자신의 개인적인 이익의 표준에 따라 판단한다.

윤리적 이기주의는 그 자체로서 결정적인 한계를 지닌다. 피터 싱어Peter Singer의 비판대로, '어떻게 내 자신의 행복 증진만을 목적으로 하는 행위를 정당화할 수 있겠는가' 하는 물음이다.[46] 이러한 이론적 한계 때문에 윤리적 이기주의는 윤리학 이론으로 제대로 인정받지 못하고 있다. 그럼에도 우리가 생각해 봐야 할 점은, 우리 사회의 부정부패는 바로 윤리적 이기주의를 신봉하는 사람들에 의해 자행되고 있다는 사실이다.

3) 신뢰사회를 위한 윤리

백화점 사례에서 〈옵션 1〉을 택한 결과론적 윤리주의자와 달리 〈옵션 2〉를 택하는 사람들은 의무론적 윤리를 행동의 기준으로 삼는다.

의무론적 윤리체계의 대표적인 철학자는 현대의 윤리철학에 지대한 영향을 끼친 독일의 칸트다. 18세기 계몽주의가 시작되면서 칸트는 천국의 보상이란 자기이익에 기반을 둔 기독교적 도덕관을 탈피하고자 노력하였다. 뿐만 아니라 인간의 천성적인 사회성과 동정심에 바탕을 둔 윤리적 행위도 비판하였다. 대신 그는 이성에 의존하였다.

칸트는 행위의 결과나 성과에서 발생하는 온갖 유혹을 제쳐 놓았을 때만 비로소 윤리적으로 행동할 수 있다고 보았다. 즉, 윤리적 행위의 결과와 행위의 성과를 완전히 배제하고 의무 자체를 위해 수행해야 한다는 것이다. 이를테면, '고객에게 정직하라.' '소비자와의 약속을 지키라.' '환경생명을 파괴하는 제품을 생산하지 말라.' '주가를 조작하지 말라.' 등과 같은 도덕률은 그 행위가 나의 비즈니스에 어떠한 결과를 가져오는지에 관계없이 도덕적으로 옳은 것이란 뜻이다.

그렇다면 의무감은 어디서 오는가? 여기서 칸트는 그가 도덕의 가장 중요한 개념으로 생각하는 선의지를 제시한다. 인간은 선천적으로 선한 의지가 있기 때문에 어떤 행위가 옳은지, 그른지의 도덕법칙을 알 수 있다. 나아가 개인이 행하는 구체적인 행위에 관련되는 도덕의무가 무엇인지를 알 수 있다고 한다. 즉, 선한 의지의 본질을 의무감이라 보는 것이다. 따라서 선한 의지의 사람이 되기 위해서는 개인의 성향이나 이익을 떠나 도덕법칙에 대한 존경심 때문에 행위를 한다는 의식, 즉 의무감에서 행동해야 한다. 행위의 동기나 이유가 의무감에서 비롯되어야 한다는 것이다.

칸트의 주장을 좀 더 살펴보자.[47] 칸트는 행위의 동기가 도덕법칙에 대한 의무감이 아니라 개인의 행복이나 어떤 동정심 때문에 유발되는 것을 배격한다. 그는 동정심은 우리 마음속에서 수동적으로 발생하는 것으로 마치 남이 하품을 하는 것을 보고 자기도 같이 하품하게 되는 것과 본질적으로 다를 게 없다는 것이다. 도덕이 감각과 취향의 문제가 되어 버리면 원칙이 없게 되고, 또한 도덕성의 내적 가치는 상실하게 된다는 것이다.

예컨대, TV에서 수해민을 위한 성금모금 캠페인을 벌인다고 하자. 이를 본 개인이나 기업이 수해민을 동정하여, 혹은 남이 성금을 내는 것에 자극을 받아서 성금을 내기로 결심했다면 그것은 도덕적으로 행하는 것이 아니다. 그러한 욕구나 동정심을 떠나, 수재민을 돕는 것이 자신의 의무이며, 그렇게 하는 것이 도덕법에 부합한다는 생각으로 행위를 할 때만 도덕적인 행위가 된다는 주장이다.

'의무 자체를 위한 의무'를 강조하는 칸트의 주장은 얼핏 독일인의 얼굴처럼 차갑게 느껴질 수도 있다. 실천윤리학계의 거장인 피터 싱어가 지적한 대로, "도대체 누가 무엇 때문에 '행복을 퍼뜨리는 데 정신적인 기쁨' 을 느껴서 혹은 혈액이 필요한 사람들을 동정해서 헌혈하는 것보다 다른 사람을 돕고자 하는 마음 없이 의무감 때문에 헌혈하는 것이 더 가치를 갖는다고 생각하겠는가?"

그러나 한발 물러 생각해 보면 칸트는 한국 사회의 부정부패의 근원을 예리하게 파헤치고 그에 대한 윤리적인 해법을 제시하고 있음을 알 수 있다. 한국의 부정부패 사례에서 보았듯이 거의 모든 부정부패는 학연과 지연 혹은 혈연에 기초한 '동정심' '부탁' '인간관계' 등으로 발생한다. 연고주의나 '끼리끼리' 의 패거리 의식이 부정부패에 결정적으로 작용한다. 칸트는 이 점을 날카롭게 지적하며 그에 대한 해법으로 인간으로서의 의무감에 따라 행동하면 부정부패를 척결할 수 있음을 제시한다.

따라서 칸트적 시각에 따르면 사람은 윤리적 의무감에서 행동하기보다 그때그때의 기분과 감정에 따라 행동하려 할 때 아무리 인정 많고 따뜻한 마음의 소유자라 하더라도 선해지기 어렵다. 오히려 도덕원칙이 없는 인정이야말로 심각한 사회악의 원인이 된다.

후주

1. 참조: 이관춘(2006). 직업은 직업이고 윤리는 윤리인가. 서울: 학지사.
2. 권터 그라스 외(2009). 세계화 이후의 민주주의(이승협 역). 서울: 평사리.
3. 같은 책.

4. 이하의 내용은 이관춘(2006). 앞의 책, 재인용.
5. 참조: 조선일보(2005. 3. 9.).
6. 이관춘(2006). 앞의 책.
7. 프랜시스 후쿠야마(1996). **트러스트: 사회도덕과 번영의 창조**(구승회 역). 서울: 한국경제신문사.
8. 문용린. 도덕이 경쟁력이다. (2009. 10. 22.). 서울포럼 93회.
9. 참조: 여론조사 전문업체인 리서치플러스가 2009년 10. 17.~11. 18.에 성인 남녀 1400명, 기업인 700명, 외국인 200명을 대상으로 전화, 이메일 조사를 병행(신뢰수준 95%, ±2.62%p 표본오차)하여 나온 결과임.
10. 성재호. 국가경쟁력 떨어뜨리는 공직부패. (2008. 12. 9.). 문화일보.
11. 소종섭. 공무원 부패에 칼을 들어라. (2009. 10. 20.). 시사저널.
12. 참조: 동아일보(2010. 3. 19).
13. 참조: 조선일보(제27313호).
14. 참조: 동아일보(제27544호).
15. 참조: 동아일보(2010. 5. 3).
16. 참조: 전국경제인연합회 조사(2010. 4.).
17. 2010년 3월 어린이재단이 초등생 322명 대상으로 실시한 조사임.
18. 문용린. 앞의 글.
19. 같은 글.
20. 프랜시스 후쿠야마(1996). 앞의 책.
21. 이동원, 정갑영 외(2009). **제3의 자본**. 서울: 삼성경제연구소.
22. 프랜시스 후쿠야마(1996). 앞의 책, p. 49.
23. 참조: 한국선진화포럼. 신뢰와 사회적 자본의 구축. (2010. 4. 22.). 제44차 월례토론회, 명동 전국은행연합회.
24. 참조: 건국 60주년 기념 세계지도자 포럼. (2008. 10. 30.). 장충동 신라호텔.
25. 이하의 내용은 정갑영. 베니스상인과 제3의 자본. (2009. 12. 23.). 매경이코노미, 재인용.
26. 같은 글.
27. 참조: 조선일보 사설(2010. 2. 2.).
28. 참조: 동아일보(2010. 9. 20.).
29. 참조: 조선일보 사설(2010. 2. 2.).
30. 오연제. 춘래불사춘(春來不似春) 대한민국! (2010. 5. 14.). New Daily.
31. 참조: 최향섭(2007). **정보사회의 신뢰와 사회적 자본**. 서울: 정보통신연구원.
32. 프랜시스 후쿠야마(1996). 앞의 책, p. 90.
33. 정연호. 산유국 나이지리아에 전기가 없는 이유. (2010. 2. 5.). 동아일보.

34. 같은 글.
35. 공병호(2005). 공병호의 10년 후 세계. 서울: 해냄, p. 32.
36. 참조: 매일경제(2010. 8. 5.).
37. 천순천(2005). 청일전쟁(조양욱 역). 서울: 우석.
38. 참조: 뉴스위크(2005. 5. 18.).
39. 정병운. 아르헨티나 국가파산이 주는 교훈. (2002. 2.). GOLPTIPS.
40. 참조: 동아일보(2010. 7. 2.).
41. 동아일보(2010. 3. 17.), 재인용.
42. 조원호. 지배층 배만 불린 아프리카 원조. (2011. 01. 29.). 동아일보.
43. 사토 료(2007). 살아남는 회사(강을수 역). 서울: 페이퍼로드.
44. 참조: 이하의 내용은 이관춘(2006). 앞의 책, pp. 215-217.
45. 폴 테일러(1985). 윤리학의 기본원리(김영진 역). 서울: 서광사, p. 53.
46. 피터 싱어(1997). 이렇게 살아가도 괜찮은가(정연교 역). 서울: 세종서적, p. 145.
47. 참조: 이하의 내용은 이관춘(2006). 앞의 책, pp. 231-232.

제6장

공동체의식과 공동체자유주의

21세기 글로벌 시민사회가 확산되는 시기에 '공동체주의' 를 논의하는 것은 복고적인 것으로 치부될 수도 있다. 우리가 살고 있는 현대사회는 '공동체' 가 아닌 자유주의적 '이익사회' 라는 주장도 타당하다. 따라서 이익사회의 특성상 사회 곳곳에 상존하는 이익갈등을 '공동체' 의식에 호소함으로써 극복하려는 시도는 사태를 더욱 악화시킬 수도 있다.

그러나 이익사회의 이념인 자유주의가 왜곡됨으로써 야기되는 공동체의식의 상실은 글로벌 시민사회 형성을 저해하고 있다는 비판의 목소리가 높다. 1980년대, 자유주의의 상징인 미국에서 신자유주의와 함께 공동체주의를 정책이념으로 채택한 것도 공동체의식의 회복 없이는 사회발전을 이룰 수 없다는 절박한 인식 때문이었다. 최근 들어 개인의 권리에 최우선 가치를 부여하는 미국에서 부유층 시민의 자원봉사와 기부행렬이 줄을 잇고, 기업의 사회책임(social responsibility: SR)이나 '노블레스 오블리주(noblesse oblige)' 가 강조되고 있는 것은 자유민주주의 사회 발전에 공동체의식이 중요하다는 것을 보여 주는 상징이다.

우리는 자유주의에 기초한 이익사회에 살고 있지만, 개인의 이익은 공동체의식

없이는 근본적으로 보호될 수 없다. 따라서 자유로운 개인의 권리를 중시하는 자유주의에 바탕을 둔 공동체주의 건설에 대한 논의가 필요하다.

1. 자유주의의 빛과 어둠

"공정한 사회는 출발과 과정에서 공평한 기회를 주되 결과에 책임지는 사회입니다. 개인의 자유, 개성, 근면, 창의를 장려합니다. 패자에게 기회가 주어지고 승자가 독식하지 않습니다. 큰 기업과 작은 기업이 상생하고 서민과 약자가 불이익을 당하지 않습니다. 공정한 사회야말로 선진화의 윤리적 · 실천적 인프라입니다."

지난 2010년 광복 65주년 기념식에서 이명박 대통령이 국정철학으로 제시한 내용이다. 발언배경이 미심쩍기는 하되 '공정한 사회' 를 주제어로 내건 것은 그만큼 한국 사회의 양극화 갈등이 위험 수위에 와 있다는 인식이 있었기 때문인 것만은 분명하다.

1) 지식정보화시대와 양극화

과거, 미국의 빌 클린턴Bill Clinton 대통령 역시 첨단기술의 산실인 실리콘밸리 부근의 한 흑인 빈민가를 방문한 자리에서 디지털 불평등(digital divide)으로 인한 사회 양극화의 위험성을 다음과 같이 지적한 바 있다.[1)]

"기술의 발전은 과거 어느 때보다 빨리 많은 사람을 가난에서 벗어나도록 할 수 있는 반면 경제적 불평등과 계층분화 현상을 더욱 악화시킬 수도 있다. 이제 우리는 그 기로에 서 있다."

[사례 하나] "우리나라 근로자 3명 중 1명은 일용근로소득자다. 일용근로소득

자란 일한 날이나 시간에 따라 급여를 받는 사람으로 3개월 이상 고용되지 않는 사람을 뜻한다. 국세청에 따르면 이들의 평균소득은 상용근로자 연소득의 4분의 1에도 미치지 못한다.[2)]지난 2007년 7월 1일부터 시행된 비정규직 보호법 이후 고용의 양극화는 더욱 깊어지고 있다. 시간제, 용역, 파견 근로자와 같은 열악한 환경의 근로자가 늘어 가고 있는데, 기업이 정규직 전환의 부담이 있는 계약직 대신 시간제나 용역 및 파견을 늘리고 있기 때문이다. 비정규직 고용의 질도 더욱 나빠지고 있다. 비정규직 근로자의 평균임금은 정규직의 60~70% 수준이며 시간제 근로자의 평균임금은 더욱 열악하여 정규직의 25~30% 수준에 불과하다.

[사례 둘] 교육수준, 소위 학벌에 따른 양극화 역시 심화되고 있다. 좀 더 구체적으로 살펴보자. 통계청에 따르면 대졸 학력 이상 가구주의 월평균 가계소득은 498만 7000원으로 중졸 이하(242만 7000원)의 두 배를 넘었다. 전문대졸(380만 2000원)과 고졸(342만 5000원)도 명확한 차이를 보였다. 또한 한 연구에 따르면, 대졸자를 수능 성적에 따라 12등급으로 분류한 결과 최상위 1등급의 월평균 초임 임금은 201만 4000원이었지만 12등급은 122만 6000원이었다.[3)]어느 나라, 어느 사회에서나 교육 수준이나 출신학교의 인지도에 따라 소득과 사회위치에서 차이가 날 수 있다. 문제는 한국처럼 심한 나라가 없다는 것이다.

통계도 이를 뒷받침한다. 정부 연구소가 매년 발표하는 '경제사회발전 종합지표'를 보면, 우리나라는 OECD 30개국 중 '사회통합' 부문에서 26위(2009년 기준)를 차지해 사회 양극화가 가장 심한 나라로 드러났다.[4)]사회통합 부문에서 우리나라는 1990년 24위에서 2007년 26위로 떨어져 18년째 최하위권을 벗어나지 못하고 있다. 그 이유는 무엇보다 사회갈등을 해소하고 응집력을 높이기 위한 지출이나 제도가 부족하기 때문이란 분석이다.

21세기에 들어서면서 경제적, 사회적 불평등은 점차 심화되고 있다. 물론 한국만이 아닌 전 세계적인 현상이다. 디지털 혁명을 수반한 지식정보화 시대는 인류에게 유토피아를 선사하기도 하지만, 반면 사회 곳곳에 어두운 그림자를 함께 드리우고 있는 것이다. 무엇보다 정보의 불평등으로 야기되는 개인 간, 국가 간의 빈부 격차 및 이로 인한 소외문제가 크게 대두되고 있다.

산업의 지식집약화가 심화되는 지식경제사회의 기본 축은 지식과 정보다. 따라서 정보화 시대에는 정보의 중심에서 그 효용성을 향유하는 소수와 그렇지 못한 대다수 간의 격차가 벌어지게 마련이다. 그리고 이러한 정보의 격차는 결국 빈부의 차를 가져오게 된다. 즉, 정보화는 정보의 소외를 낳고, 정보 소외는 소득과 생활 수준의 소외를 심화하는 것이다. 미국 MIT 대학교의 마이클 더투조스Michael Dertouzos 교수는 저서 『21세기 오디세이What Will Be』에서 이러한 지식과 정보의 부익부 빈익빈 현상의 심각성을 잘 지적하고 있다.[5)]

급변하는 사회 환경 속에서 직업 현장은 지식과 정보로 무장한 전문적이고도 고도화된 기술인을 요구하게 된다. 따라서 그렇지 못한 직장인의 소외감은 물론 시대가 요구하는 기술과 능력을 갖추지 못한 수많은 실업자의 고용 전망은 더욱 어두울 수밖에 없다. 미국의 노동부장관을 지낸 로버트 라이히Robert Reich 교수에 따르면, 미국의 경우 이러한 지식노동자(창조적 전문가)는 미국 인구의 5분의 1 정도를 차지한다.[6)] 소위 80:20의 비율이다. 자본주의 사회에서 재산과 부를 소유하는 비율도 마찬가지다. 이 비율이 경영학에서 말하는 '파레토 법칙(pareto principle)' 이다. 즉, 상위 20%의 사람들이 전체 부의 80%를 차지한다는 개념이다. 자본주의 사회의 불평등을 보여 주는 법칙임에 틀림없다. 이들 상위 20%는 사회경제적으로 하나의 특권계급으로 부상하고 있지만 이들은 상대적으로 빈곤한 5분의 4에 대해서는 별다른 연대의식을 느끼지 않는다는 데 문제가 있다.

21세기에 들어서 한국에서도 산업 간, 기업 간, 계층 간 양극화의 골이 점점 더 깊어 가고 있다는 우려가 많다. 양극화의 근본 원인으로 1990년대 들어 급변한 대내외 경제 환경을 꼽는다. 세계화로 말미암은 무역의 확대와 중국의 부상에 따른 국제 경쟁력을 가지는 산업 위주로 경제구조가 재편되면서 '적응능력' 에 따라 격차가 확대되었다는 것이다. 대기업은 중국에서 싼값에 부품을 조달받아 경쟁력을 더 높일 수 있게 된 반면, 중국에 일을 뺏긴 국내 중소기업은 고전을 면치 못하게 되었다는 분석이다. 특히 수출 주력 산업인 전기, 전자기기 업종의 국산화율이 낮아 대기업이 갖가지 부품을 외국에서 들여오다 보니, 대기업은 수출이 늘고 매출과 이익이 늘어나지만 그 이익이 중소기업으로 전달되지 못하고 있는 것이다. 그러므로 우리나라 전체 고용의 85% 이상을 차지하는 중소기업의 일자리가 줄어드는 건 자연스러운 결과다. 게다가 IMF 외환위기를 겪은 후 국내 기업이 정리해고 등 혹독한 구조조정 과정을 거치면서 기업 경쟁력은 높이되 가급적 사람은 쓰지 않는 전략을 택하였기에 대기업의 직원 수는 오히려 줄어들고 일용 및 파견 근로 등의 비정규직은 증가하는 것으로 나타나고 있다. 대기업과 중소기업, 정규직과 비정규직 간의 양극화가 심화되고 있는 것이다.

또한 지식정보화 경제를 바탕으로 전문직종이 증가하는 동시에 저숙련, 저임금 서비스 부문의 일자리가 늘어나고 있어 일자리조차 양극화되고 있다는 분석이 있다. 이는 고소득층과 저소득층 간의 양극화 심화로 이어진다. 이러한 이유 때문에 점차 중산층이 몰락하게 된다. 일자리의 감소는 소득의 감소를 가져오고 이는 소비억제, 내수침체로 연결되고 경기침체는 다시 고용 감소로 연결되는 것이다.

양극화현상은 미국을 포함한 세계적인 현상으로, 이 때문에 사회통합과 경제성장을 위한 동력이 흔들린다는 우려가 제기되고 있다. 흔히 '배가 고파서 혁명이 일어나는 것이 아니고 굶주리는 사람과 그렇지 않은 사람이 있기에 혁명이 일어난다'고 한다. 정보세계화 시대에 우리가 직면한 과제는 소외된 개인과 국가에 대한 배려이며, 나아가 개선을 위한 의식과 행동이다.

2) 자유주의에 대한 반성

공동체주의(communitarianism)의 등장은 사회경제적 불평등의 심화 및 그로 인한 공동체의식의 상실에서 비롯되었다. 20세기 후반 사회는 급변하기 시작했으며 복잡 다양한 사회구조 속에서 사람들은 개인의 정체성과 주체의식을 정립하지 못하게 되었다. 상호연대와 협력의 가치가 점차 상실되면서 개인은 더욱 파편화되고 소외되었다. 자신만을 생각하는 이기주의가 만연되면서 공동체의식은 점차 사라지고 급기야 사회해체 현상을 우려하는 목소리마저 나오게 되었다.

이러한 인간의 몰개성화, 소외 현상 그리고 사회불평등과 양극화 이면에는 인간의 의식과 행동을 지배하는 왜곡된 자유주의(liberalism) 이론이 자리하고 있었다. 서양의 시민혁명에서 살펴보았듯이, 자유주의는 신분적, 종교적 지배로 억눌려 있던 개인의 존엄성을 되찾기 위해 시작된 사상이다. 자유주의는 과거 봉건적 신분질서를 타파하면서, 20세기에는 공산주의와 투쟁하면서 더욱 발전하였다. 자유주의는 인류 최선의 사회발전 원리로 검증된 사상으로서, 개인의 존엄과 자유 그리고 권리를 존중하는 '정치적 자유주의'와 시장의 자원배분 기능을 통해 경제발전을 도모하는 '경제적 자유주의' 등의 두 축을 기반으로 하고 있다.[7]

경제적 자유주의는 시장자본주의의 한 형태인 개인주의적 자유주의를 지칭하는 범주적 개념이다. 경제적 자유주의는 기본적으로 개인 간의 상호작용에 관련된 문제에 관심을 두며, 종교적 갈등과 같은 집단 문제에 대한 집단적인 해결에 관심을 두는 정치적 자유주의와는 사상적 기반을 달리한다. 경제적 자유주의의 대표자인 버나드 맨드빌Bernard Mandeville은 도덕과 경제활동의 엄격한 구분을 전제로 시장 메커니즘의 자율적 조정능력을 강조한다.[8] 그에게 있어서 사회규범이란 사적인 이해를 지양하고 공공선을 위한 희생을 강요하는 억압의 수단일 뿐이다.

그러나 애덤 스미스Adam Smith는, 맨드빌이 도덕을 자기희생으로 편협하게 이해한 것을 비판하고 경제활동에는 반드시 정직과 정의감 등의 덕목이 필수적으로 요청된다고 주장하였다.[9] 경제활동이 원활하기 위해서는 사회구성원이 자신의 '자연적인' 도덕감성을 발휘해야 한다는 것이다. 애덤 스미스는 시장경제의 효율성에 대한 신념이 확고했지만 마찬가지로 경제활동에 최소한의 '윤리적 상식'이 요구된다는 점을 분명히 했다.

애덤 스미스가 경고한 대로, 자유주의가 개인의 정치 · 경제적 자유의 가치만을 강조하다 보니 잘못된 개인주의 및 이기주의로 변질되고 공동체 가치는 파괴되었다. 각종 사회경제적 차별과 인간 소외, 독점과 특권, 개체의 정신적 파편화 및 그로 인한 공동체 연대의 붕괴 등이 사회 문제화되기 시작했다. 이런 문제가 계속 쌓이면 공동체는 피폐해지고, 결국에는 자유주의 자체의 지속도 불가능하게 된다는 위기감을 갖게 되었다.

이렇게 상실되어 가는 공동체 가치를 회복하려는 노력은 고전적 정치이념으로서 근세 이후 수면 아래로 잠복해 있던 공동체주의를 다시 요구하게 되었다. 공동체주의자는 자유주의의 핵심인 개인주의를 공격 목표로 삼고서, 자유주의적 개인주의로 인한 공동체 가치의 파괴가 공공생활을 악화시켰다고 비판했다. 아울러 자유민주주의 체제가 정상으로 작동하기 위해서는 공동체적 연대와 사랑 그리고 배려와 나눔을 중시하는 시민덕목(civic virtue)의 회복이 시급하다고 강조하였다.

1980년대부터 시작된 자유주의 대 공동체주의 간의 논쟁의 발단은 존 롤스John Rawls의 『정의론On Justice』에 대한 공동체주의자의 비판에서 비롯되었다. 때문에 공동체주의를 논하기에 앞서 자유주의에 바탕을 둔 롤스의 정의론을 간략히 살펴볼 필요가 있다.

3) 롤스의 '무지의 장막'

자유주의 철학의 대가로 평가받는 존 롤스는 질문 하나를 제기한다. "참된 의미에서 정의로운 사회란 어떤 사회일까?" 좀 더 구체적으로 "만일 모든 사람이 서로에 대해 아무것도 알지 못하는 '무지의 장막(veil of ignorance)'[10] 속에 있다고 가정한다면 이성적인 인간은 어떠한 정의 원칙을 창안할까?" 하는 물음이다. 리하르트 다비트 프레히트Richard David Precht는 저서 『나는 누구인가Wer bin ich und wenn ja wie viele?』에서 롤스의 질문을 다음과 같이 흥미로운 게임으로 설명하고 있다.[11)]

"여기에 게임 테이블과 게임 말 한 세트가 있다. 당신과 나는 게임 운영자로서 게임에 참가한 모든 사람을 위해 최선의 규칙을 정해야 한다. 우리는 다음과 같은 기본 조건에서 출발한다. 한 무리의 사람들이 한정된 지역에 산다. 즉, 우리의 게임 테이블이다. 그 지역에는 사람들에게 필요한 것이 모두 있다. 충분한 음식과 따뜻한 잠자리, 그리고 각자에게 필요한 공간도 충분히 마련되어 있다. 그곳에는 남자와 여자, 젊은이와 나이 든 사람 모두 있다.

우리는 우리가 꿈꾸는 최상의 사회를 건설할 때 무에서 시작하고자 한다. 그러기 위해 게임 테이블에 사는 사람들이 자기 자신에 대해 아무것도 모른다고 가정한다. 자신이 똑똑한지 어리석은지, 예쁜지 못생긴지, 강한지 약한지, 젊은지 늙은지, 남자인지 여자인지 그들은 전혀 모른다. 그들의 성격, 취향 그리고 능력 위에는 '무지의 장막'이 덮여 있다. 사람들은 아무것도 쓰이지 않은 백지 상태다.

그들은 어떻게 해야 서로가 잘 지낼 수 있는지 알게 된다. 서로 잘 지내기 위해서는 혼란이 일어나거나 무정부 상태에 처하는 일이 없도록 규칙을 정해야 한다. 그들은 인간의 기본욕구를 충족시키고자 한다. 일단 음용수와 음식, 주거를 확보하길 원한다. 그 밖의 욕구에 대해서는 아직 모른다. 무지의 장막 때문에 그들은 자기 자신을 제대로 볼 수도 제대로 판단할 수도 없다. 그래서 모든 것이 불확실한 상황에서 앞으로 나아가고자 할 때 의지가 될 수 있는 규칙을 정하기 위해 함께 모였다."

자, 당신은 이 사람들이 어떤 원칙에 제일 먼저 의견일치를 보일 것이라고 생각하는가? 답이 간단치는 않을 것이다. 무지의 장막 속에 있기에 자신에 대한 어떤 정보도 없기 때문이다. 롤스에 따르면 어떤 원칙이 자기 자신에게 이익이 될 것인지 예측할 수 없을 때 사람들이 택할 수 있는 원칙은 결국 모든 사람에게 공평한 원칙이 된다. 예를 들어, 그 누구도 자신이 어떤 위험을 감수할 수 있는지 판단할 수 없기에 가장 약한 자의 입장에서 보편적인 태도를 취하는 편이 유리하다. 따라서 위험이 몇몇 소수에게 집중되는 것을 방지하려 할 것이며 누구에게나 최소한의 자유와 기본재화를 보장해 주는 규칙을 만들려고 노력할 것이다. 따라서 롤스에 따르면, 어느 누구도 불이익을 당하거나 더 많은 혜택을 받지 못하도록 다음과 같은 원칙이 정해진다.[12)]

① 모든 사람에게는 똑같이 기본적인 자유가 보장된다. 단, 개인의 자유는 다른 사람의 자유를 보장해 주기 위한 목적이 있는 경우에만 제한될 수 있다. 〈정의의 원칙〉

② 사회적 · 경제적 불평등은 다음과 같이 제거되어야 한다.

- 목표로 삼은 복지 수준은 가장 불리한 사람에게도 최선의 이익이 보장될 수 있도록 해야 한다. 〈차등의 원칙〉
- 기회는 공정하고 균등하게 주어진다. 모든 재화는 원칙적으로 누구나 취할 수 있어야 한다.

롤스의 주장은 '모든 사람에게 공평한 것이 바로 정의'다. 자신이 사회에서 어떤 위치에 있게 될지 모르는 '무지의 장막' 속에서와 같이 자유롭고 평등한 사람들이 생각해 낸 사회가 공평하고 정의로운 사회이며, 그런 상태에서 찬성한 규칙이 정의로운 사회질서라는 것이다.

다시 말해, 자신의 천부적 · 사회적 신분을 모를 경우 당사자들은 자신이 맞게 될 미래의 운명에 대해 지극히 신중한 태도를 취하게 된다. 도래할 사회에서 최소수혜자(worst off)의 위치에 있게 될지라도 기본적인 인간적 삶이 충족되는 그런 정의의 원칙을 선택하게 되리라는 것이 롤스의 생각이다. 롤스는 이를 불행 중 다행을 선택하는 전략인 최소극대화(maximin)전략이라 부른다.

여기서 첫째 원칙은 공정한 국가에서는 모두가 똑같이 기본적인 자유를 소유한다는 점이다. 그러나 사람들의 재능과 관심사, 심지어 운도 다르기에 그런 사회에서도 사회적 · 경제적 불평등이 생기기 마련이다. 따라서 롤스는 국가가 공정한 원칙을 지속적으로 지키도록 하기 위해 또 하나의 규칙을 제시했다. 그것은 사회적 · 경제적 불평등은 피할 수 없지만, '가장 불리한 여건의 사람이 그 불평등으로 인해 가장 많은 혜택을 받을 수 있을 때에 한해 불평등을 인정할 수 있다'는 규칙이다.[13)]

롤스는 부잣집에서 태어났거나 재능이 탁월하다 해도 그러한 자연적 · 사회적 우연성은 당사자 개인만의 것이 아닌 '사회공공재'라고 생각했다. 그의 차등의 원칙은, '자연적 귀족주의'는 '노블레스 오블리주'의 윤리가 부과된다는 것을 강하게 주장하고 있다.

롤스의 정의론은 결과의 평등을 거부하며 기회의 균등을 중시한다. 당연히 분배적 정의보다는 절차적 정의를 강조한다. 이 때문에 그는 공정한 몫의 배분을 중시하는 '분배적 정의론자'라기보다는 공정한 배분의 과정을 중시하는 '절차적 정의론자' 에 속한다. 따라서 정의로운 나라는 최소수혜자를 위한 차등이나 불평등이 공정한 절차에 의해 정당화될 수 있는 국가를 뜻하며, 한 사회의 불평등한 제도도 최소수혜자의 이익을 보장하는 것일 때만 허용된다.

롤스의 정의론은 정의의 기본 여건을 '파레토 최적(Pareto optimum)'의 효율성을 추구하는 시장경제의 토대 위에 구축했다는 점에서 정치적 자유주의 입장을 취하고 있다. 그는 정의의 기본 여건을 사회주의체제의 평등에 두지 않았다. 시장과 정치적 자유가 없는 사회에서는 정의의 원리가 불편부당한 시민의 합의체에서 도출되지 못하고 중앙권력의 명령으로 부과되기에 정의론 자체가 있을 수 없다는 것이다.

2. 대안으로서의 공동체자유주의

공동체주의는 자유주의 사회의 한계를 극복하고자 20세기 영미 철학계를 중심으로 활발하게 논의되었지만, 실은 인류역사만큼이나 오래된 고전적 정치이념이다. 앞서 논의한 대로 자유주의는 개인주의를 기반으로 하여 개인의 자유, 자율, 자결 등을 옹호하며 개인권(individual rights)을 최고의 이념적 가치로 추구한다. 그러나 자유주의가 개인의 정치 · 경제적 자유라는 가치만을 강조할 경우, 각종 경제적 격차와 차별, 사회적 갈등과 대립, 공동체적 연대의 균열, 개인의 파편화 등의 문제를 피할 수 없다. 1980년대 이후 이러한 자유주의에서 파생된 문제점이 노정되면서 그에 대한 대안으로 공동체주의가 새롭게 해석되기 시작하였다.

1) 공동체주의의 새로운 평가

공동체주의는 본래 개인주의적 자유주의와 전체주의적 권위주의 모두의 문제를 비판하면서 출발하였다. 자유주의에 대한 비판의 중심에 있는 사람이 하버드 대학교 마이클 샌델Michael Sandel 교수다.[14)]

샌델은 롤스 정의론의 문제점을 공동체주의 시각에서 비판한다. 그는 무엇보다도 롤스의 이론이 개인 권리의 우선성, 역사와 현실 상황을 초월하여 존재하는 자율적인 개인, 선에 대한 개인의 독립적 판단, 그리고 자신의 이익을 추구하는 개인과 그들의 계약에 의해 구성된 사회관념 등을 전제로 하는 데 문제가 있다고 주장한다.[15)] 그 문제의 핵심은 '무지의 장막'에 싸인 원초적 입장에서 파생된다. 롤스는 원초적 입장에서 각 개인은 침해받을 수 없는 자유와 권리를 가지며, 상호 무관심하고 독립적이며, 사회의 가치와 목적에 지배받는 것이 아닌 스스로의 자유의지에 의해 그런 가치나 목적을 채택하는 존재로 보았다. 각 개인이 추구하는 최대의 가치와 목적은 공정으로서의 정의 그 자체다. 즉, 개인 각자만이 중요할 뿐 타인과의 관계나 그로 인해 형성되는 공동체란 의미가 없거나 개인에 비해 부차적인 것이다. 따라서 개인주의 및 개인의 권리와 이익을 우선으로 하는 자유주의의 본질과 특성을 그대로 대변하고 있다.[16)]

샌델의 비판은 롤스의 '사회적 가치에 우선하는 개인' 에 맞추어져 있다. 샌델은 한 개인의 자아에 앞서 먼저 자아가 추구해야 할 가치와 목적이 존재하는 것이며, 그 가치와 목적은 사회 속에서 형성되는 것이기에 사회공동체의 가치나 목적과 분리될 수 없다고 주장한다. 따라서 사회는 정의가 최우선이 아니라 우정이나 상호이해, 공동선 등과 같은 공동체의 가치나 목적이 우선하는 것으로 이해되어야 한다고 주장한다.[17)]

마이클 샌델은 최근의 저서 『정의란 무엇인가Justice』 에서도 미국식 자유주의의 한계를 지적하고 시민공동체에 대한 인식을 높여야 한다고 주장한다.[18)] 자신의 이해관계만을 따지지 말고 '담 넘어 이웃' 의 문제해결에도 참여해 목소리를 내라는 것이다. 샌델을 포함한 공동체주의자들은 시민의 자유공동체(예컨대 가족, 이웃, 시민사회 등)가 오늘날 두 가지 심각한 도전을 받고 있다고 생각한다. 하나는 극단적인 개인주의, 즉 개인주의적 자유주의이고 다른 하나는 극단적인 집단주의, 즉 전체주의적 권위주의다. 이 극단적 개인주의와 극단적 집단주의 모두가 시민의 자유공동체를 파괴하고 피폐하게 만들고 있다고 보고 여기에서 오늘날의 모든 정치 · 경제 · 사회적 난제가 발생한다고 주장한다. 이러한 현실에 대한 대안적인 사회이념으로서 논의되기 시작한 것이 공동체주의다.

공동체주의는 공동체를 전제하지 않는 개인은 존재할 수 없으며 인간의 정체성은 본질적으로 공동체적인 토대와 불가분의 관계에 있다는 인식을 기초로 한다. 공동체 안에서 비로소 인간 형성과 실현이 가능하다고 보며, 개인의 선택에 앞서 공익, 공생, 공유된 가치나 공동선을 중요한 이념적 가치로 간주한다.[19)]

2) 공동체자유주의의 부상

그렇다면 과거의 공동체주의로 돌아가자는 것인가? 자유주의와 공동체주의의 논쟁도 다른 역사적 현상과 마찬가지로 변증법적인 해결책을 모색하고 있다.

서울대학교 황경식 교수는 자유주의와 공동체주의의 결합이라는 새로운 성찰을 제시한다.[20] 그는 자유주의가 역사 속에서 끊임없이 변화 발전해 왔기 때문에 현실 속에서 하나가 아닌, 여러 가지 자유주의가 존재해 왔다는 점에 주목한다. 17세기 고전적 자유주의가 18세기 보수주의와 대결하면서 민주주의를 수용하고, 이어 19세기 사회주의와의 대결을 통해 복지주의를 수용하면서 오늘날의 자유주의가 됐다. 하지만 이는 단일한 사상이 아니라 '하나의 상징 형식을 지닌 이념적 저술의 한 전통' 으로 이해해야 한다고 말한다.

황경식은 이를 토대로 자유주의의 핵심 요소인 자기소유권과 사유재산권 중에서 자기소유권을 더 우선하는 가치로 봐야 하며, 사유재산권의 절대성을 주장하는 자유지상주의와 그 상대성을 내세우는 공동체주의의 절충으로서 자유주의를 새롭게 규정한다. 그는 이런 의미에서 얼핏 모순인 것처럼 보이는 '공동체주의적 자유주의' 가 미래의 자유주의가 될 것으로 전망했다. 자유주의는 개인권을 중시하고 보편주의와 절차주의를 추구한다. 반면 공동체주의는 공동선을 중시하고 특수주의와 역사주의를 추구한다. 이런 논의의 연장 선상에서 서양은 자유주의, 동양은 공동체주의를 추구했다는 이분법이 등장한다. 그러나 경험적 현실에서는 동서양 모두 양자를 변증법적으로 수용했음을 발견할 수 있다는 게 황경식의 시각이다.

그는 "근대적 혁명으로서 개인권의 추구와 공동의 삶 속에서 인간으로서 의미와 보람을 찾게 하는 공동선의 추구는 어느 쪽도 포기할 수 없는 도덕적 직관" 이라며 "어떤 방식으로든 양자의 통합을 모색하는 것이야말로 한국에서 자유주의를 토착화하는 길" 이라고 말했다.

학계의 공동체자유주의 논의를 정책이념으로 접목시킨 대표적 학자가 박세일이다.[21] 박세일은 자유주의는 필연적으로 불평등과 소외의 문제를 야기하기에 자유주의만으로는 온전한 국가발전을 이룩할 수 없다고 주장한다.[22] 따라서 국가가 제대로 발전하기 위해서는 성장과 효율, 경쟁력 제고에 가장 큰 효력을 발휘하는 자유주의적 국가정책과 제도개혁을 추진하되, 그 자유의 확대가 공동체적 가치와 연대를 약화시키지 않도록 설계하고 반드시 보완정책을 수반해야 한다고 제안한다. 다시 말해, 박세일은 자유주의를 기본으로 하되 공동체를 통해 이를 보완해야 한다고 강조하며 자유주의 또는 보수세력이 전통적으로 주장해 온 자유민주주의가 아닌 제 3의 길을 주장하고 있다.

그러나 이러한 주장이 새로운 것은 아니다. 미국의 경우에도 롤스의 자유주의 정치사상이 점차 세력을 잃어 가면서 1980년대 이후에는 공동체주의 담론이 미국학계에서 지배적인 위치를 차지하게 된다. 이와 때를 맞춰 미국의 '신우파'가 신자유주의와 공동체주의를 정책의 두 축으로 채택한 적이 있었기 때문이다. 정책이념으로서의 공동체자유주의에 대한 비판은 많다. 한 예로 홍성민[23]은 박세일의 공동체주의 담론이 제 3세계의 국내정치를 두고 정치주체가 적극적인 정치개혁에 참여하도록 강요할 수 있으며, 국제정치적으로도 국제공동체를 건설한다는 명분으로 개별국가의 주권을 넘어서 미국의 개입정책을 정당화할 수 있게 만든다고 주장한다. 인권정책이 바로 그렇다는 주장이다. 따라서 인권/공동체주의/미국의 개입정책은 서로 짝을 이루는 3박자의 이데올로기에 불과한데 박세일은 공동체의 이름만을 수입하여 유교공동체와 접목시키고 있다고 비판한다.

그럼에도 많은 학자는 개인주의적 자유주의의 강조가 야기하는 문제점을 해결하기 위해서는 공동체적 연대와 사랑 그리고 배려와 나눔을 중시하는 공동체주의적 보완과 접목이 필요하다고 주장한다. 또한 역사적 발전과정으로 볼 때, 자유주의와 공동체주의는 어떤 방식으로든 통합하여 지향해야 할 자유주의의 대안임은 분명하다. 인간은 무엇보다 본래 개체적인 존재이면서 동시에 공동체적 존재이기 때문이다. 다만 여기에는 한 가지 전제조건이 있을 수 있다. '공동체'란 개념이 프랜시스 후쿠야마Francis Fukuyama의 '결속형' 사회자본, 즉 '끼리끼리' 식의 혈연, 지연, 학연 등에 한정된 집단의 범주를 넘어서야 한다는 점이다. 이러한 의식의 전환 없는 공동체의식은 오히려 경제발전, 사회발전을 가로막는 장해물이 될 수 있기 때문이다. 다음 절에서 사례를 들어 이에 대해 좀 더 논의하기로 한다.

3. 공동체자유주의와 경쟁력

21세기 다원화, 다양화 시대로 들어서면서 종전의 엘리트 중심의 경쟁력에서 모든 구성원의 총체적 경쟁력 제고가 강조되고 있다. 총체적 국가 경쟁력을 위해서는 '사회자본(social capital)'이 요구된다. 한국 사회의 경우 사회자본으로서 '사회합의' 나 '사회응집력'을 갖고 있지만 '신뢰 사회'로 가는 길은 아직 멀기만 하다.

1) 공동체주의와 경쟁력

[사례 하나] 지난 2010년 남아공 월드컵 기간에 국내에서 벌어진 시민의 단결된 길거리 응원은 또다시 외국인에게 깊은 인상을 심어 주었다. 지난 한일 월드컵 경기 때는 더 말할 나위가 없다. 세계의 언론은 수많은 인파가 몰려든 서울 시청 앞 광장의 모습을 카메라에 담아 연일 흥미 있게 보도하고 있었다. 시민의 수도 수지만 하나같이 붉은 유니폼을 입고 응원에 열광하는 모습, 승패에 따른 폭력사태나 무질서가 없는 광경, 경기 후 관중이 썰물처럼 빠져나간 광장의 휴지 한 장 없는 풍경 등 다른 나라에서라면 으레 있을법한 무질서와 폭력, 쓰레기가 없는 이른바 '3무 월드컵'에 전 세계 시민은 놀라움과 칭송을 아끼지 않았다. 시청 앞 응원 모습을 본국으로 생중계하던 호주의 채널 9 TV 방송국 기자는, "똑같은 현상이 시드니 시내에서 벌어졌을 경우 과연 어떠했을까 하는 의문이 든다."라는 말로 한국인의 수준

높은 의식과 행동에 찬사를 보냈다.

[사례 둘] 한국 역사에서 외국인에게 한국인의 이미지를 가장 깊게 각인시킨 사건이 있다면 아마도 IMF 위기극복을 위한 '금모으기 운동'이었을 것이다. 특히 최근, 재정위기에 빠진 그리스에서 긴축정책에 항의하는 격렬한 파업과 시위가 벌어지는 것과 비교되면서 새삼 화제가 되고 있다. 블룸버그 통신의 한 칼럼니스트는 "1998년 한국에서 있었던 금모으기 운동은 지금까지 목격한 가장 감동적인 장면 중 하나였다."라고 밝혔다. "나라의 위기를 이겨 내기 위해 민초(grassroots)가 그렇게 노력한 것은 현대사에서 전례를 찾기 어렵다."[24)]는 것이다. 언론은 한국과 비교하여 '한국은 금을 모았고, 그리스는 돌을 던졌다'고 평가하고 있다.

같은 맥락에서, 한국에 장기간 체류하고 있는 외국 기업인이 한결같이 궁금해하는 현상이 있다. 강성 노조로 노사관계가 극한대립으로 치닫기도 하는 반면, 회사 경영이 어려울 때는 임금을 자진 반납하면서까지 구사운동을 하는 임직원의 태도다. 철저한 개인주의를 바탕으로 한 서양인의 눈으로 보면 마냥 신기한 사건인 셈이다. 그뿐이 아니다. 서양 컨설팅회사의 합리성에 바탕을 둔 기업평가에서 '재기불가능' 판정을 받은 기업을 한국인 근로자들이 살려 낸 사례도 종종 있다. 특히 IMF 금융위기로 경제가 휘청거리던 1990년대 후반과 2008년 글로벌 금융위기 때도 마찬가지였다. 그 외에도 부도로 인해 폐업 직전에 있던 회사를 노사가 합심해서 혹은 근로자가 직접 인수·경영해서 회사를 정상화시킨 '사건'은 비일비재하다. 실제로 한국은 최근의 글로벌 금융위기에서 가장 빠르게 회복한 국가 중 하나로 평가받는다.

[사례 셋] 10여 년 전까지만 해도 한국의 공공장소 화장실은 불결함의 대명사였다. 그러나 불과 1, 2년 만에 상황은 급변하기 시작했다. 고속도로 등의 공공장소, 음식점 등 개인 시설을 포함한 대부분의 화장실의 청결 상태는 이제 괄목할 정

도로 개선되었다. 심지어 서구의 유수한 문화도시보다 더 청결하다는 평가를 받기도 한다. 정부 행정기관의 지시나 혹은 시민단체의 제안이 있었다 하더라도 어떻게 이런 변화가 단시일 내에 일어날 수 있는가에 놀라움을 감추지 못하는 외국인이 많다.

위의 세 가지 사례는 한국 사회에서 수없이 찾아볼 수 있는 사례 중 일부일 뿐이다. 언뜻 보면 그냥 지나칠 수도 있는 단편적인 사회현상으로 치부할 수도 있을 것이다. 그러나 모든 사회현상은 그 사회구성원의 내면적인 작용, 내면적인 선택에 의해 일어난다[25)]는 사회심리학적 명제를 전제로 할 때, 서양에서는 흔치 않은 이런 한국적 사회현상을 우연한 혹은 일시적인 것으로만 평가할 수는 없다. 다시 말해, 한국적 사회현상 저변에는 한국인만이 가지고 있는 특정한 사회 · 문화적 동인(動因)이 자리하고 있다. 이 중 대표적인 것이 사회합의(social consensus) 혹은 사회응집력(social cohesion)을 도출해 내는 역동적인 동인이다. 즉, 위대한 목표를 달성하기 위해 신속하게 결속할 수 있는 의지와 능력이다.

국가경쟁력은 과거에는 엘리트 중심의 경쟁력에 초점을 맞추었으나 21세기 다원화 및 다양화된 사회에서는 구성원 모두의 총체적인 경쟁력 제고가 강조되고 있다. 총체적인 국가경쟁력에는 지적 및 창의적 능력, 기업가정신과 같은 개인적 차원의 요인도 중요하지만 동시에 사회합의를 용이하게 이끌어 내어 효율적인 정책 수행 및 시너지 효과를 창출해 낼 수 있는 사회 · 문화적 요인 역시 필수적이다. 이른바 경제성장의 주요 요소로서 경제학자들이 내세우는 '사회자본(social capital)'이 요구되는 것이다. 경제학 이론에서 규정한 경제성장의 요인을 모두 갖추고도 성장이 지체 또는 퇴보하고 있는 남미 등지의 국가나, 반면에 그렇지 못하면서도 성장과 발전을 이루고 있는 동아시아 국가에 대한 원인 분석에서 주요 요인으로 새롭게 제기되고 있는 것이 바로 이 '사회자본'이다.

2) 경쟁력인 사회자본

사회자본이란 용어는 1980년대 프랑스 사회학자인 피에르 브루디외Pierre Bourdieu가 경제자본과 문화자본에 상대되는 개념으로서 체계적으로 분석한 것이 발단이 되었다. 이후 제임스 콜먼James Coleman이 인적자본과 관련해 사회자본을 연구하였고 1990년대에는 로버트 데이비드 퍼트넘Robert David Putnam이 일련의 연구를 통해 관심과 논의를 확대시켰다. 사회자본이란 물적자본과 인적자본의 상대적 개념으로서 개인과 조직 사이의 사회연결망이나 이를 통해 발생하는 각종 가치와 규범, 상호호혜, 신뢰, 협력과 연대, 공정, 참여, 공동체정신 등을 통칭하는 정의다.

위에 소개한 사례는 한국 사회 저변에 자리 잡고 있는 사회자본으로서의 '사회합의' 혹은 '사회응집력' 을 여실히 보여 주고 있다. 이러한 사회자본은 특정 사회의 역사와 문화 속에서 오랜 기간 형성되어 온 것으로서 이를 이해하기 위해서는 그 사회의 종교 문화 전통을 먼저 이해하는 것이 필요하다.

한국과 서양 문화의 패러다임을 구분하는 가장 근본적인 차이는 개인 존재에 대한 존재론적 사고다.[26] 막스 베버Max Weber가 분석한 서양의 프로테스탄트 전통에서는 신과 개인의 직접적인 관계에서 유래하는 철저한 개인주의와 그에 연결되는 '변형적 사고', 그리고 합리성이 세상 정복의 틀을 구축하고 있다. 즉, 서양에서는 개인을 하나의 고립된 존재로서 세상을 변형시키는 힘이 있는 존재로 생각한다.

반면에 유교문화권에서는 개인을 독립된 존재가 아닌 '관계 속의 중심' 으로 이해하며 이것이 바로 사회합의를 용이하게 도출해 내는 바탕이 된다고 본다. 외국에서는 직원 대부분이 책상에서 혼자 점심을 먹고 일과 종료 후에도 곧장 집으로 향한다. 하지만 한국에서는 점심시간이 되면 직장동료 또는 친구들이 삼삼오오 모여 식사한다. 업무 후에도 '회식' 형태로 함께 즐기면서 결속강화와 사기진작을 통해 팀워크를 향상시킨다. '우리나라, 우리 회사, 우리 집, 우리 집사람, 우리 아들' 등 '나' 만이 아닌 '우리' 를 사용하는 표현 방식은 한국 사람의 팀 중심적 사고방식을 여실히 보여 주는 사례다. 따라서 한국 사회에서 개인의 존엄성은 각종 인간관계 및 사회관계의 네트워크 속에서 이해된다. 이것은 개인이 독립된 존재라는 사고, 그리고 독립적이기 위해서는 모든 근원적인 고리를 끊어야만 하는 서양의 사고와 본질적으로 다를 수밖에 없다.[27)]

개인에 대한 이런 존재론적 사고의 차이는 직장생활이나 기업활동에서의 권리와 의무에 대한 인식의 차이로 연결된다. 서양에서는 권리의식이 철저하며 자신의 이익을 제대로 인식하지 못하는 사람은 합리적인 인간으로 대접받지도 못하게 된다. 반면 한국을 포함한 동아시아 문화권에서는 의무 혹은 책임의식이 강하며 이는 의도적으로 사회화 과정을 통해 내면화된다. 권리주장 이전에 자신의 책임과 의무에 충실할 것을 요구받는다. 동아시아 국가와 비교할 때, 미국을 비롯한 서양사회에 변호사 수가 압도적으로 많다는 사실은 바로 권리와 의무 인식에 대한 두 문화 간의 차이를 단적으로 보여 준다.

예를 들어, OECD 회원국별 변호사 1인당 인구수(2004년 기준)를 보면 미국 271명, 스페인 292명, 그리스 328명 등인 데 비해 한국은 7633명으로 미국의 28배에 달한다. 한국과 마찬가지로 합격자 수가 미리 정해진 '정원제 변호사자격시험제도' 를 실시 중인 일본, 대만과 비교해 볼 때도 마찬가지다. 한국은 이들 2개 국가와 법문화나 법체계가 유사하지만 변호사 1인당 인구수는 일본 6000명, 대만 5500명에 비해 높은 수치를 나타내고 있다.[28)]

외면적으로 볼 때, 이러한 책임 혹은 의무를 중시하는 전통과 문화는 개인이익 중심의 자본주의가 심화되면서 약화되고 있다. 그러나 한 사회의 문화는 외형적인 변화와는 달리 상대적으로 강한 지속성을 유지하고 있다는 데 많은 학자가 동의하고 있다. 개인의 독창성과 창의성이 중시되는 21세기 한국의 각종 조직 및 단체에서도 조직을 중시하는 교육 · 훈련이 오히려 강화되고 있는 것을 한 예로 들 수 있다. 또한 대부분의 기업이나 조직에서 한결같이 기피하는 인물이 이기적인 사고나 행동을 하는 사람이라는 조사 결과[29)]는 이익과 경쟁이 중시되는 오늘날 한국 사회에서도 구성원 간의 조화와 협동을 중시하는 문화가 뿌리 깊이 남아 있음을 보여 준다.

3) 공동체주의의 ‘어두움’

[사례 하나] 국내에 거주하는 외국인의 눈으로는 이해하기 힘든 한국인의 ‘어두운’ 의식과 행동이 적지 않다. 외국인이 이구동성으로 지적하는 사례 중 하나가 운전습관인데 한국인은 운전대만 잡으면 거칠어지는 모습을 보인다. 서울글로벌센터 앨런 팀블릭Alan Timblick 센터장의 말은 이를 대변한다.

> “서울에서는 누구도 양보하지 않는다. 차로 변경을 원할 때 그들은 당신이 진입할 수 있는 공간 여유를 주는 대신, 차로를 좁히면서 당신 앞으로 들어간다. 택시는 승객의 승하차가 용이하도록 길가에 차를 붙이는 대신 길 한가운데에 차를 세운다. 뒤차가 불편하든지 말든지 말이다. 방향전환이나 정지도 사전 신호가 없다. 운전자가 진입로에 여유가 생기기도 전에 차를 들이밀고 있어 교차로는 항상 병목현상에 시달린다. 경미한 접촉사고가 발생하면 운전자는 그 자리에 그대로 차를 정차해 놓고 누구 잘못인지 시시비비를 가리기 때문에 뒤로는 차들이 수 km씩 정체된다.”[30)]

[사례 둘] 범죄를 외면하는 ‘방관자 사회’ 현상이다. 이른바 ‘제노비스 신드롬(Genovese Syndrome)’이다. 1964년 키티 제노비스Kitty Genovese라는 여성이 미국 뉴욕 시 퀸스 자신의 집 근처에서 강도를 만나 격렬하게 반항하다 사망했다. 38명의 이웃이 그녀가 죽어 가는 현장을 목격했거나 소리를 들었지만 아무도 경찰에 신고조차 하지 않았다. 신고를 하지 않는 소위 ‘방관자 효과’의 무서운 결말이 한국 사회에 비일비재하다. 물론 이는 우리 사회의 문제만은 아니다. 그러나 그 정도가 다른 선진국에 비해 더욱 심하다는 데 문제가 있다. 한 예로, 대검찰청의 범죄분석

(2009)에 따르면 범죄 가운데 타인의 신고가 검거의 단서가 된 것은 형법상 범죄 2.2%, 특별법상 범죄 6.2%로 매우 미미했다.[31)] 사정이 심각하다 보니, 국회에서는 '집단폭행당한 사람을 방관하는 행인을 처벌' 하는 '착한 사마리아인 법(Good Samaritan Law)' 을 제정하려는 논의까지 일고 있다.

[사례 셋] 얼핏 보면 사소한 개인 문제로 치부할 수 있지만, 실은 위의 사례와 상통하는 사건이다. 최근 어느 대학에 재학 중인 한 여학생이 학교 내 환경미화원인 한 중년 부인에게 별다른 이유도 없이 반말과 욕설을 퍼부은 것이 세간에 알려지면서 한때 인터넷에서 '패륜녀' 논란이 빚어지기도 했다. 보도에 따르면 당시 그 부인은 대학 건물 여자 화장실 청소를 하던 중 자신 앞에 있던 우유갑을 치우지 않는다는 이유로 한 여학생에게서 '미친×' '이 ×이 진짜 맞고 싶나' '이거 치우고 꺼져, ×××야' 등의 폭언을 들어야 했다. 딸 정도밖에 되지 않는 여학생에게서 이런 모멸적 언사를 들어야 했던 당사자와 그 가족의 심정은 어땠을까? 장소만 다를 뿐 비슷한 사건은 점점 늘고 있다.

한마디로 '부끄러운' 사회의 단면이자 우리의 곤혹스러운 '자화상' 이다. 유사한 사례는 일일이 열거할 수 없을 정도로 많다. 2002년 월드컵 당시와 이후 국제대회 당시 길거리 응원 후 쓰레기 배출량에서 큰 차이를 보인다. 한여름 해수욕장은 쓰레기 더미로 몸살을 앓는다. 외국인은 길거리에 아무렇지도 않게 쓰레기를 버리는 한국 시민의 모습에 경악한다. 한국인이 바다에 버린 쓰레기가 일본 대마도 해안가에 널려 있는 현상을 지적하는 외국인도 있다. 인도를 걷다 보면 앞에서 일렬횡대로 다가와 어깨를 부딪히는 일은 다반사다. 이러한 '무례' '무배려' 에는 남녀노소 할 것 없다. 에티켓이 이 정도이니 뒷사람을 위해 출입문을 잡아 주거나, 승강기에서 한 발 안쪽으로 타는 사람을 만나면 그날은 '행운' 이다.

4) '아는 사람에게만' 의 공동체

한마디로 타인에 대한 '배려' 의식의 실종이다. 앞서 사례를 든 대로, 시민 상호 간에 화합과 단결을 보이는 한국인의 모습과는 전혀 상반되는 의식과 행태다. 앞서 인용한 앨런 팀블릭의 말을 다시 들어 보자.

> "한국에서는 당신이 무엇을 아는가가 아니라 당신이 누구를 아는가가 중요하다. 마치 자신과 관계를 형성한 집단 안에서 사람을 대하는 데 필요한 사회적 행동과 그 이외의 모르는 사람이나 상관할 필요 없는 사람을 대하는 태도 사이에는 깊은 계곡이 가로놓인 듯하다."[32)]

문제의 핵심을 너무도 명쾌하게 분석한 지적이라고 할 수 있다. 하버드 대학교 퍼트넘 교수는 저서 『나 홀로 볼링: 사회적 커뮤니티의 붕괴와 소생Bowling Alone』에서 사회자본을 결속형(bonding)과 교량형(bridging)으로 구분하였다.[33)] 결속형 사회자본은 가족이나 친한 친구들과 같이 동질적인 사회적 네트워크 안에서 관계가 깊어지고 신뢰가 쌓임으로써 생긴다. 반면에 교량형 사회자본은 이질적인 사회집단 안에서 만들어지는 관계의 수가 많아짐으로써 생성된다. 비교적 거리감이 있는 친구나 동료 간의 관계를 의미하며 시민운동, 종교 간의 상호이해를 촉진시키기 위한 집단 등이 그 예다. 교량형 사회자본은 상대적으로 약한 수준이지만 더 다양한 관계를 만들어 낸다.

결속형 자본은 폐쇄성이 강하고 교량형 자본은 포용성이 큰 편이다. 따라서 결속형은 내부 충성도가 높은 장점이 있지만 외부인을 배제하고 개인의 자유를 제한할 위험성도 내포한다. 한편 성가대나 볼링클럽 같은 곳에서 생기는 교량형은 느슨하지만 다양한 사람을 포괄하는 장점이 있다. 퍼트넘은 이런 교량형 자본이 많은 사회일수록 건강성이 높아진다고 주장했다.

퍼트넘은 '내가 모르는 사람'에 대한 무례함과 무배려, 나아가 부정부패와 파벌주의는 바로 결속형 사회자본이 발달한 국가의 '어두운' 특징이라고 분석한다. 따라서 상부상조, 협조, 신뢰, 제도적 효율성 등 사회자본의 긍정적 결과를 극대화할 수 있기 위해서는 '연계형(bridging)' 사회자본을 갖춘 사회가 되어야 한다고 주장한다. 혈연·지연 등으로 묶인 사람 간에 형성되는 '결속형(bonding)'과 달리 '연계형'은 다양한 사회계층을 망라해 정체성과 호혜성의 네트워크를 더욱 강하게 만들어 내기 때문이란 주장이다.

한국 사회에 대한 후쿠야마의 분석도 퍼트넘과 정확히 일치한다.[34] 후쿠야마는 사회자본으로서 신뢰를 '신뢰의 원주(radius of trust)'를 통해 비교분석한다. 신뢰의 원주가 혈연 등의 일차 집단에 머무는지, 아니면 그런 연고를 넘어서 일반 타자와의 관계에까지 확대되는지를 기준으로 전자는 '저 신뢰사회', 후자를 '고 신뢰사회'로 구분하는 것이다.

그는 미국이나 일본, 독일 등 서양 선진국을 '고 신뢰사회'로 분석하였다. 반면에 한국은 혈연과 지연, 학연 등의 '끼리끼리' 집단 내에서만 신뢰가 잘 형성되고 강력한 네트워크가 형성되는 '저 신뢰사회'로 규정하였다. 한국과 같은 저 신뢰사회에서는 외부자 배제, 지역주의 촉진, 개인의 자유 제한 등의 한계가 있음을 지적한다. 이에 따라 연고주의, 부정부패의 가능성이 상대적으로 높아질 수밖에 없으며 궁극적으로 지속적 경제발전을 저해하는 요인이 될 수 있다는 것이다.

요약하면, 신뢰를 바탕으로 한 사회자본은 경제발전, 사회발전의 '양날의 칼'이 될 수 있다. 사회자본은 개인주의를 극복하고 공동체의식을 강화하며 개인의 정체성과 결속감을 제공한다. 또한 시장에서 거래비용을 감소시키고 규범과 협력을 증대시켜 사회효율을 증가시킨다. 반면에 그러한 신뢰가 '자기가 아는' 개인이나 집단에만 한정되는 결속형 사회자본일 경우, 오히려 타자에 대한 폐쇄성과 배타성, 집단이기주의 등의 부정적인 결과를 초래해 사회발전에 장해물이 될 수 있다는 것이다. 위의 부정적인 사례는 이를 입증하고 있다.

4. 공동체자유주의의 실현

한국 사회가 진정으로 공동체자유주의를 실현시키려면 '그들만의 리그'를 종식시키는 노력을 기울여야 한다. '공동체를 재창조'하기 위해서는 세 가지 노력이 필요하다고 본다.[35] 첫째는 공동성찰과 공동탐구다. 공동체 구성원 모두가 공동체(예컨대 가족, 지역사회, 시민사회 등)의 목표와 가치를 공동으로 성찰하고 탐구하여야 한다. 따라서 공동체의 목표, 가치, 도덕의 재발견과 재확인이 필요하다. 둘째는 공동참여와 공동책임이다. 이렇게 확인된 공동체의 목표를 달성하고 가치를 실현하기 위하여 공동체 구성원 모두가 공동 참여하여야 하고 그 결과에 대해 공동책임을 져야 한다. 셋째는 가정과 학교로부터의 시작이다. 이러한 공동체의 목표, 가치, 도덕의 재창조 및 재무장은 가정과 학교로부터 시작되어야 하고 점차 지역사회 그리고 시민사회로 발전하여 나가야 한다는 것이다. 공동체주의는 이렇게 구성원 한 사람 한사람의 자발적 협동적 노력에 의하여, 가정에서 학교로 더 나아가 시민사회로 나아가며 새롭게 창조될 수 있다. 이를 통해 극단적 개인주의의 폐해나 반대로 배타성이 큰 집단주의의 폐해도 함께 극복할 수 있을 것으로 본다.

이러한 '공동체의 재창조'에는 무엇보다 사회지도층의 근본적인 의식전환과 쾌도단마(快刀斷馬)의 결단력이 요구된다. 이를 위한 구체적인 전략 중 하나가 사회자본의 파생물인 자발적 봉사활동이나 사회기부, 사회규범 준수 등 노블레스 오블리주를 실천하는 것이다.

1) 사회기부

'경제는 성장했지만 개인의 삶은 더욱 나빠졌다'고 느끼는 사람이 적지 않다. 한국만이 아니라 자본주의 국가 모두의 공통된 현상일 수도 있다. 미국은 2001년부터

2010년까지 10년간을 비교해 보면 총고용자 수와 물가상승을 감안한 가처분 소득 모두가 10년 전과 다름없이 정체상태에 있다고 한다. 하지만 같은 기간 미국의 국내총생산(GDP)은 약 19% 성장했다. 즉, 미국 경제의 총량은 거의 20%가 늘어났지만, 인구증가를 감안할 때 대다수 미국인의 삶은 나빠진 것이다. 이유는 우리가 다 아는 신자유주의의 확산 때문이다.

기업이 글로벌화하면서 기업은 더 많은 이익을 내는 것이 지상 목표가 되었고, 더 많은 수익을 위해 노동비용을 줄이거나 생산시설을 이전하고, 그나마 영업이익률이 낮은 제조업에 대한 투자보다 금융서비스업 등에 투자를 강화함으로써 생긴 극단적인 양극화에 따른 것이다.[36)] 이것이 미국식 시장경제 문제점의 핵심이며 한국도 예외이지 않다. 하지만 이런 구조를 바꾸기는 쉽지 않다. 자본주의는 이윤추구의 동기에 의해 움직이고 이런 동기가 혁신과 발전의 원동력이기 때문이다. 자본주의가 가진 탐욕성을 부정하자면 발전이 정체되거나 후퇴할 것이고, 반대로 자본주의의 기여를 인정하고 자본주의 독주를 허용하자면 종국에는 파멸에 이르는 '양날의 칼' 로 존재하기 때문이다.

이에 대한 대안으로 제시되는 것이 『박애 자본주의Philanthro-capitalism』다. 전 세계에 도도하게 번지는 기부와 자선사업의 새로운 흐름을 다룬 이 책에서, 매슈 비숍Matthew Bishop과 마이클 그린Michael Green[37)]은 워런 에드워드 버핏Warren Edward Buffett이나 빌 게이츠Bill Gates를 비롯한 세기의 거부가 벌이는 재산기부 운동과 앤젤리나 졸리Angelina Jolie 등 유명 인사가 시도하는 명사 박애주의, 사회적 기업가정신 운동, 혹은 조지 소로스George Soros 등이 하고 있는 정치적 박애주의에 이르기까지 다양한 방식의 대안 모색을 제시하고 있다. 한 예로, 존 데이비슨 록펠러John Davison Rockefeller의 자선사업 고문은 세계 최초의 억만장자에게 이렇게 충고했다. "재산은 불어나는 속도보다 더 빨리 나눠 줘야 합니다. 만약 그렇게 하지 못한다면 당신의 재산은 당신과 당신 자녀들, 그리고 당신 자녀들의 자녀들을 망가뜨릴 겁니다!" 철강왕 앤드루 카네기Andrew Carnegie는 재벌의 유산에 무거운 상속세를 부과하는 것을 찬성하면서 이를 '이기적인 백만장자의 가치 없는 삶에 대한 국가의 징벌' 이라고 단언했다.

이러한 흐름에 맞춰 최근 미국에서는 재산을 기부하는 '기부 바이러스' 가 확산되고 있다. 버크셔 해서웨이의 워런 버핏 회장과 마이크로소프트 창립자인 빌 게이츠가 주도하는 기부운동은 이제 미국인 억만장자 403명 중 40명 이상이 절반 이상의 재산을 사회에 환원하겠다고 선언하기에 이르렀으며 그 수는 점차 늘어나고 있다(예를 들면, 빌 게이츠 535억 달러, 워런 버핏 470억 달러, 엘리슨 오라클 창업자 280억, 블룸버그 뉴욕시장 180억 등이다). 이들의 기부금을 합치면 1500억 달러(약 175조 원)가 넘는다고 한다. 2010년 한국 정부의 1년 예산이 292조 8000억 원인 점을 감안하면 막대한 액수다.[38)]

2) 노블레스 오블리주

노블레스 오블리주(noblesse oblige)란 국방, 근로, 납세, 교육 등 4대 의무를 충족한 다음 사회를 위해 솔선수범하는 지도층을 의미한다. 수십 억 달러를 선뜻 내놓는 거부의 말은 공동체주의를 실현하기 위해 '노블레스 오블리주' 를 어떻게 실천해야 하는지를 명쾌하게 보여 준다. 워런 버핏 회장은 자신이 가진 버크셔 해서웨이 주식의 1% 이상을 쓴다 해도 행복과 삶의 질이 높아지지 않을 것이라며 "하지만 나머지 99%는 다른 이들의 건강과 행복에 엄청난 영향을 줄 수 있다." 라고 밝혔다. 부동산 재벌인 엘리 브로드Eli Broad 부부는 "큰 재산이란 축복을 받은 사람들은 이를 지역사회나 국가, 혹은 세계에 돌려줄 수 있으며 우리는 이를 '특권' 이라 생각한다." 라고 말했다.[39)] 빌 게이츠는 "자선을 하면 더 큰 행복을 느낄 것" 이라고 결론을 내린다.

많은 사람은 미국의 힘을 이러한 사회지도층의 솔선수범에서 찾는다. 선진국이 되는 주된 요건 중 하나가 바로 '존경받는 상류층' 의 존재 여부에 있다. 중동 산유국이 선진국 수준의 경제력에도 불구하고 선진국이라 불리지 못하는 이유 중 하나도 '노블레스 오블리주' 의 전통이 결여된 국가의 격 때문일 것이다. 중국은 기원전 진시황 시절에도 상거래가 활발하였지만 진정한 자본주의란 평은 듣지 못하는데 그 이유는 자기이익에만 탐욕을 부린 천박한 상행위였기 때문이다. 한국의 국격이 낮다는 외부의 평가도 이와 무관하지 않을 것이다.

이에 대해 강천석[40]은 "하류가 먼저 썩어 상류를 오염시킨 강은 없다." 라고 단언한다. 그에 따르면, 케네디 가를 포함한 미국 상류층과 50세 이하 영국 귀족의 20%가 1차 대전에서 전사했다. 귀족과 명문대학 출신의 전사자 비율이 노동자, 농민보다 몇 배나 높았다. 2차 대전에서 일본이 패망한 이유도 여기에 있다. 2차 대전 말기 할복 자결과 전투기와 함께 적 군함에 충돌하는 모습으로 용맹무쌍하다는 신화를 만들었던 일본 귀족과 제국대학 출신의 전사자 비율은 1, 2차 세계대전 때 영국 귀족과 옥스퍼드, 케임브리지 출신 전사자 비율과는 비교도 안 될 만큼 낮았다. 이 점이 일본 역사가들이 일본이 망할 수밖에 없었다고 평가하는 이유다.

한국은 어떤가? 휴전선을 사이에 두고 남북이 첨예하게 대립하고 있는 상황에서 여야 국회의원의 군 면제자 비율을 분석해 보면 한국의 국격이 낮은 이유를 알 수 있을지 모른다. 심지어 제 몸에 일부러 상처를 내 병역의무를 피하는 사람마저 있다는 보도도 종종 접한다. 그나마 한국에서도 사재를 털어 장학재단 등을 통해 사회기부를 하는 기업인이 점차 늘고 있다는 것은 희망적이다.

3) 타인에 대한 배려

"한 줄로 서서 인사를 나눈다. 대개는 이긴 팀 선수들이 더 깊이 허리를 숙여 절하고 진 팀 선수들이 고개를 들어야 비로소 허리를 세운다. 승리투수가 패전투수를 찾아가 위로하면 패전투수는 승리투수의 가슴에 얼굴을 묻고 하염없이 눈물을 쏟아내기도 한다. 인사가 끝나면 이긴 팀은 외야를 바라보며 홈 앞에, 진 팀은 3루 쪽 더그아웃 앞에 일렬로 선다. 이긴 팀 교가가 운동장에 울려 퍼진다. 이긴

> 팀 선수들은 목청이 터져라 교가를 따라 부르고, 진 팀 선수들은 눈물을 흘리면서도 상대 팀 교가가 끝날 때까지 부동자세를 흐트러뜨리지 않는다. 선수들만큼이나 패배에 가슴 아파하며 눈물을 주체하지 못하는 모교 응원단 역시 이긴 팀 교가가 울리는 동안 조용히 서서 경청한다. 패한 선수들은 이긴 팀의 교가가 끝나면 비로소 짐을 챙기고 내년을 기약하며 고시엔 구장의 흙을 한 줌씩 주머니에 담아 운동장을 떠난다."[41]

한 언론인이 일본 고시엔 야구경기를 보고 쓴 글이다. 모든 경기에서 승패는 피할 수 없는 일이다. 하지만 고교생 야구경기에서도 승자에 대한 존중과 패자에 대한 배려를 몸에 익히고 있는 일본인의 모습을 볼 수 있다. 일본 얘기를 하면 불편해하는 사람도 있지만, 일본의 초등학교 동네축구, 고등학교 전국야구대회, 프로야구 챔피언시리즈에서 공통으로 묻어나는 것은 승자에 대한 존중과 패자에 대한 배려다. 스포츠에 앞서 인간을, 기술에 앞서 예절을 배우는 것이다.

흔히 일본인의 타인에 대한 배려를 이야기할 때 일본의 문화를 이유로 든다. 즉, '남에게 폐[迷惑, 메이와쿠]를 끼치지 않는다'는 철칙은 일본인이 어려서부터 배우는 사회생활 교육의 1장 1절이다. 남을 언짢게 하고 남에게 걱정을 끼치고 신경 쓰게 만드는 게 모두 '폐'에 해당한다. 한 예로, 이라크 테러조직에 납치됐던 일본인 고다 쇼세이香田證生 씨가 많은 일본인의 걱정에도 불구하고 끝내 살해됐을 때 가족이 내놓은 성명도 "폐를 끼쳐 죄송합니다."였다.[42]

개인주의가 철저하다는 서양에서 아이가 가장 먼저 배우는 말이 'thank you' 'sorry' 'excuse me'다. 개인주의와 천박한 이기주의의 차이는 여기에 있다. 개인주의 의식은 나만 중요한 것이 아니라 내가 이만큼 중요하기 때문에 남 역시 중요하다는 인식과 태도에서 기인한다. 따라서 남을 비방하거나 남에게 무례한 행동을 하는 것을 철저히 금지하는 매우 엄격한 교육이 이루어지는 것이다.

나라마다 사회 문화는 다르다. 그리고 그 '다름'은 나름대로 장점과 약점을 모두

지니고 있다. 따라서 '좋고 나쁨'의 가치판단의 대상이 될 수는 없다. 그럼에도 어느 나라이건 간에 자유주의에 바탕을 둔 진정한 의미의 인간공동체가 이루어지기 위해서는 타인에 대한 '배려' 의식과 행동이 필수적이다. 이는 '동방예의지국'이라 불렸던 한국 사회의 전통과 사회자본을 21세기에 이어 가기 위해서 가장 먼저 요구되는 덕목이다.

후주

1. 참조: 주간동아(2000. 5. 4.).
2. 참조: 동아일보(2010. 7. 12.).
3. 참조: 동아일보(2010. 8. 10.).
4. 참조: 조선일보(2009. 11. 19.).
5. 이관춘(2006). 직업은 직업이고 윤리는 윤리인가(2판). 서울: 학지사.
6. Reich, R. (1991). *The work of nations: Preparing ourselves for 21st century capitalism*. New York: Alfred A. Knopf.
7. 김한원, 정진영(2006). 자유주의: 시장과 정치. 서울: 도서출판 부키.
8. Mandeville, B. (1962). *The fable of the beers or private vices*. New York: Capricorn books.
9. Smith, A. (1976). *The theory of moral sentiments*. London: Oxford University Press.
10. 존 롤스(1985). 사회정의론(황경식 역). 서울: 서광사, pp. 155-156.
11. 이하의 내용은 리하르트 다비트 프레히트(2008). 나는 누구인가(백종유 역). 서울: 21세기북스, pp. 448-449, 인용.
12. 같은 곳.
13. 같은 곳.
14. Sandel, M. (1982). *Liberalism and limits of justice*. Cambridge, MA: Cambridge University Press.
15. 정세구 외(2002). 공동체주의 교육. 서울: 교육과학사, p. 42.
16. 같은 책, p. 43.
17. 같은 책, p. 44.
18. 마이클 샌델(2010). 정의란 무엇인가(이창신 역). 서울: 김영사.

19. 참조: 강대기(2004). 현대사회에서 공동체는 가능한가. 서울: 아카넷; 송재룡(2001). 포스트모던 시대와 공동체주의. 서울: 철학과현실사.
20. 황경식(2006). 자유주의는 진화하는가. 서울: 철학과현실사.
21. 21세기 대한민국 선진화 4대 전략, 공동체 자유주의, 대한민국 국가전략, 대한민국 선진화 전략, 창조적 세계화론은 박세일이 연이어 출간한 책인데, 그의 사상적 구조를 이데올로기, 담론, 언어시장의 3차원에서 분석하기에 적절한 텍스트다. 우선 책 제목에서 쉽게 알 수 있듯이 그의 사상은 '선진화' '공동체적 자유주의' '세계화' 로 요약될 수 있다.
22. 박세일(2009). 대한민국 선진화 전략. 서울: 21세기북스.
23. 박세일의 창조적 세계화론에 대한 비판계간지 미래와 희망, 3호, 재인용.
24. 참조: 중앙일보(2010. 5. 11.).
25. 윌리엄 글래서(1998). 현실치료. 서울: 도서출판 원미사.
26. Tu, W. M. (1984). *Confucian ethics today: The Singapore challenge*. Singapore: Federal Publications.
27. 송병락(1989). 마음의 경제학. 서울: 박영사.
28. 참조: 경향신문(2007. 10. 24.).
29. 예를 들면, Lee, K. C. (1991) 등의 논문 참조.
30. 참조: 동아일보(제27550호) 오피니언.
31. 참조: 동아일보(2010. 7. 2.).
32. 참조: 동아일보(제27550호) 오피니언.
33. 로버트 D. 퍼트넘(2009). 나 홀로 볼링: 사회적 커뮤니티의 붕괴와 소생(정승현 역). 서울: 페이퍼로드.
34. 프랜시스 후쿠야마(1996). 트러스트: 사회도덕과 번영의 창조(구승회 역). 서울: 한국경제신문사.
35. 박세일(2009). 앞의 책.
36. 박경철(2010. 7. 10.). 동아일보.
37. 매슈 비숍, 마이클 그린(2010). 박애자본주의(안진환 역). 서울: 사월의책.
38. 참조: 동아일보(제27691호).
39. 동아일보(2010. 2. 5.).
40. 조선일보(제27842호)
41. 김태익 소리내 울지 않는 일본인. (2009. 11. 19.). 조선일보.
42. 같은 글.

제7장

자본주의 경제와 경제교육

과거 물물교환의 시대에서부터 현재의 첨단 전자화폐에 이르기까지 인류는 다양한 수단을 통해 경제활동을 해 왔다. 21세기 글로벌 경제시대를 맞아 경제, 특히 생활경제는 시민의 삶 그 자체가 되고 있다. 이러한 경제의 중요성에도 불구하고 역사적 특수성으로 인해 우리나라는 올바른 경제관을 확립할 수 있는 기회가 부족하였고 이로 인해 내적 경제의식이 외적 경제성장의 속도를 따라가지 못하고 있다.[1] 1970~1980년대 정부주도의 경제정책은 정부의 시장개입을 당연한 것으로 생각하게 만들었고 재벌 기업의 정경유착 현상은 시장에 대한 부정적 인식을 가져오게 만들었다. 정부는 시장의 원리와 법에 의존하기보다는 국민 정서에 따른 재량과 정치적 이해를 우선하여 정책을 설계하고 집행하는 경향이 짙었다.

이러한 경제환경 속에서 학교의 경제교육은 입시 위주의 교육시스템으로 인해 효과성을 기할 수가 없었다. 경제교육의 내용도 경제이론 및 지식전달 위주의 내용으로 이루어져 있어 현실경제에 대한 이해를 돕는 데 기여하지 못하고 있다는 비판이 제기되고 있다.[2]

청소년을 포함한 모든 시민은 개인의 신용 문제에서부터 장바구니 물가, 각종 재테크에 이르기까지 경제란 용어가 범람하는 현실 속을 살아가고 있다. 나아가 전 세계는 하나의 경제권으로 통합되어 세계 각국의 경제 관련 정보가 실시간으로 전달되고 있다. 따라서 경제가 시민생활에 미치는 영향은 거의 절대적이 되었으며 합리적인 경제의식 및 의사결정능력이 필수적으로 요구되고 있다.

이에 따라 청소년에 대한 경제교육의 필요성에 대한 인식이 더욱 높아지고 있다. 청소년기의 학습은 생애 가치관과 태도 형성에 큰 영향을 주고 효과도 오래 지속되는 경향이 있기 때문에 특히 중요하다.[3] 실제로 여러 정부기관과 연구소를 비롯해 경제단체나 다양한 언론, 금융기관 및 시민단체가 중심이 된 경제교육이 시행되고 있다.

학생들에게 경제 개념과 원리를 가르치는 것이 경제교육의 출발점이라면 우리 경제 체제에 대한 올바른 가치관과 태도를 갖게 하는 것이 최종목표라 할 수 있다.[4]

1. 경제교육의 개념과 필요성

경제교육에 대한 정의는 학자에 따라 혹은 사회기관에 따라 다양하다. 예를 들어, 전국경제인연합회에서 원하는 경제교육과 노동조합이나 시민단체가 원하는 경제교육은 다를 것이다. 일반적으로 경제교육은 "경제생활에 있어 인간의 욕구와 재화 및 용역 또는 자원 사이의 합리적 선택 결정방안을 강구하도록 돕는 교육"[5]으로 정의된다.

1) 경제교육의 개념과 목표

경제교육은 주로 경제학적 측면에서 경제의 기본개념을 중심으로 한 접근방안을 강조한다. 이 경우 경제의 개념과 원리 등 경제학의 지식체계를 습득하는 것이 중심이 된다. 그러나 보다 실천적인 측면에서 경제교육이 이루어져야 한다는 주장도 있다. 다시 말해 경제문제를 해결하기 위한 학문이 경제학이지만 "경제학은 단순히 지식을 위한 학문이 아니고 인간 생활의 실제 문제를 해결하기 위한 실천적인 학문으로서 순수한 학문적 관심이나 직업적인 교양보다는 인간의 경제적 복지 증진을 위해 연구되어야 한다."[6]라는 것이다.

경제교육에 대한 접근방식은 국가 간에도 차이가 난다. 미국을 비롯한 서양에서는 경제지식에 관한 이해와 분석능력을 키우는 데 경제교육의 중점을 두는 경향이 있다. 반면에 우리나라의 경우, 경제교육의 주안점이 경제문제 해결에 필요한 합리적 사고능력을 키우는 데 있다. 우리 경제체제에 대한 올바른 가치관과 태도를 갖게 하는 데 목표를 두는 것이다.

실제로 교육부가 규정하는 경제교육의 목표는, 시장경제의 기본원리를 비롯하여 국민경제의 구조와 순환, 국민경제의 원리 및 한국 경제의 발전 과정을 이해시키기 위하여 경제현상에 대한 올바른 이해력과 분석능력 및 판단능력을 갖추게 하는 데 있다. 또한 경제현상에 관한 여러 자료를 수집, 분석, 종합, 평가하여 체계적인 지식을 습득하게 하고, 경제현상을 다각적 관점에서 생각할 수 있는 능력을 기르게 하는 데 목표를 둔다고 규정하고 있다.

경제교육의 목표를 지식의 측면과 가치의 측면 두 가지로 나누어 생각해 볼 수 있다. 지식의 측면은 청소년이 경제현상을 지배하는 기본원리와 경제현상 간의 상호 관련성을 깨닫게 하는 것이다. 이는 일상생활에서 경제문제의 합리적 해결능력을 배양하는 기능적인 측면에 도움을 줄 수 있다. 보다 중요한 측면은 바로 가치와 태도의 측면이다. 특히 최근 들어 가장 시급하게 요구되는 것은 올바른 경제관념과 윤리의식 확립이다. 이를 통해 경제사회 환경의 변화와 전망에 능동적으로 대처할 수 있는 경제적 사고력과 의사결정력을 길러 책임 있는 경제 주체로서 국민경제 발전에 기여할 수 있는 민주시민을 양성하는 것이다.[7]

2) 경제교육의 필요성

21세기 글로벌 경제시대에는 경제 제도와 조직이 고도로 발달되고 그 운영원리도 매우 복잡해졌다. 특히 우리 경제는 유례를 찾아볼 수 없을 정도로 급격한 성장을 이루었고 반면에 그에 따른 부작용으로 경제적 가치관이 혼란되면서 상대적 빈곤의식, 과소비 등 각종 경제문제가 심각한 사회문제로 등장하고 있다. 아울러 지난 IMF 금융위기와 2008년 글로벌 금융위기를 거치면서 국민 개개인은 신용 관리의 중요성을 뼈저리게 인식하게 됐다. 금융회사들은 개인의 신용을 정확하게 평가하는 것이 회사의 생존을 좌우하는 경쟁력임을 인식하게 되었다. '신용이 곧 자산'이란 인식이 확산되고 있는 것이다.

이러한 인식의 변화는 특히 경제교육에서 생활경제교육이 필요하다는 인식을 가져왔다. 실제로 중 · 고등학교 교사도 경제교육에서 무엇보다 필요한 분야는 직업선택이나 신용교육, 재테크 같은 생활교육[8)]이라고 인식하고 있는 것으로 드러났다. 1990년대만 해도 경제교육의 중심은 절약의 생활화였다. 예를 들어 고승석은 경제 교육은 희소성을 보완하는 절약의 생활화를 위해 사회질서 차원에서 경제적인 문제를 합리적으로 해결할 수 있는 능력을 기르기 위해 필요하다고 주장하였다.[9)]

2000년대에 들어와서는 글로벌 경제가 심화됨에 따라 국가경쟁력을 확보하기 위한 차원에서의 경제교육이 강조되고 있다. 허영식 교수는 ① 현대사회에서 개인의 사적 생활과 사회 · 정치가 경제생활과 밀접하게 연관되었다는 점, ② 고도로 분화되고 복합적인 영역인 경제에 대한 이해가 필요하다는 점, ③ 시장경제가 경제시민의 구성의지에 의존하고 있다는 점, ④ 세계화시대에 국가경쟁력 확보가 필요하다는 점, ⑤ 기업가 정신 함양이 더욱 요구된다는 점을 근거로 들어 경제교육의 필요성을 강조한다.[10)]

3) 자본주의 경제와 자본가 정신

[물음 하나] 왜 어떤 나라는 잘살고 어떤 나라는 못살까? 어떤 나라는 지속적인 경제성장을 이룩해 중진국을 거쳐 선진국으로 진입하는 데 반해 또 어떤 나라는 비슷하거나 더 나은 자연 조건을 가지고 있음에도 침체를 거듭하고 빈곤의 늪에서 헤어 나오지 못하고 있다. 왜 그럴까?

[물음 둘] 세계지도를 들여다보면 흥미로운 사실을 발견할 수 있다. 지구의 북쪽은 대부분 경제적으로 잘사는 나라인 반면, 남쪽은 상대적으로 못사는 나라란 점이다. 또한 전 세계 선진국은 30여 개국(OECD 회원국 기준)인데 이 중 한국과 일본을 제외한 대부분의 선진국이 서구의 국가다. 왜 그럴까?

이러한 질문은 경제학에서 가장 중요한 물음 가운데 하나다. 먼저 첫 번째 물음을 생각해 보자. 사회현상은 실험이 곤란하기 때문에 논쟁을 잠재울 해결책을 찾는 것이 쉽지 않다. 다행히도 경제성장을 연구하는 학자들에게 역사는 2개의 실험 사례를 제공했다.[11] 동일한 체제를 유지하던 나라가 서로 다른 체제를 가진 2개의 나라로 나뉜 사례로 한국과 독일이 있다. 1945년 제2차 세계대전이 끝나면서 분리된 독일은 1991년에 다시 통일됐지만 한국은 여전히 분단국가로 남아 있다. 주지하는 바대로, 한국이나 독일 모두 사유재산과 자유로운 기업활동을 허용한 체제(남한, 서독)는 경제 성장률이 높고 번영을 구가한 반면에 사적 소유를 허용하지 않고 전체주의 정부 형태를 채택한 체제(북한, 동독)는 수십 년 동안 침체와 빈곤을 면하지 못했다.

독일이나 한국 모두 분단되기 전에 인구나 처한 상황이 매우 비슷해 실험실에서도 만들기 어려운 초기 조건이 우연히 갖춰진 셈이었다. 따라서 경제학자들은 출발점이 같더라도 소유 제도, 정부의 시장 자율 허용 정도, 대외 개방 지향 정도가 경제성장에 큰 영향을 미친다는 결론을 내릴 수 있었다.[12] 다시 말해, 사유재산을 인정하고 경제활동의 자유를 근간으로 하는 시장경제체제와, 사유재산을 인정하지 않고 정부가 계획과 통제로 자원배분을 결정하며 자유를 지나치게 제한하는 계획경제체제의 실험에서 결국 시장경제체제의 자본주의가 승리한 것이다.

시장경제는 쉽게 말해 '시장의 법칙'에 따라 움직이는 체제를 뜻한다.[13] 애덤 스미스Adam Smith가 시장은 정부의 개입 없이도 '보이지 않는 손'에 의해 움직일 수 있다고 주장한 데서 비롯됐다. 시장에서 완전경쟁이 가능하고 개인의 경제활동에 아무런 외부 간섭이 없어야 한다는 게 전제다. 이러한 시장경제의 뿌리는 자본주의다. 남에게 피해를 주지 않고, 법에 위반되지 않는 한 인간 또는 기업의 이윤추구는 바람직하다는 생각이다. 자본주의는 여러모로 문제가 많은 체제임에 틀림없다. 레스터 서로Lester Thurow는 저서 『자본주의의 미래The Future of Capitalism』에서 자본주의를 매우 비판적으로 검토하고 있지만 '자본주의 외에는 선택이 없다'는 결론이다.[14] 존 케인스John Keynes 역시 마찬가지다. 나아가 조지프 슘페터Joseph Schumpeter는 자본주의가 결국에는 사회주의로 이행될 것이라고 예언했다.[15] 그러나 여러 국가의 사회주의 실험은 그의 예측이 틀렸음을 입증했다. 현재로서는 '자본주의 시장경제를 우월(優越)하는 대안은 없다'는 것이 일치된 견해다.

두 번째 물음을 생각해 보자. 왜 선진국은 대부분은 서양에 몰려 있는가? 즉, 서양을 중심으로 한 자본주의 발달의 동인은 무엇인가를 생각해 보자는 것이다. 이에 대한 가장 고전적이면서 통찰력 있는 접근이론은 막스 베버Max Weber의 이론이다. 베버는 자본주의 발달의 핵심은 자본이나 자원보다는 사회구성원 개개인의 기업가정신과 직업윤리에 있음을 설파한다. 베버는 1904년에 처음 출간된 『프로테스탄트 윤리와 자본주의 정신Die Protestantische Ethik und der Geist des Kapitalismus』에서 자본주의는 청교도 윤리와 같은 직업윤리와 그에 따른 기업가정신을 바탕으로 성장한다는 사실을 강조했다.[16] 다시 말해 직업에 대한 소명의식을 바탕으로 정직과 근검절약을 하면서 자신이 맡은 일에 신명을 다 바쳐 도전하는 기업가정신이 경제성장의 동인이며 선진국과 후진국을 구분하는 문화적인 에토스(ethos)라는 것이다.

실제로 한국의 경제성장의 핵심은 바로 투철한 기업가정신이었다. 한국에서는 '이병철'이나 '정주영' 같은 기업가정신으로 무장한 창업가가 경제성장의 핵심 역할을 한 것이 사실이다. 현재도 '죽더라도 초일류 기업 하나 만들어 보고 죽자' (충북 진천군의 백산 OPC)는 오기로 부품 하나에서 세계 최고가 된 기업이 적지 않다. 경기도 용인의 저압용 전기차단기 핵심 부품 제조업체인 '대륙' 의 김덕현 회장은 철옹성 같은 세계 최고의 폐쇄시장인 일본을 정복하기 위해 혼신의 힘을 쏟았다. 일본에 기술을 배우러 갔다가 셀 수 없는 문전박대를 당하면서 '일본에 내가 만든 제품을 수출하는 날이 내가 눈감는 날' 이란 신념으로 도전한 결과, 결국 일본에 1000만 달러의 수출계약을 따냈을 뿐더러 일본 회사를 전략적으로 인수합병까지 했다.[17] 해외의 한국인도 마찬가지다. 미국 내 소수 인종이 소유한 기업 중 한국인 소유 기업은 20%대로, 다른 인종에 비해 높은 수준이다. 기업 성장률도 다른 곳에 비해 1.5배가량 높다.[18]

그러나 최근 들어 한국 젊은이 사이에 이러한 기업가정신이 약해졌다는 목소리가 높다. 존 케인스가 말하는 '야성적 충동(animal spirits)' 이 부족하다는 평가다.[19] 케인스가 말하는 야성적 충동이란 "경제에 내포된 불안정하고 일관성이 없는 요소를 말하며, 사람들이 모호성이나 불확실성과 맺는 독특한 관계"[20]를 가리킨다. 사람들은 때로는 야성적 충동에 억눌려 주저하지만, 반면에 야성적 충동에 힘입어 두려움과 우유부단함을 극복하기도 한다. 조지 애커로프George Akerlof와 로버트 실러Robert Shiller는 애덤 스미스의 추론은 사람들이 합리적으로 경제이익을 추구한다는 사실은 정확히 고려했지만 비경제적 동기가 행동에 미치는 비합리성 및 오류의 가능성을 고려하는 것은 간과했다고 지적한다. 다시 말해 야성적 충동을 간과한 것이다.[21]

케인스는 기업가정신의 한 요소로서 '애덤 스미스의 주장대로 합리적으로 경제이익을 추구하기보다는 오히려 자발적으로 만들어 낸 낙관적 기대치에 따라 행동' 하는 것이 필요하다는 점을 강조한다. 불확실성에 대한 도전정신과 새로운 것에 대한 강한 호기심을 동반한 기업가정신은 세계적인 기업인을 배출하기 위해 그리고 경제성장의 엔진을 지속적으로 가동시키기 위해 필수적으로 요구되는 요인이라는 것이다.

2. 글로벌 경제교육 현황

전 세계 여러 나라는 이러한 경제교육의 중요성을 정부 차원에서 인식하고 다양한 경제교육을 실시하고 있다. 무엇보다 학교의 경제교육을 강화하고 있으며 사회의 다양한 집단을 대상으로 한 경제교육 프로그램도 마련하고 있다. 경제교육에는 시간과 돈이라는 자원이 들어가기 때문에 효과를 높이기 위해서는 파급효과가 큰 계층부터 출발해야 한다. 각국이 학생과 교사 및 언론 종사자에게 우선적으로 경제교육의 비중을 두는 이유가 여기에 있다.

1) 미국의 경제교육

미국의 경제교육은 다양한 경제교육 프로그램과 분야별로 특화된 교육기관이 존재하는 것이 특징이다.[22] 무엇보다 연방정부 차원의 적극적인 지원과 비영리 민간 경제교육 기관의 활동이 활발하다. 역사적으로 보면 정부보다 시장과 자발적 조직에 대한 신뢰가 강한 문화를 가지고 있다.

경제과목이 사회교과에 부분적으로 포함되거나 선택과목으로 지정되어 있는 것은 한국과 유사하다. 미국 의회는 지난 2001년 조기금융교육법안(Youth Financial Education Act)을 통과시키고, 2002년 NCLB(No Child Left Behind Act)법을 제정 및 공포하여 청소년 경제교육을 지원할 수 있는 법적 · 제도적 장치를 마련하였다. 실제로 재무부 경제교육실(Office of Financial Education: OFE)을 설치하여 청소년 경제교육을 전담하고 있다. 연방준비은행은 청소년을 건전한 시장경제인으로 육성하기 위한 전략으로 '교사의 경제지식을 늘리는 것이 가장 확실한 경제교육법' 이란 취지 아래 교사에 대한 경제 워크숍을 개최하고 있다. 2004년에는 경제교육향상법과 조기금융교육법을 만들어 대공황 이후 민간이 담당했던 경제교육을 국가가 맡고 나섰다.

민간교육기관의 경제교육도 교육 내용과 대상에 따라 다양하며 전국 규모의 경제교육기관도 40여 개에 달한다. 미국경제교육협의회(NCEE)는 경제계와 교육계 지도 협의체로 각 대학과 연계하여 매년 12만 명의 교사에게 경제교육을 시키고 있다. 또한 전미금융교육재단(NEFE)은 금융교육에 초점을 맞추고 고교생을 대상으로 은행업무, 보험, 신용관리 등을 주로 교육하고 있다.

이러한 경제교육 문화 속에서 워런 에드워드 버핏Warren Edward Buffett 같은 부호가 탄생한 것은 어찌 보면 자연스러운 일이다. 미국의 최고 부호로 존경받는 워런 버핏은 어린 시절에 용돈을 공짜로 받아 본 적이 없다고 한다. 친구와 함께 5시간 동안 눈을 치우고 할아버지에게서 1달러도 안 되는 돈을 받은 날도 있다. 그는 여기서 '거래할 때는 미리 가격을 확인해야 한다' 는 교훈을 얻었다고 한다. 버핏은 최근 네브래스카 주 오마하에서 열린 버크셔 해서웨이 주주총회에서 금융위기의 재발방지를 위한 방안에 대해 질문을 받고 "어릴 때부터 훌륭한 금융습관을 갖는 것이 매우 중요하다." 라고 강조했다.[23)]

2) 영국의 경제교육

영국의 경제교육은 다음과 같은 두 가지 특징을 가지고 있다.

첫째는 창업과 기업 활동을 활성화하기 위해 정부가 적극적인 지원을 하고 있다는 점이다.[24)] 창업과 기업 활동을 활성화하기 위해 민관 합동으로 '엔터프라이즈 인사이트(Enterprise Insight)' 를 통한 기업가정신 제고 캠페인을 전개하고 예산을 전액 지원하고 있다. 예를 들어 IIP(Investor in People) 프로그램을 마련하여 학생들이 기업가 체험을 할 수 있는 기회를 제공하거나 기업주간(Enterprise Week) 등의 프로그램을 통해 기업가가 학교를 방문하여 강연하거나 지역별 워크숍을 개최하고 있다. 또한 20여 개 대학에서 2주간의 단기 MBA 교육프로그램을 제공하여 이공계 학생의 경영마인드를 제고시키거나 과학기업센터(Science & Enterprise Center)를 통해

표 7-1 영국의 금융교육 커리큘럼

구분	주요 내용	핵심 단계1	핵심 단계2
금융 알기 (Financial Understanding)	돈의 개념과 역할	• 동전과 지폐 • 세계 각국의 화폐	• 수표 · 신용카드 등 다양한 돈의 형태 • 신용의 개념
	돈의 원천	• 용돈 • 직업 • 고정수입 · 변동수입	• 직업의 세계 • 연금의 개념 • 노후대비의 필요성
	돈의 지출	• 사고 싶은 물건 • 성인의 지출 이해하기	• 가정의 지출 • 세금의 필요성 및 용도
금융활용능력 (Financial Competence)	돈의 관리	• 돈의 보관 방법 • 지출 기록의 필요성	• 은행의 필요성 • 영수증 · 명세표 등 기록의 중요성
	소비와 예산	• 지불의 의미 • 돈을 소비하는 여러 가지 방법	• 저축의 필요성 • 저축 방법 • 예산 수립
	위험과 수익	• 돈을 잃어버리거나 도둑맞을 때의 결과	• 이자의 개념 • 보험의 필요성 • 대출
재무책임 (Financial Responsibility)	생활 속의 선택	• 돈의 가치 • 소비에 따른 만족 • 최적 소비 의사결정	• 필요와 욕구 • 나쁜 부채와 좋은 부채
	금융의 의미	• 돈의 대소에 따른 결과 • 부의 분배의 중요성	• 경제의사결정과 관련한 윤리문제 • 자발적 기부

출처: 전국은행연합회(www.kfb.or.kr).

경영마인드를 가진 과학 기술 인력을 양성하는 데 주력하고 있다.

둘째는 영국은 뛰어난 금융교육 커리큘럼을 운영하고 있다는 점이다(〈표 7-1〉 참조).[25] '금융역량(Financial Capability)' 이라고 불리는 영국의 금융교육 프로그램은 그 구성이나 체계가 탄탄하다. 이 커리큘럼은 PFEG(Personal Financial Education Group)와 교육부의 공동 작업을 통해 개발되었는데, '금융 알기(Financial Understanding)' 와 '금융활용능력(Financial Competence)' 그리고 '재무책임(Financial Responsibility)' 등에 초점을 맞추고 있다.

3) 일본의 경제교육

일본의 경제교육은 영국이나 미국에 비해 크게 뒤처져 있다는 평가를 받는다.[26] 초 · 중 · 고에서는 전통적인 문무성의 감독하에 지금도 과거와 같은 교육이 계속되고 있다. 예를 들어 저축을 강조해 왔기 때문에 건전한 소비와 금융교육에는 상대적으로 소홀히 해 왔다. 게다가 고등학교까지는 학습목표가 한국과 마찬가지로 소위 명문대학에 들어가는 데 집중되고 있다.

하지만 2003년부터 실시된 새로운 교육과정에서 일본은 '살아가는 데 필요한 힘' 을 육성하는 데 중점을 두고 있다. 즉, 일상생활에서 실제로 접할 여러 경제 문제나 뉴스 등을 어려움 없이 받아들일 수 있는 능력을 키우는 데 목적을 두고 있다. 일본 고등학교 학습지도 요령 공민 편에 제시된 '정치 · 경제' 과목의 경제 영역 내용은 '현대의 경제와 국민생활' 이라는 단원하에 〈표 7-2〉와 같이 네 개의 주제로 구성되어 있다.

표 7-2 일본의 경제교육 구성 및 내용

구성	내용
경제사회와 경제체제	• 인간과 경제 • 자본주의 경제의 발전과 변화 • 사회주의 경제의 변화와 새로운 동향
현대의 경제	• 현대의 시장과 기업 • 국민소득과 국부 • 경제변동과 경제성장 • 금융과 금융정책
현대경제와 복지의 향상	• 일본 경제의 발전과 산업구조의 변화 • 식량과 농업문제 • 자원 · 에너지와 일본 경제 • 공해방지와 환경보존 • 도시문제 – 물가문제 • 소비생활의 변화와 소비자 문제 • 중소기업문제 • 노사관계와 노동시장 • 사회보장과 사회복지
국민경제와 국제경제	• 국제경제의 특징 • 국제협조와 국제기관 • 국제경제의 현황과 과제 • 국제경제에서의 일본의 역할

출처: 유학수(2007), pp. 55-56.

4) 네덜란드의 경제교육

네덜란드는 우리나라 경상도만한 좁은 국토에 인구 1600만 명을 가진 작은 국가다. 그마저도 해수면보다 낮은 땅이 많아 댐을 쌓아 살아가는 척박한 환경이며 변변한 천연자원도 없다. 그러나 18세기부터 네덜란드는 유럽의 선진 무역국가로 세계적인 명성을 떨쳤으며 현재도 세계에서 가장 유복하게 사는 국가 중 하나다. 많은 사람은 네덜란드의 경쟁력 비결을 인적자원의 개발, 특히 어려서부터 철저하게

이루어진 경제교육에서 찾는다.[27)]

네덜란드에서는 어린이들을 어려서부터 철저한 훈련과 실습으로 국제상인으로서의 자질을 키운다.[28)] 대학생이 되면 자연스럽게 해외로 진출할 수 있도록 훈련과 교육을 받는다. 네덜란드에서는 매년 4월 말 여왕 탄신 기념 연후에는 모든 상점이 철시한다. 대신 길거리는 어린이들이 장사하는 공간이 된다. 자신에게 필요하지 않은 물건을 들고 나와 흥정을 배우는 것이다. 중학생이 되면 신문배달을 하고 고등학생 때는 동네 슈퍼에서 아르바이트를 하면서 재고관리와 상품관리 등을 몸으로 체험한다. 대학생이 되면 아르바이트 활동범위는 해외로 넓어진다. 방학이 되면 독일, 프랑스, 영국 등지로 가서 일을 하니 네덜란드 대학생은 최소한 3개 국어에 능통하다. 세계 일류 기업은 이러한 네덜란드 젊은이를 대단히 선호한다고 한다.

해외 사례의 시사점

해외 선진국의 경제교육 사례를 살펴보면, 우선 정부와 기업이 경제교육의 필요성을 철저히 인식하고 있다.[29)] 특히 날로 심각해지는 청년실업을 타개하기 위해 시장과 기업에 대한 긍정적 인식을 심어 주는 방향으로 경제교육의 틀을 짜고 있다. 다시 말해, 일반 국민이 시장경제의 원리를 올바르게 이해하고 건전한 기업관을 갖는 것이 지속적인 경제발전의 중요한 요소라는 점을 인식하고 있는 것이다. 이를 위해 정부와 기업이 경제교육을 적극적으로 지원하고 장기적 관점에서 접근하고 있음을 알 수 있다.

둘째, 민관의 역할 분담을 통해 다양한 교육프로그램을 제공하고 있다. 경제교육의 중요성에 대한 인식을 실질적인 지원으로 연결하고 있다. 정부는 재정지원과 함께 법적 · 제도적 차원에서 경제교육을 위한 시스템을 마련하고 국민적 관심을 환기시키려 노력하고 있다. 또한 실용성을 강조한 내용과 다양한 형식의 교재를 통해 교육효과를 증대시키고 있다. 비즈니스 체험이나 창업, 마케팅, 신용교육 등 실생활과 밀접한 내용의 교육이 활발하게 진행되고 있는 것이 특징이다.

5) 한국의 경제교육

우리나라 학교 경제교육은 국가 교육과정에 따라 운영되고 있다. 현행의 제7차 교육과정은 1997년에 고시되어 시행되고 있는데, 21세기에 걸맞은 교육을 위해 '교육의 실용성, 학습자의 주도적 참여, 수준별 학습, 고급 사고력과 체험 활동 등' 이른바 학생 중심의 교육을 강조한다.

특히 제7차 교육과정의 경제 내용에는 사회(초등학교 3~5학년, 중학교 3학년, 고등학교 1학년)와 경제 및 생활경제(고등학교 선택) 과목이 있다. 시장경제에 필요한 경제주체의 역할을 강조하여 추상적인 경제원론 식 교육을 지양하고 학습내용과 학습활동의 연계성을 높이도록 한 것이다. 하지만 과열 양상을 띠고 있는 국내 입시에

표 7-3 학교 밖 경제교육의 주요 내용

방문기관 및 사이트	주요내용
매경어린이 경제교실	• 용돈관리방법 • 무역, 경제활동과 국가경제
비즈쿨	• 전문분야 외부특강 제공 • 우수 중소기업 탐방
아이빛 연구소	• 학교 방문 후 체험식 경제교육 내용
어린이 경제신문	• 체험학습 프로그램 • 게임 형식으로 경제 학습
JA KOREA	• 실생활에 도움이 되는 내용으로 구성 • 자원 봉사 대학생의 학교 방문 경제교육
청소년 경제학교	• 영상교육 • 경제 신문 만들기
전경련 시장 경제	• 경제 전문가의 희망학교 방문
청소년 금융교육 협의회	• 저축의 중요성 • 용돈 관리 방범 • 쉬운 증권 이야기

출처: 한경동(2005), p. 77.

서는 역시나 해당 과정의 취지가 무색하게 입시 위주의 주입식 교육으로 흘러갔다는 비판을 면할 수 없으며 어느 한쪽으로 치우친 기술 역시 비난의 대상이 되곤 한다.[30)]

이에 대한 여러 대안으로 학교 밖 경제 프로그램이 진행되고 있다. 이들 프로그램은 청소년 경제교육의 문제점을 지적하며 설립된 것이 많아, 실생활과 관련된 교육을 제공하여 공교육의 부실을 채워 줄 수 있는 지원교육으로서 큰 의의가 있다.[31)]

한 예로, YMCA에서는 현재 전국적으로 청소년 신용경제교육을 실시하고 있다. 이 교육 프로그램은 지역 학교나 청소년에게 좋은 반응을 얻고 있는데, 그 이유는 청소년을 피교육자가 아닌 교육의 주체로 참여시킴으로써 현실과 근접한 체험교육이 되도록 하였기 때문이다.

예를 들어, '청소년 신용 경제교육'은 중 · 고등학교와 대안학교, 쉼터, 공부방 등에서 실시된다. 교육내용은 청소년 스스로 생각하고 실천할 수 있는 합리적인 소비, 신용 바로알기, 휴대폰요금 따라잡기, 미리 알아보는 신용카드 등이다. 또한 군산 YMCA 등지에서 시행 중인 '청소년 신용경제축제'에서는 청소년이 주도하는 축제문화를 통하여 합리적이고 건전한 소비 생활을 유도하며 일방적 경쟁논리에서 벗어나 협력의 경제를 배울 수 있는 기회를 제공하고 있다.[32)]

위에서 보듯, 청소년이 경제교육에 적극적으로 동참하여 보다 건강한 경제의식을 갖기 위해서는 무엇보다 이론 중심에서 실생활 중심으로 교육의 초점이 옮겨와야 하며, 특히 경제 분야 중에서도 건전한 소비 활동의 밑거름을 위한 소비 금융교육의 강화가 이루어져야 할 것이다. 또한 입시 위주의 암기식 교육에서 탈피해 학습자 중심의 경제교육으로의 전환을 통해 청소년의 자발적 참여를 이끌어 내는 것 또한 중요하다. 이러한 교육 과정에서 다양한 경제 학습 보조 자료 및 교육 수단의 개발은 비단 정부만이 아니라 다양한 미디어나 NGO 등도 그 역할을 충실히 해내야 할 것이다.

3. 경제행위의 원리: 호모 에코노미쿠스

그렇다면 경제란 무엇일까? 경제학을 하는 사람이라면 누구나 금과옥조로 여기는 경제학의 신조가 있다. 내용은 대충 이렇다.[33] "개인이나 기업 등 모든 경제주체는 합리적이다. 합리적 인간이란 남이야 어찌됐건 오로지 자기 이익만을 챙기는 데만 관심을 기울이는 철저히 이기적인 인간이다. 이 합리적 경제인이 자기이익을 극대화시키기 위해 경제활동을 하다 보면 보이지 않는 손에 의해 사회 전체의 이익도 함께 증진된다."

이는 애덤 스미스에서 시작된 고전경제학의 기본원리이자 주류경제학의 윤리관이다.

1) 이기심과 경제

영국의 경제사상가인 애덤 스미스는 1776년 고전경제학의 출발점이 되는 『국부론The Wealth of Nations』을 펴내기에 앞서 1759년에 내놓은 『도덕 감정론The Theory of Moral Sentiments』에서 인간의 행동을 심리학적으로 분석하였다. 첫 문장은 다음과 같다.

> "인간에게는 이기적인 본성이 있다. 인간의 내면에는 다른 사람의 재산을 빼앗고 싶은 마음, 다른 사람의 행복을 빼앗고 싶은 마음이 존재한다."[34]

여기서 먼저, 스미스의 이기적인 인간본성에 영향을 미친 심리학적 이기주의에 대한 설명이 필요할 것이다.[35]

심리적 이기주의(psychological egoism)는 단순히 인간이 어떤 동기에 의해 어떻게 행동하는가를 사실적으로 설명하는 이론이다. 즉, 인간을 포함한 모든 동물은 생물학적으로 볼 때 이기적이며, 항상 자신의 이익을 위해 행동하는 존재라고 규정하는 것이다. 또한 이러한 이기심이 있었기에 인간과 동물은 기나긴 진화적 투쟁을 거쳐 생존할 수 있었다는 생물학적 논변을 바탕으로 하고 있다. 따라서 심리적 이기주의는 인간은 본래 이기적이며, 모든 행위는 이기심에 의해 생긴다고 주장한다.

이기주의의 근본 사상은 토머스 홉스Thomas Hobbes와 바루흐 스피노자Baruch Spinoza에게서 찾아볼 수 있다. 스피노자는 인간을 포함한 모든 존재는 스스로를 보존하려는 본래적인 특성이 있다고 갈파한다. 따라서 인간은 항상 이기적으로 행동하고 모든 행위에서 자신의 보존과 이익만을 눈여겨보며, 심지어 겉으로 볼 때 이타적인 행위도 실제로는 이기적인 동기에서 나오는 행위라고 단정한다.

홉스는 아예 인간을 '늑대적 인간' 으로 혹평한다. 그는 국가권력, 즉 『리바이어던Leviathan』(1631)이란 저서에서 인간의 이기적인 본성을 밝히고 있다. 인간은 자신의 이익과 안전에만 관심이 있고 타인에 대해서는 공격적이고 약탈적이므로 '인간은 인간에게 늑대(Homo homini lupus est)' 라고 단언한다. '타인은 지옥' 이라고 말한 장 폴 사르트르Jean Paul Sartre와 같은 맥락이다.

그러나 홉스는 이러한 이기심을 방치해 두면 그 결과는 상호 파괴적인 무정부 상태, 즉 만인에 대한 만인의 투쟁이 될 것이기에 이를 통제할 수 있는 사회계약(social contract)을 만드는 것이 필요하다고 보았다. 이러한 법적인 합의하에서 인간은 자신의 이기심의 발로로 행동을 함으로써 자신의 이익과 행복을 도모할 수 있음은 물론 결과적으로 사회를 위한 공익도 창출하게 된다는 것이다. 심리적 이기주의의 전형적인 주장을 정리하면 다음과 같다.

- 인간은 항상 자신의 이익을 증진하기 위해 행동한다.
- 모든 행위의 유일한 목적은 행위자 자신의 선을 추구하는 것이다.
- 비이기적인 행위처럼 보이는 것도 실제로는 이기적이다.
- 인간은 항상 자기가 하고 싶은 것을 하며, 타인의 복지보다 자신의 복지에 대

한 관심이 더 강하다.

애덤 스미스는 이러한 심리학적 이기주의를 바탕으로 인간의 경제행위를 설명한다. 스미스가 『국부론』을 집필하고 있을 무렵, 정치적으로는 토머스 제퍼슨Thomas Jefferson이 인간의 생명과 자유 그리고 행복추구의 중요성을 역설하고 있었다는 사실에 주목할 필요가 있다. 다시 말해 정치적으로 자유의 중요성이 강조될 때 이기적인 인간본성을 바탕으로 자유시장을 강조하는 『국부론』이 집필됐는데, 이때부터 자유시장과 정치적 자유는 언제나 손을 맞잡고 나아가게 된다.

2) 호모 에코노미쿠스

애덤 스미스 이후 신고전파 경제학이 주류경제학으로 자리 잡으면서 경제활동을 하는 우리 모두는 호모 에코노미쿠스(homo economicus), 즉 경제적 인간이라고 전제하게 되었다.

경제적 인간이란 한마디로 말해서 '자기의 이익을 극대화하는 데만 관심이 있는 이기적인 인간' 이다. 즉, 이기적인 본성을 충족시키기 위해 경제활동을 하는 인간이다. 자기이익과 행복만을 추구하고 최소의 비용으로 최대의 성과를 얻기 위해 노력하는 것이 바로 경제학의 '합리성' 이며 이런 사람이 '합리적 경제인' 인 것이다. 경제학에서의 합리성이란 곧 '이기심' 을 의미한다. 합리적 인간은 남이야 어찌 되든 전혀 신경 쓰지 않고 오로지 자기의 이익만을 챙기는 데만 관심을 기울이는 철저히 이기적 인간이다.[36)]

이러한 철저히 이기적인 인간본성에 '합리성' 과 '윤리성' 을 부여한 것이 공리주의(功利主義, utilitarianism)다. 18세기의 제러미 벤담Jeremy Bentham과 19세기의 존 스튜어트 밀John Stuart Mill을 중심으로 하는 공리주의는 인간은 가장 많은 쾌락과 가장 적은 고통을 가져오는 행동을 하게 된다고 주장한다.[37)] 따라서 쾌락을 최대화하고 고통을 최소화시키는 것이 '합리적 인간' 이며 나아가 윤리적 인간이라는 것이다.

이 합리적 경제인은 소비자로서 제한된 소득을 지출하여 최대한의 만족을 얻기 위해 끊임없이 계산하고 선택한다. 아프리카에 가서 난민을 돌보는 사람이나, 탑골 공원에서 가난한 노인에게 무료급식을 제공하는 사람도 경제학의 눈으로 보면, 이들 역시 좋은 일을 했다는 심리적 만족을 얻기 위한 이기적인 '소비 행위' 인 것이다.

경제현상을 수량화시키는 데 관심이 많은 경제학자는 이 합리적 인간의 경제행위를 수학적으로 간결하게 함축시켜 놓았다. 바로 $U=f(C)$로 표기하는 효용함수(效用函數)다.[38] 경제학 개론 강의나 서적에서 빠짐없이 등장하는 내용이다. 효용함수란 행복의 수준(U, utility)과 재화 소비량(C, consumption) 사이의 관계를 수학적으로 표현한 것으로서, 단순히 말하면 나의 재화 소비량이 증가하면 나의 행복이 증가하고 소비량이 감소하면 행복도 감소한다는 의미다. 즉, 나의 행복은 오직 내가 얼마만큼 소비하느냐에 달려 있다는 말이다.[39]

3) '보이지 않는 손' 의 원리

> "우리가 끼니를 걱정하지 않아도 되는 것은 정육점 주인, 제과점 주인, 양조공장 사장의 자비심 덕분이 아니라 그들의 자기중심적인 이익 추구 때문이다. 우리는 그들의 인도주의에 호소하는 것이 아니라 그들의 자기애(自己愛)에 호소하면 된다. 또한 그들과 이야기할 때 우리 자신의 필요를 말하기보다는 그들의 이익에 관해 이야기해야 한다."[40]

애덤 스미스는 『국부론』에서 '정육점과 제과점, 양조장 주인의 이기심 덕분에 우리가 끼니 걱정을 하지 않아도 된다' 는 통찰력 있는 메시지를 전한다. 다시 말해 개인이 스스로의 판단에 의해 자유롭게 자신의 이기적 욕망을 추구하게 놔두면 '보이지 않는 손' 에 의해 저절로 경제 시스템이 최대한 발휘하게 되고 결과적으로 사회 전체의 후생 또는 전체적으로 가장 바람직한 결과가 나온다는 것이다. 이러한 시장 경제의 기본 원리가 바로 고전 경제학의 핵심적인 주장이다. 신고전파 경제학자들은 이 원리를 일종의 신앙으로 승격시켜 받들고 있다.[41)]

자유시장경제체제에서 소비자는 자기 이익을 위해 최고의 품질을 가진 상품을 최저 가격으로 구입하려고 하며 상호 경쟁하는 기업은 소비자 요구에 부응하고 자신의 이윤을 높이기 위해 품질은 높이고 원가는 절감하려 노력할 것이다.[42)] 이때 정부가 해야 할 최선의 정책은 아무런 간섭도 하지 않는 것이다. 각 개인이 자신의 이익을 자연스럽게 추구하게 놔두면 생산자와 소비자 모두 가장 효율적인 상태가 되어 건강한 경제체제가 되기 때문이다. 정부에 의한 간섭은 오히려 경쟁의 자율적인 효과를 방해하고 유익한 효과를 감소시키게 된다.

연세대학교 김정동 교수는 정부의 아파트 분양가 규제를 예로 들어 시장경제의 원리를 설득력 있게 설명하고 있다.[43)]

> 아파트 분양가를 일정 수준 이하로 규제하는 것은 서민의 주택 마련에 도움을 주려는 선한 목적이 있으나 이로 인한 폐단이 선한 목적을 능가한다. 우선 분양가만 규제하고 재판매가는 규제하지 않는 정책 때문에 새집 가격이 헌집 가격보다 낮은 비정상적인 부동산 시장 구조를 갖게 된다. 따라서 새집에 대한 초과수요가 발생하게 되고, 아파트 분양 추첨제도와 관련된 부정부패와 사기 및 불법 투기 논란이 끊이지 않는 부작용이 발생한다. 새 아파트 가격이 너무 저렴해서 항상 초과수요 상태이니 건축업자는 소비자의 요구에 부응하는 양질의 아파트를 짓지 않아도 판매에는 지장이 없다. 따라서 소비자가 원하는 적절한 가격과 품질을 가진 아파트를 만들기보다는 건축비를 줄이는 데 더 주력하며, 결과적으로 부실 아파트가 많이 만들어진다. 이 때문에 새 아파트에 입주한 사람들은 내부구조와 시설이 마음에 들지 않아서 멀쩡한 새집을 이리저리 뜯어고치게 된다. 원래 부실하게 지어

져서 내구기간이 짧은데다가 불법개조까지 했으니 아파트 건물의 안전은 더욱더 위협을 받는다. 또한 일단 당첨이 되면 분양가보다 훨씬 더 높은 가격에 재판매할 수 있기에 투기꾼이 악용할 소지가 많다. 이를 막기 위해 또 다른 규제를 해야 하며, 규제를 하기 위해 공무원을 늘려야 하는 등 규제 자체에 비용이 들고 재판매 규제를 피하기 위한 또 다른 불법행위가 이루어진다.

애덤 스미스는 개인의 이기적 경제행위가 공익에 기여하게 되는 것은, 자연에서의 만유인력법칙과 같이 시장경제에도 '도덕적 인력법칙',[44] 즉 '보이지 않는 손'이 작용하기 때문이라고 말한다. 물론 여기서 보이지 않는 손은 곧 시장 경쟁이다. 즉, 소비자와 생산자가 시장에서 자유롭게 경쟁과 협동을 할 때 모든 경제주체는 각자가 가진 창의력과 성실성을 최대한 발휘하게 되며, 결과적으로 가장 효율적인 생산자와 소비자로 이루어진 건강한 경제체제, 사회적으로 가장 바람직한 결과가 나온다는 것이다.[45]

스미스는 또한 경쟁시장체제를 통해 사회의 다양한 산업이 자원을 효율적으로 분배한다고 주장한다. 특정 생활용품의 공급이 수요를 충당하기에 부족하다면 구매자는 스미스가 말하는 자연적 가격 이상으로 오를 때까지 계속해서 올라가는 가격으로 상품을 구입한다. 자연적 가격이란 다른 시장에서 팔았을 때 남는 이윤까지 포함된 총 생산 비용이 포함된 가격이다.[46] 특정 상품이 다른 상품보다 높은 이윤을 남기면 다른 생산자도 자원을 돌려 더 큰 이익을 남기는 상품을 생산하고자 할 것이다. 따라서 해당 상품의 부족 현상은 사라지고 가격은 다시 자연적인 수준으로 떨어지게 된다. 스미스는 이러한 시장경쟁이 자유스럽게 이루어지도록 놔두어야 하며, 아파트 분양가 규제 사례에서 보듯이 정부가 간섭하게 되면 경쟁의 자율적인 효과를 방해하게 되어 결과적으로 유익한 결과를 감소시킨다는 점을 강조한다.

4. 전통적 경제이론에 대한 비판

전통적 경제이론은 인간이 자신의 이익을 합리적으로 추구하는 존재라고 가정한다. 따라서 경제학은 본래 이기적인 인간은 자신의 이익을 추구하기 위해 합리적으로 선택하고 행동하는 존재라는 전제하에서 출발한다. 이 전제는 경제학이나 초·중등 경제교육에서도 '신성불가침' 이다. 그러나 과연 그럴까?

치약 1통에 4000원이라고 써 붙일 때보다 '5통에 2만 원' 이라는 광고 문구에 끌려 충동 구매하는 행위가 '합리적' 경제행위인가? 21세기 들어 전통적 경제이론에 대한 비판이 거세게 일고 있다. 소위 '합리적 인간' 에 대한 비판이다. 이들은 전통적 경제이론의 틀에 얽매인 사람들은 진실을 보지 못한다고 주장한다. 나아가 '경제학은 사기' 라고 단언하는 학자도 많다.

이들의 비판은 크게 두 가지로 구분된다. 첫째는 경제학적 측면에서 분석하는 '시장의 실패' 현상이며, 둘째는 비경제학적 측면에서 분석하는 '합리적 인간' 에 대한 비판이다.

1) 시장의 실패

결론적으로 말하면, 교과서적인 시장경제 모델은 시장경제의 본질을 이해하는 데는 유용하지만 실제 경제현상과는 거리가 멀다. 다시 말해 시장이 실패하는 경우가 많다. '시장 실패' 의 이유로 미시경제학자들은 불완전 경쟁, 외부 경제, 정보의 비대칭성, 사회불공정의 네 가지를 든다. 이를 좀 더 살펴보면 다음과 같다.

불완전경쟁시장

주류 경제학의 입장은 개개인이 자유롭게 이익을 추구하다 보면 자연스럽게 '보이지 않는 손' 에 의해 사회 전체의 이익 또는 후생이 이루어진다고 주장한다. 그런데 실제 시장의 모습은 그렇지 않은 경우가 많다. 개인이 시장의 규칙을 준수하며 경제활동을 한다 해도 경제학의 기대와는 달리 개인이익과 사회이익이 일치하지 않고 자원의 효율적인 분배도 이루어지지 않는 현상이 벌어진다. 이른바 '시장의 실패' 현상이다.

개인의 이익추구가 공익과 연결되기 위해서는 중요한 전제 조건이 있다. 즉, 시장이 완전경쟁체제여야 한다. 완전경쟁시장에서는 경제주체의 자유로운 경제활동을 통해, 경제 시스템의 자원이 최적 배분되어 최대다수의 최대행복이 달성된다. 이것이 '후생경제학 제1법칙' 이다.[47] 이 법칙은 다음과 같이 간략히 정의할 수 있다.

"완전경쟁시장에서의 자원배분은 파레토 최적이다."

딱딱한 용어지만 내용은 단순하다. '파레토 최적' 이란 '적어도 어느 한 사람의 효용을 감소시키지 않고서는 다른 사람의 효용을 증가시킬 수 없는 상태의 자원배분을 의미' 한다. 이것은 완전경쟁 상태의 가장 이상적인 상황이다. 이러한 완전경쟁시장이 되기 위해서는 몇 가지 조건이 충족되어야 한다.

① 시장에는 많은 수요자와 공급자가 있어서 소수의 수요자나 공급자가 시장가격에 영향을 미칠 수 없어야 한다.
② 시장에서 거래되는 재화와 용역은 동질적이어서 상호교환이 용이해야 한다.
③ 수요자와 공급자의 시장 진입과 퇴출이 자유롭게 이루어져야 한다.
④ 수요자와 공급자에게 가격을 포함한 모든 거래 정보가 완전히 공개되어야 한다.
⑤ 외부효과와 거래비용이 없어야 한다.[48]

이런 시장이 바로 애덤 스미스와 경제학자들이 전제로 하는 시장의 모습이다. 18세기 스미스 시대의 경제에서는 부분적으로 가능했던 시장의 모습이다. 그러나 21세기 시장은 불완전경쟁이다. 산업과 시장이 완전 또는 부분 독점인 경우가 많다. 이렇게 불완전경쟁시장에서는 몇몇 대기업이 가격을 결정할 수 있기에 가격은 최저 선으로 내려갈 수가 없다. 이런 상황에서는 한 경제주체의 행동이 다른 경제주체의 이익에 영향을 미치게 된다. 개별 경제주체는 자신의 이기적 합리성에만 의존하기 때문에 결과적으로 사회이익은 물론이고, '죄수의 딜레마' 에서 보여 주듯이 자신의 이익마저도 손해 보는 상황이 발생하게 된다. 다시 말해 '파레토 최적' 이 달성되지 못하는 시장의 실패 현상이 발생하는 것이다.

외부효과

길거리에서 담배꽁초를 버리는 것을 보고 불쾌했던 적이 있을 것이다. 학교 도서관에서 남녀가 애정행각을 벌이는 것을 보고 언짢았던 적도 있을 것이다. 혼잡한 버스정류장에서 간접흡연을 경험했던 적도 물론 있을 것이다. 이 밖에도 도서관에서 잡담하는 소리, 공공장소에서 전화를 받는 사람 등 외부효과의 사례는 무수히 많다.

불완전경쟁만이 시장의 실패현상을 가져오는 것은 아니다. 이기심에 기인한 외부효과나 공공재의 문제도 중요한 이유가 된다. 외부효과(external effect)란, 다른 사람에게 의도하지 않은 혜택이나 손해를 가져다주면서도 이에 대한 대가를 받지도 않고 비용을 지불하지도 않는 상태를 말한다. 다시 말하면 어떤 사람의 행위가 시장을 통하지 않고(외부에서) 다른 사람에게 효과(이익 혹은 손해)를 미치는 현상이다.[49] 외부효과에는 좋은 것(외부경제)도 있지만 좋지 않은 것(외부비경제)도 있다. 이 중 어떤 사람의 악의 없는 소비행위가 다른 사람에게 아무런 보상도 없는 비용을 강요하는 '외부비경제' 는 다양한 문제를 발생시킨다.

외부비경제의 대표적인 예가 공해문제다. 염색업체를 운영하는 회사가 장마철을

틈타 폐수를 하천에 몰래 방류 했음에도 아무런 제재를 받지 않는다고 가정해 보자. 그 회사는 폐수 방류로 사회에 끼친 피해를 배상하지 않고 상품 생산 비용만 부담한다. 즉, 공해기업은 그 기업의 생산 활동에 참여하지 않은 수많은 사람의 이익을 희생시켜 자신들만의 이익을 도모하는 것이다. 이 경우 사회자원 배분이 비효율적으로 되고 사회 전체의 후생은 감소한다. 시장의 실패현상이 생기는 것이다.

공유지의 비극

"최대 다수가 공유하는 것에는 최소한의 배려만이 주어질 뿐이다. 모두 공익을 생각하기보다는 자신의 이익을 생각하기 때문이다." 아리스토텔레스Aristoteles의 말이다.[50] 아리스토텔레스는 마치 자본주의 시장경제의 문제점을 일찌감치 내다보기라도 한 것 같다. 이른바 '공유지의 비극'이다. 인간이 자신만의 이익을 추구해 결국 만인에 대한 만인의 투쟁이 벌어질 것이란 홉스의 자연상태에서의 인간에 대한 비유 역시 공유지의 비극과 관련이 있다.

1968년에 개릿 하딘Garrett Hardin이 『사이언스Science』에 「공유지의 비극The Tragedy of Commons」이란 논문을 발표한 이후, 이 말은 다수의 사람이 희소자원을 공동으로 이용할 때 예측되는 환경의 악화를 상징하게 되었다.

> "제한된 목초지에서 목동 두 명이 가축을 키운다고 생각해 보자. 목초지에 가축을 많이 내보낼수록 더 많은 이득을 얻을 수 있다. 하지만 목초지의 넓이와 풀의 양은 제한되어 있기에 목동 한 명이 과잉방목으로 이득을 얻으면 다른 한 명은 손해를 봐야 한다. 결국 두 사람은 더 많은 가축을 내보내기 위해, 즉 자신의 이익을 위해 경쟁을 벌이다가 결국 목초지를 황폐하게 만들게 된다."[51]

다시 말해, 목동 각자는 자신이 목초지에 풀어놓은 가축에서 직접적인 이익을 얻지만 과잉방목으로 인한 손실을 당장 겪지는 않는다. 즉, 자신의 가축에서는 즉각적인 이익을 얻지만 과잉방목으로 인한 손실은 그 일부만 부담하기에, 각 목동은 될 수 있는 한 많은 가축을 초지에 내보내려 한다. 이런 상황에 대해 하딘은 다음과 같이 결론을 내린다. "바로 여기에 비극이 있다. 목동은 제한된 목초지에 가축을 무제한으로 증대시키지 않을 수 없는 시스템 속에 갇혀 있다. 공유지는 누구나 자유롭게 사용할 수 있다고 믿고 각자 자신의 이익만 추구하여 모두가 파국을 향해 달린다."[52)]

목동 두 명은 각자 소를 방목하는 것이 자신에게 최선의 이익이라고 생각하게 된다. 즉, 두 사람이 서로 협력하지 않는 것이 경제주체인 목동의 입장에서는 최선의 선택이 되는 것이다. 따라서 합리적 인간이 자신의 이익을 추구하면 할수록 공익을 저해하는 결과를 가져오게 된다.

모럴 해저드

"엄청난 부채로 하루에 내는 이자만 100억 원에 달해 전국 곳곳에서 사업 중단을 선언하고 있는 한국토지주택공사(LH)가 막대한 교육비를 들여 유휴 인력을 무더기로 연수시키는가 하면 2010년 한 해에만 1000억 원이 넘는 인센티브를 지급할 계획이다. 이 중 940억 원은 이미 지급했다. 부채는 계속 눈덩이처럼 쌓이고 있지만 인센티브는 지난해보다 오히려 59.6%나 늘었다. LH 공사는 지난해 공공기관 평가에서 상위 두 번째 등급인 A등급을 받았다. 109조 원의 부채를 지고 있지만 평가항목에서 재무건전성은 3%에 불과하기 때문에 높은 평가를 받은 것이다. 회사 측은 "공기업의 성과급은 공공기관 평가결과에 따라 회사별로 차등화해 주는 상여금으로 사실상의 급여"라고 주장한다. 그러나 엄청난 부채를 진 공기업이 A등급 평가를 받은 것은 납득하기 어렵다. 더구나 재정형편이 최악인 상황에서도 '성과급 잔치'를 벌이는 것은 방만 경영의 전형이다."[53)]

천문학적 부채를 갖고 있는 공기업이 국민의 세금으로 풍성한 '성과급 잔치'를 벌였다. 모럴 헤저드(도덕적 해이, moral hazard)의 대표적인 사례다. 모럴 헤저드 역시 개인의 입장에서 보면 최대한의 이기적 욕구를 충족시키기 위한 합리적인 행동이지만 결과적으로는 사회 전체의 이익과 후생을 갉아먹는 반사회적인 행위가 된다.

모럴 헤저드는 원래 보험업계에서 처음 사용된 용어다. 특히 보험가입자가 보험에 가입한 후 고의로 사고 가능성 또는 사고금액을 높여 보험회사에 피해를 주는 경향을 일컫는다.[54] 위의 공기업의 사례는 국민정서로는 분통이 터질 일이지만, 경영진의 입장에서는 법률적 처벌의 대상이 될 이유가 없는 '합리적 경제인' 의 신중한 선택에 따른 행동이라 할 수 있다. 자유로운 시장경제와 개인의 자유를 기본원리로 삼는 사회에서는 얼마든지 일어날 수 있는 '합리적' 행위인 것이다.

이러한 '제도의 허점을 이용해 자기 이익만을 챙기는' 행위는 자본주의 시장경제에서는 흔한 일이며 누가 비난한다고 없어질 현상도 아니다. 또한 이에 대처하기도 쉽지 않다. 시장경제의 본래적인 속성 때문이다. 예를 들어 경영부실로 파산당한 기업의 최고경영자가 계약대로 천문학적 연봉을 받는 현상이나, 매수자(기업)가 매도자(은행)에 비해 지나치게 불리하게 설계된 키코(Knock-in, Knock-out: KIKO)와 같은 파생상품을 모럴해저드라고 규제하기가 어렵다.

2) 행태경제이론과 '합리적 인간'

최근에 발간된 한 책에서는 경제학 교과서에 등장하는 '합리적 인간' 을 다음과 같이 흥미롭게 묘사하고 있다.[55]

"경제학 교과서를 보면 호모 에코노미쿠스는 알베르트 아인슈타인Albert Einstein처럼 생각할 줄 알고, IBM의 빅블루(Big Blue)에 해당하는 기억 용량을 갖고 있으며, 마하트마 간디Mahatma Gandhi와 같은 의지력을 발휘할 수 있다는 것을 알게 된다."

경제학에서 얼마나 '합리적 인간' 을 미화하고 있는지를 희화화시켜 설명한 것이다. 경제학과는 달리, 심리학적 관점에서 인간의 경제행위를 분석하는 학자들은 인간이 얼마나 불합리한 존재인지를 다각도로 밝혀내고 있다. 이들은 전통 경제학으로는 설명할 수 없는 소비자의 불합리한 소비행위나 투자활동을 행태경제이론으로 해결해 주고 있다.

또 다른 본성, 이타심

무엇보다 경제적 인간의 전제인 이기심에 대한 비판이다. 인간은 기본적으로 이기적이나 언제나 이기적 행동만 하는 것은 아니다. 물에 빠져 허우적거리는 어린이를 목숨을 던져 가며 구해 내는 사람들의 행동은 어떻게 설명할 것인가?

워런 버핏은 전 재산의 85%나 되는 36조 원의 거금을 자선사업에 기부했다. 그것도 자신의 자선재단이 아닌 빌 게이츠 부부가 만든 재단에 기부했다. 버핏은 '투자의 귀재' 로 불릴 만큼 수익 창출을 위한 냉혹한 승부사지만 남을 돕는 기쁨 하나로 거의 전 재산을 내놓은 것이다. 버핏뿐만이 아니다. 앞 장에서 소개한 대로 미국의 수많은 억만장자가 남을 돕는 단순한 기쁨 때문에 기부 행렬에 동참하고 있다. 이러한 현상은 이타적 행위도 결국 이기적 동기에 의해 유발되는 것이라는 심리적 이기주의자나 경제학의 주장만으로는 설명할 수 없는 이타적 행위다.

이타적 행위란 "남에게 혜택을 주지만(즉, 사회적으로는 이익이 되지만) 정작 행위자 자신에게는 손해가 되는 그런 행위"를 말한다.[56] 헌혈은 남에게 혜택을 주지만 헌혈자에게는 어떤 형식으로든 희생이 요구되기에 이타적인 행위가 된다.

결론적으로 말해, 인간은 기본적으로 이기적이지만 이기심만 있는 것은 아니다. 이준구 교수의 말대로, 인간은 합리성뿐만 아니라 이기심이라는 측면에서도 전통적 경제이론의 호모 에코노미쿠스(homo economicus)와는 다르다는 것이 확인된 셈이다.[57]

합리적이지 못한 인간

'인간은 경제성을 따져 합리적 판단을 내린다' 는 것이 경제학의 '합리적 인간' ,

즉 호모 에코노미쿠스다. 그러나 행태경제이론에 입각하여 인간의 '불합리성' 을 분석한 연구는 수없이 많다. 예를 들어 하노 벡Hanno Beck의 『충동의 경제학Economics of Impulse』, 피트 런Pete Lunn의 『경제학이 숨겨온 6가지 거짓말Basic Instincts』, 오리 브래프먼Ori Brafman과 롬 브래프먼Rom Brafman의 『스웨이Sway』, 마크 얼스Mark Earls의 『허드Herd』, 피터 우벨Peter Ubel의 『욕망의 경제학Free Market Madness』, 이준구의 『인간의 경제학』 등은 다양한 관점에서 한목소리로 경제학의 '합리적 인간' 을 비판한다.

예를 들어, 사람들은 경제학에서 규정한 대로 '물질적인 이득을 최대화해 줄 수 있는 행동' 을 하지 않는 경우가 많다. 베르너 구스 등Werner Güth et al.이 실험한 소위 '최후통첩게임(ultimatum game)' 은 이를 극명하게 보여 준다.[58)]

> 길거리에서 아무나 두 사람(A와 B)을 선택하여 20달러를 나누어 가질 수 있는 기회를 제공한다. 먼저, A에게 이렇게 말한다. "그 돈을 당신 마음대로 B와 나누어 가지시오. 그 대신 제안은 한 번만 해야 됩니다." 그리고 B에게는 이렇게 말한다. "당신은 A의 제안을 받아들일 수도, 거절할 수도 있습니다. 그러나 제안을 거절하면 그 20달러를 내게 다시 돌려주어야 합니다."

연구자들은 A가 당연히 더 많은 액수를 갖고 B에게는 적은 금액을 제안할 것으로 예상했다. 하다못해 A가 B에게 1달러를 주겠다고 해도 B는 안 받는 것보다 나을 테니 받아들일 것으로 추측했다. 그러나 실험결과는 예상을 뒤엎는 것이었다. 대다수의 A(실험에 따라 37%에서 50%까지 다양하다)는 B에게 금액의 절반인 10달러를 제안하였다. 또한 약 과반수의 B는 제안 액수가 30%가 미만일 경우 그 제안을 거절했다. 거부할 경우 한 푼도 받지 못한다는 규칙을 알면서도 말이다.

이 같은 결과에 대해 경제학적인 해석이 나왔다. 즉, A가 B에게 적은 금액을 제안할 경우, B가 거부하여 A 역시 돈을 갖지 못하는 결과를 두려워해서(fear of rejection) 동등한 액수를 제안한 것이 아니냐는 해석이다. 이를 확인하기 위한 실험이 다시 실시되었다.[59)]

최후통첩게임의 변형인 '독재자 게임(dictator game)' 이다. 이번에는 A가 제안한 액수를 B가 거절해도 A는 자신의 몫을 챙길 수 있는 게임이었다. A에게는 두 가지 방안이 주어졌다. 즉, B에게 똑같이 10달러를 제안하거나, 아니면 자기는 18달러를 갖고 B에게 2달러를 제안하거나 둘 중 하나를 선택하는 것이었다. 결과는 놀라웠다. 무려 76%의 A가 B에게 공평하게 10달러를 제안하였다.

이유는 무엇일까? 왜 사람들은 자신의 이익을 극대화하기 위한 합리적 선택을 하지 않았을까? 자신의 몫을 손해 볼 위험이 없는 독재자 게임에서도 대부분의 사람은 경제학의 '합리적 인간' 과는 다른 행동을 하였던 것이다. 이에 대한 학자들의 분석은 '공정성(concept of fairness)' 이었다.

경제학 교과서는 인간의 마음에 있는 '공정성' 이란 변수를 간과하고 있는 것이다. 사람들은 공정성이 침해되었다고 느끼거나 공정성을 지키기 위한 일이라고 생각하면 과감히 자신의 이익을 포기하기도 한다. 한 예로, 최근 한일합방 90주년을 맞아 일본 수상이 한국 측에 사과연설을 했다. 그러나 한국을 '강제적으로' 혹은 국제법상 '불법적으로' 합병했다는 사실은 사과담화에서 뺐다. 그러자 몇몇 일본 시민단체가 일본 수상의 담화를 비판하며 들고 일어섰다. '공정성' 이 침해됐다고 느꼈기 때문이다.

후주

1. 김근영(2004). 청소년 경제교육의 현황과 과제. 서울: 삼성경제연구소.

2. 같은 책.

3. 한국사회경제학회(2006). 경제교과서 살리기. 서울: 필맥.

4. 김진영. 시장경제 창달 위한 재계의 교육계획. (2008. 12. 13.). 문화일보.

5. 송대영(1990). NIE를 활용한 초등 경제교육의 효과 분석. 사회생활교육. 서울: 한국방송통신대학교.
6. 임해정(2001). 경제학 원론. 서울: 형설출판사.
7. 교육부(2001). 고등학교 교육과정 해설(사회). 서울: 대한교과서 주식회사.
8. 김근영(2004). 앞의 책.
9. 고승석(1992). 사회과 교육에 있어서 경제교육의 개선방향. 대구대학교 대학원 석사학위논문, p. 5.
10. 허영식(2006). 현대사회의 시민교육: 이론과 실제. 서울: 원미사.
11. 김진영. 시장경제 창날을 위한 재계의 교육계획. (2008. 12. 13.). 문화일보.
12. 같은 글.
13. 남덕우. 시장경제 뛰어넘는 대안은 없다. (2006. 7. 11.). Economist.
14. Thurow, L. C. (1997). *The future of capitalism: How today's economic forces shape tomorrow's world*. New York: Penguin Books. 이 책에서 레스터 서로우 교수는 복지국가는 공산주의와 달라 붕괴하지는 않았지만 사실상 붕괴했다고 해도 좋다……살아남은 것은 자본주의뿐이다. 이미 그 외에는 선택지가 없다. 자본주의가 붕괴할 위험이 있는 것은 아니라고 강조하고 있다.
15. 손기화(2009). 슘페터 자본주의 사회주의 민주주의. 파주: 주니어김영사.
16. Weber, M. (1968). *The protestant ethic and the spirit of capitalism*. London: Unwin University Books, p. 105.
17. 송의달. 철옹성을 뚫는 전사들. (2009. 9. 25.). 동아일보.
18. 정병철. 제2 이병철, 정주영 될 도전자 보고 싶다. (제27472호) 동아일보.
19. 조지 애커로프, 로버트 실러(2009). 야성적 충동(김태훈 역). 서울: 랜덤하우스.
20. 같은 책, p. 28.
21. 같은 책, p. 27.
22. 미국의 경제교육에 대해서는 김근영(2004). 앞의 책, 요약.
23. 박영균. 떡잎 경제교육. (2010. 7. 8.). 동아일보.
24. 이하의 내용은 김근영(2004). 앞의 책, 요약.
25. 참조: 전국은행연합회(www.kfb.or.kr).
26. 유학수(2007). 청소년의 경제교육을 통한 경제의식 제고 방안. 교정복지연구, 8, pp. 55-56.
27. 참조: 박영신. 히딩크를 키운 나라 네덜란드; 박영균. 작은나라 네덜란드가 강한 이유. (2010. 7. 10.). 동아일보.
28. 이하는 박영균. (2010. 7. 10.). 같은 글, 인용.
29. 이하는 김근영(2004). 앞의 책, 요약.
30. 한국사회경제학회(2006), 앞의 책.
31. 한경동(2006). 학교 밖 경제교육 프로그램의 현황 및 시사점. 한국경제교육학회. 경제교육연구,

13(1), 181-203.

32. 참조: YMCA(2007). 청소년 신용경제교육 프로그램 매뉴얼.
33. 이관춘(2006). 직업은 직업이고 윤리는 윤리인가(2판). 서울: 학지사, p. 28.
34. 피터 우벨(2009). 욕망의 경제학(김태훈 역). 서울: 김영사, p. 275.
35. 이하는 이관춘(2006). 앞의 책, pp. 212-213, 요약정리.
36. 유시민(2004). 유시민의 경제학카페. 서울: 돌베개, p. 24.
37. 이관춘(2006). 앞의 책, p. 219.
38. 유시민(2004). 앞의 책, p. 27.
39. 같은 곳.
40. Velasquez, M. G. (2006). *Business ethics: Concepts and cases* (6th ed.). Upper Saddle River, NJ: Pearson Prentice Hall, p. 178.
41. 유시민(2004). 앞의 책, p. 337.
42. Velasquez, M. G. (2006). 앞의 책, p. 178.
43. 김정동(1999. 10. 29.). 경제논리와 기업윤리. 세계경영과 윤리경쟁력. 기업윤리 심포지엄. 대한상공회의소.
44. Smith, A. (1976). *The theory of moral sentiments*. London: Oxford University Press.
45. 김정동(1999). 앞의 책.
46. Velasquez, M. G. (2006). 앞의 책, p. 179.
47. 김정동(1999). 앞의 책.
48. Snell, R. (1993). *Developing skills for ethical management*. London: Chapman & Hall, p. 86.
49. 김정동(1999). 앞의 책.
50. 엘리노 오스트롬(2010). 공유의 비극을 넘어(윤홍로, 안도경 역). 서울: 랜덤하우스, 재인용.
51. 같은 책, 재인용.
52. 같은 책.
53. 참조: 동아일보(2010. 8. 20.).
54. 김정동(1999). 앞의 책.
55. 이준구(2009). 36.5도의 인간의 경제학. 서울: 랜덤하우스.
56. 최정규(2009). 이타적 인간의 출현. 서울: 뿌리와이파리, p. 26.
57. 이준구(2009). 앞의 책.
58. Güth, W., Schmittberger, R., & Schwarze, B. (1982). An experimental analysis of ultimatum bargaining. *Journal of Economic Behavior and Organization, 3*(4), 367-388.
59. Forsythe, R., Horowitz, J., Savin, N. E., & Sefton, M. (1994). Fairness in simple bargaining experiments. *Games and Economic Behavior, 6*, 347-369.

제8장

미디어와 미디어교육

"미디어는 메시지다!"

– 마셜 매클루언Marshall McLuhan(1911～1980)[1)]

아침에 일어나면 신문을 훑어본다. 출근길에 스마트폰으로 스케줄을 체크하고, 직장에서는 하루 종일 인터넷 창을 띄워 둔다. 집에 돌아와서 다시 TV나 컴퓨터를 켠다. 이렇듯 사람들의 일상에 매스미디어가 자연스레 스며들었다. 매스미디어의 영향력은 막대하다. 무의식적인 일상을 통해 정보를 제공할 뿐만 아니라 현대 사회의 인식과 가치를 무의식적으로 주입하고 있다. 문제는 미디어가 제공하는 정보, 지식에 대한 반성과 비판에는 관대하다는 점이다. 때문에 소통을 위한 도구인 미디어가 오히려 인간을 지배하는 역설이 발생하고 있다.

1. 세상을 내다보는 창, 미디어

흔히 '미디어는 세상을 내다보는 창' 이라고 한다. 실제로 사회생활과 관련된 가장 주된 정보원은 미디어다. 전통적인 대중매체인 신문과 라디오, TV 등에서부터 인터넷을 선두로 한 뉴미디어에 이르기까지 미디어는 일상생활과 연관된 정보와 지식, 오락을 무차별적으로 제공한다. 이에 따라 가족과 함께 보내는 시간은 줄어드는 반면, 다양한 미디어와 함께 보내는 시간은 크게 증가하고 있다.

미디어 전성시대에서 미디어는 신(神)이다. 그러나 아주 멍청한 신이 될 수 있다. 이탈리아가 낳은 불세출의 기호학자 움베르토 에코Umberto Eco는 인터넷이 '지식 과다 상태' 에 있기 때문에 좋은 것과 나쁜 것을 구분하지 못한다고 지적한다.[2] 다른 미디어 역시 마찬가지 속성을 지닌다. 따라서 미디어를 대하는 사람들의 태도가 중요하다. 미디어 교육이 필요한 이유다.

1) 미디어의 개념과 기능

'medium' 은 중간에서 연결 역할을 담당하는 '매체' 란 의미의 라틴어 단수형이다. 즉, medium이란 전달과 매개의 수단과 방편 그리고 더 나아가 메시지의 주인공을 의미한다. medium이 두 개 이상이면 'media' (medium의 복수형)가 된다. 일반적으로 '매스미디어(mass media)' 란 불특정 대중에게 직간접적으로, 그리고 일방적으로 정보와 사상을 전달하는 신문, 잡지, 방송, 영화 등 대중매체를 의미한다. 대중매체는 매체와 수단에 따라 신문 · 잡지 · 도서 등의 인쇄매체와 TV · 라디오 · 영화 등의 시청각매체(비인쇄 또는 전파매체)로 구분된다. 인쇄매체는 19세기 중엽 윤전기 등의 발명으로 탄생하게 되었고, 뒤를 이어 시청각매체는 19세기 말부터 20세기에 걸쳐 무선전신의 송 · 수신 기술과 영화기술 등의 발명으로 발달하게 되었다.

미디어 사상가인 마셜 매클루언은 미디어에 대한 새로운 통찰을 제공한다.[3] 그는 미디엄(medium), 미디어(media) 및 기술(technology)이란 단어를 구분 없이 사용한다. 매클루언에게 미디엄은 '우리 자신의 어떤 확장(extension)', 더 넓게 얘기하면 '어떤 새로운 기술'이다. 매클루언은 우리가 통상적으로 생각하는 신문이나 TV, 라디오 같은 형태의 미디어 외에 백열구나 자동차, 연설 및 언어를 '미디어'의 정의에 포함시킨다. 이런 것은 하나의 기술로서 우리의 커뮤니케이션을 중재하며 그들의 형태나 구조는 우리를 둘러싸고 있는 세계를 인식하고 이해하는 방식에 영향을 미친다는 것이다.

그렇다면 미디어는 무슨 목적으로 어떤 기능을 수행하는가? 연구자마다 다양한 이론을 제시하고 있지만, 미디어의 목적과 기능을 가장 종합적으로 제시하고 있는 학자는 조지프 스트라우바Joseph Straubhaar 연구팀이다(〈표 8-1〉 참조).

조지프 스트라우바에 따르면[4] 미디어의 형태는 다양하지만 이들의 존재목적은 결과적으로 여론형성과 수익창출이다. 미디어는 여론형성을 통해 감시기능

표 8-1 미디어의 목적과 기능

목적	기능	주요내용	예시
여론형성	감시기능 (surveilance)	일상에 필요한 생활정보 제공 기능 – 긴급 상황 관련(태풍, 재난 등) – 일상생활 관련(날씨, 주식 등)	· TV 뉴스 · 신문기사
	해석기능 (interpretation)	특정정보의 가공 통한 의미부여 및 중요 시사점을 제공하는 기능	· 증권분석리포트 · 신문사설 등
	가치전수기능 (values Transmission)	사회구성원 간 경험 및 노하우, 가치 관련 정보공유를 통한 네트워킹 기능	· 교양프로그램
수익창출	가치연결기능 (values Linkage)	특정 제품과 상품에 대한 홍보 기능	· 광고
	오락기능 (entertainment)	스트레스 해소, 휴식 등 오락 관련 기능	· 영화, 드라마 · 스포츠 중계

출처: Straubhaar, J., LaRose, R., & Davenport, L. (2008), p. 19.

(surveilance), 해석기능(interpretation), 가치전수기능(values transmission) 등 세 가지 기능을 수행해 낸다. 감시기능이란 TV 뉴스나 신문기사 등을 통해 일상에 필요한 생활정보를 제공하는 기능이다. 해석기능은 특정한 정보를 가공하여 어떠한 의미가 있는지 알려 주는 기능으로 증권분석이나 신문 사설 같은 것이 이에 속한다. 가치전수기능은 사용자 간 정보를 공유하는 것으로 사회구성원 간에 공통된 가치관을 공유할 수 있도록 하는 기능을 말한다. 이를 통해 신뢰와 우정 같은 기본적인 사회가치를 다음 세대에 전수하게 된다.

미디어의 두 번째 목적은 수익창출이다. 수익창출을 통해 미디어는 가치연결기능(values linkage)과 오락기능(entertainment)을 수행해 낸다. 가치연결기능은 특정한 제품과 상품을 홍보하는 기능으로 서로 단절돼 있는 사회 영역을 미디어를 통해 연결시켜 준다. 오락기능은 영화나 드라마, 스포츠중계처럼 스트레스 해소와 오락, 즐거움을 제공하는 기능이다.

2) 미디어의 특성

미디어는 나름대로 각기 독특한 특성을 지니고 있다. 현대사회에서 미디어는 정보전달이나 여론형성 기능뿐만 아니라, 오락매체로서 중요한 기능을 수행한다. 특히 청소년에게는 미디어가 중요한 오락매체로 자리매김하면서, 미디어가 제공하는 다양한 오락기능을 통해 사회를 이해하고 소통하는 경우가 많다.[5)] 가브리엘 살로몬Gavriel Salomon은 매체의 속성을 크게 네 가지로 구분한다.[6)] 첫째는 상징적 속성으로서 내용을 구성하고 있는 문자나 음성, 기호, 언어 등의 특성이다. 둘째는 전달하고자 하는 메시지, 즉 내용적 속성이 있으며, 셋째는 기술적 속성, 즉 내용을 전달하는 장치, 시스템, 재료, 기기의 속성에 따라 정보의 전달 방법이 달라지는 특성이 있다. 예를 들면 카메라의 위치, 앵글, 초점, 시각, 렌즈의 선택, 조명, 편집, 세팅, 음악 등에 따라 메시지가 달라질 수 있다. 마지막으로 메시지가 전달되는 사회적 환경, 즉 상황적 속성을 지닌다.

워싱턴 주립대학교의 샌드라 볼-로키치Sandra Ball-Rokeach와 멜빈 드플러Melvin DeFleur 교수는 미디어의 특성을 미디어 수용자에 초점을 맞추어 통찰력 있게 분석한 '미디어의존이론(Media-system dependency)'을 제시한다.[7] 미디어의존이론에 따르면 한 개인이 미디어 이용에 의해 충족되는 자신의 욕구에 의존하면 할수록 그 개인의 생활에서 미디어의 역할은 그만큼 더 중요해지고, 나아가 미디어가 그에게 미치는 영향은 더욱 커진다. 예를 들어 사람들이 TV의 〈시크릿 가든〉을 통해 애정욕구를 충족시킬 경우, 하루 중 그 드라마 방영 시간을 학수고대하게 된다. 드라마 폐인이란 말이 나올 정도로 TV의 영향력은 그만큼 더 커지게 되는 것이다.

또한 세상이 점차 복잡해짐에 따라 사람들은 정보를 얻기 위해 미디어에 점점 더 의존하게 된다. 따라서 개인이 미디어에 정보를 의존하면 할수록 그만큼 미디어의 영향을 더 많이 받게 된다는 것이다. 볼-로키치와 드플러는 특정 미디어에 대한 의존 정도는 메시지를 전달하는 미디어 종류가 적을수록, 중요하고 월등한 정보를 제공할수록, 그리고 미디어에 대한 접근이 용이할수록 더욱 커진다고 말한다. 실제로 우리의 경험도 이를 입증한다. 과거 1960년대만 해도 한국의 시골에서는 흑백 TV 한 대가 온 동네 사람들을 한 집에 모이게 할 만큼 위력이 대단했다. TV를 통해 동네 주민 친목 도모는 물론 TV에서 나오는 뉴스를 통해 사람들은 세상물정을 알았다. 이런 현상은 TV 방송이 출현하기 전 라디오 방송에서, 그리고 심지어는 스피커를 통한 라디오 방송이 시작된 시점에도 있었고 신문이 등장한 시점에도 있었다.[8]

볼-로키치와 드플러는 후속 연구를 통해 '미디어 의존'에는 개인의 욕구충족만이 아니라 또 다른 세 가지 요인, 즉 정보욕구, 개인적 가치, 나이와 같은 발달단계 등이 영향을 미친다는 사실을 제시하였다.[9] 미디어가 특정한 미디어 수용자에게 선택적으로 영향을 미치는 것은 바로 이런 요인 때문이라는 것이다. 예를 들면 힙합 음악은 어린아이에게는 관심을 끌지 못하지만 청소년에게는 폭발적인 인기를 끌 수 있으며, 반면에 부모 및 조부모 세대에게는 받아들일 수 없는 음악이 될 수 있는 것이다.

볼-로키치와 드플러는 미디어의 영향은 실험실에서 쉽게 찾아낼 수 있거나 특정한 메시지에 노출되기 전후를 조사하는 연구로 측정할 수 있는 것이 아니라고 주장한다.[10] 대신에 미디어의 영향은 사람들의 신념체계를 확대시키고 태도를 변화시키며 행동의 동기를 미묘하게 자극한다. 미디어의 영향을 판단하기 위해서는 미디어 수용자 개인만을 관찰하지 말고 미디어가 기능하는 전체적인 사회 틀을 고려하는 것이 필요하다고 주장한다. 다시 말해, '미디어는 진공 속에 존재하는 것이 아니기에' 전체 사회체제와 그 사회체제에서의 미디어의 역할 및 미디어와 수용자 간의 관계 등 세 가지 관계의 상호작용에 초점을 맞추어야 한다. 미디어와 사회 및 개인 간의 관계가 점차 복잡해지고 상호 영향을 미치는 현대사회에서는 개인의 미디어 소비나 선택행위를 개인의 자율적인 선택으로 보기보다는 미디어, 사회, 개인 간의 관계의 산물로 해석해야 한다는 것이다.

2. 대안언론 논쟁, 인터넷 미디어

"미국의 버락 오바마Barack Obama 대통령이 농무부의 한 국장에게 직접 전화를 걸어 무려 7분간 정중하게 사과하는 사건(2010년 7월 22일)이 벌어졌다. 발단은 나흘 전에 한 블로거가 인터넷에 올린 2분 30초짜리 동영상이었다. 이 동영상은 셜리 셰러드Shirley Sherrod 농촌개발국장이 인종차별적인 발언을 했다고 고발했고 인터넷에 순식간에 퍼졌다. 메이저 방송인 폭스 뉴스는 특별편성까지 해 가며 셰러드를 공격했고 농무부 장관은 셰러드에게 즉각 사임을 요구했다. 하지만 하루 뒤에 셰러드 국장의 43분짜리 발언 전체를 확인한 결과 셰러드 국장은 짜깁기 동영상의 내용과는 정반대로 인종 화해를 주장한 것으로 드러났다. 농무부 장관이 셰러드에게 사과와 복직을 제안했고 백악관 대변인이 공식 사과했다. 급기야 오바마 대통령까지 나섰다. 정부관리가 어처구니없는 누명을 쓰고 지옥으로 떨어지는 데 동영상 한 편과 한나절로 충분했다."[11]

인터넷이 본의 아니게, 불명예스러운 미디어로서의 위력을 발휘한 사례다. 기능적 측면에서 볼 때 인터넷은 분명 미디어의 역할을 수행한다. 그러나 인터넷은 옥석을 가리지 못하는 혼돈의 정보바다가 되어 버렸다.

1) 혼돈의 '정보 바다'

인터넷은 다른 어느 대중매체 못지않게 뉴스와 정보, 지식을 실시간으로 제공한다. 대안언론으로서 인터넷 미디어가 부상하고 있는 것이다. 인터넷을 선두로 한 뉴미디어의 급격한 성장으로 전통 매체인 신문과 지상파 방송은 위기와 기회를 동시에 맞고 있다.

미국의 경우 야후와 MSN, AOL, Google 등과 같은 인터넷 포털과 네트워크가 신문과 방송이 누렸던 막강한 지위에 강력한 도전장을 내밀고 있다. 미국 일간지의 발행부수는 1985년을 정점으로 지속적으로 줄어들고 있으며 가장 중요한 수입원인 광고 수입도 상당 부분 인터넷에 빼앗긴 상태다. 이런 경향은 지상파 방송에서 더욱 심각해 뉴스 시청률이 감소하기에 이르렀고 코카콜라 등 대형 광고주는 인터넷을 통해 직접 광고 사이트를 운영하면서 방송 광고 지출을 크게 줄이고 있다.[12]

미디어로서 인터넷의 막강한 영향력은 포털과 블로그가 대표적이다. 포털이 검증되지 않은 정보를 전달하는 미디어의 기능을 수행하는 경우는 한국에서도 비일비재하다. 한 예로 과거 촛불시위(2008년 6월) 때 포털사이트 다음(daum)의 여론광장 '아고라'에 '살인경찰'이란 제목의 한 게시물이 올라왔다. '1일 새벽 미국산 쇠고기 반대 촛불시위에 참가했다가 한 20대 여성이 전경에게 목이 졸리는 것을 봤고 그 여성이 죽은 것 같다' 는 내용의 글이었다. 이 글과 사진은 인터넷을 타고 급속도로 퍼졌고 '살인경찰' 이란 비난여론도 확산됐다. 그러나 조사 결과 게시글은 허위로 드러났고 게시자는 구속됐다.

정보가 범람하는 인터넷이지만 정보의 사실 여부나 옥석을 가리는 검증도구가 없다. 게이트키핑(gatekeeping) 장치도 없으며 잘못된 정보를 모아 버릴 수 있는 쓰레기통도 없다. 정보통신정책연구원(KISDI)의 보고서에 따르면 환자는 인터넷에 게재된 자신의 병과 관련된 정보를 쉽게 믿는 경향이 있다. 그러나 인터넷 검색 내용이 틀려서 피해를 본 경우가 16.7%로 조사됐다. 누리꾼 6명 중 1명은 부정확한 인터넷 정보를 믿었다가 낭패를 본 셈이다.[13] 이런 허위정보로 인한 사회손실은 막대하지만 그 책임은 누구도 지지 않는다.

2) 인터넷, 대안언론인가

소수의 포털이 장악하고 있는 국내 인터넷 뉴스의 언론 기능에 대한 논쟁이 지속되고 있다. 특히 뉴스 및 정보 수집력이 뛰어난 포털과 개인미디어로서 블로그의 순기능과 역기능에 대한 논쟁이 뜨겁다.

인터넷의 미디어 기능을 인정하고 인터넷 미디어를 제도권으로 끌어내자는 주장이 있다. 대부분의 네티즌이 인터넷 포털에서 뉴스를 접하는 현실에서 포털은 신문이나 방송 같은 기존 언론 매체 못지않게 막강한 파워를 가지고 있다는 것이다. 이런 상황에서 인터넷을 통한 정보 소통을 정부가 통제하거나 규제하는 것이 현실적으로 불가능하다. 차라리 인터넷 포털사이트의 부작용을 최소화시키는 방안을 강구해야 한다고 말한다. 악성댓글과 괴담 유포를 차단하기 위해 실명제 시스템을 강화하거나 거대 포털에 책임을 물을 수 있는 장치를 마련해야 한다는 것이다. 포털 스스로도 인터넷 비즈니스의 장기적 발전을 위해 부작용을 최소화하는 노력을 기울여야 함은 물론이다.

그러나 인터넷을 대안언론으로 인정할 수 없다는 주장도 많다. 한마디로 '도서관에 신문이 많다고 해서 도서관이 언론사로 분류되느냐?'는 항변이다. 이들은 특히 국내 인터넷 뉴스의 순기능보다 역기능의 폐해가 커지고 있음을 지적한다. 인터넷은 언론의 가장 기본적인 책무인 '확인하고 또 확인한다'는 게이트키핑이 작동하지 않는다. 인터넷에 즉흥적으로 올리는 기사, 개인의 취향과 의견을 자유롭게 올리는 블로그까지 아무런 차별성 없이 '언론'의 지위를 부여하여 언론권력을 행사하게 해서는 안 된다[14]는 것이다.

그러나 이러한 논쟁의 향배와 관계없이 인터넷 언론은 한국 사회에서 급속히 부상하고 있다. 한국 최초의 순수 인터넷 언론인 오마이뉴스는 인터넷 언론의 선두주자로서 미디어로서의 영향력을 인정받고 있다. 또한 '프레시안(pressian)'이나 포털사이트인 '다음(daum)' '네이버(naver)'도 언론매체로서 큰 영향력을 발휘하고 있다. 기존의 주류 언론은 인터넷 언론의 영향력 증대에 위기감을 느끼고 있음이 분명하다. 그러나 주류 언론은 기존 언론체제에 대한 국민의 뿌리 깊은 불신이 인터넷이라는 새로운 언론에 대한 갈망으로 표출된 것이란 지적을 먼저 되새겨 보아야 할 것이다.

3) 풀뿌리 저널리즘으로

미디어적 관점에서 볼 때 20세기가 매스미디어 구조였다면 21세기는 풀뿌리 저널리즘 구조로 전환하는 시기라고 할 수 있다.[15] 테크놀로지의 발달로 누구라도 저널리스트가 되어 적은 비용으로(이론상으로는) 전 세계에 소식을 전할 수 있기 때문이다. 뉴스가 평범한 사람들에 의해서도 만들어지고 있다. 일본의 인터넷 저널리스트인 사사키 도시나오佐佐木俊尙는 예전에는 청중에 불과하던 사람들이 이젠 역사의 초고를 쓰는 데 참여하는 풀뿌리 저널리즘의 시대 혹은 시민저널리즘의 시대가 열렸다고 주장한다.[16] 과거 어느 때에도 평범한 시민이 뉴스를 생산한다는 것은, 아니 이와 비슷한 일조차도 생각할 수 없었다.

예를 들어 보자. 스마트폰과 소셜네크워크서비스(SNS)는 최근 들어 한국의 미디어 트렌드를 대표하는 키워드다. 스마트폰 시장의 급격한 확장은 끊임없이 제공되는 뉴스는 물론이고 일반 국민의 즉각적인 반응 또한 거의 실시간으로 담아내고 있다. 불과 얼마 전까지만 해도 신문과 방송 등 기존의 지배 미디어에서 부각된 이슈가 뉴스의 중심에 있었다면 요즘은 반대로 트위터, 페이스북 등으로 대표되는 SNS가 각종 의제 및 여론 형성과정에 적지 않은 영향력을 행사하며, SNS에서 부각된 논제가 지배 미디어의 뉴스거리로 등장하는 현상을 쉽게 발견할 수 있다. 언론인 역시 새로운 뉴스와 국민의 관심사를 이슈화하기 위해 SNS를 적극 활용하는 실정이다. 소수의 정보 생산자가 다수의 정보 소비자에게 일방향적 메시지를 던졌던 매스미디어 시대를 건너, 이제는 정보 소비자가 생산자의 입지를 넘보는 개인화된 미디어, 소셜미디어 시대가 열리고 있는 것이다.[17)]

사사키 도시나오의 지적대로 20세기 뉴스의 생산은 기자와 뉴스메이커, 그리고 이들 사이에서 사안을 관리하는 홍보 및 마케팅 담당자의 몫이었다. 그 결과 출판과 인쇄 및 방송의 경제학은 거대 규모의 오만한 언론기업을 만들어 냈다. 무엇이 뉴스인지, 뉴스를 어떻게 해석할 것인지를 결정하는 것은 자칭 전문가로 자처하는 기자와 오만한 언론기업의 권리인 양 치부되었다. 미디어에 대한 독점과 오만은 뉴스 전달 방식과 직결된다. 사사키 도시나오가 말한 대로 어떤 사건에 대한 뉴스든 간에 거대 언론사는 뉴스를 '강의'로 간주했다. 뉴스의 의미 결정권자는 기자와 언론사였으며 독자나 시청자는 단지 그 의미의 '수용자(audience)'에 불과했다. 독자의 유일한 권리는 그 뉴스를 보거나 듣거나를 선택하는 것이었다.

그러나 이러한 매스미디어 구조는 점차 해체되고 있다. 그러나 매스(mass)가 해체되고 사라지는 것은 미디어적 관점뿐만이 아닌 문명사적인 일대 전환으로 이해되어야 한다. 일찍이 앨빈 토플러Alvin Toffler는 제2의 물결인 산업시대에는 '큰 것은 무조건 좋다' 는 명제가 지배하였지만 제3의 물결 시대에는 '작은 것이 강하다' 는 명제가 화두로 등장한다고 예고한 바 있다. 독일 출신의 영국경제학자인 에른스트

슈마허Ernst Schumacher는 산업화시대의 거대 경제의 문제점을 지적하며 '작은 것이 아름답다' 고 천명하였다. 실제로 산업화 시대에는 매스미디어, 대량생산, 대량소비 등 모든 것이 매스(mass)의 시대였지만 21세기 지식정보화 시대에서는 매스가 해체되는 디매스(demass)의 추세가 일반화되고 있다.[18)]

사사키 도시나오가 "매스가 사라지고 미들미디어가 온다."라고 말한 것은 이러한 사회경제 및 문화적 측면의 변화와 맞물려 이해될 수 있다. 그에 따르면 미디어는 전달하는 범위에 따라 세 가지로 분류될 수 있다.[19)]

① 퍼스널미디어: 연애편지나 개인적인 메모 혹은 주변 친구밖에 읽지 않는 정보다. 신변잡기의 블로그 같은 소수 사이에서 공유되는 정보를 말한다.
② 미들미디어: 특정 기업이나 업계, 특정 분야, 특정 취미의 사람 등 수천 명에서 수만 명 규모의 특정 층을 대상으로 전송되는 정보다.
③ 매스미디어: TV, 신문 등 수백만 명에서 수천만 명에게 전송되는 정보다.

사사키 도시나오는 이 세 가지의 미디어 중 받는 사람의 요구가 가장 큰 것은 미들미디어라고 말한다. 대량생산, 대량소비의 생산체제가 소비자의 요구에 부응하지 못하게 되어 다품종 소량생산으로 바뀌고 있듯이, 미디어 역시 다품종 소량생산의 미들미디어가 위력을 더해 가고 있는 것이다. 한발 더 나아가 생산체제가 '맞춤형 마케팅' 시대로 변하고 있듯이, 미디어 역시 매스미디어 시대는 가고 특정 독자, 특정 시청자만을 대상으로 하는 '맞춤형 미디어(micro-media)' 시대로 전환되고 있다.

맞춤형 미디어를 이해하기 위해서는 맞춤형 마케팅 시대로의 트렌드에 대한 이해가 필요하다. 개성을 중시하고 다양성을 추구하는 경향이 확산됨에 따라 기업은 취미, 인종, 소득 등을 기준으로 고객층을 나눈 후 여기에 맞춰 제품을 개발하고 판매하는 맞춤형 마케팅을 최고의 생존전략으로 삼고 있다.[20)] 매년 수만 개의 새로운 생활용품이 등장하고 여성용 향수만 수백 가지가 새로 출시되고 있다. 이에 따라

광고수단도 다양해져 맥도날드는 지상파 TV 광고를 절반으로 줄이고, 흑인 등 특정 인종이나 주부, 학생 등을 대상으로 하는 전문잡지나 프로그램에 광고예산을 대폭 늘리고 있다. 이처럼 맞춤형 마케팅이 강화되면서 케이블 TV 등 미들미디어의 매출이 크게 늘어 지난 2010년까지 매년 13.5% 증가한 데 비해 매스미디어의 매출 신장률은 3.5%에 그치고 있다.[21)]

이러한 미들미디어, 나아가 맞춤형 미디어 시대에는 모두가 정보의 프로슈머(prosumer: producer + consumer)가 된다. 사용자는 지식과 정보의 수용자(consumer)인 동시에 제공자(producer)의 역할을 한다. 이런 시대에는 뉴스의 전달방식도 변하게 될 것이다. 거대 언론사의 오만한 '강의식' 뉴스는 설득력을 점차 상실하고, 사사키 도시나오의 지적대로 대화식 혹은 세미나식 뉴스로 방향이 전환될 것이다.

3. 새로운 미디어 파워, 소셜미디어

2009년 6월 이란의 반정부 시위 과정에서 민병대의 총을 맞고 사망한 여대생 사건이 있었다. 당시 이란 정부는 신문과 방송을 포함한 모든 매체를 통제했지만, 사건은 트위터라는 소셜네트워크서비스(SNS)를 통해 삽시간에 전 세계로 퍼져 나갔다. 조시 워커 부시George Walker Bush 대통령의 안보보좌관을 지낸 마크 페이플Mark Pfeifle은 "트위터가 없었다면 이란 국민은 자유와 민주주의를 위해 일어서지 못했을 것" 이라며 트위터에 노벨 평화상을 줘야 한다고 목소리를 높였다.[22)]

불과 수년 전 모바일 데모크라시(mobile democracy) 바람이 국내외를 몰아쳤다. 중동의 민주화 바람, 중앙아시아의 민주혁명, 중국의 반일시위에서부터 국내의 촛불집회, 대통령 탄핵반대에 이르기까지 휴대전화 문자메시지와 인터넷은 각종 시위의 핵심 의사소통 수단이었다. 그러나 이제는 트위터가 사회변혁의 선봉 역할을 하는 시대로 또다시 변화하고 있다. 23년 철권통치를 무너뜨린 튀니지의 '재스민

혁명'(2011년 1월), 30년 독재정치의 막을 내린 '이집트 시민혁명'(2011년 2월)을 시작으로 독재자가 집권하고 있는 중동, 아프리카 국가에서도 민주화 요구가 확산되는 중심에는 페이스북 같은 SNS가 자리하고 있다.

1) 소셜미디어의 개념과 특징

"페이스북에서 당신을 찾는 친구가 있습니다." 누구나 한 번쯤은 이런 이메일을 받은 적이 있을 것이다. SNS인 페이스북을 모르는 사람은 깜짝 놀라 지워 버리는 해프닝이 벌어지기도 한다. 그러나 페이스북의 달인은 관심사가 비슷한 사람끼리 순식간에 친구가 된다. e메일을 등록하는 순간부터 이 '얼굴 없는 기술'은 저 혼자 끊임없이 계산해서 '모교' 정보로 동창을 찾아 주는 건 기본이고, 공통의 친구가 많은 사람을 찾아내 '서로 아는 사이냐'고 묻고는 친구로 사귀라고 권유한다. 너무나 친절하지만 그래서 부담스럽기도 한 페이스북의 두 얼굴이다.[23)]

일찍이 빌 게이츠Bill Gates는 신문, TV, 라디오 등과 같은 전통 미디어의 독점이 점점 사라지고 인터넷 환경이 새로운 미디어의 소비 형태를 가져올 것으로 전망했다. 그 후 인터넷은 신문의 지면 제한, 방송의 편성시간 제한 같은 시공간의 제약 없이 빠르고 방대한 양의 정보를 제공할 수 있는 장점을 바탕으로 그 영향력을 확대해 나갔다. 덕분에 미디어는 더 이상 선택된 소수의 전유물이 아니라 누구나 쉽게 참여하고 영향을 줄 수 있는 산업으로 빠르게 변화하고 있다.[24)] 같은 맥락에서 미디어 황제로 불리는 루퍼트 머독Rupert Murdoch 역시 "기술의 발달로 편집자, 발행인 등 기존 미디어 엘리트가 소유했던 파워가 이제는 일반인에게로 옮겨지고 있다."라고 강조한다. 다시 말해 기술의 발달로 인해 기존의 '사람-인쇄 · 영상매체' 커뮤니케이션이 '사람-사람' 커뮤니케이션으로 패러다임이 바뀌고 있다는 말이다. 이 패러다임이 바로 소셜미디어다.

소셜미디어는 인터넷을 기반으로 하는 블로그와 싸이월드, 동영상을 생산 · 공유하는 유튜브, 그리고 모바일에서 많이 사용하는 트위터, 페이스북 등을 칭한다. 한국정보화진흥원은 소셜미디어에 대해 자신의 생각이나 경험, 정보 등을 생산 및 확산시키기 위해 사용하는 개방된 플랫폼(블로그, 유튜브)과 관계를 형성하는 SNS(페이스북, 트위터)라고 정의한다.[25] 다시 말하면, 소셜미디어는 단순히 기존 미디어의 변형이 아니라 '사람들이 주인공이 되어 다양한 대화를 나누며, 관계를 구축하고, 서로 영향력을 주고받는 살아 있는 유기체 같은 공간'인 것이다.

뉴욕대학교 클레이 서키Clay Shirky 교수는 소셜미디어의 특징을 사회변화의 맥락 속에서 설명한다. "개인의 삶을 틀어쥐고 있던 독점적 힘이나, 사회를 장악하던 권력의 힘은 점차 약해지고 있다. 힘은 이동하고 흩어지는 반면, 대중은 이곳저곳에서 동시에 서로 연결되어 끌리고, 쏠리고, 들끓는다."[26] 이러한 변화는 커뮤니케이션 도구의 변화에서 기인한다. 인터넷, e-메일, 블로그, 메신저, SNS 등의 새로운 도구가 사람들을 광범위하면서도 신속하게 뭉칠 수 있게 만들고 있기 때문이다. 국내에서 발생한 '지하철 개똥녀' '패륜녀' '성추행남' 등의 사건이나 다양한 '집단행동'이 한 예다. 따라서 과거에는 일방형이었던 미디어가 '공유형'을 넘어서 '협력형' 플랫폼으로 진화하고 있는 것이다.

소셜미디어란 용어는 뉴미디어 회사인 가이드와이어 그룹(Guidwire Group)의 창업자 크리스 시플리Chris Shipley가 2004년 '더 블로그온 컨퍼런스(The BlogOn Conference)'에서 최초로 사용한 것이다.[27] 소셜미디어는 출범 후 불과 4~5년 만에 폭발적으로 성장해 가면서 기존의 매스미디어의 소통방식에 지각변동을 가져오고 있다.

소셜미디어는 시간, 대상, 비용, 관계라는 네 가지 관점에서 기존 미디어에 비해 유용한 가치를 보유하고 있다.[28] 시간 측면에서는 '신속성과 지속성'이 있어 콘텐츠를 신속하게 전파할 수 있고 그 영향력도 일회성이 아니라 지속적이다. 대상 측면에서는 '다수성과 다양성'으로, 트위터의 경우 평균 4명만 거치면 어떠한 사용자와도 소통이 가능하며 특정 국가나 계층의 경계를 뛰어넘기 때문에 '지역적 입소문(word of mouth)' 에서 '지구촌 입소문(world of mouth)'으로 발전이 가능하다.

비용 측면에서는 '경제성'을 들 수 있다. 『소셜노믹스Socialnomics』의 저자인 에릭 퀄먼Erik Qualman은 "소셜미디어를 사용하면 더욱더 생산적이 될 수 있다.[29] 소셜미디어는 사용자가 정보낭비를 피할 수 있게 하는 메커니즘"이라고 경제성을 강조한다. 매스미디어에 비해 비용이 절감되고 목표 집단에 직접 전달되기 때문에 적중성 또한 높다.

관계 측면으로는 '친근성과 신뢰성'을 들 수 있다. 일방적 소통이 아닌 관계 맺기와 상호작용을 기반으로 하기 때문에 마음을 담은 인간적인 교류가 가능하며 신뢰 구축에도 용이하다.

소셜 신드롬은 '집단지성' 에서 '소셜지성' 시대로의 전환을 의미한다는 해석이 많다. 불특정 다수에 의존하는 집단지성보다는 소셜미디어를 통해 나와 직접 관계 맺는 소수의 의견을 보다 가치 있게 생각하게 되는 것이다. 소셜미디어는 사용자에게 최적의 정보를 제공하지 못하는 검색엔진과는 달리, 사용자의 욕구를 최적으로 충족시킬 수 있다. 예를 들어 가격대비 품질이 좋은 유아용 카시트를 구매할 때 검색엔진보다는 SNS의 친구나 육아 블로그의 구매 경험자가 올린 정보가 훨씬 유용하고 생산적일 수 있다는 것이다.[30]

매스미디어와 소셜미디어를 비교하면 〈표 8-2〉와 같다.

표 8-2 매스미디어와 소셜미디어의 특성비교

매체 구분	주요 특성
매스미디어 (미디어 1.0)	• 주로 언론사가 뉴스, 정보, 엔터테인먼트를 생산(소수, 독점) • 불특정 다수, 수동적 독자층에게 공적, 일방적, 간접적으로 전달
소셜미디어 (미디어 2.0)	• 참여, 공유, 개방의 웹2.0 정신에 기초하여 누구나 생산(다수, 경쟁) • 관계 혹은 친분 중심의 쌍방향 소통, 피라미드식 전달

출처: 삼성경제연구소 (2010).

2) 나는 '소셜' 한다, 고로 존재한다

소셜미디어 혁명이 시작되었다고 한다. 2000년대 중반 웹2.0시대가 열리면서 나타난 소셜네트워크 혁명은 1488년 요하네스 구텐베르크Johannes Gutenberg의 인쇄술 발명에 버금가는 대혁명이라는 평가다. 창조성과 집단지성을 활용하는 역동적인 네트워크 속에 개인과 조직, 기업, 정치, 사회, 문화 등에서 기존 사고와 행동 방식이 전부 뒤집히고 있다. 어느 저널리스트의 표현대로 '나는 검색한다, 고로 존재한다'에서 '나는 소셜한다, 고로 존재한다'로 바뀌고 있다.[31)] 삼성경제연구소가 제시하는 사례는 이를 극명하게 그려 준다.

소셜미디어와 함께하는 김모 사장의 하루

[아침] 김 사장은 눈뜨자마자 스마트폰을 찾는다. 지난밤 뉴욕의 트위터 친구들이 보내온 월스트리트 상황과 유로화 환율전망, 아시아 시장에 미칠 영향 등은 물론 최신 유행농담까지 현장감 넘치는 이야기들을 확인하기 위해서다. 출근길 교통방송 트위터(@tbnseoul)에서 교통정보를 확인하고 골목길로 우회해 늦지 않게 도착한다.

[오전] 사무실에서 커피를 마시며 '잃어버린 아이를 찾는다'는 한 어머니의 안타까운 사연을 보고 트위터 친구 96명에게 리트윗(재전송)해서 미아 찾기 동참을 촉구한다. 지난번 어떤 고객의 제품 환불요청에 "이미 조치 중입니다. 친절치 못한 프로세스는 철저히 보완하겠습니다."라고 직접 답했는데, 그 고객이 자신의 블로그에 '사장의 피드백을 받아 좋았다'고 올린 후 다른 파워블로그에게도 확산되었던 적이 있다. 이후 열렬한 팔로어가 된 고객이 보내온 재미있는 연예계 소식에 미소를 짓는다.

10시쯤 임원회의를 마치고 다음 달로 예정된 임원 워크숍 준비 차 트위터 친구들에게 트윗을 띄운다. "다음 달 토요일 회사 워크숍, 10명이 서울에서 2시간 거리에서 하려는데 장소 추천해 주세요." 15분 만에 10여 군데 추천을 받고 주변 식당까지 댓글만 보고 마음의 결정을 한다. 김 사장은 업무 관련 파워트위터러를 리스트로 관리하는데 타 매체보다도 빠르고 여러 각도에서 의견을 청취할 수 있어 자료로 많이 활용한다.

이번에도 워크숍 준비를 위해 파워 트위터에게 의견을 구했더니 미처 생각지도 못했던 아이디어를 얻을 수 있어 기조연설에 활용한다. 사실 트위터 덕을 본 것은 이뿐만이 아니다. 지난 2/4분기 실적 발표 당시 흉흉했던 증자 관련 괴소문을 잠재운 것도 '사실무근'이라는 적극적인 트위터 활용 덕분이었다. 어제도 임직원 교육추천을 사내 블로그로 공지한 후 엘리베이터에서 만난 직원과 못다 한 얘기를 트윗하며 일사천리로 진행해 직원들의 호응을 얻었다.

[점심] 내친김에 최근 승진한 친구 선물로 산 골프채 사진을 트위터와 페이스북에 축하인사와 함께 올렸다. 최고 인기품이라 사진을 보고 많은 트위터 친구들이 리트윗을 한다. 점심시간에 만난 B사 사장도 인사할 때부터 트위터에서 본 골프채 이야기다. 지난번 계약 조율 문제로 어색했던 분위기가 한결 부드러워졌다.

[오후] 식사 후 유튜브에 올렸던 광고의 클릭 수와 마이크로 블로그 연결 등을 확인하고 예상보다 큰 효과가 있었다고 판단한다. 또 몇 가지 이슈에 대해 사내 블로그에 번개를 요청해서 즉석 토론을 한다. 특히 같은 회사 내 트위터리안과 X라는 모임을 조직했는데, 이들끼리 트위터와 그룹메일로 직접 주고받는 이야기는 상당한 수준이다. 같은 회사라도 다양한 분야, 다양한 업무와 관심사의 사람들이 어울리다 보니 시너지가 많이 일어나고 이렇게 만들어진 자료나 주장은 임원들도 진지하게 받아들이고 있다.

[퇴근 후] 밤늦게 퇴근한 김 사장의 마지막 일과는 트위터 점호다. "아직 깨어 있는 분 손들어 보세요!" 5분도 안 돼 10여 명의 트위터 친구들로부터 메시지가 쏟아진다. "지금 만나서 소주 한잔할까요?" 몇몇 사람이 제안을 해 왔지만 오늘은 시간이 너무 늦었다. "야근을 했더니 피곤하네요. 다들 잘 자요!"라는 마지막 트윗을 날리고 잠이 든다.

출처: 삼성경제연구소(2010).

위의 사례에서 보듯이, SNS가 세상을 바꿔 놓고 있다. 『소셜 네트워크 e혁명 Throwing Sheep in the Boardroom』의 저자인 매슈 프레이저Matthew Fraser와 수미트라 두타Soumitra Dutta는 소셜네트워크가 인간의 정체성마저 바꾼다고 말한다.[32] 현실세계에서는 자기를 '표현'하지만 가상세계에서는 자기를 '만들어' 낸다는 것이다. 따라서 '너 자신을 알라'란 유명한 경구는 가상세계에서는 '너 자신을 보여 주라'는 말로 바뀌게 된다.[33] 프레이저의 말대로 SNS에서 '친구'라는 단어는 이제 '친구를 만들다'란 동사와 같아졌다. 사람들은 사회자본을 획득, 유지, 구축하기 위해 소셜 사이트에서 많은 시간을 보내며 경쟁적으로 친구를 만든다.

자신을 알리고 싶은 나르시스적 욕구는 절망적인 몸부림 수준이다. 사적 삶과 공적 삶에 대한 구분이 희미해지며 개인적인 고백까지 유튜브를 통해 포스팅하고 이에 대한 실시간 댓글이 이어지는 현상이 일반화되고 있다. 트위터에서는 팔로어 수로 자신의 인기도를 매일 점검하며 내심 흡족해한다. 이를 부추기듯 한국 트위터 사용자 디렉토리 사이트인 '코리안트위터(www.koreantweeters.com)'는 팔로어 수에 따라 영향력 순위를 매기고 있다.

이러한 소셜미디어의 세상을 경영 전략에 활용하느라 기업은 분주하다. 페이스북 공동창업자 크리스 휴즈Chris Hughes는 "소셜네트워크를 기반으로 한 사업이 전 산업계로 확산되고 있다"며 "소셜커머스(social commerce) 관점에서 비즈니스 전략을 새롭게 짜야 한다."라고 주장한다. 에릭슨의 한스 베스트버그Hans Vestberg 회장은 "2015년에는 80억 명의 이동통신 가입자가 생기고 2020년에는 500억 대의 기계가 서로 연결되는 네트워크 사회가 완성된다."라고 말한다. 그는 "이것이 바꿔 놓을 삶의 변화를 미리 읽어야 한다."라고 충고한다.[34)]

모든 사람과 모든 기기가 이어지는 '초연결사회'가 도래하고 있다. 이제는 일상이 되어 버린 'SNS'를 개인과 조직, 사회와 국가가 어떤 방식으로 활용해야 할 것인가? 이에 대해 저마다 해답을 내놓고 있지만, 그 어떤 것도 확실한 방법이 되지 못할 정도로 인터넷 가상세계가 바꾸어 놓은 우리의 현재 삶은 혼란스럽다. 한쪽에서는 가상세계의 자유로움과 평등함에 대해 우려를 표하고, 한쪽에서는 가상세계가 진정으로 민주적이며 행복한 세상을 일궈 갈 것이라며 낙관한다. 과연 우리는 이러한 변화 속에서 어떤 방향으로 나아가야 할 것인가?

3) 소셜미디어의 그늘

프랑스의 사회학자 필리프 브르통Philippe Breton은 인터넷에 대한 열광이 일종의 종교적인 형태를 띠고 있다고 경고한 바 있다. 디지털 시대에 인간은 정보를 활용하는 것이 아니라 정보 장치에 흡수되는 현상을 낳고 있다는 것이다.[35)] 브르통의 이 말은 SNS에도 그대로 적용된다. 인간관계를 넓히고 체계적으로 관리하려는 사람들의 욕구가 스마트폰의 보급과 맞물리면서 SNS 이용자가 급증하고 있다. 이에 따라 소셜미디어에 대한 장밋빛 전망도 한창이다.

하지만 회의론도 만만치 않다. 캐나다 태생의 베스트셀러 작가인 말콤 글래드웰Malcolm Gladwell은 2010년 『뉴요커New Yorker』에서 "중앙의 권위나 지도자도 없고 결속력도 약한 오합지졸에 불과하다."라고 소셜미디어의 기능을 낮게 평가해 논란을 불렀다.[36] 페이스북을 통하면 한 번도 만난 적 없는 수백 명의 사람을 '친구'로 가질 수 있지만 사이버상의 약한 관계 속에서 문제의식을 공유하고 이를 해결하기 위해 결속력을 발휘하기란 힘들다는 이유에서다.

그러나 글래드웰의 말은 문화적 특성이 다른 한국 상황에는 적용되기 힘들다. 하버드 대학교 로버트 데이비드 퍼트넘Robert David Putnam 교수가 분석하듯이, 결속형(bonding) 자본이 강한 한국 사회에서는 가까운 친지나 친구 등 일차 집단 내에서는 정보공유가 잘 되고 커뮤니티가 효율적으로 결성된다.[37] 소위 생각과 취미, 뜻을 같이하는 '끼리끼리' 커뮤니티 결성에는 강하지만 그 반대의 경우는 배타적이다. '일차 집단을 넘어선 타인에게도 정보공유와 신뢰가 형성되는 교량형(bridging) 자본이 강한 서양 사회와 대조적인 현상이다.

이런 한국적 문화를 빗대, 연세대학교 윤영철 교수는 "한국인은 SNS에서 동질한 사람끼리 모이는 경향이 있다."[38]라고 지적한다. SNS에서 다양한 사람을 만나 반대의견까지 주고받는 외국과는 달리 우리는 처음부터 생각이 비슷한 부류가 커뮤니티를 결성하고 공유한다는 것이다. 그러나 SNS에서마저 결속형 자본에 기초한 커뮤니티를 결성하는 것은 또 다른 '그들만의 리그'를 만드는 폐쇄적인 행위의 재생산일 뿐이다. 더욱 문제가 되는 것은, 자신과 비슷한 생각을 가진 사람들만 모아놓고 반응을 주로 접하게 될 경우 '자기 함정의 오류'에 빠질 수 있다는 점이다. 자기 커뮤니티의 생각을 일반인의 생각으로 오해하거나 착각하게 되는 것이다. 따라서 예민한 이슈가 터지면 SNS를 중심으로 결집하는 모습을 보인다.[39] 그 결과 한 연예인의 학력정보 진위 논쟁 같은 '인격살인'이 서슴없이 자행되는 것이다.

좀 더 개인적인 측면에서 소셜미디어가 갖는 문제점은 프라이버시 문제다. 여타

인터넷 커뮤니케이션과 마찬가지로 소셜미디어가 개인의 프라이버시나 초상권, 정보관리통제권 등 인권을 침해한다는 우려가 점차 높아지고 있다. 위키리크스(wekileaks)는 전 세계의 일급비밀과 첩보사항을 무차별적으로 공개 폭로한다. 정보 독점과 악용을 예방하는 긍정적인 면도 있지만 프라이버시 침해란 비판도 피할 수 없을 것이다. 페이스북의 창업자 마크 엘리엇 주커버그Mark Elliot Zuckerberg는 '사생활의 시대는 끝났다'고 선언했다. 미국 시사주간지 뉴스위크 인터넷판은 과거 10년간 인터넷의 발달로 볼 수 없게 된 15가지를 선정했는데, 그중에서도 집중력과 예의, 프라이버시가 사라졌다고 문제점을 분석했다.[40]

『소셜 네트워크 e혁명』의 저자인 프레이저와 두타는 유례없이 많은 사람이 자신의 개인 정보를 공공의 영역에 공개하고 있는 반면에, 신상정보 도난이나 사기 등 사이버 범죄에 대한 추적과 처벌은 더 어려워지고 있다고 경고한다.[41] 그는 가상세계에서 우리의 생활은 이제 공개된 페이스북과 같으며 이에 따른 파장이 얼마나 커질지는 불행히도 예측할 수 없다고 그 심각성을 일깨우고 있다.

실제로 SNS에서 이미 사적 영역과 공적 영역의 경계는 희미해졌다. SNS에 공개된 정보뿐 아니라 별생각 없이 잠깐 올린 글도 여러 곳에 퍼져 나가면서 큰 파장을 일으킬 수 있다. 기본적으로 인터넷에서는 어디까지가 개인의 일기장이고 어디서부터가 공적 매체인지에 대한 구별도 모호하다. 인터넷의 무한 확장성과 자기 복제성 때문에 사적 영역은 줄어들 수밖에 없다.[42] 그러나 내가 올린 글이나 신상정보가 후에 나를 공격하는 무기나 부메랑이 될 수 있음을 인식해야 한다. 송기정 교수의 표현대로 SNS를 사용하는 것은 공공장소에서 친구와 수다를 떠는 것과 다를 바 없다. 언제든지 내 얘기가 다른 사람의 귀에 들어갈 수 있다는 점을 염두에 두라는 것이다. 버락 오바마 대통령이 지난해 한 고교 연설에서 "페이스북에 올린 정보가 인생의 어느 시점에 다시 등장할지 모른다."며 신중을 당부한 것도 그런 이유 때문이다.[43]

4. 미디어교육의 필요성

급변하는 미디어환경 속에서 미디어가 아동, 청소년은 물론 성인에게 미치는 영향력은 절대적이다. 이에 비해 미디어의 긍정적 · 부정적 측면을 균형 있게 가르쳐서 미디어를 선택적으로 활용할 수 있게 하는 교육은 상대적으로 등한시되고 있다. 미디어의 속성을 이해하고 비판적으로 분석하고 판단함으로써 소비자가 주체적으로 미디어를 활용하는 지식과 능력을 키우는 것이 기본적으로 요구된다. 미디어교육은 더 이상 선택의 문제가 아니다.

1) 미디어와 광고, 성

미디어가 청소년에 미치는 영향에 대해서는 수많은 연구가 진행되고 있다. 특히 어린 청소년에 대한 미디어 광고 및 성(性) 문제에 관련된 영향이 논의의 대상이 되고 있다.

미국 어린이는 하루 평균 4~5시간 정도 TV를 시청한다. 하루에 130개의 광고를 접하며 일주일에 900개, 1년에 4만 5000개의 광고를 접한다. 우리나라의 경우도 이와 크게 다르지 않을 것이다.[44] 어린이 대상 방송광고가 문제가 되는 것은 어린이가 방송광고에 대한 분별력이 부족하기 때문이다. 유치원생과 초등학교 1학년생 중 47%가 방송광고라는 것을 제대로 인식하지 못한다.[45] 따라서 스웨덴의 경우 12세 이하의 어린이를 겨냥한 방송광고는 법적으로 금지하고 있으며 오스트리아, 캐나다, 영국과 같은 나라는 취학 전 아동을 대상으로 하는 광고도 모두 금지하고 있다.[46] 아동을 대상으로 하는 광고는 분별력이 부족한 어린이의 비정상적인 소비욕구를 조장하고 부모와의 갈등요소를 제공할 수 있으므로 아동에 대한 교육이 필요하다.

미국 어린이와 10대 청소년은 1년 동안 TV에서 1만 4000회 정도의 성적 인용과 음담패설 그리고 성적 행동이 나오는 장면을 시청하고 있다. 그러나 피임이나 자기 통제, 절제나 책임에 대한 내용을 다루는 경우는 거의 없다. 영화나 시트콤 같은 경우에는 80% 이상이 성적 내용을 포함하고 있고 연속극의 80%, 시사 프로그램의 74%, 드라마의 69%, 토크쇼의 67%, 리얼리티쇼의 27%가 성적 내용을 포함하고 있는 것으로 나타났다. 그러나 성적 책임에 관한 내용은 극히 미미한 것으로 드러났다.[47)]

성적 내용을 포함하는 미디어가 청소년에게 미칠 수 있는 영향은 다음과 같다. 첫째로 성에 대한 왜곡된 관념을 조장한다는 것이다. 미디어는 성교를 포함한 성행위를 엄청난 쾌락을 가져다주는 오락거리 정도로 묘사한다. 미디어가 제공하는 성적 내용에는 원치 않는 성교를 강요받았을 때 입게 되는 정신적 상처, 성병 감염, 원치 않는 임신의 고통, 혼외 성관계로 인한 가정의 파괴, 성도착증 등과 같은 사회문제는 일반적으로 무시되고 있다.[48)]

둘째, 미디어에서 제공하는 성적 자극은 청소년으로 하여금 나만 빼놓고 다른 사람은 모두 성관계를 한다는 인식을 불러일으키고 자신도 빨리 성관계를 해 봐야 한다는 압력을 가한다.[49)] 이런 압력은 분별력이 떨어지는 청소년을 원하지 않는 성관계로 유도할 가능성이 크다. 연구에 따르면 미디어를 많이 접하는 청소년은 성관계를 경험하는 친구의 수를 과대평가하며, 성경험을 해야 한다는 압박감을 많이 느낀다. 한국의 경우에도 성적 미디어를 과도하게 접촉한 청소년이 그렇지 않은 청소년보다 성적 경험이 2배나 높았다.[50)]

셋째, TV 시청은 청소년의 성적 행동에 영향을 미친다. 빅터 스트라스버거Victor Strasburger와 바바라 윌슨Barbara Wilson의 연구에 따르면,[51)] 성적인 내용이 많은 TV를 시청한 청소년은 그렇지 않은 집단보다 더 이른 나이에 성관계를 시작할 개연성이 높다. 또한 TV를 많이 시청하는 남자아이가 성관계 경험이 많은데, 가족과 떨어져 TV를 시청하는 10대는 가족과 함께 TV를 시청하는 아이보다 3배에서 6배까지 성

경험이 높다. 나아가 대중음악 및 힙합음악을 듣거나 여성잡지를 보는 것도 성관계 경험과 관련이 있다.

2) 미디어와 폭력

대다수의 TV 프로그램과 영화에서 폭력성이 난무하고 있다. TV의 폭력성을 조사한 바에 따르면 황금시간대 프로그램 중 70%, 어린이용 방송 프로그램 중 90%가 부분적으로 폭력적인 내용을 포함하고 있다.[52] 〈파워레인저〉〈포켓몬스터〉〈파워퍼프걸〉처럼 가장 인기가 많은 만화영화의 경우도 폭력적인 장면은 빠짐없이 등장한다.

이런 폭력성은 다음과 같은 특징을 가진다. 첫째, 선한 캐릭터의 폭력이 악에 대한 응징의 도구로서 미화되고 있다. 둘째, 폭력으로 인해 고통당하거나 상해를 입는 모습은 묘사되고 있지 않다. 셋째, 폭력이 아무것도 아닌 것처럼 그려지며 유희의 요소로 사용되기도 한다. 넷째, 물리적 폭력은 물론 언어적 폭력의 심각성이 간과되고 있다. 언어적 폭력에 의한 심리적 상처가 큼에도 언어적 폭력에 대한 제재는 약하다. W. 제임스 포터W. James Potter와 미샤 보건Misha Vaughan이 1970년대 중반 이후 폭력양태의 변화를 조사한 연구에 따르면 물리적 폭력의 비율은 거의 변화가 없는 데 비해 언어적 폭력은 크게 증가하는 추세에 있다.[53]

청소년의 폭력물 시청과 폭력적 행동 사이에는 밀접한 관련이 있다는 것이 대부분 연구의 공통점이다. 폭력물에 대한 노출이 많을수록 폭력과 관련된 도덕적 억제력이 감소된다는 것이다. 돌프 질만Dolf Zillmann은 흥분 전이이론을 통해 미디어의 내용이 자극적일수록 폭력성을 증가시킬 수 있다고 말한다. 앨버트 반두라Albert Bandura는 아이들은 직접 경험이나 타인 행동 모방 등 두 가지 방식으로 행동을 학습한다고 주장한다. 아이들은 매스미디어 속 인물의 행동을 통해서 학습하기에, 폭력적 행동을 하는 주인공이 처벌을 받지 않고 보상을 받으면 폭력성을 학습하게 된다

는 것이다.[54)]

이 모방 효과는 미디어 폭력에서 가장 많이 논의되는 문제라고 할 수 있다. 반두라의 사회학습이론에 따르면 사람들은 미디어의 폭력장면을 관찰한 후 새로운 공격반응을 습득하게 된다. 미디어에서 본 폭력적 행위가 하나의 모범이 되어 시청자가 유사한 상황에 처할 경우 어떤 행동이 적절한 행동인지를 가르쳐 주게 된다. 다

표 8-3 미디어 폭력의 영향에 관한 이론

구분	세부 이론
생물학적 접근 이론	· 본능이론: 인간 본능에 초점, 학습의 역할을 무시한다는 비판 · 호르몬이론: 신체에 높은 수준의 테스토스테론이 공격적 행동으로 이어짐
생태학적 접근 이론	· 합류이론: 가족과 친구의 두 환경 영향력 고려 · 사회화이론: 환경적 요인을 이용, 어린이가 사회의 규칙, 태도, 가치 등을 배워 가는 장기적인 과정에 초점 · 문화계발효과이론: 지각과 신념의 형성에 미치는 TV의 영향
초기 인지적 접근 이론	· 인지능력이론: 연령별 인지능력 차이, 연령에 따라 폭력 영상의 영향력이 차이를 가짐(Piaget) · 구성개념접근성이론: 인간은 한 사건에 직면 시에 기억 속에 있는 개념 중 접근성이 가장 용이한 것을 선택(대중매체)
상호작용적 접근 이론	· 추동이론: 개인의 내적 욕구와 그에 대한 외부자극의 영향이 결합되어 동기화된다는 입장 · 흥분전이론: 이전 특정 자극에 의한 흥분상태가 완전히 소멸되기 전에 또 다른 자극을 만나면 더 강력한 흥분이 일어남 · 정화이론: 개인이 좌절과 분노를 좌절할 때 증가되는 공격적 충동이 폭력 시청을 통해 대리적으로 감소 · 사회학습이론: 공격 장면 관찰 시 추후 다른 상황에서 공격행동 유발 · 사회인지이론: 환경, 개인, 행위 세 요인 간의 삼원상호인과 과정이라는 견지에서 인간의 사고와 행동을 설명 · 사회지식틀 이론: 인지적 신연합주의 이론과 유사. 다만 사회행동이 개인의 학습된 스크립트에 의해 상당한 통제를 받음 · 인지적 신연합주의 이론: 영상으로 관찰한 사건과 의미적으로 관련된 사고가 어떻게 관련되어 점화되는가에 대한 이론적 기반 제공

출처: 최이정(2006), p. 39.

시 말해 관찰자는 공격성을 본 순간에는 단지 수동적으로 모델을 보지만 바로 공격성을 표출하지 못한 좌절감 때문에 이후 유사한 상황에서 공격적인 행동을 표출하게 된다는 것이다.[55]

이와는 반대로 인간은 죽음 혹은 파괴 본능을 가지고 있기에 억압된 증오심과 분노는 어떠한 경로를 통해서든 분출해야 한다는 정화이론도 있다. 일상생활을 통해 쌓인 분노와 증오심은 격렬한 스포츠, 언어 공격 등 사회적으로 인정된 공격행동 등을 통하여 분출시켜야 하는데 미디어의 폭력물이 이런 기능을 수행한다는 것이다. 미디어 폭력이 미치는 영향에 관한 이론을 제시하면 〈표 8-3〉과 같다.[56]

3) 수용자 중심 미디어교육

미디어교육이 무엇이냐에 대한 논의는 다양하다. 시대적 특성이나 지역 또는 접근 방식에 따라 서로 다른 개념 정의가 가능하기 때문이다.

영국의 대표적인 미디어교육 연구자인 데이비드 버킹엄David Buckingham은 다음과 같이 미디어교육을 정의하고 있다.[57] "미디어교육은 미디어에 대해 가르치고 배우는 과정이다. 다시 말해 미디어교육은 미디어에 대한 비판적인 이해 그리고 미디어의 적극적인 활용과 능동적인 제작 모두를 목표로 한다. 미디어교육은 청소년이 미디어의 소비자로서 미디어를 해석하고 정보에 근거한 균형 있는 판단을 내릴 수 있게 할 뿐 아니라 그들 스스로 제작자가 될 수 있게 한다. 궁극적으로 미디어교육은 청소년이 비판적이고 창조적인 능력을 키우는 것과 관련되어 있다." 주디스 부덴바움Judith Buddenbaum의 정의도 미디어에 대한 비판적인 해석과 의식을 강조한다.[58] "미디어교육이란 사회 안에서 미디어의 역할과 본질, 또 미디어 조직과 제도의 구조 및 기능을 잘 알고 이해하도록 의식화시키는 것으로서 스스로 미디어의 내용을 평가할 수 있으며 매스미디어를 사용함에 있어 적절한 선택을 할 수 있도록 가르치려는 노력이다."

이들 정의는 공통적으로 미디어교육이 미디어를 단순히 도구로 이용하는 교육을 뜻하는 것이 아니라 미디어 자체의 속성을 이해할 수 있는 능력을 길러야 한다는 점을 강조하고 있다. 마치 글을 읽지 못하는 어린이나 성인에게 문해교육을 통해 자아실현을 도와주듯이 미디어라는 새로운 언어교육을 통해 전인적인 인격 향상과 완성을 이루는 데 도움을 제공해야 한다는 것이다. 따라서 미디어교육은 미디어의 본질과 기술, 목적 등을 이해할 수 있도록 가르쳐서 특히 어린이나 청소년이 인터넷이나 휴대폰 또는 TV, 영화, 신문, 잡지 등을 제대로 감상하고 선별하며, 비판적인 독자, 시청자, 수용자가 되도록 하기 위한 교육이다.[59)]

이런 측면에서 보면 미디어교육은 곧 커뮤니케이션 교육이다. 미디어를 올바르게 이해하고 활용하는 능력은 곧 인간 중심의 커뮤니케이션 질서를 회복하기 위한 적극적인 대안 중 하나이기 때문이다. 김기태는 미디어의 영향력이 막강해짐에 따라 자연스럽게 수동적이고 소극적인 수용자로 전락하기 쉬운 현대인에게 필요한 주체적인 커뮤니케이션 능력을 기르기 위한 교육이 바로 미디어교육이라고 주장한다.[60)] 따라서 미디어교육은 기본적으로 미디어 생산자 중심이 아닌 소비자 또는 수용자의 적극적인 인식과 실천에 초점을 맞추는 소비자 중심 교육이라는 특징을 가진다.

미디어교육을 발생시킨 결정적인 원인은 TV 매체의 대중화다. TV 매체의 영향력이 커지면서 그에 따른 부작용도 드러나기 시작했기 때문이다. 이에 따라 유럽 및 호주 지역을 중심으로 미디어교육에 대한 필요성이 본격적으로 제기되었다. 초기의 미디어교육은 '보호주의(protectionism)' 에 바탕을 두었다. 즉, 매스미디어의 부정적인 영향력 특히 문화, 도덕, 이데올로기의 영향에 대항하기 위한 학생을 대상으로 한 예방 성격의 교육이 중심이 되었다.[61)] 따라서 미디어교육은 미디어가 제시하는 프로그램 속에서 부정적 메시지를 식별해 내고 이 부정적 영향력을 사전에 인식시켜 줌으로써 무방비적 노출을 막는 것이었다.

미디어 및 미디어교육의 속성을 이해할 때 미디어교육의 필요성은 자연스레 도출된다. 렌 마스트먼Len Mastman은 미디어교육이 왜 필요한지를 일곱 가지 이유를 들어 설명한다.[62] ① 미디어가 사회 전반에 침투해 있으며 미디어의 소비가 급증하고 있다. ② 미디어의 이데올로기적 중요성 및 의식산업으로서의 영향력이 크다. ③ 정보산업이 발달하고 있다. ④ 선거와 같은 많은 민주주의 절차에 미디어가 관여하는 정도가 커지고 있다. ⑤ 모든 영역에서 영상커뮤니케이션과 영상미디어의 중요성이 점점 커져 가고 있다. ⑥ 미디어교육은 현재와는 확연히 다른 미래에 대해 학생을 준비시키는 과정으로서 필요하다. ⑦ 정보를 사유화하는 경향이 증가하고 있다. 마스트먼의 이러한 지적은 미디어교육이 미디어의 변화에 따라서 새로운 형태로 진화해야 한다는 사실을 일깨워 주고 있다. 김양은의 지적대로 우리는 '미디어교육이 왜 필요한가'에 대한 논의를 넘어 '과연 미디어교육을 통해서 얻고자 하는 것이 무엇인가'에 대해 고민해야 하는 것이다.[63]

4) 미디어교육의 기본원칙

캐나다 미디어교육기구(CAMEO)에서는 미디어의 속성에 대한 이해를 바탕으로 미디어교육의 기본 원칙을 다음과 같이 제시한다.[64]

첫째, 모든 미디어 생산물, 즉 TV 프로그램이나 신문 기사, 오락 프로그램 등은 모두 사전에 치밀한 기획과 정교한 제작과정을 거쳐서 만들어진다. 아무 생각 없이 만드는 미디어 생산물은 없다. 시청자나 독자에게 전달되는 정보는 해당 방송사나 신문사의 이념이나 가치관이 담겨 있다.

둘째, 미디어는 현실을 그대로 전달하지 않는다. 미디어의 특성에 맞게 현실을 재구성한다.

셋째, 미디어는 물적 토대, 즉 어떤 식으로 재원을 조달하느냐에 의해 크게 영향을 받는다. TV는 시청률에 의해, 신문은 독자의 수에 따라 광고 수입이 결정된다. 따라서 미디어는 소비자의 입맛에 맞게 생산물을 만들게 된다.

넷째, 미디어는 이념과 가치의 지배를 받는다. 따라서 모든 미디어의 뉴스, 프로그램 등에는 선입견이나 편견이 내재되어 있을 수 있다. 국내의 몇 개 신문을 비교해 보라.

다섯째, 미디어는 정치적 · 사회적 상황을 반영한다. 미디어 권력이 정치적 통제를 받게 된다면 국민의 알 권리를 충족시키지 못하게 된다.

여섯째, 미디어에 따라 전달되는 정보가 다르다. 인쇄매체는 주로 활자에 의존하는 반면 TV는 동영상을 전달한다. 이처럼 미디어 특성에 따라 전달되는 메시지나 정보가 다르다.

일곱째, 미디어가 전달하는 내용은 시청자나 독자에 의해 독특하게 해석된다. 결국 같은 뉴스나 기사도 시청자나 독자에 따라 최종 의미가 다르게 판단된다.

여덟째, 미디어에 대한 이해는 미디어를 아는 만큼 이루어진다. 미디어에 대한 기본지식이 없다면 미디어에 끌려다니고 그 피해자가 될 수 있다.

후주

1. McLuhan, M. R. (1964). *Understanding media: The extensions of man*. New York: McGraw Hill.
2. 참조: 움베르트토 에코(2008). 로아나 여왕의 신비한 불꽃(이세욱 역). 파주: 열린책들.
3. McLuhan, M. R. (1964). 앞의 책.
4. 정완진, 김양하, 이석근, 민승기(2008). 1인 미디어의 힘. 서울: 매경출판, pp. 19-20.
5. 최민재(2006). 한국의 미디어 교육 현황. 서울. 한국 언론재단, p. 9.
6. 김용은. 미디어 읽기 개론. (2006. 10. 20.). 살레지오강의노트(미간행), 재인용.
7. Ball-Rokeach, S. J., & DeFleur, M. J. (1976). A dependency model of mass-media effects. *Communication Research*, *3*(1), 3-21.
8. 정완진 외(2008). 앞의 책, p. 16.
9. Miller, K. (2005). *Communication theories: Perspectives, processes, and contexts* (2nd ed.). New York: McGraw-Hill, pp. 250-251, 재인용.

10. DeFleur, M., & Ball-Rokeach, S. (1975). *Theories of mass communication* (3rd ed.). New York: David McKay Company, p. 260.
11. 채경옥(2010. 8. 3.). 언론사도 '낚이는' 시대. (2010. 8. 3.). 매일경제.
12. 최영묵(2006). 방송뉴스와 드라마세계. 살레지오강의노트(미간행).
13. 참조: 동아일보(2008. 6. 12.).
14. 채경옥(2010. 8. 3.). 앞의 글.
15. 사사키 도시나오(2011). 신문, 텔레비전의 소멸(이연 역). 서울: 아카넷.
16. 같은 책.
17. 조상현, 김현(2011). 소통혁명. 서울: 황금사자.
18. 이관춘(2006). 직업은 직업이고 윤리는 윤리인가(2판). 서울: 학지사.
19. 사사키 도시나오(2011). 앞의 책, pp. 55-56.
20. 이관춘(2006). 앞의 책, p. 45.
21. 같은 곳.
22. 정성희. 글래드웰의 SNS 비판. (2010. 10. 7.). 동아일보.
23. 김순덕. 페이스북의 두 얼굴. (2010. 10. 5.). 동아일보.
24. 정완진 외(2008). 앞의 책, p. 4.
25. 참조: 한국정보화진흥원(2010). 통계(http://www.nia.or.kr).
26. 클레이 셔키(2008). 끌리고 쏠리고 들끓다(송연석 역). 서울: 갤리온, p. 9.
27. 삼성경제연구소(2010). 확산되는 소셜 미디어와 기업의 신소통 전략. CEO Information, 764호.
28. 같은 글.
29. Qualman, E. (2009). *Socialnomics: How social media transforms the way we live and do business*. New York: Wiley.
30. 참조: 한국정보화진흥원(2010). 통계(http://www.nia.or.kr).
31. 이진영. (광화문에서) 나는 소셜한다, 고로 존재한다. (2010. 10. 6.). 동아일보.
32. 매슈 프레이저, 수미트라 두타(2010). 소셜 네트워크 e혁명(최경은 역). 서울: 행간.
33. 같은 책, p. 68.
34. 참조: 매일경제(2010. 10. 16.).
35. 윤대녕. 30년 전 편지의 추억. (2010. 10. 30.). 동아일보.
36. 정성희(2010. 10. 7.). 앞의 글.
37. 로버트 D. 퍼트넘(2009). 나 홀로 볼링: 사회적 커뮤니티의 붕괴와 소생(정승현 역). 서울: 페이퍼로드.
38. 정성희(2010. 10. 7.). 앞의 글, 재인용.
39. 같은 글.
40. 참조: 서영아. 착하게 살자. (2011. 01. 03.). 동아일보.

41. 매슈 프레이저, 수미트라 두타(2010). 앞의 책.
42. 강미은. 너를 알고, 나를 알리고 싶다. (2005. 2. 5.). 동아일보.
43. 김순덕(2010. 10. 5.). 앞의 글, 재인용.
44. 고승우(2007). 아동과 청소년에 대한 미디어 교육: TV와 인터넷을 중심으로. 서울: 형지사, p. 200.
45. 빅터 C. 스트라스버거, 바바라 J. 윌슨(2006). 어린이, 청소년, 미디어(김유정, 조수정 역). 서울: 커뮤니케이션북스, pp. 55-57.
46. 같은 책, p. 86.
47. 같은 책, pp. 198-200.
48. 고승우(2007). 앞의 책, p. 174.
49. 빅터 C. 외(2006). 앞의 책, pp. 198-200.
50. 고승우(2007). 앞의 책, p. 174.
51. 빅터 C. 외(2006). 앞의 책, pp. 229-244.
52. 같은 책, pp. 99-100.
53. 최이정(2006). 미디어폭력. 서울: 한국학술정보(주), p. 31, 재인용.
54. 빅터 C. 외(2006). 앞의 책, pp. 119-125.
55. 윤진, 곽금주(1991). 대중매체의 폭력성이 청소년에게 미치는 영향. 서울: 한국형사정책연구원, p. 11.
56. 최이정(2006). 앞의 책, p. 39.
57. 데이비드 버킹엄(2004). 미디어교육, 학습, 리터러시, 그리고 현대문화(기선정. 김아미 역). 서울: 제이앤북스.
58. Buddenbaum(1981); 김기태(2009). 미디어 교육의 이해와 활용. 서울: 한국콘텐츠진흥원, pp. 30-33, 재인용.
59. 김기태(2009). 미디어 교육의 이해와 활용. 서울: 한국콘텐츠진흥원.
60. 같은 책.
61. Buckingham, D. (1998). Media education in the UK: Moving beyond protectionism. *Journal of Communication*, *48*(1), 33-34.
62. Mastman, L. (1985). *Teaching the media*. London: Comeda; 김양은(2003). 미디어교육의 어제, 오늘 그리고 미래. 1차 미디어 교육 국내심포지엄 발표문. 한국언론학회, p. 94, 재인용.
63. 김양은(2003). 앞의 글.
64. 고승우(2007). 앞의 책.

제9장

미디어 문맹과 미디어 리터러시

1983년 8월 31일 밤 대한항공 007여객기가 소련 전투기의 공격을 받고 사할린 인근 얼음바다에 떨어졌다. 탑승객, 승무원 269명 모두 북극해 밑으로 사라졌다. 한국인은 물론 미국인 절대 다수는 이 사건을 '소련의 만행' 으로 규정했다.

두 나라 언론이 그렇게 보도했기 때문이다.

얼마 뒤 이란 민간 항공기가 기장 실수로 미국 영공을 침범하여 미 공군에 의해 격추됐다. 그런데 많은 미국인은 항공기 기장에게 책임이 있다고 봤다.

미국 언론이 그렇게 보도했기 때문이다.[1)]

'미디어는 세상을 내다보는 창' 이라고 했다. 동일한 사건이라도 언론이 어떻게 전하느냐에 따라 대중의 인식은 엄청난 차이를 보인다는 의미다. 로버트 엔트먼 Robert Entman은 미국 언론이 소련 전투기의 행위는 '도덕적 폭거(moral outrage)'로, 미 전투기의 행위는 '기술적 문제(technical problem)'로 '틀 지음(framing)'으로써 대중의 현실 인식에 영향을 미쳤다고 설명한다.[2)]

위의 사례는 두 가지 질문을 제기한다. 첫째, '언론은 진실을 보도하는 것인가?'

국익에 직결되는 사건에서만 예외적으로 정치성을 띠는 것인가? 아니면 상대적으로 긴장감이 덜한 다른 뉴스에까지 정치성을 띠는가? 둘째, 위의 사건이 신문이 아닌 사람들 간에 구두로 혹은 TV 방송으로, 아니면 트위터나 페이스북 같은 SNS로 전달되었다면 차이가 있을까? 미디어를 이해하는 미디어 리터러시는 미디어가 전달하는 내용에 대한 이해와 미디어 그 자체의 영향에 대한 이해 등 두 가지로 구분해 접근할 수 있다.

1. 미디어의 정치성과 프레이밍 효과

미디어는 그 사실성과 일방향성으로 인해 대중을 조작하는 손쉬운 수단이 될 수 있다. 매스컴은 사실의 전달에 그치지 않는다. 어줍지 않게도 그들의 관점에서 구상한 세상에 대한 그림을 사회 구성원에게 끊임없이 제공하고 학습을 강요하며 구체적인 행동을 이끌어 내려 한다.

다큐멘터리도 제작자의 의도에 따라 구성된 것임에도 영상이 지니는 사실감 때문에 보는 사람은 제작자의 의도를 간파하지 못하고 다큐멘터리를 그냥 그대로 받아들일 가능성이 크다. 또한 미디어는 어떤 사안에 대해 미리 틀을 지어 버리는 속성이 있다. 미디어 리터러시의 필요성을 이해하기 위해서는 이러한 미디어의 여론 조작 속성과 프레이밍 효과를 이해하는 것이 필요하다.

1) 매스미디어의 정치성

21세기 비판적 지성의 대명사인 에이브럼 놈 촘스키Avram Noam Chomsky는 언론이 '객관적으로 사실을 보도한다' 는 신화를 통렬하게 파헤치고 있다.[3)]

1980년 3월 엘살바도르에서 오스카르 로메로Oscar Romero 대주교가 암살됐다. 평소 엘살바도르 군사정권을 강하게 비판했고 살해되기 직전에는 지미 카터Jimmy Carter 미국 대통령에게 군사정권에 대한 지원을 중단하라고 편지를 보낸 그였다. 미국의 뉴욕타임스는 1면에 암살사건 기사를 4회 실었고 사설은 게재하지 않았다. 그해 12월 엘살바도르에서 미국 여성 4명이 방위군에게 살해됐는데 뉴욕타임스는 이때 1면에 관련 기사를 3회 싣고 사설은 쓰지 않았다.

4년이 지난 1984년 10월 폴란드의 예지 포피엘루슈코Jerzy Popieluszko 신부가 경찰에 의해 살해됐다. 신부는 폴란드 공산정부에 맞선 자유노조운동의 지지자였다. 뉴욕타임스는 이 사건을 1면에 10회 내보냈고 사설도 3회나 실었다. 무자비한 폭력이 공산국가에서 일어났다는 사실을 독자에게 거듭 강조한 것이다.

1999년 1월 코소보의 리차크에서 세르비아인이 알바니아계 주민 40여 명을 학살했고, 4월에는 인도네시아 군대가 동티모르 키키샤에서 주민 200여 명을 사살했다. 리키샤에서 발생한 피해가 더 컸는데도 뉴욕타임스, 워싱턴포스트, 로스앤젤레스타임스, 타임, 뉴스위크 등 미국의 주류 언론이 내보낸 기사의 비율은 4.1대 1로 리차크 사건이 많았다. 대량학살이라는 용어를 사용한 비율 역시 6.7대 1로 리차크 사건이 많았다. 사건 발발 당시 미국은 북대서양조약기구(NATO) 회원국과 함께 유고 공격을 앞두고 있었고 인도네시아는 미국의 우방국이었다.[4)]

촘스키와 에드워드 허먼Edward Herman은 미국 주류 언론은 자국의 이해에 따라 '가치 있는 희생자'와 '무가치한 희생자'로 구분한다고 비판한다.[5)] 1990년대 세르비아에 의해 코소보에서 학살된 알바니아인은 '가치 있는 희생자'였다. 이 '가치 있는 희생자'를 언론은 집중적이고 반복적으로 보도함으로써 권력층의 비위를 맞추었다. 반면 같은 시기에 재개된 인도네시아의 동티모르인 학살은 뉴스 가치 면에서 '무가치'했다. 우방국의 '무가치한 희생자'는 소홀히 다룸으로써 권력층의 잘못을 은근슬쩍 덮어 주는 데 일조했다. 오히려 동티모르인을 '분리주의자'로 표현하며 우방인 인도네시아의 침략과 살상 행위를 합리화했다. 미국 적대국의 선거는 '엉터리' '안 하느니만 못한 선거' 이지만 우방국의 선거는 '민주주의를 향한 전진' '이전에 비해 공정한 선거' 다. 이 밖에도 베트남이나 라오스, 캄보디아 등에서 일어난 사건이나, 북미자유무역협정 통과에 이은 멕시코 경제의 붕괴 과정, WTO와 세계은행 및 IMF에 대한 저항 등에 대한 미국 언론의 보도도 동일한 행태의 반복이다.

촘스키와 허먼은 언론매체는 소유와 수익모델의 차원에서 구조적으로 그 사회의 정치권력 및 경제권력에서 자유로울 수 없다고 단언한다.[6] 따라서 진실을 알리기보다는 특정 권력의 지배 이데올로기를 선전하는 도구(propaganda model)로 전락하고, 의제를 왜곡하여 그릇된 세계관으로 대중을 지속적으로 세뇌하고 회유한다. 그러면서 언론은 '진실을 추구하고 정의를 수호한다' 는 허상에 사로잡히게 된다. 대중은 스스로 미디어를 통해 접하는 세상을 진실로 알고 자신도 모른 채 미디어에 포섭되어 간다는 것이다.

그렇다면 언론이 뉴스를 선별하는 데 영향을 미치는 요소는 무엇일까? 촘스키와 허먼은 다섯 가지를 내세운다.[7] 첫째, 소유권이다. 언론은 신문 · 방송 · 출판 등을 아우르는 복합기업의 형태로 소유주 혹은 소유 기업의 입장을 대변하는 데 활용된다. 둘째, 광고주의 막강한 영향력이다. 광고를 따내기 위해 혈안이 되어 있는 언론은 광고주의 눈치를 보기에 바쁘다. 셋째, 뉴스의 정보원이다. 정보가 곧 권력인 시대에 대부분의 공적 정보를 정부 부처와 정보기관에 의존하는 언론은 그들의 입장에 치우칠 수밖에 없다. 넷째, '딴죽(flak)' 이다. 지배 권력은 언론에 딴죽을 걸고 외압을 가함으로써 언론을 길들인다. 다섯째, 반공 이데올로기다. 구소련을 비롯한 동구권 몰락 이후 이 문제는 약화되기는 했으나 이제는 애국심에 호소한다. 애국심과 보수주의를 강조함으로써 언론은 권력층의 편에 선다.

촘스키와 허먼은 미국 언론을 파헤쳤지만 이들의 분석과 비판은 미국 언론에만 국한된 문제가 아니다. 제2차 세계대전 중에 여러 나라에서 민족주의를 형성하기 위한 수단으로 영화가 전략적으로 만들어진 것이 한 예다. 1930년대 아돌프 히틀러 Adolf Hitler는 라디오와 영화를 통해 대중을 선전하고 조작하였다. 베를린 올림픽을 다큐멘터리 형식으로 기록한 〈민족의 제전Olympia〉은 나치 독일의 선전 영화 중에서도 '걸작' 으로 알려져 있다.[8] 나치 독일의 공보장관이었던 요제프 괴벨스Joseph Göels는 언론매체를 통한 선전기술로 독일 국민을 나치즘으로 몰고 가는 데 결정적 역할을 했다. 괴벨스는 나치 집단의 이익을 위해 미디어를 조직적으로 오용하는 '약탈정부' 의 앞잡이로서 라디오를 치밀하게 활용했다. 라디오는 대중을 최면상태로 몰고 가는 결정적인 도구가 되었다.

우리나라에서도 대중매체가 대중을 조작하는 도구로 사용된 적이 있다. 예를 들어 제5공화국 시절, 소위 3S라고 불리는 'Screen, Sport, Sex'는 대중의 정치적 관심을 돌리고 우민화하여 독재를 위한 수단으로 사용되었다. 지금 이 순간에도 미디어의 정치성을 주변에서 쉽게 확인할 수 있다. 한 예로 최근 한국 사회에서 이슈나 논쟁거리가 되었던 사건을 조선일보, 한겨레신문, 경향신문 등에서 관련 기사내용을 찾아 비교 · 분석해 보자. 가능할 경우 내용분석법(context analysis)을 적용해 보면 좀 더 명확한 차이점을 분석해 낼 수 있을 것이다.

2) 프레이밍 효과와 촛불시위

아모스 트버스키Amos Tversky와 대니엘 카너먼Daniel Kahneman은 촘스키와 허먼과는 다른 관점에서 언론은 어떤 사안에 대해 미리 틀을 지어 버리는 속성이 있다고 주장한다. 이른바 프레이밍 효과(framing effect)다.[9] 일종의 '틀 짓기 효과' 로서 어떤 이슈나 쟁점을 보도할 때 특정한 측면을 더 두드러지게 강조하고 정교화하는 반면, 다른 측면은 배제하거나 단순화함으로써 특정한 이야기 구조를 만들어 내는 것을 의미한다. 그렇다면 왜 이런 효과가 발생할까? 트버스키와 카너먼은 같은 문제를 다른 방법으로 제시했을 때 선호도가 어떻게 달라지는지에 대한 실험을 통해 프레

이밍 효과를 설명한다.[10)]

참가자에게 다음과 같은 사건을 상상해 보게끔 하였다. "미국은 아시아에서 발생한 이상한 질병(Asian disease problem)이 미국으로 번질 것에 대비하고 있다. 이 병을 방치하면 미국에서도 600명이 목숨을 잃게 된다. 이 질병을 퇴치하기 위한 두 가지 의학 프로그램이 제시되었다. 예상되는 결과는 다음과 같다."

첫 번째 참가자 집단에게는 다음의 프로그램 중 하나를 선택하게 했다.

- 프로그램 A: 600명의 미국인 중에 '200명을 구할 수 있다'.
- 프로그램 B: 600명의 미국인 중에 '600명의 목숨을 구할 가능성이 3분의 1이며, 한 사람도 구하지 못할 가능성은 3분의 2다'.

위의 프로그램 중에서 당신은 어느 쪽을 택할 것인가? 참가자 중 72%가 프로그램 A를 선택했다. 나머지 28%는 프로그램 B를 선호했다. 다시 말해 대다수의 선택은 위험회피(risk averse)에 두었다. 200명을 확실히 구할 수 있는 A안보다 결과가 불확실한 B안을 꺼리는 위험회피 성향을 보여 준 것이다.

두 번째 참가자 집단에게는 다음과 같이 말을 바꾸어 보았다.

- 프로그램 C: 미국인 600명 중에 '400명이 죽게 될 것이다'.
- 프로그램 D: 미국인 600명 중에 '아무도 죽지 않을 확률이 3분의 1이며 600명이 죽을 확률이 3분의 2다'.

이번에는 참가자 중 78%가 프로그램 D를 선호했으며 프로그램 C를 선택한 사람은 22%에 불과했다. 대부분이 위험감수(risk taking)를 택한 것이다. 400명이 반드시 죽는 걸 지켜보느니 차라리 가능성은 낮지만 모두를 살릴 수도 있는 모험을 택하겠다는 것이다. 위험회피(risk aversion) 성향을 보이던 응답자들이 갑자기 위험추구

(risk-seeking) 성향으로 바뀐 것이다.

주목할 점은, 프로그램 A와 C는 똑같으며 프로그램 B와 D도 같은 내용이라는 점이다. 목숨을 200명밖에 구할 수 없다면(프로그램 A), 다른 400명은 죽을 것이라는(프로그램 C) 말이기 때문이다. 따라서 일관된 사람이라면 프로그램 A를 선택한 경우 프로그램 C를 고르는 게 당연할 것이다. 그럼에도 두 참가자 집단 간의 의사결정 프레임의 변화가 서로 반대되는 선택을 하게 된 것이다. 다시 말해, 사람 생명을 구하는 측면에서 프로그램을 소개하자 참가자들은 안전한 프로그램 A(=C)를 선택했으며, 예상되는 사망자의 측면에서 프로그램을 소개하자 참가자들은 도박(확률) 프로그램 D(=B)을 선택한 것이다. 이들 선택의 공통점은 이익과 관련된 선택은 흔히 위험회피에 쏠리고 손실과 관련된 선택은 흔히 위험감수를 택한다는 점이다. 이처럼 같은 문제라도 대안을 어떻게 제시하느냐에 따라 선택이 달라지는 게 프레이밍 효과다. 개인도 그렇고 언론도 예외가 아니다.

2008년 쇠고기 수입협상 타결에 반대해 시작된 촛불집회에 대한 언론보도의 편향성[11)]도 같은 맥락에서 접근할 수 있다. 촛불 현장에서 언론은 정반대의 시각에서 촛불시위를 보도하고 원인을 진단 및 평가하고 처방전을 내놓으며 이념의 각축전을 펼쳤다. 한쪽에서는 집회의 폭력성이나 과격성에 초점을 맞추는가 하면 다른 쪽에서는 시위진압 경찰의 과잉진압을 비난하는 보도를 쏟아냈다. 결과적으로 언론은 소통과 통합이 아니라 대립과 갈등과 단절을 부추기는 역할에 충실했다. 촛불집회는 언론사 간의 이념적 대립구도에 기초한 '프레이밍 효과'의 전형적인 사례라 할 수 있다.

2. 미디어 리터러시

영상미디어가 주는 폭력성과 선정성에서부터 미디어의 여론조작, 프레이밍 효과에 이르기까지 미디어의 독특성과 그로 인한 걱정은 미디어교육의 필요성을 낳게 되었다. 초기의 미디어교육은 단순히 TV 시청습관 교육에 목표를 두는 소극적이며 예방적인 차원에 머물렀다. 그러나 점차 'TV 끄기'에서 진화해 'TV 감상'으로, 그리고 'TV 메시지에 대한 비판적 분석'으로 확장되었다.[12)]

1) 미디어 리터러시의 개념

리터러시(literacy)는 문자 그대로 글을 읽고 이해하며 쓸 수 있는 문해(文解)능력이며, 반대의 의미는 문맹(illiteracy)이다. 같은 맥락에서 미디어 리터러시는(media literacy) 미디어의 속성을 이해하고 활용할 수 있는 능력이다. 1992년 미국 미디어 리터러시 리더십회의(National Leadership Conference on Media Literacy)는 미디어 리터러시를 다음과 같이 정의하였다. "미디어 리터러시는 다양한 형태의 메시지에 접근하고 분석하고 평가하며 의사소통하는 능력이다."[13)]

그러나 이 정의는 20여 년 전이란 시대적 상황만큼이나 보수적이고 소극적이다. 왜냐하면 미디어 리터러시는 미디어의 기능적 혹은 도구적 능력을 넘어 미디어가 생성하는 의미에 대한 분석, 평가, 비판적 성찰을 포함해야 하기 때문이다. 정현선의 주장대로 미디어 리터러시는 읽고 쓰는 능력이라는 전통적 의미의 리터러시 개념에서 출발하였지만 그를 넘어선 보다 거시적이고 사회 · 문화적인 차원에서 미디어의 의미 작용을 비판적으로 수용하는 능력을 포함[14)]한다고 할 수 있다. 실제로 훨씬 앞서 열린 국제영화텔레비전심의회의(IFIC)에서는 미디어 리터러시 교육의 비판적 기능을 강조하였다. 여기서는 미디어 리터러시를 "사회에서 미디어가 점유하고 있는 위치, 미디어의 사회영향력, 적극적인 미디어 수용자세 확립, 미디어가 전달하는 내용의 수용양식에 참여하고 수정하는 것, 미디어에 대한 접근권과 미디어의 창조적인 작업의 역할 등을 연구하는 것"[15)]이라 정의하며 비판적 리터러시를 강조하였다.

캐나다 교육부 역시 "미디어가 어떻게 현실을 구성하고, 조직하고, 의미를 전달하며, 작동하는지에 관한 이해를 증진시키는 교육"을 미디어 리터러시라고 밝히고 있다.[16] 같은 맥락에서 영국의 대표적인 미디어교육 전문가인 데이비드 버킹엄 David Buckingham은, "미디어 리터러시는 미디어교육의 결과물로서 학습자가 획득하는 지식과 기술을 의미한다. 미디어 리터러시는 미디어 텍스트를 분석하고 이해하는 '읽기(reading)'와 미디어 텍스트를 제작하는 '쓰기(writing)'를 필수적으로 포함한다."[17]라고 말하고 있다. 현재 영국에서 정책 및 교육 분야에서 가장 자주 언급되는 미디어 리터러시의 정의는 영국 미디어 규제 기관인 오프콤(Office of Communication: OFCOM)에서 규정한 것이다. 즉, 미디어 리터러시란 "다양한 매체적인 맥락 안에서 미디어에 접근(access)하고, 미디어를 이해(understand)하며, 창의적인 제작(create)을 할 수 있는 능력"[18]이다.

종합하면, 미디어 리터러시를 이해하는 데 있어 가장 핵심적으로 논의되어 온 개념은 바로 '비판적 리터러시(critical literacy)'다. 신문기사든 광고든 혹은 TV 드라마든 미디어의 종류에 관계없이 미디어 읽기는 단순히 그 '언어'인 글이나 소리, 이미지의 표면적인 의미를 해독하는 데 그치는 것이 아니라, 특정한 관점, 이데올로기, 사회가치와 같은 심층적인 의미를 읽어 내는 것을 목적으로 해야 한다는 것이다.[19]

2) 제4세대, 디지털 리터러시

21세기 들어 가장 큰 변화는 제 4세대인 디지털 언어의 등장이다. 디지털 리터러시라는 용어는 1990년대에 걸쳐 다양한 연구자에 의해 사용되어 왔다. 이는 하이퍼텍스트 및 멀티미디어 메시지를 읽고 이해하는 능력으로 정의되는데 '멀티미디어 리터러시'로도 명명된다.[20] 디지털 시대의 '리터러시', 즉 문자해독으로 일컬어지는 이 용어는 모든 형식의 정보를 이해하는 능력을 의미한다. 디지털 리터러시는 텍스트뿐 아니라 이미지, 소리 등 모든 형태의 정보를 포괄하기 때문에 디지털 해독자(digital literate)라면 모든 형태의 정보를 이해하고 수용할 수 있는 사람으로 상정된다. 존 실리 브라운John Seely Brown은 디지털 미디어를 다중지능(multiple intelligence)을 요구하는 최초의 미디어로 정의하고 있다.[21]

폴 길스터Paul Gilster는 새로운 리터러시는 현대 사회의 필수적인 삶의 기술, 즉 운전면허증이며 더 나아가 '생존기술(survival skill)' 이라고까지 강조한다.[22] 그는 "디지털 리터러시는 컴퓨터 조작기술이 아니라 생각을 관리하는 것" 이라고 주장하면서 이 개념을 IT나 컴퓨터 리터러시와 분명하게 구분한다. 또한 그는 디지털 리터러시는 모든 종류의 정보를 활용할 수 있는 능력이며 디지털 리터러시의 가장 핵심은 '지식통합(knowledge assembly)' 이라고 보았다. 단지 인터넷을 통해 검색한 정보의 이해뿐 아니라 전통적 형식의 콘텐츠인 책, 신문, 잡지 등을 모두 포함한 내용을 네트워크 도구로 재활용할 수 있는 능력이기에 인터넷 리터러시 혹은 웹 리터러시와는 다른 개념이라는 것이다. 즉, 이들 개념보다 상위개념이다.

안정임은 디지털 리터러시의 전체 개념에는 학자 간의 동의가 이루어져 있다 해도 그 구체적인 구성요소에 대해서는 어떤 부분을 강조하는지에 따라 연구자마다 의견이 다르다는 점을 지적한다. 강조점을 어디에 두는지에 따라 사용하는 명칭 자체도 다시 세분화될 수 있다는 것이다.[23] 디지털 리터러시 개념을 총체적으로 정리한 데이비드 보덴David Bawden은 이를 '기술기반 리터러시' 와 '디지털 리터러시' 로 구분하였는데, 여기서 후자는 인터넷 리터러시, 하이퍼리터러시(hyperliteracy), 멀티미디어 리터러시 등을 포함한다.[24] 디지털 리터러시의 유형구분을 시도한 캐슬린 타이너Katheleen Tyner는 컴퓨터 리터러시, 정보 리터러시, 테크놀로지 리터러시, 비주얼 리터러시, 미디어 리터러시 등 다양한 리터러시 개념을 소개하였다. 그는 컴퓨터, 네트워크, 테크놀로지 리터러시는 정보화 사회의 새로운 기술에 대한 일반적인 습득과 관련이 있는 반면 정보, 미디어, 비주얼은 교육의 문제와 관련이 있다고 보고 앞의 세 가지는 도구적 리터러시(tool literacy)로, 나머지 세 가지는 표상적

리터러시(literacies of representation)로 분류하였다.[25)]

각 리터러시의 유형에 따라 그 안에 갖추어야 할 능력의 속성도 차이를 보인다. 네트워크 리터러시를 주창한 선도적 연구자인 찰스 매클러Charles McClure는 네트워크 리터러시를 '네트워크로부터 정보를 파악하고 접근하고 이용할 수 있는 능력'이라고 정의하였다. 즉, 네트워크의 개념은 '어떤 것에 대한 지식(knowledge of that)'과 '어떻게에 대한 지식(knowledge of how)'으로 구성된다. 네트워크 리터러시 혹은 도구적 리터러시에 주목한 연구자들은 대부분 초기 인터넷 미디어의 등장과 이로 인한 커뮤니케이션의 변화에 대처하기 위한 능력에 관심을 가졌다. 그러나 2000년대 이후 인터넷이 사회 기반 미디어로 확대되고 다양한 디지털 미디어가 등장하면서 초기의 네트워크 중심의 리터러시는 더 광범위한 능력을 포괄하는 리터러시 개념으로 확장되었다.[26)]

3) 미디어 리터러시의 특성 및 필요성

다양한 매체가 등장하면서 미디어 리터러시의 필요성은 더욱 커지고 있다. 과거에는 단순히 문자 매체를 분석하거나 혹은 미디어를 분석하고 해독하는 능력으로 미디어 리터러시를 정의했지만, 다양한 매체의 등장으로 인해, 각각의 매체의 특성을 이해하고, 알맞게 정의한 개별적 매체의 리터러시의 등장이 불가피하게 되었다.[27)] 김양은은 같은 정보를 효율적으로 전송하고 수용하기 위해서 필요한 기술이 각기 매체별로 새로운 언어에 의해서 다르게 구성된다고 설명한다([그림 9-1] 참조). 문자 리터러시 개념에서는 쓰기, 읽기가 기본능력이며 독자-저자의 관계로 인간관계 · 인간-사회관계를 설명하였다면, 영상매체를 중심으로 한 리터러시에서는 쓰기는 영상제작으로, 읽기는 영상시청으로 변했으며 저자는 생산자로, 독자는 수용자로 변화되었다.

그러나 가장 큰 변화는 제 4세대인 디지털 언어의 등장에서 비롯되었다고 강조한

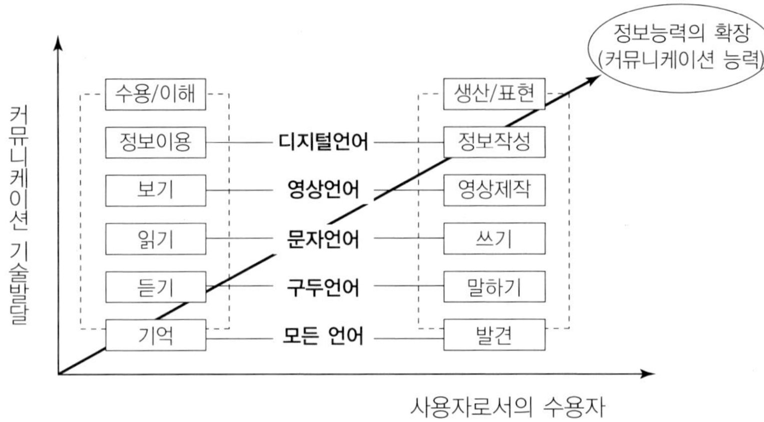

[그림 9-1] 새로운 언어의 등장과 커뮤니케이션의 확장

출처: 김양은(2009), p. 122.

다. 디지털 언어도 새로운 사회질서, 즉 인간관계를 창조한다는 것이다. 특히 디지털 언어는 기존의 위계적이며 선형적이었던 커뮤니케이션 구조를 민주적이고 비선형적인 다층적 커뮤니케이션 구조로 변화시켰으며, 나아가 수용자를 창조자이자 생산자 위치로 수직 상승시키는 결과를 가져왔다는 점을 지적한다.[28)]

김양은은 새로운 미디어의 등장 및 통합으로 인해 통합적 리터러시가 필요함을 [그림 9-2]를 통해 설득력 있게 제시하고 있다. 그에 따르면, 매체의 의미 생산 및 수용방식의 차이는 현재까지 매우 다양한 리터러시 개념을 개별 매체에 한정되게 정의하도록 요구해 왔다는 것이다. [그림 9-2]에서 제시하듯이 리터러시 개념은 각 언어별로, 매체별로, 그리고 전문기술별로 한정적이고 소극적인 개념으로 다루어졌다. 매체별로 주로 한정되어 다루어졌던 개념은 영상 리터러시, 컴퓨터 리터러시, 네트워크 리터러시로 구분된다. 그러나 부분적으로 갖고 있는 미디어 해독능력은 각기 다른 미디어를 해독할 수 없기에 시시각각 변화하는 미디어를 통합적으로 분석해 낼 수 있는 통합적 미디어 리터러시가 필요하다는 주장이다.

새롭게 등장한 언어는 사회의 변화와 복잡성을 입증하고 있다. 사람들의 커뮤니

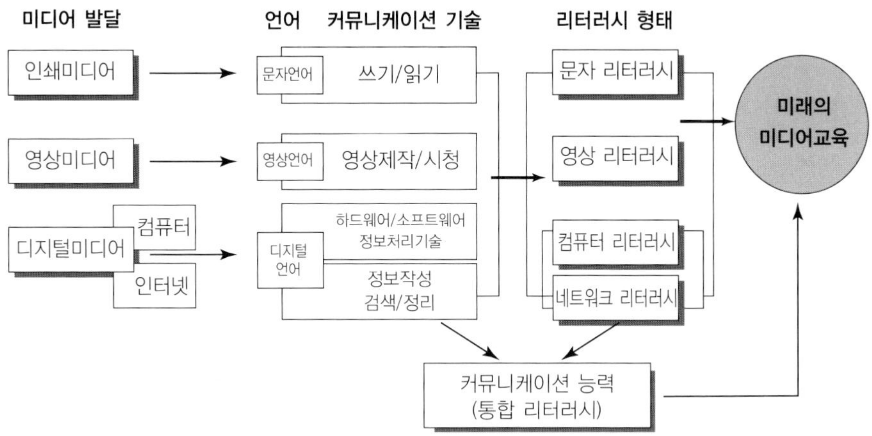

[그림 9-2] 미디어 발달에 따른 리터러시 개념의 변화

출처: 김양은(2009), p. 123.

케이션 능력에 대한 정의는 새로운 언어의 등장에 따라 변화한다. 구두문화의 듣기와 말하기는 문자언어가 등장하면서 읽기와 쓰기 개념으로 바뀐다. 김양은은 그러나 현대사회의 커뮤니케이션 능력은 영상문화를 접하게 되면서 다시 한 번 구술 문화로 복귀한다는 데 주목한다. 단지 읽기, 쓰기 개념이 아니라 구술언어가 영상을 통해 표현되면서 듣기, 말하기가 새로운 커뮤니케이션 능력으로 등장하게 되었다는 것이다. 마셜 매클루언Marchall McLuhan의 말대로 '제2차 구술성'으로의 복귀인 것이다.

3. 미디어 리터러시 접근이론

미디어는 학교와 더불어 우리가 비판적인 사고를 학습하기에 최적인 공간이다. 아직도 많은 사람이 미디어는 세상에서 일어나는 중요한 사건을 반드시 보도한다고 믿는다. 또한 대다수가 미디어 뉴스는 기자가 최선을 다해 조사한 노력의 결실로 미디어에서 보도하는 내용도 개개 기자의 독자적인 결정이라고 생각한다. 그리고 미디어는 완전히 중립적인 입장에서 보도하기에 사실과 의견이 분명하게 구분되어 전달된다고 생각하는 사람이 많다.[29)]

1) 미디어 리터러시 황금규칙

사람들이 단순히 뉴스의 소비자가 아니라 미디어를 만들어 내는 시대에는 미디어 리터러시 교육이 그만큼 더 중요해진다. 뉴스 생산자인 사람들도 생산하는 시간보다 더 많은 시간을 뉴스의 소비자로 지낸다. 미디어 리터러시 전문학자인 댄 길모어Dan Gillmor는 『우리가 미디어다We the Media』란 저서에서 미디어에 대한 통념의 오류를 철저하게 파헤치고 있다. 그는 미디어 소비자 입장에서는 다음의 원칙을 하나하나 생각해 봐야 한다고 주장한다.[30)]

첫째, 의심하라. 모든 매체에 대해 의심하라는 것이다. 우리가 읽고 보고 듣고 있는 것이 과연 믿을 만하다고 당연하게 여기지 말아야 한다는 뜻이다. 전통 뉴스 매체이건 아니면 블로그건 혹은 온라인 동영상이건, 어느 종류의 미디어든 일단 의심하고 보라는 것이다.

둘째, 판단력을 이용하라. 모든 것에 대해 의심하라는 것은 모든 걸 동일하게 의심하라는 것은 아니다.

셋째, 끊임없이 질문하라. 상식적인 사람이라면 TV 광고만 믿고 자동차를 구입하지는 않는다. 가능한 한 많은 정보를 얻어 알아보고 난 후 결정한다. 이는 저널리스트가 하는 취재와도 비슷하다. 주어진 것을 보고 듣고 읽는 것만으로 중요한 의사결정을 내리는 것은 어리석은 일이다.

넷째, 독립적으로 생각하라. '자기만의 방' 에서 빠져나와야 할 필요가 있다. 자신이 동의하지 않는 사람들의 이야기도 듣고 이해하지 못하는 문화와 사람들에 대해서도 알아야 한다.

다섯째, 미디어 테크놀로지를 배우라. 젊은 층은 이미 미디어 테크놀로지를 잘 배워 생활화하고 있다. 하지만 설득 커뮤니케이션을 위해 미디어가 어떻게 디자인될 수 있고 어떻게 조작될 수 있는지를 잘 이해했는지는 확신할 수 없다. 단지 휴대전화로 사진 찍는 법이나 블로그에 글 올리는 법을 배우는 것을 뛰어넘어 미디어가 어떻게 작동하는지에 대해 스스로 배워야 하고 아이들도 가르쳐야 한다.

길모어는 뉴스를 생산하는 사람들이 지켜야 할 원칙도 제시한다. 뉴스를 생산하는 사람들, 다시 말해 다른 사람에게 저널리즘의 방식으로 무엇인가를 알리고 싶은 사람은 위의 원칙에다 몇 가지 원칙을 더 지켜야 한다는 것이다.[31)]

① 깊이: 기자들은 해당 주제에 대해 가능한 더 많은 걸 배우려 노력해야 한다. 기사에 필요한 것보다 훨씬 많은 것을 조사하고 취재해야 한다.
② 정확성: 좋은 저널리즘의 출발점이다. 사실에 틀림이 없도록 하고, 그것을 다시 한 번 확인하라. 사실과 비 사실을 명확히 구분하는 것이다.
③ 공정성: 만약 당신이 사실을 편파적으로 다루거나 반대의견을 부정직하게 다룬다면 독자는 속았다고 느끼게 된다.
④ 독립성: 생각의 독립성이 가장 중요하다. 취재원에 너무 깊이 밀착이 되어 독립성을 잃지 말아야 한다.
⑤ 투명성: 당신의 동기, 배경, 재정적 관심 사항 등 해당 주제와 관련 있는 것이면 무엇이든 드러내야 한다.

이러한 원칙을 바탕으로 노르망 바야르종Normand Baillargeon은 21세기 시민으로서 미디어에 대한 자기방어를 위한 황금규칙을 다음과 같이 구체적으로 제시하고 있다.[32)]

① 미디어와 관련해서 고려할 사항

- 미디어의 소유주가 누구인가?
- 그런 소유관계의 영향으로 편향성을 띨 가능성이 있는가?
- 광고에 얼마나 많은 면을 할애하고 있는가?
- 통신사, 여론조사, 전문가, 정부관리, 홍보회사 중에서 어떤 정보원을 주로 이용하는가?

② 자료와 관련해서 고려할 사항

- 기사를 누가 썼는가?
- TV와 라디오에서 보도하는 기자는 누구인가?
- 그 기자는 믿을 만한가? 편향성을 띠지는 않는가?
- 내가 그 보도를 믿는 근거는 무엇인가?
- 어떤 독자, 어떤 시청자를 대상으로 하고 있는가?
- 어떤 전제나 가치관이 깔려 있지는 않는가? 어떤 관점에서 말하고 있는가?
- 어떤 종류의 글인가? 뉴스인가? 뉴스라면 개인적 의견인가? 보고서인가? 보고서라면 칼럼인가, 사설인가, 혹은 광고인가?

③ 자료를 분석하는 방법

- 자료가 어디에 배치됐는가? 1면인가, 마지막 면인가? 첫 뉴스인가, 마지막 뉴스인가?
- 실질적으로 중요한 자료인가?
- 어떤 문제, 어떤 주제를 다루고 있는가?
- 해당 매체가 뉴스나 특집에서 다룬 문제에 특별한 관심을 보이는가?
- 새롭게 특이한 것, 선정적인 것, 극적인 것을 지나치게 강조하지는 않는가?
- 사진이나 삽화에 공간을 얼마나 할애하는가?
- 어떤 출처를 사용하는가? 그 출처들은 보도 내용과 관련이 있는가? 믿을 만한가?

• 어떤 증거를 제시하는가? 그 증거들은 보도 내용과 관련이 있는가? 믿을 만한가?
• 어떤 주장을 펼치는가? 그 주장은 타당한가? 모순은 없는가? 사용된 어휘는 중립적인가? 제시된 증거에서 다른 결론을 끌어낼 수도 있는가? 다른 식으로 가정하거나 다른 가치관에서 바라보면 다른 결론을 내릴 수 있는가?

2) 미디어 리터러시 사례: TV 뉴스

대니 셰크터Danny Schechter는 "보면 볼수록 아는 것은 줄어든다(The more you watch the less you know)!"라는 이율배반적인 명언을 남겼다. 정보는 폭증하지만 의미는 적어지고 정보가 많을수록 알 수 있는 영역은 줄어든다는 역설이다. 또한 로버트 앨런Robert Allen은 "무엇이 이야기되고 있는지에 관심을 갖기보다 어떻게 이야기되고 있는지에 관심을 가지라."[33]라고 강조한다. 무엇을 보고(what they see) 듣느냐보다는 어떻게 보고 읽어 내느냐(how they read)에 관심을 가지라는 의미다.

어떻게 읽느냐의 문제에서 중요시되는 것은 기호학 관점이다. 배경지식이나 고정관념은 맥락을 무시한 파편화된 조각, 혹은 텍스트 그 자체에 의존하는 경우가 많다. 맥락에서 단절된 사실은 더 이상 사실이 될 수 없다. 자신 안에 들어온 배경지식이나 고정관념은 달라진 상황 안에서 복제된 복제, 기록의 또 다른 기록이 될 수도 있고 이는 사실상 현실과 무관할 수도 있다. 미디어 리터러시는 미디어를 읽고 이해하는 능력이다. 이해한다는 것은 해석하는 것이며 해석은 텍스트를 둘러싼 맥락을 해석한다는 것이다. 따라서 독일의 사회학자 빌헬름 딜타이Wilhelm Dilthey가 갈파한 대로 '맥락을 배제한 해석은 폭력'이 되는 것이다.

대다수 국민의 정보원인 뉴스를 예로 들어 보자. 뉴스는 '특이한 것'을 찾는 매체의 속성상 특히 편향성이 짙다. 성공회대학교 최영묵 교수는 TV 뉴스의 맥락 해석 지침을 다음과 같이 제시하고 있다.[34]

첫째, 널려 있는 세상의 일을 선택하여 보도하는 과정에서 특정 사안을 묵살, 은폐하거나 과장, 축소하여 보도한다. 자신에게 불리하거나 지배 권력에 불리한 사실은 아예 보도하지 않는 경우도 많다. 반대로 자신이나 자신이 기대고 있는 권력에 유리한 것은 과장하거나 축소하여 보도한다.

둘째, 사안에 따라서는 악의적으로 왜곡하는 경우도 비일비재하다. 가령 노동운동이나 진보집단의 활동에 대해서는 '색깔론' 등을 동원하여 악의적으로 왜곡하기도 한다.

셋째, 사회갈등에 대하여 '둘 다 나쁘다' 식의 무책임한 양비론을 유포하기도 한다. 사회갈등은 대체로 약자가 강자에게 항의하는 경우가 많은데 양쪽을 모두 비판함으로써 결국 강자 혹은 기득권자의 이익을 보호하는 것이다.

넷째, 공정한 판단이 필요한 사안에 대하여 기계적 균형을 유지함으로써 편파보도 시비에서 벗어나려고 하기도 한다. NGO 등 대안적 사회세력이 힘이 커지는 경우 단순한 양적 균형만을 추구하는 것이다. 참여연대와 삼성그룹의 갈등 등에 대한 보도가 대표적이다.

다섯째, 보도의 전문성이 상대적으로 약한 방송에서는 정부기관이나 공안 관련 단체의 자료 등에 대해서는 최소한의 확인절차도 없이 보도하는 경향이 있다. 이럴 경우 TV 뉴스는 정부기관의 홍보수단으로 전락하게 된다.

여섯째, TV 뉴스는 심층보도를 기피하는 경향이 있다. 현상만 쫓아다닐 수밖에 없는 근본적 한계에 기인하는 것이기도 하지만 보도미디어로서 정치권력에 종속됨으로써 논평(editorial)기능이 약화된 데서 기인하는 것이기도 하다.

일곱째, 보도 태도의 이중적인 경우도 있다. 동일한 사건이라도 상황변화나 이해관계에 따라 전혀 다른 기준을 적용하여 보도하기도 한다. 이는 정치적 취약성에서 기인하는 것이라고 할 수 있다. 과거의 남북정상회담 전후의 북한 관련 TV 보도가 전형적인 사례다.

마지막으로, 맥락에 무관하게 특정 장면이나 구절만을 인용하여 보도하거나 편파적으로 장면을 제시하는 경우도 많다. 존재하는 것을 근거로 보도한다는 점에서 날조는 아니지만 맥락을 무시하고 자신의 입맛에 따라 인용 혹은 선택함으로써 결국 사건이나 사안의 본질을 희석 혹은 왜곡시킨다.

최영묵의 지적대로 TV 뉴스조차도 시청률 시장에서 유통되는 상품이 되었다.[35)] 따라서 '채널을 돌리지 말라' 는 무언의 애원마저 동원하면서 시청률 향상을 위해 수단과 방법을 가리지 않고 있음을 쉽게 경험할 수 있다. 따라서 최영묵은 수돗물을 정수해서 마시듯 다음과 같이 적당히 걸러서 읽거나 볼 필요가 있다고 제안한다.

첫째, 뉴스 보도에 덧붙여진 각종 수식장치를 배제하고 실질적인 것을 골라낸다. 둘째, 뉴스에 담긴 정보요소(5W1H) 중심으로 하고 설득적 요소는 가급적 버린다. 예를 들어 광고를 보듯이 TV 뉴스도 특정 메시지를 의도적으로 엮은 것이란 점을 염두에 두고 시청한다. 셋째, 뉴스 메시지에 담겨 있는 설득적 요소를 분석한다. 그러다 보면 그 방송사의 정치적 · 사회적 성향을 파악할 수 있다. 넷째, 인터넷 미디어나 신문과 같은 다른 뉴스미디어와 비교해 본다. 그 과정에서 특정 방송사 뉴스의 성향과 왜곡 정도, 보도의 정확성 등에 대한 이해를 넓힐 수 있다. 다섯째, TV 뉴스 보도 내용과 현실적으로 관찰이 가능한 것을 비교해 보고 다른 사람과 토론해 본다. 마지막으로, 특정 이슈가 부각되는 현실적 이유가 무엇인지, 그것에 어떻게 대응할 것인지 스스로의 생각을 정리해 본다.

3) 미디어 리터러시 교육 모델

미디어교육의 핵심 목적은 미디어에 대한 비판적인 인식과 태도를 바탕으로 미디어의 의미를 해석하고 수용하며, 더 나아가 스스로 미디어를 통해 창의적으로 의미를 표현하고 소통할 수 있는 능력을 기르는 데 있다.[36)] 정현선은 이러한 미디어교육에 대한 구체적인 접근 방법으로 '미디어 텍스트의 비판적 분석' '미디어를 통한 청소년의 자기표현' '미디어 제작을 위한 기능 훈련' 을 중시하는 세 가지 모델을

제시한다.[37)]

첫째, '미디어 텍스트의 비판적 분석'은 '읽기'에 중심을 둔 접근법이다. 미디어를 지배 이데올로기의 재생산 기제로 보고 미디어가 전달해 주는 텍스트 안의 숨겨진 의미를 해독하는 힘을 기르는 데 중점을 둔다. 따라서 실제의 미디어 콘텐츠를 수업시간에 함께 보고 그 콘텐츠의 외연적 의미와 내재적 의미를 함께 생각해 보고 학생들 스스로 깨달을 수 있도록 질문을 던져 주는 방법을 많이 사용한다.

영국의 저명한 미디어 교육자인 렌 마스터먼Len Masterman은 학생들의 친숙한 미디어 경험에서 출발하되, 미디어를 일반적인 산업이 아니라 일종의 의식산업으로 볼 수 있는 방법을 찾고자 하였다. 그는 다음과 같은 미디어 텍스트 분석 방법을 제안한다. "TV의 분석 과정은 TV 이미지가 전체적으로 소통하는 바를 읽어내는 것에서부터 시작하여, 그 안에 함축된 가치를 탐색하는 것으로 나아가며, 다음과 같은 네 가지 질문을 탐색하는 것으로 마무리된다. 누가 이 이미지들을 생각하고 있는가? 이 이미지들은 누가 소비하도록 만들어진 것인가? 이 이미지들은 어떤 목적으로 생산되었는가? 이것이 선택됨으로써 배제된 다른 이미지에는 어떤 것이 있는가?"

둘째, '미디어를 통한 청소년의 자기표현'이다. 미디어 창작 혹은 제작을 통해 청소년이 주류 미디어의 견해와는 다른 목소리를 표현할 수 있는 기회로 활용하려는 접근법이다. 이 접근법은 청소년 사이에 미디어에 대한 관심이 지대하다는 점을 인식하고, 미디어 창작과 제작을 보다 긍정적인 교육적 수단 및 커뮤니케이션을 위한 수단으로 활용하는 데 목적이 있다.

셋째, '미디어 제작을 위한 기능 훈련'은 '읽기'보다는 '쓰기'에 초점을 둔 미디어교육 모델로서 미디어 장비 및 기술을 다루는 법을 훈련시키는 방식이다. 미디어교육 전통에서 실제로 미디어 텍스트를 제작하는 것은 그 자체로서 의미를 갖기보다는 비판적 메타언어의 학습 혹은 청소년의 자기 경험 표현을 위한 수단으로 의미가 있다.

4) 미디어 리터러시 교육과정

미디어 리터러시의 실제 교육방법에는 주제 중심, 매체 중심 및 개념 중심의 미디어 리터러시 교육방법이 있다.[38] 주제 중심의 교육방법은 가장 고전적이고 널리 사용되는 초기 단계의 미디어 리터러시 교육방법의 하나다. 예를 들어 매스미디어의 선정성, 폭력성, 편파보도 및 재현의 문제, 고정관념과 매스미디어가 생산하는 다양한 집단에 대한 편견 등을 중점적으로 다루어 쟁점의 이해와 비판능력을 함양하는 데 교육적 의미를 둔다. 일종의 미디어 의식화(media awareness) 교육 경향이 농후하다.

김복영은 매체 중심의 미디어 리터러시 교육방법은 각 매체의 특성과 비판점, 특이점 등 각각의 가르칠 사항을 정해서 미디어 리터러시 교육과정을 개발하는 유형이라고 정의한다. 예컨대 TV, 영화, 라디오, 신문 등 매체별 관련된 내용을 미디어 교육의 지식 범주로 분류하는 경우이며, 지식체계 중심의 분류를 매체 중심의 분류로 전환한 것이다.[39] 마지막으로 개념 중심의 미디어 리터러시 방법은 미디어에 대한 비판력과 창의력 증진이 미디어교육의 중요한 부분으로 자리 잡아 가면서 만들어진 교수법에 대한 연구로 만들어진 접근법이다. 학생들의 미디어에 대한 비판력이나 창의력이 학습되는 과정에 대한 중점적인 연구를 통해 만들어졌으며, '커뮤니케이션' '내포' '중재' '이데올로기' '장르' 등의 개념을 중심으로 학생들을 가르치는 미디어 리터러시 교육과정의 일부다. 이미 알고 있는 개념과 더 알아야 할 상위 개념 리스트를 만들어 나가는 방식이고, 이를 통해 미디어 수업을 진행하는 단계에 기초 개념을 제공하는 커다란 틀을 만들 수 있고, 동시에 작품을 제작하고 제작된 것을 분석하는 등 모든 단계에서 가능한, 상호 유기적으로 형성되어 가는 개념의 사고 체계를 형성할 수 있다.[40]

아울러 기호학적 시각에서 접근하는 미디어교육도 있다. 프랑스의 기호학자 E. 샹데스E. Chandes는 "미디어교육은 커뮤니케이션 차원에서 접근해야 하며 매체 속의 다양한 문화 콘텐츠를 활용한 교육이 이루어져야 함"을 강조한다.[41] 학습자는 콘텐츠를 분석, 평가할 수 있는 기호학적 능력을 통해 멀티 리터러시를 실천할 수 있다는 것이다. 따라서 기호학적 멀티 리터러시는 디지털 미디어의 출현으로 인한 양방향성, 네트워크화의 정보기술 활용이라는 일차적 능력을 넘어서, 비판적 관점에서 콘텐츠를 선정하여 활용하는 것을 의미한다. 다시 말해, 기호학적 멀티 리터러시는 단순한 미디어의 독해, 이해를 넘어서 문자와 영상의 기본적 특성 함양과, 특히 디지털 미디어의 각각의 특성에 맞는 지식을 정확히 습득해서 미디어를 적극적으로 감상하는 심미안와 비평 능력까지도 함양하는 것을 의미한다고 볼 수 있다. 예컨대 이러한 관점에서는 영상 속의 표정, 목소리, 신체기호 역시 중요한 해독기호라고 할 수 있다.

4. 미디어 자체의 리터러시

'미디어를 어떻게 이해할 것인가'에 대해 전무후무한 식견과 통찰, 그리고 사상가적 예언을 한 학자는 캐나다의 영문학 교수인 마셜 매클루언이다. 그는 초기의 두 권의 명저 『미디어의 이해Understanding Media』(1964) 『미디어는 마시지다The Medium is the Massage』(1967)를 통해, 미디어의 '내용'에만 초점을 맞추었던 기존의 미디어관을 과감히 해체시키고 '미디어 그 자체가 메시지(The medium is the message)'라는 선언을 하였다. 이른바 '폭탄선언'인 셈이다.

매클루언의 주장은 1960년대 미디어계에서는 급진주의적인 것으로 받아들이기 어려웠겠지만 오히려 50여 년이 지난 오늘날 전자시대의 미디어를 설명하고 이해하는 심오한 사상적 틀을 제공하고 있다. 미디어의 내용을 이해하는 데 앞서 미디어가 우리의 삶에 어떤 영향을 주고, 세상을 어떻게 변모시키고 있는가를 예리한 통찰력으로 분석한 20세기의 충격적인 예언자인 것이다. 그렇다면 무엇이 급진적이고 예언자적인 것인가?

1) 미디어는 메시지다

우선 결론적으로 말하면, 마셜 매클루언의 주장은 미디어는 미디어를 통해 전달되는 내용에 의해서가 아니라 미디어 자체의 특성에 의해 한 사회에 영향을 미친다는 것이다.[42] 이러한 매클루언의 주장은 미디어의 의미를 단순히 '내용'에만 한정시키고 미디어 내용에만 미련스럽게 골몰하던 당시의 미디어 학계에는 충격이었다. 미디어 내용이 아닌, 미디어 그 자체에 초점을 맞출 때 미디어가 인간의 감각변화를 통한 의식의 변화를 조정하고, 또한 그를 통해 사회 및 문화의 변형에 영향을 미치는 엄청난 힘을 지닌 미디어의 속성을 이해할 수 있게 된다는 것이다. 선구자적인 예언이 아닐 수 없다.

역사적으로 볼 때 문화적 정체성의 근본적인 변화는 미디어 테크놀로지의 급속한 발전에 따라 이루어져 왔다. 일반적으로 인쇄문화가 펼쳐졌던 근대사회는 이성적이고, 자율적이며, 중심화되고 안정된 개인을 길러냈다고 평가한다. 그러나 매클루언 이론이 옳다면 트위터와 페이스북 등 소셜미디어가 지배하는 오늘날 사회는 근대적 인간과는 전혀 다른, 심지어 그것에 대립되는 정체성을 지닌 인간과 사회를 빚어내고 있는 것이다.

그렇다면 테크놀로지의 변화에 따른 미디어의 변화가 어떻게 인간감각의 변화에 영향을 미치고 나아가 사회 및 문화에 영향을 미치는가? 주변의 예를 들어 보자. 1950년대 우리나라 시골 가정에 스피커가 처음으로 설치됐다. 스피커를 통해 들려오는 라디오 방송은 시골 사람에게는 신선한 충격이었다. 이어 군청과 같은 공공기관이나 몇몇 가정에 TV가 설치되면서 충격은 계속되었다. 말할 나위 없이 스피커나 TV는 당시 시골 사람이나 지역문화에 큰 영향을 미쳤다. 그러나 매클루언에 따르면 그 영향이란 스피커나 TV의 내용이 아니라 스피커와 TV 그 자체라는 것이다. 전달 내용이 레슬링경기이건 어린이 프로그램이건 시골 사람에게 미치는 영향은 다를 바 없다는 것이다. 마치 기계를 조작해 물건을 생산하는 사람이 아침식사용인 콘플레이크를 생산하든 캐딜락을 생산하든 근로자와 사회에 미치는 영향은 동일한 것과 같은 이치다.[43)]

진정한 미디어의 영향이란 스피커와 TV 자체가 시골 사람의 감각을 변화시키고 그에 따라 의식을 변화시킨 것이다. 매클루언의 논리를 적용하면 스피커는 귀의 확장이고 TV는 눈의 확장이다. 그 당시 농사짓던 시골에서 손수레 바퀴는 발의 확장인 것과 같다. 나아가 매클루언은 책은 눈의 확장이며 옷은 피부의 확장이고 전자회로는 중추신경계의 확장이라고 주장한다. 즉, 미디어는 '우리 자신의 어떤 확장(any extension of ourselves)' 혹은 더 넓게 말해 '어떤 새로운 테크놀로지' 다.[44)]

스피커는 시골 사람에게 청각을 으뜸으로 만들고, TV는 시각을 으뜸으로 만들면서 감각기관 사이의 균형은 깨지고 새로운 감각배분의 원칙이 발생한다. 새로운 감각배분은 시골 사람의 사고 및 행동을 바꿔 놓았다. 이는 마치 귀머거리나 맹인이 수술을 통해 듣고 볼 수 있게 되었을 때의 감각의 변화 및 그로 인한 의식과 행동의 변화에 비유할 수 있을 것이다. 이렇게 스피커와 TV란 미디어는 시골 사람의 오감 사이의 균형을 변화시키면서 어느 하나의 감각을 으뜸으로 만들고 정보에 대한 감각과 사고와 행동을 바꿔 놓는 것이다. 새로운 미디어는 환경을 변화시킴으로써 우리 내부에 있는 특정 부위를 자극해 새로운 감각 균형을 낳게 한다. 그리고 새로운 감각 균형은 우리의 사고와 행동유형 및 세상에 대한 인식방법을 변화시켜 새로운 환경을 낳는 변형이 이루어지는 것이다.[45)]

이와 같이 미디어는 의미의 중립적 전달자이기보다는 그 자체가 인간의 의식, 그리고 사고를 형성하는 중요한 의미생성 과정의 한 부분으로서 작용한다. 이는 미디어가 인간 정신의 구체적 표현이며, 그 자체가 의미 분석의 핵심적인 텍스트가 됨을 의미한다. 매클루언은 미디어는 그 자체의 문법적 구조와 체계를 갖춘 언어이기에 언어를 배우듯 미디어를 배우고 연구할 수 있다고 주장한다. 이 말은 미디어가

의사소통 과정에서 단순한 중립자가 아니라 미디어가 인간 기능의 확장이더라도 미디어가 미디어 자체로서 기능하지 않고, 인간과 사회와의 관계 속에서 기능한다는 것을 의미한다.

2) 내용 아닌 매체를 보라

매클루언에게 미디어는 '우리 자신의 확장' 이다. 따라서 그는 신문이나 TV, 라디오 외에 백열전구나 자동차, 연설과 언어 등을 '미디어' 의 정의에 포함시킨다. 이 모두가 테크놀로지로서 우리의 커뮤니케이션을 중재한다는 것이다. 그리고 이들 미디어의 형태 혹은 구조가 주변 세상을 이해하는 우리의 인식방법에 영향을 미친다고 주장한다.

따라서 매클루언에 따르면 미디어 연구의 목적은 보이지 않는 것(invisible)을 보이게(visible)하는 데 있다. 즉, 미디어가 전달하는 단순한 메시지가 아니라 미디어 테크놀로지 그 자체의 영향에 연구목적을 두어야 한다고 주장한다. 그러나 전통적인 미디어연구는 미디어의 내용에만 관심과 초점을 둠으로써 미디어의 실제적 특성이나 심리적 및 사회적 영향을 보지 못하게 만들고 있다. 백열전구가 내용이 없다는 이유로 하나의 미디어로서 간주되지 못해 온 것이 중요한 예다. 백열전구는 신문의 기사, TV의 프로그램과 같은 방식으로 내용을 갖고 있지는 않다. 그렇지만 백열전구는 사회영향력을 갖는 하나의 미디어다. 백열전구는 사람들로 하여금 어둠으로 뒤덮일 밤 시간 동안에 공간을 창출하게 해 준다. 따라서 백열전구는 내용이 없는 미디어다. 매클루언은 "백열전구는 단지 그 존재만으로 하나의 환경을 창출한다."라고 말한다.[46]

다시 말해 매클루언에게는 미디어의 메시지 내용이 무엇인가 하는 것은 전혀 중요하지 않다. 본질적으로 중요한 것은 미디어가 인간의 감각 형태를 변화시키는 방식이다. 예를 들어 신문은 그 지면이 분할적, 불연속적이므로 그것을 수용하는 독자도 기사의 내용에 관계없이 분할적, 불연속적인 인지방식으로 흐른다는 것이다. 따라서 사고 형태나 태도 역시 독립적으로 변한다. 즉, 미디어가 갖는 특성은 그 내용과 관계없이 독립적으로 작용한다고 하는 '미디어결정론(media determinism)' 입장을 취하는 것이다.

같은 맥락에서 매클루언은 미디어의 내용은 사회에 거의 영향을 끼치지 않는다고 주장한다. 다시 말해 TV가 어떤 사례를 묘사하기 위해 어린이 쇼를 방영하거나 혹은 폭력적인 프로그램을 방영하거나 별로 중요하지 않다는 것이다. 사회에 미치는 TV의 영향은 결국 동일하기 때문이다. 그는 모든 미디어는 시청자나 독자를 서로 다른 방법으로 묶는 나름대로의 특성을 지닌다고 말한다. 예를 들어 책의 한 단락은 마음대로 다시 읽어 볼 수 있으나 영화는 어느 한 부분을 보기 위해 전체 내용을 다시 보아야 한다는 것이다.

매클루언은 어떠한 미디어든지 기존의 과정을 확대하거나 가속화시키며 규모 혹은 속도 혹은 모양이나 유형의 변화를 인간연대(human association)와 인간사(human affairs) 및 인간행동에 연계시켜 심리적이고 사회적인 결과를 유도해 낸다고 주장한다.[47] 이 점이 미디어가 가져오는 진정한 '의미 혹은 메시지' 다. 이는 오로지 미디어가 전해 주는 '내용' 에 관계없이 미디어 그 자체에 달려 있다. 이 점이 '미디어는 메시지' 란 선언의 기본적인 의미다.

3) 핫 미디어, 쿨 미디어

매클루언은 미디어를 선택해 소비하는 사람의 입장에서는 미디어에 참여하는 정도가 미디어마다 다르다고 말한다. 그는 미디어 이용자의 참여도를 기준으로 미디어를 핫 미디어(hot media)와 쿨 미디어(cool media)의 두 가지 종류로 구분한다. 핫 미디어는 이용자의 소극적인 참여를 요구하는 미디어인 반면 쿨 미디어는 이용자의 적극적인 참여를 요구하는 미디어다.

예를 들어 영화 같은 미디어는 핫 미디어다. 영화의 경우, 관객은 세세한 영화 이미지를 포착하기 위해 많은 노력을 쏟을 필요가 없이 오직 시각이란 하나의 감각만 있으면 된다. 라디오 청취 역시 이용자의 완전한 개입을 요구하지 않기 때문에 핫 미디어로 분류된다. 반면에 TV 같은 미디어는 쿨 미디어라 할 수 있다. TV는 시청자의 입장에서 의미를 결정하기 위해 더 많은 노력을 기울여야 하기 때문이다. 특히 만화 프로그램 같은 경우는 시각적 표현을 최소화하기 때문에 만화가가 드러내려고 의도하는 세세한 내용을 포착하기 위해서는 시청자가 더 많은 의식적인 참여와 고도의 노력을 해야 한다.[48] 강의가 세미나보다 그리고 책이 대화보다 더 소극적인 참여를 유도하듯이 뜨거운 미디어는 차가운 미디어보다 참여도가 낮다.[49]

핫 미디어는 대부분 강한 자극 없이도 완전한 참여와 개입을 제공한다. 예를 들어 인쇄는 시각적 공간을 점유하고 시각적 감각을 사용하지만 독자를 몰입시킬 수 있다. 핫 미디어는 흔히 선형적이고 논리적이기에 분석적인 정밀성과 계량적인 분석 및 순차적인 순서를 선호한다. 핫 미디어는 시각이나 청각 같은 하나의 감각을 강조한다. 이 때문에 핫 미디어에는 영화는 물론 강의, 사진, 라디오 등이 포함된다.

반면에 쿨 미디어는 대개의 경우 강한 자극으로 아주 낮은 수준의 참여와 개입을 제공한다. 쿨 미디어는 이용자가 추상적인 유형을 인식해야 하고 모든 부분을 동시에 이해해야 하는 등 이용자의 더 적극적인 참여를 요구한다. 따라서 쿨 미디어에는 세미나와 만화 및 TV 등이 포함된다.[50]

4) SNS 시대의 미디어 리터러시

매클루언의 통찰이 제시하듯이, 모든 매체는 그 메시지의 내용과는 상관없이 우리가 세상을 인식하는 방식에 영향을 준다. 즉, 미디어가 전달하는 것은 그 내용과 전혀 다른 미디어 그 자체의 특성이라는 것이다. 매체는 인간의 감각기관의 확장이기에 같은 메시지라 해도 온라인에서 전하는 것과 오프라인에서 직접 말하는 것은 다르다. 사이버대학의 온라인 강의와 일반 대학의 면대면 강의는 학습자에게 주는 메시지가 다르다는 것이다. 신문에 기사화되는 것과 TV에 방송되는 것도 차이가 있다. 결국 매체가 다르면 메시지도 달라지고 수용자가 세계를 인식하는 방식도 달라진다.

매클루언이 켕탱 피오레Quentin Fiore와 함께 쓴 저서에서 '미디어는 마사지(the medium is the massage)'라고 표현한 것도 같은 맥락에서 이해할 수 있다.[51] 매클루언과 피오레는 미디어는 사회적 상호의존성과 사람들의 일상생활의 갖가지 양상을 재구성하고 재형성한다고 주장한다. 미디어는 이전부터 당연시되어 왔던 모든 사고와 행동, 관습에 대해 재고하도록 강요하고 있으며 또한 재평가하도록 요구하고 있다는 것이다.[52] 특히 TV 매체가 인간의 감각을 확장시킴으로써 하이테크 시대의 미디어는 마치 마사지하듯이 인간의 촉각만을 편향적으로 발달시키고 있다고 주장한다. 오늘날 미디어가 얼마나 철저하게 우리를 '주무르고' 있는가를 강조하는 표현이다.

트위터의 국내 이용자 수가 불과 몇 개월 만에 200만 명을 넘어서 이젠 일반화되어 있는 한국의 현실에서 매클루언의 메시지는 웅변적인 시사점을 제공한다. SNS란 새로운 미디어의 등장은 새로운 문화 형성을 의미하게 된다. 매클루언의 말대로 한 사회에서 지배적으로 사용되는 매체의 특성이 그 사회구성원이 생각하고 행동하는 방식을 결정하기 때문이다. 미디어의 가장 중요한 인식론적 효과는 전달되는 내용보다는 오히려 미디어의 형식에서 야기된다.[53]

SNS의 가장 큰 특징은 마치 대화하는 듯한 커뮤니케이션이 가능하다는 점이다. 또 다른 장점은 친숙함과 신속성이다. 인간을 기반으로 한 사적 커뮤니케이션이 서비스의 근간을 이룬다는 점에서 친숙함은 당연한 속성이다. 특히 현대인은 과거에 비해 훨씬 독립적으로 살아가기 때문에 상대적으로 소외감이나 단절감, 불안을 쉽게 느끼고 이런 상황을 벗어나고자 끊임없이 소통하고 관계를 지속시켜 나가고 싶어 한다. SNS는 이러한 현대인의 욕구를 충족시켜 주는 유용한 도구로 기능하는 것이다. 반면 신속성은 IT 기기와 모바일 기기 등의 발달로 비로소 가능해진 특성이다.

매클루언에 따르면 SNS의 사적이고 친근하며 즉각적인 커뮤니케이션은 메시지의 내용이 아니라 SNS 매체 자체의 속성에서 기인하는 것이다. 기업이 커뮤니케이션에 관심을 갖고 SNS를 기반으로 한 기업 마케팅을 펼치고 있는 것은 바로 SNS 매체가 메시지이며 아울러 마사지란 점을 보여 주는 사례라 할 수 있다.

후주

1. 김동률(2009). '월가 신자유주의' 첨병 미언론, 세계경제위기 사과해야. 서울: 동아일보사.
2. Entman, R. M. (1991). Framing U.S. coverage of internaional news: Contrasts in narratives of the KAL and Iran air incidents. *Journal of Communication, 41*(4), 6-27.
3. 놈 촘스키, 에드워드 허먼(2006). 여론조작: 매스미디어의 정치경제학(정경옥 역). 서울: 에코리브르.
4. 참조: 사례 정리는 한국일보 박광희 기자의 책과세상(2006.04. 22.), 인용.
5. 놈 촘스키, 에드워드 허먼(2006). 앞의 책.
6. 같은 책.
7. 같은 책.
8. 스가야 아키코(2001). 미디어 리터러시: 미국, 영국, 캐나다의 새로운 미디어 교육 현장보고(안해룡, 안미라 역). 서울: 커뮤니케이션북스, pp. 40-45.
9. Tversky, A., & Kahneman, D. (1981). The framing of decisions and the psychology of choice. *Science, 211*(4481), 453-458.
10. 같은 곳.
11. 김인영(2011). 2008년 촛불시위와 프레임 전쟁. 서울: 한국학술정보.
12. 김양은(2009). 디지털시대의 미디어 리터러시. 서울: 커뮤니케이션북스. p. v.
13. 김복영(2002). 사회과 교육에서의 미디어 리터러시 교육. Social student Education, 41(4), 24-25.
14. 정현선(2006). '언어 · 문화 · 소통 기술' 의 관점에서 본 미디어 리터러시의 고찰. 한국학연구, 25, 72-92.
15. 같은 곳.
16. 김용은(2006). 미디어 읽기 개론. 살레지오강의노트(미간행), 재인용.

17. 데이비드 버킹엄(2004). 미디어교육, 학습, 리터러시, 그리고 현대문화(기선정, 김아미 역). 서울: 제이앤북스.
18. 김아미(2008). 디지털환경에서의 미디어리터러시의 재개념화. 한국방송학회 세미나 보고서, p. 10, 재인용.
19. 정현선(2006). 앞의 글, p. 72.
20. 안정임(2006). 디지털격차와 디지털리터러시: 수용자 복지 정책적 함의. 한국언론정보학보, 36, 98-109.
21. Brown, J. S. (2000). Growing up digital: How the web changes work, education, and the way people learn. *Chang*, *32*(2), 11-20.
22. 안정임(2006). 앞의 글, 재인용.
23. 안정임(2002). 디지털 커뮤니케이션과 미디어리터러시: 의미와 연구방향의 모색. 교육정보방송연구, 8(3), 5-24.
24. 같은 곳, 재인용.
25. 같은 곳, 재인용.
26. 같은 곳, 재인용.
27. 김양은(2009). 앞의 책.
28. 같은 책.
29. 노르망 바야르종(2010). 촘스키처럼 생각하는 법(강주헌 역). 서울: 갈라파고스, p. 273.
30. 댄 길모어(2008). 우리가 미디어다(김승진 역). 서울: 이후, pp. 17-18.
31. 같은 곳.
32. 노르망 바야르종(2010). 앞의 책, p. 313.
33. 김용은(2006. 10. 20.). 앞의 글, 재인용.
34. 최영묵(2006). 방송뉴스와 드라마의 세계. 살레지오강의노트(미간행).
35. 같은 글.
36. 정현선(2007). 미디어교육과 비판적 리터러시. 서울: 커뮤니케이션북스.
37. 같은 책.
38. 김복영(2002). 앞의 글, pp. 26-28.
39. 같은 글, pp. 28-29.
40. 같은 글.
41. Chandes, E. (2004); 선미라(2006). 미디어 콘텐츠 이해에 필요한 청소년 미디어 교육의 기호학적 고찰. 언론과학연구, 6(2), pp. 181-183, 재인용.
42. McLuhan, M. R. (1964). *Understanding media: The extensions of man*. New York: McGraw Hill.

43. 같은 책, p. 7.
44. 같은 책.
45. 마셜 매클루언, 켕탱 피오레(2001). 미디어는 맛사지다(김진홍 역). 서울: 커뮤니케이션북스.
46. McLuhan, M. R. (1964). 앞의 책, p. 8.
47. 같은 곳.
48. 같은 책, p. 22.
49. 같은 책, p. 25.
50. 같은 책, p. 11.
51. 마셜 매클루언, 켕탱 피오레(2001). 앞의 책.
52. 같은 책, p. 9.
53. 조윤경(2006). 새로운 문화 새로운 상상력. 서울: 이대여자대학교출판부.

제3부

너와 나, 우리 그리고 지구촌

제10장 • 다문화사회와 다문화교육

제11장 • 세계화와 대안 세계화

제12장 • 환경 생태계 위기와 시민리더십

제13장 • 기업시민과 윤리적 소비

제10장

다문화사회와 다문화교육

"마이클 듀카키스Michael Dukakis의 선조는 이민선을 타고 왔고, 나의 선조는 노예선을 타고 이 나라에 왔습니다. 그의 부모는 의사였고, 교사였으나, 나의 부모는 하인이었고, 미용사였고 잡역부였습니다. 그는 법학을, 나는 신학을 전공했으며, 그의 흰 피부와 나의 검은 피부가 다르며, 우리 둘 사이엔 인종, 종교, 지역의 차이 그리고 경험과 관점의 차이가 있습니다. 그러나 미국의 정수(精髓)는 그 속에서 우리가 하나가 됐다는 것입니다."

1988년 7월 19일 미국 민주당 대통령 후보 경선 전당대회에서 제시 잭슨Jesse Jackson의 연설은 그를 지지하는 사람이나, 그렇지 않은 사람 모두의 가슴을 뜨겁게 만들었다. 용광로(melting pot), 바로 그 현장이었다. 그는 절규하듯 외쳤다. "하늘을 나는 저 새를 보십시오. 저 새가 오른쪽 날개로만 날고 있습니까? 왼쪽 날개가 있고, 그것이 오른쪽 날개만큼이나 크기 때문에 저렇게 멋있게 날 수 있는 것입니다."[1] 이제, 갓 다문화사회로 진입한 한국 사회에, 미국 흑인 목사 제시 잭슨의 연설은 외국인 노동자와 다문화가정을 대하는 한국인의 인식 패러다임을 바꿀 것을 강력히 촉구하고 있다.

전통적으로 한국은 단일민족으로 알려져 있다. 서양이나 다른 아시아 국가와 비교하면 역사나 인종구성이 다르다. 19세기 말부터 20세기 초의 국제정치적 상황에서 태동한 민족사관은 일제 식민 지배를 거치면서 단일민족 의식을 더욱 강화시켰다. 이로 인해 외국인에 대한 배타적인 의식과 태도 역시 강화되었다.

그러나 세계화의 물결로 인해 한국도 본격적인 다문화사회로 접어들었다. 다문화를 수용할 만한 사회문화적 준비도 채 되지 않은 상태에서 갑작스레 맞이하게 된 형국이다. 그래서인지 다문화가정을 바라보는 국민의 시선에는 염려와 안쓰러움, 그리고 편견과 거부감, 못사는 나라 국민에 대한 우월감이 뒤섞여 있다. 염려와 안쓰러움은 결혼이주여성 중에 남편을 비롯한 가족과 불화를 겪거나 경제적 어려움으로 고통받는 이들이 있다는 보도를 자주 접하면서 축적된 감정이다. 편견과 거부감의 이면에는 단일민족이라는 자부심과 못사는 나라 국민에 대한 우월감이 자리잡고 있다.

다문화 담론이 우리 사회에 봇물 터지듯 쏟아지고 있지만 속사정은 크게 달라지지 않고 있다. 여전히 다문화의 길은 머나먼 여정이다. 잭슨 목사의 휴머니즘은 명실상부한 다문화사회가 되기 위한 여정의 좌표를 제시하고 있다.

1. 다문화가정과 경쟁력

흔히 영토와 주권 그리고 국민은 국가를 형성하는 3요소라고 한다. 그런데 국민을 민족으로 오해해서 국가가 다양한 인종과 민족으로 구성된다는 사실을 잊는 경우가 많다. 아울러 단일민족으로 형성되는 국가는 극히 예외적이란 사실을 간과한다.[2] 무역의존도가 80%를 넘어서고 세계화가 현실임을 감안하면 이처럼 배타적이고 국수적인 감정은 국가발전에 장해가 될 뿐 아니라 큰 우려를 낳는다. 오히려 저출산 고령화 덫에 걸린 한국 사회의 위기를 완화시키는 데 다문화주의가 기여할 것이란 주장도 있다.

1) 다문화가정의 발생 배경

한국 사회에서 다문화가정의 출발에 대한 논의는 다양하다. 그러나 논의를 한국 근대사 이후로 한정할 경우, 1950년 한국전쟁 이후 주한미군과 한국여성으로 구성된 가족이 출발이라고 할 수 있다. 1980년대 들어 한국의 산업화가 심화됨에 따라 외국 특히 아시아 저개발 국가에서 유입된 노동자를 중심으로 한 다문화가정이 증가하였으며 1990년 후반 이후에는 노동이민자 외에 결혼이민자와 한국인 배우자로 이루어진 다문화가정이 빠르게 증가하였다.

특히 1990년대 초 '농촌 총각 장가 보내기' 의 한 방법으로 시작된 국제결혼은 1992년 5534건에서 2000년 1만 1605건으로 매년 조금씩 늘었다. 하지만 2003년(2만 4776건) 이후 폭발적으로 증가해 2004년 3만 4640건, 2005년 4만 2356건까지 치솟았다. 전체 혼인 중 국제결혼이 차지하는 비율 역시 2004년 11.2%, 2005년 13.5%, 2006년 11.7%, 2007년 10.9%, 2008년 11% 등 해마다 10%를 웃돌고 있다. 이제 새롭게 꾸려지는 한국 전체 가정 중 10% 이상이 다문화가정인 셈이다.[3]

1980년 이전까지 국제 사회에서 한국은 독일에 광부와 간호사를 파견하거나, 중동에 건설기술 및 노동인력을 파견하는 등 인력 송출국이었다. 그러나 1990년대 후반 국내의 단순 노동인력의 규모가 줄어들면서 이를 보충하기 위한 단순노동자의 해외유입이 시작되었다. 그 결과 인력 송출국에서 인력 유입국으로 그 역할이 변화하게 되었다.[4] 아울러 1990년대는 세계화가 급속도로 심화되면서 정부가 국내자본시장과 노동시장을 개방한 시기였다. 이러한 정책적 변화로 국내 외국인 노동자의 수가 급격히 증가했고 체류기간 또한 늘어났다.

국내적으로는 농촌의 젊은 여성이 양질의 교육 및 취업 기회를 찾아 도시지역으로 이주함에 따라 농촌의 총각들이 배우자를 찾는 데 어려움을 겪어 왔다. 이러한 국내 사정과 더불어 한국보다 상대적으로 빈곤한 국가의 여성이 경제 상황 및 생활이 더 여유로운 국가에서 취업의 기회 및 생활환경을 개척하고자 하는 것도 국제결혼 증가의 원인이 되고 있다. 이러한 상황이 지속되면서 타국의 여성을 배우자로 맞아 가정을 이루는 경우가 빈번해지기 시작하였다.[5)]

시대적으로 봤을 때, 1990년 한국 남성의 국제결혼 배우자는 주로 일본, 중국이었는데 2000년도 이후로는 필리핀, 베트남과 같은 동남아시아 여성이 급격히 늘어나고 있다. 이는 우리나라의 경제 수준이 저개발국가보다 높아 이주여성에게 좋은 유인 요건으로 작용한다는 점, 결혼 상대자를 구하기 어려운 우리나라 농촌의 실정 등이 복합적으로 맞물려 1980년대 말 '북방정책' 을 통해 중국, 소련과의 교류가 시작되고, 1990년대 초에는 '농촌총각 장가 보내기 운동' 의 일환으로 국제결혼이 추진되었다.[6)]

2) 다문화가정의 현황

지난 2011년 초를 기점으로 한국은 '외국인 120만 시대' 를 맞게 되었다. 한국인으로 살겠다고 귀화한 외국인도 10만 명을 넘었다. 전체 주민등록 인구 대비 2.8%(2010년)에 불과한 외국인 비율이 2020년에는 5%까지 육박할 것으로 전망되고 있다. 통계청 자료에 따르면 2011년 2월 현재 한국에는 결혼 이주여성과 외국인 근로자, 유학생을 포함해 120만 명이 넘는 외국인이 살고 있다. 그중에서도 결혼이주여성으로 이루어진 다문화가정이 18만 2000가구로 자녀만 해도 12만 명이다.[7)] 2009년 한 해 동안 한국인과 외국인 사이의 결혼은 총 3만 3300건이었다. 이는 전체 혼인건수 30만 9759건 중 10.8% 비중을 차지하는 것으로서 1990년대 전반 약 1%대에 머물렀던 것에 비하면 가파른 상승세를 보이고 있음을 알 수 있다. 이 중 한국인 남성과 외국인 여성의 결혼이 2만 5142건으로 중국이 45.2%, 베트남이 28.8%

로 전체의 74%를 차지해 한국인 남성과 주변국 여성과의 결혼이 크게 늘어났음을 알 수 있다. 이렇게 다문화가정에서 태어난 자녀는 2008년 5만 8007명이며 특히 만 6세 미만이 3만 3140명으로 과반수를 차지하고 있다. 사정이 이렇다 보니 농촌 초등학교는 전체 학생의 3분의 1 이상이 다문화가정 자녀다. 이러한 추세가 이어진다면 20년 뒤에는 비주류 취급을 받고 있는 다문화가정의 자녀가 우리 사회의 주류로 점차 자리 잡아 갈 것으로 보인다.

최근 결혼이민자의 상황을 좀 더 구체적으로 살펴보자. 한국 보건복지가족부에 따르면,[8)] 결혼이민자의 출신국은 중국조선족이 30.4%로 가장 많으며, 다음으로 중국(한족 등 기타민족) 27.3%, 베트남 19.5%, 필리핀 6.6%, 일본 4.1%, 캄보디아 2.0% 순이었고, 주로 서울·경기 등 수도권 및 도시 지역에 거주하는 것으로 나타났다. 결혼이민자가족 부부 중 한쪽 이상이 재혼인 경우가 35%였다. 이들 중 54%가 2005년 이후 입국을 하여 최근 들어 결혼이민자가 급증하고 있음을 보여 주고 있다.

여성결혼이민자와 한국인 남편과의 연령 차이는 평균 10세로 큰 편이며, 특히 캄보디아 여성과의 연령 차이는 17.5세, 베트남 여성의 경우는 17세로 한국인 남편과의 연령 차이가 가장 컸다. 초등학교 이하의 학력을 가진 여성결혼이민자의 51%가 고등학교 이상 학력의 한국인 남편과 결혼해 부부간 교육 수준 격차가 심한 것으로 나타났다. 다문화가정의 월평균 소득은 100~200만 원이 가장 많고(38.4%), 100만 원 미만도 21.3%를 차지해 전반적으로 가구소득이 낮았다.

한편 여성결혼이민자가 느끼는 행복감은 상대적으로 높은 편이다. 여성결혼이민자의 57%, 남성결혼이민자의 53.8%가 현재의 결혼생활에 만족하는 것으로 나타났다. 한국인 부부의 결혼 만족도보다 결코 뒤지지 않는다. 아울러 모국의 가족이 한국인과 결혼하는 것에 대해 찬성하는 비율이 높았다. 현 한국인 배우자와의 자녀수는 평균 0.9명이었으며 평균 추가 자녀 희망 수는 0.5명이었다. 초등생 자녀를 둔 결혼이민자의 경우 학원비 마련, 학습지도 등에서 많은 어려움을 겪고 있는 것으로 드러났다.

결혼이민자의 40%가 취업하였으며 어학, 컴퓨터 및 정보통신, 요리 등에 대한 직업훈련 참여의지가 높았다. 여성결혼이민자의 경우 한국인과 어려운 일을 의논하거나 경조사에 참여하는 등 한국인과의 교류가 2006년 조사에 비해 현저하게 증가하였으며 지역사회봉사활동(65.9%)과 주민으로서의 의견개진(63.5%)에 대해 비교적 적극적인 모습을 보였다.

여성결혼이민자의 38.5%, 남성결혼이민자의 52.8%가 외국인이라는 이유로 한국 생활에서 차별대우를 받은 경험이 있었다. 한국 생활에서 가장 힘든 점으로 여성결혼이민자는 언어문제(22.5%), 경제문제(21.1%), 자녀문제(14.2%)를 들었으며, 남성결혼이민자는 경제문제(29.5%)를 언어문제(13.6%)보다 더 큰 어려움으로 꼽았다. 따라서 자녀의 양육 및 학습지원(62.7%)에 우선적인 지원이 필요하며 한국어교육(60.4%), 한국사회 적응교육(51.4%) 등에 대한 복지서비스가 필요한 것으로 나타났다.

한편, 유학생을 제외하면 결혼이민을 통한 외국인의 증가가 가장 가파르게 상승하고 있는데, 다문화가정의 이혼도 함께 늘어나고 있다. 2009년 한국인과 외국인 부부의 이혼은 1만 1692건으로 전년보다 3.9% 증가했다. 외국인과의 이혼은 매년 증가하여 2009년 총 이혼의 9.4%를 차지할 정도다. 국제결혼의 경우 중개를 통해 성립되는 경우가 많고 서로 교류가 없는 상태에서 결혼하는데다 결혼 후 문화 차이 등을 겪으면서 이혼도 자연스레 증가하고 있다. 그러나 그들이 우리 사회에서 차지하는 비중이 커지고 있는 실정이기에 가정 유지를 위한 도움을 더욱 적극적으로 제공해야 한다.

3) 다문화가정과 국가경쟁력

다문화가정의 증가 및 그로 인한 다문화사회로의 변모는 국가 · 사회적으로 다양한 질적 및 양적 측면의 영향을 미칠 것이다. 무엇보다 저출산 고령화로 인한 인구

감소 및 노동력 부족을 일정 부분 보충해 주는 데 기여할 수 있다. 실제로 대부분의 서양 선진국 역시 인구감소라는 어두운 미래를 극복하는 방안 중 하나로 다문화사회를 선택하고 있다.[9)]

한국의 저출산 · 고령화로 인한 노동력 부족은 이제 먼 미래의 문제가 아니다. 2005~2010년 세계인구의 연평균 성장률은 1.18%이고 선진국은 0.34%인 데 비해 한국은 0.30%에 불과하다. 한국의 인구는 2009년 4875만 명에서 2050년에는 4234만 명으로 지금보다 641만 명(13.2%) 줄어들 것으로 예상된다. 반면에 고령화는 급속도로 진행돼 65세 이상 인구 구성비는 2010년 11.0%에서 2050년에는 38.2%로 높아질 전망이다.[10)]

2050년까지 가지 않더라도 우리나라 인구는 현재의 합계출산율(여성 1명이 15~49세 가임기간 중 낳을 것으로 예상되는 평균 출생아 수) 1.15명이 계속 유지될 경우 2018년 4934만 명을 정점으로 2019년부터 감소할 것으로 예상된다. 이미 저출산 기조가 상당 기간 지속돼 왔기 때문에 생산가능 인구(15~64세) 규모는 2016년을 정점으로 감소하게 돼 인구 고령화는 피할 수 없는 현실이다.[11)]

그러나 연구결과에 따르면 현재 세계 최저 수준인 한국의 출산율(2009년 1.15명)을 경제협력개발기구(OECD) 평균 수준(1.7명)으로만 회복해도 인구 감소 시점을 2019년에서 2031년으로 최소 12년을 늦출 수 있다.[12)] 그렇다면 현실적으로 우리가 취할 수 있는 가장 확실한 방법 중 하나는 기술이민을 통한 젊은 노동인력의 확보와 결혼이민을 통한 저출산율의 회복이 될 수 있다. 실제로 다문화가정이 우리 사회의 총인구 감소폭을 25.2% 줄인다는 연구결과가 있다.[13)] 출산감소로 인구가 계속 줄고 있는 상황에서 우리 사회의 다문화가정(결혼이민자와 그 후손)이 고령화와 저출산 및 그로 인한 국가경쟁력 저하를 완화시키는 역할을 하는 것이다. 특히 다문화가정의 높은 출산율 때문에 2050년에는 영유아기 아동의 24.7%, 초등학생의 15.3%, 중학생의 12%, 고등학생의 10.1%가 다문화가정 자녀로 구성될 것으로 보인다. 다문화가정이 총인구 가운데 차지하는 비율이 5%를 넘게 됨에 따라 우리 사회의 총인구 감소폭을 크게 줄이는 효과가 있어 국가경쟁력과 상관 있는 '생산 가능인구' 에도 영향을 주게 되는 것이다.

10명 중 4명이 노인인 사회에서 국가경쟁력을 기대하기는 어렵다. 노동력 부족은 물론 국민연금을 포함한 각종 사회복지 예산의 급증으로 사회경제적인 동력이 급격히 저하될 것은 불 보듯 뻔하다. 이는 한국만의 문제는 아니다. 한국보다 먼저 저출산 · 고령화 문제를 겪은 서양 선진국은 이를 극복하는 방안 중 하나로 적극적인 이민정책을 통해 다문화사회를 키워 나가면서 국가경쟁력을 유지하고 있다. 이것이 바로 '한국도 이제 노동력 감소 문제를 일부 이민정책으로 풀어야 한다'는 목소리가 커지고 있는 이유다.

2. 다문화 가정 및 정책에서의 차별

최근 들어 한국 사회는 마치 유행처럼 너도 나도 다문화를 이야기한다. 결혼이민여성이나 노동이민자를 돕는 단체는 물론이고 언론이나 교육, 정치, 심지어는 다문화교회까지 등장할 정도로 사회 각 분야가 다문화를 외쳐 댄다. 또한 다문화주의가 저출산 · 고령화로 위기에 처한 한국 사회에 기여할 것이란 기능적 측면도 강조된다. 그러나 한국인은 이질적인 문화를 수용하고 존중하며 그들과 더불어 살아갈 준비가 되어 있는가?

1) 다문화가정의 개념

다문화가정에 대한 개념은 다양하게 정의될 수 있다. 2008년 3월 제정된 다문화가족지원법에 따르면 다문화가정이란 결혼이민자와 대한민국 국적을 가진 자로 이루어진 가정으로서 국내에 정착하여 사는 다양한 문화를 가진 국제결혼 가정을 의미한다.[14)] 그러나 다문화가정의 범주에 국토 분단과 민족 이산이라는 한국의 역사적 특수성에 기인하여 새터민을 다문화의 주체로서 포함시켜야 한다는 주장[15)]도 있으며, 외국인 가정이나 외국인과 귀화자로 이루어진 가정 등을 다문화가정으로 보는 경우[16)]도 있다. 실제로 다문화가정의 범위는 연구목적에 따라 다양하고 유연하게 정의되고 범주화되어 왔다. 교육인적자원부는 정책대상으로서의 다문화가정을 범주화하여 다문화가정을 "우리와 다른 민족 · 문화적 배경을 가진 사람들로 구성된 가정을 통칭하는 것"으로 규정하였다.

다문화가정의 용어 출현은 건강가정시민연대가 국제결혼가정, 혼혈인가정 등 차별성을 지닌 가정 용어 개선을 위해 사용을 권장하면서 시작된 것을으로 본다. 정부는 다문화가정에 대한 인식 변화의 필요성을 느끼고 2008년 3월 21일 다문화가족지원법을 새로 제정하였다. 이 법에서는 다문화가정을 「재한외국인 처우 기본법」 제2조 제3호의 결혼이민자와 「국적법」 제2조에 따라 출생 시부터 대한민국 국적을 취득한 자로 이루어진 가족 또는 「국적법」 제4조에 따라 귀화허가를 받은 자에 의해 이루어진 가족으로 규정하고 있다.

2) 준비 안 된 다문화사회

서울 성공회대학교에서 연구교수로 재직 중인 인도인 보노짓 후세인Banajit Hussain(28)은 지난 7월 10일 오후 9시쯤 서울에서 시내버스를 타고 부천 집으로 가던 길이었다. 한국인 친구 한모 씨와 함께였다. 후세인은 2007년 입국, 성공회대학교 아시아 비정부기구(NGO)학 석사과정을 마친 뒤 이 대학 민주주의연구소에서 연구교수로 근무하고 있었다.

갑자기 버스 뒤편에 앉아 있던 양복 차림의 박모(31, 회사원) 씨가 후세인을 향해 "더러운 놈…… 냄새가 난다"며 소리쳤다. 후세인이 대응하지 않고 가만히 있자 박 씨는 "너 어디서 왔느냐. 아랍 놈이냐"면서 영어 욕설을 섞어 가며 계속

> 시비를 걸었다. 후세인의 한국어 실력은 의사소통이 가능한 수준이다. 듣다 못한 한 씨가 제지했지만 술 취한 박 씨는 "새까만 자식이랑 사귀니 기분 좋으냐"며 아랑곳하지 않았다.
>
> 결국 한 씨와 후세인은 버스 기사에게 도움을 청했고 운전기사는 부천 중부경찰서 앞에 이들을 내려놓았다. 경찰서에서 후세인은 박 씨가 모욕적인 발언을 했다며 정식 고소했다. 검찰은 박 씨를 형법상 모욕 혐의로 약식 기소했다. 외국인에게 인종차별적인 발언을 했다는 이유로 한국인이 기소되기는 처음이다.[17)]

세계에서 화교가 모여 사는 '차이나타운(China town)'이 성공적으로 정착하지 못한 나라는 한국밖에 없다는 말이 있다. 외국인에 대한 한국인의 배타성을 거론할 때 흔히 사용되는 말이다. 한국은 전통적으로 양이(洋夷)라면 상종조차 못하게 하였던 은둔의 역사를 갖고 있다. 단일민족이라는 것을 중시하여 외부 혈통에 대한 배척성이 강하다. 그리고 이러한 현상은 현재에도 크게 달라지지 않았다. 한 예로, 한국과 중국 및 일본 청소년을 대상으로 한 조사[18)]에 따르면 한국청소년의 외국인에 대한 개방성은 중국이나 일본에 비해서 크게 낮은 것으로 나타났다.

실제로 외국인 노동자나 다문화가정에 대한 차별적 인식과 태도는 주변에서 어렵지 않게 찾아볼 수 있다. 겉으로는 다문화를 외치면서도 속내는 다르다. 외국인과의 결혼에 대한 시선은 아직까지 그리 곱지만은 않다.[19)] 아시아인과의 결혼이 국제결혼중개업소와 같은 비정상적인 상업적 통로를 통해 성사되는 경우가 많은 것도 한 이유다. 결혼이민자는 서로에 대해 잘 알지도 못한 상태에서 한국에 정착하게 되고 그 후 한국 생활에서 문화적 차이에 따른 부적응, 남편과 시댁식구의 학대 등 인권문제가 불거지면서 다문화가정에 대한 편견을 부추기는 요인이 되고 있다.

일부 악덕 중소기업주의 외국인 근로자에 대한 차별 대우도 사라지지 않고 있다. 퇴직금 미지급이나 불법체류의 약점을 빌미로 한 임금체불은 물론 물리적 폭력 같은 인권유린 사태가 비일비재하다. 더욱 어처구니없는 것은 외국인에 대한 차별도 인종에 따라 차별적이라는 점이다. 초등학생의 인종별 인식을 조사한 연구[20]에 따르면, 초등학생은 백인은 매우 친절하다고 생각하는 반면 흑인은 다른 인종에 비해 불친절하다고 생각한다. 또한 아동은 흑인을 가장 폭력적으로 생각하는 반면 백인은 가장 비폭력적으로 인식한다. 지적 수준 역시 동북아인보다는 백인이 지적 수준이 더 높고 흑인과 동남아인은 동북아인이나 백인에 비해 지적 수준이 현격이 차이가 난다고 인식하는 것으로 나타났다. 또한 백인은 가장 위생적이고 흑인은 가장 비위생적이며, 백인과 동북아인은 좋은 성품을 가졌으나 흑인과 동남아인은 그에 비해 좋지 않은 성품을 가졌다고 인식하고 있다. 실제로 이런 인식은 초등학생뿐만 아니라 성인의 인종차별 경향과도 크게 다르지 않다. 차별도 사대주의적이다.

3) 차별의 원인과 대안

다문화가정이나 외국인에 대한 차별현상은 다음의 세 가지 측면에서 문제점과 대안을 함께 모색해야 한다. 첫째, '단일민족' 의식에서 탈피해야 한다. 많은 한국인은 아직도 순혈주의에 젖어 한국은 하나의 민족으로만 구성되어야 한다는 의식이 만연되어 있다.[21] 그러나 우리 역사를 거슬러 올라가면 우리나라에 귀화한 외국인이 적지 않다. 한 예로, 가야시대의 허황옥은 인도 출신으로 금관가야의 집권층이 되었고 신라시대의 처용은 아라비아인으로 추정하고 있다. 또 고려시대 과거제를 도입한 쌍기는 중국 후주 출신이고 조선의 발명가 장영실은 아버지가 원나라 후예로 혼혈이었다.[22]

또한 '우리 것이 좋은 것이여' 식의 고유문화 의식이 강한 상태에서 급속하게 유입되는 외국인, 외국문화에 이질감과 저항감을 느끼는 것으로 해석할 수 있다. 실제로 우리 사회는 다문화사회에 대한 충분한 이론적 논의나 준비도 안 된 상태에서 다인종, 다민족화 현상이 단기간에 급속도로 진전되는 문화적 충격에 직면한 것이다.[23] 그로 인해 다문화정책 역시 상황에 따른 정책적 요구에 맞춰 임시방편으로 시행되어 왔다.

그러나 이제는 의식의 전환이 필요하다. 엄밀한 의미에서 단일민족, 고유문화가 존재하느냐에 대해서는 이견이 많다. 하버드 대학교 인문학연구소 소장인 호미 바바Homi Bhabha 교수는 "역사는 로마 이후 주기적으로 세계화의 과정을 거쳐 왔다" 며 "고유한 문화라고 하는 것이 사실은 이미 다른 문화권의 영향을 받아 변형된 것" 임을 인식해야 한다고 주장한다.[24] 순수한 고유문화가 존재한다는 생각은 문화적인 '신화(myth)' 이며 '문화는 지속적인 해석의 과정을 거쳐 새롭게 탄생하는 것' 이란 주장을 음미할 필요가 있다.

둘째, '우리 의식' 의 개방과 확대를 이루어야 한다. 다문화가정에 대한 차별은 우리 문화 특유의 '끼리끼리 문화' 의 또 다른 발로일 뿐이다. 하버드 대학교 로버트 데이비드 퍼트넘Robert David Putnam 교수가 분석한 대로 우리 사회는 전통적으로 결속형(bonding) 자본이 강한 사회다.[25] 이런 문화는 자기 집단 내부적으로는 충성도가 높은 장점이 있지만 외부인을 배제하고 개인의 자유를 제한할 위험성이 높다는 것이다. 퍼트넘은 '내가 모르는 사람' 에 대한 무례함과 무배려, 파벌주의는 바로 결속형 사회자본이 발달한 국가의 '어두운' 특징이라고 지적한다. 프랜시스 후쿠야마Francis Fukuyama 역시 한국 사회를 혈연, 지연, 학연 등의 일차적 집단 내에서는 신뢰가 높지만 타 집단이나 문화에 대해서는 배타적인 '저 신뢰사회' 로 분류하고 있다.[26]

글로벌 다문화사회로 진입하면서 한국 사회도 이제는 '끼리끼리' 의 결속형 자본을 확대하여 타인과 외국인에게까지 관심과 배려를 아끼지 않는 퍼트넘의 '교량형(bridging)' 자본사회, 후쿠야마의 '고 신뢰사회' 로 나아가기 위한 교육적 · 사회적 방안을 시급히 강구해야 한다.

셋째, 같은 맥락에서 '동화' 아닌 '수용' 의 다문화정책을 수립해야 한다. 세계는 우리의 의지와는 상관없이 하나의 지구촌으로 변하고 있다. 하나의 세계시장에서는 거의 모든 형태의 물적 · 인적 교류가 일상화되며 그에 맞는 교역(交易)질서와 함께 '더불어 사는' 의식과 행위가 당연히 요구된다.[27] 호미 바바의 말대로 "세계화에는 무역이나 금융의 교류 외에도 '사람의 이동' 이 있음에 주목해야 하며 결국 세계화 문제는 개인이 자신의 주변에 있는 낯선 이방인을 어떻게 대하는가에 대한 윤리적 문제"[28)]로 귀결된다고 할 수 있다. 따라서 국가 주도적인 방식으로 다양성을 인정하기보다는 교육을 통해 이주자의 한국 문화로의 동화만을 지향하는 것은 곧 다른 형태의 차별임을 인식해야 한다.

3. 선진국 다문화정책의 명암

한국보다 먼저 저출산 · 고령화 문제에 직면했던 서구 선진국은 그로 인한 사회문제의 해결과 국가경쟁력을 높이기 위한 방안으로 다문화주의(multiculturalism)에 토대한 적극적인 이민정책으로 다문화사회를 추진하고 있다. 그러나 '다름' 을 수용하는 과정에서 야기되는 연대의식 및 공동체의식의 해이로 인한 사회문제도 분출되고 있다. 따라서 차이를 존중하면서 연대를 이루기 위해서는 다문화주의적 애국심과 공동체의식에 대한 논의가 필요하다.

1) 이민자의 통합 아닌 공존

경제협력개발기구(OECD) 자료에 따르면 호주와 영국, 독일, 스웨덴 등은 이민자의 비율이 10%를 넘어서 이미 고도 이민사회 혹은 다문화사회로 분류되고 있다. 이들 국가의 다문화정책은 다음과 같이 크게 두 가지 측면에서 정리할 수 있다.

국가정책적으로 여러 문화를 수용하고 혼합하여 성립한 국가 중 가장 성공적으로 다문화사회를 이룩한 사례로 평가받고 있는 국가는 호주다.

1788년 영국에서 건너온 이민자로 출발한 호주는 자연히 영어 및 영국식 제도가 호주 문화의 바탕이 되었다. 1901년 영국으로부터 독립하여 연방정부를 출범할 당시만 해도 호주는 앵글로 켈틱 문화 중심의 국가를 구축하려는 정책을 폈다. 따라서 비영어권 국가의 이민을 차단하는 소위 '백호주의(White Australia)' 정책을 채택하였다. 그러나 두 차례의 세계대전을 겪으면서 인구증가의 필요성을 절감한 호주는 제2차 세계대전 이후 구소련을 포함한 유럽 출신의 이민자를 적극적으로 받아들이기 시작했다. 고프 휘틀럼Gough Whitlam이 이끄는 호주 노동당 정부는 1975년 인종차별금지법 제정을 통해 백호주의를 공식적으로 철폐하였다. 이어 1978년 맬컴 프레이저Malcolm Fraser의 자유당 정부는 다문화주의 정책을 공식적으로 표방하였으며 이후 아시아와 중동, 아프리카로부터도 이민자를 받아들였다.

현재 호주는 남한의 78배 크기 면적에 인구는 2100만 명이다. 전체 인구의 25%가 넘는 600만 명이 200여 개국 출신의 이민자로 이루어진 다문화국가다. 공용어인 영어 외에 200개 이상의 언어가 사용되고 있으며 가장 많이 사용되는 6개 언어는 이탈리아어, 그리스어, 아랍어, 광동어, 중국어, 베트남어다. 종교 역시 다양하여 기독교의 여러 분파를 포함하여 불교, 힌두교, 이슬람, 유대교 등 다양하다.

호주의 다문화정책은 다음과 같은 세 가지 원칙에서 시행된다.[29] 즉, 문화적 정체성을 지킬 권리, 사회정의의 가치존중, 그리고 경제적 효율성이다.

첫째, 호주는 모든 이민자가 각자의 문화적 정체성을 지킬 것을 장려한다. 호주 다문화 정책의 특징을 한마디로 표현하면 '나이프와 포크만이 아닌 젓가락과 손가락으로 식사'를 하게 만드는 것이다. 다시 말해 기존 사회로 흡수하기보다는 각 이민사회의 정체성을 유지하면서 조화를 통한 사회통합을 추구하는 것이다. 각각의 언어와 종교 등 민족적 · 문화적 배경에 대한 정체성을 지키면서 호주의 법과 제도를 통해 조화를 이루고 사회통합을 꾀하는 것이다.

다문화 학자인 호주 시드니 대학교 다문화연구소 크리스틴 잉글리스Christine Inglis 소장은 '소수 인종의 적극 포용'이 핵심인 호주의 다문화정책이 외국계 청소년의 정체성 형성에 큰 도움을 주고 있다고 강조한다.[30] 즉, 이민자 청소년에게 모국에 대한 정체성과 호주인으로서의 정체성을 모두 갖추게 하는 이중 정체성 구축이 호주 다문화정책의 특징이다. 잉글리스는 호주의 다문화정책은 동화(assimilation)나 통합(integration)보다는 편입(incorporation)에 의미를 두고 있음을 강조한다. 웨스턴 시드니 대학교 이엔 앵Ien Ang 교수 역시 "호주의 다문화사회가 성공적으로 정착될 수 있었던 배경에는 소수 인종 집단의 필요와 권리의 주장 등 정치적 인식을 뛰어넘어 '국가(the nation)' 개념을 새롭게 인식하도록 유도하고 교육시키는 등 근본적이고 문화적인 과정이 있었기 때문"이라고 주장한다.

둘째, 호주는 평등을 중심으로 한 사회정의의 가치를 장려한다. 호주는 누구에게나 평등한 기회와 대우를 강조한다. 인종과 종족, 문화, 종교, 언어, 성, 출생지를 근거로 하는 장애 요소를 제거하는 법적 · 행정적 시스템을 구축하고 있다.

셋째, 호주는 평등의 가치를 바탕으로 어떤 배경에서든 개인이 기술과 능력을 개발하여 경제적 이익을 추구할 것을 장려한다. 이러한 원칙은 모든 호주인에게 적용된다. 호주 원주민이든 엥글로 켈틱 또는 비영어권 출신이든, 호주 태생이든 귀화했든 관계가 없다. 호주는 언어적 다양성을 중요한 문화적 · 경제적 자산으로 간주한다. 이탈리아 이민자의 비중이 높아 영어 다음으로 가장 많이 사용하는 언어는 이탈리아어다. 그러나 최근 들어 호주 정부의 언어지원정책은 특별히 일본어와 중국어, 인도네시아어, 한국어 등 아시아권 언어에 초점을 맞추고 있다. 대학수능시험(HSC)에서도 한국어를 비롯한 대부분의 언어가 시험과목에 포함되어 있다.

호주의 다문화정책은 주류 사회로의 동화가 아닌 조화에 초점을 맞추고 있다. 매년 3, 4월에 펼쳐지는 '함께 살아가기(Living in Harmony)' 운동의 날이 한 예다. 호주 정부가 1999년 반인종주의(anti-racism) 운동의 일환으로 시작한 이 사업은 철저히 지역 중심 프로그램으로서 다문화가 호주의 자산이며 국력임을 강조하며 다양한 사회기관의 다문화활동을 정부가 지원한다. 특히 3월 21일을 '하모니데이(Harmony Day)'로 제정하여 다문화, 다인종, 다종교에 대한 포용을 정책으로 정하고 공평한 대우를 통해 호주 사회에 대한 소속감을 강화해 주고 있다.

특별방송국(Special Broadcasting Service: SBS) 역시 사회 결속과 통합을 증진시키

기 위해 설립된 정부 출연 라디오, TV 방송기관이다. 1978년 설립된 SBS TV는 매주 700만 이상의 호주인이 시청하고 있으며, 영어 이외의 언어로 된 프로그램이 방송 편성의 절반 이상을 차지하고 있고 영어 자막을 통해 모든 시청자가 볼 수 있다. SBS 라디오는 해마다 영어를 비롯해 60개국 이상의 언어로 1만 3500시간 이상의 프로그램을 제작한다.

영국의 사례도 호주와 유사하다. 1962년 영연방이민법을 제정해 이민자를 받고 있는 영국은 적극적인 동화정책보다는 이민자의 고유 전통을 인정하는 다문화정책을 펴고 있다. 정부가 직접 나서 이민자를 교육시키기보다는 각종 이민자 단체와 백인 주류사회 간 교류를 정부가 지원하는 방식이다.[31)]

2) 노동력 공급을 위한 다문화정책

OECD는 '2009 세계 이민 보고서' 에서 "저출산 고령화시대에 노동력 공급을 위해서는 이민 규제를 완화하고 불법 체류자를 합법 노동자로 전환하는 정책이 필요하다."라고 밝혔다.[32)] 실제로 다문화정책을 펴고 있는 국가의 현실적인 목적 중 하나가 저출산 · 고령화로 인한 노동력 부족을 보충하는 데 있다는 것은 주지의 사실이다.

덴마크는 1950년대부터 이민을 받아들여 1990년 이후 그 폭을 더욱 늘리고 있다. "저출산으로 인구가 줄어들고 있는 덴마크에서 이민자가 없다면 경제가 붕괴될 것" 이란 이민 담당 실장의 말은 덴마크 다문화정책의 현실적인 목적을 잘 보여 주고 있다.[33)] 덴마크는 의사, 엔지니어, 치과의사, 회계사, 변호사 등 덴마크에서 필요한 직업군의 사람이 이민을 원할 경우 영주권 취득 점수제와 상관없이 이민을 개방하고 있다.

호주나 뉴질랜드의 이민 정책 역시 호주 내의 부족한 기술 인력을 보충하는 데 초점을 맞추고 있다. 호주 정부는 매년 각 산업별로 필요한 기술 인력을 산정하고 부족한 노동력을 '기술이민' 의 형태로 받아들이고 있다. 과거에는 베트남, 아프리카 등지의 정치적 및 인도적 차원의 이민과 단순 노동자의 유입이 많았지만 최근 들어서는 호주에서 필요한 인력을 확보하기 위해 적극적으로 개방하는 추세다.

스웨덴은 최근 숙련 노동자 유입에 초점을 맞춘 이민정책으로 방향을 바꿨다.[34)] 과거에는 소말리아, 이란, 이라크 등 정치망명으로 인한 이민자가 많았지만 앞으로는 자국에서 필요한 고급 인력유입에 초점을 맞출 계획이다. 스웨덴 기업에 채용되면 입국 수속기간을 줄여 주고, 우수 인력을 해외에서 영입하는 고용주에게는 경제적인 인센티브를 제공하고 있다. 정도의 차이는 있겠지만, 이민을 받아들이는 독일이나 프랑스, 아일랜드 등 유럽 여러 국가의 이민정책도 출산율 감소에 따른 노동력 감소 문제를 보충하기 위한 방안으로 수정되고 있다.

3) 다문화정책의 명암

1970년대에 미국이나 영국을 선두로 하여 캐나다와 호주, 뉴질랜드 등 서구 선진국은 다문화사회를 주창하며 적극적인 이민정책을 수립하였다. 매년 수십만 명씩 이민자가 쏟아졌고 집단 간 차이를 존중하는 다문화주의가 부상하였다. 그러나 '다름이 함께' 하는 공존의 경험이 없이 차이의 미덕만 강조한 결과 사회 곳곳에는 부작용의 그림자가 드리워졌다. 사회적응에 실패한 이민자의 범죄 등 각종 사회일탈 현상은 이민자로 인해 일자리를 빼앗겼다고 생각하는 원주민의 반발과 맞물려 사회를 통합이 아닌 분열로 이끄는 결과도 가져왔다. 최근 프랑스 정부의 불법 이민자와 집시에 대한 강력한 추방정책도 한 예다.

영연방 최고의 랍비인 철학자 조너선 색스Jonathan Sacks는 서구 다문화주의의 역설을 제기한다.[35)] 다시 말해, '관용을 지향하며 다양한 인종적 · 종교적 집단이 어울려 살 수 있는 이념' 이었던 다문화주의가 이제는 배타와 편협의 원천이 되어 버렸다는 것이다. 다문화주의는 본래 통합을 지향하였으나 현실은 오히려 분리로 귀결되고 있다는 것이다. 다문화를 내세우는 어느 나라든, 거리에는 인종차별적인 낙서가 난무하고 폭력 시위가 넘치며 대화는 사라져 가고 사람들은 흑백논리와 극단적인 목소리에 흥분하고 있다. 여기저기 증오의 바이러스가 퍼지는 사이 사람들은 분열되고 합의는 지루한 것이 되었다고 그는 주장한다.

해결책은 결국 다문화주의의 복원이다. '차이를 존중하는 사회' 를 만들어 가는 원동력으로서 다문화주의를 복원하는 길이 최선의 방책이다. 이를 위해서는 무엇보다 '차이의 존중' 을 가로막는 민족주의에 대한 편협한 이해를 해체하고 다문화적 애국심에 기초한 공동체의식을 고취시켜야 한다. 민족주의는 상상 속에서 존재하는 신화를 통해서라도 민족적 동질감을 획득하려고 한다. 반면에 애국심은 삶을 향유하는 터전과 실제적 경험을 공유하는 구성원에 대한 자발적 애정에 기초한다. 민족주의가 공동체의 정신적 · 문화적 특성에 대한 애착을 우선시한다면 애국심은 공동체에 대한 맹목적 충성보다는 시민적 자유와 정치적 권리가 보장된 정치체제의 실현을 중시한다.[36] 따라서 민족주의로는 글로벌 다문화현상으로 야기되는 정치 · 사회적 문제를 풀 수 없으며 최소한의 연대의식을 갖출 수 없다. 민족주의에 매몰되지 않는 애국심, 즉 타 문화에 개방적인 태도를 가지면서도 자기 공동체에 헌신적인 시민의식으로의 의식전환이 필요하다.

조너선 색스는 다문화주의의 바탕은 '차이를 통한 연대' 를 핵심 가치로 여기는 자유민주주의라고 주장한다. 그러나 현대의 다문화사회는 차이만 중시하고 연대의 필요성은 잊고 있는 게 문제다. 조너선 색스는 그 이유를 '사회를 호텔로 보는 인식' 에서 비롯된다고 주장한다. 호텔에서 사람들은 돈을 주고 머물며 다른 투숙객에게 방해가 되지 않는 한 자유롭게 행동할 수 있다. 이들은 호텔의 주인이 아니기에 애착도, 소속감도 없으며 호텔을 더 나은 곳으로 변화시키기 위한 협력의 필요성도 느끼지 못한다. 다문화사회 속의 구성원이 호텔 투숙객처럼 행동할 경우 사회연대감의 형성은 요원하다.

그의 주장대로, 다문화시대의 연대감은 구성원 모두가 '호텔' 이 아닌 '고향' 으로서의 사회를 만드는 데 있다. 고향에서 사람들은 함께 땅을 일구고 집을 지으며 참된 관계를 맺는다. 책임의식을 가지고 공동 목표에 기여하면서 구성원은 주인이 된다. 개인이 고향을 일구는 능동적인 주체가 될 때 다문화사회의 문제는 해결될 수 있다. 이것이 다문화시대의 애국심이다.

4. 한국적 다문화주의를 지향하며

문화적 · 인종적 교류가 급속도로 진행되는 21세기를 맞아 다문화는 '발등의 불'로 여겨지고 있다. 혈통을 기반으로 단일민족을 강조해 온 한국 사회는 다른 인종, 다른 문화에 대한 개방과 포용의 과제를 안게 되었다. 그러나 다문화 담론은 넘쳐나지만 정작 다문화사회가 무엇이며 어떤 방향으로 나아가야 할 것인지에 대한 논의는 뒷전에 놓여 있다.

1) 다문화주의의 개념

다문화주의(multiculturalism)라는 개념은 매우 다양한 의미로 사용되며 그 철학적 기반이나 정의, 정책 등에 대한 합의도 존재하지 않는다.[37] 한국 사회에서는 민족이나 국민, 인종과 같은 개념을 정확하게 규정하지 않고 있다 보니 다문화사회와 다민족사회를 같은 것인 양 혼용하기도 한다. 그 이유는 무엇보다 한국 사회에서 다문화주의 담론이 형성된 것은 다문화주의에 대한 신념이나 철학이 밑받침되어서가 아니라 이주민의 규모가 단기간에 급증하고 체류 형태나 이주민의 출신국이 다양해진 사회적 필요성에서 비롯되었기 때문이다. 다시 말해 외국인 노동자나 결혼이민자의 현실에 관심을 기울이고 대책을 마련해야 한다는 사회적 필요성에서 기인한 것이다.

다문화주의는 말 그대로 '한 사회 내에서 다양한(multi) 문화(culture)를 용인하고 끌어안는다는 신념(-ism)' 을 의미한다. 따라서 다문화주의는 넓은 의미로는 현대사회의 모든 문화는 상이하지만 모두가 평등한 문화적 · 정치적 지위를 가지고 있다는 신념하에 상이한 문화집단을 끌어안아야 한다는 믿음을 의미한다. 이를 바탕으로 캐나다의 철학자인 도널드 테일러Donald Taylor는 다문화주의를 문화적 다수집단이 소수집단을 동등한 가치를 가진 집단으로 인정하는 '승인의 정치(politics of recognition)' 라고 명쾌하게 정의한다.[38] 한경구는 다문화주의는 호주와 캐나다 등에서 주로 발전한 방식임을 지적하며 "민족적 다양성을 인정하고 개인이 자신의 고유한 문화를 유지할 수 있도록 보장하는 것이 헌법 원리와 사회의 이념과 가치에 합치한다는 생각" 이라고 정의한다.[39] 다문화를 연구하는 많은 학자도 다문화주의에 대한 정의를 다양하게 내리나 기본적으로는 테일러의 정의와 맥락을 같이하고 있다. 이들의 정의를 요약하면 다음과 같다.[40]

다문화주의는 문화적으로 다양한 구성원이 동일한 정치체(polity)에 조화롭게 참여하며, 각각의 문화적 고유성을 보존하고, 다른 문화를 존중하는 것을 내용으로 하는 사회 이념이다. 따라서 다문화주의는 국가가 지배문화의 관습과 가치를 강제로 교육하는 것을 반대한다. 또한 다문화주의는 민족국가의 틀 속에서 부정적으로 인식되던 다양성의 가치를 재조명하고, 다양성을 극복하기보다는 그 속에서 사회통합을 이루기 위한 사회적 노력이다. 국적만을 기준으로 시민권을 부여하던 패러다임에서 벗어나 거주자로서의 권리를 인정하고 소수자에 대한 편견과 구조적 · 제도적 차별을 철폐하고, 사회구성원이 다양한 문화를 인정하고 이를 기반으로 상호관계를 형성하면서 사회 각 방면에 평등하게 참여하는 것이다.

다문화주의와 대비되는 개념은 단문화주의(monoculturalism)다. 말 그대로 하나의 국가나 민족은 하나의 문화를 가진다는 주장이다. 실제로 다문화주의의 출현은 이러한 단문화주의에 대한 비판이나 동화를 통해 주류 문화에 적응하게 하는 미국식 용광로(melting pot)이론에 대한 비판에서 시작되었다는 주장도 있다.[41] 다시 말해 이러한 동화주의와 차별배제 모형은 21세기 다민족 · 다문화 사회에 더 이상 적합하지 않다는 비판에서 등장한 것이다.

참고로 다문화주의를 이해하기 위해서는 역지사지로 해외 한국인 역사를 돌아보면 된다. 한국에서 생활하는 외국인 노동자나 결혼이민자의 고통과 애환은 다름 아닌 해외 이주 한국인의 그것과 동일한 것이기 때문이다. 한국은 세계에서 가장 대표적인 디아스포라(Diaspora)의 나라다.[42] 국내인구 대비 해외 한국인 수가 다른 어느 나라보다 많다는 의미다. 국내인구는 남북한 합쳐 약 7000만 명이지만 해외 교포 수는 750만 명으로 남한 인구 10명 중 1.5명(15%), 남북한을 합하면 10명 중 1명(10%)이 해외에 사는 셈이다. 화교가 많다고 하나 중국은 13억 인구에 비하면 1.8%(5500만 명)에 불과하며, 유태인은 1500만 명이 해외에 거주하지만 주로 미국과 동구권에 집중되어 있다. 인구 10억의 인도는 해외인구가 480만 명, 인구 5800만의 이탈리아는 해외인구가 175만 명, 인구 1억 2000만 명의 일본은 해외인구가 175만 명 정도에 그치는 것과 비교하면 해외에 흩어져 사는 디아스포라는 인구비례로 한국이 단연 최고다.[43]

2) 다문화주의에 대한 비판

다문화주의의 이념 혹은 철학과는 달리 정책적으로 다문화주의를 채택한 여러 나라의 경험을 보면 이상과 현실의 괴리가 작지 않음을 알 수 있다. 미국에서는 문화적 다양성의 허용이 미국의 민족 정체성이나 문화적 공동체 형성에 심각한 위협이 되고 있다는 비판이 제기되고 있다. 이중문화주의(biculturalism)에서 다문화주의로의 전환을 시도한 캐나다의 퀘벡 주에서는 다문화주의가 캐나다의 민족주의에 파멸적 영향을 미쳤다는 비판이 거세게 일고 있다. 호주에서는 다문화주의가 다수의 호주인을 희생하면서 소수민족의 권리를 과도하게 강조함에 따라 불필요하게 분열을 촉진하고 사회통합을 위협한다는 비판이 오래전부터 제기되고 있다.[44]

1990년대 후반에는 폴린 핸슨Pauline Hanson이 한나라당(One Nation Party)을 결성하여 공식적으로 이민을 반대하는 정강을 표방하여 상당수의 지지를 얻기도 했다.

이들 다문화정책을 표방하는 국가가 공통으로 직면하고 있는 비판은 다음과 같다.[45] 첫째, 개인을 하나의 문화 집단에 귀속시켜 하나의 정체성을 강제로 부과하고, 그 집단 안에서 이루어지는 개인의 정체성 변화 등은 전혀 고려하지 않는다. 둘째, 사회연대를 저해하고 사회 갈등과 분열을 조장할 우려가 있다. 셋째, 분배 문제에 무관심함으로써 사회경제적 불평등을 심화시키고 있다. 넷째, 소수의 다문화 이주자에 대한 다양한 지원과 보호는 다수를 점하는 주류문화의 구성원에 대한 역차별을 발생시킬 수 있다.

다문화주의를 둘러싼 서구의 비판과 논쟁은 쟁점이 형성되는 이론과 실천의 전선에 따라 다양한 주제로 전개되어 왔다. 한건수는 이를 다음과 같은 세 가지 핵심 주제로 요약한다.[46]

첫째, 기본적으로 다문화주의가 전제하는 소수문화의 보호가 과연 전체 공동체를 위해 가치 있는 일인가에 대한 의문이다. 즉, 문화는 모두 존중받을 만한 가치가 있는 것이냐 하는 근본적인 물음이다. 이슬람이나 아프리카 일부 지역에서 행해지는 여성 성기를 절제하는 여성할례 관습이나 아동학대 등이 문화적 상대주의의 이름으로 존중되어야 하는 것은 아니라는 비판이다.

둘째, 소수문화를 보호하는 대상으로 문화집단이 실체로서 존재하는가 하는 의문이다. 나아가 문화의 주체를 개인으로 볼 것인가 아니면 집단으로 볼 것인가의 의문이며 이 질문은 다문화주의 정책을 집행하는 과정에서 현실적 문제로 구체화된다.

셋째, 다문화주의는 국민국가와 같은 기존의 공동체가 근거하는 공동의 가치를 파괴하여 공동체 자체를 붕괴시킨다는 비판이다. 즉, 다문화주의가 기존의 가치나 신념, 지식체계를 무력화시킬 것이라는 좀 더 근본적인 위기감에서 나온 비판이다. 이러한 문제제기의 저변에는 다양한 집단이 자신들의 정체성을 문화적 동질성에서 확보하려는 경향과 관련이 있다. 현재 이슬람 이민자와 갈등을 빚고 있는 프랑스를 비롯한 다문화주의를 표방하는 서구 국가에서 제기되는 공통된 비판이다. 또한 이 쟁점은 혈연과 문화적 동질성을 토대로 민족과 국가의 정체성을 형성해 온 한국 사회가 다문화사회로 이행하는 과정에서 해결해야 할 가장 큰 논란거리이기도 하다.

3) 한국식 다문화주의를 향해

다문화정책을 시행하는 미국이나 캐나다, 호주 등의 경험에서 알 수 있듯이 다문화주의는 글로벌 지구촌의 피상적이거나 낭만주의적인 문화 개념이 아니다. 다문화주의는 다문화현상이 만들어지는 사회 현실에 따라 지향하는 가치의 강조점과 정책 구현의 실천적 과제가 다를 수밖에 없다. 따라서 오경석의 주장대로[47] 우리 사회에 필요한 것은 다문화주의를 소개하는 것이 아니라 어떤 다문화주의를 선택해야 할지를 논의하는 것[48]이다. 그러나 한국 사회에서 다문화현상의 주체가 누구인가 하는 문제제기도 시급하지만, 한국 사회가 지향하는 다문화주의의 속성을 위한 논의가 보다 근본적으로 이루어져야 한다.

첫째, 다문화의 주체가 결혼이민자냐 이주노동자 개인이냐 혹은 집단이냐 하는 문제다. 자유주의자들은 다문화주의가 집단을 개인에 우선하는 단위로 설정한 것이라고 비판한다. 이에 대해 정치학자인 윌 킴리카Will Kymlicka는 '사회적 문화(social culture)는 공적 및 사적 영역에서 사회, 교육, 종교, 여가 및 경제생활을 포함하는 인간행동의 전 영역에서 구성원에게 의미 있는 삶의 양식을 제공해 주는 것' 이며 언어의 공유와 영토적 집중에 근거한다고 주장한다.[49] 다문화주의가 옹호하는 소수문화 집단의 보호와 지원은 이러한 '사회적 문화' 에 대한 지원이라는 것이다.

따라서 킴리카는 각 개인은 자신이 속한 사회적 문화의 맥락에서 자유로운 선택을 통해 '의미 있는 삶의 양식' 을 제공받을 수 있기 때문에 집단과 개인의 공동선은 서로 상충하지 않고 양립할 수 있다고 주장한다. 킴리카의 주장을 받아들인다면 한국 사회가 지향하는 다문화주의는 결혼이민자나 이주노동자 집단의 '사회적 문화'를 수용하고 지원하는 실천방안의 모색으로 전환되어야 할 것이다.

둘째, 다문화주의가 한국 사회의 공동체 가치와 정체성을 파괴할 수 있다는 우려를 극복하는 문제다. 최근 공공장소에서 이슬람 여성의 부르카 착용을 금지하는 법안을 제정한 프랑스의 사례는 이슬람권의 문화적 권리를 공공 영역에서 인정할 경우 프랑스 사회의 공화주의 이상이 유지될 수 없다는 위기감에서 나온 것이라 할 수 있다. 따라서 프랑스는 공화주의나 세속주의와 같은 프랑스 사회의 근간이 되는 가치를 훼손하지 않으면서 이슬람권 이민자의 종교적 · 문화적 권리를 보장[50]하는 일종의 통합주의(integrationist) 방식을 채택하고 있는 것이다.

미국도 같은 맥락에서 문화적 용광로란 개념을 사용한다. 즉, 강력한 미국 문화가 마치 용광로처럼 작용하여 여러 다양한 이주민의 문화가 미국 문화 속에 녹아들어가서 더 새롭고 더 매력적인 문화를 만들어 낸다는 것이지만 기본적인 미국 문화의 정체성은 큰 변화를 겪지 않으면서 다른 문화를 녹여 버리는 것을 의미한다.[51] 한국의 교육인적자원부도 2007년에 '문화적 용광로'를 다문화정책의 목표 가운데 하나로 제시한 바 있다. 그러나 미국의 상황은 '통합'을 강조하는 용광로가 아니라 '공존'을 존중하는 샐러드 볼(salad bowl)에 비유하는 것이 적절하다는 견해가 많다.[52]

한 걸음 나아가, 기본적으로 동화를 전제로 하는 미국의 용광로 모델은 최근 비판과 도전을 받고 있다. 문화공존을 지향하기보다는 문화통합을 강요하는 일방적이고 억압적이며 계몽적인 경향이 강하기 때문이다. 실제로 외국 노동자에 대한 비인간적 대우나, 결혼을 목적으로 아시아 여성을 사고파는 식의 현재 상황은 용광로 모델 인식의 한계를 나타내는 하나의 사례라 할 수 있다.

셋째, 이런 맥락에서 비판적 다문화주의(critical multiculturalism)를 지향하자는 주장이 나오고 있다. 비판적 다문화주의는 문화적 차이를 주장하고 인정과 지원을 요구하는 '인정(recognition)의 정치'나 '정체성의 정치'를 넘어설 것을 주장한다. 단순히 문화적 차이를 인정하는 것은 보편적 가치나 지식체계를 다양성의 이름으로 붕괴시키기만 할 뿐 대안적 가치를 창출해 내지 못하는 '지적 허무주의'에 빠질 수 있다.[53] 결국 이렇게 파편화된 지식과 가치체계는 공동체의 해체와 정체성의 위기로 나아갈 수 있다. 한건수는 차이의 존중에 그칠 것이 아니라 차이의 존중을 통해 새롭게 구성해 내는 새로운 시민문화의 창출에 초점을 맞추어야 한다고 주장한다.[54] 다시 말해 문화의 주체로서 개인과 집단이 문화적 잠재력을 발휘할 수 있는 가능성을 보장하고 강화시킴으로써 문화적 차이와 다양성이 새로운 공통의 문화를 재생산해 내도록 하는 것이 비판적 다문화주의의 지향점이라는 것이다.

5. 다문화교육의 실제

세계화와 그에 따른 시장개방, 인적자원의 이동, 정보통신 혁명 등 전 지구적 차원의 요인으로 인해 우리 사회는 과거에는 상상할 수 없었던 규모와 속도로 다문화사회로 변모하고 있다. 단일언어, 단일민족, 단일문화였던 우리 사회는 미처 준비도 되지 않은 상태에서 다문화현상을 직면하게 되었고 그에 따른 부작용이 여러 분야에서 점차 노정되고 있다. 이를 위한 해법으로 제기되는 것이 다문화교육(multicultural education)이다. 그러나 다문화교육은 이론적으로나 실제적으로 매우 복잡한 성격을 지니며 다원적인 의미와 과제를 지닌다.

1) 다문화교육의 의미

문화는 한 사회의 구성원이 가지고 있는 가치, 태도, 규범 및 행동양식 등의 총체라 할 수 있다. 마거릿 앨리슨 깁슨Margaret Alison Gibson은 문화는 자기 자신이 속한 사회에서의 어떤 현상에 대한 지각, 평가, 신념, 행위에 대한 다양한 표준으로 구성되어 있다고 말한다.[55] 제임스 뱅스James Banks는 이러한 면에서 다문화교육은 다양한 인종, 민족, 계층, 문화 집단의 학생에게 균등한 교육 기회를 보장하는 것을 목표로 하는 교육이라고 정의를 내린다.[56] 이를 바탕으로 이은진과 오성숙은 다문화교육을 성, 문화, 민족, 사회계층 등의 다양한 배경요인을 지닌 아동이 편견과 차별 없이 균등하게 교육의 기회를 얻도록 하는 교육과정의 변화를 실현하는 노력이며, 나아가 다양한 문화 차이로 인한 이견이나 갈등, 상이한 행동 등을 극복하고 대처할 수 있는 능력을 길러 줌으로써 긍정적인 자아정체성을 확립하도록 하고자 하는 교육[57]이라고 말한다.

김선미는 다문화교육을 여러 가지 관점에서 정의 내린다. 첫째, 다문화교육은 내가 속한 집단의 맥락 속에서 개인과 사회를 인식하고, 나아가 다른 문화집단과도 상호 연결되어 있다는 사실을 알게 하는 교육행위다. 국가, 종교, 계층, 성별, 인종, 직업, 사회, 역사적 배경 등의 다양성이 존재함을 알고, 다름을 인정하며, 문화집단 간의 상호연계성을 강화함으로써 소통을 돕는 교육이다. 둘째, 다문화교육은 다양한 정치, 문화집단 속에서 자신의 정체성을 더욱 공고히 해 주는 교육행위다. 셋째, 다문화교육은 우리가 금기시하는 문화적 현상에 대한 편견과 왜곡을 걷어 내는 교육적 활동과 그 결과다.[58]

다문화 학자인 크리스틴 베넷Christine Bennett은 “미국 사회에서의 다문화교육은 민주주의의 신념과 가치에 기초를 두고, 상호 의존성이 높은 세계, 문화적으로 다양한 사회 안에서 문화다원주의(cultural pluralism)를 지지하는 교수-학습 방법”이라고 정의한다.[59] 베넷은 이를 위해 미국의 다문화교육은 크게 네 가지 차원으로 구성된다고 말한다. 첫째는 평등지향운동 혹은 평등교수법, 둘째는 교육과정 개혁 혹은 다양한 관점에서의 교육과정 재검토, 셋째는 다문화적 역량 혹은 문화 간 상호작용의 기초로서 자신의 문화적 관점뿐만 아니라 타인의 문화적 관점도 이해하게 되는 과정, 넷째는 사회정의를 지향하는 가르침 혹은 모든 유형의 차별과 편견, 특히 인종차별주의, 성차별주의, 계급차별주의에 대한 반대다.

크리스틴 슬리터Christine Sleeter와 칼 그랜트Carl Grant는 다문화교육에 대한 여러 학자의 주장을 다섯 가지로 분류해 제시하고 있다.[60] 첫째, 다문화교육은 인종이나 문화적으로 다른 집단의 학생을 일반 집단 속에 동화시키기 위한 교육이다. 둘째, 다문화교육은 특정한 소수 집단에 대한 지식과 존중을 가르치는 단일집단연구(single-group studies)다. 셋째, 다문화교육은 개인 간, 집단 간의 협력에 초점을 두는 인간관계교육(human relations)이다. 넷째, 다문화교육은 문화적 유사점과 차이점을 인식하고 긍정적으로 수용할 수 있도록 돕는 교육(multicultural education)이다. 다섯째, 다문화교육은 다양한 집단 간의 불평등한 관계를 조장하는 사회구조를 비판하고 변화를 추구하는 다문화적이며 사회재건적인 교육(educating that is multicultural and social-reconstructivist)이다. 이처럼 대부분의 다문화교육자는 문화적 다양성에 대한 이해가 국가의 사회적 다양성을 증가시키고 특성을 증진시키는 기반을 제공한다는 데 동의하고 있다.

최근에 와서 세계화 교육이라는 용어가 등장하기 전에 다문화교육은 주로 복수문화교육, 국제이해교육, 반편견 교육 등의 형태로 이루어져 왔다.[61] 복수문화교육(multicultural education: ME)은 미국과 같은 다문화사회에서 소수집단을 지배집단의 문화에 동화시키고자 취해 왔던 이른바 '용광로' 접근의 한계에 대한 대안으로 등장한 교육이다. 한 사회 내부의 복수문화를 소극적 포용이 아닌 적극적 활용으로 접근해야 한다는 문화복수주의(cultural pluralism)가 철학적 배경이다. 따라서 서로 다른 문화를 질적으로 융합하는 것이 아니라 양적인 혼합으로 보는 것이다. 같은 맥락에서 크리스틴 베넷도 다문화교육을 소수민족으로 하여금 자신의 고유문화를 포기하고 주류사회(혹은 지배문화)에 흡수될 것을 강요하는 문화적 동화(cultural assimilation)나 '용광로' 의 이미지와는 정면으로 대치되는 것이라고 강조한다.[62]

국제이해교육(education for international understanding: EIU)은 유네스코가 오래전부터 야심차게 시행하고 있는 교육으로서 국제분쟁을 줄이고 세계평화를 확산시키고자 국가 간의 상호이해를 문화와 교육 차원에서 증진한다는 것을 기본 취지로 삼고 있다. 국가를 문화단위로 삼고, 주로 국가기구를 통해 '만남' 과 '교류' 에 역점을 두고 추진해 온 특징이 있다. 반편견 교육(non-biased education: NBE)은 인종, 민족, 성 등에 따른 각종 차별을 없앰으로써 사회정의와 평등을 실현하고자 하는 교육이다. 특히 미국에서 흑백 갈등을 해소하는 데 기여했으며 유럽에서도 소수민족에 대한 차별을 해소하는 데 기여했다. 세계화교육(globalization education: GE)은 1990년대 이후 세계무역기구(WTO)가 주도한 무역 자유화, 세계시장 활성화, 지구촌 생활세계 구성 등의 흐름과 맞물려 있다. 세계화교육은 세계화 현상을 이해시키고 세계화에 부합하는 교육체계를 구축하는 방향으로 이루어지는 것이 특징이다.

이런 네 가지 형태의 교육은 각각의 배경과 특징, 기여 가능성과 한계점은 서로 다르지만 모두 다문화 상황의 교육이라는 점에서 공통적이다. 한국의 다문화교육은 이들 네 가지 중 하나거나 혹은 둘 이상 중첩되어 있는 경우가 대부분이다. 그러나 조용환은 우리의 다문화교육은 다수 문화의 혼합적 공존을 위한 복수문화교육이나 혹은 세계 여러 국가의 문화를 이해하는 데 그치는 교육, 또는 타문화에 대한 부정적 인식을 긍정적 인식으로 바꾸는 데만 목표를 두어서는 안 된다고 주장한다. 다문화교육은 "다양한 문화적 행위, 제도, 유산 등을 비판적 성찰의 소재로 삼아서 더 나은 삶, 더 나은 세계를 추구하는 교육에 대한 새로운 관점"으로 보아야 한다는 것이다.[63)]

이렇게 볼 때, 미국에서의 다문화교육은 '용광로'로 상징되던 기존의 문화적 동화를 지향하는 다문화교육을 폐지하고 문화적 복수주의를 채택하고 있는 것으로 판단된다. 더 나아가 미국에서의 다문화교육은 한 사회 안의 민족 집단에 초점을 맞추는 것에서 벗어나 최근 생태계의 위기, 핵문제, 테러리즘, 인권문제, 천연자원 고갈과 같은 전 지구적 차원의 문제를 포함할 수 있을 만큼 확장되고 있는 추세다.

2) 다문화 교육과정

교육과정이란 교육기관에서 학생들이 갖게 되는 공식적 혹은 비공식적 경험의 총체다. 이러한 개념정의를 기준으로 하면 다문화 교육과정은 잠재적 교육과정에 해당된다. 예컨대, 다문화 교육과정은 교사의 가치관과 기대, 학생의 또래집단 형성, 학교의 규칙 등과 밀접한 관련이 있다. 그리고 학생들이 갖고 있는 다양한 가치관, 문화적 방식, 지식, 견해 등과도 밀접하게 관련되어 있다. 따라서 넓은 의미로 볼 때, 다문화 교육과정은 학교환경 전체와 관련되어 있다.[64] 그러나 여기서는 [그림 10-1]에 제시된 다문화교육의 목적과 관련하여 학생들의 이해, 행동, 가치관, 태도 등을 개발하기 위해 의도적으로 계획된 학교경험에만 초점을 맞추고자 한다.

크리스틴 베넷은 다문화 교육과정의 핵심 가치를 ① 세계 공동체에 대한 책임, ② 지구에 대한 존중, ③ 문화적 다양성 인정, ④ 인간존엄성과 보편적 인권으로 제시한다. 그리고 이를 구현하기 위한 여섯 가지 목적을 다음과 같이 제시하고 있다.[65]

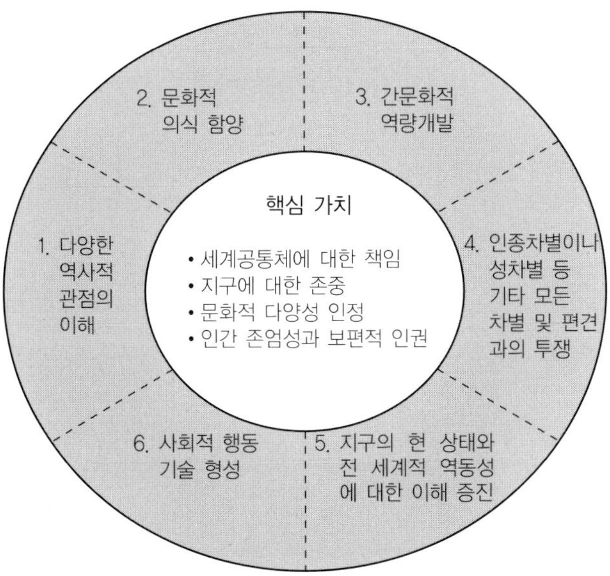

[그림 10-1] 다문화 교육과정의 목적

출처: Bennett, C. (2009), p. 62, 발췌 수정.

다양한 역사적 관점의 이해

제 3세계국가나 우리 사회 내부의 소수민족에 대한 정보를 접할 때 그들의 역사에 무관심한 경향이 있다. 다문화교육의 가장 중요한 목적은 다양한 역사적 관점을 발달시킴으로써 영국과 서유럽 중심으로 편향되어 있는 성향을 바로잡는 것이다. 지역적 사건이나 국가적 사건을 이해할 때도 다수집단과 소수집단의 관점이 동시에 고려되어야만 한다.

문화적 의식 함양

문화적 의식이란 자신의 세계관이 보편적이지 않으며, 다른 나라나 민족 집단의 구성원이 갖고 있는 세계관과 심각하게 다르다는 점을 이해하고 인정하는 것이다. 여기에는 인간사회에 다양한 사고와 행동방식이 존재한다는 점을 이해하고 자신의 생각과 행동이 다른 나라나 민족 집단에서는 받아들여질 것인가를 인식하는 것이 포함된다.

간문화적 역량개발

간문화적 역량이란 자신과 다른 표상적 의사소통(언어, 기호, 몸짓), 무의식적인 신호(신체언어), 문화적 관습을 해석할 수 있는 능력이다. 자신의 문화적 조건에 기초해서 상대방에 대해 여러 가지 가정을 한다는 것을 인식하고 자각하는 것이 간문화적 역량개발의 궁극적인 목적이다.

인종차별이나 성차별 등 기타 모든 차별 및 편견과의 투쟁

자신의 문화와 다르다는 점 때문에 형성된 부정적인 태도나 행동을 줄여 나가는 것을 의미한다. 사회 내에는 성, 인종, 민족 집단과 관련된 사회통념이나 고정관념에 기초한 인종차별과 성차별이 존재함을 인식하고, 나아가 반인종차별주의자, 반성차별주의자로서 행동하도록 하는 것이 목적이다.

지구의 현 상태와 전 세계적 역동성에 대한 이해 증진

지구의 현 상태를 정확히 인식하고 또한 전 세계적으로 나타나는 보편적인 변화의 흐름과 발전과정을 인식하는 것이다. 전 세계는 다양한 하위체계가 상호 밀접하게 연계되어 있는 거대한 생태계로서 작은 사건에 의해서도 심각한 영향을 받을 수 있다는 점을 이해하는 것이다.

사회적 행동 기술 형성

지구의 미래와 인류의 행복을 위협하는 문제를 해결하는 데 필요한 지식과 태도, 행동을 의미한다. 특히 '생각은 전 지구적으로(globally)' '행동은 지역적으로(locally)'하는 것을 강조한다. 따라서 모든 사회 집단과 구성원이 민주적 과정을 통해 변화 촉진자가 되도록 하는 데 중점을 둔다.

이상 교육과정 모델의 여섯 가지 목적은 서로 중첩되어 있다. 각각의 목적은 개별적으로 다문화교육을 위해 필요하지만 그 목적 하나만으로 충분한 것은 아니다. 오히려 여섯 가지 목적이 교육과정 전반에 골고루 분포되도록 하되, 개별 교과목의 특성과 학생의 발달단계적 특성에 따라 가장 적합한 목표를 다루도록 하는 것이 필요하다.[66)]

3) 다문화교육의 사례

다문화교육의 기초이자 중심이 되는 내용은 편견을 배제시키는 교육이다. '편견(偏見, prejudice)' 의 사전적 정의는 "어떤 사물이나 현상에 대하여 사실상의 근거 없이 지니고 있는 완고한 의견" 이다.[67)] 편견은 우리로 하여금 선입견과 고정관념에 빠져들게 함으로써 차별 문제를 일으키고 사회갈등을 심화시킨다. 특히 겉모습과 직업, 말투를 통해 그 사람에 대한 생각을 쉽게 결정해 버리는 우를 범할 수 있으므로 다문화교육은 외모, 성, 인종, 민족, 능력, 장애 유무, 종교 등에 상관없이 모든 사람을 편견을 갖지 않고 존중하도록 가르치는 반편견(anti-bias)교육에서 출발해야 한다. 반편견교육과 연계한 다문화교육의 사례는 〈표 10-1〉과 같다.[68]

표 10-1 반편견 다문화교육 사례

<table>
<tr><td>강의명</td><td colspan="3">"우리 안의 차별……"</td></tr>
<tr><td>주제</td><td colspan="3">반편견 다문화교육</td></tr>
<tr><td>목표</td><td colspan="3">일상에서 발생하는 타 문화에 대한 차별과 고정관념에 주목하고자 한다. 다문화 시민사회에서 타 문화를 인정하고 수용하는 능력을 기른다.</td></tr>
<tr><td>시간</td><td colspan="3">120분간 진행(중간 휴식시간 10분)</td></tr>
<tr><td>대상</td><td colspan="3">초등학교 5~6학년</td></tr>
<tr><td>진행절차</td><td>시간</td><td>교육내용</td><td>비고(준비물)</td></tr>
<tr><td>도입</td><td>5분</td><td>강의자와 교육자가 서로 인사를 나누고 강사 및 강의 목표를 소개한다.</td><td></td></tr>
<tr><td rowspan="3">강의 및 활동</td><td>50분</td><td>1. Ice breaking-마인드맵(20분)
팀별로 돌아가면서 '흑인과 백인'에 대해 생각나는 것을 말한다. 이를 칠판에 마인드맵으로 정리하고 우리가 가지고 있는 편견에 대해 이야기해 본다.
2. 영상 시청하고 소감 나누기(30분)
EBS 지식채널e 〈17년 8개월〉 영상을 시청하고, 외국인 노동자와 관련한 평소 자신의 생각에 대해 이야기해 본다.</td><td>* 시청각 자료</td></tr>
<tr><td>10분</td><td>휴식</td><td></td></tr>
<tr><td>45분</td><td>3. 우리와 우리가 아닌 것: 우리주의(20분)
'우리'라는 말이 사용된 예를 찾아보고 우리라고 묶은 것들의 특징을 찾아본다.
4. 다른 나라 사람이 본 우리나라 문화(25분)
다른 나라 사람이 우리나라의 문화에 대해 평가해 놓은 사례를 제시하여, 이에 대한 느낌이 어떠한지 이야기해 본다.</td><td>* 활동지
* 읽을거리</td></tr>
<tr><td>정리</td><td>10분</td><td>강의 내용의 의의를 다시 점검하며 강의를 마무리한다.</td><td></td></tr>
</table>

후주

1. 김창혁. 새는 좌우의 날개로 난다. (2010. 7. 28.). 동아일보.
2. 김광억. 민족과 사회. 최무영 외(2011). 서울대 명품강의. 서울: 글항아리, pp. 121-122.
3. 참조: 행정안전부에서 발간하는 여러 통계는 2004년 이후 국제결혼으로 인한 다문화가정이 매년 10% 이상씩 증가함을 보여 주고 있다.
4. 황정미 외(2007). 한국사회의 다민족 · 다문화의 지향성에 대한 조사연구. 서울: 한국여성정책연구원.
5. 같은 책.
6. 같은 책.
7. 김교식. 다문화가족이 걱정되세요? (2010. 8. 23.). 동아일보.
8. 참조: 한국보건복지가족부가 보건사회연구원에 의뢰하여 2009년 7월 결혼이민자 15만 4000명을 대상으로 다문화가정 실태를 조사한 연구임.
9. 참고로 2010년 현재, 세계 인구가 약 65억 명인데 2050년이면 90억이 된다고 한다. 절대 인구가 느는 것도 문제지만, 더 큰 문제는 균형 있게 인구가 늘지 않는다는 점이다. 늘어나는 곳에서만 는다는 얘기다. 지역적으로 보면 물이 부족한 지역이고 종교적으로 보면 이슬람권, 경제적으로 보면 못사는 나라다. 학자들은 이 점이 바로 세계질서의 시한폭탄이라고 입을 모은다.
10. 참조: 동아일보(2009. 9. 16.).
11. 참조: 동아일보(2009. 9. 21.).
12. 같은 글.
13. 한국보건사회연구원 저출산고령사회연구센터(2009). 다문화가족의 증가가 인구의 양적, 질적 수준에 미치는 영향. 서울: 한국보건사회연구원.
14. 임진숙(2008). 다문화가정 어머니의 양육태도와 유아의 언어능력 및 사회적 능력의 관계 연구. 전남대학교 대학원 석사학위논문.
15. 황정미 외(2007). 앞의 책.
16. 오경석(2007). 한국에서의 다문화주의: 현실과 쟁점. 서울: 한울아카데미.
17. 참조: 경향신문(2009. 9. 6.).
18. 한국청소년정책연구원(2009). 다문화가정 자녀의 학교생활 실태와 교사 학생의 수용성 연구. 서울: 한국청소년정책연구원.
19. 김이선 외(2007). 다민족 다문화사회로의 이행을 위한 정책패러다임 구축: 한국사회의 수용현실과 정책과제. 서울: 한국여성정책연구원
20. 장원순(2006). 우리 안의 차별과 배제, 일상적 삶에서의 다문화교육 접근법. 사회과교육연구, 13(3), 27-46.

21. 한건수(2007). 국내 체류 이주노동자 자녀 및 청소년 이주민의 삶과 정체성. 유네스코 아태국제이해교육원. 다문화 사회의 이해: 다문화교육의 현실과 전망. 서울: 동녘.
22. 참조: 조선일보(2010. 9. 28.).
23. 황정미 외(2007). 앞의 책.
24. 참조: 동아일보(2009. 9. 7.).
25. 로버트 D. 퍼트넘(2009). 나 홀로 볼링: 사회적 커뮤니티의 붕괴와 소생(정승현 역). 서울: 페이퍼로드.
26. 프랜시스 후쿠야마(1996). 트러스트: 사회도덕과 번영의 창조(구승회 역). 서울: 한국경제신문사.
27. 이관춘(2006). 직업은 직업이고 윤리는 윤리인가(2판). 서울: 학지사, pp. 72-73.
28. 참조: 동아일보(2009. 9. 7.).
29. 참조: 이하의 내용은 주한호주대사관에서 제공하는 다양한 정책 홍보자료를 참고한 것임.
30. 연세대학교 호주연구센터. 호주포럼. Multicultural Australia and Lessons for Korea 2009년 9월 23일. 장기원국제회의실.
31. 참조: 동아일보(2009. 9. 16.).
32. 같은 글.
33. 같은 글.
34. 같은 글.
35. 조너선 색스(2010). 사회의 재창조(서대경 역). 서울: 말글빛냄.
36. 곽준혁. 다문화시대의 애국심을 찾아서. (2010. 3. 12.). 동아일보.
37. 한경구(2007). 다문화사회란 무엇인가?. 유네스코 아태국제이해교육원. 다문화사회의 이해: 다문화교육의 현실과 전망. 서울: 동녘, pp. 86-134.
38. 같은 책, 재인용.
39. 같은 책, p. 94.
40. 황정미 외(2007). 앞의 책.
41. 김용신(2008). 한국사회의 다문화교육 지향과 실행전략. 사회과교육, 48(1), 13-25.
42. 이태주(2007). 국경을 넘어 세계로 나간 한국인들의 다문화경험. 유네스코 아태국제이해교육원. 다문화사회의 이해: 다문화교육의 현실과 전망. 서울: 동녘, p. 167.
43. 같은 책.
44. 한경구(2007). 앞의 책.
45. 김도경, 정명주, 차창훈, 지종화(2009). 다문화주의와 한국인의 국민정체성: 설문조사 결과를 중심으로. 국제문제연구, 9(1), 183-214.
46. 한건수(2007). 앞의 책.
47. 오경석(2007). 어떤 다문화주의인가?: 다문화사회 논의에 관한 비판적 조망. 한국에서의 다문화주의-현실과 쟁점. (사)국경 없는 마을 학술토론회 자료집.

48. 한건수(2007). 앞의 책, p. 148.
49. 같은 책, p. 158, 재인용.
50. 같은 책, p. 159.
51. 한경구(2007). 앞의 책, p. 92.
52. 같은 책, p. 93.
53. 같은 책, p. 159.
54. 같은 책, p. 165.
55. Gibson, M. A. (1984). Approaches to multicultural education in the United States: Some concepts and assuptions. *Anthropology and Education, 15*, 94-120.
56. 제임스 뱅스(2008). 다문화교육입문(모경환 외 역). 서울: 아카데미프레스.
57. 이은진, 오성숙(2009). 다문화교육에 대한 유아교육기관 학부모의 인식. 생태유아교육연구, 8(2), 59-79.
58. 김선미(2004). 민주시민교육에서 다문화 교육의 의미와 실천방향. 한국사회과교육연구학회 하계학술대회 발표자료.
59. 크리스틴 베넷(2010). 다문화교육: 이론과 실제(김옥순 외 역). 서울: 학지사, p. 23.
60. Sleeter, C. E., & Grant, C. A. (1999); 제임스 뱅스(2008). 앞의 책, 재인용.
61. 참조: 다문화교육의 접근방법에 대해서는 Banks, J., & Banks, C. (Eds.). (2001). *Handbook of research on multicultural education*. San Francisco, CA: Jossey-Bass를 참고함. 여기서는 조용환(2007). 다문화교육의 의미와 과제. 유네스코 아태국제이해교육원. 다문화사회의 이해: 다문화교육의 현실과 전망. 서울: 동녘, pp. 249-251를 요약 정리하였음.
62. 크리스틴 베넷(2010). 앞의 책, p. 23.
63. 조용환(2007). 앞의 책, p. 252.
64. 크리스틴 베넷(2010). 앞의 책.
65. 참조: 이 절의 다문화교육과정에 대한 내용은 크리스틴 베넷(2010). 앞의 책, pp. 62-65, 요약 정리.
66. 같은 책, p. 65.
67. 박진환, 류혜숙(2009). 도덕과 교육에서 문학을 활용한 반편견, 다문화 교육. 윤리교육연구, 20, pp. 33-34.
68. 같은 책.

제11장

세계화와 대안 세계화

마치 둑을 터뜨리고 밀려드는 홍수처럼 세계화는 우리의 삶에 막대한 영향을 미치고 있다. 세계화란 단어는 이젠 진부할 정도로 익숙하지만, 그 실체와 의미에 대해서는 갑론을박이 여전하다. 아울러 세계화에 대한 찬반도 극명하게 엇갈린다. 언제부터인가 두 얼굴의 야누스가 된 것이다. 한쪽은 세계화의 장밋빛 미래로 화장을 하고 있는 반면 다른 한쪽은 부의 불평등과 빈곤의 확대 같은 깊은 주름이 패여 있다. 세계경제포럼이 열렸던 '다보스'는 '세계화밖에 다른 길은 없다(There is no alternative: TINA)'는 장밋빛 전망을 제시했다면, 반세계화 운동의 상징 도시인 브라질 남부도시 '포르투 알레그레'는 '세계화 말고도 다른 세계가 가능하다(Another world is possible)'는 좌절과 분노를 상징한다.

세계화 '~밖에 없다'와 '~밖에 있다'가 평행선을 달리고 있다. 세계화와 시장밖에 길이 없다는 주장이 대세를 장악하고 있는 가운데, 다른 한편으로는 적지 않은 사람이 반세계화 혹은 대안적 세계화를 위한 투쟁에 나서고 있다. 하지만 분명한 것은 양쪽 다 세계화의 한 측면을 극단으로 몰고 가며 과장한다는 점이다. 일본 리츠메이칸 대학교 이강국 교수의 지적대로 세계화 현상에 대한 찬반의 태도를 정하기 전에 균형 잡힌 시각을 갖추는 게 먼저일 것이다. 이제 세계화의 영향에서 자유로운 사람은 없다. 그렇다면 세계화를 무조건 지지하거나 반대하는 대신 보다 인간적인 얼굴을 한 세계화가 어떻게 가능한지 머리 맞대고 고민해 보는 것이 더 시급한 일일 것이다.[1)] 과연 경제적 세계화란 일반적으로 정의되듯이 교통 및 통신 기술의 발달에 기초한 상품과 자본의 자유로운 국제적 이동이며, 그것을 수용하기만 하면 전 세계 모든 나라는 성장과 번영을 구가할 수 있는 것인가? 아니면 세계화를 통한 인류 전체의 번영이라는 축복도 한낱 허구에 불과한 것인가?

1. 세계화의 개념과 특징

세계화의 개념과 기원, 본질에 관해서는 다양한 논의가 가능하다. 일반적으로 세계화란, 국가단위의 경계가 약화 또는 무력화되고 세계 전체가 하나의 단위로 통합되어 기존의 국경을 무의미하게 만드는 과정이다. 특히 "경제적 의미에서의 세계화란 상품과 서비스의 생산, 유통, 소비 그리고 자본의 투자 활동 등 여러 가지 경제 활동이 전 세계적으로 통합되는 과정"[2)]으로 정의된다. 물론 이런 정의가 잘못된 것은 아니지만 현재 진행 중인 세계화의 본질을 정의하는 데는 한계가 있다.

1) 세계화의 기원 및 개념

현상적으로만 보면, 세계화는 1990년대 들어 본격적으로 심화되기 시작되었다. 그러나 세계화는 제2차 세계대전 이후 출범한 IMF(국제통화기금)와 GATT(관세와 무역에 관한 일반협정) 체제로 거슬러 올라갈 수 있다. 세계화가 급물살을 타게 된 것은 1994년 우루과이라운드(UR)협정 체결에 이어, 1995년 UR협정의 이행을 감시하는 WTO가 출범하면서부터다. WTO는 그동안 자유무역을 가로막던 관세 · 비관세 장벽을 허물어 자본과 서비스의 이동을 훨씬 자유롭게 만들었다. 이와 맞물려 통신과 인터넷의 결합으로 인한 디지털 혁명으로 세계화의 파고는 더욱 깊고 넓게 퍼지게 되었다.

그렇다면 세계화는 왜 일어나는 것일까? 세계화를 촉진시키는 용매 역할을 하는 것은 무엇일까? 세계화에 대한 본질 규명에 가장 앞장 선 학자로 단연 맬컴 워터스 Malcolm Waters를 들 수 있다. 워터스는 우선 세계화를 지리적 공간 및 인식의 확대 측면에서 접근하지만 그 인식 확대에는 서구 유럽 문화의 팽창이 저변에 깔려 있음을 강조한다. "사회화란 사회적 · 문화적 제도에 대한 지리학적 구속이 약해지고, 그러한 사실을 사람들이 점점 많이 인식하게 되는 사회적 과정이다. 세계화는 정착과 식민화, 문화적 모방의 수단을 통한 유럽 문화의 전 세계적 팽창의 직접적인 결과이며 또한 자본주의 발전의 양상과 관련이 있다."[3)]

워터스는 세계화는 자본주의 및 산업화가 본질적으로 내재하고 있는 속성이 표출된 것임을 고전 학자들의 이론을 예로 들어 제시한다. 우선 에밀 뒤르켕Émile Durkheim은 분화이론과 문화이론을 정립하여 세계화 이론의 토대를 제공하였다. 사회가 구조적으로 분화하게 되면 국가를 비롯한 광의의 실체를 우선적으로 고려하는 태도가 약해지며, 이에 더해 사회 내부의 다양성을 포괄하기 위한 집단의식은 더욱 약화되고 추상화된다는 것이다. 따라서 산업화가 시작되면서 집단 우선적 태도는 자연히 약화되고 사회 간의 경계는 무너지게 되었다고 주장한다. 막스 베버 Max Weber는 합리화를 세계화의 용매로 내세운다. "합리화된다는 것은 모든 문화가 사회적 관계의 비인격화, 전문화된 지식의 중요성 고양, 기술적으로 합리화된 통제의 확장 등과 같은 특징을 가진다는 것을 의미"[4)]한다는 것이다.

카를 마르크스Karl Marx는 자본가 세력이 증대되면서 새로운 시장이 열리며, 그 새로운 시장의 확대(세계화)는 또다시 자본가 세력을 증대시킨다고 주장한다. 생산의 세계적 확장이 '세계 시장' 을 확립시켰으며 이런 발전은 생산뿐만 아니라 소비에서도 마찬가지로 적용된다는 것이다. 그러나 세계화의 용매역할은 생산, 소비만이 아니다. 클로드 생시몽Claude Saint-Simon은 산업화가 유럽 여러 국가의 문화를 아우르는 어떤 공통적인 관행을 만들어 냈다는 점을 지적한다. 요약하면, 세계화의 태동에 대해서는 이미 18세기부터 학문적인 논의가 있었음을 알 수 있다. 이들의 주장은, 세계화는 사회구조적인 변화, 합리화로 인한 의식의 변화, 자본주의 체제에서의 생산과 소비의 확장 및 산업화에 따른 관행의 공통화 등에 따른 자연적인 진화의 결과라는 것이다.

그렇다면 현재 심화되고 있는 세계화를 직접적으로 촉발시킨 용매는 무엇인가? 이에 대한 이강국 교수의 분석은 직설적이고 명쾌하다.

> "이윤을 좇아 팽창해야만 하는 자본의 속성을 생각하면 자본주의는 그 기원부터 국제적이었고 제1차 세계대전 이전도 높은 국제화 수준을 보여 주었던 것이 사실이다. 하지만 많은 이들은 1970년대 이후에 새로이 발전하고 있는 세계화는 단순히 과거로 돌아가는 것만은 아니며, 당시에 역사적으로 전개된 자본주의의 동학과 역관계의 변화를 고려할 때 더 잘 이해될 수 있다고 생각한다. 즉, 세계화는 역시 1970년대 초반 심각해진 자본주의의 구조적 위기에 대응한 자본의 축적전략이라는 것이다. 누가 뭐라 해도 세계화의 주체는 역시 '자본'이며 이들의 힘과 이해 그리고 압력이 세계화의 길을 여는 정책으로 이어졌기 때문이다."[5)]

따라서 그에 따르면, 세계화는 단순히 교통·통신 기술의 발달로 인한 필연적인 변화 과정이 아니라는 것이다. 현재의 세계화는 1970년대 초반 심각해진 자본주의의 구조적 위기에 대처하기 위한 자본과 이를 대변하는 국가의 전략적인 대응으로 전개된 '신자유주의적 세계화'라는 것이다.

2) 렉서스와 올리브나무

21세기 들어 심화되고 있는 세계화의 모습을 가장 상징적으로 묘사한 사람은 토머스 프리드먼Thomas Friedman이다. 프리드먼은 저서 『렉서스와 올리브나무Lexus and the Olive Tree』에서 세계화의 특징을 과거와 대비시켜 설명하고 있다.[6] 프리드먼은 세계화의 상징으로서 렉서스를, 과거 전통의 상징으로서 올리브 나무를 제시한다. 일본 도요타 자동차의 고급 모델인 렉서스가 자동화된 공장에서 최첨단 기술로 생산돼 전 세계 시장에서 팔리는 것을 세계화의 상징으로 본 것이다. 비록 2010년 미국에서의 부품결함으로 인한 인명 사고와 대규모 리콜사태로 렉서스의 브랜드 이미지는 크게 추락했지만, 적어도 당시에는 그렇게 보았다. 반면 올리브나무는 지역의 특성과 구시대적인 전통, 즉 앙시앵레짐(ancien regime)을 상징한다.

프리드먼은 세계 경제와 금융시장 체제의 특징은 렉서스로 표방되는 글로벌 스탠더드로 나아가는 데 있음을 강조한다. 따라서 중동의 베이루트와 예루살렘에서 올리브나무를 놓고 서로 제 것이라며 싸우고 있듯이 아직도 과거의 전통적인 사고에만 집착하다 보면 결국 그 피해는 부메랑이 되어 스스로에게 돌아간다는 것이다. 그는 올리브나무에만 얽매였다가 그 대가를 톡톡히 치른 국가로 1997년 IMF를 맞은 한국을 포함한 태국과 말레이시아, 한국의 뒤를 이어 금융위기를 맞았던 러시아를 사례로 제시한다.

프리드먼은 세계화를 좋든 싫든 찾아오는 새벽에 비유하며, 세계화가 냉전 체제를 대체하는 새로운 국제 시스템으로 이미 자리 잡았다고 선언한다. 운명으로 받아들이라는 얘기다. 따라서 세계화의 무자비함에 대응하는 최선의 방책은, 모든 사회는 적극적으로 끊임없이 더 나은 렉서스를 만들어 내고 이를 세계에 몰고 나가는 것이란 충고다. 그리고 현실적으로 무의미한 세계화 반대가 아니라, 적극적으로 세계화 시스템의 논리와 작동원리를 이해하는 것이 중요하다고 조언한다.

여기서 유의할 점은 프리드먼은 렉서스 때문에 올리브나무를 포기하는 우를 범해서는 안 된다고 강조한다는 점이다. 무조건 글로벌 스탠더드만을 추종해서는 안 된다는 이야기다. 프리드먼은 단지 글로벌 경제에 참여하는 것만으로 사회를 건강하게 만들 수 있다고 생각하는 건 착각이라고 일침을 놓는다. 올리브나무로 상징되는 '정체성'을 지켜야 한다는 것이다. 한 나라의 정체성을 훼손시키면서 글로벌 경제에 참여한다면, 그리고 개인이 글로벌 체제 때문에 올리브나무의 뿌리가 으깨지거나 쓸려 나가 버린다고 느낀다면 그 올리브나무 뿌리들은 저항하며, 글로벌 체제의 목을 조르려 할 것이라고 경고한다.

그러나 프리드먼의 이러한 표현은 세계화의 영향을 받는 비서구 국가에 대한 애정 어린 조언이라기보다는 세계화를 추진하는 미국에 대한 전략적인 충고처럼 들리기도 한다. 세계화의 특징을 역설적으로 묘사한다고도 볼 수 있다. 어찌되었든 프리드먼이 강조하는 것은 오늘의 세계를 올바로 이해하려면 렉서스만이 아니라 올리브나무도 이해해야 한다는 것이다. 또 보다 나은 세상으로 바꿔 나가려면 렉서스를 만들어 내는 것만이 아니라 올리브나무를 가꾸는 데에도 신경을 써야 한다는 점을 강조하고 있다.

3) 세계화의 특징

프리드먼은 세계화를 주로 경제부문에 초점을 맞추었지만 세계화는 경제에만 머무르지 않고 사회 각 부문으로 파급되고 있다. 일반적으로 논의되는 세계화의 특징을 열거하면 다음과 같다.

첫째, 전 세계가 단일 경제체제로 재편된다. 국가단위의 경제구조는 급속히 약화되고 글로벌 단위의 경제체제로 편입된다. 오늘날 세계경제질서는 실제로 상품시장은 물론이고 서비스시장, 자본시장, 금융시장 등 모든 시장이 범세계적 차원에서 자유화되는 방향으로 개편되고 있다.[7)]

둘째, 생활공간이 국경선을 넘어 지구 전체로 확대되고 인류생존과 직결된 문제가 세계적 차원에서 발생하고 전개된다.

셋째, 국가 간 교류가 증대되면서 문화접촉이 빠르게 진행되고 문화충돌현상 및 문화동질화현상이 진행되고 있다. 미국을 중심으로 한 '세계문화'가 주류를 이루는 가운데 다양한 민족과 지역, 문화가 하나의 공간에 존재하게 되었다. 특히 소비욕구와 호기심의 증가로 상업화된 대중문화는 더욱 빠르게 전 세계를 휩쓸고 있다. 미국의 맥도날드 햄버거를 전 세계에서 맛볼 수 있으며 한류가 동남아시아를 비롯한 세계 각국으로 확산되고 있기도 하다.

넷째, 세계자본의 지배가 급속히 강화되고 있다. 거대자본 중심으로 세계경제가 개편되기 때문에 국경을 초월하는 기업합병과 흡수통합이 일반화된다.

다섯째, 세계화는 교육부문에도 적용된다. UR 협정에서 교육이 서비스 품목의 하나로 포함되어 있다. 따라서 현대교육의 주축을 이루었던 국가주도의 국민교육체제가 존속을 위협받고 있는 것이다.[8)]

노벨 경제학상 수상자인 컬럼비아 대학교 조지프 스티글리츠Joseph Stiglitz 교수는 세계화는 정치적 · 경제적 통합과 더불어 사람들의 사고방식과 태도에도 많은 변화를 가져다주었다고 말한다.[9)] 사람들은 대부분 자기가 살던 지역사회, 도시, 국가에 국한되어 살아가지만 세계화로 인해 사람들은 지구촌의 일원이라는 사실을 인식하게 되었다는 것이다. 예를 들어 유럽의 경제통합의 영향으로 유럽인은 자신들이 독일인, 이탈리아인, 영국인인 '동시에' 유럽인이라고 사고할 수 있게 되었다는 것이다.

흔히들 세계화로 국경이 없어졌다고 한다. 과연 그런가? 이 말은 케임브리지 대학교 장하준 교수의 지적대로 선진국의 경제민족주의가 만들어 낸 신화다.[10)] 선진국은 자기가 많이 가지고 있는 자본의 국제이동을 원할 때는 국경이 없어졌다고 하면서, 후진국이 많이 가지고 있는 노동의 이동 문제가 나오면 국경을 들이댄다.

현실적으로 보면 오히려 국경이 없어지는 것이 아니라 국가가 없어진다는 표현이 더 정확할 수 있다. 국가의 기능과 통제력이 급속히 위축되고 있기 때문이다.

'국가의 소멸' 에 대해서는 오래전 세계적인 경제 · 경영 컨설턴트인 일본의 오마에 겐이치Ohmae Kenichi가 예언한 바 있다. 그는 저서 『국가의 종말End of the Nation State』에서 국가는 소멸할 것이며, 대신 지역국가가 부상할 것이라고 예견하였다.[11] 당시에는 '말도 안 되는 소리' 라는 반응이 많았지만 15년 이상이 지난 지금에 와서는 현실이 되고 있다. 겐이치가 말하는 지역국가란 국경선 안에 위치한 민족국가가 아닌 전적으로 경제적인 의미에서 새로 경계선이 그려진 영역을 말한다.

대표적인 것이 자유무역협정(FTA)이다. 나아가 배타적 경제블록도 지역국가의 범주에 들어간다. 유럽을 하나로 만든 EU(유럽연합)나 NAFTA(북미자유협정), APEC(아시아태평양경제협력체), AFTA(아세안자유무역지대) 등이 포함될 수 있다. 또한 2010년 6월에 있었던 중국과 대만의 시장통합도 대표적인 사례다. 두 나라는 관세의 인하 또는 폐지를 골자로 하는 경제협력기본협정(ECFA)을 체결함으로써 지역국가를 탄생시켰다. 세계 각국이 역내(域內) 경제의 주도권 강화와 새로운 시장 확보를 위해서라면 누구와도 손잡을 수 있음을 확인시켜 준 사례라 할 수 있다.

새로운 지역국가의 탄생은 포함되지 못한 주변국가에는 위협이 될 수밖에 없다. 일례로 중국-대만 시장통합은 한국 경제에 상당한 위협이 되고 있다. 한국과 대만의 중국 수출 상위 20개 품목 중 반도체, 액정표시(LCD) 등 14개 품목이 중복되고 대중국 수출액의 무려 60%가 대만과 경합하는 품목이기 때문이다.[12] 대만 제품이 관세 없이 중국 시장에 들어가면 한국 제품의 경쟁력이 약화될 수밖에 없다. 이를 상쇄하기 위한 대안으로 한국도 중국과의 FTA를 추진할 필요가 있을 것이다. 그렇다 해도 FTA 체결에 통상 2~4년이 걸리는 점을 감안하면 대만은 그 이전에 중국과의 시장통합으로 이익을 극대화시킬 것이다. 겉으로는 협력을 내세우지만 실제로는 치열한 이익 다툼의 장으로 기능하고 있는 것이 세계화의 특징이다.

2. 세계화에 대한 논쟁

'세계화'는 하나의 지구촌 경제체제로 통합되어 상호 협력과 경쟁을 통해 모두가 혜택받는 희망의 나라가 도래한다는 주장이 주류를 이룬다. 그러나 다른 한편에서는 영화 〈아바타Avatar〉의 주인공 '제이크' 처럼 신자유주의에 입각한 세계화를 '만악의 근원' 으로 규정하며 세계화를 전면 거부하는 흐름이 세를 넓혀 가고 있다. 또 다른 한편에서는 프리드먼의 '올리브나무' 와 '렉서스' 를 잘 조화시켜 '인간의 얼굴' 을 한 세계화를 이루어야 한다는 목소리가 높아지고 있다.

1) 세계화는 '선'

세계화는 선이다. 아니면 최소한 차선(second-best)이다. 이는 세계화를 주창하는 사람들의 입장일 것이다. 세계화를 찬성하거나 최소한 불가피성을 내세우는 사람들은 세계화 물결이 가져오는 편리함과 이익, 새로운 기회에 주목한다. 일반 소비자는 자유무역의 확대로 밀려오는 다양한 수입 상품을 접하면서 더욱 저렴한 가격으로 물품을 구입할 수 있게 된 것을 환영한다. 경쟁력 있는 생산자는 자신의 판매망을 해외로 확대할 수 있는 기회를 갖게 된 것에 고무된다. 문화계 및 학계 인사들은 이전보다 활발해진 국제 교류 행사에 손쉽게 참여하게 된다. 일반 시민도 한층 자유롭고 저렴한 해외여행을 즐길 수 있다. 세계화에 수반되는 이러한 경제적 이익의 가능성과 자유로운 활동의 기회는 많은 사람이 세계화를 지지하는 중요한 이유가 된다. 세계화에 문호를 개방했지만 아직 확실한 성과를 얻고 있지 못한 국가나 사회도 같은 이유로 세계화에 대한 미련을 쉽게 버리지 못하고 있다는 것이 이들의 주장이다.[13)]

세계화 찬성론자의 의견은 다양해 보이나 그 이론적 근원을 따져볼 때 시장주의,

자유주의 및 국제주의에 이념의 뿌리를 두고 있다.[14] 수전 조지Susan George는 기업 주도와 금융권이 주축이 되는 시장주의와 신자유주의적 세계화 등 크게 두 가지 측면에서 세계화 찬성론자들의 주장을 정리하고 있다.[15]

첫째, 신자유주의에 기초한 세계화의 긍정론이다. 신자유론자들은 자유주의가 가지는 특성 중 개인의 자발적 의사와 선택을 최대한 존중하는 것이 개인의 존엄성과 가치를 높이는 길일뿐만 아니라 사회를 발전시키는 원동력이라고 본다. 개인의 자유가 허용될 때 사람들은 사회적 신분 · 계급이나 공동체 집단의 규례 혹은 남녀 성 차별과 같은 속박에서 벗어나 자신에게 충실한 삶을 살 수 있다고 여긴다. 또한 역사적으로 보면 자유사회는 실제적이고 합리주의 성향의 문화를 갖추게 되었으며, 이런 자유주의 사회에서는 일찍부터 사고와 표현의 자유가 중시되고 발전되어 왔다는 것이다.[16]

이러한 신자유주의적 입장에서 대부분의 경제학자는 자유주의 사회에서는 자본시장이 개방되고 국제무역이 자유화되며, 따라서 투자가 촉진되고 생산성이 향상되어 경제성장이 촉진된다고 주장한다. 또한 국제무역은 시장을 확대하고 경쟁을 촉진시켜 생산성을 높여 주며, 국제적 자본이동은 후진국의 부족한 투자 재원을 메워 주고 투자의 효율성을 높여 결과적으로 경제성장에 도움이 된다는 것이다.[17]

둘째, 시장주의 경제학에 입각한 세계화의 효과다. 세계화의 지지자들은 예외 없이 시장주의나 시장근본주의 혹은 시장주의 경제학자들이다. 이들의 주장은 확고하다. '자본주의 시장경제를 우월하는 대안은 없다' 는 것이다. 시장경제는 쉽게 말해 '시장의 법칙' 에 따라 움직이는 체제를 뜻한다. 애덤 스미스Adam Smith의 '보이지 않는 손' 의 원리를 신봉하면서 시장의 완전경쟁이 가능하며 경제활동에 어떠한 외부적 간섭이 없어야 함을 강조한다. 그래야만 모든 재화의 수요량과 공급량이 균형을 이루는 가격체계가 형성될 수 있다[18]는 것이다.

세계화 지지자는 생산자와 소비자 간에 거래와 교환을 중심으로 하는 시장경제가 세계화로 인해 전 지구촌으로 확대되는 것이 인간 사회 전체를 위해 바람직하다고 생각한다. 사회 전체적으로 생산과 소비의 다양성과 풍요로움이 증폭된다는 것이다. 따라서 세계화 지지자는 시장이 인간 사회의 물질적인 필요를 충족시켜 나가는 데에 가장 효과적인 수단이자 경제 성장과 발전의 필수 조건이라는 점을 역설한다. 근대 이후 영국을 비롯한 서구 국가들이 세계 강대국으로 등장한 배경에는, 그리고 19세기에 들어와 시장경제체제가 영국으로부터 서구 유럽과 미국 대륙에 이식되고 일본에 전파되어 이들이 강대국으로 부상하게 된 배경에는 바로 시장경제가 있었다는 것이다.[19)]

21세기 세계화의 중심에는 이러한 시장주의 가치의 세계적 확산이 자리 잡고 있다. 경쟁, 개인주의, 효율성, 성과주의 같은 시장주의 가치는 일국 차원은 물론 국제 차원에서도 자원의 효율적 분배를 가져오며, 저절로 정치적 민주주의, 사회경제적 평등, 문화적 다양성으로 이어질 것이라는 게 세계화 지지론자의 낙관적 주장이다.[20)] 특히 이들은 시장경제체제가 지니는 평준화의 성향을 강조한다. 본래 모든 사회가 불평등하나, 시장경제를 갖춘 사회는 그나마 덜 불평등하며 불평등의 수위도 가장 낮다고 본다."[21)]

마지막으로 국제주의 입장이다. 세계화의 반대론자 중 일부는 세계화의 물결을 이용하여 자국 경제가 성장하는 것은 환영하나 새롭게 통합되는 경제에 외국인이 포함되는 것은 반대한다. 반면에 세계화의 지지자는 모든 국가와 국민을 지구촌 경제의 구성원으로 본다. 시장의 국경이 무너진 지 오래라는 점을 인정할 뿐만 아니라, 국제 거래도 국내 거래와 마찬가지로 당사자에게 이익을 주기 때문에 자연스럽게 활성화되고 있다고 여기기 때문이다. 세계론자가 국제주의 입장을 견지하는 이유는 무엇보다도 국제 거래의 경제적 효과 때문이다. 그 효과란 무역의 직접이익에서부터 간접이익과 지적, 정신적 이익까지 매우 광범위하다. 특히 이들은 자본의 자유로운 이동이 갖는 경제적 효율성에 주목한다. 자본의 자유로운 이동은 세계를 시간대별로 나누어 각 지역이 원하는 금융 자산을 공급하는 것을 가능케 함으로써 자본의 공급자나 수요자 모두에게 이익을 줄 것으로 전망한다.[22)]

2) 영화 〈아바타〉와 반세계화

영화 〈아바타〉가 한동안 인기를 끌었다. 미국의 유명 영화감독 제임스 카메론 James Cameron이 2009년에 제작해 세계적으로 흥행한 영화로서 '판도라' 라는 외계 위성을 배경으로 하는 SF 영화다. 간략한 내용은 다음과 같다.

> 2154년, 지구는 고갈되는 에너지 문제 해결을 위해 지구로부터 멀리 떨어진 행성 '판도라' 에서 대체 자원을 채굴하려 한다. 이를 위해 판도라의 토착민 '나비(Nav' i)' 족의 외형에 인간의 의식을 주입하여 원격 조정이 가능한 새로운 생명체 '아바타' 를 탄생시키는 프로그램을 개발한다. 판도라 '작전' 의 선봉장인 전직 해병대원 '제이크 설리' 는 지구에서는 겪을 수 없었던 다채로운 모험을 경험하면서 오히려 나비족과 하나가 되어 간다. 얼마 지나지 않아 판도라의 자원을 강탈하기 위한 지구인의 군사 침략이 시작된다. 하지만 판도라를 사랑하게 된 제이크는 결국 지구인의 자원 채굴계획에 반감을 가지게 되고 같은 생각을 가진 동료와 함께 싸우며 판도라를 지켜 낸다. 그리고 나비 족의 의식을 통해 그는 인간의 육신에서 나비 족의 육신으로 다시 태어난다.

〈아바타〉는 '세계화에 대한 성찰' 이란 관점에서 볼 때 의미 있는 시사점을 준다. 21세기 세계화는 서구 제국주의식의 자본주의(판도라 자원채굴)를 달성하기 위해 서구식 인식과 사고(나비족의 외현에 주입한 인간의식)를 주입하는 세계화 전략(판도라 프로그램)의 과정이며, 결국에는 피지배국의 자원, 나아가 생태계를 파괴(지구인 침략)하게 된다. 그러나 자연과 생태계의 소중함을 인식한(제이크의 판도라 사랑) 사람들이 탈식민적 사유(채굴계획 반감)를 통해 자본주의 세계화에 맞서 싸워(지구인과 투쟁) 지역과 생태계(판도라)를 지켜내며, 공존을 중시하는 세계 시민주의적 지역주의(나비족의 육신)를 실현하게 된다는 해석이 가능할 것이다.

문화제국인 미국 할리우드에서 만들어졌고 그에 걸맞게 백인 영웅이 주인공으로 등장한다. 하지만 아이러니하게도 그 속에 그려지는 외계 어느 별 원주민 종족의 모습을 통해 '제국주의에 대한 저항'과 '자기의 고유한 삶의 방식을 지키고 복원'하는 모습을 역설적으로 보여 주는 영화라 할 수 있다.

3) '악의 축', 세계화

세계화 지지자는 세계화 체제의 근간을 프리드먼의 '렉서스와 올리브나무'의 바탕인 신자유주의 및 시장경제에 두고 있다. 그렇다면 신자유주의가 가져다준 모든 경제관, 금융관의 물질적인 수혜는 믿을 만한 것인가? 또한 프리드먼의 제안대로 세계화의 상징인 '렉서스'와 지역의 전통 및 특성인 '올리브나무', 즉 앙시앵레짐은 서로 존중하며 조화롭게 발전해 나가고 있는가? 이에 대해 동의하지 않는 사람이 많다. 오히려 현실은 정반대라고 느끼는 사람도 적지 않다.

세계화와 관련된 정상회의 때마다 빠짐없이 등장하는 각국 시위대의 전투적인 모습은 반세계화의 물결이 얼마나 거세게 일고 있는지를 극명하게 보여 주고 있다. 지난 1999년 독일 쾰른에서 열린 서방 선진 8개국(G8) 정상회담에서는 3만여 명의 시위대가 '인간 사슬'을 만들어 회의장을 포위하며 반세계화 시위를 펼쳤다. 이후 WTO나 APEC, 서울에서 열린 G20 정상회의 등 주요 국제회의 때마다 전 세계에서 시위대가 몰려드는 일이 일상화되고 있다. 이는 마치 '렉서스' 때문에 '올리브나무'를 포기해서, 그 결과 '올리브나무의 뿌리가 으깨지거나 쓸려 나가 버린다고 느끼게 되면 올리브나무 뿌리들은 들고 일어나 글로벌 체제의 목을 조르려 할 것'이란 프리드먼의 예견이 현실화되는 것처럼 느껴진다.

그렇다면 세계화를 반대하는 구체적인 이유는 무엇인가? 신자유주의가 세계 정치・경제의 흐름을 장악하고 세계화를 규정하게 되면서 인류는 부의 집중과 빈곤의 증대라는 심화된 양극화 현상에 직면하고 있다. 선진국에는 돈이 몰리고 생산성이 높아져 경쟁력이 더욱 강화되지만 후진국은 갈수록 경쟁력이 떨어져 국민 생활이 어렵게 되는 경우도 있다. 한 나라 안에서도 부유층과 빈곤층의 소득 양극화가 심화되는가 하면 산업 간 명암도 뚜렷해진다. 우리나라처럼 공산품이 산업 기반일 경우 경쟁력이 뒤지는 농업의 피해는 커질 수밖에 없다.

선진국도 세계화의 역풍에 휘말리긴 마찬가지다. 기업이 상대적으로 임금이 싼 나라로 공장을 이전해 산업 공동화 현상이 나타난다. 수많은 사람이 어느 순간 갑자기 생산과 소비 과정에서 쓸모없는 존재가 되는 것이다. 이에 대해 수전 조지는 세계적으로 잉여인력이 되어 버린 수많은 사람이 있는데, 이들은 실체를 상실한 존재가 되고 말았다고 비판한다.[23] "세계화는 부(상품이나 서비스)의 생산자와 상품 구매력을 가진 소비자에게만 영향을 끼치기 때문에 이 잉여인력에는 아무런 영향도 주어지지 않는다. 세계화는 오직 최고의 것만을 취하고 나머지는 그대로 버려 둔다."라고 세계화의 그늘을 일깨우고 있다.

이강국 교수는 보다 근본적으로 세계화의 한계를 지적한다.[24] 세계화라고 하지만 실제로는 모든 경제 흐름이 선진국과 일부 신흥시장에 집중되는 경향이 강하다는 것이다. 초국적기업이 주도하는 생산의 세계화 역시 그러하며 경제통합도 미국, EU, 일본 등 3극을 중심으로 이루어지고 있는 제한적 상황이 세계화다. 즉, 세계화가 말 그대로 전 지구를 아우를 정도로 발전하지 못한 것이 그 한계라는 것이다. 다시 말해 애초의 낙관적인 기대와는 달리, 세계화가 전 세계적인 경제통합을 향해 나아가는 것이 아니라 "자본이 원하는 곳에서 원하는 방식으로 원하는 유형의 이윤을 추구할 수 있는 자유"만을 추구하고 있다는 주장이다. 자본의 이윤 증대를 목표로 하는 '선별적 포섭과 배제'가 특징이다 보니 세계화의 득실이 생길 수밖에 없다는 것이다. 'globalization'을 '지구화'가 아닌 '세계화'로 표현하는 것도 바로 이런 이유라고 분석한다.

세계화 문제의 주범을 미국 주도의 세계은행과 IMF로 한정시키는 분석도 나온다. 장하준 교수는 다른 가입국에 비해 상대적으로 발언권이 강한 미국에 압도적인 영향을 받는 기관이 세계은행과 IMF라고 말한다. 그는 세계 경제구조나 정책의 큰 흐름을 좌지우지하는 이 두 기관에 의해 반강제적으로 강요된 자유시장경제체제 신화는 여과되지 않은 채 개발도상국에 침투되어 그들의 성장을 더욱 부진하게 만들면서도 동시에 관념적으로 신봉되면서 빈부격차를 합리화한다고 비판한다.[25] 수전 조지는 미국이 만들고 주도해 가는 '미국식 세계화', 즉 '워싱턴 컨센서스'를 비판한다.[26] 그녀는 현 세계화의 진면목은 '기업 주도의' 세계화, '금융권 중심의' 세계화, '신자유주의적' 세계화로 설명할 수 있다고 말하고, 이 세 종류의 세계화를 이끌어 가는 권력이 '워싱턴 컨센서스'라는 것이다.

그러나 세계화가 지니는 이러한 문제에도 불구하고 '세계화 대세론'이 지배적이다. 윤효원의 지적대로, 1980년대 이후 세계화와 신자유주의 담론이 거세지고, 그 현실적 영향력에 압도되면서 그 본질과 특성이 점차 신비화되는 경향이 커지고 있다.[27] 신비화는 사태의 본질에 대한 정확한 이해와 판단 능력을 마비시키고, 근거 없는 낙관주의나 숙명론적 비관주의를 낳는다. 당연하게도 '신자유주의 세계화' 역시 신비화되고 물신화되고 있다는 것이다. 그 이유는 무엇일까?

4) '인간의 얼굴'을 한 세계화

신자유주의 세계화가 물신화되고 있는 현상의 이유를 듀크 대학교 월터 미놀로 Walter Mignolo 교수는 서구중심주의에서 비롯된 '식민성'에서 찾는다.[28] 그는 이러한 식민성을 극복하는 '탈식민적 전환'이 세계화의 문제를 극복하고 '인간의 얼굴'을 한 세계화를 창출하는 출발점이라는 것이다.

미놀로 교수는 자본주의의 세계화란 "소수의 이익을 위한 끊임없는 재투자로 인간의 삶을 소모품으로 만들고, 무차별한 자원개발로 생태와 자연을 죽이는 체제"라며 혹독한 비판을 가한다. 그는 자본주의가 세계화되는 이유는 '서구 중심 근대성에 숨은 식민성'이 의식을 지배하기 때문이라고 주장한다. 즉, 서구 제국주의가 전

지구적으로 퍼뜨린 '근대성' 뒤에 마치 동전의 양면처럼 식민성이 존재한다는 것이다. 서구 제국주의는 기독교를 앞세우거나 문명화와 근대화란 명목으로, 그리고 신자유주의 세계화란 이름을 내걸기까지 지속적으로 포장을 바꾸면서 식민 지배를 위한 권력체계는 유지해 오고 있다고 주장한다. 이러한 과정 중에 자연스레 서구 중심의 인식과 사유가 똬리를 틀고 앉게 된다는 것이다. 따라서 근본적으로 이러한 서구 중심의 인식과 사유로부터 탈출하는 '인식적 불복종'을 통해 '탈식민적 전환'을 이루는 것이 자본주의 해악을 치유하는 출발점임을 강조한다.[29]

이러한 인식을 바탕으로 세계화의 방향을 바꾸려는 대안 세계화 운동이 세계 각국에서 지속되고 있다. 이들은 막연히 대세에 밀려 세계화에 편승하려는 의식과 태도를 거부한다. 프리드먼의 말처럼 '세계화는 좋든 싫든 찾아오는 새벽'이지만 그 새벽을 다르게 꾸며 보려는 것이다.

> "옥스퍼드에서 출발한 여러분은 런던으로 가려 했으나 길을 잘못 들어 맨체스터로 향하는 길을 달리고 있다. 그렇다면 해결책은 무엇일까? 맨체스터 방향으로 더 속력을 내어 달리는 것이 아니라, 우선 차를 멈추고 방향을 돌려 다시 런던 쪽으로 가는 것이다."[30]

문제를 인식한 뒤에는 바로 구체적인 행동에 들어가야 한다는 뜻이다. 그렇다면 무엇을 어떻게 할 것인가? 대안 세계화 운동의 대모인 수전 조지는 이렇게 말한다. "언제나 제기되는 질문이지만, '무엇을 어떻게 해야 할까?'란 질문에 대한 나의 답변은 현재와 다른 세계가 실제로 가능하다는 것이다. 하지만 그러한 세계는 다양한 배경과 관점, 각기 다른 역량을 갖춘 최대한 많은 사람이 함께 노력할 때 가능하다. 세상의 변화는 많은 사람이 꾸준히 목표를 향해 노력할 때 일어난다."[31]

대안 세계화를 위한 논의는 다시 기본으로 돌아가 '세계화를 어떻게 정의할 것인가' '누구를 위한 세계화인가'에 대한 패러다임을 반성적 성찰 위에 구축해야 한다. 조지프 스티글리츠 교수의 지적처럼 "선진국은 제 3세계의 '마음을 사로잡기 위한' 경쟁조차 벌이지 않고, 자국의 특수 기업과 재정적 이익만을 도모한 채 전 세계 극빈국에는 피해를 가져다주는 세계화를 구축했다."[32)]는 점을 반성해야 한다. 말로만 '올리브나무'와 '렉서스'의 조화를 주장했지 실제로는 렉서스만을 팔아먹는 데 혈안이 되었다는 것이다. 장하준 교수의 지적처럼 "정상의 자리에 도달한 사람이 다른 사람이 뒤따라올 수 없도록 자신이 타고 올라간 사다리를 걷어차 버리는 영리한 방책"[33)]을 이제는 과감히 수정해야 한다.

3. 자유무역협정의 허와 실

세계적 경영컨설턴트인 일본의 오마에 겐이치는 국가는 소멸하고 만다고 단언했다. 대신 새로 경계선이 그어지는 경제적인 의미의 지역국가가 부상하게 될 것이라고 예견하였다. 바로 자유무역협정(FTA)으로 연결된 경제블록이 대표적이다. FTA를 통해 서로가 장점이 있는 부분을 발전시켜 상호 윈윈(win-win)하자는 것이다. 그러나 동면의 양면처럼 FTA에는 빛과 그늘이 있게 마련이다.

1) 자유무역협정의 배경과 의미

1989년 구소련이 무너지고 이른바 역사의 종언이 선언된 이후 세계화, 특히 경제적 세계화는 지배적 담론이 되어 왔다. 그러나 브라질 남부도시 '포르투 알레그레'가 반세계화 운동의 상징 도시가 되었을 만큼 반세계화 시위는 세계 각국에서 일상화되고 있다. 또한 국가 간 무역장벽의 철폐와 이에 따른 시장 개방의 확대를 위해 1995년 출범한 세계무역기구(WTO) 체제도 국가 간의 다양한 무역전쟁으로 제 기능을 다하지 못해 왔다. 미국과 유럽연합(EU), 중국 등 세계 경제 강국 및 선진국과 후진국 사이에는 자국의 이해득실에 따른 제소와 보복이 지속적으로 반복되었다. 게다가 WTO 다자협상의 경우 장기간이 소요되고, 회원국 수가 급증함으로서 컨센서스 도출이 점차 어려워졌다.

상황이 이렇게 되자 미국을 포함한 선진국들은 WTO 다자간 무역체제를 유지하면서 양자 간 또는 지역 간 무역협정을 통해 무역이익을 최대화하는 방향으로 선회하고 있다.[34)]이른바 맞춤형 시장개방이라는 자유무역협정(free trade agreement: FTA)의 체결이다. FTA란 "무역을 가로막는 세금과 제도, 관행을 완화하거나 철폐하여 공동의 이익을 추구하려는 목적으로 국가 간에 맺어지는 협정"[35)]을 의미한다. FTA는 특정국가 간에 배타적인 무역특혜를 서로 부여하는 협정으로서 가장 느슨한 형태의 지역경제통합 형태이며, 지역무역협정(regional trade agreement: RTA)의 대종을 이루고 있다.[36)] FTA는 협정국 간에는 완전경쟁, 궁극적으로 제품과 서비스의 무관세 세상이 펼쳐진다는 것을 의미[37)] 하지만, 다른 한편으로는 지역협정에 가입하지 않은 국가에 대해서는 상대적으로 불이익과 따돌림이 따른다는 것을 뜻하기도 한다. 스티글리츠의 지적대로 양자협정이 지난 60년간 쌓아 온 다자무역 시스템을 무너뜨리면서 세계를 '내 편과 적'[38)]으로 가르고 있는 것이다.

지역경제통합에는 〈표 11-1〉과 같은 다양한 형태가 있다.

외교통상부에 따르면, FTA는 다자무역질서의 근간인 최혜국대우(MFN) 원칙에 정면으로 배치되지만, WTO 규범은 아래와 같은 요건을 충족할 경우 적법한 예외로 인정하고 있다(상품분야는 관세 및 무역에 관한 일반협정[GATT] 제XXIV조, 서비스 분야는 서비스무역에 관한 일반협정[GATS] 제V조).

- 실질적으로 모든 무역을 대상으로 하며, 특정한 분야를 전면적으로 제외해서는 안 된다.
- 관세 및 기타 상업적 제한이 합리적 기간 내(원칙적으로 10년 이내)에 철폐되어야 한다.

표 11-1 지역무역협정의 종류와 포괄범위

역내관세 철폐	역외공동관세 부과	역내생산요소 자유이동 보장	역내공동경제 정책 수행	초국가적 기구 설치 · 운영
① 자유무역협정 (NAFTA, EFTA 등)				
② 관세동맹 (베네룩스 관세동맹)				
③ 공동시장 EEC, CACM, CCM, ANCOM 등)				
④ 완전경제통합 (마스트리히트조약 발효 이후의 EU)				

출처: 외교통상부(2010). http://hanfta.cafe24.com/new/ftakorea/fta.asp.

• 역외국에 대한 관세 및 기타 상업적 제한이 협정 체결 전보다 더 후퇴해서는 안 된다.

위에서 언급한 GATT 및 GATS 조항 외에도 허용조항(Enabling Clause)이라는 것이 있는데, 이는 GATT의 1979년 결정으로서 GATT 회원국이 개도국에 대하여 차별적으로 보다 특혜를 줄 수 있도록 허용한 것이다. 동 조항은 일반특혜관세(GSP) 및 방콕협정 등의 근거가 되고 있다.

앞으로도 FTA는 더욱 확산될 것으로 전망된다. 무엇보다 FTA를 포함한 RTA의 이익은 가시적이고 직접적인 반면, 역기능을 억제하기 위한 다자적인 감시기능이 제대로 작동하기 어려운 상황이기 때문이다.

2) 한국의 FTA 현황

현재 국가 간의 교역은 선진국 주도하에 이루어지며 선진국 간의 교역량은 세계

교역량의 대략 80%를 차지하고 있다.[39] 따라서 수출의존도가 상대적으로 높은 한국의 입장에서는 FTA에 대한 선택의 여지가 없다는 표현이 정확할 것이다. 선진국은 한국보다 앞서 앞다투어 협상국을 선택해 경쟁적으로 FTA를 맺고 있는 실정이다. 미국이나 유럽연합은 물론 가까운 중국이나 일본, 인도 등은 아시아 경제의 주도권을 장악하기 위해 이해관계가 맞는 국가끼리의 FTA를 지속적으로 추진하고 있다.

현재 전 세계적으로 발효 중인 FTA는 총 286건(2010년 8월 기준)에 달한다.[40] 지역협정을 체결시기별로 살펴보면, 1947년부터 1994년까지 91건에 불과하던 것이 1995년 이후부터 2010년까지 197건이 체결되어 최근 들어 지역주의의 영향이 광범위하게 퍼져 있음을 알 수 있다. RTA 체결은 특히 WTO 출범(1995년 1월) 이후 매년 급속히 확산되어, 2007년 기준으로 전 세계 교역량의 50% 이상이 지역무역협정 내 교역에 포함되는 것으로 추정된다.

우리나라는 2004년 칠레와 최초의 FTA를 체결한 이후 싱가포르와도 협정을 체결하였고 뒤이어 2005년 7월에는 EU에 가입하지 않은 노르웨이, 스위스, 아이슬란드, 리히텐슈타인으로 구성된 유럽자유무역연합(EFTA)과 FTA를 체결하였다. 그리고 2009년 9월에는 아세안(ASEAN) 10개국과 2010년 1월에는 브릭스(BRICs) 국가인 인도와 FTA를 체결하였다. 또한 미국(2007년)과 EU(2010년), 페루(2010년)와도 FTA를 체결하고 발효를 앞두고 있다.

특히 지난 2010년 12월 미국과의 FTA 추가협상이 오랜 진통 끝에 타결된 사실은 전 세계의 관심을 불러일으켰다. 미국은 최대 수입국으로서 수입시장 규모는 1조 6000억 달러(2009년 기준)로 중국과 일본을 합친 것과 같다. 그러나 미국과 FTA를 체결한 나라는 몇 안 된다. 무엇보다 우리나라와 경쟁하는 중국, 일본, EU는 미국과 FTA를 체결하지 못했다.[41]

아울러 FTA를 추진 중인 나라가 캐나다와 멕시코, 호주 등 7개국이며, 여건을 조성 중인 나라가 일본과 중국을 포함해 9개국에 이르고 있다. 따라서 우리나라는 발효국 16개국과 타결국 30개국을 합쳐 46개국과 FTA를 발효시켰거나 발효시킬 예정이다. 우리나라를 포함하면 47개국이며, 이는 경제규모로 볼 때 전 세계 경제의 3분의 2를 상회하는 것이다.

3) FTA의 빛과 그늘

외국과의 FTA 체결에 대해서는 찬반이 크게 엇갈리고 있다. 찬성하는 측에서는 FTA는 글로벌 경제시대에 경제영토를 넓히는 기회라고 주장하는 반면, 선진국 산업과의 불균형으로 인해 국가경쟁력을 저하시킨다는 반대론자의 입장도 있다.

경제영토를 넓히는 FTA

외국과의 FTA 체결을 지지하는 사람들의 입장은 크게 두 가지로 정리할 수 있다.

첫째, WTO 체제가 발효되었지만 다자간 협상이 실효성이 떨어지는 상황에서 FTA는 국가의 이익을 도모할 수 있는 가장 현실성 있는 방안이라는 것이다. 세계화 시대는 겉으로는 협력을 내세우지만 실제로는 치열한 이익 다툼의 장이다. 각국은 자국의 취약한 산업 부문에 대해서는 지원금을, 타국의 제품에 대해서는 관세를 통해 무역장벽을 직간접적으로 쌓고 있다. 세계 여러 국가가 FTA를 체결하는 이유는 이러한 무역장벽을 없앰으로써 자국이 강한 산업을 더욱 발전시키기 위해서다. 더욱이 지역협정에 가입하지 않을 경우 상대적으로 무역에서의 불이익과 따돌림을 당하기 때문이다. 따라서 이를 해소하고 무역을 확대시키는 것이 FTA의 최대 장점이라는 주장이다.

실제로 FTA가 당사국 간의 교역을 증가시키는 것은 통계로 입증되었다. 한 예로, 한국과 인도의 포괄적 경제동반자협정(CEPA)이 2010년 1월 발효된 이후 2개월간 양국의 교역규모는 전년도 대비 2배 수준으로 증가하였다(한국이 5억 9707만 달러 무역수지 흑자). 대외경제정책연구원은 11억 명이 사는 세계 2위의 인구대국인 인도와의 교역이 활발해지면서 실질 국내총생산(GDP)이 0.2% 늘어나고 39억 달러 정도

의 생산증대 효과가 있을 것으로 전망했다.[42)]

둘째, FTA는 경제영토를 넓힌다는 인식이다. 경제문제를 놓고 치열한 경쟁을 벌이는 세계경제 시대에 국가의 생존 조건이 정치 · 군사력에서 경제력으로 대체되고 있기 때문이라는 주장이다. 지난 2011년 신년사에서 밝힌 이명박 대통령의 인식이 이를 대변한다. "과거의 세계국가가 군사력을 바탕으로 했다면, 지금은 FTA를 바탕으로 '세계 경제영토'를 넓혀 가야 한다. FTA는 대한민국이 세계의 통상 중심국가가 되는 강력한 수단" 이다. "GDP의 82.4%나 무역에 의존하는 대한민국은 FTA를 통해 우리의 시장을 넓히는 전략을 국가 전략으로 삼아야 한다." "우리 정부 들어 인도, EU 등을 포함해 이미 우리는 세계 시장의 3분의 2와 FTA를 맺었다."

이러한 관점에서 볼 때, 이제 한국은 EU와 미국이라는 거대 시장을 경제영토로 두는 전기를 마련했다고 볼 수 있다. 주변 경쟁국과의 시장선점 경쟁에서 한발 앞서는 것으로 세계적으로도 흔치 않은 일이다. 한국의 수출액 규모가 세계 7위(2010년 12월 기준)를 기록할 수 있었던 데는 기술개발을 통한 산업의 경쟁력 제고와 더불어 지속적인 시장 확대가 주효했다는 주장[43)]이다.

FTA 찬성론자는 또한 '뒤처진 나라가 앞선 나라와 자유무역을 하면 도태되기 쉽다' 는 반대론자의 주장을 논박한다. 이들은 과거에도 '갑자기 시장을 열면 걸음마 단계의 우리 산업은 죽고 만다' 며 극렬하게 반대하던 좌파경제학자가 있었다고 반박한다. 그러나 섬유, 전자, 자동차, 철강 및 조선에서 정보기술 산업까지 한국이 처음부터 앞서 있었던 것은 하나도 없었지만 개방을 통해 세계 일류로 발전하지 않았느냐고 주장한다.[44)]

FTA, 선진국의 함정

FTA를 반대하는 측의 입장은 다양하다. 단기적인 손익계산에 따른 반대에서부터 장기적으로 국가경쟁력이 저하된다는 비판에 이르기까지 다양하다.

우선 단기적으로는 협정에 따른 각 산업계의 손익을 저울질하는 데서 비롯된 반대가 주를 이룬다. 각종 언론이 보도한 미국과의 FTA 협정 체결을 예로 들어 보자. 한국 협상단은 자동차 관세철폐 기한 연장, 세이프가드(긴급수입제한조치) 신설 등 미국 측 요구를 대부분 받아들였다. 정부가 3년 전 한미 FTA를 타결하면서 자동차 수출 증대를 가장 큰 성과물로 꼽았던 내용이 사실상 원점으로 돌아간 것이다. 그 대신 이번 재협상에서 한국 협상단은 미국산 돼지고기 관세철폐 기한을 다소 연장하는 반대급부 얻어 냈다. 그렇지만 자동차를 내준 대가로 얻은 성과가 지나칠 정도로 미미한 수준이며, 야당은 사실상의 '굴욕협상' 이라고 비판의 날을 세우고 있다.

장기적인 면에서 FTA를 선별적으로 신중히 체결해야 한다는 주장도 있다. 고려대학교 권성우 교수는 FTA는 무역장벽을 없애고 자국의 강한 산업을 발전시키기 위해서지만 반대로 취약한 산업은 곤경에 처하게 된다고 주장한다.[45] 예를 들어 설명해 보자.

> 한국과 미국에 각각 세 가지 산업 A, B, C가 있다. 한국은 A산업에 강점이 있고, C산업에 취약점이 있다. 미국은 A산업에 취약점이 있고 C산업에 강점이 있다. 두 나라가 자유무역을 하게 되면, 한국의 A산업은 부흥의 기회를 맞게 되겠지만 C산업은 미국의 상품이 싸게 들어와서 어려움을 겪게 될 것이다. 한국은 A산업과 B산업이 살아남고 C산업은 없어질 것이다. 그런데 한국이 인도와도 FTA를 체결했다. 그런데 인도는 B산업에 강점을 갖고 있다고 치자. 그렇다면 한국의 B산업도 어려움을 겪게 될 것이다. 결국 한국에는 A산업만 살아남게 될 것이다.

결과적으로 한국은 A산업에 특화된 나라가 되어서 B산업과 C산업은 사라지게 된다는 것이다. 이렇게 한두 가지 산업에 특화를 하는 것은 환경 변화에 취약할 수밖에 없다. 만일 A산업이 큰 손해를 보거나 투자를 하지 않거나 혹은 해외에 투자를 하게 되면 한국 전체가 곤경에 처하게 된다는 것이다. 그렇다고 FTA로 혜택을 본 산업이 그 과실을 다른 국민과 나누지도 않기 때문에 문제가 발생한다. 따라서 많은 국가와 FTA를 체결하는 것은 한 국가와 하는 것과 비교할 수 없을 정도로 장기적인 영향을 미칠 것이다. 그렇다면 전략은 우리나라가 취약한 산업의 피해는 최소화하면서 강점이 있는 산업이 혜택을 많이 볼 수 있는 소수의 나라만 선별해서 FTA를 추진해야 한다는 주장이다.

장하준 교수도 선별적 FTA를 주장한다.[46] 개방이 좋으니 한미 FTA건 한-EU FTA건 무조건 해야 한다는 건 단선적인 사고라는 것이다. 수준이 비슷한 나라끼리 FTA를 맺으면 시장도 확대되고 경쟁을 통해 서로 자극이 되어 참여한 나라 모두가 득을 볼 수 있지만, 많이 뒤처진 나라가 앞선 나라와 FTA를 하면 오히려 도태되기 쉽다는 주장이다. 우리나라가 만일 1960년대에 미국이나 EU와 FTA를 맺었다면 포항제철, 현대자동차, 삼성전자 같은 기업을 육성하는 것은 불가능했을 것이란 얘기다.

FTA 자체를 반대하는 입장도 있다. 과거의 다른 국가 사례를 들어 특히 한미 FTA의 실패는 불을 보듯 뻔하다는 주장이다. 스티글리츠는 북미자유무역협정(NAFTA) 체결 이후 미국과 더욱 격차가 벌어지고 있는 멕시코의 참상을 보라고 주장한다.[47] 혜택을 본 국가는 미국뿐이라는 것이다. 캐나다는 당초 복지 정책을 실현하려던 계획에 차질을 빚고 있고 실업자가 증가하고 있으며, 멕시코의 경우에는 국민의 상당수가 극빈층 또는 저소득층으로 전락하고 소수의 부자만이 그 혜택을 누리고 있다는 것이다. 같은 맥락에서 반대자들은 한미 FTA에서 미국이 주장하는 선결조건(스크린쿼터 축소 혹은 폐지, 미국산 쇠고기 수입 재개, 약가재조정 중지, 자동차 배기가스 규제 완화)을 따를 경우, 문화마저 종속당하고 공공서비스 등 사회 기반이 무너지게 될 우려가 크다고 비판한다.

이들의 비판은 FTA로 중심국과 주변국(hub and spoke)이 형성된다는 논리와 맥을 같이한다. 경제적으로 소국에 해당하는 나라와 대국에 해당하는 나라가 FTA 협정을 맺을 경우 일종의 중심국과 주변국 관계가 형성될 가능성이 높다[48]는 논지는 타당성이 있다. 경제적으로 소국인 나라는 주변국에 머물게 되어 결국 경제적 이해관계에 근거한 독자적인 무역정책이 힘들게 되기 때문이다.

장하준 교수는 한미 FTA에 따른 국내 제조업의 공멸을 주장한다.[49] 그는 한미 FTA를 통해 우리 제도가 선진화된다는 이른바 선진경제론을 비판한다. "제도는 그 나라 산업과 경제 행위에 따라 맞춰져 있는 것으로 미국 것을 가져온다고 갑자기 우리가 선진국이 되는 게 아니라 산업구조조정만 빨리 진행될 것" 이라는 이야기다. 구체적으로 미국의 대형 의약업체인 '화이저' 와 국내업체 동아제약을 예로 들어 "매출액과 기술개발투자에서 100대 1, 160대 1 차이가 나는데, 제도를 바꿨다고 동아제약이 어떻게 화이저가 되느냐." 라고 지적했다. 그는 "한미 FTA로 국내 의약업체는 서너 개만 남고 다 도산할 것" 이며, 또한 "조선과 철강, 반도체, 자동차 최종조립 정도만 빼고는 나머지 제조업은 공멸할 것" 이라고 주장한다. 특히 정부가 육성하겠다던 정밀부품산업에 대해서는 '궤멸' 이라는 표현까지 써 가며 비판했다.

4. 세계화와 글로벌 금융위기

세계화의 성격에 대한 논의는 다양하다. 그러나 수전 조지의 분석대로 현재 진행 중인 세계화는 신자유주의를 이념으로 하되 기업이 주도하는 '금융권 중심의' 세계화라고 단정할 수 있다. 투자 및 자본의 자유로운 국경 간 이동이 핵심이다. 선진 외국인의 직접투자가 덜 선진화된 국가에 끼치는 효과는 다양하다. 또한 외자도입은 기술이전이나 고용창출 등 후진국 경제발전에 미치는 긍정적 효과가 있다. 반대로 외국 자본의 과도한 지배로 야기되는 부작용도 크다. 아울러 지난 2008년 9월 이후 지속되고 있는 글로벌 금융위기도 '금융의 세계화' 가 불러온 혹독한 후유증이다. 세계 곳곳에서 '인간의 얼굴' 을 한 세계화를 이루자는 목소리가 거세게 일고 있다.

1) 외국 자본의 딜레마

세계화의 주된 특징은 무역과 자본에서 장벽이 없어지는 것이다. 즉, 투자나 자본의 국경 간 이동이 자유화되어 기업의 주인이 불분명할 정도로 세계경제가 하나의 시장처럼 통합되어 가는 것이다.[50] 한국계 자본이 외국으로 투자처를 찾아 나서고 있으며, 반대로 더 많은 외국인 직접투자가 한국으로 밀려들고 있다. 외국인 직접투자(foreign direct investment: FDI)란 외국인이 단순히 자산을 국내에서 운용하는 것이 아니라, 경영 참가와 기술제휴 등 국내 기업과 지속적인 경제관계를 수립할 목적으로 투자하는 것을 의미한다.

한국에 대한 FDI는 연도에 따른 차이는 있으나 다른 국가에 비해 상대적으로 저조한 형편이다. 지난 2010년에는 빠른 경제회복세와 성장전망에 대한 신뢰에 힘입어 전년도에 비해 12.1% 증가한 129억 달러를 기록해 10년래 최고 수준으로 나타났지만 그 이전까지는 OECD 30개국의 중하위권을 맴도는 수준을 유지했다. 한 예로 2007년(대한상공회의소 통계)에는 GDP(7056억 달러) 대비 FDI(16억 달러) 비중은 0.23%에 그쳐 꼴찌인 30위로 조사됐다. 이는 OECD 회원국의 전체 GDP와 FDI 규모를 비교한 평균 비율인 4.56%의 약 20분의 1 수준으로, FDI 금액이 우리 경제 규모에 비해 턱없이 적다는 의미를 담고 있다.

투기 아닌 투자

FDI가 한국 경제에 끼친 긍정적 효과는 과거 외환위기 극복에 외국 자본이 기여한 것을 통해 경험한 바와 같다. 그렇다면 외국인 투자유치는 무조건 '선' 인가? 아니면 투자도 투자 나름인가?

외국인 투자 유치의 필요성을 역설하는 사람들은 무엇보다 해외시장 의존적인 한국 경제의 구조적 요인을 내세운다. 한국 경제는 원초적으로 내수시장 중심체제가 아니라 해외시장 의존적인 구조이며 특히 선진국 자본에 대한 의존도가 크다는

것이다. 진관훈은 외국인 투자의 필요성을 다음과 같이 정리한다.[51)]

첫째, 외국인의 투자유치는 국내산업의 경쟁력을 향상시킬 수 있다. 과거 한국은 국내산업 보호의 효율적 시장지배를 위해 직접투자유치보다 외자차입을 선호하였다. 그러나 외국인 직접투자는 수출 목적의 생산거점인 경우 수출증대 효과가 있고 내수판매가 목적인 시장 접근형인 경우 수입대체 효과를 거둘 수 있으므로 무역수지 개선효과와 더불어 국내경제 활성화에 기여할 수 있다.

둘째, 고용창출로 실업난을 해결할 수 있다. 구조조정으로 인한 대규모 실업난을 외국투자기업의 유치로 어느 정도 해소할 수 있다.

셋째, 외국 자본의 안정된 도입으로 국내산업 구조를 고도화시킬 수 있다. 특히 제조업에 대한 투자는 일반적으로 투자 기간이 길어 국내 외환시장 안정에 기여하게 된다. 또한 FDI는 추가적인 외채 부담 없이 국제자본을 안정적으로 도입하여 산업기반을 강화할 수 있다.

넷째, 기술개발 촉진 및 경제 활성화를 도모할 수 있다. 외국인 투자는 기술 이전 및 외국기업과의 경쟁을 통해 국내 기술개발을 촉진할 수 있으며 인허가 등 규제에 의해 보호받던 한계기업의 퇴출을 촉진한다. 또한 자본이전으로 직접적인 기술 이전 효과와 더불어 고용인력 교육훈련, 경쟁기업의 모방을 통한 기술 확산 등을 유도함으로써 저기술 산업의 구조조정기능을 할 수 있다.

이러한 직접투자의 긍정적인 효과 때문에 각국은 국가차원 및 지방자치단체 차원에서 투자 유치를 위해 전력투구하고 있다. 일본의 한 지방자치단체의 사례는 이를 극명하게 보여 준다.

오사카부 사카이 시청에서 만난 가네모토 다카유키金本貴辛 기업유치과장은 "경쟁이 너무 치열했다"며 이마를 훔쳤다. 사카이 시는 17년 동안 놀고 있던 250ha 거대한 부지에 전자기업 ivm의 초박형 TV 공장을 유치했다. 사카이 시는 오사카 항을 사이에 두고 있는 아마가사키 시와 함께 2002년 수도권 공장 신증설 규제에서 풀렸다. 하지만 샤프 공장 유치는 쉽지 않았다. 기업에 보조금 등의 돈 보따리를 싸들고 '우리에게 와 달라'는 도시가 일본 다섯 곳과 해외 등 모두 여섯 곳에 달했다. 가네모토 과장은 샤프에 제시한 지원책을 알려 줬다. 투자 사례금으로 지방정부가 샤프에 내주는 돈은 150억 엔(1150억 원), 우리 재산세에 해당하는 고정자산세는 10년 동안 80% 할인해 준다. 이런 세금 감면으로 샤프가 혜택을 받는 금액은 200억 엔(1500억 원)으로 추산된다. 투자액 5000억 엔(3조9000억 원)의 7%에 해당한다.

사카이 시의 조건을 경쟁업체인 한국 LG필립스 LCD가 위치한 경기도 파주시와 비교했다. LG필립스가 경기도와 파주시로부터 공공시설 조성비 명목으로 지원받은 금액은 220억 원으로 샤프 지원금의 20% 수준이다. 재산세감면 비율도 샤프가 '10년간 80%'인 데 비해 LG필립스는 '5년간 50%'였다.[52)]

투자 아닌 투기

그러나 FDI가 모두 사카이 시의 경우처럼 공장 유치와 그에 따른 고용창출 등의 긍정적 효과만을 가져오는 것은 아니다. 오히려 외국 자본의 해악을 지적하는 우려의 목소리 또한 적지 않다. 이들의 주장은 크게 두 가지로 구분된다.

첫째는 외국 자본의 과도한 지배로 야기되는 기업의 경영권 위협이다. 우리나라 우량기업의 대부분은 외국인 지분율이 매우 높은 편이다. 외국기업이 최대 주주가 된 곳이나 국내증시에 상장한 중국기업 등을 제외하면 대구은행(71.43%)과 NHN(65.79%) 및 현대산업개발(61.2%)이 외국인 지분율이 가장 높다.[53)] 이어 KT&G, GS건설, 포스코, 삼성전자(50% 이상), SK텔레콤, 신세계, LG생활건강, KT, 하이트맥주, 제일기획, 롯데제과, GS홈쇼핑(40% 이상) 등이 매우 높은 외국인 지분율을 나타내고 있다. 또한 국가 기간산업의 역할을 하는 금융기관의 외국인 지분율은 62.9%에 달하고 있고 국내 7대 시중은행 중 국내 민간자본 소유 은행은 전무한 상황이다. 물론 외국인 지분율이 높은 기업이라 해도 외국인 1인 지분이 5%를 넘는 경우가 드물어 현재로서는 경영권 위협이 되지 않을 수 있으나 상황은 언제든지 변할 수 있다.

둘째, 보다 근본적인 문제는 외국 자본의 투기 행태다. 다시 말해 문제는 FDI의 양이 아니라 질이다. 외국기업의 투자가 국부와 고용증가로 이어지는 게 아니란 주장이 거세다. 웨인 엘우드Wayne Elwood는 저서, 『자본의 세계화, 어떻게 헤쳐 나갈까 No-nonsense Guide to Globalization』에서 외국기업의 투자 행태를 면밀히 분석해 폭로한다.[54] 그에 따르면 FDI의 대부분은 국영기업 매수나 국내 기업의 보통주 매입 및 인수 합병에 필요한 자금이다. 따라서 생산 활동으로 이어질 리가 없고 오히려 합병 완료 후의 기업 살빼기의 결과로 일자리만 빼앗기게 된다. 게다가 국내에서 남긴 이윤을 해외의 본사로 송금한다면, 해외에서 들어오는 투자가 늘어나도 외환이 오히려 국외로 유출될 수 있다. 따라서 자국민에게 이득이 되는 외국인 투자를 선별하여 받아들이고 대체로 부정적인 영향을 미치는 투자를 거부할 필요가 있다는 것이다.

실제로 외국인 투자 가운데 국내에 장기간 머물면서 일자리에 도움을 주는 직접투자는 얼마 되지 않고 투기적 이익을 겨냥한 포트폴리오 투자(분할투자)가 대부분이란 비판이 지속적으로 제기되고 있다.[55] 이런 투기자본은 적대적 인수합병에서 발생하는 시가차익만을 고스란히 챙기고 주식을 팔아 치우는 일을 반복한다. 이른바 '먹튀' 다. 한 예로 한국은행에 따르면 자본이익을 노리는 기업 사냥식 인수합병형 외국인 투자는 지난 1997년 10억 1000만 달러에서 2005년 52억 7000만 달러로 5배 이상 늘었다. 반면 공장 설립 및 고용창출 등을 동반하는 그린필드(greenfield)형 외국인 직접투자는 같은 기간 62억 1000만 달러에서 63억 달러로 제자리걸음을 하였다.

FDI의 해악으로 가장 많이 인용되는 것이 멕시코의 사례다. 멕시코는 NAFTA가 체결된 이후 외국인 투자가 6배 증가했지만 투자의 대부분이 기업 사냥식 인수합병용이었다. 이에 따라 멕시코의 산업단지 마킬라도라의 1만 500여 개 중소기업이 외국기업과의 경쟁에서 밀려나 문을 닫게 되었으며 실업자 55만 명을 양산했다.

멕시코의 여러 은행 역시 민영화되거나 외국계 은행으로 바뀌었으며 이들은 소비대출, 부동산대출, 국채 위주의 업무를 통해 수입을 올리면서 국내기업에 대한 대출에는 인색했다. 결과적으로 국내산업 육성은 어려워지고 중소기업은 무더기로 무너졌다.

『세계화의 두 얼굴Globalization Gap』을 쓴 뉴욕 페이스 대학교 로버트 아이작Robert Isaak 교수는 다국적 기업의 생리를 철저한 이윤증대와 비용절감으로 설명한다.[56] 이들 기업은 세율이 가장 낮은 국가에 공식적인 소득을 집중시키고 투자에 가장 매력적인 장려제도를 갖춘 국가를 찾아다니며 마음대로 나라를 바꾼다고 말한다. 그 장려제도란 새로운 공장이나 사무실을 개설하는 대가로 요구하는 면세 기간 부여, 무이자 대출 제공, 보조금 지급, 직업훈련체계 확립, 제한 없는 이윤의 본국 송금, 공공자금으로 확충한 설비, 도로, 시설 같은 것이다.

거대 다국적 기업은 자신들을 '전 지구적 기업' 이라고 부르면서, 마치 인류 복리를 위해 애쓰는 국적도 없고 형체도 없는 존재라고 믿게 만든다.[57] 그러나 진실은 그렇게 간단하지 않다. 제러미 시브룩Jeremy Seabrook은 이들 기업은 각국 정부에 세금 우대, 창업보조금 지급, 여타 편의를 요구할 때는 자국 깃발을 내세워 이익을 취하지만, 단기간에 더 많은 수익을 낼 기회가 있는 곳이 있으면 언제든 떠난다고 비판한다. 각국 정부는 노동자 해고, 생산의 자유로운 이동 등 다국적기업의 각종 요구를 들어주며 이들을 잡으려고 애쓴다는 것이다. 이렇게 다국적 기업의 투자를 받기 위해 벌어지는 국가 간의 경쟁은 값을 깎아 내리는 역경매방식으로 자국민의 노동력을 팔아넘기고 있다.[58]

2) 글로벌 금융위기의 재앙

'금융의 세계화' 는 '금융위기의 세계화' 를 가져왔다. 무제한적 이윤 추구만을 위해 수단과 방법을 가리지 않는 다국적 기업은 결국 몰락하게 되었고, 그 여파는 전 지구촌의 금융위기와 실물경제 위기로 전이되었다. 글로벌 금융위기는 2002년과 2008년 두 차례에 걸쳐 들이닥쳤다.

2002년 미국발 금융위기는 1929년 뉴욕 주식시장의 주가 대폭락 사태와 1930년대의 대공황 이후 미국 월스트리트 사상 최악의 신뢰성 위기로 기록된다.[59] 엔론을 필두로 월드컴, 아서앤더슨, 제록스, 타이코, 시티은행, JP모건, 테닛헬스케어 등 거대 기업이 줄줄이 무너졌다. 이러한 사태는 음성적인 금융거래 같은 비윤리적 기업경영 때문이었다.

엔론은 1985년 천연가스 파이프라인 회사의 합병을 통해 설립된 후 15년 만에 미국과 유럽 거래 에너지의 20%를 담당하는 세계 최대 에너지 기업으로 부상했다. 2002년 파산 직전 미국 내 7대 기업으로 세계 40개국에 2만 1000명의 종업원을 거느렸다. 엔론 경영진은 끊임없는 허위거래 및 부외거래(금융기관의 회계장부에 기록하지 않는 거래)활동을 일삼다 결국 파산했다. 더욱이 엔론의 회계부정에는 회사 임직원은 물론 회계법인, 은행 관계자 등이 깊숙이 관여한 것으로 드러나 충격을 주었다. 특히 엔론의 회계감사를 맡았던 아서앤더슨 회계법인은 감사는커녕 오히려 분식회계 수법을 컨설팅하며 거액의 수임료를 챙겼다. 짜고 치는 고스톱 판이었던 것이다.

엔론의 몰락에 이어, 70억 달러 이상의 분식회계로 410억 달러의 부채를 짊어지고 파산한 월드컴 및 그 뒤를 이은 기업의 연쇄도산으로 총 900억 달러의 시가총액 손실이 발생했고 엔론에서 2만 1000명, 월드컴에서 3만여 명이 일자리를 잃고 길거리에 나앉았다. 더욱 치명적인 것은 기업을 믿고 연금을 투자했던 수백만 미국인의 노후계획이 좌절되었다는 것이다. 나아가 금융기관에 대한 신뢰성에 금이 가기 시작하면서 수백만 명의 개인 투자자가 주식시장을 이탈하였고 이에 따라 수천 명에 이르는 증권사 직원도 실업자로 전락했다.

미국 거대기업의 회계부정 및 그에 따른 연쇄도산이 이어지자 미국 의회는 미국 역사상 가장 강력한 회계부정 방지 법안으로 평가받는 '사베인스-옥슬리법

(Sarbanes Oxley Act)' 을 제정(2002년 8월)하였다. 기업의 투명한 재무회계 및 보고 의무와 감사 업무의 독립성 강화를 통해 투자자를 보호하겠다는 취지에서였다.

하지만 금융위기는 또 다른 모습으로 찾아왔다. 지난 2008년 9월 미국 투자은행 리먼브러더스의 파산으로 촉발된 금융위기의 충격은 미국은 물론 아시아, 유럽 등 세계 곳곳을 초토화시켰다. 전 세계 교역량이 급감하고 실물경제가 위축되었으며 각국은 실업 사태에 직면했다. 2002년과 차이가 있다면 미국발 금융위기가 글로벌 금융위기로 더욱 무섭게 번졌다는 점이다.

전대미문의 위기를 만들어 낸 미국발 금융위기에 대한 진단은 다양하다. 그러나 미국이 주도한 신자유주의적 세계화가 애초부터 문제였다는 분석이 지배적이다. 미국식 자유방임형 자본주의에 대한 비판이다. 영국 경제학자 수전 스트레인지 Susan Strange가 이름을 붙인 '카지노 자본주의(casino capitalism)' 의 종말이라는 신자유주의 반대론이 목소리를 높이고 있다. 더 구체적으로 금융시장에 대한 미국 정부의 감독이 부실했다는 비판도 나온다. 1930년대 대공황 처방을 제시했던 존 케인스 John Keynes가 부활한 것이다.

그러나 더욱 근본적인 원인은 금융세계화에 앞장섰던 금융기관의 '빗나간 탐욕'에 있다. 미국 금융기관을 선두로 한 세계 금융권의 지나친 탐욕과 규칙위반의 당연한 귀결인 것이다. 경제학에서 주창하는 이기심이 경제행위의 핵심 동인임은 재론의 여지가 없다. 그러나 자신의 이익과 '자신만' 의 이익을 구분하는 사려분별력이 금융위기의 세계화를 막는 최소한의 조건이자 '인간의 얼굴' 을 한 금융 세계화의 출발이다.

3) '인간의 얼굴' 을 한 세계화를 위해

"자신이 다수의 편에 서 있음을 깨닫게 되는 순간에는 항상 잠시 멈추어 뒤를 돌아보아야 한다." 신자유주의적 세계화를 넘어 대안적 세계화에 앞장서고 있는 수전

조지는 마크 트웨인의 말을 빌려 새로운 세계화 패러다임의 필요성을 역설한다.[60)]

대안 세계화 운동

신자유주의적 세계화는 국가적인 틀을 깨고 보호주의를 타파해 세계인이 된다는 이상을 내걸었다. 그러나 두 번에 걸친 금융위기로 더 이상 고집할 수 없는 이데올로기가 됐다. 선진 각국은 자신들의 안위를 위해 온갖 '반(反)자유주의적' 수단을 동원해야만 하는 처지가 됐다. 장하준 교수의 저서 『나쁜 사마리아인들』 식으로 말하면 '사다리를 걷어찼던' 선진국의 처지는 자유주의는 고사하고 어쩌면 내려올 사다리조차 없는 처지로 가고 있는 양상이다.

미국발 글로벌 금융위기 이후, 신자유주의에 입각한 세계화에 대한 근본적인 반성이 학계와 정계 등 사회 각계각층에서 크게 일고 있다. 영미식 '주주(shareholder) 자본주의는 죽었다' 는 주장, 시장경제 중심의 시대에서 '공감의 시대' 로 전환되었다는 주장이 공감을 얻고 있다. 신자유주의적 세계화와 글로벌 금융위기 속에서 경제와 사회적 질서의 패러다임이 근본적으로 그리고 대대적으로 바뀌고 있는 것이다. 리처드 플로리다Richard Florida의 표현을 빌리면 '그레이트 리셋(great reset)'이 일어나고 있는 것이다.[61)]

'그레이트 리셋' 이 의미하듯, 세계화의 패러다임 변화는 세계화 자체에 대한 거부가 아닌 '인간의 얼굴' 을 한 세계화로의 변화에 초점이 맞추어져 있다. 조지프 스티글리츠 역시 세계화를 거부하는 것이 아니라 잘못된 방식의 세계화를 지적한다.[62)] 그는 대안적 세계화가 가능하다고 보면서 양자 시스템 저지, IMF 등 국제기구의 의결방식 민주화, 강자의 지적재산권 관련 횡포 규제와 지구온난화 대응, 빈국에서 부국으로 돈이 역류하는 글로벌준비제도의 개혁, 빈국의 부채문제 해결, 공정무역, 달러 대신 세계통화를 만들어 기축통화로 삼을 것 등을 제안하고 있다. 특히 최근에 발간한 『스티글리츠 보고서』에서는 세계화로 심화된 불평등문제를 지적하며 이를 해결하지 않고서는 세계경제라는 용어 자체도 불가능하다고 지적한

다.[63)]

이러한 대안 세계화 운동[64)]에 앞장서고 있는 대표적 NGO가 프랑스를 중심으로 활동하는 아탁(ATTAC, 금융거래과세연합)이다. ATTAC은 2008년 10월에 발표한 「때가 왔다. 금융카지노를 폐쇄하자: 금융위기와 민주적 대안에 관한 성명서」를 통해 네 가지 요구를 제기한다.[65)]

첫째, IMF, 세계은행, WTO를 해체하고 새로운 무역 금융체계를 구축해서 '시장의 자기규제' 를 대체하는 새로운 국제 경제 질서를 만들어야 한다. 둘째, 금융시장의 실물경제 지배를 해체해야 한다. 여기에는 통화거래를 포함해 모든 금융이동에 대한 과세, 각국의 모든 주식거래에 대한 과세, 금융복합기업의 창출 금지, 자본소득에 대한 과세, 정당한 분배정착, 에너지 철도와 같은 인프라에 대한 사유화 중단과 연금 사유화 중단 등이 포함된다. 셋째, 투기적 금융상품을 전면 금지하고, 공공은행을 강화하며 신용등급기관을 공적으로 통제하고, 모든 헤지펀드와 사모펀드를 금지하며, 파생금융상품의 장외시장 거래를 금지해야 한다.

ATTAC은 또한 토빈세(Tobins tax) 실시를 주장한다. 토빈세란 노벨경제학상 수상자인 제임스 토빈 교수가 제기한 금융거래세(financial transaction tax)로 외환에 일정한 세금을 매겨 투기자본의 활동을 억제하자는 취지다. 토빈세를 주장하는 이유는, 2008년 글로벌 금융위기 원인은 바로 신자유주의적 금융세계화에 따른 금융 및 투기자본의 탐욕과 약탈이기에 이들 투기자본을 규제하지 않고서는 위기를 극복했다고 보기 어렵기 때문이란 주장이다. 실례로, 한국은 1997년 외환위기 이후 IMF 권고대로 금융시장을 개방하면서 투기자본에 경제주도권을 상당 부분 내줬다. 수많은 은행을 칼라일, 론스타, 골드만삭스 등이 사들여 막대한 시세차익을 남긴 후 소위 '먹튀'가 되면서 국내 산업에 큰 후유증을 남겼지만, 토빈세 같은 규제가 없어 이들 자본은 대부분 단 한 푼의 세금도 내지 않았다.

'공감의 세계화'를 향해

대안 세계화에 대한 논의는 한 걸음 더 나아가 신자유주의의 주주자본주의를 폐기해야 한다는 논의로 발전하고 있다. 토론토 대학교 로저 마틴Roger Martin 교수는 기업의 존재 목적을 주주 이익 극대화에 둔 주주자본주의는 붕괴했다고 선언했다.[66] 그는 주주 이익 극대화를 위해서는 주가가 올라야 하는데 어떤 경영자도 주가를 계속 끌어올린다는 것은 불가능하다고 주장한다. 따라서 대부분의 경영자는 나중에야 어떻게 되든 우선 주가를 끌어올린 뒤 빠져나가려고 하다 보니 단기적 성과에만 몰두하게 되어 결국에는 주주에게도 손해를 입힌다는 것이다. 실제로 금융위기를 부른 기업의 특징이 이러한 단기 성과에 집착한 탐욕에서 비롯되었다는 것이 공통적인 분석이다.

로저 마틴 교수는 대안으로 고객자본주의(customer capitalism)를 제시한다. 즉, '기업의 목적은 소비자를 확보하고 유지하는 것'이란 피터 드러커Peter Drucker의 철학을 실현시키는 자본주의를 말한다. 주주자본주의처럼 기업의 목적은 이윤의 극대화가 아니라 행복한 소비자와 더 많은 소비자 확보에 두게 된다. 이것이 궁극적으로 주주에게 이익이 된다는 것이다. 대표적인 사례로, 존슨 앤드 존슨(Johnson & Johnson)은 타이레놀 독극물 사건에 봉착했을 때 '고객우선'이란 회사 신조에 따라 사건을 해결하였고 그 결과 지금은 시가총액 세계 8위의 위대한 기업으로 성장할 수 있었다는 것이다.

왜 고객의 행복을 중시하는 고객자본주의가 시작되고 있는가? 많은 학자는 이런 패러다임 변화를 문명사적인 변화에서 설명한다. 필립 코틀러Philip Kotler 교수는 21세기를 마켓 3.0시대라고 명명한다.[67] 코틀러에 따르면 마켓 1.0시장은 제품 중심의 시대였으며, 2.0시장은 소비자 지향시대였고 이제는 미션과 비전, 가치를 통해 세상에 기여하는 3.0시대라는 것이다. 3.0시장은 "소비자를 단순한 상품구매의 대상이 아니라 완전한 인간 존재로 믿으며, 그들의 드러난 요구뿐 아니라 감춰진 바람까지 염두에 둘 것을 요구하는 시대"다. 이런 시대에는 물질적 목적을 넘어서는 가치실현을 소비자가 요구하게 된다는 것이다.

제러미 리프킨Jeremy Rifkin은 문명사적 변화를 같은 맥락에서 전망한다.[68] 리프킨은 다가오는 시대를 '3차 산업혁명' 시대라고 규정한다. 3차 산업혁명은 에너지 혁명과 커뮤니케이션 혁명의 융합을 통해 본격적으로 도래한다는 것이다. 이 혁명의 특징은 인간이 단지 경쟁이나 자기이익만을 추구하는 것이 아니라 서로 공감하고 협력하는 인간 본성이 인류 전체로 확산되는 '공감의 시대'라는 데 있다. 이러한 시대 변화 속에서 인간 의식은 변화할 것이고 점점 더 복잡해지는 사회 속에서 사람 간의 상호의존도나 공감 정도가 높아지게 된다는 것이다. 따라서 경영시스템을 포함한 사회 전반의 시스템도 이에 맞추어 변화해야만 된다고 본다.

후 주

1. 이강국(2005). 다보스, 포르투 알레그레 그리고 서울. 서울: 후마니타스.
2. 맬컴 워터스(1998). 세계화란 무엇인가(이기철 역). 서울: 현대미학사, p. 14.
3. 같은 책, pp. 14-15.
4. 같은 책, p. 16.
5. 이강국(2005). 앞의 책, p. 41.
6. 토머스 프리드먼(2009). 렉서스와 올리브나무(장경덕 역). 서울: 21세기북스.
7. 김준헌(2005). 경제적 세계화와 경제정의. 미간행 교육자료집, 재인용.
8. 김신일(2009). 교육사회학. 서울: 교육과학사, p. 427.
9. 조지프 스티글리츠(2008). 인간의 얼굴을 한 세계화(홍민경 역). 서울: 21세기북스.
10. 참조: 중앙일보(제12518호).
11. 오마에 겐이치(1996). 국가의 종말(박길부 역). 서울: 한언.
12. 참조: 동아일보(2010. 6. 30.).
13. 이인성(2009). 21세기 세계화 체제의 이해. 서울: 아카넷.
14. 같은 책.
15. 수전 조지(2008). 폭압적 신자유주의 세계화에 대한 실천적 제안서(정성훈 역). 서울: 산지니.
16. 같은 책, pp. 211-212.

17. 이강국(2005). 앞의 책.
18. 남덕우. 시장경제 뛰어넘는 대안은 없다. (2006. 7. 11.). Economist.
19. 이인성(2009). 앞의 책, pp. 208-209.
20. 윤효원. 전면거부에서 비판적 거부로. (2005. 9. 7.). 매일노동뉴스.
21. 이인성(2009). 앞의 책, pp. 208-209.
22. 같은 책, pp. 213-215.
23. 수전 조지(2008). 앞의 책, p. 20.
24. 이강국(2005). 앞의 책.
25. 장하준(2010). 그들이 말하지 않는 23가지(김희정, 안세민 역). 서울: 부키.
26. 수전 조지(2008). 앞의 책.
27. 윤효원. 전면거부에서 비판적 거부로. (2005. 9. 7.). 매일노동뉴스.
28. 참조: 월터 미놀로 인터뷰. 한겨레신문(2010. 6. 3.).
29. 참조: 식민성 및 탈식민적 사유의 중요성에 대해서는 월터 미놀로(2010). 라틴아메리카, 만들어진 대륙(김은중 역). 서울: 그린비 참조. 이 책에서 미놀로는 아메리카라는 대륙이 서구인과 아메리카 원주민의 '인식' 속에서 어떻게 식민화되었는지를 밝힘으로써 근대성의 이면에 은폐되어 있는 식민성 이데올로기를 치밀하게 분석하고 있다.
30. 수전 조지(2008). 앞의 책, p. 79.
31. 같은 책, p. 11.
32. 조지프 스티글리츠(2008). 앞의 책.
33. 장하준(2007). 나쁜 사마리아인들(이순희 역). 서울: 부키, p. 34.
34. 이관춘(2006). 직업은 직업이고 윤리는 윤리인가(2판). 서울: 학지사, p. 33.
35. 같은 책.
36. 참조: 외교통상부(2010). http://hanfta.cafe24.com/new/ftakorea/fta.asp.
37. 공병호(2005). 공병호의 10년 후 세계. 서울: 해냄, p. 14.
38. 조지프 스티글리츠(2008). 앞의 책.
39. 이관춘(2006). 앞의 책.
40. 참조: 외교통상부(2010). http://hanfta.cafe24.com/new/ftakorea/fta.asp.
41. 참조: 중앙일보(2010. 12. 10.).
42. 참조: 동아일보(2010. 4. 7.).
43. 현오석. FTA는 경제영토를 넓히는 초석이다. (2010. 12. 23.). 동아일보.
44. 배인준. 노무현과 손학규, 그리고 한미 FTA. (2011. 01. 09.). 동아일보.
45. 참조: FTA와 한국의 미래. (2009. 10. 27.). 조선일보.
46. 장하준(2010). 앞의 책.

47. 조지프 스티글리츠(2008). 앞의 책.
48. 김병주(2006). 대한민국 미국을 만나면. 서울: 조윤커뮤니케이션, p. 30.
49. 참조: 정태인-장하준 대담. (2007. 8. 30.). 오마이뉴스.
50. 이관춘(2006). 앞의 책, p. 39.
51. 진관훈(2004). 국제자유도시의 경제학. 서울: 각.
52. 참조: 조선일보(2007. 05. 30.).
53. 참조: 2010년 말 기준. 머니투데이(2010. 12. 19.).
54. 웨인 엘우드(2007). 자본의 세계화, 어떻게 헤쳐 나갈까(추선영 역). 서울: 녹색평론사.
55. 이관춘(2006). 앞의 책.
56. 로버트 아이작(2006). 세계화의 두 얼굴(강정민 역). 서울: 이른아침.
57. 웨인 엘우드(2007). 앞의 책.
58. 제러미 시브룩(2007). 세계의 빈곤, 누구의 책임인가(황성원 역). 서울: 이후.
59. 참조: 이하의 내용은 이관춘(2009). 빗나간 탐욕이 위기 부른다. *Financial Planning*, *47*, 26-29의 내용을 요약 정리한 것임.
60. 수전 조지(2008). 앞의 책.
61. 리처드 플로리다(2010). 그레이트 리셋(김미주, 송희령 역). 서울: 비즈니스맵.
62. 조지프 스티글리츠(2008). 앞의 책.
63. 같은 책.
64. 참조: 르몽드 디플로마티크(2008). 르몽드 세계사: 우리가 해결해야 할 전지구적 이슈와 쟁점들(권지현 역). 서울: 휴머니스트; 페터 가이스, 기욤 르 캥트랙(2008). 독일 · 프랑스 공동 역사교과서: 1945년 이후 유럽과 세계(김승렬 외 역). 서울: 휴머니스트.
65. 이하의 내용은 사회진보연대. 금융위기, 우리의 대안은 무엇일까? (2008. 12. 2.) 미디어스의 내용을 정리한 것임.
66. Martin, R. (2010). The age of customer capitalism. *Harvard Business Review*, *88*(1), 58-65.
67. 필립 코틀러(2010). 마켓 3.0: 모든 것을 바꾸어 놓을 새로운 시장의 도래(안진환 역). 서울: 타임비즈.
68. 제러미 리프킨(2010). 공감의 시대(이경남 역). 서울: 민음사.

제12장

환경 생태계 위기와 시민리더십

"예전에는 지구 종말에 관한 판결로서 우리를 위협하였던 것이 종교였다. 오늘날에는 바로 고통을 당하고 있는 지구 자체가 종말의 도래를 예견하고 있다. 그러나 이 마지막 계시는 예수가 설법하였던 시나이 산으로부터 오지도 않고, 석가가 깨우쳤던 보리수나무로부터도 오지 않는다. 한때는 훌륭한 창조물이었던 이 지구의 황무지에서 우리 모두가 몰락하지 않으려면 우리의 탐욕스러운 권력을 억제해야 한다고 경고하는 것은, 바로 말없는 피조물의 고발이다."

– 한스 요나스Hans Jonas(1903~1993)

환경문제는 21세기의 인류가 안고 있는 큰 숙제이며 난제다. 산업혁명 이후, 브레이크 없이 달려온 인류문명은 자원의 훼손과 자원의 고갈이란 두 가지 위기를 자초하고 있다. 넉넉히 잡아도 2030년이면 원유는 매장량의 절반이 고갈된다.[1] 중국과 인도 등 인구대국의 본격적인 공업화는 자연고갈을 가속화시키고 있다. 당연히 자원쟁탈전이 가열되고 있다. 환경문제 전문가인 미국의 앨 고어Al Gore 전 부통령은 1992년 발간된 『위기의 지구Earth in the Balance』란 저서에서 인간에 의한 환경파괴의 실상을 다음과 같이 지적하고 있다.

"인간이 자연을 두려워했던 과거와는 달리, 이제 자연이 인간을 두려워하고 있다. 6500만 년 전 시작된 신생대는 46억 년 지구 역사에서 가장 다양한 생명체가 번성하던 시기였다. 하지만 인간의 자연 파괴로 인해 불과 30년 동안에 지구 위의 생물 종류는 절반으로 줄었다."

1. 생태계 위기의 다양성

20세기는 과학기술의 비약적인 진보와 인류사상 유례없는 물질적 풍요를 이룩한 시기였다. 그러나 이러한 물질적인 성취의 대가는 자연생명의 무참한 파괴였다. 자연환경이 본격적으로 파괴되기 시작한 것은 산업혁명 이후의 화석에너지 소비형 산업사회가 시작되면서부터라고 할 수 있다.[2] 거기에다 20세기 후반 들어 폭발적으로 증가하기 시작한 인구 때문에 자연파괴는 더욱 심화되었다. 앨 고어의 강의를 기록한 다큐멘터리 영화 〈불편한 진실An Inconrenient Truth〉에는 흥미로운 통계 하나가 나온다. 제2차 세계대전이 끝날 무렵인 1945년에는 베이비붐과 더불어 세계 인구는 23억 명에 달했다. 베이비붐 세대가 노년기에 접어든 2005년 세계 인구는 65억 명이 되었고, 이 정도 추세라면 2012년에 70억 명을 돌파하여 2050년경에는 91억 명에 달할 것으로 예측된다. 세계인구 23억 명이 되는 데 기원 이후 1900년이나 흘렀지만 3배가 되는 데는 고작 100년이 걸리지 않는다.

1) 생태계의 개념

"해마다 바닷새 100만 마리, 바다 동물 10만 마리가 바다 쓰레기에 걸려 죽어 가고 있다.[3] 하루에도 수백 종의 생물이 멸종하고 있다. '지구의 허파' 라는 아마존 열대우림은 점차 사라지고 있다. 남극 상공의 오존 구멍이 불과 30년 사이에 남극 대륙 면적의 2배 이상 크기로 넓어졌다." 주변에서 흔히 듣고 있는 생태계 위기의 예다.

약 200억 년 전 빅뱅으로 형성된 태양계에서 지구는 세 번째 행성으로 탄생하였다. 무수한 화산활동과 운석충돌로 바다가 형성되면서 대기 내 산소 원자가 활성화되었고, 생명체의 다양성을 가져왔다. 그 후로 약 40억 년 동안 수많은 생물체의 탄생과 죽음의 사이클이 반복되며 생태계의 질서를 유지해 왔다. 하지만 불과 100년이 안 되는 현생 시대에 지구 생태계에 큰 위험이 도래하고 있다는 우려의 목소리가 높다. 그 위험의 중심에 인간이 있다.

그럼 생태계란 무엇인가? '생태' 란 말은 단순히 말하면 생물이 살아가는 모양이나 생활 상태를 말한다. 생태계(ecosystem)란 용어는 영국의 식물생태학자인 아서 탠슬리Arthur Tansley에 의해 제시된 개념으로 특정 자연환경과 그 속에서 생존, 번식, 진화하는 유기체의 관계를 설명한다. 이러한 유기체와 환경의 관계를 생태학이라고 부르며, 생물리학적 조건 이외에 사회문화적 조건을 부여한 생태학을 인간생태학이라고 한다.[4)]

일반적으로 생태계는 일정한 지역에 살고 있는 생물(organism)과 이를 둘러싸고 있으면서 유기체와 상호작용을 하는 물리적 환경(무기체) 전체를 의미한다. 유기체는 기후, 토양, 물, 양분 등 주변의 생태적 환경에 적응하면서 진화해 나간다. 또한 생태계는 대부분 녹색식물로 이루어진 '생산자' 와, 생산자가 만들어 낸 유기물을 직간접적으로 소비하며 살아가는 '소비자' , 그리고 생산자나 소비자의 사체나 배설물을 분해하고 이때 발생하는 에너지를 사용하여 유기물을 무기물로 환원시키는 세균이나 균류인 '분해자' 로 이어지는 먹이사슬(food chain)에 의해 평형이 유지된다.[5)]

그런데 메커니즘 차원에서 주목해야 할 점은 바로 생태계의 자기유지 메커니즘이다. 자기유지 메커니즘은 자기조직화, 적응 및 진화로 규정된다. 자기조직화는 구성요소가 상호작용을 통해 체계를 유지하며 생존과 진화의 방식을 만들어 감을 의미한다. 유기체가 환경에 대해 더 나은 지속성을 획득하는 것을 '적응' 이라 하며, 생태계는 생성-성장-소멸을 통해 스스로 자기 증식하는데 이 메커니즘을 '진화' 라고 한다.[6]

인간도 이런 생물과 환경이 조화되는 생태계의 일부일 뿐이다. 오늘날의 생태학은 주로 생명개체나 집단의 환경적응 과정을 다루고 있다. 그러므로 생태학의 기본개념은 유기체, 인구, 환경, 그리고 개체 사이와 인구 환경 사이의 관계로 요약될 수 있다.[7] 인간을 위협하고 있는 환경 문제는 이러한 개체의 환경 적응 문제에서 비롯된다. 인간이라는 생태계의 한 개체가 생태계가 포용할 수 있는 적응 한도를 넘어설 정도로 생태계 질서를 심각하게 파괴하고 있기 때문이다. 그 파괴의 양상은 산업혁명 이후 무분별한 환경 개발에서 시작하여 20세기에 접어들어서는 지구온난화 등의 모습으로 우리를 위협하고 있다.

2) 생태계 위기의 다양성

생태계 문제는 환경오염 문제와 직결된다. 환경오염은 특성상 대기 오염과 수질 오염 및 토양오염으로 나눌 수 있다.

첫째, 대기오염은 스모그와 산성비가 대표적이다. 주로 화석연료 사용에서 기인한다. 인류는 오랜 세월 동안 화석연료를 순간적으로 태워 얻는 에너지에 거의 전적으로 의존해 왔다. 특히 산업혁명 이후 오늘날까지 이어지는 화석연료의 대량 소비는 심각한 대기오염을 야기하고 있다. 지구라는 닫힌 시스템 속에서 화석연료를 마구 태워 유해 탄소를 뿜어내는 것이다. 생태학자인 재닌 베니어스Janine Benyus의 말대로[8] "마치 촛불을 켜 놓고 봉한 병 속의 생쥐마냥, 창문을 꽉 닫아 건 집 안에서 가재도구를 불태우는 가족"과 같은 어리석음을 반복해 오고 있는 것이다.

이로 인한 대기오염은 많은 인구가 밀집되어 있는 도시에서 특히 심각하게 나타난다. 연기(smoke)와 안개(fog)의 합성어인 스모그(smog)는 20세기 초부터 영국 런던의 대기 오염현상을 기술하는 용어였지만, 스모그가 전 세계로 확대되다 보니 이제는 도시의 오염된 대기를 지칭하는 일반 용어로 사용되고 있다.[9] 스모그는 발생 원인과 양상에 따라 주로 겨울철에 발생하는 런던형 스모그와 여름철에 많이 발생하는 LA형 스모그 현상으로 구분된다. 영국 런던의 스모그 현상이 얼마나 심각했는지는 1873년 스모그로 인한 호흡기 질환으로 사망한 사람이 5000명 이상이었다는 기록이 여실히 보여 준다.

대기오염에 따른 산성비의 발생도 생태계 파괴로 이어진다. 대기권 내에 있는 이산화탄소와 자연적인 황, 질소화합물 그리고 유기산이 대기권의 수분 속에 용해되어 있다가 비가 되어 지상에 떨어질 때 산성비가 된다.[10] 산성비는 건물을 부식시키고 산림이나 식물의 수분흡수를 억제하며, 토양의 유기물 분해를 방해하여 숲을 황폐화시키고 물고기의 대량 폐사를 야기한다. 한 예로 1980년대 말 영국에서 날아온 대기 오염물질에 의해 스칸디나비아 반도의 여러 호수가 산성화되고 대부분의 물고기가 대량 폐사한 사건을 들 수 있다. 우리나라는 최근 중국의 급격한 산업화로 인한 중국발 산성비의 피해를 입고 있다.

둘째, 수질오염이다. 물이 오염되면 피해는 걷잡을 수 없이 확산된다. 사람들이 생활하면서 버린 물에는 여러 가지 유기물질이나 부유물질이 포함되어 있다. 물속에 버려진 후 부패한 유기성 물질은 비중이 작아서 강 위로 떠오르기도 하는데, 그 결과 물속에 햇빛과 산소 공급을 막는 현상을 초래한다.[11]

마지막으로 토양오염은 인간이 배출한 중금속이나 농약, 화학물질 등이 안전하게 처리되지 않은 상태로 배출된 후 토양에 잔류하면서 발생된다. 토양오염은 대부분 지표면 아래에서 이루어지고 진행 속도가 매우 느려 오랜 기간 누적된 후에야 오염 사실을 알게 된다. 따라서 토양이 오염된 사실을 모르는 사이에 오염물질은 주변 지역이나 지하수에 용해되어 확산된다.

토양오염의 주범은 가정에서 배출되는 생활폐기물, 산업폐기물, 농경지나 산림 지역에 살포되는 비료 및 살충제와 같은 화학물질, 빗물에 용해되어 내리는 대기오염물질 등이다. 오염원에서 배출된 유해물질은 기체, 액체, 고체 상태로 토양 내에 유입된다. 대기 중의 유해물질은 빗물에 용해되어 유입되며, 액체 상태의 유해물질은 수로나 관개를 통해 유입된다.[12] 토양에 유입되는 대부분의 물질은 토양의 정화 작용으로 분해된다. 그러나 중금속은 토양에 오래 남아 식물의 성장을 저해할 뿐만 아니라 생물체에 축적되는 경향이 있다.

토양오염을 일으키는 중금속은 수은, 카드뮴, 구리, 티타늄, 납, 니켈, 아연 등이 있는데, 이들은 광산이나 제련소, 염색 공장, 도자기 공장, 쓰레기 처리장 등을 통해 토양에 유입된다. 건전지를 버리거나 살충제를 살포하는 과정에서도 중금속 오염이 일어난다. 농약이나 화학 비료를 쓰면 손쉽게 생산량을 증가시킬 수 있지만 이들 성분 중 농작물에 흡수되지 못하는 물질은 토양 중에 잔류되어 산성도를 높이고 영양소를 보유하는 능력을 저하시킨다.[13]

3) 오염물질 먹이사슬

"우리가 마신 물은 몸을 한 바퀴 돌아 오줌이나 땀으로 나온다. 지금 우리가 마시는 물은 고대 로마인이 목욕한 물일 수도, 화가 김홍도가 붓을 씻은 물일 수도, 더 오래전에 이집트인이 돌을 운반한 물일 수도 있다."[14] 동화적인 상상이지만 자연의 순환 이치임에는 분명하다. 그러나 이런 순환이 오염물질일 경우 문제는 심각해진다. 환경오염물질은 아주 오랫동안 환경에 잔존해 있다가 생태계 먹이사슬을 통해 결국 인간에게 해를 입히기 때문이다.

드라마 〈메디컬 인베스티게이션Medical Investigation〉에서 다루어진 에피소드는 환경오염물질의 먹이사슬을 매우 사실적으로 묘사하고 있다.

인구 10만 명도 안 되는 작은 시골 마을에서 7명이 희귀질환인 재생불량성 빈혈로 사망하자 미국 국립보건원 소속 기동의학팀이 조사에 나선다. 재생불량성 빈혈은 100만 명당 2~6명꼴로 발병하는 희귀질환으로 작은 마을에서 같은 질환으로 같은 시기에 사망했다는 건 확실히 이상한 일이었다. 조사가 시작됐다. 병에 걸린 이들의 공통점은 같은 생선가게에서 새우를 사다 먹었다는 것이었고 그 새우에서 재생불량성 빈혈을 발생시키는 클로람페니콜이 검출되었다. 이 물질은 항균작용이 있어 가축질병 치료와 예방에 대량으로 사용됐다. 그러나 이 물질이 인체 골수조직에 악영향을 미친다는 사실이 드러나 식용동물에 대한 사용은 전면 금지됐다. 하지만 이런 규제에도 불구하고 새우와 꿀 등 몇몇 제품에서는 여전히 클로람페니콜 성분이 검출되고 있었다. 이상한 것은 이 물질은 가축에게 사용한 항생제이지 새우나 벌에는 사용한 적이 없었다는 점이다.

답은 환경오염에 있었다. 수년간 농가에서 대량으로 사용한 클로람페니콜 잔류물이 동물의 분변을 통해 배출됐고, 이들의 배설물로 만든 퇴비는 비료나 새우 양식장의 영양물질로 흔히 이용되었다. 퇴비에 들어 있는 영양분을 물속의 식물성 플랑크톤이 섭취하는 과정에서 클로람페니콜의 잔류물 역시 흡수됐다. 이들이 동물성 플랑크톤과 새우로 이어지는 먹이사슬을 거치다 치명적 질환을 일으킬 만한 수준의 클로람페니콜을 함유한 새우가 결국 식탁에 오르게 된 것이다.[15)]

드라마 에피소드라고 단순히 치부할 사건이 아니다. 오염물질 먹이사슬로 인한 유사한 사건은 비일비재하다. 대표적인 예가 일본에서 발생했다. 수은과 카드뮴 등 중금속에 의한 수질오염으로 284명이 사망한 미나마타 수은중독 사건과(1950년) 이타이이타이병 사건이다. 미나마타 수은중독 사건은 일본 미나마타 시 신일본 질소 주식회사에서 수은이 함유된 폐수를 배출한 사건이다. 수은이 함유된 폐수는 만(灣)내 해수에 유입되면서 자연스럽게 어패류 등에 흡수되었고 이를 먹은 수백 명의 사람이 희생되었다.[16)]

이타이이타이병 역시 같은 오염 절차를 거쳤다. 광업소에서 폐기한 폐광석에서 카드뮴이 축적되고, 근처 논에서 수확한 쌀이 카드뮴으로 오염되었으며, 오염된 쌀을 광산촌 주변 주민이 장기간 섭취한 결과 보행곤란 및 전신위축, 폐기종 등의 병으로 사망하였다.

토양오염의 전형적인 사례는 '러브 커낼 사건'이다.[17] 미국의 윌리엄 러브William Love가 1892년 추진하던 운하건설이 경제공황으로 러브 커낼이란 웅덩이만 남기고 1910년에 중단되었다. 이 웅덩이는 계속 방치되다 1940년에 후커 케미컬 화학회사가 매입하여 1950년까지 회사에서 발생하는 80여 가지 이상의 화학 폐기물 2만 2000t을 이곳에 매립하였으며 1953년에 러브 커낼을 포함한 주변 지역을 나이아가라 시교육위원회에 기증하였다. 시교육위원회는 이 지역에 초등학교를 세우고 일부는 주택가로 조성했는데 문제가 서서히 드러나기 시작했다. 학교에 다니던 학생의 대부분이 만성천식과 신장 및 간질환에 걸리기 시작했으며 주민은 피부병과 두통을 호소하였다. 뉴욕 주 보건 당국의 역학조사 결과, 이 지역 주민의 유산율이 다른 지역에 비해 4배나 높다는 사실이 드러났다.

이 사건은 무관심했던 토양오염의 폐해가 얼마나 심각한지를 일깨워 준 역사적 사건으로 기록되고 있다. 환경오염의 무서운 공포 중 하나는 우리가 과오를 깨닫게 된 이후에도 그 여파가 쉽게 잦아들지 않는다는 것이다. 따라서 환경문제에서는 대책보다는 예방이 훨씬 더 중요하다.

2. 지구온난화와 기후의 역습

앨 고어는 지나치게 급증한 인구수를 지구온난화의 첫 번째 주범으로 꼽는다. 인류가 배출하는 이산화탄소와 2차적으로 발생되는 이산화탄소가 지구의 외투를 두껍게 만들고 온기를 가둔다는 주장이다. 한 예로 인류가 2007년 한 해 동안 내뿜은 이산화탄소는 약 310억 t이다. 1인당 매일 13kg을 방출한 셈이다. 아마존 열대우림은 2005년 극심한 가뭄 이후 이산화탄소 흡수 기능을 상당 부분 잃어, 오히려 해마다 30억 t의 이산화탄소를 뿜어내고 있다.[18] 일본 마루베니경제연구소장인 시바타 아키오柴田明未는 저서 『자원전쟁資源争奪戦』을 통해 지구온난화가 자원고갈 문제와 함께 인류가 처한 최대의 위기라고 지적한다.[19]

1) 기후의 역습

지구상의 자연재해는 끊임없이 계속되고 있다. 그러나 최근 들어 그 횟수가 잦아지고 강도는 더욱 높아지고 있다. 단적인 예가 2011년 3월 11일 발생한 일본 대지진이다. 일본 도호쿠(東北)지방 미야기현 130km 앞바다 해저 24km에서 일본 지진 관측 사상 최악인 리히터 규모 9.0의 대지진이 발생한 것이다. 이어 들이닥친 쓰나미로 인해 사망 · 실종자만 2만 명이 넘었고 수십만 명의 이재민이 발생하였다. 지진과 쓰나미에 이어 후쿠시마 원자력 발전소에서 방사성 물질이 누출되어 일본은 물론 전 세계를 방사능 공포에 떨게 하였으며 아직까지 후유증은 지속되고 있다. 자연재앙은 일본만이 아닌 세계적인 현상이다. 한 예로 2011년 1월에 언론에 보도된 자연재해를 살펴보자.

호주는 기상이변에 따른 100년만의 대홍수로 남한 크기의 9배를 넘는 면적에 해당하는 호주 북서부 22개 지역이 물에 잠겼다. 약 20만 명이 홍수피해를 입고 수십 억 달러의 손실이 발생했다. 브라질에서는 40년 만의 '재앙' 이라는 대홍수로 400여 명이 죽었다. 가까운 일본에서는 2m에 달하는 폭설이 도시를 덮쳤다. 한국 역시 이상한파로 혹독한 추위가 몰아쳤다. 전 세계가 눈폭탄, 물폭탄으로 신음한 정월이었다.

2010년 한 해 동안에도 세계 곳곳에서 자연재해가 발생했다. 2010년 1월에는 아이티 대지진으로 무려 22만 2570명이 참사를 당했다. 중국은 3월 지진과 8월 홍수로 4000여 명이 사망했으며 파키스탄은 7월에 시작 된 두 차례 홍수로 2000여 명이 희생되었다. 2010년 전 세계는 950건의 자연재해로 29만 5000명이 사망했으며 경제피해액은 1300억 달러에 달했다.

2010년 희생자 수는 1983년 에티오피아의 대기근으로 30만 명이 숨진 이래 27년 만에 최대 규모이며, 자연재해 건수는 1980년 이래 가장 많았다. 대륙별로는 북미와 남미에서 365건이 발생해 가장 많았고 다음으로 아시아가 310건, 유럽이 120건, 아프리카가 90건, 호주가 65건의 순이었다.

강진을 동반한 물폭탄은 바다에서도 발생한다. 한 해 전인 2009년 9월에는 미국령인 서사모아에서 강진과 쓰나미로 한국인을 포함해 100여 명이 목숨을 잃었다. 하지만 피해규모가 상대적으로 작아서인지 제대로 기사화되지도 못했다. 살펴보면 2004년 성탄절(12월 26일) 때는 인도양에서 사상 최악의 쓰나미가 발생해 11개국에서 무려 23만여 명이 목숨을 잃었다고 하니, 이젠 자연재해로 인한 피해규모에 둔감해질 정도다.

이렇듯 지구촌은 기상이변으로 몸살을 앓고 있다. 물론 기상이변이 작금의 현상만은 아니다. 인류 역사를 보면 기상이변은 느닷없이 발생해 가공할 파괴력을 선보이곤 했다. 그러한 기상이변은 어김없이 흉작을 몰고 왔고 기근과 전염병으로 위기를 유발했다. 14세기 중반 유럽대륙을 공동묘지로 만들어 버린 페스트는 기온 강하와 빈번한 홍수로 삶의 조건이 악화된 가운데 번식력이 큰 쥐 떼에 의해 전파된 재앙이었다.[20] 당시 유럽인구의 3분의 1인 3000만 명이 목숨을 잃었고 북미와 아시아에서도 4000만 명의 희생자를 냈다. 1918년에 세계를 휩쓴 스페인 독감도 그 이전의 기상조건과 맞닿아 5억 명이 감염되고 5000만 명이 목숨을 잃었다.

기상이변은 민생과 정치에도 결정적인 충격을 가한다. 1815년 인도네시아에서는 탐보라 화산이 폭발했다. 당시 화산재로 인한 기온 강하는 미미했는데(0.4~0.7℃) 북반구에서는 이듬해 여름이 사라졌고 냉해가 3년간 계속됐다. 굶주림과 전염병은 폭동과 난민 사태를 빚었고 사회혼란은 정권 실각 사태까지 빚었다.[21] 기상이변은 역사적으로 예고 없이 발생했고 그때마다 인류는 가혹한 고통에 시달렸다.

그러나 문제는 과거의 기상이변과 현재의 기상이변은 성격이 다르다는 데 그 심각성이 있다. 정확히 말하면 기상이변의 원인에 근본적인 차이가 있다. 세계적인 기후전문가 독일 키일 대학 모집 라티프Mojib Latif 교수는[22] 기상이변은 인간의 영향 없이도 발생할 수 있고, 인간이 유발시킬 수도 있다고 말한다. 그러나 인간에 의해 영향을 받을 때는 무척 느리게 반응하는데, 20세기 말부터 지구 전역에서 빈발하는 기상이변은 인간이 불러들인 것이란 주장이다. 즉, 인간의 생태계 파괴행위가 가져온 부메랑이자 '기후의 역습' 이라는 것이다. 생태철학의 거장인 한스 요나스의 표현을 빌리면, 인간의 기술적 착취에 의해 고통을 받고 신음하던 지구의 보복이자 '절망적 선전 포고' [23]다.

2) 기후변화의 원인, 온난화

기상이변의 원인은 다양할 것이다. 그러나 직접적인 원인으로 꼽히는 것이 지구의 온난화 현상이다. 온난화의 문제는 단지 기온 상승만이 아니다. 온난화가 심각한 이유는 온난화가 대규모 홍수와 가뭄, 급격한 기상변화와 냉해 등 각종 이변현상을 몰고 온다는 데 있다.

지구온난화란 일시적으로 기온이 올라가는 현상이 아니라, 장기적인 기온 상승으로 지구 기후에 전반적인 변화를 초래하는 현상이다. 기후는 지구의 대기 순환, 해류, 대기 구성성분에 의하여 영향을 받는데, 지구온난화는 주로 대기 구성성분의 변화로 인해 발생하는 현상이다. 지구온난화의 직접적인 원인은 이산화탄소와 같은 온실가스가 대기 중으로 배출되어 축적됨으로써 일어나는 온실효과(greenhouse effect)다. 온실효과는 외부에서 오는 태양 에너지는 통과시키고 복사된 에너지는 흡수함으로써 일정하게 온도를 유지시키는 현상인데 지구에서도 이런 현상이 일어난다. 지구를 커다란 온실로 비유한다면 온실의 유리나 비닐 역할을 하는 것은 바로 이산화탄소와 같은 물질로 구성된 대기다.[24] 태양에서 지구로 오는 빛 에너지 중에서 약 34%는 구름과 먼지 등에 의해 반사되고, 지표면에는 약 44% 정도만 도달한다. 지표면에 도달한 에너지 중 일부는 육지와 해양에 흡수되고, 나머지는 물, 눈, 빙하 및 기타 반사면에 의하여 파장이 짧은 가시광선의 형태로 우주로 돌아간다. 그런데 지구는 태양으로부터 받은 에너지를 파장이 긴 적외선으로 방출하는데 대기 중의 이산화탄소가 파장의 일부를 흡수한다. 이렇게 흡수된 에너지가 대기 온도를 상승시키고 이 때문에 지구의 기온이 상승하게 된다. 이를 그림으로 표시하면 [그림 12-1]과 같다.

지구온난화의 주범인 온실가스는 CO_2, CH_4, H_2O, CFCs 등으로 구성된다. 이 중 약 50%를 점하는 것이 이산화탄소(CO_2)다. 산업혁명 이전에는 대기 중의 이산화탄소는 해양이나 산림토양에 흡수됐다. 이에 따라 지구 전체에 이산화탄소의 방출과 흡수가 자발적으로 균형을 이루어 대기 중의 이산화탄소 농도가 약 280ppm으로

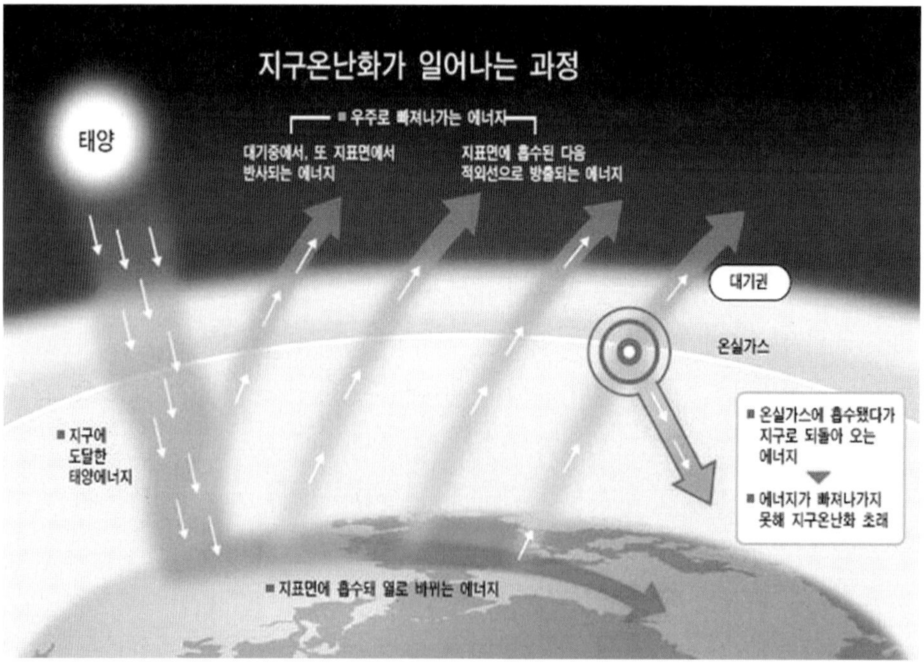

[그림 12-1] 지구온난화가 일어나는 과정

출처: 유엔환경계획(UNEP); 중앙일보(2007. 05. 31.), 40판에서 재인용.

거의 일정했다.[25)]

그러나 산업혁명으로 유럽 각국에서 석탄, 석유, 천연가스 등 화석연료의 사용이 증가하면서 이산화탄소 배출은 급격히 증가한 반면 산림을 대규모로 벌채하고 파헤치면서 이산화탄소의 자연흡수력은 급감했다. 미국 캘리포니아 대학교 찰스 킬링Charles Keeling 교수는 하와이섬 마우나로아 산에서 1985년부터 시작한 관측을 통해 실제로 대기 중의 이산화탄소 농도가 해마다 증가하고 있다는 사실을 밝혀냈다. 연구에 따르면 자연이 연간 흡수하는 이산화탄소는 약 30억 t이다. 반면 인간이 연간 배출하는 이산화탄소는 64억 t이기에 매년 34억 t이 대기 중에 남게 된다. 즉, 현재 이산화탄소 상승 원인은 인간의 화석 연료 사용 때문이다.

IPCC의 제4차 보고서는 2005년 이산화탄소 농도는 379ppm이며 2100년에는 500~900ppm이 될 것으로 예측한다. 379ppm이란, 공기를 구성하는 기체 분자 100만 개 가운데 379개를 이산화탄소 분자가 차지하고 있음을 의미한다. 산업혁명 이전의 수치인 280ppm에 비해 약 35% 증가한 수치다. 또한 과거 6만 년 동안의 자연적인 변동 범위인 '180~300ppm' 을 크게 웃도는 수치다.[26)]

OECD 보고서에 따르면 새로운 정책이 마련되지 않는다면 2030년에는 전 세계 온실가스 배출량이 37%, 2050년에는 52% 증가할 것으로 보고 있다. 이는 2050년 지구 평균온도가 산업화 전보다 1.7~2.4℃ 상승하면서 폭염, 가뭄, 폭풍, 홍수 등의 자연재해 증가로 인류가 심각한 피해를 입을 수 있다는 얘기다.

3) 온난화 재앙

지구온난화가 야기하는 문제는 단순하게 분석하기 어려울 정도로 방대하다. 무엇보다 지구의 온도 상승이 심각한 문제다. 유엔정부간기후변화위원회(IPCC)의 제4차 평가보고서(2007년)에 따르면, 온난화의 지표인 지구표면온도는 지난 100년 동안(1906~2005년) 0.74±0.18℃ 상승하였다.

한국의 경우는 지난 100년(1912~2008년)간 연평균기온이 1.7℃ 상승하여 지구평균 기온상승률보다 높다. 또한 지구온난화와 관련하여 강수의 유형도 변화하고 있으며 강수의 상당 부분이 집중호우 형태를 띠고 있다. 극심한 가뭄과 홍수를 유발하는 엘니뇨현상도 그 크기나 발생 빈도 및 지속성이 1970년대 중반 이후 증가한 것으로 나타나고 있다. 지구온난화는 기후변화와 해수면 상승을 초래한다. 실제로 한국의 제주지역 해수면은 지난 40년간 22cm 상승하였는데 이는 세계 평균보다 3배 높은 수치다.

만약 기온상승률이 이대로 지속되어 2040년에 약 3℃의 기온이 상승한다면 연간 10km의 속도로 기후대가 극 방향으로 이동한다. 그 결과 강우와 강설 양상이 바뀌고 계절의 변화를 가져온다. 남북극 지역의 빙하가 녹게 되고 해수의 염분도가 감소하며 해수면이 높아진다. 적도 지방에는 사막이 확장될 것이다. 만약 3℃ 정도의 기온이 상승할 경우, 북극 빙하는 대부분 물에 뜬 빙하이기에 녹더라도 해수면에는 큰 영향이 없지만, 남극의 경우 대륙 빙하이기 때문에 녹을 경우 약 7m 정도의 해수면이 상승할 것으로 예측된다.[27)] 그럴 경우 각 대륙의 해안가를 따라 실제 물속에 잠기는 면적은 약 3%에 불과하지만, 전 세계 대부분의 대도시가 해안가에 발달해 있고, 인류의 약 1/3이 해안 지역에 거주하는 것을 감안하면 그 재앙은 상상을 초월한다.

'온난화의 최전선' 인 북극은 이미 온난화의 직격탄을 맞고 있다. IPCC 4차 보고서에 따르면, 북극해의 해빙 면적은 1950년에는 연평균 약 1300만km^2(한반도의 약 60배)이었다. 그런데 최근 10년 동안에만 약 250만km^2나 감소했다. IPCC는 금세기 말이면 북극해의 얼음은 여름에는 완전히 사라질 가능성이 있다고 예측했다.[28)]

지구온난화는 인류의 건강은 물론 산업 전반에까지 영향을 끼친다. 온도가 1℃만 내려가도 높은 위도지역 식물의 성장기간이 짧아져 캐나다나 러시아의 보리 수확량은 크게 감소될 것이다. 반대로 평균온도가 1℃ 상승하면 토양 중의 유기물 분해속도가 빨라져 지력을 유지하는 데 가장 중요한 유기물 함량이 낮아져 수확량을 감소시킬 것이다.[29] 특히 호수나 열대, 아열대 지역의 강에 서식하는 어류에게는 치명적인데, 3~4℃의 수온상승은 이 지역 어류를 절멸시킬 가능성이 있다. 또한 지구온난화로 인한 기온과 강수량의 변화는 인류의 생존환경과 생활기반을 악화시켜 현재 또는 미래의 인류건강에 큰 영향을 주게 된다.

현재와 같이 화석연료에 의존하는 대량소비형의 사회가 계속된다면 1980~1999년에 비하여 금세기 말(2090~2099년)의 지구평균기온은 최대 6.4℃ 상승하고, 해수면은 59mm 상승할 것으로 전망하고 있다. 특히 고온, 열파, 호우의 발생빈도는 증가하고, 태풍과 허리케인 등 열대폭풍은 열대 해수면 온도 상승과 더불어 강도도 강화될 것으로 예측되고 있다.

온난화가 빚어내는 이런 현상이 인간에게 어떤 영향을 미칠까? 무엇보다 굶어 죽는 사람들이 늘어나게 된다. 지구온난화로 식량수확량이 줄고 있지만 인구수는 되레 늘고 있기 때문이다. 한국 역시 기온이 5℃ 오르면 현재 쌀 수확량의 50%가 줄어드는 것으로 나타났다. 이유는 간단하다. 기온이 오르면 벼가 빨리 성숙해 몸집이 작고 약해진다. 이전에 없던 병충해가 생기고 기존의 병도 더욱 기승을 부릴 가능성이 높다. 만성 가뭄과 물 부족도 농사를 짓기 어렵게 만든다. 작물이 기후변화에 적응하지 못해 수확량이 낮아지는 것이다.

유엔식량농업기구(FAO)에 따르면 2009년 현재 전 세계 10억 2000만 명이 기아에 놓여 있다.[30] 이는 전 세계 6명 중 1명꼴이며 한국 인구수의 50배나 되는 사람이 굶주리고 있는 것이다. 상황이 가장 좋지 않은 곳은 아시아-태평양 지역이다. FAO는 만성기아를 겪는 사람 수가 아·태 지역에서만 6억 4200만 명이 될 것으로 추정하고 있다. 이보다 앞서 유엔환경계획(UNEP)은 2007년 "기후변화 탓에 굶주리는 사람은 2020년까지 5000만 명, 2050년 1억 3200만 명, 2080년에는 2억 6600만 명 더 늘어날 것"으로 내다봤다. 특히 "기후변화로 이번 세기 말까지 남아시아 국가의 곡물생산량이 4~10%까지 줄어들 수 있다"며 "기온이 2도 오르면 중국의 쌀 생산량은 5~12% 줄어들 것"이라 예측했다.[31]

그러나 줄어드는 식량생산량과 달리 인구수는 계속 증가하는 것으로 나타나, 식량난에 대한 우려를 더하고 있다. 지난 2005년 유엔보고서는 전 세계 인구수가 2050년에는 61억 명에서 91억 명으로 증가할 것으로 전망한 바 있다. 전문가들은 앞으로 50년간 인도는 5억 7000만 명, 파키스탄은 2억 명, 방글라데시는 1억 3000만 명이 늘 것으로 보고 있다. UNEP 아킴 슈타이너Achim Steiner 사무총장은 "예측할 수 없는 기후변화는 자연과 경제에 대재앙이 될 것"이라며 "무엇보다 인류에 비극적인 일이 될 수 있다."[32]라고 경고한다. 전 세계 6명 중 1명이 겪는 심각한 식량위기가 세계 평화와 안보에 위협이 될 수 있다는 말이다.

4) 온난화 주범, 인간

21세기 들어 기후변화와 관련된 과학적 연구들은 공통적으로 지구온난화의 원인은 인간에 의한 것이라고 지적하고 있다. 지구온난화와 관련해 가장 공신력이 있는 기관이 IPCC다. IPCC는 지난 2007년 2500여 명의 과학자가 참여해 발간한 방대한 분량의 보고서를 통해 "지구온난화는 화석연료 사용으로 이산화탄소를 배출한 인류의 행동 때문일 가능성이 90% 이상"[33]이라고 결론 내리고 "히말라야 빙하가 오는 2035년까지 완전히 녹아 없어질 수 있다"고 발표하였다.

'온난화의 전도사'인 미국의 앨 고어 전 부통령은 자신의 다큐멘터리 영화 〈불편한 진실〉에서, 그럼에도 불구하고 의외로 많은 사람이 지구온난화가 지구에 미치는 영향이 과학적으로 입증되지 않았다고 생각하는 점을 비판한다. 고어는 과학계에서 진리로 받아들이는 것이 대중에게는 전달되지 못하는 이유를 엑슨모빌 등 거대 석유회사나 석탄회사 및 전력회사가 막대한 자금력을 동원해 진실을 교묘히 왜곡하기 때문이라고 주장한다.

그러나 최근 들어 지구온난화에 대한 논쟁이 서서히 불을 지피고 있다. 2010년 1월 IPCC가 "2035년까지 히말라야의 빙하가 녹아 없어질 것"이라는 자신들의 발표에 심각한 오류가 있음을 인정했다는 사실이 드러나면서 논쟁이 시작되었다. IPCC에 속한 몇 명의 과학자가 이런 내용이 담긴 이메일 등을 해킹당하면서 외부에 알려지게 된 것이다.

이어 2010년 2월에는, 그동안 인간이 지구온난화의 주범이라고 주장해 온 영국 이스트앵글리아 대학교 부설 기후연구소 측이 "지난 15년간 온난화라고 할 만한 심각한 수준의 기온 상승은 일어나지 않았다."[34]라고 인정함으로써 논쟁은 더욱 가열되었다. 이 연구소는 "통계로 볼 때 지난 1995년에서 2010년 사이에 섭씨 0.18℃ 정도의 기온 상승이 있었지만 지구온난화로 볼 정도의 심각한 수준은 아니다."라고 밝혔다. 오히려 2002년부터 2009년까지는 섭씨 0.09℃ 내려간 것으로 나타났다고 밝혔다. 그러나 "기후변화를 측정하기에 15년은 너무 짧은 기간이며 1975년부터의 변화를 측정하면 지구가 더워지고 있는 것은 확실하다."라고 말했다.

'인간이 온난화의 주범'이라 주장했던 IPCC나 영국 연구소의 발표에 대한 신뢰성에 금이 가자 전 세계적으로 온난화논쟁이 가연되고 있다. 앨 고어 같은 정치인은 '북극 빙하가 눈앞에서 사라지는데 회의론자는 무슨 일이 벌어진다고 생각하느냐?'며 열을 내지만, 반대로 '인간의 활동이 이를 일으켰다고 확신할 수 없다'는 반론도 만만치 않다. 또한 온난화의 주범이 이산화탄소라는 주장이 주류를 이루지만, 반대로 세르비아 수학자인 밀루틴 밀란코비치Milutin Milankovitch는 "10만 년 주기로 지구 자전축과 공전궤도가 변화하는 것이 기후변화의 원인"이라며 반박하기도 한다. 나아가 "기후변화가 계속된다면 몰디브는 사라질 것"이라는 몰디브의 모하메드 나시드Mohamed Nasheed 대통령의 말에, 허드슨 연구소의 데니스 에이버리Dennis Avery 연구원은 "지구온난화는 100만 년 전부터 약 1500년 주기로 반복되는 자연현상"[35]이라고 주장하기도 한다.

이런 논란에 대해 유엔환경계획(UNEP)의 아킴 슈타이너 사무총장은 다음의 비유를 든다. "서울 위치를 부산이나 제주도로 지도에 잘못 표시했다고 해서 한국이 지구상에 없다고 말할 수 있느냐?" 다시 말해, 한두 가지 오류가 발견됐다고 해서 기후변화와 관련된 과학적 데이터 전부가 틀렸다고 볼 수 없다는 뜻[36]이다. 슈타이너 총장은 세계빙하감시기구(WGMS)가 2008년 발간한 보고서를 인용하여 "2006년 이후 빙하가 녹는 속도가 매년 평균 2배 이상 빨라진다" 며 "2003년 한 해 동안 녹은 빙하의 양이 1998년보다 3배나 많다는 것만 봐도 기후변화의 증거를 찾을 수 있다." 라고 반박한다.

세계적인 기후전문가인 모집 라티프 교수는 지구온난화를 대수롭지 않게 여기는 주장에 대해 과학적 연구결과를 들어 비판한다. 그는 "제비 한 마리가 왔다고 여름이 온 것이 아니듯, 한 해의 기상이 특이했다고 곧 기후변화를 뜻하는 것은 아니다." [37]라고 말한다. 라티프는 전 세계적으로 온도 측정이 이루어진 것은 지난 19세기부터란 점을 상기시킨다. 따라서 이렇게 짧은 기간 동안 인간이 기후에 미치는 영향을 증명하는 것은 적절치 않다는 것이다. 기후는 영향을 받더라도 아주 느리게 반응하기 때문이다. 라티프에 따르면, 지구의 온도변화를 측정하기 위해 최첨단 방법, 이를 테면 '기후모델에 의한 시뮬레이션' '고기후학적 연구방법에 의한 온도의 재현' 및 IPCC에서 연구한 고도의 통계작업에 의한 지문인식방법' 등이 동원되고 있다. 이들 연구를 종합해 보면 흥미로운 결과가 나온다.

첫째, 지난 15만 년 전부터 지금까지, 그리고 앞으로 100년 안에 일어날 수 있는 온난화를 비교해 보면([그림 12-2] 참조) 온난화로 인해 지구의 평균온도가 20℃를 향해 치솟고 있다. 이렇게 높은 온도는 인류역사상 처음이다. 둘째, 지난 1000년간의 변화추이와 비교해 볼 때 지난 100년간의 기후변화는 매우 비정상적이다([그림 12-3] 참조). 특히 지난 10년 동안의 온도가 지난 1000년간 가장 높았음이 분명하다. 최근의 지구온도는 상승 패턴이 매우 강하고 빨라서 지난 1000년 동안의 정상적인 기후 변동에서 확연히 벗어나고 있다. 그렇다면 이 결과는 무엇을 의미하는가? '기후는 인간의 영향을 받더라도 느리게 반응한다' 는 점을 감안해 정리해 보자.

첫째, 향후 100년간 온도가 급상승하는 이유는 과거 산업혁명 시작 이후 지금까지 인류가 오랫동안 배출한 환경오염의 영향이 서서히 나타난다는 해석이 가능하

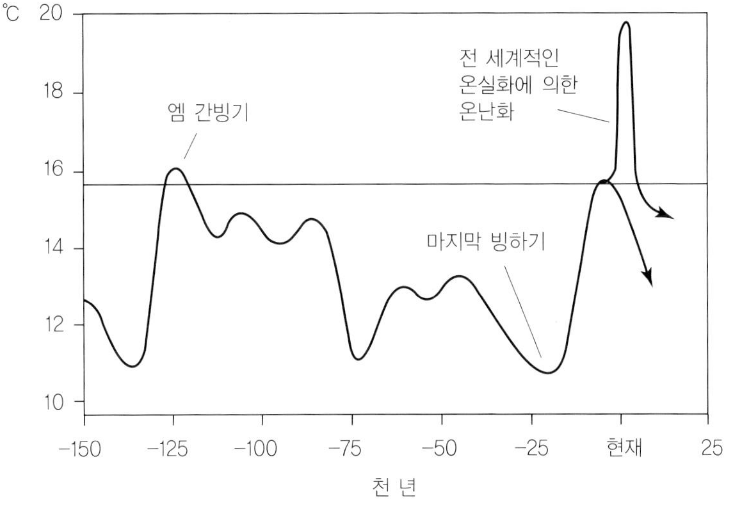

[그림 12-2] 전 세계적인 온도변화

출처: 모집 라티프(2008), p. 21.

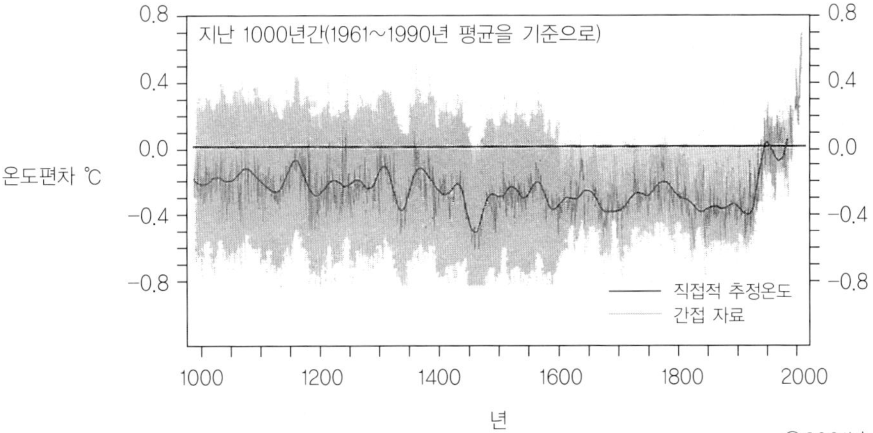

[그림 12-3] 북반구에서의 온도변화(재현)

출처: 모집 라티프(2008), p. 26.

다. 둘째, 지난 10년 동안의 온도가 지난 1000년 동안 가장 높은 이유 역시 마찬가지다. 20세기 초반 이후 산업혁명이 전 세계로 파급되면서 인류 역사상 장·단기간 내에 급속한 경제성장을 이루는 과정에서 배출한 환경오염의 영향이 가시화된 것이란 해석이 가능할 것이다.

3. 비틀대는 유엔 기후변화 대책

상상치 못할 커다란 재앙을 초래할 수 있는 기후변화 문제의 해결책은 어디에 있을까?

앤서니 기든스Anthony Giddens는 문제해결을 위해 사람들의 행동을 누군가 이끌어 내야 한다고 주장한다. 결국 해결의 열쇠는 정치에 달려 있다는 말이다. 기후변화는 전 지구 문제이기에 정치적 해결 역시 글로벌 차원에서 이루어져야 한다.

1) 기든스의 역설

전 세계 시민 하나하나가 기후변화의 위험성을 제대로 인식하는 것이 가장 시급한 대책일 수 있다. 그러나 위험성에 대한 인식만으로는 충분치 않다. 많은 사람이 지구온난화의 심각성을 알고 있다. 정치가도 다르지 않을 것이다. 그러나 문제는 기후변화가 하루아침에 급작스레 변하는 것이 아니라 사람들이 감지할 수 없을 정도로 느리게 진행되기 때문에 늘 뒷전으로 밀린다는 점이다.

우리나라 역시 지구온난화로 인해 최근 들어 사상 최악의 홍수 피해에 시달리고 있다. 기상관측이 시작된 이후 가장 많은 폭우가 쏟아지며. 수도권 하늘이 뻥 뚫린 듯 서울 광화문 일대가 물바다로 변하고 수천여 가구가 침수 피해를 본다. 주요 도로가 통제되고 지하철 운행마저 중단된다. 매년 여름 기온은 평균보다 1~2℃ 높아지고 날씨마저 돌발적이고 국지적인 변화로 정확한 일기예보에 애를 먹고 있다. 언론은 지구온난화로 인해 지구 온도가 상승했기 때문이라고 앞다투어 보도하지만, 지난 100년 동안 지구기온은 평균 0.74℃ 상승했을 뿐이다. 우리나라는 지구평균 기온상승 폭의 2배인 1.5℃가 상승했고 2050년까지 2000년에 비해 2℃ 상승할 것으로 예측된다.[38] 지구온도가 1℃ 상승할 때마다 야기되는 피해가 천문학적 액수라고 하나 일반 시민이 느끼는 '체감 심각성'은 매우 낮을 수밖에 없다.

기든스는 이러한 기후변화 현상처럼, 정작 대단히 심각함에도 변화의 느린 속성 때문에 그 심각성을 제대로 느끼지 못하는 것을 '기든스의 역설(Giddens's Paradox)'이라고 부른다.[39] 그 역설이란 "지구온난화의 위험은 직접 손으로 만져지는 것이 아니고 우리 일상생활에서 거의 감지할 수 없기에, 아무리 무시무시한 위험이 다가온다 한들 우리 대부분은 그저 가만히 앉아서 기다릴 뿐이라는 것"이다. 그렇게 기다리다가 중요한 대응조치를 취하기도 전에 위기가 눈앞에 닥친다면 이미 때는 늦은 것이다.

2) 실리(實利)전쟁, 유엔기후변화회의

실제로 세계 각국은 지구온난화에 대한 과학적 근거가 증가하여 범지구 차원의 노력이 필요하다는 인식이 확산되자 UN 주관으로 1992년 브라질 리우데자네이루에서 열린 환경회의에서 기후변화에 관한 UN협약(UNFCCC)을 채택하여 1994년 3월 발효하였다. 기후변화협약은 전 세계 국가가 지구기후변화 방지를 위한 노력을 하겠다는 것이었고, 이를 이행하기 위해 누가, 얼마만큼, 어떻게 줄이는지에 대한 문제를 결정한 것은 '교토의정서(Kyoto Protocol)'다.[40]

교토의정서는 1998년 3월 16일부터 1999년 3월 15일까지 뉴욕의 유엔본부에서 서명을 받아 채택되었지만, 2001년 3월 최대 온실가스배출국인 미국이 의정서가 자국의 경제에 심각한 피해를 줄 수 있고 중국, 인도 등 개발도상국이 의무감축 대상에서 제외되어 있다는 이유를 내세워 반대 입장을 표명함으로써 난항에 빠지게 되었다. 이에 교토의정서는 그 실효성에 큰 타격을 입었지만, EU와 일본 등이 중심이 되어 협상을 지속하였고 마침내 2004년 11월 러시아가 비준서를 제출함에 따라 교토의정서의 발효조건이 충족되었다. 이에 정해진 규정(의정서 제25조)에 따라 2005년 2월 교토의정서가 발효되었다.

의정서에 따르면 기후변화협약 국가 38개국은 2008~2012년 기간 중 자국 내 온실가스 배출 총량을 1990년대 수준대비 평균 5.2% 감축하여야 한다. 감축대상 온실가스는 CO_2, CH_4, N_2O, HFCs, PFCs, SF_6 등 6종이다. 이들 온실가스의 배출원은 무엇보다 에너지 연소로 발생하는 것을 줄이는 것이며 그 외 산업공정이나 농축업 및 폐기물 등으로 구분된다. 교토의정서에는 온실가스를 효과적이고 경제적으로 줄이기 위하여 공동이행제도(JI), 청정개발체제(CDM), 배출권거래제도(ET)와 같은 유연

표 12-1 주요 국가의 2020년 중기 감축목표(%)

국가	교토목표	2020년		국가	교토목표	2020년	
		기준년도	배출목표			기준년도	배출목표
호주	+8	2000	−5~−15/−25	독일	−21.0	1990	−40
캐나다	−6	2006	−20	한국	−	2020 2005	−30 −4
EU27	−8	1990	−20/−30	브라질	−	2020 2005	−36~−39 1~−20
일본	−6	1990	−25	대만	−	2000	(2025)0
미국	−7	2005	−17	중국	−	2005	원단위 −40~−45
러시아	0	1990	−10~−15	인도	−	2005	원단위 −20~−25
영국	−12.5	1990	−26	인도네이사	−	2020	−26

출처: 녹색성장위원회(2009)와 언론기사; 윤순진(2011), p. 285, 재인용.

주: 중국과 인도의 원 단위는 국내총생산 단위 기준당 CO_2 배출을 의미함.

성체제를 도입하였는데, 이들을 '교토메커니즘(Kyoto Mechanism)' 이라고 한다.

교토의정서 협약 만료기간이 다가오자 세계 각국은 2009년 12월 7일 덴마크 코펜하겐에서 2012년 이후의 온실가스 감축과 관련된 유엔기후변화회의 당사국 총회를 개최하였다. 193개국 대표가 모인 코펜하겐 회의의 핵심은 '어떻게 하면 나는 (온실가스를) 덜 줄이고 남은 더 줄이게 할 수 있을까' 를 모색하는 것이었다. 온실가스를 줄이는 일은 비용이 많이 들고 생활방식을 바꿔야 하는 등 쉽지 않은 과정이기 때문이다. 누구나 산업을 발전시키고 자동차를 많이 타며 넉넉하게 냉난방을 하려고 한다. 하지만 그러면 온실가스의 발생이 늘어나 모두가 함께 사용하는 지구의 '기후' 는 망가진다. 이른바 '공유지의 비극' 인 셈이다.[41)]

현재까지 발표된 주요국의 감축목표는 〈표 12-1〉과 같다. 교토목표는 1990년 기준연도로 국가 총량감축 방식을 채택하였다. 그러나 2020년까지 감축목표는 다양하게 제시되고 있다.

3) 문제는 중국이다

기후변화는 무엇보다 온실가스를 가장 많이 배출하는 두 나라인 중국과 미국의 이기적 태도가 주된 원인이었다(중국은 2006년 이후 미국을 제치고 세계 최대 탄소배출국이 되었다). 미국은 교토의정서에서 미국에 요구됐던 감축수준보다 낮은 3% 감축안을 제시했으며 중국은 탄소집약도 감축을 들고 나왔지만 실효성을 인정받지 못했다. 개발도상국은 선진국의 무조건적인 감축과 온실가스 감축에 대한 기술이전과 재정 지원을 요구한다. 그러나 선진국은 개도국이 온실가스 감축에 동참한다는 전제를 요구하고 있다. 개발도상국을 거론하지만 사실 문제는 중국이다. 중국이 무서운 속도의 경제개발로 방대한 온실가스를 배출하고 있기 때문이다. 기후학자들이 거의 종말론에 가까운 미래 예측을 내놓는 이유도 알고 보면 중국의 온실가스 배출량이 급격히 증가하는 데 인한다.

뉴욕타임스 칼럼니스트인 폴 로빈 크루그먼Paul Robin Krugman에 따르면 중국 온실가스의 주범인 석탄 화력발전소의 이산화탄소 배출량은 1996년에서 2006년 사이에 2배로 늘어났다.[42)] 한 발 더 나아가, 중국은 국가의 가장 중요한 에너지원은 석탄이며 2015년까지 석탄 생산량을 30% 늘릴 것이라고 발표했다. 외부의 비판에 대한 중국의 격한 반응은 예상대로다. 즉, 서구 국가는 경제개발 시기에 특별한 제한을 받지 않았는데, 중국만 화석연료 사용을 제한하는 것은 불공평하다는 것이다.

2010년 11월 29일 멕시코 칸쿤에서 개최된 기후변화협약 당사국 총회는 코펜하겐 회의에 비해 성과가 있어 보인다. 무엇보다 2020년까지 매년 1000억 달러의 녹색기후기금을 조성하고 청정에너지 기술의 개발도상국 이전, 산업혁명 대비 지구온도 상승폭 섭씨 2℃ 억제를 위한 긴급행동을 결정했기 때문이다. 핵심 내용은 선진국이 개발도상국과 기후변화 취약국가에 지원하는 녹색기후기금이다. 2010년부터 2013년까지 매년 100억 달러씩 300억 달러를 '긴급기금'으로 지원하고, 2013년부터 2020년까지 매년 1000억 달러를 장기기금으로 지원한다는 내용이다. 그러나 선진국이 어떤 기준으로 분담할 것인지에 대한 결정이 없었다는 데 한계가 있다. 결국 칸쿤 총회는 코펜하겐 선언을 관철하기 위한 '디딤돌'의 역할을 했다는 평가를 받고 있다.

국제 기후변화협상은 여전히 진행 중이며 해결해야 할 무수한 과제를 쌓아 두고 있다. 위에서 보듯이 미국과 중국으로 대표되는 선진국과 개도국의 이해대립은 한 치의 양보도 없다. 현재 문제가 되는 쟁점은 첫째, 역사적 배출 책임을 어디까지 얼마나 지도록 할 것인가, 둘째, 기준연도는 언제로 할 것인가, 셋째, 배출목표 설정을 어떤 방식으로 할 것인가 등이다. 서울대학교 윤순진 교수는 이들 쟁점을 좀 더 구체적으로 정리하여 제시한다.[43)] 즉, 선진국과 개도국의 배출 감축 목표설정을 동일하게 총량감축 방식으로 할 것인지, 아니면 1인당 배출량 기준으로 할 것인지, 혹은 GDP 단위당 배출되는 GHG의 양인 GHG 원단위로 할 것인지, 또는 부문별 감축방식으로 할 것인지 등이다. 각국이 역사적으로 배출한 양이 다르기에 배출감축 목표를 설정하는 기준연도를 언제로 하느냐, 또 어떤 방식으로 배출을 감축하느냐에 따라 서로 지는 부담이 달라지므로 국가 간 이해대립이 생길 수밖에 없다는 것이다.

4) 시급한 국가적 기후변화 대책

기후변화 문제는 여러 나라의 정치적, 경제적, 에너지 안보 문제 등 자국의 이익과 복잡하게 연결되어 있다. 기후변화는 특히 에너지 문제와 직접적으로 관련되어 있다. 에너지를 많이 사용할수록 탄소배출량이 늘어나고 지구온난화를 악화시키기 때문이다. 이처럼 에너지 문제와 직결돼 있다는 점이 각국 간의 의견통합과 합의를 이끌어 내는 데 최대의 걸림돌이 되는 것이다. 따라서 누가 행동을 취하고 누가 행동의 비용을 부담하는지에 대한 불확실성은 기후변화와 생물다양성 감소 같은 지구 환경 과제에서 더욱 큰 장해물로 작용한다. 그 이유는 정책 대응의 비용과 편익이 국가 간, 세대 간 공평하게 분배되지 않기 때문이다.[44]

그렇다고 유럽이나 미국이 중국이나 개발도상국을 강하게 압박하지도 못한다. 온실가스의 '원죄'가 그들 자신이기 때문이다. 게다가 온실가스의 대부분은 선진국에서 배출되었지만 기후변화는 개도국에 가장 큰 타격을 입힐 것으로 예상되고 있다. 더 나아가 "OECD 비회원국의 이산화탄소 배출은 2030년까지 2배가량 증가하여 2030년까지 총 증가량의 73%를 차지할 것으로 보인다. 하지만 1인당 기준으로 보면, OECD 회원국 배출량은 2030년에도 OECD 비회원국 배출량보다 여전히 3~4배 높을 것으로 예상된다."[45] 이에 따라 부담 분담에 대한 내용은 2012년 이후의 기후변화 대책회의의 주요 이슈가 될 것으로 보인다. 이렇게 선진국과 후진국 간의 이해관계가 첨예하게 대립되면서 서로 '너나 잘 하세요' 식의 태도를 고수하고 있다. 그 사이에 지구는 점점 더 뜨거워지고 있다.

기든스는 범지구적 기후변화에 대응하기 위해서는 선진산업국이 앞장서야만 하고 그 성공 여부는 정부와 국가의 역할에 달려 있다고 주장한다. 이를 위한 구체적인 전략으로 기든스는 여덟 가지의 국가의 책임을 제시한다. 우선 시민이 미래를 먼저 생각하도록 돕는다. 둘째, 정치적 · 경제적 통합을 도모한다. 셋째, 오염자 부담 원칙을 제도화하도록 정부가 시장에 개입해야 한다. 넷째, 회사 이전을 무기삼아 기후변화 대책을 저지하려는 산업계의 요구를 물리쳐야 한다. 다섯째, 기후변화 문제를 항상 최우선의 정치 의제로 삼는다. 여섯째, 기후변화 정책의 국지적 · 지역적 · 국가적 · 국제적 측면을 통합한다 등이다.

4. 생태계 위기극복과 시민리더십

자원전문가인 시바타 아키오의 분석대로, 금세기 인류에게 닥친 두 가지 위기는 자연고갈과 지구온난화다. 원유와 석탄 등 '지하계 자원' 사용이 급증하면서 탄소 배출량은 늘어나고 반대로 자원은 고갈되어 가고 있다. 관건은 시간이다. 자연 재앙이 닥칠 때까지 과연 시간이 얼마나 남았느냐가 문제다. 자연의 속성상 위기가 느껴질 땐 이미 늦은 것일 수도 있다.

기든스는 '현재 우리는 기후변화에 대한 어떤 정책도 가지고 있지 않다' 고 지적한다. 따라서 OECD의 경고대로, 새로운 정책 조치가 취해지지 않는다면 향후 몇십 년 내에 지속적인 경제 번영을 위한 환경 기반이 돌이킬 수 없이 훼손되는 위험을 초래할 것이다. 이를 예방하기 위해, 특히 '적신호' 환경문제인 기후변화, 생물다양성 감소, 물 부족, 오염 및 유해 화학물질로 인한 건강 위협을 해결하기 위한 조치가 시급히 마련되어야 한다. 그리고 더더욱 시급한 것은 생태계에 대한 인식의 패러다임 전환이다.

1) 2030 OECD 환경전망

OECD는 2008년 3월 『2030년 환경전망보고서』를 발표하였다.[46] 이 보고서는 2030년까지 경제 및 환경 추세에 대한 예측에 기초하고 있다. OECD는 미래의 환경문제를 '신호등' 체계에 따라 나타냈다(〈표 12-2〉 참조). OECD 전망보고서는 주요 환경문제를 해결하기 위한 정책 시뮬레이션을 제시하고, 그러한 정책이 환경,

표 12-2 2030 OECD 환경전망 신호등

대분류	청신호[1)]	황신호[2)]	적신호[3)]
기후변화		· GDP당 온실가스 · 배출량 감소	· 지구 전체 온실가스 배출 · 기후변화의 증거 증가
생물 다양성 및 재생 가능 천연자원	· OECD 회원국의 산림 지역	· 산림관리 · 보호지역	· 생태계의 질 · 생태종의 손실 · 외래 침입종 · 열대림 · 불법 벌채 · 생태계 단절
물	· OECD 회원국의 점오염원에 의한 수질오염	· 지표 수질 및 하수처리	· 물 부족 · 지하수질 · 농업용 물 이용 및 오염
대기질	· OECD 회원국의 이산화질소와 산화질소 배출	· PM & 지표 오존 · 도로교통오염	· 도심 대기실
폐기물 및 유해화학물질	· OECD 회원국의 폐기물 관리 · OECD 회원국의 CFCs 배출	· 생활폐기물 발생 · 개도국의 CFCs 배출	· 유해폐기물 관리 및 운송 · 개도국의 폐기물 관리 · 환경과 제품의 화학물질

출처: OECD. (2008). 2030 환경전망보고서.

주: 1) 청신호: 관리가 잘 된 또는 최근 상당한 성과가 있으나 경각심을 가져야 할 환경문제

2) 황신호: 현안과제로서 관리가 개선되거나 현 상황이 불확실한 환경문제 또는 과거 관리가 잘 되어 왔으나 현재는 그렇지 않은 환경문제

3) 적신호: 관리가 안 되어 심각 EH는 악화 상황에 있으며, 시급한 관심이 필요한 사안

경제 그리고 사회에 미치는 영향과 함께 소개하고 있다.

OECD 보고서는 2010년 녹색성장을 위한 OECD 장관회의에서도 재확인되었다.[47] OECD 보고서에 따르면, 향후 세계 경제 및 환경 추세는 지역마다 다르게 전개된다. 2030년까지 세계 경제규모는 거의 2배 증가할 것이고 세계 인구는 현재 65억 명에서 82억 명 이상으로 증가한다. 대부분의 소득 및 인구 증가는 브라질, 러시아, 인도, 인도네시아, 중국, 남아프리카로 대변되는 BRIICS 국가 및 기타 개도국에서 나타나게 된다. 소득증가는 천연자원에 대한 압력을 더욱 가중시키게 된다.

이에 따라 기후변화, 물 부족, 대기오염 문제가 상당히 심각해지고 이에 대한 정책적 조치가 시급히 취해져야 된다. 그렇지 않을 경우 경제 · 사회적으로 막대한 비용이 들 것이라는 경고다. 현재의 정책을 그대로 둘 경우, 온실가스 배출은 2030년까지 37%, 2050년까지는 52% 증가하고, 평균기온도 1.7~2.4℃ 상승하며, 기후도 폭염, 가뭄, 폭풍, 홍수 등이 심각하게 증가하게 된다. 물 부족의 경우도 2030년의 경우에 현재보다 10억 명이 더 증가한 39억 명이 물 부족으로 시달리게 될 것이고, 대기오염과 관련하여 오존으로 인한 조기 사망이 4배, 미세먼지와 관련된 조기 사망이 2배 이상 증가할 것으로 전망된다.

미국항공우주국(NASA) 관측위성이 찍은 남극 상공의 오존 구멍 사진을 보면 OECD가 제기하는 심각성을 알 수 있다([그림 12-4] 참조).

1979년과 비교했을 때 불과 30년 만에 오존 구멍은 남극대륙 면적(약 1300만km^2)의 2배 이상 크기로 벌어졌다. 오존층이 약해지면 태양에서 오는 유해한 자외선이 지구 표면까지 그대로 내려와 지구 생명체에 해를 끼친다. 이미 세계 각지에서는 오존층의 파괴로 말미암은 자외선의 증가로 피부암이나 백내장과 같은 질병의 발병이 늘어나고 있다.

OECD는 이런 환경문제를 해결하기 위한 정책 대안이 분명히 존재하고 있으며 이에 따르는 경제비용은 부담 가능한 수준이라고 주장한다. 따라서 환경보호도 경

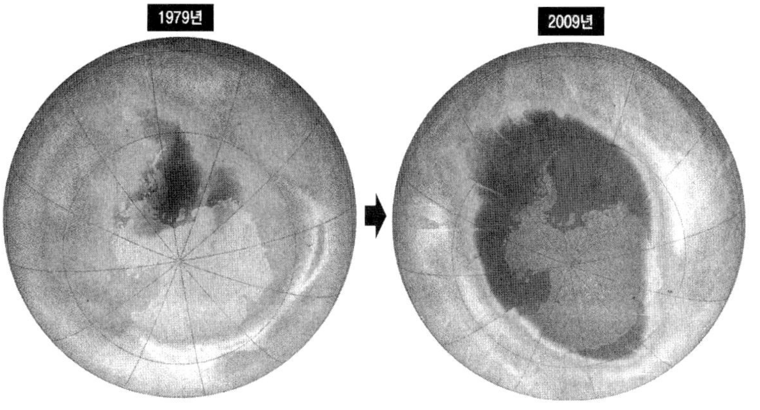

[그림 12-4] 남극 상공 오존 구멍

출처: AFP 연합뉴스; 조선일보(2009. 12. 3.), 재인용.
주: 미국우주국(NASA) 관측위성이 찍은 남극상공의 오존 구멍 사진. 왼쪽은 1979년의 오존 구멍이며 오른쪽은 2009년의 오존 구멍이다.

제성장의 지속과 양립이 가능하기에 각국의 정책적인 노력이 절실하다는 것이다. OECD는 구체적인 방안을 제시한다.

무엇보다 먼저 각국이 농업보조금과 농업관세를 50% 삭감하고, 이산화탄소 1t당 25달러의 탄소세를 부과해야 한다. 이럴 경우 시뮬레이션을 통해 분석해 보면, 2030년까지 온실가스 배출량이 37% 증가에서 13% 수준 증가로 둔화되며, 질소산화물(NOx)과 황산화물(SOx)의 배출량도 3분의 1 수준으로 줄어들게 된다. 물론 이에 따른 경제비용이 든다. 전 세계는 2030년까지 연평균 GDP 성장률이 0.03%가 저하된다. 한국의 경우에는 0.02%가 저하될 것으로 전망된다. 다시 말해 충분히 감당할 수 있는 비용이라는 것이다. 전 세계가 2030년까지 연평균 GDP 증가의 0.03%p 정도의 작은 손실만으로도 이러한 주요 환경문제를 해결하기 위한 정책을 시행할 수 있다는 것이다.

2) 환경보호를 위한 시민리더십

"지구는 조상으로부터 물려받은 게 아니다. 후손으로부터 빌려 쓰고 있는 것이다." 환경의 중요성을 이야기할 때마다 자주 인용되는 인디언 격언이다.

환경오염의 주범이 인간이란 사실은 더 말할 것도 없다. 브레이크 없는 기계 문명의 발달과 인간의 무절제와 탐욕의 결과라는 데 모두가 동의하고 있다. 우리 모두가 만든 문제이고 우리 모두가 같이 해결해야 할 문제다. 해결은 작은 실천에서 시작된다. 이를 위해 환경보호를 위한 적극적인 시민리더십을 발휘해야 한다. 일례로 일상적으로 사용하는 전기가 내뿜는 온실가스 배출량은 어마어마하다. 환경 전문가의 말을 들어 보자.[48)]

> TV, 전자레인지 등 전기기기는 꺼져 있을 때 전기를 사용하지 않는 것처럼 보이지만 실은 작동을 위한 '대기 상태'에 있다. 계속해서 전기가 소모되고 있다는 뜻이다. 전문가 표현대로 이 '대기전력'은 전기를 빨아먹는 흡혈귀다. 예를 들어 전자레인지의 1일 사용시간이 총 10분 정도인데 하루 종일 플러그가 꽂혀 있다면 전력 사용량의 24%가 쓸데없이 소모된다. 비데도 대기전력으로 전력 소비량의 절반 이상인 57%가 허비된다. 이렇게 가정에서 버려지는 대기전력은 한국이 11% 수준으로 미국(5%), 일본(9.4%)보다 전력 낭비가 크다. 국내 각 가정에서 사용하지 않는 가전기기의 플러그를 콘센트에서 분리하는 것만으로도 원자력발전소 약 1기분 발전용량(85만 KW)의 전기를 매년 절감할 수 있다. 전국적으로 5000억 원에 가까운 돈을 절약할 수 있다.

일상적인 작은 관심과 실천이 환경오염을 예방하는 큰 대책임을 보여 주는 사례다. 물 절약도 관심의 문제다. 샤워 시간을 5분에서 3분으로 2분만 줄여도 물 24*l*를 절약할 수 있다고 한다. 15분 이상 샤워하면 욕조를 이용해 목욕하는 것보다 물

사용량이 많아진다. 180l 가량의 물을 낭비하게 된다.[49] 물을 아끼면 물만 아니라 그만큼 이산화탄소 배출량을 줄일 수 있다. 수돗물 생산을 위해 전기, 석탄 등 에너지가 소비되기 때문이다.

우리는 무심코 열고 닫는 냉장고나 자동차 에어컨의 냉매, 스프레이 등 분사제로 널리 사용 중인 프레온 가스는 두께가 3~4mm에 불과한 오존층을 파괴시키는 주범이란 사실을 흔히 잊고 지낸다. 태양이 뿜어내는 자외선이 그대로 지표면에 도달할 경우 물속에 사는 생물을 제외한 다른 생물은 살아남기 힘들다. 그런데 이 자외선을 지상 15~30km 성층권에 존재하는 오존층이 90% 이상 차단해 주고 있는 것이다.[50] 이런 오존층은 인간의 사소한 일상 행동으로 보호할 수 있는 것이다.

자동차 사용은 또 어떠한가? 서울의 대기오염은 흔히 생각하는 것같이 황사 때문이 아니라 무려 70%가 차량으로 인해 발생한다.[51] 이뿐만이 아니다. 온실가스의 주범이 이산화탄소임은 주지의 사실이다. 그런데 중형차를 운전하는 사람은 평생 약 140t의 이산화탄소를 배출한다는 조사결과가 있다. 배기량 2000~3000cc 중형차를 타는 사람은 연간 4t, 평생 140t(35년간 운전할 경우)의 이산화탄소를 내뿜는 것이다. 이 배출량은 어린 소나무 5만 그루를 심어도 모두 흡수할 수 없을 정도로 많은 양이다.

그런데 지구온난화의 가장 큰 주범이 실은 가축인 '소'라는 흥미로운 보고가 있다. 유엔보고서에 따르면 가축이 배출하는 메탄가스는 지구온난화를 유발하는 전 세계 온실가스의 18%를 차지하고 있다. 자동차 등 모든 교통수단의 배출가스(13.5%)보다 훨씬 영향이 크다는 것이다.[52] 소 1마리가 자동차 1대 배출량과 같다는 사실이다. 가축이 되새김질을 하면서 장내 박테리아가 음식물을 분해하고 발효시키는 과정에서 메탄가스가 만들어져 트림이나 방귀로 나온다는 것이다. 소가 국가 전체 메탄가스 배출량의 25%를 차지하는 에스토니아에서는 소를 키우는 농가에 방귀세(fart tax)를 메긴다니 그 심각성을 알 수 있다.

소에서 출발하는 생태계 파괴 커넥션은 이뿐만이 아니다. 인간이 소를 키우면서

야기하는 생태계 파괴를 매우 흥미 있게 일깨워 주는 것이 '햄버거 커넥션(hamburger connection)' 이다.

햄버거 커넥션

햄버거, 두 조각의 빵과 야채 그리고 고기로 만들어진 패티
매초 200명의 미국인이 1개 이상의 햄버거 소비
햄버거 왕국 맥도널드사, 전 세계 121개국에 29,000여 개 매장
햄버거의 핵심, 소고기
소를 키우기 위해 목초지 조성
1970년대 말 중앙아메리카 전체의 농토 3분의 2가 축산단지로 전환
매년 남한 땅 크기의 목초지가 과도한 방목으로 사막화
목초지의 풀과 함께 지구에서 생산되는 곡식의 3분의 1을 먹어 치우는 소
매년 4000만 명에서 6000만 명이 기아로 인한 영양실조로 사망
우리가 1인분의 고기와 우유 한 잔을 얻으려면 소에게 22인분의 곡식을 먹여야 한다
소를 키우기 위해 파괴되는 숲, 열대우림
소고기 100g, 햄버거 하나를 만들기 위해 열대우림 1.5평이 목초지로 변신
그래서 두 개의 빵조각과 야채, 한 조각의 고기가 햄버거의 전부는 아니다
햄버거 하나를 얻기 위해 소를 키우고
소를 키우기 위해 목초지를 만들고 숲을 태우고
사라진 숲은 지구의 온도를 높이고 지구 곳곳에서 이상 기후 현상 발생
나는 오늘도 해일에 밀려 떠밀려 가는 악몽을 꾼다.

– 온난화로 가라앉는 섬, 몰디브의 한 주민

출처: EBS 지식채널e(2005. 11. 28.).

같은 맥락에서 '휴대전화에 맺힌 고릴라의 눈물' 도 생각해 볼 일이다. 사연은 이렇다.[53]

아프리카 콩고민주공화국의 동부 지역에는 거대한 콜탄(coltan) 채굴 광산이 있다. 콜탄은 휴대전화 전압을 일정하게 흘려 주는 전자회로를 만드는 데 사용되는 핵심 원료다. 휴대전화 생산이 늘면서 콜탄이 금처럼 귀한 광물로 대접받기 시작

> 했다. 당연히 콜탄 채취가 수년 전부터 크게 늘고 있다.
>
> 그런데 하필이면 콜탄 광산과 고릴라 서식지가 거의 비슷한 지역에 있다는 게 비극의 싹이다. 콜탄이 잘 팔려 나갈수록 고릴라 보금자리는 야금야금 파괴되고 있다. 죽어 나가는 고릴라도 속출하고 있다.

그렇다면 결국 환경문제에 대한 접근은 정치적 · 국제적 접근보다는 인간의 '소비' 문화적 접근이 더 기본적이며 현실적일 것이다. 마침 세계적 환경단체인 월드워치연구소는 『2010년 지구환경보고서』를 통해 '소비의 대전환' 을 촉구하고 나섰다.[54] 지구 생태계를 위협하는 원인의 뿌리를 인간의 소비문화에서 찾자는 것이다.

보고서의 주장대로 생태계 보존을 위한 소비의 대전환은 이미 일어나고 있다. 시민의 친환경의식도 크게 향상되고 있다. 환경이라는 도덕적 가치에 돈을 아끼지 않는 이른바 '에코 보보스(Eco-Bourgeois + Bohemian: Eco-BOBOS)가 새로운 소비 세력으로 부상하고 있다. 이에 발맞추어 기업 차원에서는 '녹색혁명' 이라 불리는 기업경영의 패러다임이 서서히 자리 잡고 있다. 원재료 선택부터 생산, 유통과정에서 환경을 중시하는 녹색경영이 기업의 지속 가능한 성장을 위한 핵심 전략으로 등장하고 있는 것이다.

3) 생태학적 윤리 패러다임으로

'3,480,000' 마리의 죽음. 2011년 3월까지 120여 일 동안 기승을 부렸던 구제역으로 3조 원의 재정을 쏟아부으며 살처분한 소와 돼지의 수다. 348만이 얼마나 엄청난 양인지를 나름대로 가늠해 볼 수 있을 것이다. 한국에 있는 돼지 세 마리 중 한 마리 이상이 살처분됐다는 얘기다. 348만 마리란 대충 셈을 해 봐도 한 마리씩 줄 세운다 치면 서울과 부산간 450km를 세 번이나 왕복하고도 넘칠 수다. 한마디로 재앙이다. 문제는 그 재앙의 원인이 인간의 탐욕에서 비롯됐다는 점이다.

『식량의 종말The End of Food』을 쓴 폴 로버츠Paul Roberts는 우리나라 전역을 휩쓸고 지나간 구제역과 조류독감의 원인을 대규모 공장식 집단 사육에서 찾는다.[55] 닭, 돼지, 소는 밀집 사육장에서 집중적으로 키워진다. 대규모 질병이 발생해도 피할 곳이 없다. 바이러스의 공격이야 늘 있는 것이지만 이 같은 대규모 발병은 대체로 인간의 탐욕이 자연생태계의 섭리를 거스르며 자초한 일이라는 것이다. 광우병도 마찬가지다. 광우병에 걸린 소들이 다른 가축의 뼈와 고기로 만들어진 사료를 먹었다니 미치지 않고 배길 수가 있을까? 『살인단백질 이야기Family That Couldn't Sleep』의 저자인 대니얼 맥스Daniel Max[56]는 '프리온' 이란 정체불명의 불치병에 걸린 양을 조사해 본 결과, 수십 년간 동종교배 됐다는 사실을 밝혀냈다. 생태학적 질서를 거스르는 인간의 탐욕이 가져온 결과다.

문제는 가축이 아니라 가축에 대한 인간의 지나친 탐욕이다. 자원 남용도 다를 바 없다. "우리에게 복지를 가져다주는 것은 석유 자체라기보다는 석유를 사용하는 방식에 있다. 석유고갈 위기보다 더 중요한 문제는 석유를 대량 소비해서 오염과 파괴를 지속하는 것이다." 『악마의 눈물, 석유의 역사Tränen des Teufels: Weltgeschichte des Erdöls』의 저자인 귄터 바루디오Günter Barudio의 말도 자연을 이용하는 인간의 소비문화의 근본적인 문제를 지적한다.[57]

지속 가능한 성장

지난 20세기 인류가 이룩한 과학기술의 진보와 물질적인 풍요는 자연생명의 파괴와 황폐화의 대가로 이루어졌다. 즉, 21세기에 들어서 인류가 느끼는 '지구의 황혼' 은 인간에 의해 추진되어 온 진보의 핵심 조건이 되어 왔다. 그리고 인류는 자신들이 구축하는 문화와 경제 성장을 환경 및 생태의 보전과 갈등구조 속에서 파악해 왔다. 인간의 '편리와 효율성의 문화' 는 필연적으로 자연과의 공생(共生)을 거부해 왔던 것이다.

환경생명문제의 가장 큰 딜레마, 즉 우리가 환경문제를 인식할 때 가장 빠지기 쉬운 오류는 바로 인간중심적 사고 때문이다. 이러한 편협한 인간중심적 사고를 극복하기 위해서는 환경과 성장, 자연과 문화가 하나로 연결된 '한 몸 구조' 임을 인식하는 새로운 생명 패러다임이 정립되어야 한다. 이것이 지속 가능한 발전(sustainable development)을 위한 전제조건이다.

'지속 가능한 발전' 은 21세기의 발전 패러다임이 되고 있다. 1972년 스톡홀름에서 열린 유엔인간환경회의(UNCHE)에서 공식적으로 제안된 후 1987년 세계환경개발위원회(WCED)에서 정립된 지속 가능한 발전이란 개념은 '경제성장+환경보존+사회복지' 의 조화를 의미한다. 다시 말해, 지속 가능한 발전은 "미래 세대의 필요를 충족시킬 수 있는 능력에 손상을 주지 않으면서 현 세대의 필요를 충족시키는 발전"[58]이라 정의할 수 있다. 이는 현 세대는 물론 미래 세대까지 포괄하는 인간 가치를 우선으로 천명하는 이념이다. 인간복지를 향상시키는 성장과 삶의 질을 고양하는 개발을 최우선으로 간주하되 "생태계의 온전성을 유지하기 위해 공기, 물 그리고 다른 자연적 요소의 질에 해로운 영향을 끼치게 되는 개발을 최소화시키는 것"[59]이다.

지속 가능성의 바탕인 생태철학은 기존의 환경인식에 대한 반성에서 등장하였다. 생태철학은 기존의 인간 중심의 틀로는 더 이상 문제를 해결할 수 없다는 인식하에 생태 중심의 패러다임으로 전환할 것을 요구한다. 데카르트적 사고에서 자연은 말이 없고 이성에 의해 구성되는 수동적 존재였다. 그러나 주객의 이분법을 거부하는 총체적 위기 앞에서 생태철학은 그동안 대상으로만 존재하던 자연, 환경을 인식주체로 끌어들인다. 자연에 대하여 그 자체의 존재론적 가치를 부여하는 것이다. 자연은 그 자체의 존재 이유를 가지고 있으며, 따라서 자연의 한 부분으로서 인간이라는 전체론적이고 체계적인 관점을 제시한다. 인간과 자연의 조화로운 관계를 상정하기 때문에 자연에 대한 지배가 아니라 자연과 더불어 존재하는 인간이라는 인식에서 출발하게 된 것이다. 타인은 물론 자연의 모든 생명체와 미래세대에 대한 배려가 가능하게 되며, '더불어' 살아가는 공생에 강조점이 주어진다. 이 점에서 생태철학은 인간을 둘러싼 환경에 초점을 맞추는 환경윤리학과 구분되어 인간과 자연을 하나로 묶는 세계관을 갖는다.

생태학적 윤리를 향해

"신은 우리를 도울 수 없다. 우리가 신을 도와야 한다. 그것이 우리 자신을 궁극적으로 돕는 길이다." 이 말은 20세기 '생태론적 예언자' 로 불리는 한스 요나스가 한 말이다.[60] 요나스는 현대의 생태학적인 총체적 위기를 바라보면서 '자연으로 돌아가라' 는 낭만주의적 주장도, 환경문제의 부작용을 극복할 만한 과학기술을 향한 낙관적 개량주의도 부정한다. 인간에 의해 야기된 위험은 궁극적으로 인간에 의해서 극복되어야 하지만, 그것은 인간도 역시 자연의 일부라는 상생(相生), 화해, 공존의 틀을 통해서만 가능하다는 것이다. 이는 자연은 인간이 없어도 존재할 것이라는 사실을 생각하면 정녕 위기에 처해 있는 것은 인간 자신이지 자연이 아니라는 깨달음에서 비롯한다. 자연에 대한 우리의 탐욕스러운 권력을 억제하지 못하였을 때의 결과는 인간의 황폐화이며, 이에 대해 신의 자비와 구원을 기대할 수는 없다는 것이다. 따라서 '우리가 신을 도와야 한다' 는 요나스의 말은 신이 우리에게 부여한 자유를 지키기 위해서라도 자연을 보호해야 한다는 윤리적 요청이라 할 수 있다.

이렇게 요나스는 신에 대한 희망보다는 인간의 책임, 즉 '인류에 대한 무한책임' 에 호소하고 있다. 지금의 행위가 미래에도 인간이 존속할 가능성을 파괴하지 않도록 행동할 것을 요구하는 것이다. 인간은 자신의 자유를 실현하기 위하여 자연을 지배하였지만 자연에 대한 지나친 지배는 결국 자유를 실현할 수 있는 가능성마저 파괴할 수 있다고 요나스는 경고한다. 서양인은 자유를 이제까지 인간 의지의 표현으로만 이해해 왔다. 전통 윤리는 오직 인간과 인간의 관계가 어떠해야 한다고 말해 줄 뿐 인간과 자연의 관계에 대해서는 침묵한다. 다른 사람의 의지와 자유를 훼손하지 않는 한 자연을 소유하고 지배하는 것은 자유라는 것이다. 인간이 만약 자연의 일부라면 자연은 결코 단순한 수단일 수 없다고 주장하면서, 요나스는 이러한 인간중심적 사고방식에 종지부를 찍는다. 그는 자연에 속해 있는 인간이 자신의 자유를 실현하려면 이미 자연과 유기적 관계를 맺고 있어야 한다고 주장한다. 그러므로 인간이 자신의 자유를 실현할 수 있는 토대인 자연을 황폐화시키는 것은 결국 자유의 가능성을 스스로 박탈하는 것이다.

요나스의 이러한 사고는 윤리의 대상 영역을 자연으로 확장함으로써 폭넓은 환경생명 윤리의 영역을 제시하였다. 또한 단순한 행위의 주체로서가 아니라 세계 전체의 관계에서 인간을 조명함으로써 자연의 생명과 인간의 자유를 공존케 하는 가능성을 제시하였다.

이러한 관점은 인간의 문화와 자연의 질서를 합일시키면서 동시에 문화와 자연을 분별할 줄 아는 동양의 지혜와 그 맥락을 같이한다. 다시 말해, 이제까지 서구 중심의 기계적 · 과학적 · 분석적 · 도구적 자연과 인간이라는 이분법적 생명 세계관에서 탈피하여, 인내천(人乃天) · 사인여천(事人如天) · 천인지합일(天人地合一) 등 자연과 인간을 둘이 아닌 하나의 뿌리로 보는 동양적 생명 세계관과 관점을 같이한다. 그리고 이러한 관점을 통해 오늘의 환경생명 위기를 극복할 수 있는 대안적 패러다임을 발견할 수 있으리라 본다. 알도 레오폴드Aldo Leopold가 논문 「땅의 윤리The Land Ethic」에서 주장하듯이 인간의 윤리적 책임은 이제 인간에게서 벗어나 땅 위에 있는 모든 것으로 확대되어야 하며, 이로써 만물의 공생을 도모해야 한다.[61)]

4) 생활 속 환경보호의 필요성

다음은 가상으로 꾸며 본 어느 대학생의 하루다. 이를 통해 일상생활에서 얼마나 많은 이산화탄소가 배출되는지 짐작해 보고자 한다.

우리 집은 엄마, 아빠, 나, 동생, 이렇게 네 식구다. 일찍 나가고 늦게 들어오는 나 때문에 가족의 스케줄이 나로 시작해서 나로 끝난다. 1교시가 수업인지라 새벽 6시 40분에 일어난다. 졸린 상태로 바로 화장실로 들어가기 위해 화장실에 불을 켰다. 화장실에는 노란 등이 들어왔다.(백열전구) 온수를 틀어서 머리를 감고 세수를 하고 양치를 했다.(온수) 엄마는 부엌에서 따뜻한 밥과 국, 반찬을 준비하고 계셨다.(가스) 학교 갈 준비를 하고 식탁에서 아침을 먹었다. 메뉴는 콩밥, 된장찌개와 계란말이였다.(농업작물) 아직은 차가운 바람을 맞으면서 버스를 기다렸다. 우리 동네에 다니는 버스는 다 천연가스 버스다.(석유자원) 집에서 잠실역까지 나와서 출근하는 아저씨들과 지하철을 같이 탔다. 지하철을 무려 40분이나 타고 신촌역에 도착한다.(지하철-전기) 동아리방에 갔더니 컴퓨터 3대가 꺼지지 않은 채 주말 내내 켜져 있었다.(전기낭비) 소파에는 온풍기를 켜 놓고 잠든 불쌍한 영혼들이 있고 그러고 교실에 가면 덥다고 에어컨을 켠다.(온풍기, 에어컨) 공강 시간에 사실 딱히 할 일도 없으면서 봤던 뉴스 또 보고 싸이질을 하고 있다.

수업이 끝나고 친구들과 저녁을 먹으려고 학교 밖을 나왔다. 내 몸이 동물성 단백질을 원하는지라 고기를 맛있게 먹어주었다.(축산-메탄, 이산화탄소) 저녁을 먹고 공도에서 숙제와 밀린 복습을 하다가 어느덧 지하철이 끊겨 버린다. 엄마가 감사하게도 차를 끌고 학교로 와 주시면 차 안에서 쓰러져 잠이 들고 집에 와도 그대로 잠자리로 기어들어 간다.(석유에너지 사용)

■ 이렇게 한 달을 살게 될 경우 배출되는 나의 연간 이산화탄소 소비량은?
· 도시가스: 96kg
· 지역난방: 780kg
· 전기: 382kg
· 자가용: 546kg
· 대중교통: 150kg
→ 연간 1인당 총 이산화탄소 배출량: 1,954kg
→ 우리나라 평균 약 3,000kg/1인

☞ 내가 매년 1,954kg의 이산화탄소를 배출한다면 이 이산화탄소를 없애기 위해 내가 일생 동안 심어야 할 나무는? 604그루
☞ 나무 604그루를 심기 위해 필요한 땅은? 609평 산림(농구장 4개 면적)
〈출처: 탄소나무계산기(http://carbon.kfri.go.kr)〉

후 주

1. 시바타 아키오(2010). 자원전쟁(정정호 역). 서울: 이레미디어.
2. 이관춘(2006). 직업은 직업이고 윤리는 윤리인가(2판). 서울: 학지사.
3. 홍선욱, 심원준(2010). 바다로 간 플라스틱. 서울: 지성사.
4. 아모스 H. 홀리(1995). 인간생태학(홍동식 역). 서울: 일지사.
5. 김원제(2008). 생태계 개념과 미디어산업의 지속성장 조건. 뉴미디어지식포럼 발표논문.
6. 김원제(2009). 콘텐츠 실크로드 미디어 오디세이. 서울: 이담북스.
7. 아모스 H. 홀리(1995). 앞의 책, p. 15.
8. 재닌 베니어스(2010). 생체모방, 자연에서 영감을 얻는 혁신(최돈찬, 이명희 역). 서울: 시스테마.
9. 김종오 외(1999). 이야기로 풀어보는 21세기와 환경. 서울: 신광출판사.
10. 같은 책.
11. 같은 책.
12. 선우영, 남상호(2001). 인간과 환경. 서울: 건국대학교출판부.
13. 같은 책.
14. 조은수, 신순재 외(2010). 지구살림 그림책. 서울: 창비.
15. 이은희. 환경에세이. (2010. 06. 23.). 동아일보.
16. 김종오 외(1999). 앞의 책.
17. 선우영, 남상호(2001). 앞의 책.
18. 참조: 동아일보 (2009. 06. 05.).
19. 시바타 아키오(2010). 앞의 책, 재인용.
20. 김명자. 기후변화 대응체계 발등의 불. (2010. 09. 14.). 동아일보.
21. 같은 글.
22. 모집 라티프(2008). 기후의 역습(이혜경 역). 서울: 현암사, pp. 22-23.
23. 한스 요나스(2010). 책임의 원칙: 기술시대의 생태학적 윤리(이진우 역). 서울: 서광사, p. 2.
24. 오호성(1998). 환경경제학. 서울: 법문사.
25. 참조: 김규한 (2009. 06. 10.). 동아일보.
26. 뉴턴코리아(2009). 인류가 직면한 최대의 과제, 지구온난화. 서울: 뉴턴 사이언스.
27. 오호성(1998). 앞의 책.
28. 뉴턴코리아(2009). 앞의 책.
29. 신현국(1999). 시민을 위한 환경이야기. 서울: 도서출판 행법사.
30. 참조: 동아사이언스(2009. 6. 26.).

31. 같은 글.
32. 같은 글.
33. 박은호. 온난화 논쟁 실종 사건. (2010. 2. 2.). 조선일보.
34. 참조: 온난화론 흔들? (2010. 02. 17.). 조선일보.
35. 참조: 동아일보(2010. 4. 21.).
36. 같은 글.
37. 모집 라티프(2008). 앞의 책.
38. 참조: 동아일보(2010. 9. 24.).
39. 앤서니 기든스(2010). 기후변화의 정치학(홍욱희 역). 서울: 에코리브르.
40. 참조: 에너지관리공단 기후대책총괄실 자료.
41. 참조: 동아일보(2009. 12. 05.).
42. 참조: 중국, 지구 태우는 '탄소의 제국'. (2009. 06. 05.). 동아일보.
43. 윤순진(2011). 환경과 사회. 최무영 외. 서울대 명품강의. 서울: 글항아리.
44. OECD. (2008). *OECD Environmental Outlook to 2030*. Summary in English. OECD.
45. 같은 책, p. 13.
46. 같은 책.
47. 참조: OECD. (2010). Interim Report of the Green Growth Strategy: Implementing our commitment for a sustainable future. Meeting of the OECD Council at Ministerial Level 27-28 May 2010.
48. 유복환. 환경에세이. (2010. 09. 15.). 동아일보.
49. 참조: 동아일보 (2010. 06. 09.).
50. 이관춘(2006). 앞의 책, p. 312.
51. 마틴 유든. 인사이드 코리아. (2010. 7. 9.). 동아일보.
52. 유복환. 환경에세이. (2010. 8. 11.). 동아일보.
53. 김동원. 휴대전화 아이러니. (2010. 04. 08.). 동아일보.
54. 월드워치연구소(2010). 소비의 대전환(오수길 외 역). 서울: 환경재단 도요새.
55. 폴 로버츠(2010). 식량의 종말(김선영 역). 서울: 민음사.
56. 대니얼 맥스(2008). 살인단백질 이야기(강병철 역). 서울: 김영사.
57. 다음의 내용은 이관춘(2006). 앞의 책, pp. 317-310, 발췌.
58. The World Commission on Environment and Development[WED]. (1987). *Our common future*. Oxford: Oxford University Press, p. 43.
59. 같은 책, p. 48.
60. 한스 요나스(2010). 앞의 책.
61. Leopold, A. (1949); 생명문화연구소(1993). 생명연구. 서울: 서강대학교출판부, p. 43, 재인용.

제13장

기업시민과 윤리적 소비

우리 사회에서 가장 중요한 기관은 무엇일까? '경영학의 아버지'라 불리는 피터 드러커Peter Drucker 교수는 "현대 사회에서 가장 중요한 기관은 정부도 학교도 아닌 기업"이라고 단언한 바 있다. 하버드 대학교 교수였던 데이비드 코튼David Korten은 한 발 더 나아가 "기업이 세계를 지배하는 시대"가 되었다고 말한다. 뿐만이 아니다. 정치학자인 칼 보그스Carl Boggs는 『정치의 종말The End of Politics』에서 "기업의 영향력이 과도하게 되어 정치적 공론의 장이 없어지고 대다수 국가가 해야 할 일을 기업에서 처리하게 되었다."라고 비판하고 있다. 그는 이런 현상을 또 다른 '식민화'라고 정의한다.

실제로 우리나라에서 노조문제, 비정규직 문제, 기업의 상생문제 같은 중요한 사회문제 해결에 정부가 특정 역할을 했다는 기사는 찾아보기 어렵다. 대통령이 몇몇 재벌 총수를 청와대로 불러 회의를 빙자한 도움을 요청하는 정도다. 국가가 할 일을 이젠 기업이 하는가 하는 의문이 들 정도다. 통계도 이를 뒷받침한다. 동아시아연구원(EAI)이 매년 발표하는 한국의 25대 파워기관에 삼성, 현대자동차, SK가 나란히 1, 2, 3위를 차지했다. 권력의 상징인 청와대는 검찰, 헌법재판소에도 뒤지는 파워기관으로 밀려났다. 한마디로 격세지감이다. 글로벌 측면에서 보면 기업의 힘은 더욱 커진다. 2007년 유엔 발표를 보면 세계 100대 경제주체 중에 국가가 아닌 기업이 32개이고, 일개 기업보다 경제력이 약한 국가가 169개나 된다.[1] 이제 기업이 단지 영리목적만을 추구하는 시대는 지난 것이다.

이러한 시대의 흐름을 반영하듯 기업의 사회적 역할에 대한 관심과 논의가 크게 일고 있다. 사회적으로는 물론 기업 내부에서도 사회책임에 대한 자성의 목소리가 커지고 있다. 국제적으로는 이미 사회책임에 대한 국제협약인 유엔 글로벌 콤팩트(Compact)에 이어, 2010년 11월에는 기업의 사회책임의 국제표준인 'ISO26000' 이 발표되었다. 이제 기업은 '영리추구' 만이 아닌 '시민으로서의' 책임과 역할을 자신의 존재이유로 삼는 시대로 진입하고 있는 것이다.

1. 기업시민과 기업경영

기업이 변하고 있다. 기업시민(corporate citizenship)으로서의 반성과 역할에 대해 진지한 고민을 하는 기업이 점증하고 있다. 한편으로는 사회적 요구에 떠밀린 경영전략의 변화로서, 다른 한편으로는 기업의 이념과 목적을 휴머니즘(humanism)화하려는 체질 개선으로서 변화가 일고 있다.

1) 기업시민의 개념

최근 들어 기업시민이란 말이 자주 등장한다. 그러나 기업시민이 정확하게 무엇이냐에 대한 물음에는 선뜻 대답하기가 어렵다. 유사한 용어도 많아 기업책임(corporate responsibility), 기업의 사회책임(corporate social responsibility: CSR) 등의 용어가 기업시민과 함께 혼용되기도 한다. 아울러 기업시민이나 기업의 책임은 기업의 지속 가능성을 위한 필수조건으로서 거론되기도 한다. 일반 시민이 보기에 기업시민이란 개념은 기업의 임직원이 사회 소외계층을 대상으로 하는 자원봉사나 자선 혹은 사회기부 등의 행동을 의미할 수도 있다. 그러나 기업의 자선이나 사회기부만을 기업시민의 역할이라고 볼 수 없다. 경영전문가들은 대기업의 경우, 보통 영업 매출 중 3분의 2가 공급업체에 원재료, 물품, 서비스 구매로 나가게 되고 기업이 생산하는 부의 많은 부분이 임직원 봉급, 정부에 내는 세금, 주주 배당금으로 나간다고 말한다.[2] 이런 상황에서 기업의 자선 기부금이 사회에 끼치는 경제적 효과는 그다지 크지 않다. 그렇다면 기업 이해관계자 모두와의 관계에서 발생하는 기업의 책임과 의무로서 기업시민이란 개념을 접근하는 것이 필요하다는 주장이 나오게 된다.

미국의 경영전문가인 브래들리 K. 구긴스Bradley K. Googins와 필립 H. 머비스Philip H. Mirvis, 스티븐 A. 로크린Steven A. Rochlin은 공저인 『세계 최고 기업들의 기업시민활동Beyond Good Company』에서 기업시민이란 개념의 뿌리는 윤리에 있다고 말한다.[3] 특히 2002년 엔론과 월드컴 등의 회계부정으로 인한 미국 기업의 줄도산 이후, 기업도 다른 시민과 마찬가지로 수익창출만이 아닌 사회에 대한 책임이 있다는 근본적인 반성이 싹트면서 제기된 개념이다. 다시 말해 지금까지 기업은 주주의 이익을 극대화하는 주주 편향적인 비즈니스 모델을 견지해 왔고 또한 밀턴 프리드먼Milton Friedman이나 그의 추종자들은 그것이 기업의 유일한 존재 목적이라고 설파해 왔다. 그러나 결과는 2002년 미국의 금융위기와 2009년 글로벌 금융재앙으로 나타났다. 이에 대한 반성으로 강력히 제기된 사회적 요구는 기업의 주요 이해당사자 모두를 고려하는 이해관계자(stakeholder) 비즈니스 모델인 것이다. 즉, 고객이나 종업원, 공급업체, 공급사슬에 속하는 파트너, 그들이 영향을 주는 지역사회, 투자자 모두를 고려하는 기업시민의식이다.

구긴스가 말하듯이 이러한 기업시민의식은 윤리 문제로 귀결된다. 『세계 최고 기업들의 기업시민활동』의 저자들은 기업이 사회에 가장 큰 영향을 미치는 경로는 첫째, 기업의 운영 그 자체이며, 둘째 공급자와 유통업체, 비즈니스 파트너, 최종 소비자에 이르는 전체 가치사슬과의 관계를 통해서라고 주장한다.[4] 이러한 가치사슬의 관계의 핵심은 윤리 문제다. 상호이해가 얽히고 충돌하는 관계에서는 윤리 문제가 제기되기 때문이다. 여기서 윤리에 대한 올바른 이해가 요구된다.

흔히들 윤리를 '무엇을 하지 말라'는 규범적 측면에서 이해한다. 그러나 이러한 규범적 도덕은 윤리의 단편적인 성격일 뿐이다. 윤리에 대해 명확한 정의를 내리는 학자가 콜린 피셔Colin Fisher와 앨런 러벌Alan Lovell이다.[5] 피셔와 러벌은 도덕과 윤리를 구분한다. 즉, 윤리가 적극적인 성격을 내포하는 반면에 도덕은 반응적이며 소극적인 측면을 지니고 있다. 적극적 측면을 지닌 윤리는 올바른 일을 행하는 것에 초점을 맞추지만, 소극적 성격의 도덕은 나쁜 일을 피하는 것을 강조한다. 따라서 윤리는 사람들의 행복한 삶에 관심을 갖지만 도덕은 나쁜 일을 하면 배상을 해야 하는 정의의 문제에 관심을 갖는다. 이런 면에서 윤리를 발전적으로, 도덕은 판단적인 성격으로 생각할 수 있다.

기독교적인 측면에서 보면 십계명은 도덕을 대표하는 반면 윤리는 산상수훈으로 묘사할 수 있다. 십계명은 살인을 하지 말라, 간음하지 말라와 같이 해서는 안 될 행동을 구체적으로 제시한다. 그러나 산상수훈은 예수가 제자들에게 설교하면서 칭찬한 미덕(美德)이다. 즉, 산상수훈에는 온유함, 자비, 순수함, 평화 등의 덕목이 제시되고 있다. 피셔와 러벌의 윤리 구분을 적용하면 기업시민이란 기업 경영에서 십계명의 도덕규범과 산상수훈의 적극적인 이해관계자에 대한 배려를 의미한다.

마찬가지로 구긴스를 포함한 『세계 최고 기업들의 기업시민활동』의 저자들 역시 기업시민활동을 다음과 같이 두 가지 윤리적 측면에서 제시하고 있다.[6]

① 피해의 최소화다. 이것은 기업이 사회에서 활동할 때 끼칠 수 있는 부정적 영향을 최소화하는 것을 말한다. '피해를 주지 말 것(do no harm)'이라는 원칙으로 요약할 수 있다.

② 효과의 최대화다. 이것은 경제적 부와 빈곤의 감소, 보건과 복지 개선, 인력 개발, 자연환경 보호 등을 포함한 사회공익 사이에 공유되는 가치를 창조하는 것을 의미한다. '좋은 일을 하라(do good)'는 원칙으로 요약할 수 있다.

피셔와 러벨의 윤리구분을 적용하면 기업시민의 1단계는 기업경영에서 소극적이고 대응적인 의미의 십계명 윤리를 준수하는 것이다. 이를테면 기업 내부의 통제가 윤리적이어야 한다는 의미다. 나아가 기업시민의 2단계는 십계명 윤리에서 한 발 나아가 산상수훈에서 설파하듯 이해관계자를 배려하고 사랑하는 적극적인 의미의 윤리적 실천이라 할 수 있다.

2) 기업경영과 기업시민

기업이 주주에 대한 책임뿐만 아니라 다양한 이해관계자에 대한 책임도 있다는 의식이 바로 기업시민의 출발점이 된다. 이해관계자에 대한 책임이란 다른 말로 사회책임과 경제책임 및 환경책임을 포괄하는 것을 의미한다. 전 세계적으로 앞서 가는 선진기업은 기업시민이나 기업의 사회책임(CSR)을 그들만의 다양한 언어로 표현하며 기업경영의 이념 및 가치로 채택하고 있다(〈표 13-1〉참조).

그러나 주목할 점은, 기업시민의식이 철저한 기업이 자선사업을 하는 기업은 아니라는 점이다. 단지 이들은 '사회책임에 대한 신념과 가치를 지키면서 동시에 수익도 창출할 수 있다'고 믿는 사람들이다. 기업시민으로서 그 믿음을 삶의 현장에서 실천하고 있는 것이다. 한 예로 스타벅스(Starbucks)를 보자.

스타벅스는 기업의 사회책임(corporate social responsibility)이란 이름으로 기업시민으로서의 책임성(responsibility)을 경영의 신조로 삼고 있다. CEO인 하워드 슐츠Howard Schultz는 초창기에 많은 이익을 내지 못하는 상황에서도 이사회를 설득하여 모든 임직원, 심지어 시간제 종업원도 의료보험 혜택을 받을 수 있도록 했다. 여기

표 13-1 기업시민활동의 분류

분류	관련 용어	사용 기업
책임성 (responsibility)	기업의 사회책임 (corporate social responsibility) 기업책임 (corporate responsibility)	스타벅스(Starbucks) 노르스크 하이드로(Norsk Hydro) 나이키(Nike), IBM 치키타(Chiquita)
책무성 (accountability)	기업책무성 (corporate accountability)	SAB 밀러(SAB Miller)
지속 가능성 (sustainability)	지속 가능한 발전 (sustainable development) 지속 가능성 (sustainability)	존슨 앤드 존슨(Johnson & Johnson) BP, 리오 틴토(Rio Tinto) 노보 노르디스크(Novo Nordisk) 프록터 앤드 갬블 (Procter & Gamble: P&G)
기업시민 (corporate citizenship)	기업시민 (corporate citizenship) 글로벌 시민 (global citizenship)	포드 자동차(Ford Motor) 노바티스(Novartis), GE 휴렛 패커드(Hewlett Packard) 인텔(Intel)

출처: 브래들리 외(2008), p. 57.

에는 기업의 종업원을 가족처럼 대하는 것이 기업의 사회책임이란 신념이 있었다. 따라서 스타벅스는 저임금을 지불하면서 높을 매출을 기대하는 맥도날드나 월마트를 따라 하기보다는 임직원과 견실한 유대관계를 구축하는 길을 선택한 것이다.

스타벅스는 다른 이해관계자에게도 마찬가지의 책임성을 보여 주고 있다. 커피 재배농에게 항상 최고의 가격을 지불하는 것이 한 예다. 다른 구매상이 제시하는 가격보다 2배나 높은 금액을 지불하기도 했는데 이에 부수적으로 최상의 커피를 얻게 되었다. 스타벅스는 종교나 믿음, 영혼 등에 관해 얘기하지는 않지만 정신적인 가치에 뿌리를 두고 있는 것이다.[7] 그 정신적 가치란 이해관계자에 대한 책임이며 그 책임은 '당신이 다른 사람에게 대우받고 싶은 것처럼 다른 사람을 대우하라'는 황금률의 실천이다.

2. '기업시민'은 문명사적 변화

톰 피터스Tom Peters는 저서 『미래를 경영하라Re-imagine』에서 "앞으로는 텃밭의 소유권이 아니라 명분을 위해서 싸우는 기업이 승리한다."라고 말한다. 기업의 경영이념과 전략의 변화를 함축적으로 표현한 말이라 할 수 있다. 피터스만이 아니다. 『좋은 기업을 넘어 위대한 기업으로Good to Great』의 저자인 짐 콜린스Jim Collins는 수많은 위대한 기업을 연구한 결과, 그들이 공통으로 '단순히 돈벌이를 넘어서는 어떤 핵심 가치와 목적'을 가지고 있다는 점을 발견했다.[8] 이러한 콜린스의 연구결과를 경영전략으로 채택하는 기업이 최근 들어 크게 늘고 있다. 이들은 기업의 존재 목적을 단순한 '돈벌이'를 넘는 그 무엇에 두고자 한다. 이는 단순한 경영전략의 변화가 아닌 기업의 존재 이유에 대한 혁명적인 변화다.

1) 인터넷과 고령화

이러한 기업경영의 변화는 단순히 기업 내부의 변화나 혹은 기업 최고경영자의 경영철학에서 기인하는 것만은 아니다. 오히려 기업경영의 변화는 기업 이해관계자를 포함한 기업의 환경적 변화에서 비롯된다는 관점이 필요하다.

21세기 들어 인류사회는 혁명적인 변화를 보이고 있다. 그러한 변화는 가시적인 것도 있지만 겉으로 드러나지 않는 문화적 요소가 핵심을 이루고 있다. 먼저 겉으로 드러나고 있는 변화의 한 예를 보자.[9] 첫 번째는 인터넷이다. 인터넷이 사회의 주류로 등장함에 따라 기업이 그동안 구매자에 대해 가지고 있던 정보의 이점이 사라지게 되었다. 오히려 대중이 정보 선점에서 유리한 위치를 차지하게 되었다. 인터넷이 정보력의 균형추를 대중 쪽으로 옮기고 있는 것이다. 이로 인해 도덕적으로 결함을 가지고 있는 리더나 조직의 악행을 감추기가 더욱 어렵게 되었다. 기업은 예전보다 훨씬 높은 투명성을 갖고 운영해야 한다는 부담을 안게 되었다.

두 번째 사건은 인구의 노령화다. 1989년 이전의 미국에서는 10대 후반의 청소년과 청년이 문화의 방향을 결정하는 중요한 역할을 담당했다. 그러나 이제는 40세 이상이 성인 인구의 대다수를 차지하며 중년, 장년, 노년층도 인터넷을 통해 문화와 사회에 대한 영향력을 높이고 있다.

40대 이상의 인구가 주축을 이룬다는 것은 또 다른 중요한 의미가 있다.[10] 중·장년기에는 삶의 의미, 특히 개인적인 삶의 의미에 대해서 끊임없이 생각하고 고민한다. 젊은 사람이 사회의 주류였을 때에는 이 '삶의 의미' 라는 이슈가 사회적으로 별로 중요하지 않았다. 그러나 현 시대에는 의미를 찾는 행위 자체가 집단감성에 가장 중요한 영향을 미치게 된다. 삶의 의미를 찾는 작업은 기업문화를 재형성하는 데에도 매우 중요한 영향을 미치게 된다. 다시 말해, 문화의 도덕적인 근간에서 상당한 구조적 변화를 가져오고 있다는 것이다. 더 높은 수준의 정신적 성숙은 에릭 에릭슨Erik Erikson이 말했던 것처럼 '생성력(generativity)' 을 높여 준다. 생성력이란 다음 세대의 사람들이 공공적인 봉사를 할 수 있는 시간을 준비할 수 있도록 미리 무엇인가를 만들어 놓으려는 중·장년층의 배려를 의미한다. 다시 말해 다음 세대가 홀로 자립할 수 있도록 도와주는 성질이다. 사람의 마음속에 있는 생성력이 떠오르면서 자아를 제어하게 되고, 그렇게 해서 축적된 정신적인 에너지가 다시 다른 사람을 도울 수 있는 원천으로 바뀌는 것이다. 따라서 요즘의 중년 인구는 생성력의 정신을 사회에서 가장 강력한 힘 중 하나로 전환시키는 아주 중요한 인구집단이 된다.[11]

2) 'having' 에서 'being' 시대로

『위대한 기업을 넘어 사랑받는 기업으로Firms of Endearment』의 저자들은 40대 이상이 성인층의 주류를 이루고 있는 시대의 특징은 '삶의 의미' 를 찾는 것이라고 했다.

그러나 '삶의 의미' 를 추구하게 되는 것은 성인기의 특성일 뿐 아니라 시대 변화의 트렌드라는 점에 주목할 필요가 있다.

21세기에 들어설 무렵부터 인류 사회는 커다란 변화의 흐름을 타고 있다. 많은 학자는 이러한 변화를 다양한 언어로 표현하고 있다. 일찍이 프랜시스 후쿠야마Francis Fukuyama는 『역사의 종말The End of History』을 통해 문화시대의 종말을 선언하며 변화의 포문을 열었다. 폴 로버츠Paul Roberts는 『식량의 종말The End of Food』(2010)을 통해 우리나라 전역을 휩쓸고 지나간 구제역과 조류독감의 원인을 자연생태계의 섭리를 거스른 인간의 탐욕이 자초한 일이라고 결론을 내린다.[12] '노동의 종말' 을 예언했던 제러미 리프킨Jeremy Rifkin은 인간의 탐욕이 아닌 인간의 공감이 중시되는 '공감의 시대(empathic civilization)'가 시작되었다고 말하며 기업의 경영시스템도 이에 맞춰 변해야 한다고 주장하였다.

변화의 흐름을 무엇으로 표현하든 기업경영의 측면에서 분명한 것은 소비자의 특성이 변하고 있다는 것으로 그에 따른 경영의 새로운 개념화가 시급해졌다. 노스웨스턴 대학교 경영대학원의 필립 코틀러Philip Kotler 교수는 소비자의 특성의 변화를 '마켓3.0' 시대의 특징으로 설명한다.[13] 코틀러는 '3.0시장' 이란 상품력으로 승부하던 1.0시장이나 서비스와 고객만족으로 승부하던 2.0시장의 연장선이긴 하지만 그것들과는 본질적으로 다르며 그 파급력이 매우 크다고 단언한다. 3.0시장이란 고객이 '삶의 비물질적 측면과 영속적 실체의 암시에 가치를 두는' 영성에 관심을 갖게 되는 시장이다. 코틀러는 영성은 소비자의 원초적 욕구로서 '생존' 을 대체하고 있다고 주장한다.

지난 세기 동안 소비자는 물질주의적인 소유에 관심이 집중되어 있었다. 물론 여전히 소비자는 제품과 소유(having)에 관심이 있지만, 해당 제품의 생산과정이나 기업브랜드에 대해 관심을 갖는 소비자가 크게 늘고 있다. 같은 가격이거나 혹은 가격이 비싸더라도 친사회적이고 친환경적인 제품을 선호하는 것이다. 자신의 소비행위에 대해서 의미와 가치를 생각하게 되는 변화인 것이다.

소비자의 이러한 변화는 자본주의 시장의 관점에서 볼 때 가히 혁명적이라 할 수 있다. 또한 '인간의 얼굴' 을 한 자본주의로 나아가는 희망적인 전조일 수도 있다. 이에 따라 기업경영도 바뀔 수밖에 없다. 코틀러는 이러한 3.0시장을 리드하는 기업은 단순히 고객만족과 이익 실현을 넘어서, 좀 더 큰 미션과 비전, 가치를 통해 세상에 기여하는 방향으로 경영전략을 이미 바꾸고 있다고 말한다. 이들 기업은 기업활동을 통해 '산적한 사회 문제'를 해결하겠다는 궁극적인 목적을 갖고 있다는 것이다.[14] 코틀러는 이제 기업은 소비자의 '욕구' 를 충족시켜 주는 제품과 서비스뿐 아니라 소비자의 영적 측면까지 '감동' 시키는 비즈니스 모델을 찾아야 한다고 강조한다. 그는 이러한 비즈니스 모델의 명제를 '의미의 공급'이라고 정의하고 있다.

3) '주주' 에서 '이해자' 중심으로

소비자의 변화에 따른 기업경영의 변화는 자연스럽게 기업의 이해관계자 중심의 자본주의로 변화를 가져오고 있다. 이러한 변화에 맞추어 토론토 대학교 로저 마틴Roger Martin 교수는 한마디로 기업의 존재 목적에 대해 주주이익 극대화에 둔 주주자본주의(shareholder capitalism)는 붕괴했다고 선언했다.[15] 다시 말해 주주 이익의 극대화를 위한 단기적 성과에 집착한 주주자본주의는 이제 붕괴했고 앞으로는 고객자본주의(customer capitalism) 시대가 펼쳐진다는 주장이다. 고객자본주의란 주주자본주의처럼 기업의 목적을 이윤의 극대화가 아니라 행복한 소비자와 더 많은 소비자 확보에 두는 것을 의미한다. 이것이 궁극적으로 주주에게 이익이 된다는 것이다.

주주자본주의가 붕괴했다는 로저 마틴의 말은 지금까지의 자본주의의 근간을 흔드는 충격적인 주장임에 틀림없다. 그러나 이러한 자본주의의 변화 역시 하나의 문명사적인 변화의 맥락 속에서 볼 때 자연스러운 귀결이라 할 수 있다. 최근까지만 해도 미국식 주주자본주의는 곧 자본주의를 의미했다. 경제학자들은 합법적 테두리 내에서 주주의 이익만을 극대화시키는 것이 기업의 존재목적이라고 입을 모았다. 대표적인 학자가 밀턴 프리드먼이다. 1970년 노벨 경제학상 수상자인 프리드먼은 『뉴욕타임스』에 유명한 글을 하나 실었다.

> "자유기업 및 사유재산제도 안에서 기업의 경영자는 기업 소유주에게 고용된 사람이다. 그는 자신의 고용주에게 직접적인 책임이 있다. 그 책임이란 그 사회의 법과 윤리적 관습에 기초한 기본 규칙을 준수하면서 가능한 한 최대의 수익을 창출하길 바라는 고용주의 바람대로 기업을 운영하는 것이다. 경영자는 기업의 소유주에게 고용된 대리인(agent)이기 때문이다."[16]

한마디로 프리드먼은 기업의 유일한 목적은 기업의 주인인 주주의 이익을 극대화시키는 것이며 그 이외의 다른 것은 기업의 존재 이유와 맞지 않는다는 주장이다. 프리드먼의 주장을 뒷받침하듯 하버드 대학교 앨버트 카Albert Carr 교수는 비즈니스 세계에는 일반사회와 다른 나름대로의 규범과 규칙이 있다고 거들었다. 마치 포커게임의 윤리가 일반적인 사회윤리와 다른 것과 마찬가지라는 것이다. 그의 말을 들어 보자. "포커게임은 우선 상대방에 대한 불신을 요구한다. 친구 사이의 우정 같은 건 눈감아 버리라고 명령한다. 자신의 의중을 드러내지 말고 좋은 패가 들어왔어도 숨겨야 한다. 친절함이나 열린 마음이 아니라 교활한 속임과 감춤이 포커의 생명이다. 포커판에서 이런 것을 윤리적으로 악한 행위라고 생각하는 사람은 없다. 비즈니스 게임에서도 마찬가지다. 왜냐하면 옳고 그름의 기준이 그 사회의 일반적인 윤리와 다르기 때문이다.[17]

밀턴 프리드먼이나 앨버트 카의 주장에 동의하는 사람들은 여전히 남아 있다. 그러나 최근의 조사에 따르면 5명의 경영진 중 4명이 기업의 역할이란 단지 주주에 대한 의무를 이행하는 것 이상이라고 믿는 것으로 나타났다. 프리드먼의 주장에 동의한다는 사람은 6명 가운데 1명에 그쳤다.[18] 대신 기업의 모든 이해관계자의 이익을 배려하는 신념을 지키면서 동시에 수익도 창출할 수 있다고 믿는 경영자가 크게 늘고 있다. 이들은 기업의 수익 원천이 고객이며 공급자와 협력업체, 그리고 기업 경영을 할 수 있도록 인프라를 구축해 준 지역사회 등에 있음을 인식하고 있다. 그리고 그들 모두를 배려하는 것이 옳은 일이란 신념을 갖고 있다.

3. 기업상생과 기업시민

지금까지 기업의 논리는 '주주가치 극대화' 에 초점이 맞추어져 왔다. 다시 말해 기업의 목표는 곧 원가절감과 품질향상을 통한 이익의 극대화이며 이를 통해 주가를 높이고 주주에게 많은 배당을 하는 것이 기업의 핵심목적이 되다시피 했다. 그러나 원가절감은 고용의 질을 저하시키고 협력업체의 납품단가를 무자비하게 쥐어짜게 만들었다. 그러나 이러한 경영패러다임이 근본적으로 바뀌고 있다. 앞으로 기업은 일부의 이익만이 아닌 기업의 모든 이해관계자와의 상생의 정도가 기업 간 경쟁의 승패를 가름하게 되는 패러다임으로 급변하고 있다.

1) 월마트와 기업시민

'박리다매' 전략으로 거대한 부를 쌓은 미국 할인마트의 신화는 단연 월마트(Walmart)다. 아울러 미국의 부자 순위를 '싹쓸이' 하다시피 하고 있는 주인공이 월마트의 창업주인 샘 월튼Sam Walton의 상속자들이다. 미국 최고 부자 10인 중에 4인이 월튼가 사람들이기 때문이다. 이들의 재산을 다 합치면 836억 달러로, 540억 달러의 재산을 가진 세계 최고 부자인 빌 게이츠Bill Gates보다 많다.[19)]

1962년 아칸소 주의 벤턴빌이란 시골 마을에서 조그만 가게로 출발한 월마트는 이제 세계 최대의 소매업체로 성장했다. 창업자인 샘 월튼의 경영방침은 박리다

매였다. 가격을 낮춰서 판매량을 늘리기 위해 월튼은 '상시 저가정책(everyday low price)'을 내걸고 서서히 점포를 늘려 가며 중소도시의 상권을 장악했다. 월마트는 전 세계 15개국에 50여 개의 다른 이름으로 8,500개의 지점을 거느리고 있는 공룡 할인매장이다.[20] 이들 매장에서 고용한 종업원은 미국 내에서만 100만 명이 넘으며 전 세계적으로는 수백만 명에 달할 것으로 추산된다. 또한 미국은 물론 해당 국가의 경제에도 기여도가 높은 기업이다. 게다가 저렴한 가격의 소비재를 소비자에게 공급하고 주주의 이익을 극대화하는 데 앞장서 왔다는 점에는 이론의 여지가 없다.

주주와 소비자에게 이익을 주는 기업임에 틀림없지만 '좋은 기업' 이란 평은 듣지 못하고 있다. 오히려 '악덕기업' 이란 비판이 끊이지 않는다. 무엇보다 큰 문제는 월마트로 인해 지역의 다른 소매업체가 도산하고 일자리를 잃는 직원이 늘어난다는 점이다. 우리나라에서 '통큰 치킨' 으로 알려진 기업형 슈퍼마켓(SSM)의 골목 상권 진출로 야기된 논란과 마찬가지다. 또한 월마트의 협력업체에 대한 무자비한 가격 책정 관행, 열악한 생산 현장에서 외주를 통해 공급되는 제품에 대한 논란이 끊이지 않고 있다. 수당 등의 혜택을 줄이기 위해 비정규직 직원을 고용함으로써 직원의 절반 가까이가 의료보험 혜택을 받지 못하고 노조 결성이나 노동자의 반발은 강제로 봉쇄당하고 있다. 새로 들어온 종업원 중 70%가 1년 내에 직장을 옮긴다.

최근 들어 미국에서 빌 게이츠와 워런 에드워드 버핏Warren Edward Buffett을 중심으로 부자들의 기부운동이 크게 일고 있지만 월튼가 부자들은 사회환원에는 매우 인색하다는 평을 받고 있다. 심지어 2006년 월마트가 힐러리 클린턴Hillary Clinton 당시 상원의원에게 5000달러의 후원금을 전달하자, 힐러리가 "악덕기업의 돈은 받을 수 없다"며 거절했을 정도다. 시민단체에서 '스톱 월마트(Stop Walmart)' 캠페인이 지속적으로 벌어지고 있는 것도 이 때문이다

2) 도요타 리콜사태와 상생

앞으로 기업의 경쟁력은 한 기업의 생태계가 얼마나 상생을 하느냐에 따라 판가름 난다. 기업생태계란 기업 간 먹이사슬로 연계된 관계망이다. 다시 말해 대기업-하청업체-재하청업체로 연결되는 연쇄사슬을 의미한다. 그런데 이 기업생태계는 최소한 단기적으로 보면 제로섬(zero-sum) 체계다. 즉, 전체의 몫이 주어져 있기 때문에 대기업은 납품단가 축소와 같이 하청기업을 쥐어짜야 자신의 이득이 커지는 상황인 것이다. 그러나 대기업의 제로섬 게임 인식에 기초한 협력업체 '쥐어짜기'는 결국 모두에게 피해와 파멸을 불러오는 경우가 많다. 대표적인 사례가 도요타 리콜이다.[21)]

도요타는 자동차 생산 대수에서 GM을 앞질러 세계 1위의 자동차 기업으로 등극했다. 그러나 2010년 도요타는 1000만 대가 넘는 사상 유례가 없는 대량 리콜 사태로 혹독한 시련을 겪어야 했다. 리콜로 인한 50억 달러 이상의 비용은 물론 자동차 결함으로 인해 사망한 유가족이 제기한 89건의 소송, 리콜 대상 차량 소유주들이 '차량 가치가 떨어졌다' 며 손해배상을 요구하는 30억 달러짜리 소송 등에 시달려야 했다. 소송비용에다 판매금지 경영공백에 따른 추가 비용을 합치면 손실은 천문학적이다. 그렇다면 자동차의 대명사로 알려진 도요타에 무슨 문제가 생긴 것일까?

혹자는 도요타의 재앙을 '일등을 향한 무리한 외형확장 전략'에 초점을 맞추어 분석한다. 급속한 생산증대와 판매확대 추진과정에서 품질관리에 틈새가 생겼기 때문이라는 것이다. 혁신의 필요성을 느끼지 못하는 '게으른 강자 증후군'이란 분석도 있다. 소위 '승자의 저주' 라는 얘기다. 경영의 관점에서 충분히 공감할 수 있는 외현적 분석이다. 그러나 보다 근원적인 이유는 도요타 기업생태계의 문제로 보는 것이 더 타당할 것이다.

도요타 웨이(TPS)로 대표되는 도요타의 조직문화는 '인간존중' 을 기반으로 한다. 철저한 품질관리도 결국 인간존중의 구체적 실현인 것이다. 따라서 도요타 구

성원의 애사심이나 충성심은 남다르다. 일본인의 도요타 사랑 역시 마찬가지다. 큰 공장이 있는 곳에 가끔 기업도시가 있지만, 자치단체의 이름까지 기업명으로 바꾼 곳은 도요타 시 외에는 없다. 도요타 시는 도요타라고 하는 기업을 위해 태어났다고 할 정도다. 이 정도가 외부인이 피상적으로 이해하는 도요타의 이미지며 기업문화다. 그러나 리콜 사태로 도요타 기업생태계의 병폐가 서서히 벗겨지고 있다. 와타나베 마사히로渡邊正裕가 대표인 마이뉴스재팬(MyNewsJapan)이 발간한 『도요타의 어둠トヨタの闇』은 이를 낱낱이 밝히고 있다.

도요타가 세계 제일의 자동차 메이커가 된 원동력은 1분 1초, 1mm의 틈도 놓치지 않는 철저한 효율우선주의로 실패가 없다는 것을 전제로 시스템이 돌아간다. 그러나 아무리 기술혁신이 눈부시다 해도 살아 있는 인간 그 자체는 기계가 될 수 없다. 와타나베는 이를 무시하는 게 도요타 시스템이라고 단정한다. 초합리주의처럼 보이지만 실제로는 비합리적 시스템의 전형이라는 것이다. 그럼에도 내부고발이 없으며 사내 사상통제를 기반으로 현재의 시스템이 온존되기 때문에 큰 규모의 자기개혁이 일어나지 않고 있다는 것이다.

도요타 방식은 인간존중이지만 종업원과 협력업체에 대해서만은 예외다. 종업원은 근무 중 과로사를 당해도 산재인정조차 받지 못하는 경우가 허다하다. 도요타 사원 가운데 유난히 자살자가 많지만 노조가 이를 터부시해 공개되지 않는다. 다다미 4장 반짜리 독신자 기숙사와 본사, 주요 공장이 집결한 도요타 시를 사원들은 '작은 북한'이라고 부른다. 실제로 요미우리신문은 "도요타는 도요타가의 최고경영자를 교주로 둔 종교국가"라고 단정한 적도 있다. 종업원에 대한 태도는 협력업체에 대한 방침과 유사하다. 도요타는 원가절감을 철저히 하는 기업으로 유명하다. '하청업체 쥐어짜기'를 통해서다. 하청업체 직원에게 도요타는 '지옥'이라 한다. 10년 전 도요타는 3년 동안 180개 부품의 가격을 30% 낮춰 100억 달러의 원가를 줄이는 계획을 세웠다. '짜고 또 짜는 방식'으로 세계 1위가 된 것이다.

그러나 협력업체에 대한 무리한 원가절감 원칙은 부실부품의 납품을 가져오지 않을 수 없다. 와타나베가 밝힌 일본 국토교통성 자료를 보면, 도요타는 2006년까지 3년 동안 일본에서 512만 대를 팔고 511만 대를 리콜했다. 결함률 99.9%에 달하는 충격적인 수치다. 결국 도요타의 기록적인 리콜 사태와 그에 따른 손실 및 기업 명성의 추락은 도요타의 기업생태계 병폐에서 기인한 것이다. 기업생태계의 핵심인 종업원 및 협력업체와의 상생에서 실패했기 때문이다.

3) 기업상생의 현황과 방향

"아주 싹 다 가져갑니다. 감사원 감사나 검찰 수사도 그보다는 덜할 거예요. 기업 비밀이나 법적 근거? 그런 게 어디 있어요." 대기업이 제품원가를 확인한다는 명목으로 협력업체의 특허기술이며 제품설계도, 회계장부 등을 샅샅이 뒤져 가져간다는 것이다. 대기업이 협력업체의 설계도를 가져다가 계열사로 넘긴 사례도 적지 않다.[22] 한 예를 보자.

[사례 1] 중소기업 (주)슈버는 1999년 폴더형 휴대전화 자동개폐장치 개발에 성공해 2001년부터 삼성전자에 납품했다. 하지만 삼성전자는 그해 말 슈버와 거래를 끊고 부품을 계열사인 삼성전기에서 납품받기 시작했다. 특허심판원은 2005년 '삼성전기가 슈버의 특허를 침해했다' 는 결정을 내렸지만 그 사이 슈버는 부도가 났다.

[사례 2] 모바일콘텐츠 개발업체인 서오텔레콤은 휴대전화로 구조요청 전화를 쉽게 걸 수 있는 기술을 개발했다. 2004년 LG텔레콤(현 LG유플러스)이 비슷한 방식의 서비스를 시작하자 서오텔레콤은 특허침해 소송을 냈고 2009년 최종 승소했다.[23]

대기업이 중소기업의 기술개발을 교묘히 탈취해 가는 사례 중 하나다. 공정거래위원회의 조사에 따르면 대기업에서 기술자료를 요청받은 중소기업 가운데 기술탈취나 유용을 경험한 중소기업이 22.1%나 된다.[24] 문제는 슈버나 서오텔레콤처럼 '사건' 을 터뜨리는 중소기업은 드물다는 점이다. 대기업을 상대로 소송을 내는 것은 달걀로 바위치기만큼 무모할뿐더러 소송을 내는 즉시 '거래중단' 압박이 들어오기 때문이다. 그러니 속으로는 골병이 들면서도 보복이 두려워 하소연도 제대로 하지 못한다. 해외의 힘 있는 기업의 특허는 로열티를 주고 사오면서 국내 중소기업의 기술은 마구 갖다 쓰는 대기업의 행태는 후안무치(厚顔無恥)한 행위임은 물론 중대한 범죄행위다.

대기업과 중소기업의 상생문제는 어제 오늘의 문제가 아니다. 정권이 바뀔 때마다 대-중소 기업 양극화를 해결하기 위한 상생(相生) 대책이 나왔지만 변화는 거북이걸음이다. 대기업의 입장도 있을 것이다. 해외에서 경쟁을 하려면 원가절감을 해야 하니 어쩔 수 없다는 항변이다. 이를 위해 대기업 임원은 '구매가격 절감' 에 따라 인센티브와 실적이 평가되는 경우도 많다는 것이다. 따라서 갑(甲)의 입장인 대기업은 을(乙)의 신세인 1차 협력업체를 쥐어짜고 을인 1차 납품회사는 다시 병(丙)의 입장인 2차 납품회사의 납품가를 깎아 그 손실을 만회하게 되는 악순환으로 연결되는 것이다. 이른바 상생이 아닌 상쟁(相爭)의 제로섬 게임이다.

이러한 상쟁을 상생 관계로 돌려놓기 위한 노력이 시급하다. 이를 위해서는 대-중소 기업 간의 갑-을 관계가 공정성, 합리성의 바탕 위에 구축되어야 한다. 공정성이란 앞서 예를 든 것처럼 중소기업의 기술 탈취행위가 근절되어야 한다. 합리적 관계를 위해서는 무엇보다 납품단가를 매년 3~5% 깎으라는 식으로 원가절감을 중소기업에 떠넘기는 관행이 바뀌어야 한다. 예를 들어 원자재 가격이 상승했으면 납품단가도 상승하는 것이 합리적이다. 그러나 조사에 따르면 2009년 1월부터 2010년 4월까지 원자재 가격은 18.8% 상승했지만 같은 기간 납품단가는 1.8% 상승에 그친 것으로 나타났다. 특히 원자재 가격 상승을 전혀 반영하지 못했다는 중

소기업이 44.2%나 차지한다.[25)]

대기업의 거래관행도 합리적으로 바뀌어야 한다. 미국 기업은 6개월 전에 구매 물량 예측치를 제공한다. 3개월 전에는 구매요구서도 보내 준다. 가령 5억 원에 5회 납품 계약을 한다. 여섯 번째부터는 4억 9000만 원으로 깎아서 납품해 달라고 미리 알려 준다. 비용절감을 하면서도 협력업체가 준비할 수 있도록 시간을 주는 것이다. 반면 한국에서는 대기업이 협력업체에 구매 물량에 대한 장기 예측치를 제공하지 않는다. 따라서 납품 중소기업은 설비 증설 판단을 하기 어렵다. 빨라야 구매요구서를 1개월 전에 제공하는데 납품을 위한 원자재 수급은 2개월 이상 걸린다. 중소기업은 눈치껏 원자재를 발주하지 않으면 납품 지연으로 대기업에 보상금을 물어야 한다.[26)] 국내 대기업은 5억 원에 1회 납품계약을 한다. 두 번째는 계약하지 않고 그냥 말로만 물건을 만들어 놓으라고 한다. 물건을 다 만들어 놓으면 '4억 5000만 원에 주려면 주고 싫으면 말라' 고 한다.[27)]

중소기업이 버텨 내기가 참으로 힘든 구조다. 일본도 사정은 크게 다르지 않다. 일본 중소기업이 500만 개인데 고령화와 대-중소 기업의 불공정거래 문제 등으로 폐업하는 기업이 1년에 7만 개씩이나 된다고 한다.[28)] 우리나라에서 중소기업은 사업체의 99%를 차지하며 일자리의 88%를 책임지고 있다. 우리 경제의 실핏줄 같은 중요한 존재인 것이다.[29)] 중소기업이 튼튼하고 힘 있게 뻗어 나가야 지속 가능한 국가발전이 이루어질 수 있음은 너무도 자명하다. 단기적인 제로섬 인식에서 탈피하여 모두가 한 배를 탄 공동운명체란 인식을 가지는 근본적인 패러다임 전환이 시급한 시점이다.

4) 기업상생과 성과공유제

한 여행자가 말과 당나귀에 짐을 싣고 길을 떠났다. 한참을 가다 기진맥진한 말은 당나귀에게 부탁했다. "지금 너무 힘이 드니 조금만 도와주게." 게으른 당나귀

> 는 콧방귀를 뀌었다. 지친 말은 얼마 가지 못하고 결국 쓰러져 죽고 말았다. 그러자 주인은 말의 짐은 물론 죽은 말의 털가죽까지 당나귀의 등에 실었다. 당나귀는 여행이 끝날 때까지 죽을 고생을 하였다.

이솝 우화의 한 대목이다. 대-중소 기업 간의 관계도 이와 마찬가지일 것이다. 다행히도 최근 들어 기업생태계 구성요소 중 하나인 협력업체와의 관계 개선이 속도를 더하고 있다. 한 예로 삼성전자와 LG전자의 1차 협력업체는 2차 협력업체에 대한 결제와 관련해 60일 이상 어음을 퇴출시키고 2013년부터는 100% 현금성 결제를 시행하기로 하였다. 이에 따라 중소기업 자금난과 경영 압박의 주된 원인으로 지적돼 온 어음이 전자산업 하도급 거래에서 대폭 줄어들 것으로 기대된다.[30] 현대차그룹도 '상생협력 프로그램'을 통해 2차 협력사에 대한 대금 지급조건을 개선하는 등 협력업체가 안정된 경영환경에서 품질과 기술개발에 힘쓸 수 있도록 지원한다고 한다.

한 걸음 더 나아가, 대기업이 협력업체의 아이디어로 부품 및 공정 개선이나 신기술 개발이 진행되어 원가를 절감했을 때 그 성과(이익)의 일부를 돌려주는 '성과공유제(benefit sharing)'를 시행하는 대기업이 점차 늘고 있다. 성과공유제는 1959년 일본 도요타에서 처음 도입한 뒤 많은 외국 기업이 시행 중이지만, 국내에서는 2004년 포스코를 시작으로 84개 기업(2010년 기준)이 시행하고 있다. 부품이나 공정을 개선하는 원가절감형에서부터 부품을 공동으로 개발하거나 차세대 제품을 공동개발하는 방식 등 다양하며 대기업은 납품단가를 조정해 주거나 신규사업에 우선권 부여 혹은 현금 배분 등의 방식으로 성과를 공유하고 있다.[31]

성과공유제를 변형한 초과이익 공유제 주장이 정재계에서 한때 논란이 된 적이 있었다. 초과이익 공유제란 '대기업이 연초에 설정한 이윤 목표를 초과하는 성과를 내면 그 일부를 협력업체에도 제공하는 것' 을 의미한다. 대기업이 초과이익의 일부를 내놓아 별도 기금을 만든 뒤 그것으로 협력업체의 기술개발이나 고용안정을 돕도록 하자는 구상이다. 찬성하는 측에서는 초과이익 공유제는 대기업과 중소기업이 상호 윈윈(win-win)하는 기반을 만드는 투자라고 주장한다. 결코 반시장적 혹은 사회주의적인 분배정책이 아니라는 것이다. "대기업이 자율적으로 협력업체의 미래지향적 투자에 초과이익의 일부를 사용하도록 유도하고, 정부가 해당 대기업에 인센티브를 부여하면 대기업의 경쟁력도 향상될 수 있고 우리 경제도 '건강한 시장경제'로 다시 태어날 수 있다."라는 주장이다.[32)]

그러나 반대 측의 입장은 차이를 보인다. 이익공유제는 노사관계에 적용되는 제도로서 아무런 노사관계가 없는 협력사에 이윤을 주는 건 현행 법제도에도 맞지 않고 세계 어느 나라에도 채택한 곳이 없는, 일종의 급진 좌파적 주장이라는 것이다. 다시 말해 이익공유제는 이윤분배(profit sharing)제로서 노사 간에 미리 정한 기준에 따라 기업이 종업원에게 임금 외에 추가급부를 이윤의 일부를 부여하는 제도라는 설명이다.[33)]

성과를 공유하든 이익을 공유하든, 이러한 논쟁은 이제 대-중소 기업 간의 동반성장이 기업경쟁력 확보의 필수적인 수단임을 깊이 인식하고 있음을 보여 준다. "앞으로 기업 간 경쟁은 한 기업의 생태계와 경쟁업체 생태계의 싸움이 될 것이다." 경영전문가 3인이 함께 쓴 저서 『좋은 기업을 넘어 위대한 기업으로』에서 강조하고 있는 말이다. 이와 때를 맞춰 지난 2010년 말에 발효된 기업의 사회적 책임(CSR)을 다루는 'ISO 26000'는 기업 이해관계자와의 상생을 국제표준으로 제시하고 있다. 이제 기업 간 상생을 포함한 기업의 사회책임은 글로벌 표준으로 등장하고 있다. 실제로 각종 지표는 기업의 사회책임지수가 높은 기업이 장기적인 사업성과도 높다는 사실을 반복적으로 제시해 주고 있다.

4. 사회책임투자와 윤리적 소비

기업의 사회책임을 강조하는 사회적 요구와 맞물려, 다른 한편에서는 기업에 투자하는 소비자의 사회책임, 기업의 제품을 구매하는 소비자의 윤리적 소비에 대한 관심도 점차 증가하고 있다. 이제 시민은 개인이 투자한 돈의 수익률만이 아니라 그 돈이 올바른 사업에 투자되고 있는지에 대해서도 관심을 갖기 시작했다. 뿐만 아니라 시민의 소비행위가 '가격대비 품질'을 따지는 합리적 소비유형에서 환경보호와 기업의 사회 가치를 따지는 '윤리적 소비'로 발전하고 있다.

1) '사회책임투자' 운동

내 돈이 카지노 사업에 투자되고 있다면 어떨까? 아니면 내가 펀드에 가입한 돈이, 또는 내 아이가 용돈과 세뱃돈을 모아 가입한 어린이 펀드가 고리대금업이나 혹은 섹스 산업에 투자되고 있다면 어떨까? 어디에 투자되든 그저 높은 수익만 가져다주면 되는 것인지, 아니면 내가 맡긴 돈이 사회적으로 책임 있고 윤리적으로 용납할 수 있는 곳에 투자되는지에 관심을 가져야 하는지에 대한 결정은 전적으로 투자자인 개인의 몫이다.

물질적인 소유(having)에만 관심이 있던 시대에는 사람들의 관심은 주로 수익률에 초점이 맞춰져 있었다. 그러나 사람들은 자신의 행위를 통해 사회 문제에 도움이 되거나 문제 해결에 기여할 수 있기를 점차 기대하기 시작했다. 기업 역시 소비자의 이러한 변화를 감지하고 있다. 소비자를 단순한 상품 구매의 대상이 아니라 완전한 인간 존재로 믿으며, 그들의 드러난 요구뿐 아니라 감춰진 바람까지 염두에 두어야 하는 시대가 되었음을 인식하고 있다.[34)]

사회책임투자(Socially Responsible Investment: SRI) 운동은 이러한 사회문화적인

변화와 맞물려 자연스레 태동하고 있는 시민운동이다. 사회책임투자란 투자 종목을 고를 때 재무성과뿐 아니라 환경과 사회에 대한 공헌을 비롯한 해당 기업의 다양한 사회적 성과를 비중 있게 고려하는 중장기적인 관점의 투자방식으로, 수익을 내고 돈을 버는 데서만 만족을 얻는 것이 아니라 돈도 벌고 좋은 세상도 만드는 데 일조하는 투자방식이다.[35] 다시 말해 SRI는 투자의 요소로 사회와 환경을 고려하는 것으로 기업의 재무 성과는 물론 인권, 환경, 노동, 지역사회 공헌도 등 다양한 사회적 성과를 잣대로 기업에 투자하는 금융 활동이다. 일명 '천사 펀드' 라고 불리고 있는 SRI는 투자를 통해 사회에 기여한다는 사명을 갖고 있으며 전 세계적으로 4000조 원 이상(2007년 기준)이 운용되고 있다. 개인 투자가로부터 시작되었으나 점차 연금 관련 종사자, 자선기금 운용자, 기업경영자에 이르기까지 점차 그 의미가 파급되고 있다.

사회책임투자는 자본주의 사회에서 기업의 힘과 역할이 통제할 수 없을 정도로 비대해졌다는 위기감에서 출발한다. 한 예로 전 세계 UN이 인정한 국가 243개국 중 독립 국가는 237개국이다. 2007년 UN 발표를 보면 세계 100대 경제주체 중에 국가가 아닌 기업이 32개이고, 일개 기업보다 경제력이 약한 국가가 169개나 된다. 다시 말해 32개 대기업이 169개 주권국가보다 경제규모와 국제적 영향력이 더 크다는 의미다.[36] 이제 기업은 정치는 물론 개인과 가정생활에까지 직간접적으로 큰 영향력을 행사하고 있다. 비윤리적 기업들은 성, 폭력, 생명과 같이 거래가 될 수 없는 것을 상품으로 생산하고 있고, 그런 상행위는 청소년을 타락시키며 환경과 사회에 악영향을 끼치고 있다. 이와 관련해 네슬레의 사례는 중요한 시사점을 제공한다.

1970년대 세계적 식품회사인 네슬레(Nestle)는 아프리카 시장공략의 한 전략으로 산모에게 샘플 분유를 무료로 공급했다. 모유를 먹이던 엄마들은 분유를 먹이는 것이 서구적이고 건강에도 좋다는 광고에 현혹되었다. 엄마들이 분유를 먹이면서 모유를 먹이지 않게 되자 그 사이 젖이 말라 버려 그다음부터는 모유를 먹이고 싶어도 먹일 수 없게 됐다. 그 결과 많은 엄마들은 비싼 분유에 의존할 수밖에 없었다. 그러나 분유에는 모유에 있는 항체도 없을뿐더러 비싸기도 해서 충분히 먹이지 못하는 경우가 많았다. 게다가 물에 분유를 적당한 비율로 섞어야 하지만 대부분이 문맹인 엄마들은 설명문을 이해하지 못해 아기의 영양결핍을 야기하였다. 더 치명적인 것은 식수 자체가 깨끗하지 못해 콜레라에 전염되는 등 수많은 아기가 죽어 갔다는 것이다. 항의가 빗발쳤지만 네슬레는 잘못을 인정하지 않았으며 결과적으로 네슬레 불매운동이 전 세계적으로 파급되었다.[37)]

1992년 브라질 리우데자네이루의 UN환경개발회의에서 채택된 리우선언(Rio Resolution)은 기업의 이러한 영향력을 인식하고 기업의 책임과 책임투자에 대한 선언을 국제적 표준으로 제시한 바 있다. 다시 말해 개인과 단체는 자신이 저축한 돈을 관리하는 금융기관이 그 돈을 인권과 환경보호와 같은 사회 가치를 고려하여 책임 있게 운용하고 있는지를 질문할 것을 요구해야 한다는 것이다.

2) 사회책임투자자로서의 시민

"우리는 사회 변화를 촉진시키기 위해 많은 돈을 기부할 수는 없지만, 변화를 위한 투자 혹은 사회적으로 책임 있는 투자(SRI)는 관심만 가지면 누구든지 할 수 있다." 사회책임투자 운동가인 오거스틴 랜디어Augustine Landier가 저서 『변화를 위한 투자Investment for Change』에서 촉구한 말이다.[38)] 랜디어는 '책임 있는 투자'가 되기 위해 다음과 같은 질문을 제기할 것을 제안한다.

- 투자를 통해 '자신의 삶의 가치를 표현하는 것'이 가능한가?
- 투자한 기업이 재정적이 아닌 사회적 가치표준에 적합한 기업인가? 그 기준이 주관적이지는 않은가?
- '책임 있는 투자'가 더 많은 재정적인 리스크를 부담하고 성과는 좋지 않은 것을 의미하는가?

• 사회책임투자가 그 기업의 사회책임을 위한 행동을 증진시키는가?

랜디어는 이러한 질문에 대한 답을 바탕으로 투자하는 사람들을 다음의 세 가지 부류로 구분한다.[39)]

첫째, 황색 투자자(yellow investor)다. 자신의 종교적 신념이나 가치관에 따라 투자하는 사람들이다. 이들은 비윤리적인 사업을 하는 기업의 주식이나 채권을 구매하거나 혹은 그런 주식이나 채권과 연계된 펀드에 가입하지 않는다. 비윤리적 기업을 투자대상에서 제외시키면 투자의 다변화에 제약이 생겨 투자대상 기업이 줄어들고 수익률이 낮아질 수 있지만 양심에 따라 이를 감수한다. 이들이 전형적인 사회책임투자를 하는 사람들이다. 소비에서뿐 아니라 자신의 자산을 운용함에 있어서도 양심에 따라 부도덕한 원천에서 생긴 수입을 거부하는 것이다.

둘째, 청색투자자(blue investor)다. 이들은 종교적 신념이나 자신의 가치관에 어긋나는 기업에 투자하기를 꺼린다. 그러나 황색투자자와는 달리 자신의 투자행위에 다른 사람이 동조할 것인지를 미리 생각한다. 예컨대 주주결의를 주장했을 때 동조세력이 얼마나 될 것인지, 그러한 행위가 기업에 영향을 미칠 수 있을 것인지를 판단한 다음에 영향을 미칠 수 있다는 확신이 드는 경우에만 투자를 한다. 판단의 기준은 그 기업이 변화할 수 있는지의 여부다. 물론 황색투자자도 비윤리적인 상품이나 서비스를 생산, 판매하는 기업이 아니라면 인권, 환경, 제품에 관심을 가지고 사회에 기여하려는 기업을 많이 만들기 위해서 청색투자자와 같이 행동을 할 수 있다.

셋째, 적색투자자(red investor)가 있다. 이들은 투자는 윤리와 아무런 상관이 없다고 믿는다. 수익만 높다면 어떤 기업에나 투자한다. 실제로 대부분의 사람이 의식을 하든 안 하든 이렇게 행동한다. 그러나 이들도 사회책임투자가 수익을 높일 수 있다고 판단을 하게 되면 황색이나 청색투자자의 행동에 동조를 한다.

최근 들어 선진국의 경우 인권이나 환경, 업종 자체의 윤리성을 따져 투자하는 사람들이 점차 늘어나고 있다. 또한 일부 논란이 있긴 하지만 수익 면에서도 사회책임투자가 일반 투자보다 낫다는 것이 입증되고 있다. 2009년 기준으로 선진국에서는 투자한 펀드의 11% 이상이 사회책임투자로 알려져 있다. 한 예로, 460억 달러가 넘는 자산을 운영하는 네덜란드의 연금기금 운영사 피지지엠의 간부인 알프레드 쿨Alfred Kool은 연금기금을 사회책임투자 원칙에 따라 운영하기로 방침을 결정했다고 발표했다. 그 이유로 "우리는 사회책임투자가 수익률을 높여 준다고 믿기 때문"이라고 말했다. 또한 아콘 윤리펀드를 운영하는 데릭 바틀릿Derek Bartlett은 "우리는 환경에 피해를 주는 기업에는 투자하지 않는다. 우리의 투자대상은 환경을 개선하는 노력을 기울이는 기업"이라고 말한다. 이 펀드의 수익률은 12개월 동안 19.3%를 기록했다.[40)]

3) 영성의 추구가 윤리적 소비로

사회책임투자에 대한 관심과 맞물려 '책임 있는 소비' 에 대한 관심도 크게 일고 있다. 과거에는 가격대비 품질을 따지던 소비자가 이제는 환경보호나 기업의 사회가치를 따지는 '윤리적 소비' 로 발전하고 있다. 커피 한 잔이 과거에는 가격과 맛으로 의미가 제한적이었다면 이제는 그 커피가 콜롬비아 커피재배 농부의 임금을 착취한 것인지의 여부에도 소비자는 시선을 돌리고 있는 것이다.

이러한 변화는 사회책임투자와 마찬가지로 사회문화적 변화에서 그 원인을 찾을 수 있다. 경제학자로 노벨상을 수상한 시카고 대학교 로버트 포겔Robert Fogel은 물질적 충족의 정상에 오른 오늘날의 사회는 갈수록 영적 원천을 추구할 수밖에 없다고 단언한다.[41)] 오래전에 심리분석가인 에리히 프롬Erich Fromm은 이러한 변화를 예견하였다. 그는 '소유' 의 사회는 자기중심적이고 물질적인 반면 '존재' 의 사회는 타인중심적이고 윤리적인 기준에 초점을 맞추는 사회라는 것이다.[42)] 프롬은 인간은 속성상 어느 정도 물질적 소유가 충족되면 근원적으로 물질을 넘어선 자신의 '존재' 의 의미를 추구하게 된다는 사실을 역설적으로 말하고 있다. 지난 세기 동안 사람들은 물질주의적인 '소유' 에 초점이 맞추어져 있었지만 이제 그 초점은 '의미' 를 찾고자 하는 욕구로 대체되고 있는 것이다. 이런 획기적인 변혁의 시대를 '초월성의 시대' 이며 '초월성에 대한 풀리지 않는 갈망' 의 시대로 표현하기도 한다.[43)]

이러한 초월성의 시대에 소비자는 자신의 '욕구' 를 충족시키는 제품과 서비스뿐 아니라 자신들이 소비하는 제품이 갖는 '의미' 에 대해서도 관심을 갖게 된다. 이러한 영적 관심으로 변화를 촉진시키는 것은 인터넷과 세계화다. 이제 소비자는 더 이상 고립된 개인이 아닌 서로 연결된 개인이고, 더 이상 정보를 모르면서 결정을 내리는 피동적 대상이 아닌 다양한 정보에 입각해 결정을 내리는 주도적 주체이며, 더 이상 수동적이 아닌 능동적으로 기업에 유용한 피드백을 제공하는 행위자가 되었다.[44)] 또한 세계화시대에 심각해지고 있는 지구온난화, 생태계 파괴, 빈부격차, 유전자 조작식품, 동물실험 등 생명을 위협하고 있는 문제를 자신의 소비행태와 연계시켜 고민하는 소비자가 점차 늘어나고 있다.

후주

1. 참조: 기업책임시민센터(2011. 2. 21.). 좋은 기업, 좋은 투자, 4호.
2. 브래들리 K. 구긴스, 필립 H. 머비스, 스티븐 A. 로크린(2008). 세계 최고 기업들의 기업시민활동(강주현 역). 서울: FKI미디어, p. 54.
3. 같은 책.
4. 같은 책.
5. Fisher, C., & Lovell, A. (2003). *Business ethics and values*. Harlow, UK: Pearson Education, p. 30.
6. 브래들리 구긴스 외(2008). 앞의 책, pp. 54-55.
7. 마르크 건서(2005). 위대한 기업을 넘어 영적기업으로(한혜진 외 역). 서울: 한언, p. 137.
8. 짐 콜린스(2005). 좋은 기업을 넘어 위대한 기업으로(이무열 역). 서울: 김영사.
9. 라젠드라 시소디어, 데이비드 울프, 잭디시 세스(2008). 위대한 기업을 넘어 사랑받는 기업으로(권영설 역). 서울: 럭스미디어, p. 16.

10. 같은 책, p. 38.
11. 같은 책, p. 71.
12. 폴 로버츠(2010). 식량의 종말(김선영 역). 서울: 민음사.
13. 필립 코틀러(2010). 마켓3.0: 모든 것을 바꾸어 놓을 새로운 시장의 도래(안진환 역). 서울: 타임비즈.
14. 같은 책, p. 21.
15. Martin, R. (2010). The age of customer capitalism. *Harvard Business Review, 88*(1), 58-65.
16. Friedman, M. (1970). The social responsibility of business is to increase its profits. *New York Times Magazine*, Sept. 13.
17. Carr, A. (1968). Is business bluffing ethical?. *Harvard Business Review*, *46*, 143-153.
18. 라젠드라 시소디어 외(2008). 앞의 책, p. 73.
19. 참조: 한국일보(2010. 11. 13.).
20. Daniel, F. (2010. 09. 29.). Head of Wal-Mart tells WFU audience of plans for growth over next 20 years. *Winston-Salem Journal.* http://www2.journalnow.com/news/2010/sep/29/head-of-wal-mart-tells-wfu-audience-of-plans-for-g-ar-425152/. Retrieved 2010-09-29.
21. 참조: 이하의 내용은 이관춘(2010). 도요타 위기는 조직문화의 위기. Financial Planning, 50에서 발췌함.
22. 신연수. 어느 벤처기업 사장의 경우. (2010. 7. 29.). 동아일보.
23. 대기업의 중기 기술탈취 엄벌 마땅하다. (2011. 3. 12.). 동아일보 사설.
24. 같은 글.
25. 김세종. 동반성장, 왜 중요한가? (2010. 11. 1.). 내일신문.
26. 이민화. 대 · 중기 상생지수가 필요한 이유. (2010. 8. 2.). 매일경제.
27. 신연수(2010. 7. 29.). 앞의 글.
28. 참조: 동아일보(2010. 8. 3.).
29. 참조: 동아일보(2010. 9. 9.).
30. 참조: 동아일보(2010. 12. 24.).
31. 참조: 한겨레신문(2011. 3. 4.).
32. 참조: 정운찬 주장. 동아일보(2011. 3. 3.).
33. 참조: 홍준표 주장. 동아일보(2011. 3. 3.).
34. 필립 코틀러(2010). 앞의 책.
35. 러셀 스팍스(2007). 사회책임투자 세계적 혁명(넷임팩트코리아 역). 서울: 홍성사.
36. 기업책임시민센터(2011. 2. 21.). 앞의 책.
37. 에이미 도미니(2004). 사회책임투자(구홍표 역). 서울: 필맥, p. 127.
38. Landier, A., & Nair, V. B. (2008). *Investing for change: Profit from responsible investment.*

New York: Oxford University Press.

39. 참조: 이하의 내용은 기업책임시민센터(2011. 2. 21.). 앞의 책.
40. 에이미 도미니(2004). 앞의 책, pp. 212-213.
41. Fogel, R. W. (2000). *The fourth awakening and the future of egalitarianism*. Chicago: University of Chicago Press.
42. Fromm, E. (1981). *To have or To be?*. New York: Bantam Books.
43. 라젠드라 시소디어 외(2008). 앞의 책, p. 23.
44. 필립 코틀러(2010). 앞의 책.

참고문헌

LG경제연구원(2005). 2010 대한민국 트렌드. 서울: 한국경제신문.

YMCA. (2007). 청소년 신용경제교육 프로그램 매뉴얼.

강대기(2004). 현대사회에서 공동체는 가능한가. 서울: 아카넷.

강신주(2011). 철학이 필요한 시간. 서울: 사계절.

개리 스몰, 지지 보건(2010). 아이브레인(조창연 역). 서울: 지와사랑.

고성원(2002). 지배구조의 성격변화와 사회운동에 관한 연구: 1987 · 1992 · 1997 대선과정 비교연구. 연세대학교 대학원 석사학위논문.

고승석(1992). 사회과 교육에 있어서 경제교육의 개선방향. 대구대학교 대학원 석사학위논문.

고승우(2007). 아동과 청소년에 대한 미디어 교육: TV와 인터넷을 중심으로. 서울: 형지사.

공병호(2005). 공병호의 10년 후 세계. 서울: 해냄.

교육부(2001). 고등학교 교육과정 해설(사회). 서울: 대한교과서 주식회사.

귄터 그라스 외(2009). 세계화 이후의 민주주의(이승협 역). 서울: 평사리.

기업책임시민센터(2011. 2. 21.). 좋은 기업, 좋은 투자, 4호.

김근영(2004). 청소년 경제교육의 현황과 과제. 서울: 삼성경제연구소.

김기태(2009). 미디어 교육의 이해와 활용. 서울: 한국콘텐츠진흥원.

김도경, 정명주, 차창훈, 지종화(2009). 다문화주의와 한국인의 국민정체성: 설문조사 결과를 중심으로. 국제문제연구, 9(1), 183-214.

김동률(2009). '월가 신자유주의' 첨병 미언론, 세계경제위기 사과해야. 서울: 동아일보사.

김민호(1999). 사회교육. 제주도교육청(편). 제주교육사. 제주: 제주도교육청.

김병주(2006). 대한민국 미국을 만나면. 서울: 조윤커뮤니케이션.

김복영(2002). 사회과 교육에서의 미디어 리터러시 교육. Social student Education, 41(4), 23-45.

김선구(1999). 공동체주의와 교육. 서울: 학지사.

김선미(2004). 민주시민교육에서 다문화 교육의 의미와 실천방향. 한국사회과교육연구학회 하계학술대회 발표자료.

김승옥, 이경옥(2007). 아동의 인터넷 게임중독 및 과몰입의 개념적 이해. 어린이미디어연구, 6(2), 63-83.

김신일(1996). 한국 민주시민교육의 평가와 전망. 한국민주시민교육학회보, 1, 76-90.

김신일(2009). 교육사회학. 서울: 교육과학사.

김아미(2008). 디지털환경에서의 미디어리터러시의 재 개념화. 한국방송학회 세미나 보고서.

김양명, 양승태, 신정현, 최봉영(1990). 민주화 시대의 시민윤리. 서울: 정신문화연구원.
김양은(2003). 미디어교육의 어제, 오늘 그리고 미래. 1차 미디어 교육 국내심포지엄 발표문. 한국언론학회.
김양은(2009). 디지털시대의 미디어리터러시. 서울: 커뮤니케이션북스.
김영래, 정형욱(편). (2008). 매니페스토와 정책선거. 서울: 논형.
김용신(2008). 한국사회의 다문화교육 지향과 실행전략. 사회과교육, 48(1), 13-25.
김용은(2006). 미디어 일기 개론. 살레지오 강의노트(미간행).
김원제(2008). 생태계 개념과 미디어산업의 지속성장 조건. 뉴미디어지식포럼 발표논문.
김원제(2009). 콘텐츠 실크로드 미디어 오디세이. 서울: 이담북스.
김이선 외(2007). 다민족 다문화사회로의 이행을 위한 정책패러다임 구축: 한국사회의 수용현실과 정책과제. 서울: 한국여성정책연구원.
김인영(2011). 2008년 촛불시위와 프레임 전쟁. 서울: 한국학술정보.
김정동(1999). 경제논리와 기업윤리. 세계경영과 윤리경쟁력. 기업윤리 심포지엄. 10월 29일. 대한상공회의소.
김종오 외(1999). 이야기로 풀어보는 21세기와 환경. 서울: 신광출판사.
김준헌(2005). 경제적 세계화와 경제정의. 미간행 교육자료집.
김필식 외(2003). 21세기 사회 속에서의 여성. 서울: 양서원.
김학수(2005). 한국 언론의 이해. 서울: 일진사.
김한원, 정진영(2006). 자유주의: 시장과 정치. 서울: 도서출판 부키.
김효선(2002). 인터넷 게임 중독이 아동의 충동성 및 공격성에 미치는 영향. 제주대학교 교육대학원 석사학위논문.
김희영(2002). 두 얼굴의 조국. 서울: 시대정신.
나순희(2003). 인터넷중독과 비행의 관계에 관한 연구. 숭실대학교 대학원 석사학위논문.
노르망 바야르종(2010). 촘스키처럼 생각하는 법(강주헌 역). 서울: 갈라파고스.
노명식(1993). 프랑스혁명에서 파리 코뮌까지: 1789~1871. 서울: 까치.
놈 촘스키, 에드워드 허먼(2006). 여론조작: 매스미디어의 정치경제학(정경옥 역). 서울: 에코리브르.
뉴턴코리아(2009). 인류가 직면한 최대의 과제, 지구 온난화. 서울: 뉴턴 사이언스.
대니얼 맥스(2008). 살인단백질 이야기(강병철 역). 서울: 김영사.
댄 길모어(2008). 우리가 미디어다(김승진 역). 서울: 이후.
데이비드 버킹엄(2004). 미디어교육, 학습, 리터러시, 그리고 현대문화(기선정, 김아미 역). 서울: 제이앤북스.
데이비드 제슬, 앤 무어(2009). 브레인 섹스: 일하는 뇌와 사랑하는 뇌의 남녀 차이(곽윤정 역). 서울: 북스넛.
도정일, 최재천(2005). 대담. 서울: 휴머니스트.
돈 탭스콧(2009). 디지털 네이티브(이진원 역). 서울: 비즈니스북스.
디트리히 슈바니츠(2001). 남자: 지구에서 가장 특이한 종족(인성기 역). 서울: 들녘.
라젠드라 시소디어, 데이비드 울프, 잭디시 세스(2008). 위대한 기업을 넘어 사랑받는 기업으로(권영설 역). 서울: 럭스미디어.
러셀 스팍스(2007). 사회책임투자 세계적 혁명(넷임팩트코리아 역) 서울: 홍성사.
로버트 아이작(2006). 세계화의 두 얼굴(강정민 역). 서울: 이른아침.
로버트 D. 퍼트넘(2009). 나 홀로 볼링: 사회적 커뮤니티의 붕괴와 소생(정승현 역). 서울: 페이퍼로드.
루안 브리젠딘(2010). 남자의 뇌, 남자의 발견(황혜숙 역). 서울: 리더스북.
르몽드 디플로마티크(2008). 르몽드 세계사: 우리가 해결해야 할 전지구적 이슈와 쟁점들(권지현 역). 서울: 휴머니스트.
리처드 세넷(2008). 뉴캐피털리즘(유병선 역). 서울: 위즈덤하우스.
리처드 플로리다(2010). 그레이트 리셋(김미주, 송희령 역). 서울: 비즈니스맵.
리하르트 다비트 프레히트(2008). 나는 누구인가(백종유 역). 서울: 21세기북스.
마거릿 미드(1998). 세 부족사회의 성과 기질(조한혜정 역). 서울: 이화여자대학교출판부.
마르크 건서(2005). 위대한 기업을 넘어 영적기업으로(현혜진, 최태경 역). 서울: 한언.
마셜 매클루언, 켕탱 피오레(2001). 미디어는 맛사지다(김진홍 역). 서울: 커뮤니케이션북스.
마이클 샌델(2010). 정의란 무엇인가(이창신 역). 서울: 김영사.
매슈 비숍, 마이클 그린(2010). 박애자본주의(안진환 역). 서울: 사월의책.
매슈 프레이저, 수미트라 두타(2010). 소셜 네트워크 e혁명(최경은 역). 서울: 행간.
맬컴 워터스(1998). 세계화란 무엇인가(이기철 역). 서울: 현대미학사.
메리 데일리(1996). 하나님 아버지를 넘어서(황혜숙 역). 서울: 이화여자대학교출판부.
모집 라티프(2008). 기후의 역습(이혜경 역). 서울: 현암사.
바바라 드 안젤리스(1991). 여자가 알아야 할 남자의 비밀, 남자가 알아야 할 여자의 비밀(이희우 역). 서울: 삼신각.
박동천(2005). 선거제도와 정치적 상상력. 서울: 책세상.
박범신(2005). 에세이집 '남자들, 쓸쓸하다' 서울: 푸른숲.
박세일(2009). 대한민국 선진화 전략. 서울: 21세기북스.
박영숙(2008). 새로운 미디어가 온다. 서울: 경향미디어.
박용현(2010. 5. 14.). 한 표의 상식. 한겨레 21, 810호, 8.
박인주(2010). 민주시민교육의 쟁점과 발전방향. 제4차 평생교육정책포럼. 사학연금회관 세미나실. 평생교육진흥원 주최.
박준영 외(2005). 정치학. 서울: 박영사.
박진환, 류혜숙(2009). 도덕과 교육에서 문학을 활용한 반편견 · 다문화 교육. 윤리교육연구, 20, 31-52.
배한동(2008). 민주시민교육론. 대구: 경북대학교출판부.
변용찬(2010). 결혼과 출산율. 서울: 보건사회연구원.
브래들리 K. 구긴스, 필립 H. 머비스, 스티븐 A. 로크린(2008). 세계 최고 기업들의 기업시민활동(강주현 역). 서울: FKI미디어.
빅터 C. 스트라스버거, 바바라 J. 윌슨(2006). 어린이, 청소년, 미디어(김유정, 조수정 역). 서울: 커뮤니케이션북스.
사사키 도시나오(2011). 신문, 텔레비전의 소멸(이연 역). 서울: 아카넷.
사카가미 노부오 외(2006). 현대사회와 정치교육. 서울: 중앙선거관리위원회 선거연수원.
사토 료(2007). 살아남는 회사(강을수 역). 서울: 페이퍼로드.
삼성경제연구소(2004. 12.). 청소년 경제교육의 현황과 과제. 이슈페이퍼.
삼성경제연구소(2010). 확산되는 소셜 미디어와 기업의 신소통 전략. CEO Information, 764호.
생명문화연구소(1993). 생명연구. 서울: 서강대학교출판부.
선미라(2006). 미디어 콘텐츠 이해에 필요한 청소년 미디어 교육의 기호학적 고찰. 언론과학연구, 6(2), 149-188.
선우영, 남상호(2001). 인간과 환경. 서울: 건국대학교출판부.
설운용(2008). 활동 지향 학습을 통한 고등학생의 선거와 정치참여. 한국교원대학교 교육대학원 석사학위논문.
손기화(2009). 슘페터 자본주의 사회주의 민주주의. 파주: 주니어김영사.

송대영(1990). NIE를 활용한 초등 경제교육의 효과 분석. 사회생활교육. 서울: 한국방송통신대학교.
송병락(1989). 마음의 경제학. 서울: 박영사.
송재룡(2001). 포스트 모던 시대와 공동체주의. 서울: 철학과현실사.
수전 조지(2008). 폭압적 신자유주의 세계화에 대한 실천적 제안서(정성훈 역). 서울: 산지니.
스가야 아키코(2001). 미디어 리터러시: 미국, 영국, 캐나다의 새로운 미디어 교육 현장보고(안해룡, 안미라 역). 서울: 커뮤니케이션북스.
시몬 드 보부아르(1993). 제 2의 성(조홍식 역). 서울: 을유문화사.
시바타 아키오(2010). 자원전쟁(정정호 역). 서울: 이레미디어.
신순재 외(2010). 지구살림 그림책. 서울: 창비.
신현국(1999). 시민을 위한 환경이야기. 서울: 도서출판 행법사.
심성보(2004). 현대사회의 위기와 공동체주의 사상. 서울: 교육사상.
아모스 H. 홀리(1995). 인간생태학(홍동식 외 역). 서울: 일지사.
안명규(2007). 선거에 있어 미디어의 사회 교육적 기능. 지역사회, 57, 41-51.
안정임(2002). 디지털 커뮤니케이션과 미디어 리터러시: 의미와 연구방향의 모색. 교육정보방송연구, 8(3), 5-24.
안정임(2006). 디지털격차와 디지털리터러시: 수용자 복지 정책적 함의. 한국언론정보학보, 36, 78-108.
알리스 슈바르처(2008). 사랑받지 않을 용기(모명숙 역). 서울: 미래인.
앤 무어, 데이비드 제슬(2009). 브레인 섹스: 일하는 뇌와 사랑하는 뇌의 남녀차이(곽윤정 역). 서울: 북스넛.
앤드루 킨(2010). 구글, 유튜브, 위키피디아, 인터넷 원숭이들의 세상(박행웅 역). 서울: 한울.
앤서니 기든스(2003). 현대 사회학(김미숙 외 역). 서울: 을유문화사.
앤서니 기든스(2010). 기후변화의 정치학(홍욱희 역). 서울: 에코리브르.
앨빈 토플러(2006). 부의 미래(김중웅 역). 서울: 청림출판.
양돈규(2000). 청소년의 감각추구성향과 인터넷중독 경향 및 인터넷관련 비행간의 상관성. 청소년학연구, 7(2), 117-136.
양미선(2007). NIE를 활용한 초등 경제교육의 효과 분석. 전주교육대학교 대학원 석사학위논문.
에이미 도미니(2004). 사회책임투자(구홍표 역). 서울: 필맥.
엘리노 오스트롬(2010). 공유의 비극을 넘어(윤홍로, 안도경 역). 서울: 랜덤하우스.
엘리자베트 바뎅테(1993). XY: 남성의 본질에 대하여(최석 역). 서울: 민맥.
예병일 외(2001). 아이패드 혁명. 서울: 도서출판예인.
오경석(2007). 어떤 다문화주의인가?: 다문화사회 논의에 관한 비판적 조망. 한국에서의 다문화주의: 현실과 쟁점. (사)국경 없는 마을 학술토론회 자료집.
오경석(2007). 한국에서의 다문화주의: 현실과 쟁점. 서울: 한울아카데미.
오마에 겐이치(1996). 국가의 종말(박길부 역). 서울: 한언.
오호성(1998). 환경경제학. 서울: 법문사.
월드워치연구소(2010). 소비의 대전환(오수길 외 역). 서울: 환경재단 도요새.
월터 미뇰로(2010). 라틴아메리카, 만들어진 대륙(김은중 역). 서울: 그린비.
웨인 엘우드(2007). 자본의 세계화, 어떻게 헤쳐 나갈까(추선영 역). 서울: 녹색평론사.
윌리엄 글래서(1998). 현실치료. 서울: 도서출판 원미사.
움베르토 에코(2008). 로아나 여왕의 신비한 불꽃(이세욱 역). 파주: 열린책들.
유네스코 아태국제이해교육원(2007). 다문화사회의 이해: 다문화교육의 현실과 전망. 서울: 동녘.

유명철(2007). 민주시민교육론. 파주: 교육과학사.

유승우(2005). 사회에서의 시민교육: 교육의 과정 되돌아보기. 호남대학교 인문사회과학연구, 12, 85-118.

유시민(2004). 유시민의 경제학카페. 서울: 돌베개.

유영만(1999). 정보화와 성인학습의 생활화: 사이버 성인학습의 일상화와 전략. 한국성인교육학회 가을학술대회 자료집.

유학수(2007). 청소년의 경제교육을 통한 경제의식 제고 방안. 교정복지연구, 8, 47-69.

윤여각, 이희수, 양병찬(2008). 지역사회교육론. 서울: 한국방송통신대학교출판부.

윤진, 곽금주(1991). 대중매체의 폭력성이 청소년에게 미치는 영향. 형사정책연구, 6, 53-94.

이강국(2005). 다보스, 포르투 알레그레 그리고 서울. 서울: 후마니타스.

이관춘 외(2009). 배움학, 각취의 향연. 서울: 학지사.

이관춘(2006). 직업은 직업이고 윤리는 윤리인가(2판). 서울: 학지사.

이관춘(2009a). 기업의 위기극복을 위한 윤리경영전략. 서울: 학지사.

이관춘(2009b). 배움의 존재론적 의미. 배움학 연구, 1(1), 17-30.

이관춘(2009c). 빗나간 탐욕이 위기 부른다. Financial Planning, 47, 26-29.

이관춘(2010a). 도요타 위기는 조직문화의 위기. Financial Planning, 50, 26-27.

이관춘(2010b). 소외계층의 학습 소외와 욕구기반 평생학습전략. 한국성인교육학회 가을학술대회 주제발표논문. 11월 20일. 연세대학교.

이관춘(2011). 이충성의 결승골과 전관예우. Financial Planning, 55, 20-21.

이극찬(2004). 정치학(제6전정판). 서울: 법문사.

이남석(2005). 참여하는 시민, 즐거운 정치. 서울: 책세상.

이덕규(1995). 한국사회의 변화와 청소년 정치교육의 방향모색. 한국청소년연구, 23, 14-28.

이동원, 정갑영 외(2009). 제3의 자본. 서울: 삼성경제연구소.

이동훈, 삼성경제연구소(2010). 확산되는 소셜 미디어와 기업의 新소통 전략. 서울: 삼성경제연구소.

이은진, 오성숙(2009). 다문화교육에 대한 유아교육기관 학부모의 인식. 생태유아교육연구, 8(2), 59-79.

이인성(2009). 21세기 세계화 체제의 이해. 서울: 아카넷.

이종수(2004). 지방정부이론. 서울: 박영사.

이준구(2009). 36.5도의 인간의 경제학. 서울: 랜덤하우스.

이칭찬(2002). 한국 청소년의 인터넷 중독증 해결방안에 관한 연구. 정보통신학술 연구과제 자유종합 01-0.

이해주(1996). 사회교육 참여와 민주 시민성의 관련성에 관한 연구. 서울대학교 대학원 박사학위논문.

임진숙(2008). 다문화가정 어머니의 양육태도와 유아의 언어능력 및 사회적 능력의 관계 연구. 전남대학교 대학원 석사학위논문.

임해정(2001). 경제학 원론. 서울: 형설출판사.

장원순(2006). 우리 안의 차별과 배제, 일상적 삶에서의 다문화교육 접근법. 사회과학교육연구, 13(3), 27-46.

장하준(2007). 나쁜 사마리아인들(이순희 역) 서울: 부키.

장하준(2010). 그들이 말하지 않는 23가지(김희정, 안세민 역). 서울: 부키.

재닌 베니어스(2010). 생체모방, 자연에서 영감을 얻는 혁신(최돈찬, 이명희 역). 서울: 시스테마.

전광석(2007). 한국헌법론(제4판). 서울: 법문사.

정세구 외(2002). 공동체주의 교육. 서울: 교육과학사.

정완진, 김양하, 이석근, 민승기(2008). 1인 미디어의 힘. 서울: 매경출판.

정현선(2006). '언어 · 문화 · 소통 기술' 의 관점에서 본 미디어 리터러시의 고찰. 한국학연구, 25, 71-101.
정현선(2007). 미디어교육과 비판적 리터러시. 서울: 커뮤니케이션북스.
제니스 릴스 엘리히 외(2002). 자꾸만 똑똑해지는 여자 자꾸만 바보가 되어가는 여자(노진선 역). 서울: 명진.
제러미 리프킨(2010). 공감의 시대(이경남 역). 서울: 민음사.
제러미 시브룩(2007). 세계의 빈곤, 누구의 책임인가(황성원 역). 서울: 이후.
제임스 뱅스(2008). 다문화교육입문(모경환 외 역). 서울: 아카데미프레스.
조너선 색스(2010). 사회의 재창조(서대경 역). 서울: 말글빛냄.
조상현, 김현(2011). 소통혁명. 서울: 황금사자.
조윤경(2006). 새로운 문화 새로운 상상력. 서울: 이화여자대학교출판부.
조은수, 신순재 외(2010). 지구살림 그림책. 서울: 창비.
조지 애커로프, 로버트 실러(2009). 야성적 충동(김태훈 역). 서울: 랜덤하우스.
조지프 스티글리츠(2008). 인간의 얼굴을 한 세계화(홍민경 역). 서울: 21세기북스.
조한혜정(2002). 남성성 및 여성성에 대한 비교문화적 연구: 인류학교재를 위한 원고. http://chohanlab.net/board/view.asp?idx=101&schWhat=&schStr=&Page=5.
조형(2007). 여성주의 시티즌십의 모색. 서울: 이화여자대학교출판부.
존 그레이(1993). 화성에서 온 남자, 금성에서 온 여자(김경숙 역). 서울: 친구.
존 롤스(1985). 사회정의론(황경식 역). 서울: 서광사.
주성수 외(2008). 아래로부터의 시민사회. 서울: 창비.
진관훈(2004). 국제자유도시의 경제학. 서울: 각.
짐 콜린스(2005). 좋은 기업을 넘어 위대한 기업으로(이무열 역). 서울: 김영사.
천순천(2005). 청일전쟁(조양욱 역). 서울: 우석.
최무영 외(2011). 서울대 명품강의. 서울: 글항아리.
최민재(2006). 한국의 미디어 교육 현황. 서울: 한국언론재단.
최영묵(2006). 방송뉴스와 드라마세계. 살레지오강의노트(미간행).
최운도(2009. 5.). 영토문제와 시민교육. 중앙선거관리위원회 선거연수원 민주시민교육 웹진, 전문가칼럼. http://civilzine.or.kr/200702/search.jsp?mode=search.
최이정(2006). 미디어폭력. 서울: 한국학술정보(주).
최정규(2009). 이타적 인간의 출현. 서울: 뿌리와이파리.
최향섭(2007). 정보사회의 신뢰와 사회적 자본. 서울: 정보통신연구원.
캐럴 타브리스(1999). 남성과 여성 같지도 다르지도 않은 이유(히스테리아 역). 서울: 또 하나의 문화.
캐스 선스타인(2009). 루머: 인터넷시대에 던지는 신문명비판(이기동 역). 서울: 프리뷰.
크리스틴 베넷(2010). 다문화교육: 이론과 실제(김옥순 외 역). 서울: 학지사.
클레이 서키(2008). 끌리고 쏠리고 들끓다(송연석 역). 서울: 갤리온.
토머스 페인(2004). 상식 인권(박홍규 역). 서울: 필맥.
토머스 프리드먼(2009). 렉서스와 올리브나무(장경덕 역). 서울: 21세기북스.
통일부 통일교육원(편). (2009). 통일문제 이해. 서울: 통일부 통일교육원.
페터 가이스, 기욤 르 캥트렉(2008). 독일 · 프랑스 공동 역사교과서: 1945년 이후 유럽과 세계(김승렬 외 역). 서울: 휴머니스트.
폴 로버츠(2010). 식량의 종말(김선영 역). 서울: 민음사.

폴 크루그먼(2008). 미래를 말하다(예상한 외 역). 서울: 현대경제연구원 BOOKS.
폴 테일러(1985). 윤리학의 기본원리(김영진 역). 서울: 서광사.
프랜시스 후쿠야마(1996). 트러스트: 사회도덕과 번영의 창조(구승회 역). 서울: 한국경제신문사.
피터 싱어(1997). 이렇게 살아가도 괜찮은가(정연교 역). 서울: 세종서적.
피터 우벨(2009). 욕망의 경제학(김태훈 역). 서울: 김영사.
필리스 체슬러(2009). 여자의 적은 여자다(정명진 역). 서울: 부글북스.
필립 코틀러(2010). 마켓 3.0: 모든 것을 바꾸어 놓을 새로운 시장의 도래(안진환 역). 서울: 타임비즈.
하비 맨스필드(2010). 남자다움에 관하여(이광조 역). 서울: 이후.
한경동(2006). 학교 밖 경제교육 프로그램의 현황및 시사점. 경제교육연구, 13(1), 181-203.
한국교육개발원(편). (1994). 민주시민교육. 서울: 대한교과서주식회사.
한국보건사회연구원 저출산고령사회연구센터(2009). 다문화가족의 증가가 인구의 양적, 질적 수준에 미치는 영향. 서울: 한국보건사회연구원.
한국사회경제학회(2006). 경제교과서 살리기. 서울: 필맥.
한국산업사회학회(2004). 사회학. 서울: 한울.
한국인터넷진흥원(2010). 2010년 인터넷이용실태조사. 서울: 한국인터넷진흥원.
한국정보화진흥원(2010). 디지털 혁명의 미래와 정부서비스 전략(IT & Future Strategy, 11호). 서울: NIA한국정보화진흥원.
한국청소년정책연구원(2009). 다문화가정 자녀의 학교생활 실태와 교사 학생의 수용성 연구. 서울: 한국청소년정책연구원.
한국콘텐츠진흥원(2010). 2010 대한민국 게임백서. 서울: 한국콘텐츠진흥원.
한미영, 이형실(2006). 자아존중감, 부모관계, 친구관계가 청소년의 인터넷 중독에 미치는 영향. 한국가정과교육학회지, 18(4), 55-65.
한숭희(2003). 민주시민교육 현황 및 활동가 인식조사. 민주시민교육포럼(지금, 시민운동에는 어떤 시민교육이 필요한가?) 시민교육 미래 만들기 워크숍 자료집.
한스 요나스(2010). 책임의 원칙: 기술시대의 생태학적 윤리(이진우 역). 서울: 서광사.
한준상(1999). 호모 에루디티오. 서울: 학지사.
한준상(2007). 학습학. 서울: 학지사.
해럴드 엔트휘슬(1993). 민주주의와 정치교육(이해성 역). 대전: 목원대학교출판부.
허영식(2003). 현대사회의 변동과 시민교육. 서울: 원미사.
허영식(2006). 현대사회의 시민교육: 이론과 실제. 서울: 원미사.
허영식, 신두철(2008). 민주시민교육의 정석. 서울: 도서출판 오름.
헬렌 피셔(1999). 제1의 성(정명진 역). 서울: 생각의 나무.
홍선욱, 심원준(2010). 바다로 간 플라스틱. 서울: 지성사.
황경식(2006). 자유주의는 진화하는가. 서울: 철학과현실사.
황정미 외(2007). 한국사회의 다민족 · 다문화의 지향성에 대한 조사연구. 서울: 한국여성정책연구원.

Ackerman, B. (1988). Neo-federalism?. In J. Elster & R. Slagstad (Eds.), *Constitutionalism and democracy*. Cambridge, MA: Cambridge University Press.
Alan, C. C., John, C. C., Peter, M., Hans, J. M., & David, E. S. (Eds.). (1999). *Citizenship, diversity, and*

pluralism: Canadian and comparative perspectives. Montreal: McGill-Queen's University Press.

Allan, E. (1997). *Creating citizens*. Oxford: Oxford University Press.

Allport, G. W. (1955). *Becoming: Basic considerations for a psychology of personality*. New Haven, CT: Yale University Press.

Bader, V. (1995). Citizenship and exclusion: Radical democracy, community, and justice. Or, What is wrong with communitarianism?. *Political Theory, 23*(2), 211-246.

Ball-Rokeach, S. J., & DeFleur, M. L. (1976). A dependency model or mass-media effects. *Communication Research, 3*(1), 3-21.

Banks, J., & Banks, C. (Eds.). (2001). *Handbook of research on multicultural education*. San Francisco, CA: Jossey-Bass.

Barry, B. (2001). *Culture and equality: An egalitarian critique of multiculturalism*. Cambridge, MA: Harvard University Press.

Boggs, C. (2000). *The end of politics*. New York: The Guiford Press.

Brown, J. S. (2000). Growing up digital: How the web changes work, education, and the way people learn. *Change, 32*(2), 11-20.

Buckingham, D. (1998). Media education in the UK: Moving beyond protectionism. *Journal of Communication, 48*(1), 33-43.

Burstein, P. (1994). *Equal employment opportunity: Labor market discrimination and public policy*. Edison, NJ: Aldine Transaction.

Cairns, A. (2000). *Citizens plus: Aboriginal peoples and the Canadian State*. Vancouver: UBC Press.

Cairns, A. C., Courtney, J. C., MacKinnon, P., Michelmann, H. J., & Smith, D. E. (Eds.). (1999). *Citizenship, diversity, and pluralism: Canadian and comparative perspectives* (pp. 137-162). Montreal & Kingston: McGill-Queen's University Press.

Carens, J. H. (1987). Aliens and citizens: The case for open borders, *The Review of Politics, 49*(2), 252-273.

Carens, J. H. (2000). *Culture, citizenship, and community: A contextual exploration of justice as evenhandedness*. Oxford: Oxford University Press.

Carr, A. (1968). Is business bluffing ethical? *Harvard Business Review, 46*, 143-153.

Cohen, J. (1999). Changing paradigms of citizenship and the exclusiveness of the demos. *International Sociology, 14*(3), 245-268.

Coleman, J. L., & Harding, S. K. (1995). Citizenship, the demands of justice, and the moral relevance of political borders. In W. F. Schwartz (Ed.), *Justice in Immigration* (pp. 18-60). Cambridge, MA: Cambridge University Press.

Constant, B. (1988). The liberty of the ancients compared with that of the moderns. In B. Fontana (Ed. & Trans.), *Political writings*. Cambridge and New York: Cambridge University Press.

Cotter, D., Hermsen, J., & Vanneman, R. (2000). *The American people census 2000: Gender inequality at work*. New York: Russell Sage Foundation.

Cotter, D., Hermsen, J., Ovadia, S., & Vanneman, R. (2001). *Social forces: The glass ceiling effect*. Chapel Hill, NC: University of North Carolina Press.

Daniel, F. (2010). Head of Wal-Mart tells WFU audience of plans for growth over next 20 years. *Winston-Salem Journal*. http://www2.journalnow.com/news/2010/sep/29/head-of-wal-mart-tells-wfu-audience-of-plans-for-g-ar-425152/. Retrieved 2010-09-29.

DeFleur M., & Ball-Rokeach, S. (1975). *Theories of mass communication* (3rd ed.). New York: David McKay Company.

Derek, H. (2004). *A brief history of citizenship*. New York: New York University Press.

Dietz, M. G. (1998). Context is all: Feminism and theories of citizenship. In A. Phillips (Ed.), *Feminism and politics* (pp. 378-400). Oxford and New York: Oxford University Press.

Eisenberg, A., & Spinner-Halev, J. (Eds.). (2005). *Minorities within minorities: Equality, rights, and diversity*. Cambridge, MA: Cambridge University Press.

Entman, R. M. (1991). Framing U.S. coverage of international news: Contrasts in narratives of the KAL and Iran air incidents. *Journal of Communication, 41*(4), 6-27.

Fisher, C., & Lovell, A. (2003). *Business ethics and values*. Harlow, UK: Pearson Education.

Fogel, R. W. (2000). *The fourth awakening and the future of egalitarianism*. Chicago: University of Chicago Press.

Forsythe, R., Horowitz, J., Savin, N. E., & Sefton, M. (1994). Fairness in simple bargaining experiments. *Games and Economic Behavior, 6*, 347-369.

Francis, B., & Skelton, C. (Eds.), *Investigating gender: Contemporary perspectives in education*. Buckingham: Open University press.

Frankle. V. E. (1984). *Man's search for meaning*. New York: Washington Square Press.

Friedman, M. (1970). The social responsibility of business is to increase its profits. *New York Times Magazine, Sept. 13*.

Fromm, E. (1981). *To have or To be?*. New York: Bantam Books.

Furnham, A. (1990). *The Protestant work ethic: The psychology of work-related beliefs and behaviours*. London: Routledge.

Galston, W. A. (1995). Liberal virtues and the formation of civic character. In M. A. Glendon & D. Blankenhorn (Eds.), *Seedbeds of virtue: Sources of competence, character, and citizenship in American society*. Lanham, MD: Rowman & Littlefield.

Garrett, G. (2003). History of Ancient Rome, "Lecture 38: Roman Slavery" [CD Lecture series].

Gibson, M. A. (1984). Approaches to multicultural education in the United States: Some concepts and assumptions. *Anthropology and Education, 15*, 94-120.

Giddens, A. (1982). *Profiles and critiques in social theory*. London: Macmillan.

Güth, W., Schmittberger, R., & Schwarze, B. (1982). An experimental analysis of ultimatum bargaining. *Journal of Economic Behavior and Organization, 3*(4), 367-388.

Gutmann, A. (1999). *Democratic education*. Princeton, NJ: Princeton University Press.

Habermas, J. (1996). *Between facts and norms: Contributions to a discourse theory of law and democracy* (W. Rehg Trans.). Cambridge, MA: MIT Press.

Hausmann, R., Laura D., & Zahidi, T. S. (2009). *The global gender gap report 2009*. World Economic Forum Geneva, Switzerland.

Heater, D. (1990). Citizenship: The civic ideal in world history. *Politics and education.* London: Longman.

Heater, D. (2004). *A brief history of citizenship.* New York: New York University Press.

Hurst, C. E. (2007). *Social inequality* (6th ed.). Boston: Pearson Education.

Jacobs, J. (1995). *Gender inequality at work.* Thousand Oaks, CA: Sage Publications.

Johnston, R. (1999). Adult learning for citizenship: Towards a reconstruction of the social purpose tradition. *International Journal of Lifelong Education, 18*(3), 175-190.

Kidd, J. R. (1973). *Relentless venity: Education for being-becoming-belonging.* Syracuse, NY: Syracuse University Press.

Klusmeyer, D. B. (1996). *Between consent and descent: Conceptions of democratic citizenship.* Washington, DC: Carnegie Endowment for International Peace.

Kymlicka, W. (1995). *Multicultural citizenship.* Oxford: Oxford University Press.

Landier, A., & Nair, V. B. (2008). *Investing for change: Profit from responsible investment.* New York: Oxford University Press.

Lee, K. C. (1991). The problem of the appropriateness of the Rokeach Value Survey in Korea. *International Journal of Psychology, 26*(3), 299-310.

Mandeville, B. (1962). *The fable of the beers or private vices.* New York: Capricorn books.

Marshall, T. H. (1950). *Citizenship and social class and other essays.* Cambridge, MA: Cambridge University Press.

Martin, R. (2010). The age of customer capitalism. *Harvard Business Review, 88*(1), 58-65.

Massey, D. (2007). *Categorically unequal: The American stratification system.* New York: Russell Sage Foundation.

Mastman, L. (1985). *Teaching the media.* London: Comeda.

McLuhan, M. R. (1964). *Understanding media: The extensions of man.* New York: McGraw Hill.

Miller, D. (2000). *Citizenship and national identity.* Cambridge, MA: Polity Press.

Miller, K. (2005). *Communication theories: Perspectives, processes, and contexts* (2nd ed.). New York: McGraw-Hill.

Mouffe, C. (1995). Citizenship. In S. M. Lipset (Ed.), *Enclyclopedia of democracy*, Vol. 1. Washington, DC: Congressional Quarterly.

OECD. (2008). *OECD Environmental outlook to 2030.* Summary in English. OECD.

OECD. (2010). Interim Report of the Green Growth Strategy: Implementing our commitment for a sustainable future. Meeting of the OECD Council at Ministerial Level 27-28 May 2010.

Okin, S. M. (1992). Women, equality, and citizenship, *Queen's Quarterly, 99*(1), 57-72.

Parekh, B. (2000). *Rethinking multiculturalism: Cultural diversity and political theory.* Cambridge, MA: Harvard University Press.

Pateman, C. (1989). *The disorder of women: Democracy, feminism and political theory.* Cambridge, MA: Polity Press.

Patrick, J. J. (1998. 8). The concept of citizenship in education for democracy. ERIC Digests. http://www.ericdigests.org/2000-1/democracy.html.

Pocock, J. (1995). The ideal of citizenship since classical times. In R. Beiner (Ed.), *Theorizing citizenship*. Albany, NY: State University of New York Press.

Qualman, E. (2009). *Socialnomics: How social media transforms the way we live and do business*. New York: Wiley.

Rawls, J. (1972). *A theory of justice*. Oxford: Oxford University Press.

Reich, R. (1991). *The works of nations: Preparing ourselves for 21st century capitalism*. New York: Alfred A. Knopf.

Sandel, M. (1982). *Liberalism and the limits of justice*. Cambridge, MA: Cambridge University Press.

Sartre, J. P. (1955). *No exit* (S. Gilbert Trans.). New York: Vintage.

Shklar, J. N. (1991). *American citizenship: The quest for inclusion*. Cambridge, MA: Harvard University Press.

Smith, A. (1976). *The theory of moral sentiments*. London: Oxford University Press.

Snell, R. (1993). *Developing skills for ethical management*. London: Chapman & Hall.

Soysal, Y. N. (1994). *Limits of citizenship: Migrants and postnational membership in Europe*. Chicago and London: University of Chicago Press.

Spinner, J. (1994). *The Boundaries of citizenship: Race, ethnicity, and nationality in the liberal state*. Baltimore and London: John Hopkins University Press.

Suler, J. (1999). Computer and cyberspace addiction. The Psychology of Cyberspace. http://www.rider.edu/users/suler/psycyber/cybaddict.html.

The World Commission on Environment and Development[WED]. (1987). *Our common future*. Oxford: Oxford University Press.

Thurow, L. C. (1997). *The future of capitalism: How today's economic forces shape tomorrow's world*. New York: Penguin Books.

Tu, W. M. (1984). *Confucian ethics today: The Singapore challenge*. Singapore: Federal Publications.

Tversky, A., & Kahneman, D. (1981). The framing of decisions and the psychology of choice. *Science, 211*(4481), 453-458.

Velasquez, M. G. (2006). *Business ethics: Concepts and cases* (6th ed.). Upper Saddle River, NJ: Pearson Prentice Hall.

Walzer, M. (1983). *Spheres of justice: A defense of pluralism and equality*. New York: Basic Books.

Walzer, M. (1989). Citizenship. In T. Ball, J. Farr, & R. L. Hanson (Eds.), *Political innovation and conceptual change*. Cambridge: Cambridge University Press.

Weber, M. (1968). *The protestant ethic and the spirit of capitalism*. London: Unwin University Books.

Widyanto, L., & McMurran, M. (2004). The psychometric properties of the internet addiction test. *CyberPsychology & Behavior*, 7(4), 443-450.

Young, K. (1996). The relationship between depression and pathological internet use. Paper presented at the annual meeting of the American Psychological Society, Washington, DC.

Young, K. (1998). *Caugh in the net*. New York: John Wiley & Sons.

Young, K. (1999). Cyber-disorder: The mental health concern for the new millennium, Paper presented at 107th APA Convention, August 20.

찾아보기

≪인명≫

강승훈 164
강천석 251
고승석 258
김대진 178
김덕현 261
김복영 337
김선미 376
김양은 313, 327-329
김정동 274

도정일 144

문용린 200

박범신 150
박세일 237, 238

송기정 306

안동현 173
안정임 326
오경석 373
오성숙 376
운효원 401
윤순진 446
윤영철 305
이강국 387, 390, 400
이병철 261
이상석 28
이은진 376
이준구 282, 283

장하준 393, 400, 403, 410, 411, 419
정주영 261
정현선 335
조한혜정 143
진관훈 413

최영묵 333, 334
최재천 144

한건수 372
한경구 370
한승희 74, 79
한준상 42
허영식 258
홍성민 238
황경식 237

金本貴幸 413, 414
香田證生 252
佐佐木俊尚 33, 295-297
佐藤良 217
柴田明未 433, 450
渡邊正裕 479

Akerlof, G. 261
Alexander 55
Allen, R. 333
Allport, G. W. 20
Ang, I. 365
Antoinette, M. 59
Aristoteles 4, 24, 53, 67, 74, 86, 108, 279
Aurelius, M. 54
Avery, D. 441

Baillargeon, N. 331
Ball-Rokeach, S. 291, 292
Bandura, A. 309, 310
Banks, J. 375
Barthes, R. 42
Bartlett, D. 489
Barudio, G. 458
Bauman, Z. 194
Bawden, D. 326
Beck, H. 283
Beck, U. 194
Bennett, C. 376, 379
Bentham, J. 272
Benyus, J. 428
Bhabha, H. 362
Bishop, M. 249
Block, J. 173
Boggs, C. 465
Borel, É. 169
Bourdieu, P. 242
Brafman, R. 283
Breton, P. 304
Brizendine, L. 147-149
Broad, E. 250
Brown, J. S. 326
Buckingham, D. 311, 325
Buddenbaum, J. 311
Buffett, W. E. 249, 263, 282, 477
Bush, G. W. 97, 298

Cameron, J. 398
Camus, A. 4
Caracalla 55
Carnegie, A. 249
Carr, A. 475

Carter, J. 319
Chandes, E. 337
Chomsky, A. N. 32, 318-321
Cicero, M. T. 67
Clinton, B. 226
Clinton, H. 477
Coleman, D. 131
Coleman, J. 242
Collins, J. 471
Constant, B. 25, 69

Daly, M. 137, 138
Darendorf, R. 51
Davison, E. W. 92
de Beauvoir, S. 139, 140, 142, 145
DeFleur, M. 291, 292
Dertouzos, M. 228
Dilthey, W. 333
Drucker, P. 421, 465
Dukakis, M. 351
Durkheim, É. 389
Dutta, S. 303, 306

Earls, M. 283
Easton, D. 108
Eco, U. 288
Einstein, A. 281
Elwood, W. 415
Entman, R. 317
Epikouros 219
Epiktētos 22
Erikson, E. 472

Fiore, Q. 32, 344
Fisher, C. 468, 469
Florida, R. 419
Fogel, R. 489
Frankle, V. M. 3, 21
Franklin, B. 91
Fraser, M. 303, 306, 364
Friedman, M. 467, 475
Friedman, T. 391, 392, 395, 399, 402
Fromm, E. 489
Fukuyama, F. 206, 207, 209, 211, 238, 247, 362, 473

Gandhi, M. 281
Gates, B. 160, 249, 282, 299, 476
Genovese, K. 244
George, S. 5, 34, 396, 400-402
Gibson, M. A. 375
Giddens, A. 444, 445, 450
Gillmor, D. 330
Gilster, P. 326
Giuliani, R. 211
Gladwell, M. 305
Glasser, W. 106
Göels, J. 321
Goldberg, I. 172, 176
Googins, B. 467, 468
Gore, A. 97, 425, 426, 432, 440, 441
Grant, C. 376
Green, M. 249
Gutenberg, J. 302
Güth, W. 283

Hanson, P. 372
Hardin, G. 279, 280
Head, M. 143
Heater, D. 72
Hegel, G. W. F. 21
Held, D. 194
Herman, E. 319-321
Hitler, A. 321
Hobbes , T. 28, 219, 271, 279
Holeton, R. 160-162
Hughes, C. 304
Hussain, B. 359

Inglis, C. 364, 365
Isaak, R. 416

Jackson, J. 351, 532
Jefferson, T. 272
Johnson, R. 78, 79
Jolie, A. 249
Jonas, H. 36, 425, 435, 460, 461

Kahneman, D. 321
Kant, I. 217, 220-222
Keefer, P. 206
Keeling, C. 437
Keen, A. 169, 170, 179
Kenichi, O. 394, 403
Keynes, J. 260, 261, 418
Kidd, J. R. 22
Kierkegaard, S. A. 20
Kindlon, D. 151
King, S. A. 174
Knack, S. 206
Kohler, H.-P. 132, 473, 474
Kool, A. 489
Korten, D. 465
Kotler, P. 24, 421, 473
Krout, R. 175
Krugman, P. R. 100, 448
Kymlicka, W. 373

Landier, A. 487, 488
Lasswell, H. D. 108
Latif, M. 36, 435, 442
Leary, V. A. 25, 73
Leopold, A. 461
Lincoln, A. 85
Locke, J. 70, 149
Louis XVI 59
Love, W. 432
Lovell, A. 468, 469
Lunn, P. 283

Machiavelli, N. 67
Mandeville, B. 230
Mansfield, H. 150
Marshall, T. H. 72, 79
Martin, R. 18, 421, 474
Marx, K. 389
Maslow, A. H. 174
Masterman, L. 336
Max, D. 458
McClure, C. 327
McLuhan, M. 32, 289, 329, 338-345
Mead, M. 143, 145-147, 149
Mignolo, W. 401
Milankovitch, M. 441
Mill, J. S. 31, 91, 167, 272
Mirvis, P. 467
Moir, A. 147, 149
Murdoch, R. 299

Nasheed, M. 441

Obama, B. 292, 306
Offe, C. 194

Paine, T. 90, 91
Peron, E. 215
Peters, T. 471
Pfeifle, M. 298
Platon 52, 53, 56
Popieluszko, J. 319
Popper, K. R. 30
Potter, W. J. 309
Precht, R. D. 231
Putin, V. 215
Putnam, R. D. 29, 30, 242, 246, 305, 362

Qualman, E. 301

Rawls, J. 231, 236, 238
Reich, R. 228
Rifkin, J. 422, 473
Roberts, P. 458, 473
Rochlin, S. 467
Rockefeller, J. D. 249
Rodin, F. A. R. 141
Rousseau, J. J. 67, 94
Ruskin, J. 121

Sacks, J. 367, 368
Saint-Simon, C. 390
Salomon, G. 290
Sandel, M. 235-236
Sartre, J. P. 20, 271
Schechter, D. 333
Schultz, H. 469
Schumacher, E. 297
Schumpeter, J. 260
Schwarzer, A. 139, 142, 151
Seabrook, J. 416
Sennett, R. 164
Shakespeare, W. 169, 207, 208
Sherrod, B. 292
Shiller, R. 261
Shipley, C. 300
Shirky, C. 163, 300
Singer, P. 220, 222
Sleeter, C. 376
Small, G. 161
Smith, A. 206, 230, 231, 260, 270, 272-274, 278, 396
Soros, G. 249
Spinoza, B. 271
Steiner, A. 440-442
Steiner, P. 168, 169
Stiglitz, J. 393, 403, 410, 419
Strange, S. 418
Strasburger, V. 308
Straubhaar, J. 289
Suler, J. 174
Sunstein, C. 31, 166, 167

Tansley, A. 427
Tapscott, D. 30, 161-166
Taylor, D. 370
Thurow, L. 260
Timblick, A. 27, 244, 246
Toffler, A. 296
Touraine, A. 194
Tversky, A. 321
Tyner, K. 326

Ubel, P. 283

Vaughan, M. 309
Vestberg, H. 304

Walton, S. 476, 477
Walzer, M. 68
Washington, G. 91
Waters, M. 389
Weber, M. 28, 107, 242, 260, 389
Whitlam, G. 364
Wilson, B. 308

Young, K. 172, 174-176, 179, 181, 182

Zillmann, D. 309

《내 용》

Zuckerberg, M. E. 162, 306
1차적 민주화 108
2차적 민주화 108
3무 월드컵 239
3차 산업혁명 422
6월 항쟁 93
ACE모델 180
FTA 찬성론자 408
MP3형 조직 164

가부장적 의식 138
가부장제 136, 137
가정교육 39
가치전수기능 290
감시기능 290
개인적 자유 25
개인정보 유출 171
거짓말 천국 26, 208
게임중독 177
게임중독 원인 180
게임중독증 180
결속형 29
결속형 사회자본 29, 246
결속형 자본 29, 305
경쟁 29
경제교육 256, 257
경제교육 목표 257
경제민족주의 393
경제적 의미의 시민 56
경제적 인간 272
경제적 자유주의 230
계기수업 40
고 신뢰 문화권 207
고 신뢰사회 247
고객자본주의 421, 474
고령사회 131

고령화 131, 357, 366
고령화 사회 134
공감의 시대 419
공개선거 87
공동선 29
공동체 4
공동체자유주의 237, 248
공동체주의 29, 229, 235,236
공리주의 219, 272
공산주의 114
공유지의 비극 279
공익 지향적 19
공적 신뢰 209
공정성 284
공해이론 125, 126
공화정 모형 67
과두정치 52
과잉 동조형 104
교량형 29
교량형 사회자본 29, 246
교량형 자본 29, 305
교육 42
교토메커니즘 447
교토의정서 445
교화 42
국가의 소멸 394
국적 62
국제이해교육 377
국제투명성기구 27, 198
권리 51
귀족회의 52
그린필드 415
글로벌 금융위기 212, 418
글로벌 시대의 시민 64
글로벌 시티즌십 34
금융역량 265
금융위기 416
금융의 세계화 411
기든스의 역설 445
기업가정신 261
기업상생 480
기업생태계 478
기업시민 466, 467
기업시민활동 468
기업의 사회책임 466, 469
기초질서 27
기후변화 36, 37
기후변화협약 445
기후의 역습 36, 435
깨진 유리창 법칙 211

남녀고용평등법 129
남아선호 사상 137
네트워크 리터러시 327
넷 강박 충동 179
넷세대 157, 160-162
넷세대 공포증 162
넷세대 특징 163
노블레스 오블리주 250
녹색혁명 457
뇌 차이 147, 148
뇌물공여지수 198
늑대적 인간 271

다문화 교육과정 379
다문화가정 35, 353-355, 357, 358
다문화가족지원법 358, 359
다문화교육 375, 377
다문화사회 35, 352
다문화정책 35, 363, 366
다문화주의 363, 367, 369, 370
다수대표제 103
다원적 시민성 78
단문화주의 370
대기오염 428
대안 세계화 운동 402, 420
대안 세계화론 33
대안언론 294
대안적 세계화 387, 419
대의민주주의 96, 100
대중매체 288
대통령 직선제 93
덴마크 다문화정책 366
도구적 리터러시 326
도덕교육 42
도덕법칙 221
도덕불감증 26
도덕성 23
도덕적 인력법칙 275
도시공동체 51
도시국가 52
도요타 478
도요타 리콜 478
도요타 웨이 478
독립선언문 91
독립전쟁 91
독재자 게임 284
동조의 폭포화 167
동화 35
되어감 21
디지털 네이티브 161, 162
디지털 리터러시 325, 326
디지털 불평등 226
디지털 신경망 160
디지털 언어 327, 328
디지털 이주민 161
디지털 혁명 156

러브 커낼 사건 432
로마 시민 54, 55
로마법 54
롤스의 정의론 231
리마선언 195
리바이어던 28

마켓 3.0 24
마켓 3.0시대 421
말 없는 시민 35
맞춤형 마케팅 297
맞춤형 미디어 297, 298
매니페스토 109
매스미디어 31, 297
매체 속성 290
멜팅 포트 35
명예혁명 18, 60
모럴 헤저드 280
모방 효과 310
모성 139
모성애 140
목적론적 윤리 219
목표 257
무관용 원칙 210
무례함 30
무배려 30
무지의 장막 231
무한 확장성 166, 306
문두구머 족 145
문화다원주의 376
문화복수주의 377
문화상대주의 35
문화적 동화 377
미국의 경제교육 262
미국의 다문화교육 376
미들미디어 297

미디어 32, 101, 288
미디어 리터러시 32, 324, 325
미디어 리터러시 황금규칙 330
미디어 목적 289
미디어결정론 342
미디어교육 311, 312
미디어교육 기본 원칙 313
미디어는 마사지 32, 344
미디어는 메시지 32, 339, 342
미디어법 110
미디어의존이론 291
민족공동체 115
민족주의 368
민주시민교육 40, 74
민주적 엘리트주의 107
민주주의 113
민회 55, 56

박애 자본주의 249
반성적 시민성 78
반세계화 387
반편견 교육 378, 382
반항하는 인간 4
방관자 사회 244
배려 22, 23, 252
배려의식 27
배타적 경제블록 394
법조삼륜 26, 203
베이비붐 세대 36
보이지 않는 손 260, 273
보이텔스바흐 협약 5, 41
보통선거권 92
보통선거제 87
복수문화교육 377
봉건귀족 58
부정부패 25, 26, 30, 203, 214, 215
부패라운드 196
부패의 함정 204
부패인식지수 27, 198, 200
분배적 정의 234
브릭스 국가 214
비례대표제 103
비밀투표 88
비정규직 229
비판적 다문화주의 374
비판적 리터러시 325

사랑과 성 141
사베인스-옥슬리법 417
사생활 침해 165
사유재산 59
사이버 관계 중독 179
사이버 성 중독 179
사이버 중독자 173
사적 신뢰 209
사회계약 271
사회계약설 59
사회공공재 234
사회교육 39
사회성 22
사회연대감 368
사회응집력 241
사회자본 206, 239, 241, 242
사회적 거짓말 22
사회적 문화 373
사회적 성 123
사회적 시민성 72
사회조건화 146
사회주의 114
사회책임투자 485
사회학습이론 310
사회화 19
산티아고 공약 197
삶의 개조 42
삶의 의미 472
상식 90
샐러드 볼 35
생물다양성 감소 37, 449, 450
생성력 472
생태계 427
생태계 먹이사슬 430
생태계 위기 427
선거 94
선거 기능 94, 95
선거 역사 87
선거 종류 102
선거교육 106
선거인 명부제 103
선거참여 112
선별적 FTA 410
선의지 221
성 격차 지수 128
성 불평등 122
성 중립적 사회 150

성 차별 123
성 평등 122
성과공유제 483
세계가치관조사 210
세계무역기구 403
세계화 33, 64, 387, 389, 390
세계화 개념 388
세계화 특징 392
세계화 한계 400
세계화교육 378
섹스 122
셧다운제 179
소리 없는 부패 216
소셜네트워크서비스 159, 296, 298
소셜미디어 299
소셜미디어 시대 296
소셜미디어 특징 300
소셜미디어 혁명 302
소셜지성 301
소셜커머스 304
소송왕국 26, 209
속인주의 65
속지주의 50, 63, 65
속함 21
수용과 편입 35
수은중독 사건 431
수질오염 429
스타벅스 469, 470
스타투스 리베르타티스 54
스타투스 키비타티스 54
스타투스 파밀리아스 54
스톱 월마트 캠페인 477
스파르타 52
승인의 정치 370
승자의 저주 478
시민 25, 49-51
시민 개념 62
시민 사회적 토대 18
시민 의무 63
시민교육 23, 24, 42, 106
시민교육 개념 73
시민교육 내용 78
시민교육 목표 39
시민교육 방법 41
시민교육 역사 75
시민교육 주관 39
시민교육 주체 40, 41
시민권 61-63

시민단체주도의 시민교육 77
시민리더십 38
시민성 66, 72
시민성 개념 66, 71
시민성 특성 78
시민으로서의 인간 5, 23
시민저널리즘 33, 295
시민적 시민성 72
시민정체성 62
시민혁명 59
시장경제 260
시장법칙 260
시장실패 276, 277
시장주의 396
식량의 종말 458
신뢰 25, 26, 206
신뢰적자 206
신용 199
신자유주의적 세계화 390, 396, 401, 418, 419
실존 상태 21
실존 차원 19
실존주의 19
심리적 이기주의 270

아라페시 족 145
아바타 398
아우슈비츠 수용소 3
아이패드 혁명 155
아테네 52, 53
아테네 시민 51
알파걸 151
앙가주망 21
앙시앵레짐 391
야성적 충동 261
약탈정부 321
양극화 227
양성평등 122, 127, 149
어원적 의미 50
언어적 폭력 309
에코 보보스 457
엔론 24
여성 참정권 91
여성 취업률 128
여성 투표권 88
여성권한척도 133
여성성 142
역사회화 19
연고주의 209
열린사회의 적 30
영국의 경제교육 263
영토분쟁 116
온난화 현상 435
온실가스 배출 452
온실가스 배출량 453
온실효과 435
외국 자본의 해악 414
외국인 투자의 필요성 413
외부비경제 278
외부효과 278
용광로 351, 374
워싱턴 컨센서스 401
월마트 476, 477
위축효과 167
유리천장 126, 127
유엔반부패협약 197
유엔식량농업기구 37
유엔인간환경회의 459
유엔정부간기후변화위원회 36
유형 179
육아 139
윤리교육 42
윤리라운드 195
윤리성 회복 194
윤리적 상대주의 217
윤리적 소비 485
윤리적 이기주의 217, 219
의무감 221
의미요법 3
이집트 시민혁명 299
이타이이타이병 431
인간개발지수 132, 133
인간생태학 427
인간의 권리 19
인간자본론 125
인격 22
인격살인 166
인권교육 40
인권선언문 60
인두세 59
인민헌장 89
인성 23
인성교육 23
인터넷 30, 293, 471
인터넷 게임중독 177, 180
인터넷 게임중독 자가진단 182
인터넷 게임중독 자가진단표 183
인터넷 격차 158
인터넷 루머 166
인터넷 미디어 293
인터넷 속성 174
인터넷 역기능 165
인터넷 원숭이 169
인터넷 이용률 157
인터넷 중독 173, 179
인터넷 중독 검진표 173
인터넷 중독 원인 175
인터넷 중독 자가진단표 176
인터넷 중독증 172
인터넷 천국 156
인터넷 폐해 30
일 중독증 172
일반의지 67
일본의 경제교육 265
임금격차 128
임금차별 124
임파워먼트 42
있음 21

자결능력 85
자기 복제성 166, 306
자기 함정의 오류 305
자기유지 메커니즘 427
자기주도학습 43
자기창조 19
자녀 교육비 부담 135
자본주의 114, 260, 419
자아실현 3, 4, 19, 22
자아실현의 역설 22
자연법사상 59
자연적 귀족주의 234
자원의 저주 213
자유 19, 23
자유무역협정 34, 394, 403, 404
자유주의 230, 235
자유주의 모형 67
자율 23
재스민 혁명 17, 298
저 신뢰 문화권 207
저 신뢰사회 247
저출산 130, 357, 366
저출산 원인 134
저출산의 덫 132
적극적 시민 73

적극적 시민성 38
전관예우 27, 203
전통적 무관심형 105
절대군주 58
절차적 정의 234
정보 과부하 179
정보 소외 228
정보의 폭포화 167
정상적 참여형 104
정의 256
정의의 원칙 233
정책선거란 99
정책선거의 영향력 100
정치공동체 4
정치교육 109, 112, 113
정치사회화 74, 109
정치적 무관심 86
정치적 박애주의 249
정치적 시민성 72
정치적 의미의 시민 56
정치적 자유 25
정치적 자유주의 230
정치참여 25, 108
정치참여 과정 111
정치참여 유형 104
정치참여 행태 105
정화이론 311
제1신분 58
제2신분 58
제2의 성 139
제3신분 58
제3의 자본 206
제노비스 신드롬 244
젠더 123
조기금융교육법안 262
조직 비용 제로 사회 164
존재와 무 20
존재의 차원 19
종교국가 42
주이상스 학습 42
주주 419
주주자본주의 421, 474
준 시민권 55
지구온난화 36, 37, 432, 433, 438, 440, 442, 444
지식 42
지식노동자 228
지역 국가 394
지역공동체 117
지역무역협정 404
지혜 42
지혜의 학습 42
직무분리 126
직접 민주주의 53
집단 극화 31, 167
집단지성 160, 170, 301

차등의 원칙 233
차티스트 운동 89
착한 사마리아인 법 245
참불리 족 143, 145
책임 63
천민자본주의 28
청소년의 폭력성 181
체벌금지 23
초고령사회 131
초연결사회 304
초과이익 공유제 483
초기 부르주아 58
최소극대화 전략 233
최후통첩게임 283

카지노 자본주의 418
커뮤니케이션 교육 312
케티스버그 연설 85
코리아 신드롬 131
쿨 미디어 342, 343

타자지향 21
탄소세 453
탈식민적 전환 401
토가 54
토양오염 429
통일 개념 115
통합 35
통합적 리터러시 328
통합주의 374
투기 21
투명사회협약 198
투명성 혁명 199
투표 25
투표 의무제 98, 99
투표 인센티브제도 106
투표 자유제 97
틀 짓기 효과 32

파레토 법칙 228
파레토 최적 234, 277
파벌주의 30
퍼스널미디어 297
페르소나 21
페미니스트 비판 70
페이스북 299
편견 381
편향성 40
평생교육 39, 42
평생학습 19
포용적 시민성 78
포트폴리오 투자 415
폭포화 현상 31
표상적 리터러시 326
풀뿌리 저널리즘 33, 295
프랑스혁명 18, 60
프레이밍 효과 32, 318, 321, 323
프로슈머 298
플레지르 학습 42
피로도 시스템 178

하모니데이 365
학교교육 39
학생인권조례 18, 23
학습 42
학습된 무기력 42
한국의 시민교육 74
한국인터넷진흥원 176
한국적 민주주의 76
합리적 인간 276, 281
핫 미디어 342, 343
해석기능 290
해외뇌물거래방지법 196
행동적 시민성 79
현대적 무관심형 105
혈통주의 57, 63
협력 29
호모 에코노미쿠스 272
호주의 다문화정책 364
화석연료 36
환경오염 38, 428
환경전망보고서 451
회계신인도 201
후생경제학 제1법칙 277

저자 소개

이관춘(李官春) eekc92@hotmail.com

연세대학교 학부대학 (최)우수 강의상을 5년 연속(2012-2016년) 수상하였다.

호주 연방정부 장학생으로 The University of Sydney 교육사회정책학과 및 동 대학원을 졸업(M.Ed)하고 국립 Macquarie University에서 교육학 우등석사(MA Hons) 및 박사학위(Ph.D)를 받았다(최우수 박사논문상).

호주한국유학생연합회장 시절, 한국의 5공 군사정권에 의해 호주로 정치 망명하였다. 이후 Macquarie대학 조교수로 재직하면서 국제기능올림픽, 제31차 세계광고회의 등에서 영어동시통역사 및 호주 SBS 라디오 방송에서 아나운서로 활동하였다.

한국정부를 대표하여 APEC 회원국 공동연구(HRD 부문) 제안 및 연구 총책임 교수로 활동하였으며, 한국청소년정책연구원 연구위원, 명지학원(명지대, 명지전문대 등) 기획위원 교수직을 거쳐 청소년교육복지학과 교수로 재직 중이며, 연세대학교 학부대학 및 교육대학원에서 인문사회융합과목 및 인적자원개발 강의를 담당하고 있다.

학생으로는 드물게 '국제심리학 학술지'(IJP)에 '가치이론'을 발표해 국제 학계의 주목을 받았으며, SSCI급 논문들을 포함한 120여 편의 논문을 발표하였다. 대한민국학술원 선정 우수 도서상(2012년), 대한민국 사회연구 최우수 논문상(2005년)을 수상하였다.

현재, SSCI 국제저명학술지 『Educational Psychology』 편집자문 및 논문심사위원이며, 제11대 한국성인교육학회 회장을 맡고 있다.

기업 및 공공분야 성인교육의 중요성을 절감하고 KBS 방송 전국 팀장 교육, KBS Media 임직원 교육을 비롯해 CHANEL, CITIBANK, 대우조선해양, SK에너지, (주)동원, 재무설계협회(FP) 등의 기업교육 및 인문학교육과, 노사정위원회, 노동부, 중앙선거관리위원회, 한국지방행정연수원, 고용노동연수원, 전국 지방자치단체 등의 공무원교육, 한국방송통신대학교, 경운대학교를 비롯한 각급 학교, 교육청 및 평생교육기관에서의 교재개발 및 인문학 특강 강사로 활발한 활동을 하고 있다.

시민교육으로서의 평생교육
호모 키비쿠스

2011년 9월 10일 1판 1쇄 발행
2018년 3월 30일 1판 3쇄 발행

지은이 • 이관춘
펴낸이 • 김진환
펴낸곳 • (주) 학지사
04031 서울특별시 마포구 양화로 15길 20 마인드월드빌딩
대표전화 • 02)330-5114 팩스 • 02)324-2345
등록번호 • 제313-2006-000265호

홈페이지 • http://www.hakjisa.co.kr
페이스북 • https://www.facebook.com/hakjisabook

ISBN 978-89-6330-699-5 93370

정가 20,000원

저자와의 협약으로 인지는 생략합니다.
파본은 구입처에서 교환해 드립니다.

이 책을 무단 전재 또는 복제 행위 시 저작권법에 따라 처벌을 받게 됩니다.

교육문화출판미디어그룹 학지사
심리검사연구소 **인싸이트** www.inpsyt.co.kr
원격교육연수원 **카운피아** www.counpia.com
학술논문서비스 **뉴논문** www.newnonmun.com
간호보건의학출판 **정담미디어** www.jdmpub.com